慶應義塾大学
商法研究会 編

会社法以前

慶應義塾大學
法學研究會 刊

慶應義塾大學
法學研究會叢書
(72)

序

今ここに、平成一一年二月二五日に他界された津田利治先生の論文集を公刊する。

津田先生はその在世中、われわれ慶應義塾の後輩・弟子・学生達に対してはもとより、さまざまな産学協同的研究グループや、学会シンポジウム等における多くの同学の士に対して、深甚な学問的啓発および強烈な人格的影響を与え続けられた。

そして、その比類なき法的論理の透徹性と、透徹した論理こそが現実の利益状況において果たす法律学の効用であるという信念の強さとが、今日においてわれわれの心に生き続ける津田先生の存在意義である。

すなわち、今ここに本論文集を公刊する理由ないし目的は、先生の遺徳を偲んで追悼の意を表すところにあるのでもなければ（なお、「津田利治先生追悼論文集」は法学研究第七三巻第二号として平成一二年二月に慶應義塾大学法学研究会により編集・発行されている。）、また、論文の史的資料としての価値を考えその散佚を怖れるところにあるのでもなくて、只管、津田商法学の今日的意義を世に問うというところにあるのである。

このたび、慶應義塾大学助教授高田晴仁君の懸命な努力によってよく蒐められ、よく編まれた本書所収の論文を通読して思うことは、津田先生の法律学に対する厳格な科学的態度を基礎づける哲学が、意外ともいってよいほどの温かな・柔らかな人間主義であるということである。

例えば、津田先生が法学的論争において自論を展開し、相手を論破するとき、常に基礎的原理との整合性を問うという態度・方法を採られることを以て、評者の中には、先生をア・プリオリな原理に固執する法学的原理主義者（つまり、俗説にいう「概念法学者」）のように見る者がいる。しかしながら、二〇世紀の初めに若くしてドイツに留学し、もっぱら一九世紀的法実証主義の超剋を目的とするヘックの「利益法学」に傾倒してこれを終生自分の学問的バックボーンとされた津田先生にとっては、右のような意味での概念法学こそ、福澤諭吉にとっての「門閥制度」と同様に、「親の敵《かたき》」である。

津田先生が法的基礎原理の究明を最重要視されたのは、個々の具体的な法規の内容たる利益状況を把握するにあたり、それが解釈者の主観的・恣意的な利益衡量観に陥いることなく、解釈者にとっては客観的な、法の内容たるべき利益状況を索めることに努められたからにほかならない。だから、津田先生は、現行法制の解説・検討をする際にも、何ら他意なく、正しい理解を得ることを目的として、話が、というよりも先生の思考が、「以前へ、以前へ」と進んで（？）しまうのである。

この序文を書いている平成一四年は、企業基本法たる商法に関して、昨年から数えて四回目の重要な改正が行われた年である。このような動きの激しい現代においてこそわれわれは、船の軸先をどの方向へ向けようとするにせよ、精確な磁針を必要とする。本書刊行の意義はまさにその点にある。

困難な出版状況の中で本書を刊行することができたのは、多くの方々の厚意と熱意とのお陰である。特に、本書刊行のみちを開いていただいた慶應義塾大学法学部教授加藤修君、また、本書刊行の意義に賛同され、刊行を助成してくださった慶應義塾大学法学研究会ならびに慶應法学会の各位、さらにはまた、困難な校正の労を忝くした慶應義塾大学出版会の堀井健司君に心より感謝の意を表する。

平成十四年晩秋

倉澤　康一郎

凡　例

一　底本には、左記の各著書、論文を用いた。
なお、津田先生の蔵書中に御自身による書入が為されたものを發見し得た著書、論文については（左記一覧に＊を付したもの）、本書への収録に當り、それらの書入に従い訂正を行った。

＊會社法以前　　私家版　　昭和四十五年　五　月

（附記）　末尾に収録されている「（附）我国私法學に於ける所謂目的論的解釋への疑問」は、既に『神戸寅次郎 民法講義』（慶應義塾大學法學研究會叢書60）（内池慶四郎名誉教授と共編著、慶應義塾大學出版會、平成八年二月）に再録されているため、本書では割愛した。また、津田先生御自身による「正誤表」および書入に従って訂正を行った。

一人會社について（一）　　法學研究　第二十巻　第三號　　昭和二十二年十二月

一人會社について（二）　　法學研究　第二十二巻　第一號　　昭和二十四年　一　月

＊有限會社について　　慶應義塾大學講座　經濟學　附録〔特別講座〕　　昭和　十三　年十一月

（附記）　右記の初出の後、「現代の經濟」（第四巻　第九號・昭和十五年九月）に一部割愛・訂正の上再録されている。蔵書中に右再録論文に津田先生御自身による書入が為されたものを發見したため、これを底本とすることも考えたが、初出論文が有限會社法制定当時に執筆された歴史的意義に鑑み、底本には初出論文を用いた上、これに再録論文への書入を加味することとした。

＊新商法點描　財政經濟時報 第二十七巻 第三號 第四號 第五號　昭和十五年三月、四月、五月

改正株式會社法總評　法學研究 第二十四巻 第四號　昭和二十六年 四 月

改正株式會社法の解釋上の諸問題　法學研究 第二十四巻 第六號　昭和二十六年 六 月

＊改正株式會社法の難點　企業經濟研究 第三號　昭和二十六年 七 月

新株引受權の正體　私法 第五號　昭和二十六年 十 月

取締役會の權限を繞る二三の問題　法學研究 第二十六巻 第三號　昭和二十八年 三 月

會社の設立無效　田中耕太郎編『株式會社法講座 第一巻』　昭和 三十 年十二月

株式會社法における概念の貧困　東京株式懇話會 會報 第五十四號　昭和三十一年 二 月

資本と株式との復緣――無額面株式と資本の増減をめぐる問題――　財政經濟弘報 第六百一號　昭和三十一年 一 月

＊業務の決定と業務の實行――取締役會の權限と關連して――　大阪株式事務懇談會 記録 第百六號　昭和三十二年 十 月

會社の政治献金判決について　法曹界 第八十三號　昭和三十八年 七 月

発起人の意義　會社判例百選（新版）　昭和四十五年十一月

真実に合致しない振出日、振出地　手形小切手判例百選（新版・増補）　昭和五十一年 五 月

法の解釋と運用――新憲法施行一周年によせて――　慶應義塾大學 通信教育教材 法學部・選擇科目 津田・峯村・時事解説・第三分冊　昭和二十三年十一月

法は何処に？――伊東乾君の法學「方法論の方法」を聴く――　法學研究 第五十八巻 第十一號　昭和 六十 年十一月

二　引用法令は、總て公表當時のままとした。

公表當時の引用法令を本書校了時（平成十四年末現在）のそれに置換（または附記）することは機械的作業では無理であり、そ

れら總てに亙って、爾後累次行われた商法改正法等の關係法令の趣意を吟味して決定しなければならない。然し言うまでも無くこれは純粋に學問的な作業であって單なる編輯の範囲を超えていると言わざるを得ない。津田先生の立法者意思説に依れば尚更である。加え、公表當時の論文の意義を正確に讀み取るためには、寧ろ公表當時の引用法令を維持する方が良いと考えたことによる。

三　正字體の論文は正字體に依り、新字體の論文は新字體に依り印刷に附した。また、假名遣、片假名に依るルビ等の表記も公表當時のままとし、編輯作業は、單純な誤植の訂正、註記や括弧（「　」『　』）等の形式的な統一、および、論文相互の引用を〔　〕等の編註で示すに止めた。

津田先生が御存命ならば、漢字は總て正字體に統一されたと思われるが、本書の編輯に當り却って思わぬ誤りを犯すことを恐れて之を断念した。その結果、正字體および新字體が混在することとなり不体裁の誹りを免れないであろうが、この點は、泉下の津田先生および讀者諸賢の御諒承を乞う次第である。

なお、津田先生による『横槍　民法總論（法人ノ部）』（慶應義塾大學法學研究會叢書66）（慶應義塾大學出版會、平成八年六月）の「栞」を左に掲記する。

「現在市販のどの六法全書を見ても、収録法令の中の漢字が、皆・新字體（當用漢字や略字など）になって居る。其内、刑法法典に就いては、今回の改正に因り、問題は大半解消したが、然し明治の法律、民法や商法は固より、戦後の日本國憲法ですら（其制定は當用漢字指定前のこと故）、諸法典の使用漢字は總て舊字體（正字）であった筈である。夫れが法律改正もせずに、何時如何なる手續に依り、新字體に改められたのか？　字體を變へても法規の意味内容に何等影響ないか？　弁濟、抗弁、安全弁などに於ける「弁」の如く、嘗て別字であった數個の本字（辨と辯、更に辧？）を一個の略字（弁）に併合しても、其の文字乃至文章の意味内容には全く影響なしとするか？　假名遣を新仮名遣いに改めないのは何故か？　独逸民法 BGB. の用ゐる独逸文字（髭文字）を羅典文字（ABC abc）に改める企ても彼國で可なり見掛けるが、此のことと我民法の漢字を新字體（當用漢字）に改めることとを、同質の作業と視て可いか？　表音文字と表意文字の效用の差を無視し得るか？　法規範の実質的内容に影響が無いのに、用字を有權的に取替へ得るのか？　其の取換を實行する權限を誰が有つか？　文字を變へたが意味は變らない旨、誰が有權的に判断するか、又其判断があったか？　抑々又意味を變へずに、文字だけ取替へるのも、法律改正か？」

四　津田先生の最終的な御見解の所在に就ては、本書末尾の業績一覧に掲記した諸著、諸論文を御参照ありたい。

本書の校正については、学友の渋谷光義君（慶應義塾大学大学院博士課程修了）およびフィリップ・オステン君（同上、現ドイツ司法修習生、ベルリン大学法学博士）より御助力を得た。特に記して感謝の意を表する。

（高田　晴仁）

目　次

会社法以前

内容細目次

為の場合

（附）民法七一五条二項と代表取締役直接行為者への求償、其の根拠
民法四四条二項は会社の準用なし、其の結果
商法二六六条ノ三と不法行為

序

昨年度――昭和四三年度――の講義のノートを、此の夏の間に読み直してみました所、今更の様に、あちこちに其の不完全な点が気になりまして、其の全部を書き直したいと思ったのですが、夫れも一寸、大仕事なので、取敢えず特に重要な幾つかの点だけでも採上げて、話をして見ようと思う訳です。と言うのは、

一　組合と社団
二　営利社団
三　営利法人
四　会社の目的と権利能力
五　会社の行為能力
六　会社の不法行為能力

此の六つの点で、之だけでも一と通りお話をしますと、約五一〇分、八時間半ほどかかる予定であります。全部一気にと云う訳にゆかないでしょうから、少し宛、次々に聞いて行って頂きたいと思います。

夫れにつけても、思い起こすのは、例の「正法眼蔵随聞記」と言う書物の中の一節に出て来る次の様な文章であります。

「学道の人は自解を執することなかれ。設ひ会する所ろありとも、若し亦決定よからざる事もやあらん。亦是よりもよき義もやあらんと思ふて、広く知識をも訪ひ、先人の言をも尋ぬべきなり。亦先人の言なりとても、かたく執する事なかれ。若し是もあしくもやあるらん。信ずるにつけてもと思て、次第に優れたる事あらば其れに

つくべきなり。[1]」

と言う部分であります。其の初の学道の人と言うのは、道を学ぶ人と書きますが、其の道と云うのは、無論、茲では仏道のこと、釈尊の悟を説かれた仏法のことですが、之は何も仏法に限ったことではないので、学問でも芸術でも皆、同じだと思います。だから我々の商法を学ぶのでも宜しい。商法も正法も修行の態度には変りはないのであります。其の学道の人は自分の見解に固執してはならない。仮令、判った積もりで居ても、或は又、定めし正しくない点もあるかも知れない。又、もっと上手な考え方、説き方もあるかも知れないと思って、広く知識を探り求め、先輩、昔の人の言ったことをも尋ねるべきである。又、昔の人の言った言葉でも、夫れに固執してはならない。或は之も間違って居るかも知れない。信ずるに足るだけのものにしようと思って、段々と、優れたことがあるならば、夫れを採入れてゆくべきである。と云う様な意味合いであろうかと思います。私は常に未熟乍ら、此の心掛けだけは忘れない様にしていたいと——難しいことでありますが——思って居ります。

そこで之からお話することも、決して一方的に、何か有難いお説教をしようと云う訳ではなくて、寧ろ私の考えに対する諸君の方の反応を求めまして、其の中に、次第に優れたることあらば、其れに就くべきなり、と思いますので、まず第一に自分自身の未完成な考えの進歩改善を望んでいる訳なので、更に場合によっては今考えていることの一八〇度の旋回もあり得ると考えているのです。無論、此の機会に諸君の方でも、私の話の中に、次第に優れたることあらば、其れに就く、という用意を以てこの話を聞いて頂けましたら幸なので、正に一石二鳥の有難いことだと思います。ですから、あとで私の話の個々の点に付て、或は全体に付て、成る可く多くの意見なり、質問なりを伺いたい訳で、特に反対意見を沢山出して頂きたいと思います。それは今日でなくとも、後日でも結構であります。是非聞かせて頂きたいと思います。

（1）　岩波文庫・正法眼蔵随聞記六五頁。

一　組合と社団(1)

会社の定義(2)に依れば、会社は一定の要件を具えた営利社団である、と云うことになって居りまして、会社は先ず以て社団でなければならない。一定の要件の具わった社団が会社である、と云うことであります。所が其の社団とは一体何かに付ては、民法も商法も直接其の定義を下す様な規定を設けて居りませんし、又間接に決め手となる様な規定も見当らないのであります。唯、学問上恐らくドイツ語の Verein から来た言葉と考えられますが、此の Verein と云うのは、一般に或る共同の目的のために自発的に結合した複数人の組織的な集団であって、其の成員の交代があっても、其の存立を続けるもの(3)、云々と言った説明が為されて居ります。英語では association と云う言葉に当るのでありましょうし、フランス語でも association であります。

一体人の自発的集団(4)の中には、社団の外に、尚お組合と云う現象も考えられます。之はドイツ語の Gesellschaft 英語の partnership フランス語では société でありましょうが、多くの場合に、組合と社団とを対比しまして、其の区別が述べられるのであります。社団と組合とが何れも特定の目的のために結合した人の集団であると言うのに、其の何処が違うかに付ては、必ずしも学者の間に意見が一致している訳ではありませんで、色々な標準で夫れを分類しようとして居ります。大体は組合の場合には、其の成員が直接前面に出ていて、組合の内外に現われる総ての生活関係は、組合員対組合員、或は組合員対第三者の関係として発展変動するだけでありまして、組合員の外に、夫れとは独立した組合自体が生活関係の主体として登場して、組合員対組合集団、或は集団対外部の第三者、と云う関係では現われて来ないのに対しまして、社団の場合には其の構成員たる社員とは別個に、此の集団自体が生活関係の主体として登場しまして、社員対団体、或は団体対外部の第三者と言う関係で把握されると云うのでありますが、夫れならば、如何なる場合に其の団体自体が其の構成員とは別個独立の主体性を獲得するに至るかと云う点に付ては、或る人は、人数の多寡に依って其の区別が生ずるのであって、少人数なら組合であるが、多人数の集団になると、質的変化を遂げて社団になると云う風に見て、人数の多少によって社団と組合とが区別されると云う考え方の人もあります。或は其の集団の結合の仕方に依って、強い結合なら社団、弱い結合なら組合であると言うような見方もあります。之等の見方に依れば、何れも組合と社団とは連続的な現象であって、或る集団の人数が次第に増加して行くなり、或は其の結合の仕方が段々と強まって行くなりして、或る限界を越えると、今まで組合であったものが、社団に変化する。だから組合と社団とは異質の現象であるけれども、同一次元上に隣合せに並んでいて、而も其の境目は接触して居って、其の境目の此方側は総て組合であり、境目の向側は総て社団である。或る集団は組合であるか、左もなければ社団であるか、其の何れかなのであって、同じ集団が一面から見れば組合であると同時に、他の面から見れば社団でもあると云う様なことは考えていないものと解せられます。

そして其の内、社団たるものに付ては、法人格を与えられるものと、与えられないものとがあって、其の法人格を与えられるものは社団法人になる。与えられなければ、権利能力なき社団（法人に非ざる社団）になる。之に反して組合の状態に於ては、未だ法人格を与えられるに適しない集団であって、法人格は其の集団の組成員とは別個独立の存在を認められる団体自体、其の組織的集団、其のものに付与されるのでありますから、左様な独立の団体性の認められない組合に付ては、法人格付与の対象が存在しないと云う見方(5)をする訳です。恐らく強いて組合を法人とする様なことがあるとすれば、夫れは所謂、擬制的法人になるのでありましょう。擬制的法人を架空に創造するのなら別なのですが、実在の社会的存在が法人とされる所の、普通の法人としては、組合自体に其の適格性はないと云う見方を採るのであります。

同様のことは財団法人の場合にも考えられまして、凡そ財産は各個別に何人か権利能力者に帰属している筈でありまして、財産自体は権利の客体ではありましても、生活関係の主体たるものではないのであります。個々の財産(Vermögensgegenstand)、或は多数の財産の集積 Vermögensmasse 其のものは、まだ夫れだけで財団 Stiftung となることはないのです。例えば誰かの財産が全体として其儘財団となるものではないし、又其の財産の一部を、何かの目的の為めに、他の財産から区別して分離した丈けでは、まだ財団とは言えない。此の意味で破産財団などは財団と名付けられて居りますが、茲に謂う財団ではない。Konkursmasse は Stiftung ではありません。各種の財団抵当の目的たる財団(6)も茲に謂う財団ではありません。それから分離された相続財産(民法九四一条以下)も、財団ではないのであります。特定の目的の為めに組織された財産が、其の財産の所有者――其の各個の財産が現に帰属している権利主体――から、社会的に独立して、社会生活関係に主体的に登場するに至って初めて、所謂財団となるのでありまして、其の内、法人格を付与されたものは財団法人であり、法人格を付与されないものは権利能力なき財団(法人に非ざる財団)となる。然し左様な財団としての存在の認められない個々の財産、或は財産の集積は、法人格を付与される適格性を欠いていて、強いて法人格を認めるとすれば、矢張夫れは一種の擬制的法人となるに過ぎないでありましょう。相続財産法人(民法九五一条)などは此の様な擬制的法人と解せられるのだと思います。そして如何なる場合に一定の財産の集団が財団であり、或は財団ではないと認められるか、と云う点は、一般には、矢張之も当該財産集団の種類、数量の多少又は其の結合され方の強さの違い、即ち程度の差と考えられて居りまして、或る一線から此方側は財団とは言えないけれども、其の内側は皆財団であると考えられるので、同一の財産集団が、財団であると同時に、非財団でもあると云うことなどは認められないと謂えるのだと思います。

更に社団と財団との関係に付ても、之は何れも社会生活関係の一方の主体として登場している何等かの組織体である点は、両者共通なのでありますが、其の組織体の構成分子が一方は人であるのに、他方は財産でありますから、社団と財団とは全く異質のもので、同一の或る社会的組織体の本体が社団であると同時に財団でもあるなどと云うことは観念上認められないものとしているのであろうと思われるのであります。現代法に於ては人間は財産ではあり得ないですから、人の集団が財産、或は財産の集団であるなどと云うことは考えられないと見られるのであります。従って法人の本体も、社団法人ならば、其の本体は社団であり、財団法人ならば、其の本体は財団であると云うことになりまして、同一の法人の本体が社団たる性質と同時に、財団たる性質を持つとか、或は社団たる側面をもつと同時に、他面では財団たる性質をも兼ね具えているなどと云うことは考えても見ないのではないかと思います。

然し私の見る所では、此の様に一定の人の集団が組合でなければ社団、社団でなければ組合と云う様に、はっきり分類できるものとは考えられないのでありまして、寧ろ組合性も社団性も、何れも或る集団に関する生活関係の把え方と云いますか、生活面の違いと云いますか、人々の組織的な集団関係を、どの面で把えることが出来るかと云う問題なのでありまして、其の成員相互間の関係として把えることが出来る限りは、其の現象は組合であり、其の成員と其の集団自体との間の関係として把えることの出来る限り、其の現象は社団である。そして而も大多数の場合には、人の集団は多かれ少なかれ其の成員相互間の関係が認められると同時に、又、個々の成員と全体集団との間の関係も認められるであろうと思われます。両方の関係が併存する訳です。両方兼ね具えている訳で、同じ複数人の組織的集団が、一面に於ては組合関係を生ぜしめ、他の一面に於ては社団関係を生ぜしめる。而も其の同一集団の生ぜしめる組合性と社団性との配合、或は結び付き――同じ集団が一面に於ては組合的であり、他面に於ては社団的であると云う其の性格の比重――は、各集団毎に区々であるので、或る集団の場合には組合性は明かに存在するけれども、社団性は殆ど認められないとか、反対に、組合性は殆ど認められないけれども、社団性は明瞭に認められることもある。或は微弱な組合関係だけが認められて、社団関係は全く認められない様なものも在り得るでありましょう。反対に微弱乍ら社団関係は認められるけれども、組合関係は殆どない、つまり成員相互の間には何の交渉もないと云う様な集団も在り得るのであります。或は中には社団性と組合性とが両方、略、同程度に顕著に、或は微弱に、示される様な集団も在り得る。即ち或る集団が一義的に組合か、然らざれば社団か、と云うのではなくて、或る集団に付て、組合関係が〇から一〇〇%まで任意の程度に具わり得ると共に、其の同じ集団が同時に社団性を〇から一〇〇%までの間の任意の強さで具有することが在り得ると云う風に考えるべきであろうと思います。つまり組合性と社団性とは、同一集団の中に、夫れ夫れ任意の強度で組合わされ得る。両者共存することも出来れば、一方だけしかないこともある。又共存するにしましても、其の夫れ夫れの強弱の度合は、一方が強ければ他方は弱いとか、或は一方が強ければ他方も夫れ相応に強いと云う様な相関関係はないのであります。夫等は、夫れ夫れ任意の強さで共存し、或は共存しないで在り得る。そう云う風に見る可きではないかと考えるのです。現実の社会の実在の現象を素直に観察すれば、凡そどんな人々の組成する如何なる集団であっても、多かれ少なかれ其の成員相互間の結び付きの関係があるのが通例でありましょうし、又、そう云う組織的集団が出来れば、成員を離れて別個に団体其のものの存在が認められまして、其の団体自体と成員との間の交渉、或は其の団体自体と外部の者との間の関係も認められ、其の強弱、多少、広狭はあるにしましても、そう言う関係が何処かに認められる様になることが多いでありましょうから、多くの団体は、組合性と社団性との両方を兼ね具えて居ります。其の場合にどの程度組合性が認められれば、それは組合になるとか、どの程度に社団性が認められれば、それは社団となるなどと云う問題ではないのでありまして、兎に角、幾らかでも組合性があれば、其の範囲、限度でそれは組合なので、従ってそれには組合の法則が働きますし、又、幾らかでも社団性があれば、其の範囲、限度で、それは社団でありますので、従ってそれには社団の法則が働く。両方具わって居れば、夫れ夫れの関係で、夫れ夫れ組合であり、且つ社団である。従って組合の法則の働く部面と、社団の法則の働く部面とが、同一の集団に付て出てくると云うことになるべきものであります。組合性と社団性との強弱を、互に比較しまして、何れか強い方の性格に依って、夫れは組合であるか、或は社団であるかが一義的に定められると云う風に考えてはならないのであります。組合の関係でありさえすれば、其の反面に其の他の関係を伴っているか否かに拘らず、少くとも其の組合関係の程度に於ては組合の法則が適用され、社団の関係であるならば、其の反面に如何なる関係を伴っていようとも、少くとも其の社団関係に関する限りは、社団の法則が適用されると云うのは、寧ろ当然と云わなければならない様に考えられます。人の集団を頭から組合か、社団かと云って、何れか一方の分類に入れて了って、そして其の集団には専ら組合の法則のみ、或は社団の法則のみが働き、他の法則は働く余地がない様に思い込んで了ってはならないのであります。

之と同様のことが、社団と財団との関係に付ても謂われるのでありまして、凡そ現今の様な社会経済の状況に於ては、現存する社会的組織体に付て見れば、多かれ少なかれ其の中心組織の中に、人的な要素と、物的な要素とを兼ね具えているのが当り前でありまして、殊に会社企業、特に大規模な株式会社の企業の様なものを眼中に置いて考える限りは、純然たる人の集団のみが認められて、企業の財団の如きものは影も形も認められないなどと云うことは在り得ない様に考えられます。又同様に全面的に物的要素のみがあって、人的な分子は全くないと言う様なものも現実には在り相もないのであります。此の点は、株式会社財団論(7)などと云うものもありますので、別の機会にもう一度取り上げる予定であります(8)。

要するに、組合としての性質とか、社団としての性質乃至は財団としての性質と云うものは、或る一個の社会的組織体に付て、其の内の何れか一つ丈けが現われ得るものと決めて掛ってはならないと云うことであります。同一の組織体、殊に企業が或る一面では組合としての性格を示し乍ら、同時に他の面では社団性をも帯びることは在り得ることであり、或は社団たる性格と同時に、財団たる性格をも有する様な社会的実在の現象があるとしても、決してそれ自体観念的に矛盾するものではないのであります。だから之を反面から見れば、或る組織体に付て、其の実体が組合であることを確定したからと言って、それが直ちに社団たることを否定したことにはなりませんし、財団性が認められるからと言って、それが直ちに社団性を否定されたことにはならないと云う訳であります。之等の性質の内、どの性質を有し、或は有しないかは、当該性質について夫れ夫れ独立して其の存否が決定されなければならないことでありまして、他の二つの性質の有無を確定してみても、残る一つの性質の有無に付ては何も判らない。一つ一つの性質に付、格別に独立して其の有無を判別する外ないのであります。其の結果、それらの性質が全部否定されるものもあるでしょうし、全部揃って肯定されるものもある。或は其の内、何れか一つ、若くは二つ丈けが肯定されるものも在り得るのであります。

之を譬喩的に例えて言いますと、恰も三次元空間に於て、原点○で互に直角に交るX、Y、Z、の三つの座標軸を取ることが出来る様に、社会的組織体の存在する三次元の立体空間を考えるとすれば、組合の軸、社団の軸、財団の軸と云う三つの直角に交る座標軸を取ることが出来る。そして特定の組織体は、此の三次元空間の何れかの場所に位置するのでありまして、X、Y、Z、夫れ夫れの座標上に任意の値を持つ点（x、y、z）の位置に置かれていると言う風に考えることが出来るのであります。(9)

兎に角、人々が何か自分達に共同の目的を達成しようとして、お互の間に或る組織的な結合関係を作りますと、色々な利害が絡まって来まして、成員相互間や、成員と第三者との間に、利害調整のruleが必要になって来るのであります。そこで民法では組合に関する規定を設けまして、斯様な結合関係を、当事者の合意、即ち一種の債権契約に基くものとして把えまして、其の契約に因って、当事者間に如何なる債権債務を生ずるかと云う面で規制しようと云う訳であります。ですから之は先程の集団の組合性を採上げて、其の面から債権債務の関係として、当事者の利害を規制しているのであります。之は典型的には、民法組合契約上の意思表示としての内容を以て合意されているから、之に基いて債権債務を発生せしめるのが適当であるとしている訳であります。然し具体的な特定の集団関係が、此の典型的組合契約の内容と完全に一致しなくても、契約自由の原則で、之と異った内容、形態の結び付きでありましても、兎に角、そう云う意思表示が認められれば、契約の効果として、集団関係が規制され、組合に関する民法の規定が類推適用されて決定されるのであります。此の点は民法の他の典型契約に付ても一様に謂われることでありまして、売買にせよ、賃貸借にせよ、民法の規定とは内容的にズレがありましても、それに最も近い類似の契約に関する民法の規定が類推適用されることになっているからであります。

それから民法には、一方に、社団法人に関する規定もありますが、之は集団の社団性に着眼して、之に法人格を付与することで、其の集団の生活関係を集団自体の権利義務の関係として規制することに依って、集団を回る利害関係の調整をする、そう云う制度であります。無論、民法は凡ゆる人の集団を無差別に法人にして了う訳ではなくて、其の集団が社団性を帯びている場合に限り、即ち其の社員を離れて集団自体が独立の社会的主体性を示す場合に限って、而も其の他の法人成立の要件、例えば定款作成とか、主務官庁の設立許可などと云う要件を具備した場合に限って、社団法人たらしめたのでありますが、其の場合に、其の集団が有っていなければならないとされる社団性と云うことに付ては、民法は別段其の強弱を問題として居りませんから、幾分でも社団性が認められさえすれば、其の他の条件をも具えることに因って、社団法人たるには妨げないのであります。民法は決して社団性一〇〇%でなければ社団法人として認めないなどとは云って居りません。社団性が〇では法人格を与え様がないと云う丈けのことであります。だから其の集団が他面に於て同時に組合性をも保有しているか否かなどと云うことも問題ではない。組合性が多少残っていても、或は組合性の方が寧ろ強く保たれていても、一方に何程かの社団性が有りさえすれば、夫れに対して法人格を与えて、社団法人の成立を認めて差支ないとしなければならないと思います。

そして一定の集団が社団法人たることを認められますと、夫れ以後は、其の集団自体が権利義務の主体となって、集団の生活関係も其の様な権利義務の形で規制されることになります。今迄は成員対成員、或は成員対第三者の間の権利義務として規制されていた生活関係が、法人成立後は、成員対社団、社団対第三者の間の権利義務に変型する訳であります。其の結果、或る集団を回る生活関係は、大部分が社団を一方の主体とする権利義務として規制されますので、其の限度では、成員対成員、或は成員対第三者の間の権利義務ではなくなって了うのでありまして、従って其の集団に組合性が依然として残って居りましても、民法の組合契約上の権利義務として処理しなければならない関係は、余り多くは残存しないことになるかもしれません。然しだからと言って、現実に存在する組合性が否定される訳ではありませんから、法人関係として規制し切れない部分に付て、如何なる規制が為されるかと云う場合に、組合契約上の意思表示に基礎を求め得る限度では、依然として組合の法則に従って判断されることになるのだと思います。例えば、民法の法人の規定の中には、社団法人の各社員が、其の法人の業務執行に付て、社員としてどの程度協力する権利、又は義務があるかに付て、何も規定して居りませんから、此の点定款にも別段の定がない限りは、社員は、左様な権利も義務もない、社員が社団との間に別途に契約する以外には、社団対社員の間では此の点何の権利義務もないと云うことになるでありましょう。然し其の場合でも社員相互間に、法人の業務執行に付て、何か協力関係を約束したとすれば、左様な約束は、社員間の債権契約として固より有効なものとみなければならないものでありまして、社団関係には吸収されない組合関係は、斯様な点で仍お法の規制を受けるのであります。

それから又一定の集団に社団性があっても、直ちに法人格を与えられる訳ではありませんから、其の場合には所謂権利能力なき社団（法人に非ざる社団）の関係が現われるのであります。権利能力なき社団の存在が認められましても、其の成員相互間の組合関係が否定される訳ではありませんから、組合関係があってもなくても構わないのですが、若し組合の関係があるなら、其の限りで組合の原則に従って法律関係が処理されますけれども、然し権利能力なき社団と云う独立の存在が現に認められて、其の社団と社員との間に現に生じている何かの生活関係が法判断を受けることになった場合には、其の点に付て民法は直接明文の規定を設けて居りませんから、従って、社団法人に関する規定を性質の許す範囲で類推する外ないものと思われるのであります。其の社団に権利能力がなくても、社団に関する生活関係が法律的判断を必要とする限りは、夫れは社団法人に関する規定が類推されて、権利義務の存否、内容を定める。

然し其の場合に於ても社団其のものには権利能力がないのですから、そう云う権利義務の関係の一方の帰属主体は其の社団自体ではあり得ない。法人ではありませんから、社団自体に権利義務が帰属する筈がない。矢張り其の権利義務帰属先は、誰か社団の実体を形成する権利能力者の所でなければならない。夫れは現実の社団に付て、個別具体的に観察しまして、社団の地位に立って権利義務を有すべき者は誰であるかを判断しなければならないのでありますが、多くの場合には、総社員共同の権利義務となるか、或は代表者は管理人などの定のある場合には、夫等の人達の単独の信託的権利義務となると見られるでありましょう。又、例えば出資を為す関係などを取って見ますと、其の社団が法人であれば、法人たる社団自体が其の出資請求権の権利者となり、社員が法人に対して出資義務を負うことになるでありましょうが、権利能力なき社団の場合には、其の社員が他の総社員に対して出資義務を負い、他の総社員が当該社員に対して出資請求権を有することになるか、或は代表者又は管理人などの信託的な、各社員に対する出資請求権、各社員の代表者、管理人に対する出資義務と云うことになるのであります。其の出資義務の目的たる給付の態様は社団が法人であると否とに拘らず同じものと云うことが出来ますが、権利者は誰かと謂う点で違った判断をせざるを得ないのであります。現実の社会生活上の現象としては、団体そのものに出資するのでありますが、夫れを法律上の権利義務として観察するときは、団体自体に権利能力が与えられない限り、団体自体に出資請求権が帰属したり、或は出資された給付の目的物が団体自体の所有に帰する訳はないのであります。ドイツ民法には権利能力なき社団には組合に関する規定が適用される旨の規定がありますが（BGB §54）[10]、日本にはそう云う規定は民法の何処にも無いのであります。その明文の規定のあるドイツ民法の下に於てすら、社団の関係に関しては、社団法人の規定を可成り幅広く類推しようと云う意見が有力であります[11]。日本にはそう云う明文の規定もありませんから、一層自由に民法学者は社団関係に関しては社団法人の規定が性質の許す限り広く類推されるものとして居ります。組合の規定が類推されるのではなくて、社団法人の規定が類推されるとして居りますが、其の類推されると云う意味は、類推されたから権利能力も認められると云うのではないのでありまして、社団自体に付て権利義務が発生変動する様に考えてはならないのであります。そうなっては権利能力と云うことを全然無視した結果になって了いますから、そう云う理解をしてはならないのであります。

又、権利能力なき社団には、法人格は与えられていませんが、夫れが為め社団性自体までが否定されるのではないと共に、其の社団性があるが為めに、他面に於て其の組合性を排斥されて了うものでもありませんから、社団関係に付て、社団法人の規定が類推されましても、夫れに依り規制し切れない部分に付て、組合の法則が適用され得ることは、社団法人に付て見たのと変りはないのであります。唯だ権利能力なき社団の場合には、社団自体が権利者となり義務者となることはありませんと共に、民法に規定された社団法人又は典型的組合契約の関係から見れば、其の基準を外れた別途の規制が、個々の社団の為め、社員間の特約により約束されて居ると認むべき点が多いでありましょうから、結局、社団的な関係も、組合的な関係も、権利義務の存否、内容の点でも、その帰属点（主体）の点でも同一になって了う場合が多いので、唯だ斯様に特約のない点につき、其の権利義務の存否、内容が社団的に構成されるか組合契約的に構成されるかで、幾らか差異が出る丈けであります。だから社団関係には全面的に組合の規定が類推されたとしましても、或は類推されないとしましても、大巾に当事者自治を認める限り、内容上夫れほど大きな開きがあると云う訳ではありません。

尚お、前に述べました様に、民法の組合契約の規定は、組合の法律関係を専ら組合員対組合員の間の契約上の債権債務として規定して居りまして、団体そのものが直接法律関係の中に当事者として、顔を出すことはありませんけれども、だからと言って民法は、組合の場合に、団体の成立を全く否定しまして団体は無いものと初から決めて掛ったり、或は在っても、頭から之を無視して規定している訳ではありません。民法は組合員相互の債権債務関係として規定してはいますけれども、其の場合にも組合の団体其のものが事実上現に出来上ることがあることも否定も無視もしていません。団体の出現を当然予想しまして、其の団体を回って組合員間にどう云う権利義務を認めれば、当事者の契約上の効果意思の実現として最も応しいかと云う立場で、其の債権債務の内容其の他を考えているのです。[12]ですから民法の規定を見ましても、例えば組合財産（六六八条、六七三条、六七六条）とか組合の業務（六七〇条、六七一条、六七三条）とか、組合の債権者（六七五条）とか云う言葉を盛に使って居ります。[13]組合は法人ではないのですから、組合が財産を保有していたり、組合に対して債権や債務を有つ者があったりする訳がない、少くとも法律上左様なことが在ってはならない筈でありますが、民法が敢えて、斯様な言葉を使って居りますのは、不用意に用語を誤ったと云うのではなくて、組合契約が締結されれば、多くの場合事実上何等かの団体が出来るであろう。其の団体に付て生ずる事実上の社会生活関係を、組合員の債権債務と云う角度から法律的な評価をすれば、此の様になる、と云うことを示しているものと云わなければならないのであります。組合財産は組合員の共有に属すと云う、民法六六八条の規定なども、組合財産なるものが現に社会生活の実態に於て認められる。夫れが法律的には其儘の形で組合自体への権利帰属を考えることをしないで、組合員に還元して考えなければならない。其の場合には総組合員の共有と云う形に帰着すると云うのが、典型的な場合であることを示しているのであります。ですから民法で組合とは、組合員を離れた独立の団体が認められないで、専ら組合員達が直接前面に出ている場合丈けを指しているという風にも言えないのでありまして、組合契約に基いて何らかの団体が成立することは寧ろ通常の場合として民法自体も予定している、と云うのが正しい見方であると言わなければならないのであります。唯だ其の際民法は其の団体に付て何も難しい注文を付けて居りませんから、左様なものは無ければ無くても構わない。又、在ったとしても其の団体性の強弱厚薄などを問題と致しません。団体性が濃厚に出ていて既に社団と認められ得べき程度に達していても、其の組合員相互の間に如何なる権利義務の関係が認められるかは依然として問題でありまして、其の限りで民法の組合の規定が依然として適用されるものと言わなければならないのであります。団体が在っては組合にはならないと云う風に考えるのは、民法の明文の規定を無視した考方でありまして、其の団体が社団たる性質を具えても其の点変りはない。更に其の社団が法人格を与えられ、社団法人となった場合に於てすら、社員と社員との直接の連がり、社団を仲介としない直接の関係は、依然として組合関係として残存し得るのであります。ですから、団体性、社団性の有無と、其の団体を回って現われる諸般の生活関係を法律がどう云う面で取り上げ、誰対誰の権利義務として夫れを規制するかと云うこととは、別問題なのでありまして、組合であるか社団であるかは其の生活関係の現われ方と言いますか、現われる方向或は面と言いますか、其の違いを示しているので、成員相互の直接の交渉に付て考える場合には組合の関係になるし、団体自体の在り方とか活動とかに付て考える場合には社団の関係になる。そして其の内、法人格を認められている場合には、社団自身が一方の権利者義務者となって、社員又は第三者との間に法律関係が認められる。然し法人格のない社団の場合には、社団自体の在り方や活動に付て考える場合にも、結局は権利能力の在る所へ引戻して、其の生活関係上の権利義務を考えざるを得ない。個々の社員或は総社員に帰属する権利義務の形に、或は特定の第三者に帰属する信託的権利義務の形に、分解して整理せざるを得ないと云うことになる訳であります。

それから、民事訴訟法の規定を見ますと、『法人ニ非サル社団又ハ財団ニシテ代表者又ハ管理人ノ定アルモノハ其ノ名ニ於テ訴ヘ又ハ訴ヘラルルコトヲ得』としまして、訴訟の当事者能力を認めて居ります（民訴四六条）。然し之は訴訟の当事者能力即ち原告又は被告となる資格を認めた丈けであって、必ずしも私法上、実体法上の権利能力を認めたものではありませんから、当事者能力があるからと云って、社団の債権だとか、社団の所有権だとか、権利の実体法的帰属を判決で確定できると云う訳ではないのです。唯、例えば、社団債務、――つまり現実に事実上、社団の債務となっているもの――に付て、社団が敗訴判決を受けるでありましょうし、敗訴判決を受ければ、社団財産――つまり現実に事実上社団の財産であると認められるもの――に向って強制執行が為される。強制執行の関係でも社団に当事者能力、即ち執行債務者能力がある訳で、社団自体が執行債務者として強制執行を受けますが、然し其の場合の執行の目的物たる社団財産は、実体法上誰の財産であるかと言えば、社団には権利能力がないのですから、実体法上社団に財産が帰属している訳がない。之は社団の構成員たる総社員の共有財産であるか、或は誰か代表者又は管理人の信託的な単独所有の財産であるか、夫れは具体的の社団の在り方如何に依り定まるのでありまして、何れにせよ実体法上の権利能力者たる何人かに帰属しているべきものであります。其の実体法上の権利者が誰であるかに拘らず、訴訟法上は社団自体に対する判決に基いて、社団自体に対して強制執行が行われ、其結果取上げられる財産があるとすれば、夫れは社団財産なのですが、夫れは決して其の財産が実体法上其の社団自体に帰属しているものと認められ、少くとも夫れを判決で確定すると云う訳ではないのです。誰の財産であるかは、実体法に従って誰か権利能力のある者の財産になるのでありまして、夫れが社団に対する強制執行で取上げられると云うに過ぎないのであります。社団に対する強制執行の結果、其の財産の実体法上の権利者は其の権利を奪われることになると共に、之に因って執行債権者が満足を得る限度で、実体法上の義務者は其の義務を免れることになる訳であります。(14)

又税法の関係でも最近は沢山、権利能力なき社団又は財団の納税義務を規定します。例えば、国税通則法三条及び七条、国税徴収法三条、所得税法二条一項八号及び四条、相続税法六六条、法人税法二条八号、及び三条、地方税法二四条六項及び二六条などに、法人でない社団又は財団、或は人格のない社団等と名づけまして、其の様な規定を見受けるのですが、何れも『法人とみなして』課税すると云うのであります。然し法人と看做されるのは納税義務と云う公法上の義務に付ての話でありまして、私法上は依然として法人ではない。又法人と看做されもしませんから、納税義務があると言われましても、其の履行の財源となる財産が其の社団自体に法律上帰属している筈がない。国の徴税に因って国庫に収納された金銭なら金銭は、誰の金銭であったのか、誰から国に所有権が移転することになるのかと言えば、矢張、其の財産の実体私法上の帰属者から国に移転すると見る外ないのであります。(14a)

所で商法は会社が総て社団たることを要求して居ります。夫れは五二条の規定で、一項でも二項でも、会社の本体が社団であることを直接文字に現わして居ります。有限会社法一条の規定でも同様です。だから我国の法律上は社団でなければ会社になれない。外にどんな条件が具わろうとも、社団でないと云う丈けで会社となる資格が否定されると共に、反対に社団でありさえすれば、其の他の点での要件をも備えることによって、会社になれるのでありまして、其の際、商法や有限会社法は、其の社団性の濃淡、強弱を問題として居りません。無論、会社たる要件が他にもあるのですから、社団であった丈けで、総て会社になって了うと云うのではありません。然し少くとも会社としての第一の要件たる社団と云うものを考える際には、社団であれば良いのです。社団でありさえすれば、其の点の関門は通過します。会社たる要件の一つが具えられるのであります。仮令其の社団性が極めて稀薄でありましても、幾らかでも社団性が認められる様な社会的実体が現実に事実として現われているならば、夫れは会社たるに適するし、反対に社団としての性格が完全に欠如して居れば、他に如何なる結合があったとしても、夫れは会社たり得ないものです。例えば、純然たる組合関係であって、社団的性質は全く認められない様なものも考えられることですが、そう云うものは会社たる要件を先ず以て欠いている訳です。ですから商法上会社とされているものの中にも、個々に就て具体的に観察すれば、現実に社団性の顕著なものも稀薄なものもある。一般的に見れば、合名会社や合資会社の中には社団性の可なり稀薄なものが多いと言えるだろうと思います。(15)然し夫れにしても社団性が幾分なりとも具わっていなければ、合名会社にもなれない訳であります。(16)

ドイツでは合名会社（ＯＨＧ）や合資会社（ＫＧ）は一般に法人とは認められないことは、既に他の機会にも言いましたが、夫れと共に、社団たることも要求されていないのです。ドイツの合名会社、合資会社は一種の組合其のものであります。そこで我国でも合名会社や合資会社は其の実質は組合である。だから会社の内部の関係に付ては組合に関する民法の規定を準用する、と云う商法六八条の規定は寧ろ当然の理を示したに過ぎないと云う意見が学者の間では相当有力であります。然し全く社団性を欠く組合でも合名会社や合資会社になれるのだとしますと、商法五二条の規定は全く無視されて了うのみならず、其の会社の法人格なるものが一体何に対して付与されているのか、実体のない架空の法人を商法が作り出していることになるのでありまして、法人理論とも相容れないことになって了うのではないかと思います。ドイツでは合名会社は法人ではありませんから、社団性の有無などを問題にするに及ばない。社団性がなくても合名会社の法律関係を体系付けるに支障はありません。民法の組合の規定を土台として、合名会社の特殊性を勘案しながら、権利義務の関係を規制する様に規定を設ければ良いのであります。然し夫れを其儘日本の合名会社に持込むことは建前の相違から許されないことであります。先程の商法六八条が組合に関する民法の規定を準用すると言っているのも、正に其のためなのでありまして、若しも合名会社の実体が組合そのものであるとするならば、準用するのではなくて、直接適用しなければならない筈です。夫れを適用すると言わないで、特に準用すると言っているのは、会社の内部の関係なるものが、組合関係ではなくて、社団関係の一部であるからでありまして、其の法律関係の一方の当事者は常に会社自体、社団自体でありますから、組合の規定に依り、組合員対組合員の間の権利義務として規制されている関係を、会社対社員の関係に引直して、権利者義務者が取替っていなければならない。だから適用でなくて準用する外ないのであります。何故組合の規定を準用するかと言えば、合名会社は社団ではあるけれども、同時に組合性を失っていないのが通常であるから、と言えるでありましょう。一般の考えの様に、社団なら組合ではない、組合なら社団ではない、と云う様な考えさえ捨てて、現実を直視すれば、素直にそれを理解できる筈だと私は信ずるのです。ドイツの合名会社も日本の合名会社も、其の社会的又は経済的実質に於て本質的な相違がある訳ではなくて、同質類似の現象を取扱っているものであります。だから経済上も企業形態として同一の利用価値或は効用を有つものと言えるのでありますが、唯、法律制度に組上げる着眼点が違っているので、自ら合名会社に伴う法律関係の態様に著しい相違が出てくるのであります。ドイツでは合名会社の実体に社団性があるか否かなどは問題にしないで、専ら組合性に着眼して其の法律関係が規制され、無論、社団性があっても構いませんけれども、其の社団性の有無濃淡などは合名会社たるに何の影響もない。然し組合性の方は合名会社としての本質的性格でありますから、之がなければドイツでは合名会社はあり得ない。之に反して日本では合名会社の実体に組合性があるか否かなどは直接問題にしないで、専ら社団性に着眼して、其の社団を法人とする、と云う方法で、合名会社の法律関係を規制するのです。無論、組合性があっても構いません、と云うよりは、商法は一般に組合性が濃厚に残存することを寧ろ予定しているとすら言えるのでありますが、然し組合性の有無濃淡は、合名会社たり得るか否かの判断の為めには全く問題にしない。(18) 然し社団たることは合名会社に付ての本質的要求でありますから、社団性が全く無ければ日本では合名会社にはなれないのであります。

此の様に会社は社団でなければならないと云うのは、会社なるものの理念として超法律的に決っていることではありませんで、専ら現行我国の法律上、其の様に扱われていると云うに過ぎないのでありまして、而も現に外国の立法例では、社団でない会社も認められているのでありますから、問題は唯、其の何れが社会生活の現実的規制として妥当であるかと云う立法政策の優劣の問題に帰するのであります。何れが理論的に正しいと云うものではありません。然し此の立法政策の優劣の検討は、主として法人格付与の点に関係しますので、後に会社の権利能力を論ずる際に之を(19)採上げて吟味したいと存じます。(20)

（1） 西本「社団と組合」（私法学の諸問題五四五頁以下）を事前に読んで置くことが望ましい。尚お W. Flume, Gesamthands-gesellschaft und juristische Person, in Festschr. f. L. Raiser, 1974, S. 27 ff.

（2） 茲では無論、法律上（特に商法学上）の会社を問題にする。

（3） Enneccerus=Nipperdey, Lehrb. d. BR. Bd. I. S. 621. Der Verein ist eine auf die Dauer angelegte freiwillige Personen-vereinigung, die in ihrem Bestand vom Mitgliederwechsel unabhängig ist, eine körperschaftliche Varfassung sowie einen Gesamtnamen hat, und von ihren Mitgliedern selbst verwaltet wird. Larenz, Allg. T. d. BRs. S. 101 ff.

（4）集団への加入（及び脱退）が成員の意思に基くもの。国、公共団体、其の他の権力団体、又は民族、部族、家族等、地縁血縁団体などを除く意味。

（5）法人実在説の立場に立つ限り。之に反し法人擬制説又は法人否認説に依れば、必ずしもそうはならない。

（6）例えば工場財団、鉄道財団 Bahneinheit.

（7）K. Lehmann, HR. S. 370. Anm. 1 u. 2. Ders. R. d. AG. Bd. I. S. 249 ff. 八木・株式会社財団論。

（8）此のノートでは触れる機会がない。

（9）

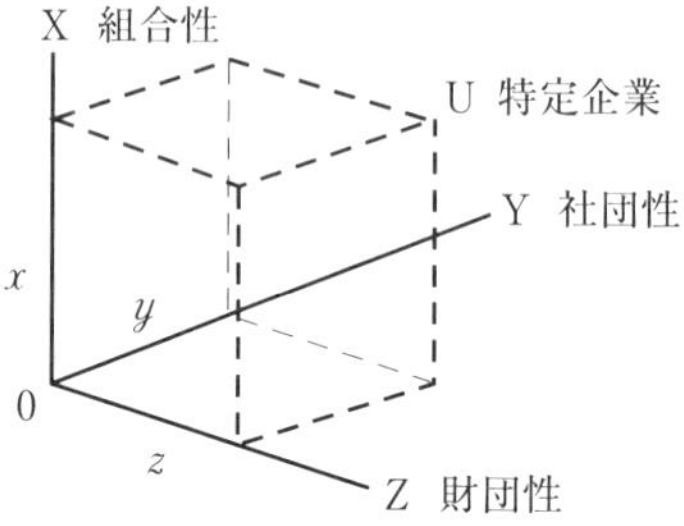

（10）BGB. §54. Auf Vereine, die nicht rechtsfähig sind, finden die Vorschriften über die Gesellschaft Anwendung. Aus einem Rechtsgeschäft, das im Namen eines solchen Vereins einem Dritten gegenüber vorgenommen wird, haftet der Handelnde persönlich; handeln mehrere, so haften sie als Gesamtschuldner. 特に社員の有限責任については、Enn.=Nip. a. a. O. S. 704 ff.

（11）Enn.=Nip. a. a. O. S. 693 ff.（特にS. 697 ff. IV以下）、H. Lehmann, Allg. T. S. 441. K. Larenz, Method. L. S. 311.

Anm. 3.

(12) 組合の団体性が組合に関する民法の規定の中に盛込まれる度合は、ドイツ民法に於けるよりも、日本民法に於ける方向が可なり強い。

(13) 其他、組合ト取引ヲ為ス（六七六条一項）、組合ノ債務者（六七七条）、組合ノ存続（六七八条）、組合ノ為メ不利（六七八条一項）、組合ノ解散（六八二条以下）など。

(14) 訴又は強制執行手続の繫属中に当該社団につき社員の加入脱退があり、実体法上権利者義務者に変動があっても、手続法上影響はない。弁論終結後に斯る変動があっても、判決の効力（特に社団財産に対する執行力）に変りはない。

(14 a) 特許法六条、著作権法二条六項等も参照。

(15) 所謂内部組合 innere Gesellschaft など。

(16) 之は一般論として言っているのであって、個々の会社に付て個別に観察すれば、合名会社の中にも、社団性が顕著で、組合性の乏しいものが在り得ると共に、株式会社の中にも、社団性が殆んどなくて、組合性の強く現われているものも在り得る。だから合名会社と株式会社とを比較して、前者は組合的会社、後者は社団的会社であると云うのは、法規制の内容の説明としては当っているが、個々の会社の特徴を表現するものではない点に注意しなければならない。

(17) 合名会社や合資会社の中には、社団の実体を欠くものがあり、其の限りで商法は擬制的な法人を例外的に認めていると云う説明をしなければならないであろう。会社の定義も修正しなければならない。

(18) 特定の合名会社に於て、組合性が欠け又は極めて微弱であったとしても、其の会社の内部の関係に付ては、民法の組合に関する規定が準用されることに変りはない。組合ではなくても、会社たる以上は社団でなければならないからである。組合でない以上、組合に関する規定を適用することは理論的に不可能であるが、之を準用することは常に可能である。

(19) 此のノートの中では之を採上げる機会はない。何れ之を採上げるとすれば、其処では法人格付与の長所（法律関係の簡素化）、短所（生活実態からの乖離、法人格濫用の危険）を指摘する筈である。

(20) 会社の社団性に関連して、一人会社の本質にも是非論及しなければならないのであるが、今回は割愛する。

二　営利社団

我国の現行法上会社は営利を目的とする社団でなければならない。会社なるものの概念上の要件の一つとしての営利社団性の問題であります。

其のことは商法五二条一項及び二項並に有限会社法一条の規定から出て来ることなので、先ず其の商法五二条一項の『本法ニ於テ会社トハ商行為ヲ為スヲ業トスル目的ヲ以テ設立シタル社団ヲ謂フ』と云う規定の中で、営利と云う要素が何処に含まれるのか。一見しますと商行為と云う部分に其の営利性が必然的に含まれている様にも見られますが、然し精密に見ますと、商行為と云うことと営利とは現行法上必ずしも必然的な結び付きはない。商行為の大部分は営利の要素を含みますけれども、然し中には商行為であっても然ずしも営利とは結び付かないものも我国現行法上認められて居ります。無論此処で商行為とは所謂基本的商行為のことで、商法五〇一条、五〇二条、其の他法律で定めた絶対的商行為と相対的商行為とを合わせたもの、其の行為自体が商行為としての性質を帯びるものでありますが、其の内相対的商行為は常に当該行為が営業として為されなければ商行為とはなりませんから、其の行為が商行為であると謂われ得る為めには、其の種の行為が営業として為されているのでなければならない。或種の行為を営業として為す場合に初めて其の個々の行為が商行為となるのが相対的商行為であります。だから相対的商行為は常に営利の意思を前提に含まなければなりません。それは営利を度外視しては営業と云う観念が成り立たないからであります。此の点は尚後に再び詳しく説明する機会があるので其の際に又考えることにしますが、何れにしましても相対的商行為と営利の目的とは観念上切り離し得ないものでありますから、相対的商行為を為していると認められる者は既に営利の意思を有つ者である。さもなければ其の行為は商行為にもならない。従って或る社団の目的たる行為が相対的商行為であって、社団が其の種の商行為を行っていると認められるときには、既にそれだけで其の社団は営利の目的をもつ社団たることが認められていることになります。然し五〇一条の肝心の絶対的商行為を見ますと、其の中には必ずしも営利とは結び付かないものが含まれて居ります。ですから或る社団が絶対的商行為を為すと云うだけでは、必ずしも其の社団は必然的に営利の意思をもつものとは断言できない。即ち五〇一条の商行為は必ずしも営業として為されないでも孤立した個々の行為自体が独力で商行為たる性質を帯びるとされる訳で、而も其処に列挙された行為を一つ一つ当って行きますと、其の個々の行為が営利の意思を以て為されたか否かに関係なく、言い換えれば利益を度外視して全く非営利的に行われた場合にも、其の行為が商行為となるものも含まれて居ります。

即ち其の一号前段の所謂投機購買に付ては、『利益ヲ得テ譲渡ス意思ヲ以テスル』云々とありまして、利益を得て譲渡す意思、営利意思がなければ此の商行為にはならないのです。それから二号の所謂営利供給契約も、規定の文句には営利意思を要求する文字は入って居りませんけれども、一般の解釈に依れば、やはり之も利益を得る目的で其の供給契約をすることが必要で、営利の意思を以て供給契約を締結する場合に其の契約が商行為になる、絶対的商行為とされて居ります。だから、之も其の個々の行為自体に其の営利性が要求されるので、或る社団が此の一個又は数個の乃至は不特定多数の営利供給契約を為す目的を有つ社団であるならば、其のことから営利を目的とする社団であることが当然に前提となっていることになります。

然し其の三号、四号になりますと、其の行為は必ずしも営利とは結び付かない。殊に四号の『手形其ノ他ノ商業証券ニ関スル行為』之は如何なる状況の下に、どういう目的で其の行為が為されようとも、常に商行為になります。此の手形其の他の商業証券に関する行為とは何かと云うことは、商行為法の方で緻密な研究をして頂きたいのですが、手形の振出、裏書、保証の様な、所謂手形行為は少くとも総て此の四号の手形に関する行為になります。其の他の商業証券と云うのは小切手とか貨物引換証などでありまして、之等の振出、裏書などは皆此の商行為になりますが、その様な証券の振出、裏書などは行為者が夫れに依って利益を得る意思があろうと無かろうと、そういうこととは無関係な無色な証券上の行為であります。夫れ夫れが全部絶対的商行為になる訳で、之と営利とは行為自体の中では結び付かない。従って左様な種類の商行為を為すからと言って、其の行為者に営利の意思があるということには、必然的にはならないのであります。例えば個人の生活費の支払の為めに小切手を振出しても其の小切手振出は此の商行為になります。

それから、三号の『取引所ニ於テスル取引』。之も少くとも商法上は営利と必然的に結び付くものではない。凡そ取引所に於てする取引である限りは、どういう種類、内容の取引であろうと、又どういう当事者の如何なる目的を以て為す取引であろうと、皆この絶対的商行為であります。だから無論、営利の意思などは問題ではないので、営利の意思を以て為しても、非営利の意思を以て為しても、凡そ取引所に於てする取引である限りは商行為であります。唯、この点は現在の取引所の法制――之は証券取引法と商品取引所法との二本建になって居りますけれども、之等の取引所に関する法律の規定――では、当該証券取引所の会員たる証券会社なり或は当該商品取引所に上場される商品の売買等の業者たる取引所の会員が、其の上場有価証券乃至商品に関して、売買取引を自己の名に於て、自己又は他人の計算ですることだけが取引所に於てする取引として認められて居りまして、夫れ以外に取引所に於てする取引は法律上許されない。従って法律上取引所に於てする取引に該る取引をするには、常にその様な業者――証券会社とか商品売買業者とか――が、自己の名を以て自己又は他人の計算で、証券の売買なり、商品の売買なり、或は夫等売買の取次の実行なりとする外ないのです（証券取引法九〇条、一〇七条以下、商品取引所法二三条、七七条など）。結局商法に所謂取引所に於てする取引をする当事者は、取引所法の規定に依り、有価証券又は商品の売買業者又は取次業者などでなければならないので、一定の社団が取引所に於てする取引をするには、先ず斯様な売買営業又は取次営業などをする社団たることを要する。従って営利の意思をもつ社団、営利を目的とする社団であることが要求されます。取引所に於てする取引其のものは、個々の行為として見れば、必ずしも利益を得る意思を以て為されなくても、商行為たるには違いありませんけれども、其の取引が商行為であるか否か、営利の目的を以て為されるか否かを詮索するよりも前に、既に其の行為者に付て、売買業者又は取次業者などとしての営利の意思が要求されることになって居りますから、実際には、営利の意思のない者が適法に此の商行為を為すことは在り得ないことになります。然し夫れは偶々我国現行の取引所の法制で、そうなっているからで、商法上左様な要件を付せられている訳ではないのです。商法上は取引所に於てする取引は皆、商行為であります。従って、証券会社や商品取引所会員などが『取引所ニ於テスル取引』を為す場合にも、必ずしも常に例外なく各取引が営利意思を以て為されるとは限らない。例外的には営利を度外視した、而も営業の為めにするのでもない取引も為すかも知れないけれども、夫れでも当該取引は商行為であるという丈けのことで、夫れが為めに行為者の売買又は取次営業に於ける営利の意思まで消えて良い訳ではありません。一般的営利の意思をもちながら、偶々例外的に営業外の非営利的な取引を為しても、其の非営利的取引は商行為、絶対的商行為であるという訳です。尚お取引所に於てする取引が一定の証券会社又は商品売買業者乃至は売買取次業者などに限って行い得るものとすれば、其の三号の規定がなくても、一般には其の営業上為される売買は一号、二号に該当しまして、其の限りで夫等の絶対的商行為になって了います。又売買取次ならば五〇二条一一号に依って相対的商行為に該りますから、之等とは別に独立の絶対的商行為として之を列挙して、取引所に於てする取引を特に商行為として規定して置く実益は大してないので、偶々個々の取引に付き営利の意思がなくても、夫れも商行為になるという丈けのことですが、之すら其の規定がなくても五〇三条で補助的商行為として拾われるものが大多数でしょうから、実際上は大した問題は起らないのです。五〇一条三号は在っても無くても実際上は結果に殆ど変りはない規定です。唯、強いて言えば、個々の取引に付き営業外の非営利の取引であることが立証されても、其の商行為性は否定され得ないという点に実益があるに過ぎない訳です。然し兎も角も、商法の規定の正面からは取引所に於てする取引という中には、営利ということは含まれていない。営利の意思を以てしなくても取引所に於てする取引は商行為になる。

それから、一号、二号の投機購買、営利供給契約、共に個々の行為に付き、営利の意思を必要とするのですが、然し夫等の実行行為即ち各後段の行為は営利意思を必要とするものでありません。投機購買の目的物の転売や、営利供給契約の履行に必要な目的物の有償取得を目的とする行為などは、営利意思を必要としないのです。営利の意思なしに之等の行為を為しても、夫れは商行為であります。だから其の実行行為として、仕入原価を割って転売しても、矢張商行為であります。見す見す損を覚悟で供給契約の目的物を仕入れるのも商行為であります。ですから、此の一号、二号の各後段の所謂実行行為と謂われる行為は必ずしも営利とは結び付かない、営利性は商行為たるための観念上の要素ではないのです。

そういう訳で、商法五〇一条の規定を見ますと純粋に商行為として個々の行為を観察する限りは、寧ろ営利と結び付かないものの方が、其の種類から言えば、多い訳です。一号及び二号の各前段の行為丈けが常に営利の意思を要求される丈けで、一号後段、二号後段、三号、四号、之等の行為は何れも営利意思を必要としない、少くとも商法上は営利の意思がなくても、常に商行為になります。斯様な行為が商行為として列挙されているのですから、そこで或る社団が商行為を為す目的をもつことだけからは、未だ其の社団は営利を目的とする社団であると決めて了う訳にはゆかないことになります。

それならば、其の五二条一項の会社が営利社団であると、どうして言われるのかと云うと、それは商行為を為すを業とすると云う、其の『業トスル』点に於て営利の目的が常に要求されるからであります。その業とすると云う文句の中に、どうして営利性が含まれるのか、は其の文字を幾らひねっても出て来ませんが、商法には業とすると云う文句がこの外にも沢山使われて居りまして、夫等は皆、営業とする意味であると解釈されて居ります。詳しくは商法総論或は商行為法の研究に譲る外ありませんが、商法の解釈としては、業とするとは営業とする意味であります。例えば商法四条一項及び二項の商人の観念を定める規定に業とすると云う文句がありますが、之は営業とする意味であることに一致して居ります。(1) 其の外にも業とすると云う文句は例えば商行為法の中の問屋営業とか運送業とかを規定する各章の首の規定に問屋、運送人などの観念を定めて居ります。各章の最初の規定でありますが、例えば五四三条に『仲立人トハ……ヲ業トスル者ヲ謂フ』とあります。斯ういう規定で以後夫れ夫れの章の最初の規定に業とすると云う文句が何時も出て来ます(五五一条、五五八条、五五九条、五六九条、五九七条)。総て之等に、業とするというのは営業とする意味であると解釈されて居りまして、従って五二条一項に『商行為ヲ為スヲ業トスル』という其の『業トスル』も商法の一般の用例に従って、営業とする意味であると解すべきであります。

どう云うことをしたら、営業としたことになるかも、商法は直接、規定の上で明かにして居りませんが、国語の一般の用法などに照して考えれば――人に依って定義の表現は色々ニュアンスはありますけれども、私が今迄述べて来た所では――営業とは一貫した営利の意思を以て同種の行為を機会があれば際限なく何辺でも繰返すことであります。一貫した営利の意思を以て同種類の取引を機会があれば際限なく反覆する場合に、其の営利意思で貫かれた全体の行動を把えて営業と謂います。人に依って、此の営業の定義の表現は多少変って居りますけれども、大体に於てそう云うことでありまして、営利の意思を以て、という点は変らないのであります。

ですから、商法五二条一項の『業トスル』と云う要件を充すためには、営業が為されなければならない。其の営業が成立つためには、少くとも営利の意思を以て何かが為されていなければならない。五二条一項で言えば、商行為が為されていなければならない、と云うことになります。其処で一項の会社、之は本来固有の意味の会社、商事会社でありますが、之は商行為ヲ為スヲ業トスルと云う其の業とする点に於て常に営利の意思がなければ夫れに該当しない。営業とするという内に営利の意思、営利性が要求されている。前に言いました様に、商行為と云う点では必ずしも営利性が含まれるとは限りませんけれども、夫れを業とすることで、総て営利性が含まれます。其の意味で、五二条一項の会社は営利を目的とすると云うことが出来るのであります。

尤も此の営利の意思は営業全体に一貫して有れば良いので、営業上為される個々の行為に夫れ夫れ全部残らず営利の意思がなければならない、と云う意味ではありません。此処で営利の意思というのは、要するに、一定の事業を全体に総括すれば、其の必要とする経費よりも、夫れに依って得られる収益の方が超過して居って、且つ成るべく多く、それを超過させて、其の超過額、差額を終局に於て利得したい、という意思です。収支の差額、その収入を支出よりも成るべく多くして、其の差額を利得しようと云う意思が営利の意思なので、其の様な営利の意思は営業全体として一貫して持ち続けていれば良いのです。個々の一つ一つの行為が例外なく一々営利の意思を以て行われていなければならないと云う意味ではありません。ですから、典型的に売買契約を例にとりましても、其の仕入は無論営業である限りは、一般には転売利益を得ようと云う営利の意思を以て為される訳でありましょうが、之とて時には損得を度外視した仕入をすることも在り得る訳で、況んや其の仕入れた商品に付ての相場の先行き、見通しを誤ったりして、転売に際して必ずしも利益を得られるとは限らない、利益を見限って損失を承知の上で転売せざるを得ないことも在り得るのです。ですから、其の転売行為は営業を成り立たせるため不可欠の行為、利益実現の為め不可欠の行為でありながら、時には之に因って利益を得ようなどと云うことを既に断念していることも在り得るので、そう云う場合でも、其の転売行為は売買営業の一貫した営業上の行為と見られるのですから、営業たるが為めには営利の意思が必要であると言っても、寝ても醒めても、居ても起っても、常に営利々々と云うことで、利益に結び付かないことは何一つしないというのが営業であると誤解してはならないのです。全体として営利の意思を以て一貫して居れば良いので、場合によっては損を承知で売ることもあるし、或は其の行為自体からは直接には利益を生じないことが性質上確実な行為であっても、例えば単なる宣伝や広告などは、其のこと自体費用支出するのみでありまして、夫れに依って利益を生じないことは最初から確実なのですが、然し之は間接的に取引の機会を作って、将来の販路の維持拡大の期待の下に行われるのでありましょうから、間接的な而も不確実ではありますが、一貫した営利の意思で連がれた一体としての営業に属する行為の一部になるのであります。斯様な行為も営業の範囲外に食み出した行為ではないのでありまして、之ら支出一方の行為も引くるめて、全体として収支の差額を成るべく多くして、之を利得しようと云う意思がある場合に、営業が成立つのであります。直接利益に連がる行為丈けが営業を組成しているのではありません。

そう云う趣旨で営業を目的とする社団ならば、それは営利を目的とする社団である。ですから営利を目的とする社団と云いましても、営利行為以外の何事も為さない社団と云うことではない。斯様な一貫した営利の意思を以て、一団の統一的な事業即ち営業をしている、其の事業に依る収支の差額を全体として摑んだ上で、其の差額を成るべく多く挙げることを努力しながら、因って得た利益を社団自ら利得しようと狙っているだけで、個々の行為を取出して見れば、時には利益を度外視した行為が其の中に織り込まれて居りましても、之が為め直ちに其の行為が営業の範囲外の行為となったり、社団が其の目的の範囲外の行為をしたことになったりするものではないし、況や之が為め其の社団が営利社団たる性質を失うものではないのです。営利を目的とする社団と云うのは、そう云うものと理解される訳であります。

それと、もう一つ重要なことは、此の場合に営利の意思、即ち収支の差額を利得しようと云う意思は、社団自体が有つ意思なのでありまして、其の社団を構成する個々の社員の意思とは別のものであります。無論、各社員は左様に社団が獲得した利益を終局的には利益配当なり、或は残余財産分配なりの形で、其の分配に与かろうと云う意思を持つことが多いでありましょう。そして会社法は正に其の様な社員のいる社団を予定して、利益配当や残余財産分配に関する規定を設けて居ります。然し社団が其の営業に依って得た利益を、どう始末するかは、其の社団が営利社団であるか否かの性格を決定する point になる訳ではないので、其の社団が営利社団であるか否かは、其の目的たる事業に依って社団自体が収支の差額を利得する積りであるか否かに依って決ります。『商行為ヲ為スヲ業トスル目的ヲ以テ』云々と云う其の目的とは当該社団の目的、社団自体の有つ目的のことです。社団がそう云う目的を有つことを要する。夫れが我国現行法上会社たる要件であるのであります。

尚お、今説明して居ります営利社団という観念と並んで、別に営利法人という観念がありますが、此の営利法人たる観念に付ては、争がありまして通説に依れば、営利法人たるが為めには、当該法人自身が唯営利事業を為す目的をもつと云う丈けではなくて、其の営利事業に依って得た利益を社員に分配することを目的とする法人たることを要する、として居ります。此の立場の人達は、果して営利社団と云う観念に付ても利益の社員分配と云うことを其の観念上の要素とするものと考えているか否か、必しも明らかでありませんが、若しそうだとしますと――多分そう思っているのでしょうが――左様な考えは根拠のない誤った考えであります。此の点は別に営利法人の観念を説明する際に詳細な検討を致したいと思いますが、少くとも此処では、民法や商法が営利を目的とする社団として表現しているものを営利社団と名付けまして、或る社団が営利を目的とするとは一体如何なる意味であるかを吟味しているのでありまして、其の際、社員が如何なる目的を有つかは当面の問題ではないのであります。会社は営利社団であること、営利社団でなければ会社たり得ないことを論証しようとしているのでありまして、会社は営利法人であるか否かを問題としているのではありません。それは次の機会に取り上げる積りですから、混乱しない様にして下さい。

それから尚お、法律は利益を得る意思とか、営利を目的とするとか云う言葉を使いますけれども、其の場合の意思とか目的とか謂うのは、法律行為の効果意思や効果意思の内容のことではないのです。例えば五〇一条一号の絶対的商行為に付て、利益を得て譲渡す意思と云う場合の利益を得る意思(2)は法律行為の効果意思ではない。利益を得たいと云う意欲を表示した所で、其の意欲に相応する法律効果として利益獲得の権利や義務が発生する訳ではない。又予定通り利益を得られなかったからと云って、其の行為が無効の行為となる訳もない。土地を買う場合に、此の土地を転売して大儲けしたいと言ったならば、夫れで儲けさせて貰える、儲ける権利が与えられたり、或は儲け損なった場合には其の売買が無効になったり、するのだとしましたならば、世の中に金儲ほど易しいことはないことになります。意思表示に基いて其の効果意思の内容に応じた権利義務の変動を生ずるという点から見れば、利益を得る意思は意思表示の効果意思ではあり得ない。効果意思の内容たるに適しない意思です。法律行為から見れば、之は動機或は縁由Beweggrund或はMotivの一つに過ぎないのであります。此の土地を今買って置けば儲かるだろうと云う見込で買うだけのことで、法律行為、売買契約から見れば、動機の一つとして、左様な営利の意思を買主が有っている。左様な営利の意思と云う動機の下にしなければ、法律は其の売買契約を絶対的商行為とはしないと云うだけの話でありまして、其の意味では法律が動機を問題にしては居りますけれども、然しそれは効果意思の内容として要求している訳ではありません(3)。

そして夫れは個々の投機購買が商行為となるために必要とされる利益を得る意思、営利の目的すら、法律行為の面からは単なる動機に過ぎないのでありまして、夫れが営業に於ける営利の目的に到っては、営業全体として一貫した営利の意思があれば足りるのでありますから、其の営業上為される個々の取引に付て必ずしも一々例外なく営利の意思を必要とするものではない。其の営業上為される個々の取引を見れば、営利の意思を以て為されるものもあり、営利の意思なしに為されるものもあり得る。営利の意思を以て為される行為に付てすら、その営利意思は法律行為的な効果意思ではなくて、単なる動機に過ぎないのですから、営業のためにする行為ではあるけれども、当該行為に付き直接営利の意思を伴わないような取引の場合には、営業上の営利意思は単に間接的な動機に過ぎないのでありまして、固より効果意思とは関係のない意思であります。又、営利の意思があったからと云って、必ずしも何程かの利益が実現するとは限らないことは言う迄もないことであります。儲ける積りでやって見たけれども、案に相違して損をして了ったなどと云うことは日常在り勝ちなことであります。然し其の場合でも一貫した営利の意思を以てやって居る間は、営業にはなるのでありまして、利益を挙げて居る間丈けが営業であるのではありません。損ばかりして居ても、営利の意思を捨てない限り営業に外ならない。営利を目的とする社団という場合にも、現に利益を挙げているか否かが問題なのではなくて、利益を挙げる積りか否かが問題なのです。損ばかりして居っても営利社団たる性質を失うものではありません。反対に或る社団の事業から利益が挙ったからといって、夫れを以て営利社団であると決める訳には行かないのです。問題は、営利意思という動機の有無であって、利益の有無ではない、と云うことであります。又、利益が挙った場合の其の処分目的や処分方法でもないと云うことであります。

所が今言った様な前提で有限会社法一条の規定を見ますと、一寸書き方がおかしいのであります。『本法ニ於テ有限会社トハ商行為其ノ他ノ営利行為ヲ為スヲ業トスル目的ヲ以テ』云々とあります。営利行為と謂うのですから、当該個々の行為に付き営利性或は営利目的が要求されるように読めます。従って此の点から既に有限会社の営利社団性が論証される様に見えます。そして而も、其の『営利行為』と云う前に『商行為其ノ他ノ』とありまして、此の規定を見ますと恰も商行為は営利行為の一種、営利行為の代表的な標本である、商行為である以上は何れも当然に営利行為であるが、商行為以外にも営利行為が在り得るから、有限会社の営業目的は其の様な営利行為でも宜しい、と言う様な意味にとれる書き方をして居ります。そこで人に依っては此の規定から、商行為は営利行為である、商行為である限りは、常に必ず営利行為の一種であると少くとも法律は見ている、と云う様に読みたがるのであります。そして御丁寧にも、それを商法五二条一項の方まで逆輸入しまして、五二条一項の会社は商行為をするのだから営利社団である、などと云う素人議論をするのを見掛けます。けれども之は寧ろ其の有限会社法の規定の表現が適当でなかったからなのでありまして、此の文句から、其の文字通りに商行為は営利行為であるとして、法律が扱っている、と云う様な議論をするのは間違っていると思います。先程も言いました様に、商法は現に営利の意思を必要としない商行為、営利行為ではない商行為なるものを観念上認めて居りますから、商行為であるからと云って、例外なく営利行為であると云うことにはならないのであります。無論、営利の意思を以てしないでも、商行為たる行為は、偶々営利の意思と云うに過ぎませんから、有限会社法一条は、其の行為が商行為であると商行為でない行為であるとを問わず、営利の意思を以てするのでなければ有限会社の事業目的たり得ない、と言う積りで『商行為其ノ他ノ営利行為』云々と言っているのだと解することが出来るでありましょう。

然し此の有限会社法の規定にも、『営利行為ヲ為スヲ業トスル』と言いまして、矢張、業とすると云う要件を挙げて居ります。其の『業トスル』と云う言葉は、商法で業とすると云うのと同じで、営業とする意味であると見なければなりません。だから有限会社の場合に、其の目的たる商行為が仮に個々の行為としては営利意思を必要としない商行為であったとしても、夫れを業としようとすれば、どうしても営利の意思が必要となります。有限会社が営利社団たることを要することは、此の業とすると云う点から必然的に出て来るのであります。其の業とする行為が何であっても、業とする以上は其処に営利性を必然的に伴う筈であります。従って有限会社が営利を目的とする社団たることを要すると云う点は、有限会社法一条の『商行為其ノ他ノ営利行為』と云う点に其の論拠を求めてはならないので、其の『業トスル』と云う点に之を求めなければならないのであります。其の結果、好都合にも、先程の商法五二条一項の会社と共通の論拠を得られることになります。有限会社の場合にも商行為其の他の営利行為をするだけでは不充分なのであります。之を業としなければならないのであります。其の業とする行為は、商行為でも其の他の営利行為でも構わない。此の点で商法五二条一項の会社よりは営業範囲が広い訳です。そして其処に商行為と云うのも矢張、商法五〇一条、五〇二条などに列挙された所謂基本的商行為であることは争ない所でありますが、其の他の営利行為とは何であるか。凡そ行為なるものを営利行為と非営利行為とに区別できると考えているらしいのですが、其の区別の基準はどの点に在るのか。有限会社法にも其の他にも、其の点を明かにする直接の規定は見当らないのでありますが、営利行為と非営利行為との区別は、少くとも其の行為自体の内容や性質からは出て来ないのでありまして、原則として凡ゆる行為は営利的にも非営利的にも行われ得る。例えば最も普遍的な行為として売買の様な行為を取って見ても、営利的な売買もあれば、非営利的な売買も在り得るので、売買という行為其のものの性格や内容に差異がある訳ではありません。或る行為が営利の意思即ち動機を以て為されれば、営利行為であるし、営利の意思なしに為されれば非営利行為となるのであります。同じ種類、内容、性質の行為が営利的にも非営利的にも行われ得るので、其の結果、同じ種類、内容の行為、売買なら売買という行為が営利行為にも非営利行為にもなると言わなければならないのであります。ですから有限会社法一条に営利行為と云うのも、行為自体の種類、内容を見て営利行為であるか否かの判別が出来るのではなくて、専ら営利の意思を以て或る行為が為されるか否かで決まるのであります。謂わば動機に於ける違いであります。そして斯様に営利の意思を以て為す行為が営利行為であるとすれば、『営利行為ヲ為スヲ業トスル』と云う言い方は、営利意思の点で無用の重複をしている訳であります。馬から落ちて落馬したと云う類の文句になっているのであります。要するに一貫した営利の意思を以て或る種の行為を機会があれば無制限に何度でも反覆して行う積りであるならば、『営利行為ヲ為スヲ業トスル』という現象が生ずる訳で、之れ以上何も附加する事柄はないのです。夫れならば、営利行為と言うのは余計なことで、唯、『行為ヲ為スヲ業トスル』と言えば足る訳です。有限会社法一条の規定は、『商行為其ノ他ノ行為ヲ為スヲ業トスル』云々と言って置けば良い訳で、特に営利行為などと余計なことを言うものだから、却って混乱の源になるのです。商行為の内、営利行為でないものは、どうして呉れる、などという揚足を取られることになるのであります。本来、商行為の中には、営利意思を必要としないものもある。それでも夫れを業とする目的を有するなら、其の社団を有限会社たらしめるに妨げない。商行為以外の行為も一般に営利意思を必要としない。然し夫れも之を業とする目的を有するなら其の社団を有限会社にすることが出来る。其の行為を営業として為すなら、どんな行為でも構わない訳です。行為自体に営利性を要求するものではありません。売買でも賃貸借でも、行為自体が営利行為性を帯びている訳ではないので、之を営利の意思を以て為すから営利行為になるのです。だから、どんな行為でも、之を業として為しさえすれば、其の行為は営利行為になります。業として為すことに因って営利行為になる行為であっても、有限会社法一条に言う所謂営利行為たるに妨げないのであります。決して有限会社法は、業とする迄もなく、本来其の個々の行為がそれ自体営利行為たる性質を有つ行為でなければ、之を業としても、有限会社の事業目的として認めないと云うのではありません。若しそうでありませんと、商行為の中にも、営利性を必要としないものもありまして、有限会社は左様な商行為を業とするものであってはならない、と云うことになったり、或は商行為以外には其の行為自体に法律が営利の意思を要求する行為は殆どありませんから、大部分の行為――特に商法五〇一条に該当しない其の他の典型的な売買まで[4]も――が有限会社の営業目的から外されてしまって、有限会社の形態を以て営み得る事業の範囲が不自然に狭くなって了うのであります。有限会社法一条を左様に狭く限定して解釈することは誤りであります。同条に営利行為という其の言葉に拘泥してはならないので、如何なる行為でも業としさえすれば良いのです。[5]無論、行為の性質上、業とすることの許されない行為もありましょう。社会的・経済的に之を業とすることの不適当乃至困難な行為もありましょう。社会福祉とか、学校教育とか一般身分上の行為とか、左様な行為は営業とする訳には行きませんから、その様なことをする有限会社も在り得ないのですが、それは其の行為が非営利行為だからというのではなくて、その行為を業とすることが法律的に或は社会的に許されないからなのであります。然し、凡そ営業とすることを許される行為ならば、何でも有限会社の形態で行うことが出来ます。唯、業とすること丈けは概念上の要素でありますから、其の点で有限会社は常に営利を目的とする社団であると云う訳です。営業の目的たる個々の行為自体に、一々営利性の有無を問わないのであります。一般的に、営業全体として営利の意思を以て導かれていることが必要なので、営業上為される個々の行為が、総て例外無く営利行為たること、営利の意思を以て為されることは必要でありません。それが『業トスル』という意味であり、営利社団であるという意味であります。従って、凡ゆる営業が有限会社の目的たり得ることになるのであります。営業たる以上、一定の行為が不特定多数に為されることは当然なので、従って有限会社法一条に、『商行為其ノ他ノ営利行為ヲ為スヲ業トスル』という断り書きも、実は要らない訳です。だから、条文の体裁を整えて、之と同じ意味の規定に書き改めるとすれば『商行為其ノ他ノ営利行為ヲ為スヲ業トスル』という文句の代りに、『商業其ノ他ノ営業ヲ為ス』という文句で足りるので、『本法ニ於テ有限会社トハ商業其ノ他ノ営業ヲ為ス目的ヲ以テ本法ニ依リ設立シタル社団ヲ謂フ』という文句に改めた方が、表現としては却って正確でもあるのであります(6)。

扨て、斯様な目で見ますと、今度は商法五二条二項の会社ですが、其処には『営利ヲ目的トスル社団ニシテ……商行為ヲ為スヲ業トセザルモ（云々）』と云うので、商行為営業以外の営利を目的とする社団と云うことになって居ります。ですから、此の二項では、其の『業トスル』という言葉は、商行為を為すを業としないという消極的要件として『業』という概念が出て来るのみで、其の社団が抑も積極的に営業を為さなければならないとは言っていない。営利を目的とする社団とは言って居りますが、営利事業或は営業を目的とするとは言っていない。五二条一項や有限会社法一条では、之れ之れの行為を為すを『業トスル』という言い方ですから、その社団の目的は何等かの営業になっていなければ、之等の規定による会社たり得ない。所が、二項の方は、営利を目的とする社団たることを要求しますが、其の目的たる行為が営業として為されることを要するとは言っていない。言い換えれば、一貫した営利の意思で、不特定多数の行為を反覆する目的を持つことを必要としないので、例えば、一個または数個の特定の行為丈けを行う目的の社団であっても、其の目的たる特定の行為を営利の意思を以て行う目的であるならば、それでも営利を目的とする社団にはなりそうです。具体的にどういうのが一番通りの良い例になるのか判りませんけれども、例えば、あのフィリピンへ向う途中に沈没している戦艦武蔵を引揚げようと云う話が持ち上がったので、それでは茲で一つ俺達が社団を作って其の引揚作業を請負ってやろう、兎も角誰かが引揚げようとしているから、それを有利な報酬で請負ってひと儲けしよう、そう云う目的の会社が五二条二項で作れるかと云うことであります。仮に計画通り戦艦武蔵の引揚作業の受注に成功しまして、其の会社の手で引揚が完了して了えば、それでもうその会社の仕事は全部終りなので、約束の報酬を貰って会社は解散し、残余財産を社員に分配すれば万事終了と云う、そう云う会社が作れるのか、そういう目的だけで我国現行法上会社の設立が許されるか、たった一回しか請負契約をしない、その請負契約の履行を完了すれば——定款変更して目的を変えない限りは——会社は最早やることが無くなって了って、結局解散するほか無いでありましょう。そう云う特定の取引だけを初めから予定して、たった一回、或は二回三回でも、特定個数の行為、予定された特定の行為のみを目的とする営利社団なるものが会社たり得るのか。沈没艦船の引揚は、恐らく商法五〇二条の五号に謂う作業の請負に入るでしょう。これは相対的商行為で、営業として為さなければ商行為にはならない。ですから、戦艦武蔵の引揚を請負うと云うだけでは、仮令、営利的にやっても商行為にはならない。商行為にはなりませんから、五二条一項の会社にはなれない。若し出来るとすれば、五二条二項の会社としてでなければならないのですが、そう云うたった一回丈けの営利行為を目的とする会社なるものが我国現行法上認められるか。つまり商行為営業以外の営利を目的とする社団であるならば、営業を為すと否とに拘らず総て二項に入るのか、或は二項の場合にも営業が必要なのか。即ち商行為営業でない営業をしなければ二項に該当しないのか。

又或はその行為自体は商行為であっても、之を業としない限り一項には該りませんから、例えば特定のビルを買受けて、其の転売利益を得る目的丈けの会社を設立することが出来るか、あの霞ケ関ビルを買収して有利に転売すること丈けを目的とする会社、即ちたった一個の投機購買及び其の実行行為をする、いずれも商行為として、合計此の二個の行為しかしない、商法五〇一条一項前段の行為と後段の行為とを各一つ宛しかしない、そう言う目的で会社を作ろうとしても、五二条一項には該らない、何となれば、その行為は商行為には相違ないけれども、それを業とする目的がありません。一項の会社たる前提要件を具備しない訳です。機会があっても同種の行為を何度も反覆するつもりはありませんから、そういうのは一項の『業トスル』という要件を欠いていて、一項の規定では会社たり得ない。それならばそれは二項の方の要件を具えるものとして会社を設立することが出来るのか、此の場合には商行為を為すには違いないけれども、業としない点で、それから先程の戦艦武蔵の引揚の請負は商行為にもならないし、業とすることにもならない、然し営利の目的は何れも有っている。要するに第二項の会社は営利の目的がある社団ならば、営業の目的が無くても良いのかということです。

此の点は商法五二条の文面では、一項では商行為を為すを業とすることを要件としますけれども、二項では必ずしも業とすることを要求しない。ですから特定の一個又は数個の初めから限定された特定の商行為其の他の行為を為すだけの目的を有つ社団であっても、当該行為を営利の意思を以て為すことを目的とする限りは、営利を目的とする社団には違いないですから、二項の会社として設立することは可能であると解する意見が多いのです。唯、実際問題として、左様なたった一個の行為とか、少数の特定個数の行為とか丈けを予定して、それが終れば会社はもう仕事が無くなる、左様な会社が現実に設立される実例は余り無い様でありまして、左様な議論をする実際的な実益も余り無さそうであります。仮に当初は戦艦武蔵の引揚を請負う丈けの積りであったとしても、恐らく定款に掲げる目的としては沈没艦船引揚請負業と云う様な一般的な表現を使って会社を設立することが実際上多いでありましょう。左様なことを言って議論しているのは学者の暇潰しだということになるかも知れません。然し左様な会社は作れない、会社として作ろうとしても法律は之を会社として認めないと云う積極的な理由もなさそうであります。そういう会社を作りたければ、会社として法律上は認められるとして良いだろうと思います。唯、有限会社に付ては、有限会社法一条の規定で、常に業とする目的を要求しますので、単に一個又は数個の特定の営利行為のみを目的とする有限会社は現行法上は認められません。商法上の会社としてのみ左様な社団が会社たることを認められているのであります。(7)

兎に角、商法五二条一項の会社及び有限会社は何れも営業を為すことを目的としなければならないし、営業たるが為めには一貫した営利の意思が必要である。又五二条二項の会社は必ずしも営業を為す目的を必要としませんから、其の目的を特定の一個又は数個の行為丈けに限定しても構いませんが、其の場合には当該目的たる行為に付き営利の意思が必要である。だから結局現行法上会社と認められるべき総ての社団に付て、共通の要素として営利ということが無ければならないことになるのであります。営利の点が抜けますと、商法上も有限会社法上も、之を会社として認めしめる余地がなくなります。非営利の会社は現在我国では法律上存在し得ないのであります。此の点も諸外国の会社法を見ますと、必ずしも営利性を要求されるもののみとは限りません。イギリス法上の company でもドイツ法上の Aktiengesellschaft や GmbH でも、或はフランスの新しい商事会社法の規定によるすべての種類の商事会社も、目的たる事業の種類性質に制限がありませんから、営利事業を目的とすることを要するという限定もないのでありまます。非営利の会社を認める立法例は必ずしも稀ではないのであります。然し我国の現行法上は、会社たる為めには常に営利を目的とする社団であることが概念上の要件となって居ります。立法論としては再検討の余地がなくもないと思われます。

そして其の際、其の営利目的は、社団自体が自己の行う事業全体について総括的に、又特定行為のみを行う目的の社団ならば当該特定行為について具体的に、しかも社団自らが之を有つことを意味するので、其の社団を構成する各社員が夫れ夫れ自己の営利の意思で其の社団事業と連がっているか否か、例えば利益配当を目的としているか否か、は必ずしも関係がないので、社団それ自体に営利の意思、目的が具わっていることが会社たる要件とされているのです。利益配当或は残余財産分配の形で社員は会社の挙げた利益の分配に与る訳ですが、その様な利益の分配と云うことがあるか否かは、会社であるか否かを見分けるための観念上の判断基準となるものではないので、此の点まで確めなければ会社であるか否かが判らないというのではありません。社団自体に営利の目的が具わっているか否かは突き止めなければなりませんけれども、其の社団の得た利益を社員に分配するのか或は其の他の目的に使うのかと云う点を調べないでも、会社であるか否か、或は会社たり得べき社団であるか否かを判定することが出来るのです(8)。唯、現実に或る会社がその利益を社員に分配せずに居られるかと云うことは、それからもう一段先の関係であって、会社であるならば利益を社員に分配せざるを得ない様な建前に現行商法ではなっているとしましても――そうなっているか否かは尚お研究しなければなりませんけれども――それは会社であることが決ってから後の話なので、会社ならば因って得た利益は社員に分配される、利益配当又は残余財産分配をすることになっていると云う迄の話でありまして、会社であるか否かを判別する前提として、利益が社員に分配されるか否かを突き止めないと会社であるか否かを決定出来ないと云う関係ではないのです。観念上の前提要件としては、其の営利性は社団自体について突き止められれば宜しい。又其の反面から言うと、其の社団自体に営利目的が無ければ、仮に社員の側に何等かの営利目的があったとしましても、例えば非営利の社団の偶々挙げるであろう剰余金の分配を目的として其の社員になる場合もあるでありましょうが、少くとも我国の現行法上は、其の社団は会社たり得ないのであります。だから会社の定義の中に、其の事業の結果である利益処分の方法のことを採り入れることは無用のことでありまして、左様な無用のことを採り入れた定義は、定義として間違いであると云うことになります。この意味で、通説の言いますように、営利法人の観念として利益の社員への分配を必要とする考を基礎としながら、会社の定義の中に、会社とは之れ之れの営利社団法人を謂う、と言いまして、特に会社が営利法人たることを断って定義づけることは誤りを冒すことになるのでありますが、此の点は尚お後に詳しく検討する機会がありますので(9)、其の方に譲って置きます。

そこで例えば――之は外の点でも例に出て来ますが――保険業法に認められた保険相互会社は、一種の社団であり法人であります。それは、保険業法を見ますと其の性格が出ておりまして、保険業法三四条以下に其の規定があります。特に三七条および四二条が準用する商法五四条を見れば、そういうことになって居ります。社団法人ではありますけれども、其の保険相互会社が目的とする事業は社員の相互保険でありまして、社団自体には其の保険事業に依って利益を獲得する目的はない。保険料を稼いで大いに儲けようと云う様な目的を有っていないのです。営利保険ではなくて、社員の相互保険を目的とする社団であります。営利社団、営利を目的とする社団ではありませんから、其の意味で之は会社たり得ない社団です。会社たるに必要な条件を初めから欠いているのです。だから商法乃至有限会社法の規定によって会社たり得ないし、従って又商法や有限会社法によっては法人格も得られない、保険業法の規定によってのみ法人たり得るのです。然し其の保険相互会社であっても、其の事業によって仮に或る年度に得た総収入が総支出よりも多ければ、其の差額は年度剰余金即ち利益なのでありまして、其の剰余金の社員への分配は制度上予定されて居ります。又保険相互会社も解散すれば、清算の結果残余財産は矢張、社員に分配されます。剰余金の分配、残余財産の分配は、保険業法の中に直接明文で規定されてあります（保険業法六六条、七六条）。ですから其の点に於ては会社と少しも変わらない。利益があっても何処にも持って行き場がなくて、社団に永久に棚上げされている訳ではなくて、利益があれば剰余金分配なり或は残余財産分配なりの形で、結局は社員に其の利益が帰属します。そういう制度になって居ります。(10) 然しそれでも尚お相互保険を営む社団は営利社団ではなく、従って会社たり得ない社団である、というのは、社団が其の利益を社員に分配するか否かが問題なのではなくて、目的たる事業から収支の差益即ち剰余金を成る可く多く挙げて、社団自らそれを利得することを初めから目的 Zweck として居りませんから、其の意味で営利社団たり得ない、それが会社たり得ない一つの極め手になる訳であります。

凡そ一つの事業である以上は、何時も収支トントン、永久に収支が丁度均衡していて、利益もなければ損失もないと云う形で事業を経営して行くことは、神技でも使わない限りは、事実上先ず不可能であります。偶々特定年度に付てだけ其の様な結果が出て来ることがあるかも知れないけれども、それは恐らくは無理な粉飾決算で人為的に計算の辻褄を合せたものか、左もなければ極めて偶然の僥倖なのでありまして、少くとも相当大掛りな事業である限りは、其の事業に因って得る収入と、夫れに費される支出との間には、何程かの食い違いがある筈であります。そして一定の事業を長期に継続させようと云う場合に、それが毎期毎期支出超過の赤字が集積されたのでは、永続性は保ち得ない、其の社団の資産は食い潰され、債務は次第に嵩んで来ますから、遂には債権者から強制執行なり破産の申立なりを受けて、結局其の事業は潰れざるを得ない、非営利の社団ならば債権者を踏倒しても宜しいなどという法則はあり得ませんから、矢張、支払うべきものは支払わなければならない、支払不能になれば結局社団は破産其の他で崩壊せざるを得ない、と云うことになるのであります。従って、仮令非営利的な事業であっても、少くとも資本主義的な自由取引の社会の内に自己の存在を主張しようとする限り、等価交換を基調とする独立採算の建前は崩せないのでありまして、と言うことは仮令非営利の社団であっても、目的たる事業のために為される個々の行為を取って見れば、其の中には全くの営利的な行為も含まれていなければならないということであります。其の様に時折は営利行為を為すからこそ、事業全体として収支の均衡を保ち得て非営利事業が成り立つのであります。だから非営利事業を目的とする社団は営利行為を為し得ないなどというのは飛んでもない考え違いでありまして、営利事業でも非営利事業でも、事業上の個々の行為を取って見れば、其の中には営利行為もあり非営利行為もあるのであります。兎に角、非営利事業でありましても、最低限度少くとも収支の均衡を得る様に経営されているのでなければなりません(11)。無論、事業収入の外に補助金や寄附金などによる収入も見込まれる場合もあるでありましょうから、之に依って事業上の欠損填補が可能な限度では、事業上多少の欠損があっても支障なく事業を継続することは可能でありましょうが、事業上収支と事業外収支とを綜合しても、尚お年々赤字続きでは事業の維持は不可能であります。だから少し宛でも黒字の出る様な経営をして行くのが、事業存続の自衛上寧ろ健全な途でありまして、従ってどんな非営利事業であっても、計算上剰余金が出て来て少しも差支えない、寧ろ剰余金の出ることを初めから計画的に予想される様な経営をしなければ、責任を以て合理的な安定した事業経営が出来ないのであります。非営利の事業だからと言って、一文も利益を計上しない様に経営しようなどというのは却って極めて不健全なやり方であるのであります。

そして保険相互会社の場合には、其の計上された剰余金は社員に配当され、又配当されずに留保されてあれば、最終的には残余財産として矢張、社員に分配されます。そうしますと、何程かの剰余金の生じ得る点及び其の生じた剰余金を社員に分配する点に於ては営利社団も非営利社団も差別はないのです。違う点は初めから剰余金は多々益々弁ずると云う工合に成る可く多くしようと狙っているのか、或は事業維持の為め自衛上の安全弁として多少の余裕を見込んで置きたいと云うのか、でありまして、営利事業なら稼げるだけ稼ぎ捲っても構いませんけれども、非営利事業では独立採算を崩さない為めに収益を計る、その様な控え目な点が違うだけなのです。仮令その様に控え目にしていた所で、或は大いに稼ぎ捲ろうとハッスルした所で、現実にどれ程の利益を得られるか得られないかは、やって見なければ判らない、而も現今の様な烈しい自由競争の取引社会の中に在っては、如何に営利事業だからと言っても、其の獲得し得る企業利潤には自から経済的な限界があるのでありますから、営利事業といっても非営利事業といっても、実際にやっていることにそれ程大きな隔りのある筈はないのであります。営利、非営利を問わず、まともな事業である限りは、経常的に利益を計上するし、そして利益が出た場合にそれをどうするかという点は営利社団でも非営利社団でも変りはないのです。だから因って得た利益を誰にどの様に分配するか、誰が其の利益に付き最終的な利得に与るかは、営利社団であるか非営利社団であるかを分ける決め手にはならないのであります。(12)

其の社団としての構造を見ましても、保険相互会社は商法上の会社、殊に株式会社と双生児と言っても良い位に、大変似て居ります。保険業法の規定を御覧になりますと、会社法の中の規定を保険相互会社に準用する規定が沢山あります。保険業法三六条二項、三九条三項、四二条などは株式会社の設立に関する規定を沢山に列挙して準用して居ります。五〇条、五四条等は株主総会の規定を殆ど全面的に準用します。それから五七条二項、六〇条は取締役に関する規定を殆ど全部準用します。更に六二条は監査役、六七条は計算、六八条二項は定款変更、七三条は解散、七七条は清算、七八条は整理及び特別清算など、之等準用規定で株式会社に関する商法の規定が殆ど軒並みに挙って居ります。無論、相互会社特有の規定もありますけれども、其の組織の外形に於ては、相互会社と株式会社とでは、目立つ程の隔りはないので、両者は外形上極めて近い組織を持って居ります。それでも尚お、保険相互会社の社団は会社たり得ない社団であります。相互会社そのものは会社ではなく、又之を会社と看做すと云う規定もない。会社ではないのに、株式会社に関する多数の規定が其の都度準用される形になっている丈けであります。此の点有限会社の場合には、商法の規定を除き其の他の法律の規定の適用に付ては、一般に商法の会社と看做す旨の規定がありますから(有限会社法八九条)、其の限度で会社の仲間として扱って良いのですけれども、保険相互会社に付ては如何なる点でも会社と看做す旨の規定はありませんから、会社の仲間として扱う訳には行かない、唯其の組織の外形では、株式会社と有限会社とを較べた場合の開きよりも、株式会社と相互会社とを較べた場合の開きの方が、見方によっては寧ろ狭い様に思われるので、有限会社以上に株式会社に近いと言えます。それでも尚おそれは会社にはなれない、そしてそれが会社たり得ない本質的な性質上の決め手がどこに在るかと言えば、それが営利社団ではないと云う点に在る訳です。営利社団ではないから、会社たり得ないし、相互会社が法人とされても、会社とは看做されない、ということになるのであります。

又、例えば農業協同組合とか中小企業等協同組合とか特別法上各種の協同組合が規定されて居りますけれども、之等の協同組合も一般に非営利社団である点で会社たり得ない社団です。然し之等各種の協同組合の場合にも剰余金の出ることは常に予想されて居りまして、而も其の出た剰余金は組合員に分配されるのであります。剰余金分配に関する規定及び残余財産分配に関する規定が夫れ夫れの協同組合につき皆設けられて居ります。だからと言って之等協同組合が営利社団となるものではないのであります。此の点は後にもう一度営利法人の観念を吟味する際に触れる機会があると思いますので、此処では此の程度にして置きますが、唯、念の為め農業協同組合法五二条、七一条、消費生活協同組合法五二条、七一条、中小企業等協同組合法五九条、六八条の三などを見て置いて下さい。

尚お、もう一つ附け加えますが、会社は営利を目的とする社団たることを要するのでありますから、少くとも営利の目的が必要なのですけれども、それは何も営利の目的以外には何の目的も有ってはならないという訳ではありません。営利の目的なしには会社になれませんけれども、営利の目的と共に非営利の事業を併せ行う目的であっても、其の社団は依然として営利を目的としない訳ではありませんから、左様な社団でも営利を目的とする社団として、会社たるには差支えないのであります。同一の事業が営利を目的とすると共に非営利をも目的とすると云うことは、それ自体観念的矛盾でありますから、左様なことは在り得ないのですが、独立した数個の事業の内、一部の事業は営利を目的とし、其の余の事業は非営利を目的とする場合に、之等の営利事業と共に非営利事業をも併せ営む社団なるものは観念上在り得るのであります。営利、非営利の各独立した事業を同一人が兼営することを禁止した一般的な法律の規定はありませんから、固より斯様な社団も適法に存在し得るのでありまして、而も斯様な社団も営利を目的としているには違いありませんから、会社たり得る社団であります。其の社団の定款に定めた目的の中に数個の事業が列挙されていて、その中に独立した営利事業が少くとも一つでも二つでも含まれているならば、他の目的たる事業に非営利の事業が含まれて居りましても、夫れは営利を目的とする社団には違いありません。少くとも営利を目的としない社団であるとは言えないのでありますから、会社たり得る社団と見て差支えないのであります。両方を兼営しては営利を目的としなくなるということはない筈であります。

唯斯様な社団は、当該目的中に加えられた非営利事業が、仮令公益に関するものであったとしましても、民法上の公益法人たる資格はありません。それは民法三四条が『営利ヲ目的トセサルモノ』という要件を定めるからであります。然し商法は会社に付き非営利を日的とする社団であってはならないという制限を設けてはいませんから、一方で営利を目的 Zweck とする事業を目的 Gegenstand として居りさえすれば、他方で同時に非営利事業を兼営する目的をもつことに何の差支えもないのであります。だから、例えば百貨店経営の会社が、同時に常設の美術展覧会を行ったり、図書館や児童遊園地などを設けたりして公衆に無料で公開する様な事業を目的としても(13)、それがため会社たる本質に反することにはならないのであります。通常の商事会社が商品検査所を設けて、顧客の委託で無償で科学的な商品検査を行うことを目的に加えるのも差支えない、或は更に、斯様な副業的な非営利事業に限らないのでありまして、主従の事業を入れ換えて、或る社団の主たる目的として行う非営利事業の為めに其の財源を確保しようとして、副業として何等かの営利事業を目的とする場合でも、其の副業の点で其の社団は矢張営利を目的とすることになりますから、それは営利を目的とする社団ではないとは言えないのでありまして、斯様な社団でも、特に法律が禁止しない限りは、会社たることが出来るものと言わなければならないのであります。(14)

ですから例えば、学校や宗教団体などは、其の財源確保の為めの営利事業を併せて行うからと言って会社となることは許されません。それは学校教育法二条、宗教法人法二条四項等に依り、会社に依る学校や宗教団体の事業の経営を禁ずるからであります。即ち之等の事業は夫れ夫れ学校法人乃至は宗教法人でなければ行うことを許されませんから、会社が何等かの営利事業と兼ねて之等の事業をも行うことは許されません。然し此の様な法令に依る事業制限がない限りは、会社も亦自由に如何なる事業をも兼営することが出来るものと言わなければならないと思います。商法は決して会社が専ら営利のみを目的としなければならないとは言っていないのであります。一方に於て営利を目的として居りさえすれば、他方で同時に非営利の事業をも目的として兼ね行うことを禁ずるものではないし、又之を禁ずる実質的な理由もないと考えます。(15)

要するに、会社たる社団であるが為めには、営利を目的として居りさえすれば良いのです。其の事業に依り利益を獲得する目的がありさえすれば良いのでありまして、其の獲得した利益を何に使用する積りであろうと、又、其の事業と共に他に如何なる事業を兼営しようと、左様なことは営利を目的とする社団たる性質を失わしめるものではありませんから、特に法律が禁止しない限り、其の社団が会社たるに妨げないものと見なければなりません。但し之等の点は尚お営利法人の観念との関連も論じなければなりませんから、詳しくは又、そちらの方で取上げることに致します。此処では営利法人たる要件は何かと云うことを一応切離しまして、営利社団とは何か、会社たる要件としての営利を目的とする社団とは何かという点に付て考えている訳であります。営利社団と営利法人とは別個の観念であることを注意して頂きたいと思います。

(1) そのことは商法五条に『……前条ノ営業……』、七条に『……第四条ノ営業……』、三七条に『商人ハ……其ノ営業……』とあることから言われ得る。

(2) 譲渡す意思も同様、効果意思ではない。

(3) 利益を得て譲渡す意思は、之を内心に有つだけで、此の商行為になるのであって、之を特に表示する必要はないし、況や相手方の知、不知又は可知、不可知を問わない。

(4) 例えば動産、不動産、有価証券以外の財産権（例えば電話加入権）の投機購買、或は不動産の営利供給契約（建売住宅の分譲予約販売）など。

(5) 有限会社法一条の立法趣旨から、商法五二条一項及び二項を併せた範囲の目的事業に付き有限会社の成立を認めるものと解すべきである。

(6) 有限会社法は、昭和一三年の商法中改正法律と共に、我国の会社法を整頓する優れた立法であるが、唯、動もすれば、其の用語、文章に不用意な乱れが多いのは、一大欠点である。

(7) 従って、商法五二条一項と二項とを併せたものと、有限会社法一条とでは、会社たり得る社団の目的の範囲が一致しない。立法論としては、斯様な差別扱いの合理性は疑わしい。

(8) 此の場合、社団自体の目的と言っても、夫れは結局、社員の総意に依り定められるのだから、社団の目的即ち社員の目的に外ならない、と言う反論も予想され得るが、之は見当違いである。社団の目的は社員の総意に依り定められるとしても、其の場合の社員の総意は、社団自体の意思であって、各社員の自己の目的の綜合ではない。各社員は、各自自己の為めに固有の目的を有し得るのである。

此の点で、組合に付て其の営利性を判断するのとは異る。組合の場合には、組合の事業は即ち其の組合員の共同事業に外ならないのであるから、組合が営利を目的とするとは、各組合員が夫れ夫れ営利を目的とすることに外ならない。そして組合事業に依って得た利益は、特に分配するまでもなく、直接、当然に各組合員に法律上帰属しているのであって、此の点で法人たる会社の場合とは同一に論ずることを許されない。

(9) 次節、営利法人の説明参照。

(10) 此の点で民法の法人の場合と異る。民法上は社団法人に付き、剰余金の分配は法定的には予定されていないし、残余財産も必ずしも社員には帰属しない建前である（民七二条）。

(11) 寧ろ非営利事業の方が、其の収支均衡を得る為めに、一方では法外なあくどい営利行為を為して、経費をカバーする必要がある。一般の企業が行えば、社会的非難を免れない様な暴利行為すら、公益事業の名の下に許容されることがある。例えば慈善団体の行うパーティーやバザーの類を見よ。

(12) 健全な経営が行われている限り、経常的に剰余金が生ずる点。

(13) その際、どの事業を主たる目的とするかを問わないと解すべきであって、商法は『業トスル』乃至『営利ヲ目的トスル』のが主たる事業でなければならないとは言っていない。但し極く小規模な副業だけが営利目的で行われても、之が為め社団全体の性格に営利性を現わさない様なものでは、之を会社たらしめ得ない。

(14) 今問題にしているのは、会社たり得る社団たるが為めには、如何なる社団たることを要するか、と云う社団の性格のことであって、具体的には、定款に定める目的に如何なる事業を加えることを要するか、又加えることを許されるか、と云う問題である。此の問題と、会社が其の定款に目的として掲げていない非営利事業を行うことが許されるか否かの問題とは区別して考えなければならない。後者は会社の能力の問題に関連することであって、今の問題、即ち会社になれるか否かの問題とは次元を異にする。

(15) 但し定款に掲げる目的の中に、何等かの営利目的を名目的に列挙する丈けで、本当は左様な営利事業を行う真意なく、実は其の列挙された非営利事業のみを行う目的の社団などは、営利目的を看板にして、会社制度を濫用するものと謂わなければならないから、斯様な脱法的な会社は法律上其の成立を許されないと見なければならない。敢て之を会社として設立して見ても、夫れは設立無効の事由になるし、又商法五八条一項一号の法務大臣に依る解散命令の事由にもなる。然し、立法論として見るときは、何故に会社制度の門を非営利社団に閉して置く必要があるか疑問である。非営利の会社を認める諸外国の立法例が良い参考であろう。

三　営利法人

会社の営利法人性の問題であります。会社は営利法人であると言われますが、此の営利法人とは何かに付て、二た通りの考方がありまして、一つは営利事業を行う法人、其の目的たる事業が営利事業である法人は営利法人であると云う考方で、要するに其の目的たる事業に依って生ずる収支の差益を利得しようとの建前で目的事業を行う法人ならば、皆、営利法人である。そう云う見方で、営利法人なるものを考えるなら、会社は総て営利法人であります。会社たる観念の中に既に営利法人たる性質を内包していると言うことが出来ます。商法五二条一項、二項に依り会社は総て営利を目的とする社団でありますし、又五四条では会社は法人とされますから、其の意味で会社は常に営利社団法人であり、従って営利法人の一種になります。有限会社に付ても有限会社法一条一項、二項の規定で同様のことが言えるので、矢張、営利法人であります。商法の会社も有限会社も何れも此の意味では営利法人になるのであります。

所が営利法人たるが為めには、更に当該法人が其の目的たる営利事業に依って得た利益を社員に分配する目的を有することが必要である。社員に利益を分配する目的がある場合に初めて其の法人は営利法人になると云う主張がありまして、之が寧ろ通説の考方であります。此の立場の人達の説明に依れば、社団の究竟の目的が社団自体の利益獲得に在ることは在り得ない。結局は其の社員に利益を分配する目的で社団の事業が行われるのであって、其の社団の目的たる営利事業は其の利益分配の手段に過ぎない。其の事業に依って得た利益が社員に分配され、其処まで行って初めて営利法人になるのである、と主張しまして、従って又其の分配先の社員が存在しなければ、社員へ利益分配の仕様がないので、社員のない所に営利法人も在り得ない。其の意味で営利法人は常に社団法人である。社団法人の中に営利法人とそうでない法人との区別が出来るので、財団法人には社員がないから、利益を社員へ分配すると云うことも在り得ないので、従って観念上夫れは営利法人にはなり得ない。そう云う説明をするのが通説であります。

そして仮に此の通説の立場で考えましても会社は矢張、営利法人たる観念上の要件を一応は充すのでありまして、会社は営利法人であると云う結論には、略、変りはないのであります。つまり会社はどの会社でも利益配当をしますし、配当せずに利益を社内に留保すれば、其の分は社員の持分を実質的に増加します。そして其儘行けば、解散の際に残余財産として、社員は夫れ夫れ余分の配分を受けるのでありますから、結局会社事業に依って会社が獲得した利益、企業利潤は社員の利益に帰する。其の都度、決算期に分配されるか、或は之を積立てて置いて、解散の際に一括して残余財産として分配されるかの違いで、何れにしましても、結局は社員に利益が帰属する。だから、会社は今言った意味でも営利法人たる要件を一応は充たすのであります。

唯、そうは言いましても、此の通説の立場では、会社は会社たる観念上必然的に営利法人たる要件を充すものとは言えないのであります。と云うのは、利益配当や残余財産分配の制度が会社法上設けられて居りましても、夫れは会社なる観念の生ずる前提要件としてではないので、即ち其の様に利益配当や残余財産の分配をする社団を会社と名付けている訳ではなくて、他の点から既に会社であることが確定している場合に、左様な会社であるならば、会社法が之に適用されて社員が利益配当や残余財産分配を受ける様に規定されている丈けでありまして、会社たる要件ではなくて、会社たる結果其の様になる。会社は会社であるとされた結果、商法の規定に従って社員に利益配当や残余財産の分配をするようになっている。其処で結果的に所謂営利法人たる要件が充されると云う丈けのことであって、営利法人であることを先ず確定してからでなければ、其の社団が会社であるか否かの判別が出来ないと云う関係ではないのであります。

兎に角、営利法人と云う言葉そのものは、法典上の用語ではなくて、法典上は唯、『営利ヲ目的トスル社団』と云う言葉が使われている丈けであります。尤も例えば弁護士法三〇条三項を見ますと、『営利を目的とする法人』と云う言葉も出て居りますが、民法や商法には営利法人とか営利を目的とする法人とか云う言葉はありません。学者が勝手に営利法人と云う言葉を作って用いるのですから、それにどう云う意味を持たせようと構わない訳ですが、唯、民法及び商法で、営利を目的とする社団と云う言葉を使い、之が法人となることを認めて居りますが、其処に謂う『営利ヲ目的トスル社団』が『法人』となれば、其の法人のことを学者が営利法人と名付けまして、而も其の際、民法が『営利ヲ目的トスル』と言っている意味は、営利事業に依って得た利益を社員に分配することであると、決めて了うなら――其の様に決めることは非常に奇妙な考方で、私としてはとても賛成出来ませんけれども、仮に、そう云うものと学者が勝手に決めて掛るとすれば――夫れなら夫れで、五二条二項の会社について其の注文通りの言葉を商法が使っているのですから、此の会社は正に通説の云う営利法人であり、反面から言えば、其の社団が利益を社員に分配する目的を有たないならば、夫れは所謂『営利ヲ目的トスル』と云う要件を欠きますので、民法三五条に依り法人と為すことはできないし、又商法五二条二項に依り会社たることも出来ない。従って商法五四条に依り法人となることも出来ない。夫れは夫れで良いとする外ないのですが、然し肝心の五二条一項の会社はそうは行かないのです。此方は『商行為ヲ為スヲ業トスル目的ヲ以テ設立シタル社団』と云うので、商行為を為すを業として居さえすれば良い訳です。営利を目的とする社団と云う言葉は使われていないので、商行為営業に依って得た利益を社員に分配する様な意味の言葉は使われていない。と言うのは、之と同じ言葉が商法四条一項や二項にも出て居りまして、之は商人の観念を定める規定なのですが、自己の名を以て商行為を為すを業とする者は商人である。其の場合に業とするとは、営業とする意味で、其の商行為営業を為すのが自然人であっても法人であっても、夫れは商人になります。之と同じ文句を使った五二条一項の会社に付ても、商行為営業をする目的の社団であれば、会社たり得る筈であります。商行為営業を為す目的の社団は会社として法人格を得ると同時に商人にもなる。五二条一項の会社は此の意味で、当然商人である筈であります。此の会社は商行為営業を目的として居りさえすれば、其の商行為営業に依って得た利益をどのように使用し処分するかに拘らず、五二条一項の要件を充します。然し斯様に商行為営業を目的とする丈けで会社になった社団でありましても、矢張、会社になった以上は、夫れには会社に関する商法の規定が適用されますから、行く行くは其の得た利益が社員に分配される、利益配当或は残余財産分配されることになるのでありますけれども、夫れは五二条一項で既にそうなっている訳ではないので、だから五二条一項の会社であると云う丈けでは、夫れが通説で謂う営利法人であるとは言えないことになります。利益を何に使うかは、会社であるか否かを決める前提ではなくて、会社と決った結果、それなら商法の規定に従い利益が社員に分配されると云う丈けであります。会社は利益分配を目的として設立されることを必要条件とされている訳ではない。少くとも左様な目的を有たないでも、五二条一項の会社を設立することは出来るのであります。利益分配を目的としないでも、兎に角、利益を社員に分配することになって居りさえすれば、言い換えれば、当事者の意思に反しても法定的に社員への利益分配が強行されるならば、夫れは営利法人であると、通説が言うのなら、五二条一項の会社も通説に謂う営利法人になるにはなります。此の場合には、利益分配の目的と云う、其の目的と云う点には目を閉じて、目的の有無に拘らず、結果に於て利益が社員に分配されることに制度上なって居りさえすれば、と云うことになって了う訳ですが、夫れでも宜しいと通説が認めるなら、此の会社も一応、営利法人に含まれると云う訳です。五二条一項の会社であること丈けでは、営利法人であるか否か判明しませんけれども、其の会社には当然に商法の規定が適用される結果利益を社員に分配する様に規定の上でなって居って、其処まで考えて来て初めて五二条一項の会社が通説の言う営利法人になると云うに過ぎないのであります。有限会社が営利法人である、と云うときも、之と同じ関係であります(有一条)。

尤も商法は会社に付て、利益配当や残余財産の分配に関する規定を設けておりますが、一体其の利益配当乃至残余財産の分配は、例えば定款其の他で、会社が全部又は一部之を排除することが出来ないものか、若し排除可能であるならば、会社であり乍ら、利益を社員に分配しないものも在り得ることになりまして、其の限りでは通説の謂う営利法人には当らない会社も在り得ることになります。唯、五二条二項の会社は、此の説では、初めから『営利ヲ目的トスル社団』でなければならない、と謂うのは、利益を社員に分配する目的を有っていなければならない意味であると決めて掛るのでありますから、之は利益分配を止めることは出来ません。止めて了っては会社になれないのでありますけれども、一項の会社は、営利を目的とする社団とは言って居りませんから、法律が利益分配の排除を認めるのであれば、夫れでも構わない筈です。五二条一項自体の中で利益分配を是非必要なものとしている訳ではない。即ち、此処では営利を目的とする社団と云う言葉は使われていないからです。従って会社たる限り常に営利法人であることを通説の立場で論証するためには、会社が利益配当乃至残余財産分配をする旨の商法の規定が、定款其の他如何なる方法に依っても、其の適用を免れることを許さないものであって、此の意味で之等の規定が強行規定であることまで確かめなければならないのであります。

然し果して之等の規定が強行規定であって、定款其の他の方法に依って其の適用を排除し得ないものであるか否かは、夫れ夫れの会社に付て、夫れ夫れの規定を一々検討して見なければ判らないことでありまして、会社は営利法人なのだから利益を社員に分配しなければならない、だから之等の規定は強行規定であると云うのは、本末顚倒の議論であります。我々は会社が論者の謂う様な営利法人であるか否かを確かめるために、先ず商法の利益配当及び残余財産分配に関する規定が強行規定であるか否かを吟味確定しなければならないのであります。そして総ての会社に付て、夫等の規定が総て例外なく強行規定であることが確められたときに、初めて通説の謂う意味に於て、会社は営利法人である、と言えるので、左もなければ、会社は営利法人であると言うのは間違っている。少くとも営利法人でない会社、即ち利益を社員に分配する目的を有たない会社が、少しでも在り得るとすれば、会社は営利法人であると言い切ることは出来ないので、せいぜい原則として営利法人であると云う位のことしか言えない筈であります。

そこで会社の利益配当又は残余財産分配に関する商法の規定は果して強行規定であるか否かが問題になるのですが、

利益配当又は残余財産の分配と云う事柄そのものは、元々公の秩序善良の風俗に関するものではありませんし、利益分配を排除してはならないと云う様な一般的な法の原則がある訳でもありませんから、何が何でも之等の規定が強行規定であると頭から決めて掛る訳には行きません。例えば、民法の組合に関する規定の中にも、利益や残余財産の分配に関する規定があります（民法六七四条、六八八条二項など）。民法上の組合も亦組合事業に依り利益を得たならば、夫れは組合員に分配されることになって居ります。然し民法上の組合に於て、特約を以て利益配当や残余財産の分配を全部又は一部排除することは固より差支えないことで、例えば組合事業に因って得た利益を全部挙げて特定の公益事業の為めに寄附しまして、組合員には一文も分与しない旨の組合契約でも有効な筈であります。(1)だから組合に関する民法の規定の中に、利益分配の規定が含まれて居りましても、夫れが直ちに組合が利益を組合員に分配しなければならないこと、利益分配を目的としない組合契約の効力を民法は認めないと云うことにはならないのであります。(2)

では合名会社の場合には、どうなっているかと言いますと、民法の組合に関する規定が合名会社の内部の関係に付き、原則として準用されることになっております（商法六八条）。そして利益配当乃至残余財産分配は其の内部の関係の一部でありますから、定款又は商法に別段の定がない限り、民法の組合に関する規定が之に準用されることになります。ですから定款を以て之を排除することが出来ることになっている訳です。定款に別段の定のある限度では、合名会社は利益配当や残余財産の分配をしない。定款に定めた別途の目的に其の利益を使用することも出来そうでありますます。所が営利法人なるものは其の本質上利益を社員に分配しなければならないし、且つ合名会社も営利法人でなければならないと云う前提を固執しますと、左様な定款の定は合名会社たる本質に反して無効であると云うことになるのだろうと思います。然し私としては合名会社が初めから利益を社員に分配しなければならないと決めて掛って、斯様な独断的な前提から商法の規定の性格を色付けて観察してはならない様に考えるのであります。即ち其の答は商法六八条の規定そのものの解釈から出て来るのでありまして、同条に依れば利益処分の様な会社の内部の関係は、公序良俗或は法の強行規定に反しない限り、定款を以て自由に規定して差支えないのでありまして、社員以外の者に会社の利益を帰属せしめることは、何も公序良俗に反することではないし、又之を禁止する一般的な法の規定もないのでありまして、定款を以てすれば、自由に其の様な定が出来るとしなければならない様に思われます。

仮に反対説の立場に立ったとしても、合名会社の利益は必ず社員に分配しなければならない。一文も他の目的に使用してはならないとまで極論する見方はないでありましょう。少くとも、利益の一部を社員以外の者に帰属せしめる旨、定款に定めることは差支えないと見るのでありまして、其の場合に何処までが限度であるかを問題にするに過ぎないものと思われます。然し予め数字を以て画一的基準を示して、其の限度を確定することは困難でありましょうから、実際問題としては、利益の大部分を例えば特定の公共事業に提供するものとしまして、社員への配当はほんの申訳程度に名目上残して置くので良いのであるとしましたならば、左様な申訳程度の配当可能性を定める丈けでは営利法人たり得ないと云う決め手はなさそうでありますから、合名会社は定款に依り利益の社員への分配を実質的に排除して了ってはならないと言って見ましても、現実には余り営利法人らしくない会社、さっぱり利益配当をしない合名会社も存立し得ることになるでありましょう。例えば、資本金額が高々数十万円の小さな合名会社の定款に、仮に毎期の利益金の内、一億円までの金額を特定の公共事業に必ず寄附すると云う様な定を設けることが許されるとすれば、現実には利益配当など出来なくなって了って永久無配の会社になって了うでありましょう。斯様な定款の定は無効であると云う理由は無さそうであります。又仮に定款に別段の定がなくても、決算期毎に其の期の利益総額を総社員の同意を以て会社から公共事業に寄附し続けるとすれば其の寄附自体を無効とすべき理由はありませんから、其の点は商法七二条からも認められると思いますが、現実には利益があっても社員には一文も分配しない合名会社も在り得ることになるのです。其の場合でも、会社自体の建前としては、利益を社員に分配することになっているのであるから、依然として営利法人たるに妨げないと言うのでありましょうか？

残余財産の分配に付ても合名会社の場合には所謂任意清算の方法が認められて居りまして、法定清算の手続に依らないで会社財産を適宜の方法で処分することが出来ます（商法一一七条）。ですから、夫れは何も社員に残余財産を分配する方法でなくても差支えないのであります。それから法定清算に依る場合でありましても、残余財産の分配は会社の内部の関係の一つでありますから、矢張、先程の六八条の規定に依りまして定款に別段の定が許されるのでありますます。定款に依り商法の規定とは異った残余財産処分の方法が定められ得るのであります。

どうも合名会社の場合には、社員に利益を分配することは、必ずしも強行法的に要請されるとは言えない様でありまして、仮に一歩譲りましても、利益の社員への分配を実質的に止めて了うこと迄防止することは出来そうにありません。ですから、名目は兎に角、実質的に通説の謂う営利法人ではない合名会社なるものも、現行法上設立及び存立が可能であると見る可きではないかと思われます。営利事業を行うけれども、因って得た利益を社員に分配しない合名会社も現行法上在り得ると解すべきであると思われます。

合資会社に付ても、事情は合名会社に於けると全く同一でありまして、利益配当及び残余財産分配に付ては、凡て合名会社の規定が準用されることになって居ります（商法一四七条）。

それから株式会社の場合には、商法六八条の様な規定はありませんから、定款自治を一般的に承認する明文の規定はないのでありまして、利益配当や残余財産分配に関する規定の適用を、定款其の他の方法で、全部又は一部排除できるか否かは、必ずしも合名会社に於ける程、直接の根拠を条文上に求めることは出来ませんが、然しそれにしても定款の定で毎期の利益金の一部を割いて役員の賞与に宛てるとか、従業員の為めの退職引当金に宛てるとかで、配当の方には廻さないことは無論出来ると見て良いので、現に利益金の一部を配当以外の用途に処分することを定款に定める例が少くないのであります。その限りでは定款変更しない以上、毎期の利益金の内から其の分だけ差引いた残りしか配当に当てられ得ない訳です。どの程度まで定款を以て利益金を他の目的のために控除できるかが問題でありましょうが、少くとも実質的に利益配当の期待を持ち得ない位に、重い控除を定めることが、直ちに無効であるとは認め難いと思います。(3) それから更に決算期に於て仮に株主に配当し得べき利益が計上されたとしましても、其の利益が当然に株主に分配されるのではありませんで、矢張、総会の決議を以て其の配当が確定するのでありますから、総会の配当決議がない限りは、株主は配当金の支払を求めることは出来ません。総会が取締役会の提出する配当に関する議案を可決承認して初めて当期の配当が確定するのです（商法二八三条）。総会としては、仮に貸借対照表を承認して当期利益を確定しましても、常に必ず其の全部又は一部を配当に当てることを決議しなければならないものではなくて、総会は自由に其の利益金処分の方法を決定出来ます。利益があっても一文も配当には廻さないことも出来るのです。当期無配の決議をして構わない訳(4)です。総会に配当に関する議案が全然提出されなかったり、提出された議案につき可否の決議をしないまま総会を終って了った場合でも、株主は配当を受けられません。総会は其の確定した貸借対照表利益を配当せずに其儘準備金として社内に留保しても、又之を他の目的の為めに社外に放出しても構わないのであります。(5)

此の様に会社の中には利益があっても、現実には其の利益を社員に配当しないもの、一時的又は永続的に利益配当をせずにいる会社も在り得るのでありまして、其の場合には会社も其の各社員も、初めから利益配当などは当てにしていないで、現実に利益配当など誰も予期していない会社も会社として存立し得るものと言わなければならないだろうと思います。設立の当初から、総社員或は発起人も株主も利益分配をしない積りであっては、会社を設立し得ないとか、或は強いて設立しても設立無効になるとか云うことではないだろうと思われます。無論社員に利益配当も残余財産の分配もしないと云う定款の定は無効だと云う説も予想されなくはありませんが、其の無効であると云う理由が、営利法人たる本質を害する定であるからと云うのでは循環論法でありまして、理論としての価値はないのであります。我々は今、利益の社員への分配が会社たるの本質であるか否かを論証しようとしているのに、夫れを本質であると決めて掛っては話になりません。会社の本質ということを前提に置かないで考える限りは、斯様な定款の定自体には、一般的な無効事由は見当らない様に思われます(6)。而も其の定が無効であるからと云って、直ちに毎期の利益が当然に配当されることになるのではありません。之を配当するか否か及びどの程度配当に宛てるかは、依然として総社員の同意乃至毎期の総会の決議に係っているのであります。総社員又は総会が現実に当期無配の同意又は決議を繰り返していること自体を差止めることは出来ないのであります(7)。

ですから通説の言う様に、営利法人たるがためには、利益を社員に分配することを目的とすることを要するとしますと、利益があっても之を社員に分配しない会社も現実に在り得る限りは、其の意味で会社は必ずしも営利法人であるとは限らない、せいぜい原則として営利法人であると言い得るに止まるものとすべきであります。之に反して営利法人たる観念の中に利益の社員への分配と云うことを持込まないで、其の法人の目的たる事業其のものを見て、営利事業を目的とする法人は営利法人であるとするならば、会社は総て例外なく営利法人である。会社たる以上常に営利法人であることが商法五二条、五四条並に有限会社法一条の規定から断定できるのであります。私は此の見解が正しいと思いますので、通説に従うことが出来ないのであります。即ち、私は会社は営利法人であると云う命題を正しいものと思って居りますが、夫れは抑も私が営利法人とは営利事業を目的とする法人である、其の目的たる事業が営利事業である所の法人であると考えているからなので、其の限りで会社は営利法人であると言うことが、我国現行法上常に正しいと言えるのであります。然し通説の言う様に、利益を社員に分配する目的を有することが営利法人たる要件であると見るならば、会社が其の営利法人であるか否かは、必ずしも、会社の観念上既定の事実ではなくて、会社が利益配当や残余財産分配をする旨の商法又は有限会社法の規定が強行規定であって、会社は定款其の他如何なる方法を以てしても、利益を社員に分配しないものとすることが、法律上許されない旨を論証した場合にのみ、会社は営利法人であると云う命題の正しさが出て来るのです。所が一般の会社法の参考書には、其処まで吟味を加えて会社が営利法人であることを明らかにしたものは稀なのでありまして、諸君は、此の様な証明を抜きにした天下り結論を鵜呑みにしてはならないのであります。

尚お、外国の立法例では、特に株式会社又は有限会社の場合には、必ずしも営利を目的とすることを要求しませんで、非営利事業を目的とする株式会社或は有限会社もドイツでは認めて居ります（ドイツ株式法三条、同有限会社法一条）[8]。英法上の Company にも営利を目的としないものを認めて居ります。フランス商事会社法一条、スイス債務法六二〇条三項も同様に営利の目的のない会社を認めて居ります。だから会社が営利法人であると云うのも、固より我国現行法上のことでありまして、外国法上の会社、外国会社まで引くるめて考えるならば、営利を目的としない会社という現象は、寧ろ一般的に存在するのであります。ですから無論、利益を社員に分配することなど初めから予定していない会社も在り得るのであります。即ち、営利事業を目的とするけれども、利益を社員に分配しない会社、営利事業を目的としないけれども、偶、利益があれば之を社員に分配する会社、営利事業を目的とせず、且つ偶、利益があっても、之を社員に分配しない会社と云うのが外国立法例では認められる場合の方が寧ろ通例なのであります。

所で前にも言いました通り、日本の現在の通説では、営利法人たるが為めには必ず利益を社員に分配することになっていなければならない、として居りまして、従って社団法人でなければ営利法人にはなれないと説明されて居ります。殆ど定説に近い位の多数説がそう云う説明をします。然し果して現行の民法なり商法なりが、そう云う考で営利法人と云うものを扱っているのであろうか。換言すれば、民法や商法が『営利ヲ目的トスル社団』或は『営利ヲ目的トセサル社団又ハ財団』と言っているものが法人となれば、営利法人乃至非営利法人と名づけられるとしまして、其の区別は専ら其の法人の目的たる事業に依って得られる利益を社員に分配するか否かで決められるものと見て良いのであろうか、と云うことは、此の際検討しなければならないことであります。殆ど定説みたいに誰もがそう云う説明をしますので、今では余り疑問すら持たれない様な状態になっておりますけれども、夫れは必ずしも左様に既定の論理であるとは言えないのであります。少くとも私は其の説に賛成出来ないので、営利法人なる観念としては、利益を社員に分配するか否かに関係なく、営利事業を目的とする法人であれば良い。目的たる事業に依る収入を成る可く多くして、其の支出を超過した差額を当該法人自身で利得する目的がありさえすれば、因って得た利益を何に処分するかは、営利法人であるか否かの判別には無関係のこととしなければならないと思っているのであります。

抑も、そう云う風に我国の学説が殆ど統一されて了ったのは、多分松本烝治さんの「営利法人の観念」と云う論文の影響であった様であります。之は明治四三年の法学協会雑誌に載った論文でありますが、松本さんの『私法論文集』の中にも載っておりますから、是非機会を作って自分で見て置いて下さい。之に依って日本の国論が統一したというと大袈裟ですけれども、少くとも営利法人の観念に付て、学者が我も我もと之に追随しまして、現在では殆ど疑問も懐かずに、唯、そういうものと思い込んで了っている人が多いらしいのですが、もう一度、此の松本さんの学説を吟味し直して見ることも意味のあることだと思います。

先ず、社団自体が究竟の目的として利益を獲得するなどと云うことは在り得ないことで[9]、必ず其の獲得した利益を何かに使用しなければならない。そして其の利益が結局社員に分配されるのを目的として営利事業を営む社団法人が営利法人であると説明します。営利事業に依って社員に利益を与えるのが営利法人であると云う訳です。この説明を聞きますと、何か法人理論が大分時代的に逆行して、恰かも例の法人否認説[10]の説明を聞いている様な感じを受けます。法人自体に実体はないので、其の背後に在る実質上の当事者の権利関係を、一旦法人格という形で中断して整理しているに過ぎない。何か左様な立場で説明を聞かされている様なので、究竟の利益の帰属者は社員でなければならないと言う辺り、正に此の思想である様に見受けられます。然し現在既に定説として確立していると見られる法人実在説の立場に立つ限りは、社団を構成する社員と其の社団そのものとは別個の存在を有つものとして、其の社団に法人格を認めるのでありまして、法人となった以上は、其の社団は社員とは別個独立の法人格を有つのでありますから[11]、究竟の目的が社員への利益分配に在るなどと云うことは、社員の立場から観察するのなら格別、法人自体の立場からは、左様なことは言えない筈であります。法人自身が自己の究竟の目的として、利益を社員に分配するなどと云うことは在り得ないことであります。法人の立場で目的としているのは、事業を行って出来る丈け多くの利益を挙げようとする、夫れ丈けで良いのです。其の利益は法律的には、終局的に法人に帰属します。そして其の利益処分と云うことは、法人の目的たる事業の一部として行う訳ではなくて、寧ろ其の事業を行った結果、第二段の跡始末をどうしようか、と云うのが利益処分なので、或は社員に分配しないで、公益事業に寄附するというのも、此の段階で考えられることなのであります。利益処分は社員へ分配するのであっても、他に寄附するのであっても、夫れ自体が目的たる事業ではあり得ないので、利益配当業とか利益寄附業とかを会社が目的たる事業として行っている訳ではないのであります。

配当でも寄附でも、法人から見れば財産の流出なのでありまして、一種の出捐 Zuwendung であります。そして此の出捐自体は常に何か他の目的 Zweck の為めの手段 Mittel となるものでありまして、凡そ出捐自体が出捐者の目的であるなどと云うことは考えられないのであります。法人が営利を目的 Zweck とするとは言えます。即ちここでは、法人は其の資本を投下して其の利潤を獲得する。資本投下、即ち出捐が手段であって、之に因って利潤の獲得を目的とする。だから営利を目的とすると云うのは、企業利潤の獲得、利益の終局的帰属を目的とすると云うことです。之に反して、利益を配当するのは、会社、法人の側から見れば矢張、出捐でありまして、一種の手段なので、目的ではありません。そしてその目的は、会社の側から見れば、出資の吸収と云うことです。出資を得ると云う目的を達する為めに会社は出資者に配当を与えると云う手段を取るのです。反対に社員の側から見れば、出資は一つの出捐に違いないので、之は矢張、一つの手段であります。其の目的は、利潤の分配を受けることであります。だから、利益を社員に分配することは、社員の側から見ての目的なのでありまして、会社の側から見ての目的である訳がないのです。総て出捐なるものは、そう云う性格を有つものであります。自分の財産を減少して、相手方の財産を増加する行為が広く出捐 Zuwendung と謂われて居りますが、そして此の出捐には常に何等か他に目的があります。出捐自体は手段でありまして、何か他の目的を達する手段として出捐をするのです。我々は何の目的もなしに、出捐せんが為めに出捐するなどと云うことはないのであります。出捐自体が出捐者の目的であるなどと云うことは在り得ないのであります。出捐には必ず他に目的がある。Zuwendung には必ず他に Zweck があって、其の Zweck 目的が出捐者の側から見て法律行為の原因 Causa となって、Zuwendung の法律行為が行われるという関係であります。(12)

ですから、会社側から見て、利益配当を目的としているなどと云うことは、一寸おかしな観察で、若し、利益配当なるものを目的に持ち得る者が在るとすれば、其の配当を受ける側、即ち社員でなければならない。そして法人実在説の立場に立つ限りは社員と法人とは別個の対等の人格を有つ者でありますから、社員の目的、即ち法人の目的であるなどと云うことはないのであります。殊に利益配当の様な、法人と社員とが反対の利害を有する事柄に付て、共通の目的を有するなどと云うことは在り得ないことであります。だから会社としては、利益配当を目的とするのではなくて、其の配当すべき利益を獲得すること自体、即ち営利其のものを目的とする。資本の投下に依って利潤を挙げる。夫れが目的なので、夫れが即ち会社は営利法人であると云う所以なのであります。利潤獲得行為と、其の獲得した利潤の分配行為とを独立した二段階の行為として考える所に、法人制度の狙いもあるので、法人格の下で、社団そのものを権利義務の拠点として、権利の得喪を考えるのです。会社は法人である以上は、社員とは別人なのですから、会社の目的は会社自身に付て考えれば良いので、社員が如何なる目的を有つかは全く関係のないこととしなければならないのであります。会社自体が利益を分配するに付て利益を有つ訳がない。企業利潤 Gewinn を分配するに付て、会社が Interesse 又は Vorteil を有つ訳がないので、社員の方に其の分配の Interesse 利益があるのです。権利義務の形で言えば、会社側は配当の義務を負い、社員が配当を求める権利を有するという形にならなければならないのであります。社団の究竟の目的が社員への利益分配であるなどというのは、法人制度の法技術的なメリットを無視した、漠然たる常識論に過ぎないと言わなければならない様であります。法律上は営利事業に依って得た利益を会社自ら利得することが、会社の究竟の目的であるので、其の利益を得た上に、更に其の利益をどうにかしなければならない、などと云うことは、会社の目的では在り得ないのであります。

夫れは丁度個人事業に付て考えて見れば明かなことでありまして、例えば、或る個人が商売をする場合に、其の商売をして大いに儲けて、儲け放しなどと云う積りで商売をしている者などはいないと思います。矢張、其の商売に依る利益を将来何かに使う積りでいる訳です。最終的な究竟の目的が利益を獲得すること自体に在るなどと云うことは、極端な拝金主義者ならばいざ知らず、合理的な通常人である限りは、商売で儲けること自体が最終目的であるなどと云うことはないのです。遅かれ早かれ、利益は何かに使う積りであるので、夫れで日常の生活費を賄おうとか、自宅を建築しようとか、何か他の事業の資金にしようとか、或は他人の事業に出資しようとか、貸付けようとか、或は公益事業に寄附しようとか、乃至は他愛もない道楽に注ぎ込もうとか、何かそう云う第二段目の目的があるから商売をするのです。けれども此の第二段目の目的は決して商売其のものの目的ではないので、商売其のものの目的は、之に依って利益を得ること自体なのです。そして其の商売は夫れ丈けで、営利事業、営業になりますし、商行為の営業ならば、其の関係で其の者は商人になります。其の利益を何に使うかは問題ではないのです。其の使い途如何に依って、それが営業になったり、ならなかったり、或は其の者が商人になったり、ならなかったりするものではないのでありますす。其の利益を全部根こそげ公益事業に使って了っても、其の営業や営業主其のものの性格が変わるものではないのであります。若し究竟の目的などと云うことを持ち出すとしますと、其の利益を何かに使った其の又次の目的が必ず在る筈で、結局人生の究極の目的如何などと云うことまで追及しなければ納まらなくなって了い、事業や事業主体の性格などは決め様がないでありましょう。要するに或る事業なり事業者なりの当面の性格を考えるに付て、第二段、第三段、乃至は究竟の目的などと云うことは法律上問題にはならないのです。問題にすることは間違っているので、当該行為又は事業自体の直接の目的だけを問題にすれば足るものと言わなければならないのであります。

更に松本さんは、民法が公益法人と営利法人とを予定して、その営利法人の方は民法が総て之を商事会社の制度に譲って居りますから、結局、会社と民法上の法人と云う法人二本建の制度で法律が採上げているとして居ります。そして其の会社に付ては、商法の規定を見ると、皆、利益配当や残余財産分配を規定して居りますから、従って営利法人と謂うのは総て利益を社員に分配する法人と云うことになって居る。そして民法三四条に公益法人に付ての規定がありますが、『其他公益ニ関スル社団又ハ財団ニシテ営利ヲ目的トセサルモノ』という風に言っているのは、営利を目的とするものは総て三五条に依って会社として法人たらしめる意味であり、従って公益法人が、公益事業の外に営利事業を兼ねることを禁止した規定である。公益事業を行う法人は公益事業丈けを行うべきであり、営利を目的とする法人は営利事業丈けを専ら行うべきである。同じ法人が公益事業と営利事業とを兼営してはならないと云う意味に理解するのであります。夫れは、公益事業と営利事業とを兼営することを認めると、公益事業を兼ねる営利社団が商法に依り法人即ち会社になれることになって了って、之に因って主務官庁の監督を受けない公益事業が会社と云う法人の形で行われて了う。商法の規定に従って、会社として成立し得るとすれば、民法が公益法人に向って規定している様な主務官庁の設立許可なしに法人格を取得しまして、主務官庁の監督を受けずに、其の公益事業を遂行し得ることになって了って、之は法人制度の濫用になる。だから民法三四条と三五条とが、公益法人は専ら民法、営利法人は専ら商法と云うことに振り分けて、同じ法人が両方の事業を兼ね行ってはならないことを明かにしたものであると言うのであります。

然し之は随分無理な読み方なので、民法三四条の文章を其儘読めば之は本来単一の事業を目的とする社団又は財団を眼中に置いたもので、其の目的たる唯一の事業が公益且つ非営利でなければならないと言っている丈けでありまして、之をいきなり兼業の場合を持出した規定とは見られないのであります。即ち一般に公益に関する事業であっても、之を営利的に経営することも出来れば非営利的に経営することも出来るけれども、民法は其の内、非営利的に公益事業を経営することを目的とする社団又は財団に付て法人格を認めると言っている丈けであります。之に反して其の社団又は財団が当該目的たる公益非営利の事業の外に、他の事業をも目的として兼営してはならないか否か、並に会社が如何なる事業を目的と為し得るか、或は為し得ないかに付ては民法は直接には何も言っていないのです。そう云う意味に読むのが自然でありまして、此の文句から松本さんの言う様な同一法人に依る公益事業と営利事業との一般的な兼営禁止の主旨には読み取ることは出来ないのであります。文章の書き方から言いましても、何々ニシテ何々ノモノと云うのは、同じ同一の事柄が両方の性格、条件を兼備していること、公益且つ非営利と云う性質を有つ一個の事業を表現しているとしか読めそうもありません。公益に関する社団又は財団が別に営利事業をも兼ね行う目的を有たないと云う意味には直接にはならないと思います。仮令公益事業であっても、夫れを営利的に行うことを目的とする様な社団又は財団であっては、民法は法人格を与えないと云う意味です。

松本説は公益事業と営利事業とは別個の範疇に属する事業であって、同じ同一の事業が公益事業でもあり営利事業でもあると云うことを観念上の矛盾であるかの様に考えているらしいのでありますが、公益と営利とは相反撥する観念ではないのでありまして、公益に対立する観念は私益であって、決して営利ではない。営利に対立するものは非営利であって決して公益ではない。一般に公益事業は営利的にも非営利的にも行われ得るし、同様に私益事業でも営利的にも非営利的にも行い得るのであります。其の内、民法は公益非営利の社団、財団を法人として認めると云う丈けでありまして、決して公益営利の事業などはないとか、或は公益営利の社団又は財団なるものは在り得ないとか言っている訳ではないのであります。斯様な社団財団は民法では法人としないと云う丈けのことです。民法が法人としなくても、他の法律が法人格を与えるかも知れないので、他の法律と雖も之等を法人としてはならないと云う様なことを民法が規定する訳はないのです。(13) 又民法も其の他の法律も之に法人格を付与しないならば、夫れは権利能力なき社団又は財団として止まる外ないと云う丈けでありまして、左様な権利能力なき社団又は財団の存在自体すらも否定する意味では無論ないのであります。そして商法では、営利を目的とする社団であるならば、其の事業が公益に関すると私益に関するとを問わず、何れも会社として法人格を付与するのでありまして、会社は公益事業を行ってはならないなどと云うことは何処にも規定されていないのであります。営利を目的とする社団でありさえすれば、其の事業が公益に関するものであっても私益に関するものであっても、会社たり得るのであります。前にも一寸触れました通り、民法三四条が、公益に『関スル』と言い、又営利を『目的』とせざるものと言っているのは公益と云う点は事業の種類 Gegenstand を謂っているので、だから特に『関スル』と云う言葉を使って、目的とすると云う言葉を使わなかった。之に対して、営利を『目的トスル』とか『セサル』とか云う表現を採っているのは、営利か非営利かと云う点は事業種類が何であろうと、其の事業経営の仕方を言っているので、事業の収入支出を考えて、収入を多くし支出を少くして、其の差益を利得することを目的 Zweck として事業を経営するか、或は収支の多寡などは当面の問題ではない様な経営方針で、欠損は初めから覚悟の上、欠損が出たら基金を食い潰すとか、或は他から寄附金や補助金を貰って、其の欠損を塡補する積りである、そう云うのが非営利であります。非営利事業でも時には剰余金が出るかも知れない。然し剰余金を多く出すことを望んで、夫れを Zweck に事業を行っている訳ではない。又反対に営利事業でも時には欠損を生ずることは事実として避け難いので、然し欠損を生ずることを初めから無関心に予定している訳ではないのです。成る可く利益を多く得られる様に、又最悪の場合でも、欠損を最小限度に食い止められる様に努力して事業が行われるのです。民法が特に注意深くか、或は無意識的にかは知りませんが、何れにせよ事物の相違が自然に表現されまして、『関スル』と云う言葉と『目的』と云う言葉とを使い分けているのに、其の使い分けを見逃して混同して了っては、正しい解釈には到底至り得ないのであります。

凡そ事業の分類として、公益・私益の区別と、営利・非営利の区別とは、互に独立した別個の基準に依る区別なのでありまして、之を図に画けば、其の区別の線が十文字にcrossする訳です。二種類の分類が組合わされて、四つのgroupが出来る。従って凡そ社団の目的とする事業も、此の四つのgroupの何れかに入る筈で、其の内、民法上の法人たり得る社団の目的とする事業は公益・非営利のgroup、商法上の法人即ち会社の夫れは公益・営利のgroupと、私益・営利のgroup、何れも営利を目的とする社団ならば宜しい。何れにしましても営利を目的とするには違いありませんから、其の社団は会社たり得るのです。其の外に私益・非営利と云う四番目のgroupも在り得る、例えば会員の相互親睦の団体などは、私益・非営利の事業を目的とするものでありましょう。そう云う社団は民法も商法も法人としては認めない。権利能力は与えられませんから、一般に権利能力なき社団として存立するより外はないのです。唯、此の種の社団でも、特別法上法人とされるものも在り得るので、所謂中間法人と名づけられるのが之でありまます。各種の協同組合法に依る協同組合などは多くは組合員の便益増進の為めに活動する丈けでありますから、其の事業は公益に関するものではなくて、組合員丈けの私益に関する社団であり、而も社団自身は其の目的たる事業に依って利益を挙げる目的を有ちませんから非営利である。その様は私益・非営利の中間法人なるものが在る訳です(14)。斯様な中間法人と謂われるgroupの在ることは、今日では殆ど誰もが承認する所なのですが、松本説では斯様な中間法人と云うgroupの存在を此の箇所に至って忘れて了っているのではないかと思われるのであります(15)。

所で松本説に依れば民法三四条、三五条は、同一法人に依る公益事業と営利事業との兼営を禁止する趣旨の規定であるとしまして、之を兼営する社団が商法の規定に依り会社として法人格を取得するとすれば、夫れは法人制度の濫用になる。何となれば、之に因って、公益に関する社団が主務官庁の監督を離れることになるからである、という主旨の説明をしますが、之は随分見当違いの説明なのでありまして、公益事業である以上は、絶対に主務官庁の監督の下に捕捉して置かなければならないと云う様な卑しげな役人根性が語るに落ちたものと言わざるを得ないのであります。我々一般国民としては、若し仮に兼営禁止の理由があるとすれば、その理由というのは、公益社団が主務官庁の監督を離れることの不合理よりは寧ろ営利社団が商法の準則主義的規制を回避する弊害の方が遥かに重く見えるのでありまして、公益法人の隠れ蓑を着て営利事業を行っていれば、商法の規定を守らないでも宜しいとすれば、債権者保護に欠ける為めに、取引の安全を害する虞がありまして堪え難いのであります。松本さんの所謂営利事業を兼営する公益社団が民法の法人となって民法の支配下で主務官庁の監督を受けているのと、公益事業を兼営する営利社団が商法の支配下で会社となって準則主義の規制を受けているのとでは、どちらが立法政策的に優れているかと言えば、夫れは固より商法の支配下で準則主義の規制を受ける方が遥かに公正綿密な利害関係人保護を期待できるのでありまして、営利事業が偶々公益事業と共に兼営されることに依って、其の事業主体が民法上の法人となって了って、主務官庁の粗雑不徹底、時には不統一な其の場、其の場の監督しか受けないでいることは私法秩序の維持規制として不都合であります。主務官庁が公益法人を監督するのは、国家目的に鑑みて、公益事業を国の政策に添って保護育成することを考えるからでありまして、決して債権者保護を中心に監督する訳ではありません。然し夫れが非営利事業であるならば、元々収支相償うか否かを問題としない事業であること、即ち赤字覚悟の事業であることを、利害関係人も知り得る筈でありますから、特に債権者保護に付て、立法者の特殊な配慮を夫れ程必要としないでありましょうが、営利事業の場合には、そうは行かないのです。だから商法は営利社団法人に付き厳格な準則主義の下に社員の直接責任又は会社の資本充実其の他債権者保護に万全の注意を払っているのであります。其の意味で営利事業を行う以上は、夫れが公益営利であるか私益営利であるかに拘らず、商法の規定に服すべきでありまして、又、其の社団が同時に公益・非営利事業をも兼ね行うからと云って、夫れが為め営利を目的としなくなって了うとは言えないので、一方で依然として営利事業をも目的としているのであれば、夫れは民法上の法人とはなり得ない。専ら商法の規定に従い会社としてのみ法人格を付与され得るとしなければならないのであります。民法三四条が『営利ヲ目的トセサルモノ』と言っているのは、当該公益事業其のものが非営利であることを要求すると共に、其の社団が他に如何なる営利事業をも兼ねて経営する目的を有つものであってもならない、と云う趣旨であると見なければならないのであります。つまり、民法三四条は、公益事業を民法に専属せしめて、商法から閉め出すものではなくて、公益私益を問わず総ての営利事業を民法の法人の目的から排除して、専ら之を商法に従属せしめるための規定であると見るべきです。即ち民法三四条は直接には、公益に関する社団又は財団が、当該公益事業を営利的に行う目的を有つものであっては、民法は之に法人格を与えない旨を規定すると共に、間接的には、其の公益・非営利事業の外に兼営事業としても、営利事業を行う目的のものであってはならない、公益営利であると、私益営利であるとに拘らず、凡そ営利事業を行う目的が有る以上は、仮令夫れが副業であったとしましても、其の社団又は財団は、営利を目的としないとは言えませんから、民法三四条の要件には適合しなくなるのであります。その反面では、民法三四条は、公益・非営利と云う要件を失わない限りは、一般的に他の事業の兼営を禁止することなど、何処にも示して居りませんから、例えば公益非営利の事業と共に、私益非営利の事業を兼営するものであったとすれば、其の社団又は財団は、『公益ニ関スル社団又ハ財団』たることを失わないと共に、如何なる点でも『営利ヲ目的トセサルモノ』でありますから、民法三四条の要件には適合する訳で、民法上の法人に付き斯様な兼営を禁止するものではないと解すべきであります。又、民法三五条は、公益、私益を問わず、営利を目的とする社団ならば、総て民法に依らないで、専ら商法に依り会社として法人たり得ることを規定する丈けでありまして、会社なるものが本来一般的に何を目的と為し得るか、或は何を目的と為してはならないのかに付ては、民法は何も規定していない、会社が何を為すことを要するか又は為してはならないかは専ら商法五二条及び有限会社法一条の解釈から出て来ることでありまして、之は前にも述べました通り、一般的兼営禁止の趣旨は全く含まれて居りません。目的たる事業の内に、営利事業が含まれて居りさえすれば、夫れと共に非営利の事業を兼営することは会社たるに何の差支えもないのであります。[16] 夫等の事業が公益に関するか私益に関するかも全く関係はないのです。無論、特別法上、特に兼業禁止のある場合は別でありますが、其の場合を除いて、一般的に商法上は如何なる事業の兼営も許されるものと解すべきであります。其の様に見るのが、民法、商法及び有限会社法の規定に最も適合する解釈であろうと思われるのであります。

兎に角、松本説其の他通説は、公益事業と営利事業との異質性を前提に、此の両種の独立した事業を同一の法人が兼営することは許されない。民法上の法人として許されないのみではなくて、商法上の法人即ち会社としても許されないと云う意味に解しているのですが、唯然し、其の様な立場を採り乍らも、其の営利事業が公益目的を達するための財源獲得手段としてならば、公益法人が夫れを兼営しても差支えないと云う説明をするのであります。其の営利事業に依って得られた利益を、其の本業である公益事業の為めの財源に充てるのならば、公益法人が左様な営利事業を行って差支えない[17]というのです。然し斯様に財源獲得の手段としてならば差支えないと言う場合に、営利を目的とすると云う言葉が、何か今まで論者が言って来たのとは違う様でありまして、利益を社員に分配しなければ、営利を目的とするとは言えないと主張して居るのですから、其の得た利益を社員に分配せずに、もう一つの目的たる公益事業に注ぎ込んで了うとすれば、抑も営利を目的とすることにはならないと言わなければならないのではないかと云う様な気が致しますけれども、其の点は兎も角として、公益事業の財源を得る為めの手段として附随的な営利事業としても[18]、夫れは公益法人たるに妨げないと云う説明をして居ります。然しどうして手段ならば目的事業に加えて差支えないと言えるのか、私の見方からすれば、其の営利事業其のものが公益非営利事業とは違って、自己増殖的な素質を有っていて、無限定な利潤追及に因り、大量の法律関係を発生せしめる傾向にありまして、法律上利害関係の及ぶ範囲及び量が無限定に拡大される虞があり、利害関係人の数も社会各階層に及んで増えて来ますから、夫等多数の人達の取引の安全特に債権者保護の面から考えて、会社法の規定に従って、社員の直接責任や会社の資本充実其の他を充分に監視しなければならないのに、民法の不完全な法人規定の下で、左様な営利事業が大規模に行われることは、立法者として警戒しなければならないのです。公益事業なるものは本来幾らでも資金を必要とするもの、多々益々弁ずるのでありますから、其の財源を自力で潤沢に確保しようとすれば、相当大掛りな営利事業を行いたくなるでありましょうが、斯様な営利事業を民法上の法人が目的として差支えない、定款上適法に目的に加え得るのだとしますと、そのこと自体がもう既に法人制度の濫用に繋がることになって、松本さんの言われる心配は正に此の点にこそ向けられていなければならなかった様に思われます。副業であろうと主たる事業であろうと、目的たる事業には違いないのですから、夫れが営利的に行われる限りは、其の社団は最早営利を目的としないとは言えないのでありまして、定款に之を目的として掲げる限り、民法三四条の要件を欠くことに変りはないものと見なければなりません。然し此点、松本さんに限らず、一般的に民法学者は手段的な営利事業ならば、公益法人が之を目的として行って差支えない、定款上目的の中に適法に之を掲げ得ると見て居るようであります。

そして今は私立学校法と謂う法律が別に出来まして（昭和二四年法律二七〇号）、学校法人は民法上の法人の一種ではなくて、特別法上の特殊法人となって居りますが、其の目的たる事業は、民法三四条に言う『学術ニ関スル』ものでありますから、民法上の公益法人が行う事業の一種であります。だからこそこの私立学校法が施行される以前には、民法上の社団法人或は財団法人が私立学校を経営して居ったのであります。[19] 夫れを戦後の新しい教育制度の一環として、私立学校法が出来て、民法上の法人から特別法上の法人に切替えまして、学校法人と云うものが出来て、現在では、そう云う形になって居りますが、[20] 其の私立学校法に依りますと、学校法人は、学校の経費に充てる為めにならば、其の寄附行為に掲げて一定の収益を目的とする事業を為すことが出来る旨、明文で規定されて居ります（私立学校法二六条、三〇条一項八号）。[21] そして通説に依れば、此のことは本来民法上の公益法人に当てはめて見ても、当然許さるべき範囲内のことを私立学校法が学校法人に付て、注意的に規定しているに過ぎないので、唯、学校の場合には、其の収益事業そのものに付ても、監督官庁に依る特別な監視をしなければならないから、其の監視の為めに特に私立学校法で学校の収益事業に関する監督規制をするのであると説明するのであります。然し私の考では、民法三四条の範囲内では、公益法人は抑も営利事業を目的とすることは許されないので、収益を目的とする事業を公益法人自ら目的とすることは出来ない。そう云う収益を財源に充てたいならば、別に其の収益事業其のものを誰か他人に委託して行って貰うなり、或は之を目的とする独立の会社を設立するなりしまして、其の他人又は会社から其の収益を配当として受けるなり或は寄附金として贈与を受けるなりするのなら良いのですけれども、其の公益法人自らが其の収益事業を自己の名で経営することは許されないと云う意味に民法三四条を読むのが素直な読み方の様に見えます。民法が『営利ヲ目的トセサルモノ』と云う限定をしているのに、副業なら営利を目的としても構わないと云う考方は筋が通らない様に見えます。副業であろうと主たる事業であろうと、営利事業を行う目的が有る以上は、営利を目的としないとは言えないので、矢張、其の社団は営利を目的とする社団であります。商法の下で会社としてのみ法人と為すことが出来るものとしなければならないのであります。主務官庁の許可があっても、民法に従って法人になることは許されないと云う趣旨であります。夫れは会社法の規定の方が利害関係人の保護と云う点で、民法の規定よりは遥かに周到でありますから、其の方の法人形態即ち会社丈けに許されるので、民法の法人制度の様な簡略な規定丈けで、あとは主務官庁の個別の監督に期待すると云う様な法人形態には許されないと云う趣旨で、民法三四条が特に『営利ヲ目的トセサルモノ』と云う限定を置いたと見た方が、どうも合理的である様に感じます。だから営利事業を行う目的が有る以上は、其の利益を社員に分配しようと、或は兼営の他の事業の財源に充てようと、左様な社団は総て民法上は法人格を得られないので、それが民法三四条の趣旨であります。法人格を得て営利事業を目的として行いたければ、仮令副業的に行うのであっても、必ず商法の会社の規定或は特別法の規定に依らなければならない。夫れが民法三五条の言っていることであると解すべきであります。

それからもう一つ、松本さん初め、他の民法学者も皆言っていることは、民法が営利を目的とする社団に付ては、商事会社設立の条件に従い法人格が与えられることを規定するのに、営利を目的とする財団に付て、どうすれば法人になれるか何も規定していないのは、営利財団法人なるものは本来観念上在り得ないものであるから、民法が其の規定をしなかったのだと云う説明をする訳です。然し営利財団法人に付て規定がないのは、唯、其の営利財団が存在していても、民法は夫れに法人格を与えないと云う丈けの話と見て良いのでありまして、そして、其の際、営利財団と云うのは営利を目的とする事業を行う財団のことで、其の事業に依って得た利益を何に使用するかは営利財団たる性格に何の影響もないことであると見れば良いのであります。営利社団法人に付て勝手に、利益を社員に分配するなどと云う要件を持ち出すから、営利財団法人と云うことが観念上考えられなくなって了うのであります。目的たる事業其のものの性格だけに着眼して考えれば、営利財団法人と云うことは観念上決して矛盾するものではないのであります。財団自身が営利事業を行うことは実際に出来ることです。そして其の事業に依って得た利益は無論其儘永久に貯め込んで何も手を着けずに置くなどと云うのは不合理でありまして、左様な経済的不合理を為すことは常識的には考えにくいことですから、左様な財団が万一在ったとしても、その法人格付与を法律が特に制度化する必要はありませんけれども、一般には無論、其の事業に依って得た利益を何かに振当てる積りには違いないのです。夫れは何か他の公益事業に寄附するとか、或は特定の個人、例えば財団設立者又は其の遺族に利益を給付するとか、其の他どんな目的、方法でも良いですけれども、何れにせよ其の利益は何かに使うことを考えているでありましょう。左様な利益を得るために財団が一定の営利事業を行うこと自体は、何も理論上、及び事実上の障碍はないのでありまして、唯、民法は其の様な目的を有つ財団に対して法人格を付与する規定を有っていない、民法上は法人になれないと云う丈けのことであります。左様な財団法人など初めから観念上在り得ないなどと言うのは、自ら作った自縄自縛の結果に外ならないのであります。自ら作った勝手な前提要件で考えるから営利財団法人という現象を頭の中で考えられなくなって了うので、社員に利益を分配するなどと云うことを初めから度外視すれば、極めて自然に営利財団法人と云う事柄を理解することが出来る筈であります。結局そう云う意味で営利財団なるものは在り得るのですが、現実に営利財団が存在していても、現在の所、夫れを法人にすることは、一般的には認められて居りません。法律は営利財団法人の成立を一般的には認めていないのであります。だからそう云う営利財団は一般に権利能力を得られないので、権利能力なき財団として止まる。現行法上法人に非ざる社団又は財団という言葉が民事訴訟法其の他の規定に出て居りますけれども、其の場合の法人に非ざる財団という内に一般の営利財団が含まれていると見て差支えないし、又、若し別途に何か法律を設けて営利財団に法人格を付与する制度を創ることがあるとすれば、それは理論上何の障碍もないのであります。左様な法律を作りさえすれば営利財団法人なるものが我国にも制度上出現する訳です。其の制度自体が実現不能のもの、論理的に矛盾した制度であると見ることは出来ないのであります。尤も現在左様な営利財団法人が現行法上既に認められている実例があるか否かは確認できませんけれども、[22] 法律の力を以ってすれば、営利を目的とする財団を法人とすることに少しも差支えはないのであります。法人格を与えられずに権利能力なき営利財団として既に現在存在するものがあり得るものと見て良いのであります。

ですから、前に社団の事業に付て、十文字の図が画けると言いましたが、同様に財団に付ても同じ形の図が画ける筈であります。財団事業にも四つの group が考えられまして、其の内民法が規定するのは、公益・非営利の財団法人だけで、他の三つの group の財団に付ては何も規定して居りません。それは此の様な財団そのものが観念上在り得ないから、民法に規定がないのではなくて、実際にその様な財団が在っても、民法は之に法人格を与えない丈けのことです。丁度、社団法人に付て利益・非営利の group の社団への法人格付与に付て民法は何も規定していない。公益・非営利の社団は民法三四条で法人になれるし、それから営利の社団は公益・営利であっても、利益・営利であっても、両方共三五条で商事会社設立の条件に従い法人となることができるとは言って居りますが、私益・非営利の社団が法人となれるか否かを民法には何も規定していない。だからと言って私益・非営利の社団なるものは観念上在り得ないなどと云うものではないので、夫れと同じ様に、財団に付て民法は公益・非営利のもの丈けに付て法人格付与の規定を有ち乍ら、他の三つの group の財団への法人格付与に付て民法は何も規定していないからと言って、之等三つの group に付ては財団なるものが観念上考えられないなどと云うのではないのです。社団の場合には四つの内一つの group 丈け法人格付与の対象から外されているのに、財団の場合には四つの内三つの group に付て規定が欠けているのであります。之等は特別法上法人格が与えられない限り、民法や商法では法人にすることが出来ないと云う丈けの話であります。

尚お民法上の財団法人は公益・非営利の事業を目的としなければなりませんが、其の他の事業をも目的として兼営することが許されるか否かに付ては、矢張直接規定はありません。社団法人の場合と同じ筆法で、利益・非営利の事業を目的に加えて兼営することは差支えない。之に反して営利事業は公益・営利であっても、民法上の財団法人が之を目的として兼営することは許されないと解すべきであります。民法三四条に『営利ヲ目的トセサルモノ』と云う要件を掲げているからであります。

尤も之は余談になるかも知れませんが、民法が公益法人に付て、『公益ニ関スル』と云う言葉を使って居りますが、何が此処に謂う公益なのか、又何が非公益＝私益なのかに付ては、法律は別に其の区別の基準を明示して居りません。唯、民法三四条が祭祀、宗教、慈善、学術、技芸と云う五種類のものを列挙して、其の他公益と言って居りますから、其処に挙っているのが公益に関するものの代表的なものであることは判ります。けれども一体、夫れ以外に、どう云う公益に関するものがあるのか、一体、公益とは何かに付て、はっきりした基準を示していないのです。民法学者の参考書を見ましても、此の場合の公益とは何かを、はっきり定義付けている人は余り多くありません。中には不特定多数の人の利益になることが公益で、特定人の利益になるのが私益であると云う様な解説をしている人もありますけれども、不特定多数人の利益と云いますと、随分広い意味になりまして、殆ど総ての事業は不特定多数人の利益になりそうであります。殊に其の際、考えている利益を受けると云うのは、事業遂行其のものに依り利益を受けることを意味している様でありまして、例えば貧民救済事業ならば、其の救済される貧困者が不特定多数人であること、学校であるならば、教育を受ける学生生徒が不特定多数人であることを意味するのであるとしますと、普通の商売にしましても、其処に店が在ることは公衆に便利なのですから、不特定多数人の利益になることであります。三四条に挙げられた例を見ますと何か文化的社会的な貢献を目指すものを指している様ですが、文化的社会的と云う限界を付けましても漠然として居りますので、例えば物品売買業でも或る意味では、文化向上に役立つ訳で、国民の生活水準の向上、充実の役割は果し得る筈です。凡ゆる事業は多かれ少かれ、直接・間接に公益に関係のないものなど先ず在りそうもない。公益と云う言葉を公共の利益とか公衆の利益とか一般社会の利益とか言い直して見ましても、公益に関係を有たない事業などは、殆ど考えられないので、強いて考えるとすれば、何か個人的な内密の趣味を満足するに過ぎないで他人には利害も興味も生ぜしめない様な物好きな事業と云ったようなものもあるかも知れませんが、夫れすら、例えば其の物好きな事業のために、何かの施設を構築したり、備品や消耗品を購入したり、労働者を雇入れたりすれば、夫等の点で公益に何程かの関係が出来て了います。美術品其の他文化財の創作保存とか物資や労働力の需給に何程かの影響を与えるからであります。少くとも之は公益には全く関係のない事業を目的とする社団だとして、法人格付与の対象から除外出来るのは、どんな事業、どんな社団であるのか明確でありません。

現に世間に在る社団法人や財団法人を見ましても、何で之が公益に関する社団又は財団であると謂われるのであろうか疑問に思われるものが、可なり目に着くのであります。例えば例の日本相撲協会と云うのがありまして、先年、其の相撲茶屋の在り方など暴利的な経営がマスコミで叩かれたことがありましたが、あれは財団法人になって居ります。矢張、公益に関する財団として設立の許可を得たのでありましょうが、其の事業の何処が公益に関するのであるか余りはっきり致しません。恐らく伝統的な国技の保存、普及などと云うので、公益に関すると言う積りでありましょうが、然し実際、行っている所を見ると、見物料を取って、角力の興行をしている。丁度それは歌舞伎座や後楽園などで、芝居やスポーツ試合の興行をしているのと本質的には変りはない様でありまして、何れもプロの職人達の際どい芸当を見世物にして料金を稼いでいるに違いない様に見受けられます。歌舞伎座や後楽園の事業が営利事業として株式会社組織になっているのに、日本相撲協会だけが特に公益非営利だと云うのは、何故か余りはっきり判りません。少くとも公益性の面では、歌舞伎座と軽重の差があるとは思われないのであります。又、慶應義塾の周辺に目をやりましても、あの福澤先生も尽力されて出来たと云う銀座に交詢社と云うのがあります。あれは財団法人になって居りますが、交詢社が、どう云う意味で公益に関する財団であるのか。高級紳士の社交倶楽部の様なもので、夫れがどうして公益なのか。或は其の交詢社の建物の裏側の二階を借りていた慶應クラブと云うのがありましたが、今でもあるかどうか知りませんが、之は塾員の社交倶楽部でありますが、夫れも民法上の社団法人であったのです。交詢社と比較すれば稍庶民的な倶楽部ですが、其の定款を以前に見せて貰ったことがありましたが、其の目的のどの点が公益に関するのであるのか余りはっきりしなかったのです。定款の文句は忘れて了いましたが、其の程度で公益に関すると言えるのだとすれば、随分甘いものであると云う印象を受けたのであります。まあ、あのクラブのサロンでゴロゴロしている間は、少くとも世間で悪いことをしないから、非行防止に一役買っていることが公益なのだろうなどと悪口を言ったりしたこともありますけれども、夫れでも社団法人として設立許可を得ているのであります。

だから実際の運用上も、民法で公益に関すると言っている点は非常に軽く考えられているのであります。公益に関する社団又は財団であると称して、主務官庁に法人設立の許可を求めて来た者がある場合に、主務官庁は機械的に之を許可しなければならないのではありませんで、主務官庁が適当と認めたものだけに許可を与えれば良いのですから、取捨選択が出来る筈であるのに、そう云う公益上は毒にも薬にもならない様な neutral な事業を目的とするものに付てまで法人設立の許可を与えている実情を見ますと、実際上の取扱に於ても、此の公益に関すると云う点は可成り幅広く受取られまして、其の限界の付け方が曖昧であって、公益性の有無大小などは大して問題にしていない様に見えます。寧ろ営利を目的としないものは、大抵それ丈けで公益に関するもの、即ち非営利＝公益と見られて了っているのではないかとすら、邪推したくなる位であります。と云うのも現実に社会的には営利を目的とするか否かの点にこそ、之を法人とするに付て法律上差別扱いをしなければならない主たる原因があるからなのでありまして、何故に営利を目的としないものには、民法で法人格が与えられ、営利を目的とするものには、民法では法人格付与の条件を直接規定しないで、商法に則らなければならないのかと言いますと、利害関係人の保護の点に於て、商法の方が一段と手を尽してあるからなのであります。民法の主務官庁の監督は事業自体に対する監督なので、営利衝動に因る自己増殖を期待し得ない為め、兎もすれば消極的になり勝ちな公益事業であるから、成る可く事業が立ち消えにならない様に、即ち国家的影響の面から之を監督する訳です。民法六七条で主務官庁の監督の対象は、法人の業務となって居りまして、其の公益面への影響を監督するのであります。従って事業の公益面への影響の薄い程、主務官庁の監督の手も少くて済みますから、気楽に設立許可を与えられる訳です。監督が楽な訳です。其の際、利害関係人の保護などと云うことは其の監督の主眼点ではないのです。利害関係人の立場がどうなるかなどと云うことは、私益の問題でありまして、私法の一般原則に委せて置けば良いのです。主務官庁が一々之に介入して監督する訳には行かない性質の問題であります。研究教育事業が効率的に行われているか、貧民救済事業が本当に救済を必要とする貧民を潤しているか、と云う様なことは監督致しますが、然し左様な監督では直接に利害関係人、特に債権者の保護には役に立たないのであります。之に反し営利事業は、仮令公益に関するものであっても、事業主の営利衝動に支えられて、自力の発展が見込まれますので、特に国の挺子入れを必要としないことが多いと共に、反面では奔放な利益追及に因り、利害関係が錯雑且つ拡大し勝ちでありますから、商法の規定に従って、債権者保護の目の行届いている会社の形態を採らなければ、法人格を認めないと云うのが、法人制度二本建の狙いであると、少くとも私には考えられるのでありまして、利益を社員に分配するか否かなどと社団内部の関係の相違が、此の二本建を必要とする主たる事由であるとは考えられないのであります。そう云う点で松本説を中心とする一般民法学の考方は私の腑に落ちないのであります。

尚お松本さんの論文を読んで見ますと、あの中では松本さんは可成りドイツ法の影響を重視しまして、其儘、之を日本民法の解釈に援用しまして、ドイツ民法上斯様に言われているのだから、日本の法律に付ても之に合せて考えた方が宜しかろうと云う様な説明の仕方をして居られます。恐らくドイツ民法学者の見解の中から自説の有力な支えとなるものを抜き出して来ている様に見えます。無論松本さんも指摘して居ります通り、ドイツ民法学者の学説にも可成り色々な論争を残しているのでありまして、ドイツ民法学上定説なるものが固まっている訳ではなさそうであります。従って松本さんが引用する様な考がドイツ民法学者の定説或は主流であると云う判断は出来ない様であります。(23)寧ろ私が調べた範囲では、松本さんの読み方が少し違っているのではないか、ドイツ学者の考を読み違えているのではないかと思われる節があります。もう一度ドイツ民法学者の法人論などを読み直して再検討することを、日本の民法学者は要請されている様に思われるのであります。唯、私は民法が専門ではありませんから、夫れ程限なく民法の文献に目を通した訳ではありませんで、偶手許にある少数の極くstandardな、民法学者なら誰でも利用している様な、在り触れた参考書だけしか見ていないのですが、(24)夫れに依りますと、私の理解する所では、松本さんの説明とは大分違う点があります。

御承知の通り、ドイツ民法BGBでは、法人の章に社団Vereineと財団Stiftungenとを別々に規定して居りまして、日本民法の様に『社団又ハ財団』と云う具合に、一括して規定するのではなくて、先ず社団に付て専用の規定を一纏めに規定しまして（BGB二一条以下）、夫れが終った後に、独立した財団の規定を設けまして（八〇条以下）、松本さんの持出しているのは、其の社団の民法上の取扱方を紹介していられるのです。ドイツ民法BGBを見ますと、Verein社団を二つに分けまして、之は、法人の分類ではなくて、社団夫れ自体の分類として、ドイツ民法は規定します。日本では社団法人に付き、公益法人、営利法人の区別がある様な規定の仕方になって居りますけれども、ドイツ民法では、法人に二種類あると云うのではなくて、社団の種類として二つのものを区別して居ります。その一つは、其の目的が経済的事業に向けられた社団、もう一つは、其の目的が経済的事業に向けられていない社団、こう云う二つの種類に分けます。Verein, dessen Zweck auf einen wirtschaftlichen Geschäftsbetrieb gerichtet ist. と云うのと、Verein, dessen Zweck nicht auf einen wirtschaftlichen Geshäftsbetrieb gerichtet ist. と云うのとでありまして、学問上前者を経済的社団 wirtschaftlicher Verein 後者を非経済的社団或は理想的社団、観念的社団、nicht-wirtschaftlicher Verein 或は idealer Verein, Idealverein などと呼んで居ります。そして前者即ち経済的社団はBGB二二条、非経済的社団はBGB二一条に夫れ夫れ法人格取得が規定されて居ります。そう云う区別をして居りまして、之が日本の営利法人と公益法人との区別に略相当するとして松本さんは此のドイツ民法に於ける Verein の種類分けに関する学説を可成り詳しく紹介して居られます。

尤も日本民法での公益と営利とは反対の意味を有つ観念ではありませんけれども、ドイツでは、nicht と云う否定語の在る無しで区別するのですから、社団全体をはっきり二分して、二者択一的にどの社団も必ず其の何れか一方の種類に属することになるのでありまして、同一の社団が経済的社団でもあり観念的社団でもあることなどは在り得ないと共に、又何れの分類にも属しない社団なるものも在り得ないのです。Aか非Aかと云うのですから論理的に夫れ以外のものは在り得ない。我国で言われている中間法人に当る現象は、ドイツ民法上の Verein に付ては存在の余地がないのです。ドイツ民法上中間社団なるものは在り得ない訳です。此の点を松本さんは或は看落しているのではないかと思われます。(25)

所で此の区別の基準となっている wirtschaftlicher Geschäftsbetrieb とは何か。当該社団の目的 Zweck が夫れに向けられていれば、経済的社団であり、夫れに向けられていなければ、観念的社団になると云う、其の分類の尺度は何かと云うことであります。

先ず其の Geschäftsbetrieb とは何かと云う点の解説を見ますと、継続的に対外的な有償の法律行為を締結・履行することである、と云う様に説明されて居ります。無論総ての参考書の文句が一致している訳ではありませんけれども、平均的には斯様な説明になると思います。継続的であることを要しますから、一回限りの行為ではいけない。断片的な行為でもいけない。ですから前に例に出ました戦艦武蔵の引揚請負を目的とする営利社団などは、非経済的、観念的社団に入れられる訳です。それから対外的の行為をしなければなりませんから、唯社団内部で、例えば社員相互間に何か取引をして居っても、対外的に活動することがなければ Geschäftsbetrieb にはならない。其の意味で例えば、販路協定乃至市場協定のカルテルなどは、経済的社団には該当しないで、理想的社団の方に入ります。或は単なる社交団体なども、対外的な法律行為の締結・履行を目的としないので経済的社団には入らない。それから有償の行為でなければなりませんから、対価的意味を有つ給付の交換を目的とする行為をしなければならないので、従って例えば、無償で金品を給付して貧民救済をするとか、原価を割った安売で救済事業をすることを目的とする様な社団も経済的社団ではないことになります。

それからもう一つ、其の Geschäftsbetrieb は wirtschaftlich でなければならない。其の事業は経済的のものでなければならない、と云うので、此処が一番問題になる点ですが、何が其の経済的と謂うのに当るのかと言いますと、一般の説明では、当該社団又は社員の経済的利益の獲得に向けられた事業が経済的事業である。当該社団が自ら其の事業に依って、経済的利益を獲得するのは、無論之に入るし、又、当該社団自らは其の事業に依り経済的利益獲得を狙っていなくても、其の社員が社団の事業に依って直接に経済的利益を得られる様な事業であっても、夫れは経済的社団、wirtschaftlicher Geschäftsbetrieb を目的とする社団、である。斯様な説明をします。そして社団自ら経済的利益を獲得すると云う場合に、其の獲得した利益を何に使用するかを問題としませんので、一般には之を社員に分配するのが普通であると云う丈けで、社員分配以外の目的に其の利益を処分しても、其の事業其のものが経済的事業たるに妨げないと云うのが、殆ど、定説的な見解であります。だから其の利益を全部根こそげ公共事業に寄附しても、或は其の全額を従業員給与又は福祉厚生施設に振り向けて、社員には一文も配当しないと云うのでも経済的社団には違いないと見られているのであります。[26] 又、社員が利益を獲得すると云うのは、社団の得た利益を社員に分配すると云う意味ではなくて、社団の事業に依って、社団自体には経済的利益を生じないでも、之に因って直接に社員の側に経済的利益が生ずる様な事業と云う意味なのであります。社団自体には其の事業に依り利益を生ぜしめる目的がなくても、直接社員に利益を得させる目的があれば、其の様な社団でも経済的社団であると言うのです。そして其の例に挙げられるものを見ますと、社団が社員の為め有利な保険仲立をする保険仲立社団などであると云うのです。社団自身が仲立報酬を得て利益を挙げようと云うのではなくて、社員の為めに仲立をしてやって、有利な保険契約を締結できる様に世話をすれば、社員が社団の事業に因って、直接に経済的利益を得られると云う意味であろうと思います。

そして斯様な意味で、つまり wirtschaftlicher Geschäftsbetrieb を目的とするか否かで、社団を経済的社団と非経済的或は観念的社団とに二分するのでありますから、日本で公益とか営利とか云うことで分類するのとは、大分趣きが違っている訳です。此の点、松本説は相当見当違いをしているらしいので、特に社団自身が利益を獲得するか又は社員が直接に利益を獲得するか、何れかであれば、wirtschaftlich であると言っている所を、松本説では社団自ら利益を獲得した上に、而も其の利益を社員に分配して終局的には社員の経済的利益獲得を目的としなければ、ドイツ法上経済的社団にならないし、従って又日本でも営利法人たり得ない、と云う様な、二重に積み重ねた要件の様に理解しているのです。然しドイツ文献の解説を見ましても、決して二重に重複した要件として、利益を獲得した上、更に其の利益を社員に分配するなどとは言っていないのです。社団自体が先ず直接利益を獲得しているのであれば、其の利益を社員に配当しても良し、或は公共事業に寄附しても良し、何に使っても構わない。兎に角、社団自体が目的たる事業 Gegenstand に依って直接に利益を得ることを目的 Zweck として居りさえすれば、それだけで経済的社団になると言っているので、其の点は殆ど反対説は現在は無かろうと思います。それから社団自体には利益獲得の目的がなくてさえも構わない。其の事業に依って社員が直接に経済的利益を得ることを目的として居りさえすれば、それでもwirtschaftlichの社団だと言うのです。尤も此の点は可成り異論もあった様でありますけれども、社員に利益が帰属すると云う話は、そう云う所に出て来るので、決して社団の得た利益を社員に分配して、結局社員が利得すると云う様な話ではないのであります。無論、社員に利益を分配しても構いませんが、其のことに因って経済的社団が出来上ると云うのではなくて、分配する前に既に経済的社団になっているのです。仮に社団自体は利益獲得を目的としないでも、社員が直接利益を得る様になっていれば、と云うのでありますから、決して社団の得た利益を右から左へ社員に盥廻《タライ》しにすれば、と云うのではないのであります。少くとも私の手許で利用した文献の中には、社団が利益を社員に分配するのでなければ、経済的社団にはならないと云う様な説明をしているものは、一つも見当らなかったのであります。(27)それにも拘らず、日本の学者が松本さんの考を其儘伝承しまして、依然としてドイツの経済的社団なるものは、社団の得た利益を社員に分配するものだと思い込んでいるのだとすれば、一寸認識を誤っているのではなかろうかと云う気が致します。

そして又松本説が民法三四条に付て、兼営禁止の規定であると解釈している、其の出所ではないかと思われる点は、ドイツではwirtschaftlichとnichtwirtschaftlichとの兼営の場合にはwirtschaftlicher Vereinであるとされていることであります。同一の社団が両方の事業を兼営すればnichtwirtschaftlichであるとは言えないから、経済的社団になると言うのです。そして其の際にそれが合理的である理由として、若し左様な社団が非経済的社団であり得るとすれば、それは法人制度の濫用を生ずるであろうと言うのであります。ドイツの文献上、法人制度の濫用と云う言葉が此処に出て来ますが、然しそれは松本さんが濫用と見ているのとは一寸見当が違う様でありまして、松本さんは主務官庁の監督から逃げて、会社として法人設立されて了うことが不都合だと言うのですが、ドイツで濫用と言われるのは左様なことではないのです。即ち wirtschaftlich の方は一般的には国の人格付与 Verleihung に依って初めて法人となる、そして法人格を付与するか否かは其の主務官庁の自由裁量に依るのでありまして、適当と思われるもののみに法人格を verleihen すれば良いのです。不適当と認めれば却下して構わない。社団の側に其の Verleihung を求める権利が与えられているのではないのです。唯特別法上特に法人格付与の規定があるならば、其の法律に従って法人となることが出来ることになって居ります。之はＢＧＢ二二条に明文で規定されております。そして其処で一般に例に挙げられているのは、株式会社や有限会社 AG 及び GmbH 或は協同組合 Erwerbs- und Wirtschafts-genossenschaften 若は保険相互社団 Versicherungsvereine auf Gegenseitigkeit などであります。ドイツでは前にも説明しました様に、株式会社や有限会社 AG や GmbH は、必ずしも営利を目的とする必要はありませんから、wirtschaftlicher Verein である必要もないのでありますが、然しそれが wirtschaftlicher Verein である場合でも、株式会社や有限会社の形態を取るならば、株式法乃至有限会社法の規制がありますので、利害関係人の保護の点で心配はないのです。ですから特に国の Verleihung を重ねて要求しません。然し左様な株式法其の他特別法の規制に服しない限りは利害関係人の保護に欠ける恐れがありますので、国の個別的な監督を受けしめるために、ＢＧＢは個別の Verleihung 人格付与を必要としているのであります。之に反して Idealverein の方は社団登記に因って法人（e. V.）となるのでありまして、而も社団の側に登記請求権があるものとされて居ります。ですから其の Indealverein が法人格を取得するに付て、国が自由裁量に依って個別に之を check する余地はないのであります。そして此の点が正に濫用の虞れありと言われる所以なのであります。即ち兼営の場合でも Idealverein として法人登記が出来るとしますと、本来国の Verleihung を必要とする事業を行っているのに、其の Verleihung なしに、単に登記に因って法人となって了いまして、国は其の登記を拒否することが出来ないために其処に濫用の危険があると言うのです。松本さんは営利法人の方へ逃げることが濫用だと見ているのですが、ドイツで濫用と言われるのは、反対に営利法人ではなくなること、Idealverein として登記社団（e. V.）になって了うことが濫用だと言うのです。それは株式会社でも有限会社でもないし、又国の個別の Verleihung を受けもしないで、Idealverein として一方的に登記すれば法人格を取得することに危険を感ずるからなので、其の社団が株式会社や有限会社になることに付て危険や不都合を感じているのではないのです。社団が自ら進んで規制の厳しい株式会社や有限会社になるならば、それは益々結構なことで、(28)それを行政官庁の個別の監督を離脱して不都合だ、などと云う感覚はどうかして居ります。立法的監督よりも行政的監督の方が優れていると云った様な、全く誤った官僚主義的感覚に由来する着想としか私には考えられないのであります。

尚おドイツでは兼営の場合には wirtschaftlich に入ると言われますが、唯副業として小規模な附随的事業を行う場合には、主たる事業に依って其の Verein の性格が定まるとされて居ります。例えば社交倶楽部で小さな売店を経営して酒や嗜好品などを売ったり、登山倶楽部が Hütte を経営したりしましても、夫等が Idealverein たるに妨げないと云う訳です。然し主たる公益事業の財源を独力で賄うための本格的な営利事業を副業として行う所まで、Idealverein に認めたものではない様であります。小規模な附随的な wirtschaftlicher Geschäftsbetrieb ならば之を行ってもIdealverein たるに差支えないと云うので、堂々たる本格的営利事業を行っても差支えないと云う説明ではありません。(29)

それから序でですから、ドイツ民法の財団法人の制度に付て一寸触れて置きます。ドイツの財団は Stiftung と謂いまして、此の Stiftung に付ても、ドイツ民法は其の目的を限定しませんで、我国の様に公益に関する財団丈けでなく、凡ゆる目的をもつ財団に付て、寄付行為 Stiftungsgeschäft と認可 Genehmigung とがあれば、法人格を付与されます。無論、ドイツでも実際に財団法人となっているものは、育英財団（Stipendienstift）とか科学研究財団（Forschungsstift）とか、日本でも財団法人になれそうなものが矢張其の主流らしいのですが、然し其の外にも例えば、Familienstiftung と云うのも法人となれるのでありまして、家族財団つまり或る資産家の家産維持を目的とする純然たる私益財団の法人であります。のみならず所謂企業財団 Unternehmungsstiftung と云うのも法人として認められます。例の有名な Carl-Zeiss-Stiftung と云う財団が其の企業財団の一つの例として挙げられています。一八八九年に法人となったものだそうです。(30) 此の企業財団は財団自ら自己の名で一定の企業を行う訳です。斯様な企業財団もドイツでは法人たり得るので、純然たる営利財団法人であります。又、財団自ら企業を行わないで、他の企業に出資を為すだけの出資財団（Einlagestift）と云うのもありまして、例えば財団が或る株式会社に出資して其の株式を取得し、財団が株主となって会社から配当金を受取るけれども、財団自らは固有の事業を行わない、と云う出資財団もドイツでは法人になれるのであります。日本の学者が言う様に営利財団なる言葉自体が観念的な矛盾であって、営利財団法人などと云うものは在り得ない、と云う様な説明はドイツ文献には見当りません。どうも日本の民法学者は、社団法人・財団法人なるものの把え方を誤っているのではないか、或は営利と云う観念を誤解しているのではないか、自己流の勝手な要件を附けて、利益を社員に分配するなどと云う途方もないことを盛り込んでいるのではないか、と云う気がしてなりません。然し之等の点は民法学固有の領域の問題ですから、此の位にして置きますが、諸君も暇を見て調べて見て下さい。

(1) 民法上の典型的な組合契約が成立するためには、利益分配に関する合意が為されることを要しない（民六六七条）。従って、利益分配に関して如何なる内容の合意が為されても、又は為されなくても、組合契約が有効に成立し得ることに変りはない。

(2) 営利事業を共同して経営することを目的とする組合に於て、組合員が其の利益を組合員に分配しない旨を約しても、夫れが民法上組合契約そのものたることを妨げない。

(3) 此の点実務的に考えられる例としては、企業結合のための利益供出契約 Gewinnabführungsvertrag の裏附けとして、定款に其の旨を定めること、などを挙げることが出来よう。
（4）ドイツ株式法五八条三項二文及び四項参照。定款に其の旨定めれば、総会の決議により、株主への配当以外に、利益処分し得ることを、明文を以て許している。我商法に斯る明文規定はないが、之と異る解釈は出て来ない。
（5）有限会社の利益処分に付ても、略、株式会社の場合に同じである。
（6）仮に定款に斯る定をすることが、何か知らぬ強行規定に違反するとして、其の為めに斯様な定が無効であると解するとしても、此の種の定は定款の任意事項であり、従って其の定の部分だけ無効となるに過ぎず、定款全体を無効ならしめるものではなく、従って会社設立無効の原因にもならない。結局定款の定に拘らず、商法所定通り利益処分が行われることになると云うに止まる。
（7）利益があるのに無配を続けるとしても、それは商法五八条一項に依る解散命令の事由に該らない。（仮りに其の事由に該当すると解して見ても、其の解散命令の確定するまでは、会社は会社として存立するから、配当を為さざる会社が存立することになる）。
（8）ドイツ旧法も同じ（AG §58 III S. 2.）。
（9）原文は『社団ノ究竟ノ目的カ営利ニ在ルコトハ道理上アリ得ヘカラス』。
（10）所謂、管理者説（Amtstheorie）、享益者説（Geniesserstheorie）など。
（11）此の点では、法人格を認められないとされるドイツ法上の合名会社 OHG や合資会社 KG に付ては、別途に考えなければならない。此の場合には、会社の目的は即ち社員の目的であって、社員とは別個独立して、会社自体の目的など在り得ないことは、我民法上の組合に付て考えたのと同様であって、明かなことである。組合の得る利益は、法律的には即ちそのまま当然に——分配するまでもなく——組合員の利益として、組合員に（総有的に？）帰属する。之に反し社団法人の得る利益は、法人から社員へ分配しなければ、法律上社員に帰属するものではなく、社団に帰属しているのである。
（12）神戸・契約総則（著作集上）九八頁以下、Enn.=Nip. a. a. O. S. 913, S. 915 ff. 参照。
（13）仮りに民法が左様な規定を設けたとしても、爾後の立法を拘束する力はないから、他の法律が民法を改正して、斯る法人の成立を認めることは自由にできる。
（14）保険業法に依る保険相互会社も、此の意味での中間法人である。

(15) 松本論文の初頭には、之を指摘して肯定してい乍ら、後の部分に至って之を忘れている。

(16) 此の点は明治四四年商法中改正法律に依り、現在の商法五二条二項に該る規定が加えられた結果、この様になったのであって、此の改正前の規定の下で、此の部分を表現すれば、『目的たる事業の内に、商行為の営業が含まれて居りさえすれば、夫れと共に商行為営業でない営利又は非営利の事業を兼営することをも会社の目的に加えるに何の差支えもない』と云うことになる。即ち民法三五条の営利社団は、商行為営業を目的とせず、夫れ以外の営利を目的とする社団に付き、法人格付与の条件を規定していたのであって、斯る社団が非営利の目的をも兼有した場合に、法人たり得るか否かは、民法三五条の関知する所ではなく、依然として夫れは商事会社設立の条件如何に係る。商法が商事会社に付き夫れを許すなら、民法三五条の営利社団法人にも夫れが許される、商法が許さなければ、営利社団法人にも許されない。要するに民法三五条自体は、何等かの兼営を許すか否かに付き、独立して何も規定するものではない。

(17) 此の場合、論者の言わんとする趣旨は、公益法人の定款又は寄附行為に定める当該法人の目的として営利事業を併せ掲げて差支えないと云う意味か、或は定款、寄附行為には目的として掲げずに、即ち目的外の営利事業を副業として行って差支えないと云う意味かが、必ずしも明かでなく、論旨は寧ろ後者の意味になりそうなものが多いが、今玆で問題としているのは、何が法人になれるかということであって、法人は何を為し得るかということではないから、専ら前の意味でのみ考察されなければならない。後の意味での問題は、法人の能力（目的外の能力の有無）に関連することであって、別の機会に考察する（次節以下参照)。

(18) 主たる公益非営利事業の外に、附随的な営利事業をも、定款上目的として掲げる意味である。

(19) 明治三二年勅令五九号、私立学校令参照。

(20) 切替は私立学校法附則二項以下。

(21) 宗教法人法六条二項にも類似の規定がある。尚お私学法三〇条一項の一号と八号との関係は多少疑問である。然し八号に依り収益事業を寄附行為に掲げる以上は、此の事業は一号に依り定める目的の一部になると解すべきであろう。左もないと、学校法人は目的外の営利事業を行うことを、法律が認めることになって了う。

(22) 公法上の営造物法人の実体に、私法上の財団たる性格を有つものがあるとすれば、私法上営利財団法人というのに相当する公法人が現行法上既にあるかも知れない。

（23）公益私益の相違も、固より法規制の差別を必要とする理由ではあるが、之が唯一又は主要なる立法上の関心事ではない、と云う意味である。営利非営利の相違から来る一般対外的な影響こそ、最も重要視しなければならない点である。西本（辰）・会社法、三頁註参照。Müller-Erzbach, Wohin führt die Interessenjurisprudenz ?, 1932, S. 81.

（24）Enn.=Nip., a. a. O. S. 639 f. Planck, Kom. z. BGB. 4. Aufl.（1913）§ 21, Anm. 2. Staudinger, Kom. z. BGB. 9. Aufl.（1925）§ 21, BV. Lange, BGB. Allg. T.（1952）S. 168. H. Lehmann, Allg. T. d. BGB. 2. Aufl.（1922）S. 285. u. s. w.

（25）松本論文の初めの方には、我国に於て中間法人の存在可能性を指摘しているが、後には、此の点を忘れた様である。

（26）此の外にBGB § 45III に、残余財産の帰属に付て、『定款に依り専ら其の社員の利益のみに役立つ社団』wenn der Verein nach der Satzung ausschliesslich den Interessen seiner Mitglieder diente に付て、別途の規制をしている。然し之と経済的社団とは観念を異にするもの（理想的社団の中にも此の種の社団が含まれるし、又経済的社団は必ずしも総て此の種の社団に該当するものではない）と解されている。専ら社員の利益のみに役立つ、とは、利益配当の意味ではない。Dernburg, BR. Bd. I. S. 239. 日本法上の営利法人とも観念上の連がりはない。

（27）此の原稿完了後に、Larenz, Allg. T. d. BR. S. 182 f. に次の記述のあることを知った。ein „wirtschaftlicher Geschäftsbetrieb“ ist als solcher niemals Zweck, sondern immer nur Mittel. Entscheidend ist, ob der Zweck des Vereins, und zwar sein Hauptzweck, darauf gerichtet ist, mittels eines wirtschaftlichen Geschäftsbetriebes Gewinne zu erzielen, die dann in irgendeiner Form den Mitglieder zufliessen sollen, oder ob das nicht der Fall ist. 之に依れば社員への利益分配が経済的社団たるの要件である旨説かれている如くであるが、然しその die dann……sollen と云う部分も entscheidend であると云うのか否かは、此の前後の記述からも明確な判断はできない。従って之が本文に対する唯一の反対説であるか否かも確言できない。

（28）K. Lehmann, HR. S. 369. Anm. 3.

（29）此の点、日本民法上の公益法人であっても、其の程度の小規模な副業的営利事業を実際に行うことは許されるであろうが、定款や寄附行為に目的として適法に之を掲げ得るかは疑問である。目的事業の規模を定款、寄附行為上に限定することができるかも問題である。

（30）H. C. Nipperdey, Die Rechtslage der Carl-Zeiss-Stiftung und der Firma Carl Zeiss seit 1945, in Festschr. f. W. Schmidt-Rimpler, 1957, S. 41 ff.

四　会社の目的と権利能力

会社の特別的権利能力が其の会社の定款に定められた目的の範囲内に限定されるかと云う問題であります。

民法の公益法人に付ては、民法四三条に『法人ハ法令ノ規定ニ従ヒ定款又ハ寄附行為ニ依リテ定マリタル目的ノ範囲内ニ於テ権利ヲ有シ義務ヲ負フ』と云う規定がありまして、民法学者は一般に民法上の法人の権利能力の限界を説明する際に、此の規定を根拠にしまして、法令による制限と、目的に依る制限とがあって、其の外に性質上の制限がある、としまして、三本建で法人の特別的権利能力の限界を説明するのであります。所が此の民法四三条の規定は、会社には直接適用がないものと見なければならないのであります。民法の法人に関する規定は、三三条、三五条、三六条、四九条などを除けば、其の他は一般に公益法人特有の規定であって、必ずしも総ての法人に共通の法則を規定したものではないのであります。(1)殊に其の四三条前後の規定は皆公益法人のみに関する規定なのでありまして、直ぐ前の四二条の規定及びそれより前の、即ち三七条以下の規定にしましても、其の後の四四条以下の規定にしましても、当然には会社に適用はないのであります。現に其のことを前提として、商法は民法四四条、四五条、八一条など極く少数の規定だけを、各会社に就て一々準用するのであります。若し民法の法人に関する規定が、総ての法人に適用される共通の規定であるならば、民法の法人以外の法人、殊に会社にもそれは当然に適用される筈でありますから、民法の法人の規定の内の特に一部の或る規定だけを挙げて、之を会社に準用する旨、商法が規定する訳もない筈でありますのに、商法七八条二項或は一二四条三項などを見ますと、民法四四条一項、五四条或は八一条の規定だけを挙げて、之を合名会社に準用すると言って居ります。そして之等の規定が更に一三五条、一四七条、二六一条二項、四三〇条、有限会社法三二条、七五条などで、其の他の会社の関係にも再び準用されて居ります。ですから民法四四条一項、五四条、八一条の規定だけは、之等の準用規定を通じて、商法の会社及び有限会社にも共通の法則となって居りますが、民法四三条を初め其の他の特に準用のない民法の法人規定は、会社には適用も準用もないことになります。だから民法四三条の規定は矢張民法の公益法人の為に特に定めた規定であると見なければならないことになります。民法四三条の前後の規定が総て公益法人特有の規定であると云うのに、其の間に挟った四三条丈けが、公益法人に限らず、総ての法人に共通であると云うことは、規定の位置からも無理な解釈と言わなければならないのであります。商法が若し此の民法四三条も会社に共通の法則にしたいならば、商法や有限会社法が民法四四条一項其の他の規定を一々各種の会社に準用しているのと同じ筆法で、四三条も夫れ夫れの会社に準用する規定を設けて置くべきでありまして、すぐ直後の四四条一項の規定を準用する丈けの用意のあった商法の立法者が、其の直ぐ前の四三条の規定を見落して、其の準用を忘れたと見るよりは、寧ろ意識的に之を準用しなかった、それは特に準用するに及ばないと見たか、或は準用すべきものではないと考えたから、であると見なければならないのであります。

それならば、民法四三条に規定された様な権利能力の制限は、会社に付ては全くないと考えて良いのであろうか、と云うことですが、其の中の法令に依る制限の点は、会社の権利能力が法律の規定に依り制限されるのは当然でありまして、此の点会社の為めに特に規定が無かったからと言って、反対の解釈は成り立ちません。法律の規定を以てしても、会社の特別的権利能力を制限することは出来ないと云う様なことは言えないのでありますから、其の点は民法四三条の規定を俟つまでもなく、当然のことでありまして、特別に規定のない会社に付ても、同じことであります。然し法令の令の方に当る、行政官庁の命令に依って(2)、権利能力の制限を受けると云う点は、民法四三条が特に其の旨民法の法人の為めに規定するからでありまして、従って特に規定のない会社に付ては、命令に依り其の権利能力を制限することは出来ない、法律又は法律に代るべき命令ならば兎も角、其の他の一般の命令に依っては、斯様な制限は出来ないと解さなければならないことになります。だから少くとも此の点では、民法の法人と会社との間には、其の特別的権利能力の取扱に於て、差異があるのであります。[3]

それならば民法四三条の『定款又ハ寄附行為ニ依リテ定マリタル目的ノ範囲内ニ於テ』と云う此の部分に付てはどうなるのか、寄附行為云々と云う部分は財団法人特有のものでありますから、無論会社には関係ありません。定款に依りて定まりたる目的の範囲内に於て権利能力がある、と云う点は、会社に付てどうなるのであろうか、と云うことであります。即ち民法四三条の規定が会社に準用されていないことから、直ちに会社の場合には其の点反対になる、と云う訳には行かないのでありまして、法令に依る制限に付て考えたのと同様に、民法の公益法人の権利能力を、其の定款又は寄附行為に定められた目的の範囲内に限定することの理由、その論拠が問題な訳で、若し法人の権利能力なるものは、本来、目的の範囲に限定されているものであるならば、民法の規定は此の点、唯注意的に明かにしたに止まり、特に其の規定を俟つまでもない、だから会社に付ても同じ制限があると云うことになる訳であるが、反対に民法が何等かの政策的目的の為めに、民法上の公益法人の権利能力の範囲を特に狭く限縮するために、此の規定を設けたと云うなら、特に規定のない会社の権利能力には、反対に、斯様な限定はない、と云う理窟であります。民法の法人に関する限りは、此の明文の規定があるのですから、其の立法の理由如何に拘らず、斯様な制限があると云うこと自体には余り異論の余地は無さ相であります。唯其の立法理由として民法学者の説明する所に依りますと、殆ど大多数の者が、之は当然の理を示した規定であるとして居ります。若しそうならば、会社に付き特に規定が無くても、同じことになる筈でありますが、[4]何故当然の規定であると言えるのかと言いますと、其の主旨は次の様なことであろうと私は理解して居ります。

一体、法人の本体は社団又は財団でありまして、社会的乃至法的組織体と見られて居りますが、左様な社団又は財団なるものは、唯偶然に自然発生的に生れて来るものではなくて、必ず一定の目的を達する為め、意識的に組織結合して出来た組織体たることを、法律が要求して居ります。だから法人となる社団又は財団であるが為めには、必ず夫れ夫れ其の目的とされる一定の事項がなければならないので、或る事項を遂行しようとして、其の目的の為めに組織された社団又は財団があるときに、夫れを法律が権利主体として認める。其処に法人が生れるのでありまして、民法が社団法人或は財団法人を認めるのは、夫等の組織体たる社団なり財団なりが、或る特定の目的を定めて之を遂行するから、それに伴って生ずる生活関係を法律的に規制する際の、権利義務の帰属点として、其の社団又は財団自体を一つの人格者として扱い、之に権利能力を与えるのです。其の追求する目的を離れては、抑も権利能力を付与する必要も理由もない訳です。目的を念頭に置かないで、唯、漠然と権利能力を与えるものではないのです。殊に少くとも現在我国では、法人自由設立主義を採っては居りませんから、社会的に実在する有りと有ゆる社会的組織体を、其の欲するままに無制限に、法人たらしめる訳ではないので、民法なり商法なり、或は其の他の法律なりが、法人格を付与する基準として、常に必ず一定の目的を追求する社団又は財団たることを要求して居りますから、法人格は目的関連的に付与される訳です[5]。目的の有無内容如何に拘らず、権利能力を与えると云う立法主義を採ってはいないのであります。而も其の社団又は財団の選択する目的の種類如何に依って、法人格付与の条件に差別を設けまして、之を或は民法、或は商法、或は其の他の法律に振り当てて、各法律毎に格別に法人設立要件を定めて、夫れ夫れ当該法人の成立を認めているのです。どの法律に依って法人格が与えられるかが、主として其の社団又は財団の遂行しようとして選んだ目的如何に依って決まるのであります。従って目的が定まらなければ、どの法律に依って法人格を取得出来るかも決まりませんから、法人となることも出来ない訳であります。

此の点が自然人を権利能力者とするのと様相が違っているので、自然人は別に生れるに当って、目的を定めて出生する訳ではありません。将来の凡ゆる目的の為めに、其の生活関係を展開する可能性を有っていまして、其の将来展開することあるべき凡ゆる生活関係に付て、其の者自身に権利義務を帰属せしめる、と云う形で規制されます。自然人の場合には、生来の目的なるものが特定していない、生存中は永遠に目的無限定なのですから、目的関連的に権利能力を考える様なことを法律はしない、無限定の目的の為めに広く権利能力が与えられます。(6)之に反し社団又は財団は、抑も生来の特定した目的があって生れるので、何の目的もなしに忽然として出現するものではないのです。設立者の選択した一定の目的を以て生来的に目的が限定されている。其の様な限定された目的の為めに動く組織が、意識的に作られるから、それに法律が権利能力を与えるのです。して見れば、其の目的を中心として、目的に絡まって生ずる生活関係丈けに着眼して、法律は其の権利能力を考えて置けば足るので、元々其の社団又は財団が、将来、社会生活関係を織り成すであろうと自ら宣言した関係丈けに付て、其の範囲で之を権利主体として扱えば良いのです。何を仕出すか判らないのに、其の他の約束外の分野に付てまで、法律が予め余分な権利能力を付与して置く理由はない訳です。目的如何により、法人格付与の法律が別異になっているのでありますから、民法なり商法なりが其の自ら法人格を付与し得る目的分野を超えて、法人に権利能力を与えることは出来ない筈でもあるのであります。だから民法学者の言う通り、定款又は寄附行為に定められた目的の限界内で権利能力を与えるのは寧ろ当然のことで、其の目的を定款又は寄附行為の中で表明せしめた上で、其の自ら表明する目的の範囲内で発生するであろう生活関係に付て、権利能力を付与することにしたのであります。だから其の限りでは別に法律が、何等かの政策的意図を以て特に権利能力の範囲を縮小しようと云うのではないので、本来、其の社団又は財団の自然の生活範囲で、即ち其の目的に向って色々な動きをする、其の範囲内で、full に権利能力を認める、と云うのは当然の話であります。別に何も民法上の法人が公益法人であるから、其の目的たる公益事業遂行に付ての監督の必要上、其の権利能力を、特に自然の生活範囲よりも狭く限定しようと云う様な趣旨を含むものではなくて、本来、其の社団又は財団が社会生活を営む、其の自らの生活圏 Lebenskreis を自ら選択し限界付けているのだから、其の欲する儘の範囲に full に権利能力を認めると云うのです。無論、当初の目的を後になって変更することも在り得るのですが、若し仮に将来其の社団又は財団が、当初の目的を変えることがあるとすれば、其の時に改めて定款変更乃至寄附行為の変更などの手続を経て、正規に目的変更を表明し、且つ民法の法人ならば、主務官庁の認可をも受けた上で、それに伴って権利能力の範囲も変動せしめれば良いのでありまして（民法三八条二項）、現実に具体性のない空虚な範囲に付て、法律乃至主務官庁が、其の管轄領域を無視してまで広大な空洞の様な権利能力を与えて置く様なことはしない、極めて自然の限度で、目前に呈示された社会的実態の在りの儘の姿に付て、法人格を付与する。左様に説明するのが、民法学者が当然の理であると説明する意味合いではなかろうかと思います。

其処で民法学者は、法人の特別的権利能力の限界の、第三番目の範疇として、之を掲げるので、之は他の二つとは別種独立の限界であると考えている訳です。即ち法人たるの性質上の制限でもなければ、法令に依る制限でもなくて、第三の範疇に属する、之等と並ぶ三つ目の制限と見ている訳です。性質上の制限とは別種の制限であると云うのは、法人の本質上左様な制限が論理必然的にあるのではなくて、各社団又は財団が各自、自発的任意的に選択した目的が問題なので、其の自らの申出に係る自律的な限界内に権利能力が与えられる、法律は之を縮小も拡大もしない、と云うのですから、本来法人の性質上、例えば自然的肉体が無いから、肉体の存在を前提とする権利義務が法人には論理必然的に帰属し得ない、と云うのとは別のことです。目的の範囲外の権利能力を法律が与えたければ与えることも出来る訳です。それを唯法律は与えていないだけのことです。又、此の限界は民法が何等か政策的に公権力を以て権利能力を減縮しようと云うのでもありませんから、法令に依る制限にも当らない。だから之等二種の制限とは別個独立の三番目の限界になると云う訳です。そして其の様な意味で此の三つ目の制限、即ち目的に依る制限も法人制度の建前として至極当然のことなので、民法は夫れを特に明文を以て規定しますから、其の制限のあることは疑ありませんけれども、仮に其の様な明文規定がなくても、法人制度の在り方から自然の理として、此の限界があるべき筈のものと謂うことであります。(7)

尤も同じ当然の理に依る制限と言い乍ら、民法四三条は、目的に依る制限を特に挙げる丈けで、性質に依る制限の方を明示しなかったのでありますが、それは何故かと言えば、目的に依る制限は、若し法律が此の制限を認めないことにしたければ、其の様に規定すれば、出来ないことはないのですけれども、性質に依る制限の方は、法律の力を以てしても、之を撤廃することは出来ません。仮に法律を以て性質に依る権利能力の制限はない旨を規定したとしましても、性質上帰属し得ない様な権利義務が、法人に帰属することは、観念上在り得ないのですから[8]、其の規定自体無意味無効の規定となりますけれども、目的外の権利義務は、法律が之を認めさえすれば[9]、法人に帰属せしめることが出来るのであります。之を法人に帰属せしめても論理的、観念的に何の障碍もないのであります。だから民法は特に目的に依る制限に付て丈け、之を撤廃しない旨を明かにしたのでありまして、性質上の制限の方は、之を撤廃すること自体、論理的に無意味であるから、民法は特に之を撤廃しない旨の拒り書きをしてまで、念を押すに及ばない訳であります[10]。

つまり、民法は社団又は財団が法人となる為めには、其の法人設立行為として定款作成又は寄附行為と云う意思表示の為されることを要求しまして、而も其の意思表示の内容の中の絶対的必要事項の一つとして、目的を定めさせているのですから（民法三七条、三九条）、夫れは如何なる目的の為めに、其の社団又は財団が、法人格取得を意欲するかを、表示せしめる訳であります。と云うのは、其の意思表示の効果意思の内容として、自ら定めた目的に付て法人格取得を意欲していることになりますから、其の意思表示に基く主たる効果として――即ち法律行為の法定的効果としてではなしに、其の任意的効果として――其の意欲した通りの権利能力を発生せしめると云う立場を、民法が採っていることになるのであります。私的自治でありまして、欲するが故に欲する通りの効果が与えられるのであります。表意者が欲してもいないのに、法律が無限定に広汎な権利能力を付与することはしない。欲した丈けの効果を欲した通りに与える。其の自治的限界として権利能力の目的に依る制限が考えられるのでありまして、此の点は法人設立行為の基礎としての法律行為制度、私的自治を認容する点、から見て、当然の道理でありまして、法人設立につき意思表示としての定款作成や寄附行為を要求し、而も其の中に目的を必要事項として定めしめていることの当然の結果であると考えられるのであります。(11)

之に反して自然人の権利能力は、本人や代理人の意思に基いて付与されるものではなくて、個人尊厳の法理想に基いて、法定的に無限定に与えられるものでありますから、本人や法定代理人の選んだ生存目的があったとしても、夫れが権利能力を限界付けるものではないとしなければならないのであります。法人の権利能力が設立行為と謂う、一種の法律行為の効力として発生する点に於て、自然人の権利能力とは、其の発生の機構に本質的差別があるのでありまして、法律は、法人設立行為の組成分子として、如何なる内容の意思表示を要件とするか、如何なる内容の効果意思が表示されることを要求しているか、従って又、其の効果意思の内容に相応して発生すべき設立行為の効力——特に其の任意的効果、主たる効果——として如何なる内容範囲の権利能力が付与されるかが、必然的に問題となるのであります。結局、民法は此の目的が効果意思を限定する旨を唯念の為めに明かにした丈けで、別に此の規定を以て、何か変ったことを規制しようとしているのではないのです。若し之が当然の理を定めたのではなくて、特に民法が当事者の意思如何に拘らず、殊に表意者が無限定の権利能力の発生を意欲しているのに、其の意欲に反して、法定的に、其の意欲されたよりも狭い権利能力の限界を設定したのであるとすれば、其のこと自体は法令に依る制限の一つになる筈でありまして、従って民法学者が、法令による制限の外に、更に目的に依る制限なるものを第三番目の項目に挙げることは、説明の体系として誤りであるばかりでなくて、民法四三条の規定の書き方自体も非論理的なものになって了うのであります。即ち民法は、法令に依る制限と並べて、之と同列に、目的に依る制限を別途掲げているのでありまして、目的に依る制限は法令に依る制限の中には入っていないから、之を並べて置かないと一方は抜けて了うと云った書き方なのであります。少くとも民法四三条は、目的に依る制限が法令に依る制限の一種ではないと見ているのであります。(12)

それならば、仮に民法四三条の規定が無かったならば、夫れでも民法上の法人の権利能力に付て目的に依る制限が肯定されるであろうか、と云う点に付ては、民法学者は其処までは親切に答えていません。それは仮定の話になって了いまして、民法上現に此の規定があるのですから、其の通り規定のある姿を踏まえて、説明している丈けで、「仮に此の規定が無かったならば」と云う様な仮定の設問にまで答えていないのは当然です。現に与えられた規定の趣旨を理解する際に、目的に依る制限は特別異様な規制ではなくて、当り前の自然のこと、当然のこととして規定したに過ぎないと云う言い方をする訳です(13)。

其処の所が、会社の権利能力の範囲に付て考える場合の、一つの微妙な綾になるのでありまして、前に言いました様に、商法にも有限会社法にも、此の民法四三条を会社に準用する旨の規定はありませんし、且つ之に代るべき規定も会社に付ては設けられて居りませんので、此の点に付ては会社の場合、どうなるのであろうか、若し民法学者が言う様に、法人の権利能力の目的に依る制限なるものが、私的自治に基く権利能力発生と云う、現行法人制度の建前から考えて、事物自然の理であるとすれば、商法や有限会社法に其の点何の明文の規定が無くても、同様に会社に付ても目的が設立の効果意思を限定し、従って目的に依る権利能力の制限はあるものと見るべきでありましょう。若し商法が斯様な制限を認めたくないならば、民法上当然の理とされている事柄を、会社に付き排除する為め、何等か特別な規定を設けて置くべきでありまして、黙っていれば商法でも民法上当然の道理とされることを其儘、承認したものと見る外、なさそうであります。即ち商法に特に規定がなくても、本来、会社が自発的に選んだ目的なのであるから、其の会社の生活関係は、其の目的を周って展開するであろう、鉄道営業を営むとか、証券業を営むとか、会社自ら目的事業を標榜して定款に定めて、其の会社は其の目的を遂行すべく権利能力を欲すると言うから、其の通り法律は権利能力を与える、法人にしてやろうと言っている訳で、会社自ら定款に標榜しない様なことに付て、法律が先廻りして、会社が勝手に目的外の生活関係に入るかも知れない、などと考えて、現に当事者の効果意思の内容に含まれていない範囲に付て、何でも見境いなしに法人格を与えるのではないのであります。定款の絶対的必要事項として、法律が常に目的を定めさせているのは、唯面白半分に無意味に之を命ずる訳ではないので、其の目的を遂行する為め、組織された社団が、其の自ら選んだ目的の為めに法人格を欲している旨を、意思表示せしめる趣旨と見られるのであります。法律は会社の設立者が所定の目的事業の為めに会社の法人格が欲しいと言うから、其の通り権利能力を与えるまでのことで、商法に其の点特に規定が無いからと言って、目的に依る権利能力の制限は無いと云う反対論は引出せないのであります。民法が何か特に政策的必要から目的に依る制限を設けたと言うのなら、其の規定のない商法は、其の政策を採らなかったことになりまして、左様な制限を会社に付て法律は考えていない、と言うことになるのでありますが、民法が、法人設立の法律行為乃至意思表示の効果意思に付て、当然の理を示したと言うのなら、商法に特に規定が無くても、同じ当然の理に依って、会社の場合にも、定款に定められた目的の範囲内に於てのみ、権利を有し義務を負うことに、変りは無い筈であります。

所が斯様に会社の権利能力が、其の目的の範囲内に限定されるものとしますと、実際上は会社は必ずしも、定款所定の目的の範囲内丈けに、自らの生活関係を展開する様に、自粛して行動するとは限らない、少くとも事実上は、定款に定めた目的を逸脱して、其の生活関係を社会上に発展展開せしめることは、幾らでも出来るのです。例えば鉄道会社が其の定款には鉄道営業と丈けしか目的を掲げていないでも、出版業でも、飲食業でも、貸金業でも、事実やろうとすれば、何でも出来る。左様なことは目的たる鉄道営業とは無関係ではないかと言って見ましても、現にやる気なら何でも事実上出来ます。定款には左様なことを目的に掲げていないのですから、約束が違う訳ですけれども、左様な公表された目的をそっち除けにして、定款上謂わば闇商売の様なことでも、構わずに事実上やってやれないことはない訳です。そうしますと、左様な目的外の生活関係を会社が現に巻き起している場合に、(14)夫れは元々、約束違いだから権利能力の外であり、法律は左様な約束違いの点まで法人格を付与しない、左様な目的外の、例えば飲食店関係に於ける権利義務[15]などは、鉄道会社としては、総て権利能力外であって、会社には斯様な権利義務は帰属しない、と云うことになりますと、実際問題としては利害関係人に不測の損害を与える虞がありまして、例えば飲食品の材料を納入した者が其の代金を会社から払って貰えない、代金債務は会社に帰属しないのでは、不公正であると、反対説[16]は主張致します。会社が勝手に其の目的の範囲外に事実上生活関係を創り出して置き乍ら、後になってから夫れは会社の能力外だから、左様な権利義務は会社に帰属しない、法律上は会社の関知しない所である、と云う様な主張が認められることになりまして、善意の相手方が不測の損害を被る虞があります。又、相手方から会社に向っても、其の様な主張が出来るとしますと、相手方が初めから会社の目的外であることを百も承知の上で、会社との間に何等かの利害関係を作って置き乍ら、後になって自分に都合が悪くなると、夫れは会社の目的外のことで、会社に左様な権利はないと言って、否認して逃げて了うことも考えられるでありましょう。何れにしましても、左様な主張が若し認容されることがあるとすれば、不公正なことでありますから、実際上の結果を見れば、目的に依る権利能力の制限を認めることは不都合であると説明される訳です。

そこで商法学者の間には、此の様な論拠を補強に使って、会社に付ては特に規定がないのだから、目的に依る権利能力の制限はない、と云う意見が可成り有力に出て居ります。目的に依る限界を認めると、利害関係人に不測の損害を生ぜしめる虞があるから、其の様な解釈をしないで、幸に明文規定もないことだし、左様な制限はないと見れば宜しい。左様な限界はないと云う解釈を選ぶべきだ、と云う主張が商法学者の中から出て来たのであります。然し今日の段階では、民法学に同調して、目的に依る制限は現行法の法人制度の建前から当然のことで、会社に付き特に規定がなくても、之と異った解釈は出て来ない、と云う意見が全面的に克服されて了った訳ではなくて、此の争は最終的決着には至っていないと見るべきであります。最近では会社に付ては目的に依る権利能力の制限はないと云う説の支持者が段々増えている様であります。中には民法上の法人に付てすら、民法四三条の規定にも拘らず、社会生活の現実の姿に於て法人は必ずしも目的の範囲内に限定された存在ではなく、事実上幾らでも目的外の生活関係に入り得るのだから、其の関係を法人自身の権利義務として把えないのは背理であるとして、目的に依る制限を否定しようとする考すら現われて居ります。民法四三条の規定は少くとも目的に依る制限を定める部分に関する限りは、空文であると見るか、せいぜい、之は行為能力に付ての規定であると見ようとするのです。然し其処まで行きますと、既に解釈論の枠を外れた主張であると言わなければならないであろうと思われますが、其の点は民法学の領分ですから、夫れはそちらに任せて置いて、此処では左様な明文の規定のない会社に付て丈け考察を進めたいと思います。

所で、会社の権利能力が目的の範囲内に制限されると見たのでは、先程言いました様に、実際上の結果に不都合な点を生じ、利害関係人に不測の損害を与え取引の安全を害する虞があるとすれば、其の様な点は確かに困ったことであると認めなければなりませんが、此の点は良く考えて見れば、実際上は、論者の主張する程、取引に不安を生ぜしめるものではないことは、後に述べる通りでありますけれども、仮に一歩譲って、此処では論者の言うことを額面通りに受取ったとしましても、法律の解釈としては、実際上の結果に不都合な点があると云う丈けでは、決定打には成り難い様に考えます。夫れはどんなに優れた制度であっても、四方八方、総ての関係に亘って満足の行く解決が得られることなどは、期待出来ないのでありまして、一方の関係を具合良く解決しようとすれば、必ず其の反面では、其の為めに不利益や犠牲を強いられる関係が出て来るのでありまして、一方に都合が良くなる様にすれば、必然的に他方は夫れ丈け不利益になるのは当然のことであります。法律というものは、結局我々の複雑微妙に関連し対立し合っている利害関係に付て、其の何れの利益を採り上げて、之をどの点からどの様な形で保護するか、従って又、それと両立しない反対利益を、どの点でどの程度犠牲にさせるかを考えて、成る可く社会生活全体の調和に於て、不公正にならない様に、上手に調節しようとして、立法者が色々と工夫しまして、其の基準を立てているものと考えるべきでありますから、従って其の法律を解釈するに当っては、法律が現にどの利害に着眼して、何れの利益を保護し、何れの利益を犠牲にすることにしているか、法律は現に其の保護や犠牲を、如何なる形で、どの点にどの程度行わんとしているか、を明かにして、法の内容を明確にしなければならないのであります。取引の安全の保護と云うことは、一般に立法者に課せられた大切な任務ですから、法律は其の保護の為めに色々な手を打って規定を設けて居りますが、其の場合にも、唯だ闇雲に取引の安全さえ保護すれば宜しいと云う様な、単純な考で規定が設けられるのではありません。取引の安全を保護すると云う丈けならば、実は極めて簡単なことでありまして、恐らくは中学生程度の頭で判断出来ることです。然し問題は左様な一本槍で決められる様なことに重点があるのではないので、取引の安全を保護しようとすれば、必ず其の裏に直接間接犠牲を強いられる点が出て来るので、何の犠牲もなしに、一方丈けを保護するなどと云うことは、抑も不可能な関係を扱うのでありますから、其の際考慮しなければならないことは、立法者としては、其の両立し難い複雑に絡み合った利害の関係を調節するには、何処にどの様な境界線を引くべきかと云うことであり、又解釈者としては、立法者が現に何処にどの様な境界線を引いているかを明かにすることであります。

例えば民法一九二条に有名な動産即時取得の規定がありますが、之は取引の安全、所謂動的安全保護に付ての代表的な制度となっている訳でありますが、其の際、単純に動的安全さえ保護すれば宜しいのであるとすれば、善意、無過失、平穏、公然などと言う面倒な要件は何も無しに、動産の占有取得者は、常に其の上に行使する本権を直ちに取得することにして置けば良い筈です。そうすれば最も良く動的安全が保護されます。夫れなのにどうして民法は、左様に判り切ったことをしないで、善意、無過失、平穏、公然などと云う、むずかしい要件を並べているのかと言いますと、夫れは無論、反対側の利益保護をも考えているからでありまして、所謂動的安全と静的安全との調節点を、どこにどの様な形で設定したら良いかが、即時取得制度の中心的課題なので、其の結果民法は、善意、無過失、平穏、公然と云う前提要件を具備すれば、占有取得者の方を、本権取得と云う形で、保護しようと言っているのです。ですから其の様な前提要件が占有取得者側に具備されれば、其の反面、従前の権利者は其の権利喪失の犠牲を強いられる、と言っている訳です。空に考えれば、之等の前提要件の組合せは何とでも工夫出来る筈で、動的安全を一九二条以上に一層強く保護したければ、夫等の要件を一層緩和すれば良いのであるし、反対に静的安全、従前の権利者の側を一層強力に保護したければ、夫等の要件を一層厳重に加重すれば良い訳です。例えば無過失などと云う要件を外して了って、過失があっても構わないとか、重過失さえなければ、多少の過失、軽過失位はあっても即時取得出来ることにして置けば、動的安全は一層強力に保護される訳です。現に法律は即時取得の要件の加重又は軽減を、必要に応じて個々の場合に付き規定しまして、一九二条に対する除外例を設けて居るのであります。例えば民法一九三条には盗品遺失物に付ての即時取得の制限を規定しますし、更に此の一九三条の除外例に対する除外例を一九四条が、更に再び其の除外例を質屋営業法二二条が規定しているので、立法者としては二転三転しながら、之でもか之でもかと、可成り木目細く微妙な利害調節を計って居ります。又、商法や手形法などに於ける有価証券善意取得の制度は、動産とは多少違いますが、証券の占有取得者に悪意重過失ある場合にのみ、其の善意取得を妨げるものとしましたのは、動的安全を著しく強力に保護した例であります。此の様に同じ動的安全の保護と言っても、場合場合で法律は色々に手心を加えて規定を設けているのでありますから、斯様な立法者の配慮を無視して、単純な公式論を振廻して、動産取引の動的安全保護の立場から、一般に其の即時取得に付き無過失は要件ではないなどと云うのが、民法一九二条の解釈論として許されてはならないのであります。民法は過失ある者を保護しないのです。過失者を保護するか、しないか、は民法が何れにするかで決まることで、何れが動的安全に一層役立つかなどと言う空論に依って決まるものではありません。我々は左様な単純な頭で法律を論じてはならないのであります。法律の根拠もなしに、学者が勝手に其の要件を加重したり軽減したりして良いもの、自分の考え次第でどうにでも変えられるもの、夫れが学問の力、解釈学の任務であるかの様に誤信して了ってはならないのであります。

会社の権利能力が其の目的の範囲内に限定されないことにして置けば、確かに会社と利害関係に立つ或る種の第三者は、或る場合には不測の損害を受けずに済みますから、其の限りで其の第三者には都合の良いことに違いありません。然しこの様に或る種の第三者の利益が保護される反面には、夫れに因って必然的に犠牲となる側の利害関係人がいることも同時に考慮して、何れの側の利益を如何なる形で保護し又は犠牲にするかが立法政策の課題なのでありまして、そしてその立法者が現に如何なる政策を採って法律を設けたか、其の結果如何なる内容の法律となって現行法に規定されているかを明かにするのが、法解釈学の任務である筈であります。而も此の場合には特に、会社の権利能力外であるとされることに依り直接不利益を受ける第三者と利害対立の関係に在る者は、当該取引の相手方たる会社それ自身であることは無論でありますが、其の会社だけと見てはならないのでありまして、若し夫れ丈けならば会社を保護するよりは、善意の相手方を保護する方が公正であることは直ちに判断が着くのですが、事柄は左様に単純なものではないのであります[17]。其の会社の背後には、会社財産の状況如何により、深刻微妙な影響を受ける種々雑多な利害関係人が居りまして、利害関係人相互間に両立し難い相剋があることを忘れてはならないのであります。会社の目的逸脱に因って、何の落度もなしに危険に曝される者にとっては、目的外の関係に因って会社財産が散逸することは、極力防止されていなければならない訳ですが、夫れにも拘らず、之等の者は其の危険を負わなければならないのか、誰がどの様に其の危険を負わなければならないのか、或は負わなくても済むのかと云う問題として観察しなければならないのであります。謂わば会社自体の立場よりは、会社を周る種々の利害関係人相互間の利害調整に問題の重点があると云うことを、明確に認識しなければならないのであります。

そして此の場合に考えられる目的外債権者に対立する反対側の利害関係人の中で、特に見逃すことの出来ないものには、少くとも其の会社の社員、並びに其の他の債権者、即ち目的の範囲内の債権者などがあるのであります。彼等にとっては、会社の権利能力が其の目的の範囲内に限定されていることが望ましいことでありまして、之に依り彼等の利益が保護される、つまり目的外債権者の犠牲に於て、之等の者の利益が保護されます。何となれば仮に誰かが或る鉄道会社の株式を引受け又は譲受けて、其の会社の出資者になったとしますと、其の人は其の会社の営む鉄道営業に投資したのでありまして、会社が其の目的たる鉄道営業から得る利潤の分配に与ることを狙って投資するのです。其の人が正に此の株式への投資に踏切ったのは、其の会社が正に定款所定の鉄道営業を行うと称しているからなので、投資者としては、どの会社に自己の資本を投下するかを考える際には、何は兎もあれ先ず其の会社の目的たる事業に着目して、其の種類、規模や将来性、収益力などを検討した上で投資決断をするでありましょう。沢山にある会社の中から、特定の当該会社を特に選択して投資するのでありまして、其の際に、会社の目的たる事業そのものを度外視して、先ず商号や本店所在地などを問題にしまして、例えば姓名判断や方位占い見たいに、名前や場所の善し悪しなどから、其の会社を選び出すなど云うことは、凡そ理性的な投資者のすることとは言えないでありましょう。(18) 夫れなのに折角投資目標に選ばれた其の会社が、定款所定の目的たる事業に専念しないで、勝手な方面に無軌道に手を出して、色々な仕事を始めて了ったとすれば、株主にとっては誠に心外なことでありまして、何を目標に投資先を選定したら良いのか判らなくなって了うでありましょう。鉄道会社だと思えばこそ、出資したのに、何時の間にか鉄道の方はそっち除けで、映画館の方に鞍替えして了っていても、株主は之に文句も言えないで、其の映画館企業の危険を負わされて了うのでは、極めて不公正であります。別に歴とした映画館会社があるのですから、危なっかしい素人商売の鉄道会社などに金を出さないで、初めから専門の映画館会社に直接投資した方が安全且つ有利な投資になる筈でありました。投資者としては自ら選んだ企業について利潤の分配に与ると共に、反面其の企業危険を負担すべきでありまして、其の投資者に無断で、即ち定款変更の手続もとらないで、其の予期しない目的外の事項に付て、資本が流用されたり、危険を負わされたりしてはならないのであります。斯様な投資者の不安を除去する為めには、色々な法的規制が考えられるでありましょうけれども、会社の権利能力が定款に定められた目的の範囲内に限定されることも、一つの有効な制度に違いないのでありまして、此の規定があれば、此の形で一般の企業投資の安全が保護されるのであります。自己の責任判断で安心して投資が出来るのであります。その様になっていないで、出資者から資本を出す丈け出させて置いて、其の醸出された資本が出資者に断りなしに、勝手な目的に転用されても、出資者の方では文句が言えないので困るのです。

又、会社の目的の範囲内の債権者の立場を考えて見ましても、会社の権利能力が其の目的の範囲内に制限されていなければ困るのでありまして、会社が其の目的の範囲外でも色々な債務を負担するとしたのでは、会社が正直に目的内の生活をしている限り、楽に弁済を受けられた筈の目的内債権者は、目的外債権者の割込みによって、満足な弁済を受けられなくなって了う危険があるのであります。或は目的外事業のために多額の設備投資をしたりしますと、目的たる事業の方の運転資金の欠乏を招いて、支払が窮屈或は不能になって了うことも考えられます。其の場合でも目的外債権者には会社は義務を負わず、一文も支払うことを要しないのだとすれば、目的内債権者の不安や危険はなくて済みます。会社の目的は定款にちゃんと決まっているし、登記にも公示されているのですから、目的外の債権者まで、目的内の債権者と同順位で会社財産から弁済を得られるものとしたのでは、真面《マトモ》な債権者の負担に於て闇債権者が保護されることになりまして、極めて不公正であります。法律は定款の絶対的必要事項として必ず目的を定めさせているのに、其の名目通りに実行されているか否かには、法律は無関心で、看板の商売はそっち除けで、目的外の闇商売ばかりして居っても、法律的には別にどうと言うことはない、元々当てにはならない登記や看板に瞞される奴の方が悪いと云う様な制度であるとすれば、それは出資者の立場や真面《マトモ》な債権者の立場を忘れている、片手落の制度である様であります。目的外の債権者は、仮りに善意であったとしても、会社の目的に注意しなかった弱味はある筈で、其の点何の落度もなく、予防し施しようのない株主や目的内債権者の犠牲に於て保護されて良いと云った立場にはないと見なければならないでありましょう。或る種の迂闊な第三者の不測の損害を予防しようとして、更に別の迂闊でない第三者の不測の損害に気が付かないのでは、幼稚な考えと言わなければならないでありましょう。目的外の生活関係を作るのは会社が悪いのだから、会社に責任を負わせて置けば宜しい、それで万事解決すると云う様な単純な頭では、複雑な利害衝突の場は調整処理出来ないのでありまして、全体的に調和のとれた取引の安全の保護にはならないのであります。

然らばどうすれば良いのか、と言いましても、其の答は色々に工夫できるでありましょう。必ずしもall or nothingの形で、どちらの側の利益を保護するのがbetterであるか、と云うことを考える丈けではなくて、謂わば妥協的な中間を取って、折衷的に木目細かく工夫出来る筈であります。必ずしも一方の利益を無条件に一〇〇%保護して、他方の利益の保護は完全に〇にすること丈けが考えられ得る全部である訳ではありません。実際問題としては多くの場合に、利害衝突の法律的規制は、何等かの妥協を試みて、具体的状況に適する中間的措置を採るのが最も適当の様でありまして、立法者はどこをどう規定したら大局的に調和のとれた公正妥当な解決が出来るかを検討して、夫れ夫れ細かい工夫を凝らした制度を法律に盛り込んでいるのであります。動産即時取得の要件として善意、無過失、平穏、公然などと云う、言って見れば可成り面倒な要件を規定するのも、どうすれば、何の落度もない本権権利者と、占有取得者との間の利害対立の関係を、客観的に公正な、大局的に調和のとれた方式で調整できるか、に付ての立法的解答に外ならないのであります。立法論としてならば、無論之と異った色々な工夫が無限に考案され得るのでありますけれども、解釈論としては民法一九二条の規定を踏まえて、其儘動産即時取得の要件を理解する外ないのであります。会社の権利能力の目的に依る制限の有無を考える場合にも同様でありまして、其の制限の肯定否定、何れの方が何れの側に都合が良いかなどと云う左様な単純な抽象的思弁の問題ではなくて、現に我国の会社法が何れの側をどの様な形でどの程度保護しているのかと云う現実具体的な実定法解釈の問題なのであります。だから少くとも現行法の規定を基礎にして、何処がどうなっているかを具体的に見極めなければならないのであります。それをせずに、勝手に頭の中で先走った独断的結論を用意して了ってはならないのであります。

そこで、会社に付ては民法四三条の様な規定はないのでありますけれども、其の民法四三条の中の『定款ニ依リテ定マリタル目的ノ範囲内ニ於テ』と云う部分は、現行法の採っている法人制度の建前から云って、自然の道理である、当然の規定であると云う理解が理論的に否定されない限り、会社に付ても其の点は同理であるべき筈で、若し商法が会社に付ては民法上の公益法人とは違って、左様な当然の理には従って居れない、第三者保護の為め何等か別途の取扱をする必要があると言うのならば、特に其の旨を明かにした規定を設けるべきでありまして、立法者が何の規定も設けずに放置している限りは、民法とは反対に取扱うという解釈は出て来ないのであります。当然の理では保護されない者を保護しようとすれば特に其の旨の規定を設けて、其の政策を明らかにすべきであろうと思います。先程の動産即時取得の制度などは、正に其の例なのでありまして、若しあの様な規定が無ければ、当然の理が働くのであります。当然の理を考えれば、無権利者から権利を譲受けることは出来ない、と云う法則を認めざるを得ないでありましょう。ですから例えば不動産に付ては一九二条の様な規定はありませんから、其の結果は、不動産上の権利に付ては、動的安全は即時取得の形では保護されないのでありまして、夫れが為め不動産の占有を善意で取得した者が不測の損害を受けたとしても止むを得ないことであります。無論、他の制度に依る保護[19]を受けることはありますけれども、一九二条の様な規定がない限りは、善意取得、即時取得と云う形で不動産の占有取得者が保護される訳に行かないことになるのであります。

商法や有限会社法は、会社に付て、其の目的と云うことを可成り重要視して扱っていることは事実であります。と言うのは、どの会社に付ても、会社の目的は其の定款の絶対的必要事項の最初に挙げられた事項であります[20]。必ずしも其の列挙の順序が、事柄の重要度の順序を基儘示しているとは言えませんけれども、少くとも大した意味のない事項が、何時も何時も忘れずに、一番真先に挙っている、と見るのは極めて不自然であります。可成り基本的な重要事項として定款に目的を定めしめていると理解するのが相当であります[21]。会社の組織上の重要事項は色々あるでありましょうが、立法者が先ず第一に之が重要だとして挙げたのが目的であるのであります。然らば夫れは誰にとって重要なのであろうか、と言いますと、夫れは会社自身の為めにも重要な事項であるに違いありませんけれども、誰よりも先ず会社の社員にとって重要な意味を持っていると見なければならないでありましょう。其の目的あるが故に正に社員は其の会社、社団を組織するのです。だから特に株式会社の場合は、其の目的は株式申込証の記載要件にもなって居ります。設立の際の株式申込証丈けですが商法一七五条二項二号に規定されて居ります。之は株式引受人、即ち出資者としては、会社の目的が何であるかが、其の投資判断に付て基礎的重要事項であるからでありまして、定款や株式申込証を見れば、夫れが正確に確認できる様にしてあるのです。如何なる事業のための社団に加入し、之に出資するのかが其処に示されている。投資判断の基礎に誤解のない様に、最も重要な着目点として会社の目的が定款の絶対的必要事項の第一に挙げられるし、株式申込証にも記載要件とされるのです。定款の作成も、株式の申込も、何れも要式の意思表示でありまして、其の記載内容に目的が不可欠の要件として挙げられているのは、即ち之等の意思表示[22]の効果意思の内容の一部として、其の目的が効果意思を限定していることになるのであります。要式の書面の記載内容に相当する効果意思を法律が要求している訳です。夫れだけ法律は目的と云うことを重要視しているのですから、夫れが後になって、全く何の作用も示さない、目的の内外と云うことが、会社の法律関係に何の影響も生じないと云う様な解釈は、此の様な商法上の目的の扱い方とも相容れない様に思われます。

然し夫れでは目的の範囲外の債権者に不測の損害を与えて困るではないか、と云う反論に対しては、特に商法、有限会社法が全く此の点を無策のまま放置している訳ではないのでありまして、一応は第三者の保護を別途考えているのであります。即ち先ず、どの会社に付ても、其の登記事項を見ますと、其の第一番目に矢張、目的が挙って居ります（商法六三条、一四九条、一八八条、有限会社法一三条）[23]。其の結果、会社の目的は必ず登記に依って公示されますから、利害関係人に対しては、充分な警告になっている筈です。商業登記でありますから、商法一二条、有限会社法一三条三項で登記公告の後は善意の第三者に対しても、原則として対抗することが出来る筈であります。ですから商法は決して投資者たる社員の側の保護のみを考えて、一般第三者の保護を全く忘れている訳ではないのでありまして、商業登記に依る公示を少くとも用意しているのであります。第三者が不測の損害を受けたくなければ、会社登記に注意すべきであります。第三者が登記を調べもしないで、会社と其の目的の範囲外の関係に入ったとしても、法律は其処まで第三者を保護する訳には行かないのです。夫れは会社の其の他の登記事項、例えば資本の額、株式の種類、数、授権資本の枠、取締役や代表取締役の就任退任、共同代表の定の設定変更などに付ても、同様に共通の法則になっていることでありますから、会社の目的の点に付て丈け、夫れ以上の特別扱いをしなければ、第三者保護に欠けると云う理窟は成り立たないのであります。商法は商業登記の制度を通じて、[24] 会社組織の重要点として、目的を公示して、第三者保護を配慮しているので、そして登記が為された以上は、善意の第三者と雖も、其の対抗を受けることにしまして、商法は斯様な方式で、此の場合の相剋対立する利害の調節を計っているのです。だから会社の目的に依る権利能力の限界に付き、立法者は立法者なりの一貫した立場で、他の事項の取扱との権衡も考えて、均整の取れた配慮をしているので、第三者保護を忘れて了った訳ではありません。商法は第三者保護に付て、其処までは考えている。と云うことは、目的に付き夫れ以上の特別な第三者保護を現在考えていない。其処に利害調節の調和点を置いたと見られる訳であります。

会社債権者相互間の利害対立に付ても、商法が商業登記制度を通じて、会社の目的を公示せしめている以上は、其の目的の範囲内の債権者は、目的の範囲外の債権者とは違った法律上の保護を与えられて然るべきでありまして、仮令善意であったとしても目的の範囲外の債権者が会社財産から弁済を受けることが出来て、之が為め、目的の範囲内の債権者の為めの担保を減少することが許されてはならないのであります。目的外の債権者の権利を否認して、目的の内の債権者のみが会社財産から弁済を得られるものとする方が、公平の原理にも適っていると思われます。目的の内外を問わず平等に会社財産から弁済を得られると云う主義を商法は採っていない。夫れが目的を登記事項とした狙いであると解しても、別に道理に反した偏頗な解釈とは云えないであろうと思われます。同じ第三者と第三者との関係では、迂濶な者が迂濶でない者の犠牲で保護されてはならないのであります。仮令商業登記が公示方法としては不充分、不便なものであったとしても、法律がこの制度を採用している以上は、其の保護の枠の内外で、差が生ずることは止むを得ないことであり、反対に、夫れにも拘らず無差別の保護をしなければならないと考えるのは解釈論として誤っているのであります。

立法論としては、或は夫れでは第三者保護に不充分だと云う見方も成り立ち得るで(25)ありましょうが、少くとも解釈論としては、民法四三条に付き前に述べた理解を承認した上で、商法も有限会社法も、会社の権利能力が其の定款に定めた目的の範囲内に限定され、そして夫れに依って不測の損害を受ける虞のある第三者の保護は、別途商業登記の制度の方で考える、と云う立法主義であるとの解釈の方が、理窟としては有力らしく見えます。無論そのような議論に依りますと、一部の善意の利害関係人、即ち目的外の債権者にとっては可成り危険の多い制度になる虞はありますが(26)、之はまだ法律が其処までの保護を考えていない。投資者即社員や目的内債権者を犠牲にしてまで、目的外債権者を無条件に保護する所までは、行届いた保護を考えていない丈けでありまして、立法論としては無論再検討の余地が無いとは言えませんが、解釈論として学者が勝手に先走った目的外債権者保護、従って又社員や目的内債権者の見殺しを考えてはならないのであります(27)。無論反対説を採る人達も、此の場合社員の完全な見殺しを考えている訳ではなくて、別途の救済手段はあるものとします。即ち権利能力外であると云う理由で、目的外の債権者の損害に於て、社員其の他の保護が与えられるのではなくて、会社は其の目的外の関係に付ても責任を負うけれども、斯る責任を会社に負わしめることは、取締役などの定款違反、任務懈怠になるから、取締役などから会社に賠償せしめることに因って、社員其の他の利益が保護されると考えている様であります。固より会社が目的外の事項に付ても責任を免れないとすれば、此の様な対内的責任でcoverするより外はないでありましょうが、夫れでは然し債権者相互間の利害衝突に付て、何の解決にもならないのみならず、会社の目的が登記事項となっている理由がはっきりしなくなって了うのであります。取締役などの対内的な債務不履行の問題に過ぎないとすれば、登記の必要はないのであります。登記事項であるか否かに拘らず、又登記事項とされた場合にも、夫れが現に登記公告されたか否かに拘らず、取締役としては定款遵守の義務があるのでありまして（商法二五四条ノ二）、其の義務の態様や義務違反の責任の態様などは、登記の有無に依り何の影響も受けないでありましょうから、之を登記事項とすること自体、意味を成さないのでありますす。法律が敢て之を登記事項の初頭に掲げている以上は、其の登記に何等かの実体法的効果が結合せしめられているると見るのが、法解釈の常道とも言うべきでありましょう。法律は何の変轍もないことに登記を命ずる筈はないのであります。

と言いますと、反対説は苦しまぎれに、それは会社の商号権の範囲を確定する為めに必要があるから、商号と共に目的や本支店などを登記させるのだと強弁します。商法一九条二〇条の関係で、同一営業であるか否かを、登記された目的に依って判断する為めだと言うのです。無論夫れもあるとは思いますが、又夫れ丈けの意味しかないのだとしますと、目的が独立の登記事項として、商号の外に夫れと並んで、而も形式上商号よりも先行して規定されている点は、依然として釈然としない訳でありまして、自然人の商号登記の場合には、営業の種類及び営業所が商号の登記の中の一項目として、而も商法にはなくて、商業登記法二八条に商号の次に列挙して夫れが規定されているのに、何故に会社に付てのみ商号とは独立した別個の登記事項として目的を掲げまして、而も夫れを商法が商号に先立って規定し、商業登記法には特に夫れを規定しないでいるのか、此の様な登記手続上の差別扱いの説明がつかないのでありますす。之を素直に受取る限りは会社の目的は、会社の商号権とは独立した別個の意味をもつものとして、登記されるものと解する外ない様であります。

唯、比較法的に見ますと、外国法上は此の目的に依る権利能力の制限が、必ずしも一般的に認められている訳ではありません。外国の立法例で此の点を取上げているものの内、一番目に着くのは、英法《イギリス》でありまして、英法上会社其の他の法人に付ては、所謂能力外の原則 ultra vires と謂うのがありまして、其の基本定款 memorandum に会社の目的 purposes and objects として記載された事柄以外には法人格は存在しない、能力を有しないと云うのが common law の原則であります。尤も此の原則は権利能力の制限と云うよりは寧ろ行為能力或は役員の代表権限の制限と云う面に其の重点がある様に受取られるのであります。(28) 嘗ては此の英法上 ultra vires が、可成り杓子定規に厳格に判例上取扱われて居りまして、定款上目的として列挙された事項其のもののズバリと該当するのでなければ、夫れは皆 ultra vires である、能力外 beyond the power であるとして会社の責任を否定して来ましたので、其の為めイギリスの会社の定款を見ますと、色々定めてある中で、此の目的の部分 object clause が非常に厖大な内容になって居りまして、会社の目的たる事業を列挙する外、其の事業に伴って会社が如何なる権利又は義務を取得又は喪失し、又如何なる取引を締結、履行又は解約、解除するかなど、事細かに列記してあります。其の結果、此の目的の部分丈けで、タイプ用紙にベタ打ちにしまして、数枚に亘って一面に並べて書いてあるのです。土地建物を所有するとか、抵当権を設定するとか実行するとか、商品其の他物品の売買、交換、賃貸借をするとか、他人の為めに保証人になるとか、手形を振出し裏書するとか、其の他種々雑多のことが書いてあります。(29) 判例の態度に対処しまして、実務家は自衛上そうせざるを得なかったのかもしれませんが、其の結果どの会社の定款を見ても、大抵のことは皆目的の中に入れられて了って居りまして、目的に依る能力の限界などは、実際上殆ど感ぜられないのではないかとすら見受けられるのであります。其の為めかどうか知りませんが、後には判例も従前の形式論的杓子定規の解釈を漸次緩和しまして、必ずしも其のものズバリと該当しないでも、所定の目的事項に当然に随伴して考えられ得ることならば、能力外ではないと云う様に多少融通性を見せて来ているのであります。(30)

アメリカでも大体は本来其の common law の上では、英法を継受して居りまして、ultra vires の原則に依っているのでありますが、近年では各州の法律で段々之に対して緩和的な制度を採り入れて来まして、中には原則的に成文規定で ultra vires を排除して、目的に依る能力制限はないものとする立法例も現われて居ります。[31] 殊に例の model corporation act では其の様な立場を採りまして、之を採用する州が段々多くなっている様であります。[32]

之に反して大陸法では、英法上の ultra vires の法則のようなことは、余り顕著には行われていないのでありまして、例えば仏法には specialité の原則があって、矢張目的の限界内に於てのみ法人の活動能力があると見られて居ります。[33] 同様にスイス債務法でも類似の原則を規定して居りまして、それはスイス債務法七一八条で、[34] 矢張会社代表権限ある者は、会社の目的 Zweck der Gesellschaft が当然伴い得る（mit sich bringen kann）、法律行為（Rechtshandlungen）が出来るとして居ります。ですから之等は権利能力のことではなくて、代表権限のこと、若はせいぜい行為能力の制限と云う面で規定されているのであります。

然し日本の民法や商法の直接の母法である独法上は、此の ultra vires の原則は未だ嘗て認められたことはない様であります。目的に依って法人の権利能力が限定されると云う様な原則は、独法上存在しないことは、ドイツの学者が一様に[35]主張して居ります。略々定説と言って良いかと思います。Zweck des Vereins に依っては、法人の権利能力は制限されないと云う訳です。

此の様に比較法的には ultra vires の原則は、特に権利能力の制限と云う意味では、英法独特のものでありまして、夫れも近年次第に後退しつつある状況を考えますと、日本の直接の母法である独法上完全に否定された此の目的に依る法人の権利能力制限が、民法四三条の規定の中に採り入れられていること自体が、寧ろ何か不自然に見えるのでありまして、どうして斯様な文句が加えられたのか不思議に思われるのであります。其処で幸か不幸か会社に付ては我国の法律上此の点何も規定しなかったのですから、会社には其の様な制限はないと云う説にとっては、比較法的には有力な手掛りがあることになります。然し夫れ丈けでは、まだ決め手としては弱いので、今日の所、此の論争は何れにも軍配は上っていないと云うのが公平な判断であろうと思います。形式論的には制限肯定説の方が、稍有力であると見て良いでありましょう。

尚お商法学者の中に、定款に定められた目的に依っては、会社の権利能力は限界付けられないけれども、会社は営利を目的とすることを要すると云う共通の法定の要件があって、此の営利目的を離れることは、法律上許されない。だから会社の権利能力は営利の目的の範囲内に限定される、と云う説明をする人が近頃現われて居ります。(36) 然し之は余り納得の出来ない見方でありまして、一体権利能力が目的に依り制限されるか否かの議論は、抑も定款に定めた目的を問題にするので、現に民法四三条の規定の文句が其の様に言っています。『定款又ハ寄附行為ニ依リテ定マリタル』云々と言っているのでありまして、営利、非営利などと云うことは定款、寄附行為の記載要件ではありませんから、その様なことを問題としていないのです。尤も営利、非営利の点も、日本語の用法では、目的と云う言葉で表現され得ない訳ではありませんし、現に民法の規定でも、例えば三四条には『営利ヲ目的トセサルモノ』と言っていますし、三五条にも『営利ヲ目的トスル社団』云々の言葉が出て居ります。夫れを受けて商法五二条二項にも『営利ヲ目的トスル社団』と云う言葉を使って居ります。だから目的と云う言葉の法典上の用法としては、営利、非営利の点も、其の目的の或る一面を現わすには違いありませんが、今此処で問題となっている目的は、定款に定める目的のことでありまして、同じ目的と云う言葉であっても、此方は事業種類のことを指すのです。日本では同じ目的でありますが、ドイツでは此の両者を別個の言葉で現わして居りまして、営利か非営利かで区別出来る目的は Zweck des Vereins に当ります。定款に定められる目的は Gegenstand des Unternehmens に当るのです。Zweck も Gegenstand も日本語にすれば両方共目的でありますが、欧州語《ヨーロッパ》では一般に別の言葉になって居りまして、英語でも purpose と object との使い分けがあります。一体 Gegenstand 又は object に依って権利能力が制限されるか否かを論じているのに、Zweck 或は purpose に依って制限される、など云うことを持ち出して来るのは、話の筋が食い違って居ります。尤もドイツで目的に依る制限はないと言われる場合の目的は、前にも言いました様に、Zweck des Vereins のことでありまして、Zweck に依っては権利能力の制限はないと言っているのであります。そしてドイツでは、別に既に説明しました通り、Verein を Zweck の如何に依って、wirtschftlicher Verein と nichtwirtschaftlicher Verein 或は Idealverein、即ち経済的社団と非経済的又は観念的社団とに区別しまして、夫れ夫れ其の法人格取得の要件を差別して規定して居ります。[37] そして此の区別が略ぼ我国の営利法人、公益法人の区別に相当するものとされます。だからドイツ法学者が Zweck に依っては法人の権利能力に限界はないと言うのは、我々が受ける印象としては、主として営利の目的とか非営利の目的とかでは権利能力は制限されない、Zweck des Vereins が wirtschaftlich であるか nichtwirtschaftlich であるかでは、権利能力に差別はないと主張していることになります。夫れならば、一体 Gegentand の方の目的に依る権利能力の制限はあるか否かは、ドイツの学者は格別議論して居りません。Gegen-stand の如何も亦 Zweck の一部、其の或る側面を示すものと見ているのでありましょうから、[37a] 之も含めた意味で Zweck に依って制限されないと言っているものと思われます。所が日本で問題にするのは、専ら Gegenstand の目的のみの筈でありまして、定款に定めることを要する目的は之れ丈けであります。営利、非営利などは定款の記載要件ではありません。定款で営利か非営利を定める選択の自由すらないと見られます。[38] ドイツでは非経済的な株式会社も認められますから、定款に夫れを定める余地がありそうですけれども、我国では民法上は非営利の社団でなければ法人になれないし、商法上は反対に営利を目的とする社団でなければ会社になれない、従って、法人にもなれないのです。だから仮に会社の権利能力が営利目的の範囲内に限定されることを認めるとしましても——私は其の制限を認めませんが、仮に之を認めても——斯様な制限は今此処で問題にする目的に依る制限の一種ではないのです。夫れは寧ろ法律に依る制限の一種であるか、或は会社たる前提要件上の制限でありますから、性質に依る制限の一種であるかになるのでありまして、之と並べて第三の範疇として営利目的に依る制限などを挙げるべきではないと思います。我々が問題にするのは、斯様な性質に依る制限や法令に依る制限の外に、更に第三種の制限として、会社が自発的に定め自ら公示した存在領域の範囲内に、其権利能力が制限されるか、定款上任意に選んだ営業種類で権利能力が限定されるか、と云うことであります。自らの自発的な規制に依る権利能力の制限があるか、と云うことでありまして、営利目的の様な法定的規制の問題ではないのです。[39]而もドイツでは Gegenstand に依る制限があるか否かは全く問題にされないで、専ら Zweck に依っては制限されないこと計りが論ぜられているのに、日本で之をわざわざ逆倒《サカサマ》にしまして、Gegenstand に依っては制限されないが、営利、非営利の Zweck の面では制限される、などと云う理窟は、比較法的にも見当違いであると思います。自発的規制に依る制限なればこそ、日本でもドイツでも、又イギリスでも、特に問題になるので、法定的制限があるか否かなどは初めから今の問題ではありません。[40]特に民法上の法人に付ては民法四三条があって、Gegenstand に依る権利能力の制限が規定されているのに、会社に付ては商法に左様な規定はないから、母法たるドイツ法の原則に則り、会社には左様な制限はないと主張し乍ら、其のドイツ法学者が正に否定している Zweck に依る制限を、我国の会社に付てわざわざ反対に肯定しようと言うのは、全く錯乱顛倒であると言う外ないのでありまして、私から見れば Gegenstand に依る権利能力の制限に付てこそ、民法四三条の規定が会社に付ても妥当する法則であるか否かを論ずる必要がありますけれども、夫れ以外に Zweck に依る権利能力の自発的制限などは、民法四三条の関知する所ではなく、其の他法定的制限としても、民法上どこにも規定されていないのでありまして、固より会社に付て左様な規定はありません。民法にも商法にも規定がなく、而もドイツの学説も否定している点なのですから、営利目的に依る権利能力の制限などは、定款に依る制限としても、法令に依る制限としても認められないものと解すべきでありまして、ドイツ法上も我国の法律上も、法人の権利能力が営利目的の範囲内に限定されるものではないのであります。

更に又、会社は営利を目的とする社団たることを要するとは、其の目的たる事業に営利事業を含んでいることを要する意味でありまして、営利事業と共に非営利の事業をも兼ね行っても、其の社団は営利を目的としないとは言えないのでありますから、会社たるに妨げないと、私は解釈いたして居ります。民法上の公益法人は、『営利ヲ目的トセサルモノ』と云う限定が付けられて居りますから、営利事業の兼営を定款上の目的に掲げることを許しませんが、会社に付ては営利を目的として居りさえすれば良いので、非営利事業の兼営を禁ずる趣旨は何処にも規定されて居りません。無論此の点は争のある所で、一般には左様に見られて居りませんが、私の見る所では其の様になりますので、(41)若し此の立場で考えれば、会社の権利能力が営利目的の範囲内に制限されるなどと云うことは、益々成り立たなくなって来るのでありまして、会社の目的たる事業の中に非営利事業が含まれることを認める限りは、営利目的に依る制限など、ある訳がないのであります。結局我国で問題となるのは、会社の権利能力が、定款に定められた目的の範囲内に、限定されるかと云う点に尽きるのであります。此の点だけが民法上の法人とは違った観察を必要とされるのであります。

尚お序でですから、此処でもう一言、注意して置きたいのですが、夫れは民法三四条の規定で、『祭祀、宗教、慈善、学術、技術其他公益ニ関スル社団又ハ財団ニシテ営利ヲ目的トセサルモノ』云々と云う言い方をして居ります。之に依りますと、祭祀社団、宗教社団、慈善社団、学術社団、技術社団などの区別が考えられますが、此の区別は社団の目的に依る区別とは謂わないで、如何なる種類の公益に関するかに依る区別と云う謂い方をする訳です。之に対して営利か非営利かの点は、目的の区別とされるので、『営利ヲ目的トスル社団』『営利ヲ目的トセサル社団又ハ財団』と云う表現をします（民法三四条、三五条、商法五二条二項）。之に反して祭祀を目的とする社団とか宗教を目的とする社団とかの謂い方は致しません。祭祀に関する社団、宗教に関する社団と云う謂い方をします。即ち公益、私益の方は之を目的とするのではなくて、之に関すると謂います。営利、非営利の方は之を目的とすると謂います。其の為めに権利能力の目的に依る制限と謂うときには、恰も営利非営利と云うことでも、何か制限を受ける規定があるかの様に考えるのも、素人には或は已むを得ない面もあるかと思いますけれども、然し権利能力の範囲に付き問題になる社団の目的とは、民法四三条が直接明文に示して居ります通り、『定款又ハ寄附行為ニ依リテ定マリタル目的』のことでありまして、民法三七条、三九条で定款、寄附行為の絶対的必要事項として要求されている定の一つである目的のことであることは、争の余地が無さそうであります。そしてどう云うことを記載すれば、三七条や三九条で要求された目的の記載として適法なのかと言えば、夫れは其の社団又は財団が行わんとする事業種別を具体的に指定する記載でなければならないのであります。営利を目的とするとか、非営利を目的とするとかを記載した丈けでは、適法に目的を記載したことにはなりません。仮に例えば『当社団は非営利を目的とする』旨を定款に記載したとしても、其の非営利と云うことは、民法三七条の目的とは違いますから、従って民法四三条に謂う『定款ニ依リ定マリタル目的』にも該当しません。従って又之に依って権利能力が制限されるなどとは同条は言っていないのです。少くとも民法四三条は左様な制限を定めた規定ではないのであります。だから、民法三四条の表現に依れば、其の社団が祭祀、宗教、慈善、学術、技芸其他如何なる公益に関する社団であるか、其の公益の種類が権利能力の範囲を限定する尺度になると云う訳で、民法三四条で『関スル』と云う点が、三七条、三九条、従って又四三条で、目的と云うのに当るのです。之に反して民法三四条で『目的』と云う点、即ち営利、非営利の区別の点は、民法三七条や三九条、従って又四三条に謂う『目的』には該当しないのです。営利か非営利かを定款や寄附行為に定める必要はありません[42]。寧ろ民法上は非営利でなければ法人となることも出来ないのですから、定款や寄附行為で其の点選択の余地はないのです。定款で定めるまでもなく、非営利でなければ民法は夫れに法人格を付与しません。即ち一般的権利能力は与えられません。然し其のことと、其の法人の特別的権利能力が非営利の限界内に制限されるか否かとは別問題であるのです。一般的権利能力即ち法人格付与の問題と、既に法人となった者に付与されている一般的権利能力に、如何なる限界が

あるか、即ち特別的権利能力の問題とを混同してはならないのであります。(43)

所で以上は大体の所、会社の権利能力が目的の範囲内に限定されるか否かに付て、一般に論ぜられていることを、私なりに理解し、批判もして来た訳ですが、実は此の問題に付ては、もう一つ是非検討しなければならない重大な点を、わざと意識的に残して来たのであります。夫れは権利能力を限定するとは抑々如何なる意味か、又其の結果如何なる場合に何処にどう云う現象を生ずるかと云う点であります。従来動もすれば之等の点が不明確のまま、又は全く見当外れになったままで、議論されている嫌いもありますので、夫等の点を出来る丈けはっきり把握する必要がある様に思われます。

此処で権利能力とは、無論所謂特別的権利能力のことで、会社には何処まで特別的権利能力があるかの問題、例えば特定の動産、不動産の所有権とか留置権とかを考えた場合に、当該会社が其の所有権者乃至は留置権者にはなれない様な、会社の能力外に在る所有権乃至留置権なるものが抑も存在するか、会社の目的の範囲内に入らない為めに、其の会社には帰属し得ない所有権とか留置権とかが在るのか、或は金銭債権にしても、物の給付や仕事の給付を目的とする債権にしても、乃至は之等の債権に対する債務にしても、会社の目的の範囲内にない為に、会社が其の債権の債権者たり得ないとか、債務者たり得ないとか、其の様な債権債務なるものがあるのか、其他無体財産権にしても、人格権にしても、鉱業権漁業権にしても、会社の目的の範囲からはみ出す為めに、(44)当該会社が其の権利者又は義務者になれない様な、即ち会社に其の享有の能力、資格のない権利義務と云うのは、具体的にどの様な権利、どの様な義務であるかと云うことです。そして当該会社に特別的権利能力があると決った権利及び義務は、会社に其の取得の原因たる法律要件が具われば、之に因って会社は現実に当該権利又は義務を取得して、会社が権利者又は義務者になる訳です。権利能力があっても、権利取得の原因たる法律要権が具わらなければ、権利者になることはないと共に、権利能力がなければ、仮令法律要件が具わっても、其の会社は権利者にはなれないのです。権利能力と法律要件とは別個の現象でありまして、両方具わらなければ具体的に権利者、義務者にはならない。法律要件の内で最も重要なものは、法律行為でありますが、此の法律行為に付ては、別に其の行為者につき、行為能力の問題がありまして、従来動もすれば法人の場合に権利能力と行為能力とが混乱して了って、議論が嚙み合わないことが度々起って居ります。行為能力は法律行為の中の問題であり、権利能力は法律行為を離れた其の外の問題でありますから、両者を先ず明確に分離して考えることから出発しなければなりません。会社に特別的権利能力があって、且つ会社が一定の法律行為例えば特定物の売買契約をすれば、其の契約の効力として生ずる売買の目的物給付及び代金支払の債権債務が会社に帰属するし、又其の債務の履行として給付される目的物乃至金銭の所有権が会社に帰属しますが、仮に会社には左様な債権債務や所有権に付き特別権利能力がないとしましても、契約そのものは会社に行為能力がありさえすれば、会社自ら之を締結すること自体は可能でありまして、会社が契約を為したには違いないのです。けれども其の契約の効力として生ずべき債権債務は、会社に其の特別的権利能力がなければ、会社に帰属せず、又仮に履行を受けても、会社に其の目的物所有権の特別的権利能力がなければ、その所有権が会社に帰属しない。だからそれらの債権契約乃至物権契約は、結局目的不能に因り、無効の契約となる。売買契約乃至其履行として為される物権契約は、其の権利義務取得者の側に当該債権又は物権につき特別的権利能力がなければ、結局売買其他は無効になります。然し此のこと、会社が左様な売買契約其他の法律行為を為す能力が有るか否かと云う問題とは、全く別個のことでありまして、法律行為を為す能力は権利能力ではなくて、行為能力であります。会社に権利能力があっても行為能力がなければ、自らの法律行為に因って権利変動を生ぜしめることは出来ませんが、例えば法定代理人が居て、会社の為めに法律行為を為すことは無論出来ますし、又法律行為以外の法律要件、例えば不当利得とか、不法行為とかに因って、会社に権利義務を帰属せしめることは、固より差支えないのです。行為能力は専ら権利変動の原因、即ち法律要件の一種たる法律行為に固有の問題でありますし、特別的権利能力は専ら特定の権利義務自体につき其の権利者たること、義務者たることの問題であって、其の得喪変更の原因の存否とは直接関係ないことであります。

例えば生れたばかりの嬰児を例に取って見ましても、其の嬰児には大人同様の一般的及び特別的権利能力がありますから、如何なる権利義務でも嬰児が取得できます。嬰児が自ら権利義務を取得し、嬰児自身が権利者となり義務者となることが出来ます。然し嬰児には法律行為能力も不法行為能力もありませんから、自分で何か契約をして権利義務を取得したり、自らの不法行為に因って自ら損害賠償義務を負うと云うことは考えられないのであります。夫れは嬰児に権利能力が無いからではなくて、専ら嬰児には法律行為能力や不法行為能力が無いから、つまり、嬰児自身が自己に法律要件を具備せしめる能力はないからと云うに過ぎないのであります。然し嬰児をして権利義務を取得せしめるに足る丈けの法律要件が何かの原因で具わりさえすれば、嬰児にも権利義務は帰属するのであります。其の法律要件が何であろうと、つまり契約に因ろうと、不法行為、不当利得に因ろうと、其の他の原因によろうと兎に角、嬰児をして権利義務を取得せしめる原因たる法律要件が具備しさえすれば、嬰児であっても当該権利又は義務を取得出来るのでありまして、取得の原因如何に依って、特別的権利能力があったり無かったり、などと云うことは一般には考えられていないのであります。嬰児にも当該権利義務に付き権利能力があることになって居りさえすれば、相続に因ろうと、売買に因ろうと、或は不法行為に因ろうと、取得時効に因ろうと、其の原因如何に拘らず、当該権利義務が其の児に帰属するのです。例えば同じ金銭債権であり乍ら、不法行為に因る損害賠償の債権は帰属しないとか、贈与に因る金銭債権に限り帰属するなどと云うこと、換言すれば取得原因別に特別的権利能力に差別をつけることなどは、考えられていないのであります。無論、不法行為能力はありませんから、嬰児が自己の行為のために不法行為の損害賠償の債務を負担することはありませんし、又法律行為能力もありませんから、自己の法律行為により、例えば贈与者として給付義務を負担することもありませんけれども、嬰児が被害者となったり或は法定代理人を通じて贈与契約の当事者となることなどはあり得ることで、之により不法行為上の債権者又は贈与契約上の債権者債務者たるに妨げないのです。或は不法行為に基く賠償義務を相続に因り承継取得して、其の債務者になることなども考えられます。それは嬰児であっても権利能力の点に問題はないからであります。特別的権利能力は一々の権利そのもの義務そのものの内容性質に従って其の有無が判断されるべきでありまして、其の取得の原因、殊に行為能力などからは切離して考えなければならないのであります。

尤も一般的権利能力者、即ち自然人又は法人以外の、所謂限定的権利能力者の権利能力は、一定の原因要件との関連で規定されることがあります。例えば胎児の権利能力は相続、遺贈又は不法行為に因る損害賠償請求権に付てのみ認められている（民法七二一条、八八六条、九六五条）のでありまして、此の場合には権利義務の種類に拘らず、一定の原因に基き凡ゆる権利義務が胎児に帰属する。然し一般的権利能力者、即ち自然人及び法人に付ての、特別的権利能力の範囲を法律が定めるに当って、取得原因との関係で差別をつけることはないのであります。民法四三条も、権利義務の取得原因如何を問題としてはいないのでありまして、法律行為に因ろうと、不法行為に因ろうと、其他の法律要件に因ろうと、目的の範囲内に在る権利又は義務であるならば、総て法人に帰属すると言っているのです。だから会社に付ても其の特別的権利能力の有無を論ずる際には、夫れ夫れの権利そのもの、義務そのものに着眼して、例えば或る土地の所有権なり、商人留置権なり、金銭債権なり、家屋賃借権なり、夫れ等一つ一つの具体的な権利又は義務を其の取得原因などを考えずに、夫れが権利能力の範囲内に入るか否かを考察すべきでありまして、当該土地所有権なら土地所有権を、売買に因り取得するのか、贈与に因り取得するのか、或は何かの代物弁済として取得するのか、乃至は現物出資、取得時効、公法上の払下げ処分などに因り取得するか、などと云うことは、行為能力其他法律要件の側の問題ではありましても、権利能力の有無とは関係のない所であります。権利能力の有無は、権利取得の原因（法律要件）から切離して、当該土地の所有権とか其の他の権利、義務そのもの自体だけを考えれば良いのであります。

所で会社の権利能力の限界を区切るのに、其の定款に定められた目的の範囲と云う観念を用いる訳ですが、此の場合にも権利義務取得の原因如何で、権利能力の内外を判定しようと言っているのではないのでありまして、権利能力が目的の範囲内に限り与えられると云うのは、其の定款に適法に定められた目的、即ち当該特定の種類の事業の範囲内と云う意味であります。所が事業と云うものは、固より夫れ自体が単なる権利義務或は其の集合体ではありませんし、又何等か一定の取引其の他行為の集合でもないのでありまして、無論、事業が行われれば、其処には数多くの種々雑多な財産又は権利義務が離合集散するでありましょうし、其の為めには又種々雑多な行為も行われるでありましょうが、夫れ等一切を包括綜合した有機的な社会的生活現象として事業があるのでありまして、其の事業の中に現われるべき個々の権利義務や行為の種類などを予め指定して置くことは不可能なのであります。定款に幾ら目的たる事業の種類を正確緻密に記載しましても、夫れは会社の取得する権利義務や会社の行う行為の指定にはならないし、又、反対に定款に権利義務の種類や取引の類型などを幾ら具体的に列挙して見ましても、それ丈けでは目的たる事業を指定したことにはなりませんから、定款の定としては不適法であります。例えば定款に会社の目的として、土地建物の所有権、賃借権、地上権、質権、抵当権、留置権、などと云う権利や其の目的物の種類を幾ら並べ立てて置きましても、或は何等かの物品の売買、交換とか、保証、請負、委任、などと云う取引の種類態様を幾ら並べ立てて置きましても、之では定款の絶対必要事項としての目的の定にはなりませんから、従って又斯様な記載が定款にありましても、之に依って会社の権利能力の範囲が限定されるものではないのであります。此の点はイギリス法に於ける取扱とは大分様子が違って居りまして、イギリス法上は会社の定款 memorandum には、目的たる事業の外、其の事業の遂行に伴って取得又は負担することのあるべき予想される限りの権利義務や商売上締結することの予想される限りの取引の種類などが、片端から列挙されるのでありまして、而も此の定款の定に照して、問題の権利義務乃至取引などが、其の列挙の中の何れかに該当するか、或は何れにも該当しないかと云うことが判断されるのであります。之に反して日本では会社の定款の絶対的必要事項として定められる目的と云うのは事業種類 Gegenstand des Unternehmensだけでありまして、其の事業遂行上、如何なる権利義務を得喪するか、如何なる取引を締結、履行、解約するかなどと云うことではありませんから、此の定款に定められた目的を以て、権利能力の範囲の内外を測定しょうとしましても、測定の尺度と測定の目的物とがチグハグでありまして、丁度、物差で重量を測ろうとする様なものであります。個々の権利義務に付き、夫れが会社の目的たる事業の範囲の内か外かを、直接に定めることは不可能なことであります(45)。

此の場合我国では、多くの学説並に判例は、会社の為した行為が、定款に定めた目的の範囲内の行為であるか否かを問題に致しまして、目的の範囲内の行為ならば権利能力があるし、目的の範囲外の行為に付ては、会社に権利能力がない、と云う様な説明をいたします。然し行為そのものは、権利義務ではありませんから、行為の中に権利能力の内の行為と、権利能力の外の行為などと云う区別は抑も出来ない筈でありますし、又、仮にそう云う区別をして見た所で、如何なる権利義務が帰属し得るかの答には全然なっていない筈であります。言わんとする趣旨は恐らくは目的の範囲内に在る行為に因り取得すべき権利義務に付き権利能力があり、目的の範囲内に在らざる行為に因り取得すべき権利義務に付ては権利能力がない、と言う積りであろうと察するのであります。然し此の考えでは、権利義務そのものと、目的範囲とを直接に突き合せて、権利能力の有無を判断するのではなくて、その間に行為と云う媒介を持ち込むことになりますが、夫れは特別的権利能力の決め方としては、極めて異例の方法と云う外なく、特に法律が其の様な決め方を採用しているのなら格別ですが、民法四三条の規定の文句を見ましても、何処にも行為のことを持ち出していない。権利義務夫れ自体を取上げて、直接にそれが目的の範囲内か否かを言っているとしか読めないのであります。のみならず行為が目的の範囲内に在るか否かを問題にするのだとしますと、全く同種同量の権利義務であり乍ら、目的の範囲外の行為の効果として生ずべきものに付ては権利能力がないのに、範囲内の行為の効果として生ずべきものに付てだけ権利能力があることになるのでありまして、何故に例えば不動産売買営業を目的とする会社に於ては、同じ土地所有権が、売買の目的物たる場合には之を取得し得るけれども、贈与の目的物としては取得し得ない、などと云う区別が権利能力の問題として出て来るのか、理解し難いことになるのであります。(46) 又、定款に定めた目的と云うのは、一定の事業種類でありますが、其の事業範囲内の行為とすれば、主として一定の取引即ち財産上の法律行為である筈で、会社は常に一定の取引を事業目的としている訳です。そうすると目的の範囲内の行為と云えば、先ず法律行為を予定しているのでありましょうが、法律行為以外の原因により取得さるべき権利義務などは、何に依って目的の範囲の内外、従って権利能力の有無を定め得るのか判りません。例えば、不法行為、不当利得、取得時効、無主物先占、物の附合、混和、加工、分離、其他各種の原因で権利義務が発生いたしますが、之等の取引に因らない権利義務に付き会社に権利能力があるのか否か、を何を基準に理解するのか。会社の行為を仲介としてのみ権利能力が与えられるとしますと、行為を仲介しないで取得される権利義務は総て権利能力外となって了う訳でありますが、左様な解釈は固より誤っていると言う外ないのであります。例えば会社は他から権利侵害を受けても、被害者となることが目的たる事業であることなどあり得ないので、その結果不法行為に因る損害賠償請求権を取得し得ないのでは、会社の存立、安全は保障し得ないでありましょう。だから、法律行為以外の原因に因り、法定的に発生する権利義務であっても、その権利義務自体が目的の範囲内である限りは、会社に帰属する、権利義務自体が目的の範囲内であるならば、其の発生原因が不法行為であろうと、不当利得であろうと、其の他何であろうと、権利能力があるとしなければならないのでありまして、民法は正に其の通りのことを規定しているのであります。更に又、目的の範囲内の行為を仲介として、権利能力の有無を判断しようとするならば、どうしても目的の範囲内に在らざる行為であっても会社の行為であるとして、会社の行為能力を肯定しなければ、此の議論は成り立たないのであります。もし目的の範囲内に在らざる行為につき行為能力もないのだとすれば、左様な行為が会社により行われる可能性もない筈ですから、権利能力など問題にならない。権利能力の所へ持って来る迄もなく、其の行為自体が会社の行為ではあり得ないのですから、取得原因不存在で片付いて了うのであります。所が一般には、特に目的に依る権利能力の制限を否定する立場の学者ですら、行為能力は目的の範囲内に限定されると見て居りまして、此の立場を採る限りは、目的の範囲内に在らざる行為などを持ち出して、権利能力が此の点で制限されるなどと云うのは、無用の議論と云わなければならないでありましょう。要するに我国多数の学説及び判例は、法人の権利能力と行為能力とを混同して、両者の分別を弁えないで議論している点に、一大欠陥があるのでありますが、此の点は尚お別に会社の行為能力に付て説明する際に、詳しく検討したいと思います。

結局、会社其他法人の権利能力の限界は、定款に定められた目的の範囲と、個別の権利義務夫れ自体の種類内容等とを、直接に突き合せて、その権利義務が目的の範囲内のものであるか否かで決定されるのでありまして、民法四三条はその様な基準で判断することを要求するものと見る外ないのであります。対象を選り別けるのに、極めて不便な道具を使わせるのでありますから、其の結果は必ずしも立法者が期待したであろう様な注文通りの精密な答は出せないのでありまして、大変漠然としたことしか判らない。つまり定款に其の会社の目的として定められた当該事業を遂行して行く其の過程で、何等かの事由で——それは必ずしも会社の行う取引に限らないので、如何なる種類の事由であっても、単なる自然的な事実であっても、凡そ予見され得る何等かの事由で——会社に帰属することあるべき種類の権利義務であるならば、総て其の権利能力があるとする外ないのです。例えば鉄道会社ならば、当該定款所定の鉄道営業を経営するに当って、一般的に如何なる種類の権利義務が、其の会社に帰属すると予見されるかを考えて、其の予見され得る範囲内の権利義務につき、其の会社に権利能力がある。之に反し当該鉄道営業とは縁も由りもない様な種類の権利義務は、其の発生原因如何に拘らず、会社には帰属し得ない、即ち権利能力はない、と判断する訳です。其の際、例えば特定の当該土地所有権が具体的に何の為めに、どう云う原因で其の鉄道会社に取得されるかと云うことは考えないで、唯、其の種の土地所有権なるものと、定款所定の当該鉄道営業とを直接に突き合せるのです。そしてどんな鉄道営業にとっても無論、一般の土地所有権があって不思議はないので、軌道の敷地にしましても、駅や車庫乃至は操車場の敷地にしましても、土地は必要でありますから、土地所有権は一般に鉄道会社の権利能力の範囲内であると見ることが出来ます。無論其の場合、所有権でなくても、地上権や賃借権でも間に合うし、或は通行地役権でも間に合う場合がありましょうが、所有権では役に立たないと云う理窟はありませんから、土地所有権も、地上権も、土地賃貸借権も、或は通行地役権も皆、当該鉄道営業の目的の範囲内の権利であるとして良いのであります。そして鉄道営業の為めの土地利用は、必ずしも軌道の敷地や駅などの敷地に限られるのではありません。軌道から離れた土地であっても、例えば枕木用材の植林用の土地であるとか、砂利、燃料、其の他の材料貯蔵場所としての土地であるとか、事務所や、従業員の宿舎や厚生施設の為めの土地なども考えられます。或は風防、砂防、崩雪防止の為めの植林や防壁の為めに必要な土地なども考えられる。更に進んで、交換、代物弁済、或は担保流れなどに依って、或は区画整理の為めの換地処分などに因って、会社の所有に帰属する土地などと云うことも考えられます。又、もう一歩先に行って、転売利益を狙って当座の余裕金を土地に投資したり、或は旅客誘致の為めの沿線観光住宅地開発用の土地などと云うものまで含ましめれば――此処まで来ますと鉄道営業の範囲内への入り方も、大分関係が薄くなりますけれども、斯様な土地の購入も少くとも商法五〇三条の補助商行為には含まれるものと一般に解せられて居りまして、営業の為めにする行為、即ち営業の範囲内の行為と解して差支えないのであります(47)。だから此の土地はいけないとか、あの土地は駄目だとか云うことはないのでありまして――一般にどんな土地の所有権であっても鉄道会社に権利能力があるのであります。唯、要りもしない土地の取得に因って、会社に損害を生ぜしめる様なことは、業務執行上の任務解怠の責任を生ぜしめるかも知れない丈けでありまして、要りもしない土地所有権は会社に権利が帰属しない、会社所有の土地にはならない、などと云うことはないのであります。ですから東京の郊外電車会社であっても、北海道に在る土地所有権につき権利能力を有すると見てよいのでありまして、其の際、担保流れや代物弁済に因り已むを得ず取得するのなら良いが、広大な土地を買収して開発しようなどと云うのは、権利能力外であるなどと、其の権利取得の原因や動機に絡ませて、権利能力の有無を区別することを、法律はしていないと見るべきであります。専ら定款所定の目的と、当該権利義務自体との突き合せで、権利能力の有無を決するのであります。其の取得の方法や動機などを問題にしてはいけないのであります。之等のことは行為能力若は権限の問題、乃至内部的な責任の問題にはなり得るとしましても、特別的権利能力の有無につき問題となる余地はないのであります。民法四三条は其の趣旨の規定なのです。

そして其の様に考えますと、現在の様な経済機構の下では、凡そどんな種類の営業でありましても、其の遂行の経過に於て出現することの予測され得ない様な、財産上の権利義務など殆ど考えられないのでありまして、門外漢が浅はかな常識で考えれば、目的事業と殆ど無縁な権利義務だと思っても、可成り自然に当該事業に結び付き得るのでありまして、此の点例えば、判例(48)にも出てくる例としては、銀行業と漁業権の結び付きであります。

普通には銀行が魚を釣るなど云うことは、凡そ其の営業とは無関係で、銀行が魚を捕えた所で、商売上どうなるものではありませんが、然し、例えば銀行は其の営業として金銭貸付をして居ります。其の際何か適当な担保を取って貸付をするでありましょう。若し漁業会社に銀行が大口の貸付をするとすれば、其の漁業権を担保に取ることが当然考えられますし、担保に取る以上は、愈々の場合には、其の抵当権を実行するなり、或は抵当流れになったりで銀行に其の漁業権が帰属します。或は代物弁済の予約も行われるでしょうから、代物弁済として漁業権を取得することも当然予定されていなければならない訳です。

だから漁業権や其の抵当権も銀行営業の目的の範囲内に在る権利と見なければならないことになります。斯様に考えますと、凡そ如何なる種類の営業でありましても、殆ど凡ゆる種類の財産的権利義務が其の権利能力の範囲内に入るのでありまして、目的の範囲内にない為めに権利能力がないとされる様な権利義務などは、実際上殆ど考えられないのであります。

更に会社が会社として社会生活上生存を維持する為めには、如何なる事業を目的としようとも、どの会社にも一様に其の人格保護が与えられるべきでありますから、名誉権信用権其の他の人格権は、目的たる事業の如何に拘らず、総ての会社に一様に与えられているものと見るべきであります。此の点でも目的に依る権利能力の限界は実際上は存在しないと見なければなりません。更に、社団組織上の権利義務や地位に付ても、目的たる事業如何に拘らず、どの会社にも一様に、其の社員に対する組織上の権利義務を享有出来るのでありまして、此の点でも目的の如何に依り権利能力に実際上の限界はないのであります。

ですから会社の権利能力は其の目的の範囲内に限定されるとしましても、性質上及び法令上帰属が認められて居り乍ら、其の目的の範囲外に食み出すと云うだけで、帰属不能となる様な権利又は義務などは実際上殆ど考えられないのでありまして、結局、目的に依る制限があると言っても、無いと言っても、結果に於て実質的な差はないであろうと思われます。夫れは元々、其の範囲を測定する基準其のものが直接的でないものですから、折角、網を張って能力外の権利義務を追放しようとしましても、皆、その網の目を通り抜けて了って、夫れに引係る権利義務は実際上一つもない結果になるのです。笊で水を抄《スク》うと言いますか、網で音を遮ると言いますか、皆、洩れてしまって、役に立たないのです。目的の範囲に依って権利能力外の権利義務を捕えることは、難しいのであります。無論、民法四三条の規定がある以上は、会社につき之が類推適用されるか否かを明かにしなければなりませんから、諸君も自分では、何方《ドチラ》の説を採るか一応検討して意見を定めて頂きたいのですが、然し其の結論が何方になったとしても、実際上の結果には殆ど差異が出ない、謂わば机上の空論に近い、理論の為めの理論であることも心得て議論をして頂きたいのです。私の書物にも、(49)何方でも良いと云う風に書いて置きましたが、夫れは其の様な意味なのでありまして、理論として無価値だとか、成立たないとか言う積りはありません。唯、多くの学者は、其の場合に、権利義務取得の原因や動機までも絡ませて問題を考えようとするものですから、其の制限を肯定すると、何か相当きつい網が張られる様に考えるのかも知れませんが、夫れは抑々権利能力とは何か、又民法四三条が何をどの様に規定しているかを直視して、明確に把握しない見当違いの考であると言わざるを得ないのであります。殊に権利能力の問題と、行為能力の問題とを混同していることから生ずる無用の懸念なのであります。

尚お、学者の中には、法人の権利能力を目的に依って制限すると言っても、其の基準が的外れなのだから、本来、左様な制限は出来ない、目的に依り、限界付けされ得るのは、権利能力ではなくて、行為能力であるとして、民法四三条の規定自体を権利能力の制限に関する規定とは見ないで、行為能力の制限に関する規定であると解釈しようとする説を為す者が現われて居りますが、然し民法四三条の中で、権利能力が法令に依り制限されると云う点は、無論、意味のある規定でありまして、此の部分は依然として、権利能力の限界を定めたものと見る外ないのであります。若しそうであるとしますと、同じ文句に連がって居り乍ら、つまり『権利ヲ有シ義務ヲ負フ』と云う文句で括《クク》られて居り乍ら、『法令ノ規定ニ従ヒ』と云う部分に関しては権利能力のことであり、『目的ノ範囲内ニ於テ』と云う部分に関しては、行為能力のことを定めている、と云う奇妙な無理な読み方をしなければならないことになります。又、『法令ノ規定ニ従ヒ』と云う部分も含めて、民法四三条全体が法人の行為能力につき定めた規定であって、其の権利能力については同条には何も規定していないと言うかも知れませんが、夫れだと、法人の権利能力が命令に依り制限され得るか否かに付て、何も規定しないで置いて、其の行為能力だけが命令で制限され得ることを規定していることになりますが、何故に法人の権利能力の命令に依る制限を許すか否かを規定しないで良いのか理解し難い[50]と共に、民法四三条は明かに、『権利ヲ有シ義務ヲ負フ』と云う表現をとっているのでありまして、之を行為能力の制限につき規定する文句と見ることは出来そうもありません。行為に付て規定したものではなくて、権利義務の帰属に付て規定したものと読む外ありませんから、民法四三条は矢張、法人の権利能力に関する規定であって、行為能力のことは、此の条文では一つも触れていないと解すべきであります。

又、目的に依る権利能力の制限を考える場合に、其の目的とは、本来、定款に定められた目的のことでありますから、夫れは定款変更の手続を以て、何時でも変えられて了う訳です。だから目的が変更されれば、本来なら、権利能力の範囲も変りまして、其の結果、目的変更前には、従前の目的の範囲内の権利義務として会社に帰属していたものの内、目的変更後は、新しい目的から見ると、其の範囲外になる権利義務が幾らか出て来ることが在り得ると考えなければならない筈です。左様な権利義務は、目的変更後は最早、会社に帰属している訳には行かないので、会社は其の目的変更と共に、当然に其の権利を喪い義務を免れることになる筈であります。仮に実際に左様な現象が起り得るとしますと、利害関係人の間に混乱が生じまして、之に不測の損害或は利得を与えることを虞れなければならない筈でありますが、然し、幸か不幸か、会社の目的たる事業が何であろうと、実際上其の目的の範囲外となる様な権利義務などは、先ず無いと見て良いですから、左様な心配も実は実際問題として無用と云う訳です。目的を変更しても会社は之が為め既得の権利を喪ったり義務を免れたりすることはないのであります。鉄道会社が百貨店会社になったからと云って、軌道や車輛の所有権を喪って、之等の物が全部無主物になったり、或は運賃請求の債権を喪って、旅客や荷物の唯乗せ、唯運びになって了う様なことは考えないで良いのであります。だから立法論としても、其の際の利害関係人保護に付て、別段、特別な規制を考えて置く実際的な必要はないのであります。現に、現行法上、此の点に付き法律は何も規定して居りませんが、夫れは理論的には制度の穴、欠陥であると見えますが、夫れにも拘らず、実際上、法の不備を感ずることはないので、立法論としても強いて論理的な完全性に拘《コダ》わることはないでありましょう。

同様に会社合併の場合にも、合併に因る解散会社と、合併後存続又は新設される会社とは、必ずしも同一目的の会社である必要はないのでありまして、其の目的が、如何に相異って居りましても、合併前に解散会社に帰属していた権利義務が、存続又は新設会社の目的の範囲から食み出して了う様なことは、実際上考えられないのであります。だから目的を異にする会社間にも、自由に合併が出来ますし、合併の効果として、解散会社の財産を存続又は新設会社が包括承継することに、実際上何の支障もないのであります。

夫れから、もう一つ、此の目的に依る会社の権利能力の制限を説明する際に、多くの学者は、解散した会社の権利能力が、清算、又は破産の目的の範囲内に限縮されるとしまして、之は解散前の存立中の会社の権利能力に付き、定款に定められた目的の範囲に依る制限を肯定する学者は無論其の様に言うのですが、存立中の会社に付ては、目的に依る制限を否定する学者であり乍ら、夫れでも殆ど例外なく、解散後の会社の権利能力に付て清算又は破産の目的に依る制限があるものとして居ります。民法七三条、商法一一六条、或は破産法四条などで、『清算（又は破産）ノ目的ノ範囲内ニ於テハ仍存続スルモノト看做ス』と云うのが其の意味であると言います。(51)

そして之も清算、又は破産の目的と云うので、一種の目的に依る制限には違いありませんけれども、然し之は先程来、述べて居ります権利能力の制限の範疇としては、法令に依る制限の中に入るべきものであります。定款に定めた目的ではなくて、商法なり破産法なりが、当事者の意思如何に拘らず直接に其の様な制限を法定的に設定するのですから、此の制限を挙げるとすれば、之は法令に依る制限の一例になるべきものであります。今迄の定款に依る目的から、法定の目的に切換えられたのであります。

然し此の場合にも、其の清算とか破産とか謂うことは、夫れ自体、権利義務の種類内容を直接表現する観念ではありませんで、清算手続乃至破産手続と云う会社の動きを指すのであります。会社は解散後、何をするか、と云うことであります。何をするか、と云う物指で会社に帰属し得べき権利義務を限定しようと云う仕方は、前の定款に定められた目的に依り之を限定するのと同じ行き方でありまして、或る手続なり事業なりを行うことと、権利義務とを突き合せようと云うのであります。そして其の場合に、解散前から会社に帰属していた会社の権利や義務が、会社解散した為めに、清算又は破産の目的の範囲から食み出して了って、最早会社に其の権利能力が無くなって了うものがあるなどと云うことは、在ってはならないのであります。解散当時其の会社に帰属していた一切の財産上の権利業務が総て其儘、清算又は破産の手続の中に組み入れられて、其の当時有っていた一切の財産を清算又は破産の手続を通じて適当に利害関係人の間に整理分配しなければなりません。ですから、解散当時会社に帰属していた一切の権利義務が其儘解散会社の権利能力内のものとして、清算又は破算手続に移されてこそ、清算又は破産の目的を達し得ると言わなければならないので、解散した瞬間に、権利能力の範囲が減縮して、其の範囲外に食み出す権利義務があったのでは、清算破産の目的を達せられないのであります。解散当時の財産状態のまま、爾後営業を止めて清算又は破算手続を行うことに切換えられ、やることは変りますが、其の現に享有している権利義務を最早享有し得なくなるなどと云うことはない筈であります。だから少くとも解散の瞬間を境目として其の権利能力の範囲に変動があるために其の範囲外に締め出されて会社が権利を喪ったり義務を免れたりすることはないのであります。

それから又、会社が其の清算又は破産の手続を進めて行く間には、従前保有していた財産を手離して、新な財産が入って来ることも考えられます。例えば土地を売却して金銭に代えることは、無論清算手続上必要でありますが、其の売買契約上の債権債務は、解散後、新に会社に帰属しなければなりません。又其の売買契約上の債務履行に因り、目的たる土地の所有権を失う代りに、代金の支払を受けて新に金銭の所有権が会社に帰属しなければなりません。又清算の目的で債権の取立をすれば、其の給付の目的物に付き、新に権利を取得しなければなりません。解散当時会社が有していたであろう債権の内容は種々雑多でありましょうから、其の内容に応じて千差万別、種々雑多の目的たる権利が、解散後会社に新に取得されなければなりません。又、時には当初の債権の目的如何に拘らず、代物弁済や更改などで、どんな新な給付を受けることになるかも知れない。夫れも矢張、清算又は破産の目的を達する為めに当然予定されていて良いのであります。其の様に考えますと、解散当時会社に帰属していなかった権利義務が、清算を進めて行く上で、新に会社に帰属することも、当然予定されていなければなりません。斯様に清算又は破産の手続を進める道すがら、新に取得することの予測され得る一切の権利義務は、矢張清算又は破産の目的の範囲に在るものとすべきでありまして、之等一切の権利義務に付て、解散した会社に権利能力があるのであります。ですから清算の目的の範囲に入らない様な財産上の権利義務などは、実際上は一寸考えられないのでありまして、凡ゆる財産上の権利義務は清算又は破産の目的の範囲内に在るものとして、当然会社に帰属することを予測しなければなりません。だから権利能力が清算又は破産の目的の範囲内に限定されましても、実際上其の基準で其の枠外に食み出す様な財産的権利義務は先ず存在しないのですから、権利能力は清算、破産の目的に依っては制限されないと見ても、実際上の差異は余り出て来ないのであります。

だから会社の特別的権利能力は、解散の前後を通じて、目的の範囲内、つまり解散前は定款に定められた目的、解散後は清算又は破産の目的の範囲内に制限されるとしましても、或は民法四三条、商法一一六条、破産法四条などの規定にも拘らず、会社に付ては解散の前後を通じて、其の権利能力は目的の範囲内に制限されることはないと見ても、何れもそれなりの理論は立てられましょうが、然し実際上の結果に於ては、何れの説に依っても差異はないのであります。唯、会社に付き解散前には目的に依る制限を否定して置き乍ら、解散後は目的に依る制限があると見るのは単に会社に付て、民法四三条の様な規定が無いと云う、法の外形の説明にはなって居りますが、夫れが果して具体的、実質的に何を意味するかの検討を怠っているものではないかと思われるのであります。

唯、会社が解散しますと、其の組織、機構の上に構造上の変化が生じますので、其の組織上の権利義務や地位に付ては、解散に因り自ら影響を免れないのであります。例えば、株式会社が解散しますと、従前あった取締役会や代表取締役などの機関がなくなります。従って、其の機関構成員たる取締役は解散と共に退任します。之等の機関並に機関構成員の地位は解散会社には最早あり得ないのであります。従って又、取締役に対する競争行為避止の請求権や其の違反行為に対する介入権なども、解散後、新たに会社に帰属することはないのであります。無論、解散前に既に行われた競争行為に付ての介入権は、解散した為めに消滅することはありません。だから、解散会社には之等の権利を新たに取得する能力はない、唯、既得権を失わない丈けと見ても良さそうですが、然し仮に此の様に見るとしましても、夫れは権利能力の目的に依る制限でも、法令に依る制限でもなくて、寧ろ解散会社たる性質上の制限、即ち左様な機関構造を有たないことに依る権利能力の必然的限界と見るべきでありましょう。

又、商法は解散した会社が、一定の場合には一定の手続を以て、会社継続することを認めて居ります（商法九五条、一六二条、四〇六条、有限会社法七〇条など）。会社を継続しますと其の結果元の営業目的に復帰しまして、権利能力の範囲も元通りになる訳です。然し仮に解散の時に権利能力が清算目的に減縮されて、会社の保有していた権利義務に何か本質的な変動を生じまして、会社財産が縮小して了うとすれば、商法が折角、会社継続の制度を設けましても余り役に立たない。だから、商法自身も解散の為めに会社の企業及び財産の状況に直接には大した影響を及ぼさない、権利能力の範囲が変っても、権利義務其のものには大した縮小作用を与えないと考えている訳だろうと思います。同様に商法は清算の一方法として会社の営業を一括して譲渡することも許して居ります（商法一二七条、四四五条など）。之も解散当時の営業財産がそっくり其儘、解散後も当分会社に帰属しているものと商法は考えているからであります。ですから会社解散に因り其の権利能力が清算又は破産の目的の範囲内に限定されるとしましても、夫れが為めに会社に帰属し得なくなる様な財産上の権利義務は実際上は存在しないことを商法の立法者も、直接的に見抜いていたと言えるでありましょう。然し夫れにも拘らず、商法や破産法が前に述べました様な清算、破産の目的に依る権利能力の制限を規定しましたのは、一方では立法者は解散に因って権利能力に変化を生ずることを、正面からは否定し得なかったからでありまして、法律の解釈としては、斯様な規定がある以上は、清算又は破産の目的に依る権利能力の制限を一応肯定しなければなりません為めに、殆ど総ての学者が、即ち解散前の会社につき目的に依る権利能力制限を否定する学者までもが、解散後の会社につき之を肯定して居るのであります。

夫れから、前に話の出ました、会社の権利能力は定款に定められた目的の範囲に依っては制限されないけれども、営利の目的の範囲内には制限されると云う説に付て、夫れは理論的に根拠のない誤った説であることは既に述べましたが、仮に営利目的に依る制限があると仮定しましても、営利の目的で権利能力の限界付けをすることは、定款所定の目的で限界付けをするのと比較しまして、一層縁の遠い基準を用いることになりますから、益々捉え所がないのであります。此の点、論者自身の的確な説明がありませんので、之れ以上の具体的な批判も出来ないのですが、凡そ如何なる権利又は義務を取って見ましても、其の権利或は義務自体の中に営利の目的を持つ権利とか、営利の目的のない権利などと云う区別はないのでありまして、どんな権利或は義務であっても、凡そ財産上の権利義務であるならば、之を営利の目的に供することが出来ますし、又非営利の目的にも供し得るのでありまして、営利非営利などと云うことで権利義務自体を分類することは固より不可能であります。恐らくは営利の目的で取得する権利義務だけが権利能力の範囲内だと言う積りに違いありませんが、夫れだと取得行為の動機如何に依って其の目的たる権利義務が会社に帰属し得たり、帰属し得なかったりすることになる訳でありまして、権利能力の範囲の規制の仕方としては、極めて異例であって而も不当であります。之では取引の安全を害すること甚しいでありましょう。日本の立法者が如何に不手際であるからと言って、此の様な狂った法律を制定しているとは考えられません。殊に会社は営利を目的とすると云うのは、目的たる事業が全体として営利事業であることを要すると云うのでありまして、其の営業上為される個々の行為が、総て例外なしに、一々営利目的を以て為されなければならないと云うことではないのであります。個々の行為自体に営利目的がなくても、営業上幾らでも為し得るのであります。会社は非営利的な行為を全然為してはならないなどと考えるとすれば、全く見当違いであります。更に、会社が非営利事業を兼営することが可能であると云う見方を採る限りは、其の権利能力が営利目的の限界内のみに存すると云うこと自体が、愈々根底を失うことになります。当然其の定款に定められた目的たる非営利事業の範囲内でも、其の会社には権利能力があると見なければならないでありましょう。何れにせよ会社の権利能力の範囲を定めるに付き、当該権利義務取得行為に於ける営利非営利の動機などは全く問題になりません。其の代り他方では、会社の行為や意思とは関係なしに取得される権利義務に付ても、会社の権利能力は問題にならなければならないのであります。行為のことだけを頭に考えていては、権利能力の問題は解決いたしません。

最後にもう一つ、会社の権利能力に関連して、良く議論に持出されるのは、商法二七二条の取締役の違法行為に対する株主の差止請求の規定でありますが、其処に『目的ノ範囲内ニ在ラザル行為』を取締役が為す場合に、株主から差止の請求を受けると云う、此の規定がある所を見ると、商法は目的の範囲外の行為でも一応は有効と見ているとしまして、従って目的の範囲に依っては会社の権利能力は制限されていないと云う説明が、可成り一般に行われて居ります。然し之も亦一寸見当違いでありまして、其処には明かに『目的ノ範囲内ニ在ラザル行為』と言いまして、権利義務のことは何も言って居りません。行為の問題なのですから、或は行為能力の面から採り上げるのならばまだしも、之を権利能力の問題として、其の面から把え様としましても、意味が通じないのであります。商法二七二条は会社の権利能力とは全然関係のない規定です。夫れと共に、目的の範囲内に在らざる行為が会社の能力外の——この場合の能力と云うのは権利能力ではなくて、多分、行為能力でありましょうが——其の能力外の行為であり、従って会社の行為としては認め難いと云うのであったとしましても、尚二七二条の規定に依り之を差止める意味があるのでありまして、取締役が会社の目的の範囲外で、且つ会社の行為とは認め難い行為を行う場合でありましても、夫れを取締役が勝手に行ったのでは、事実上会社に損害を生ずる虞があるならば、株主としては矢張、其の行為を止めて貰わなければ困る、だから株主は之を差止めるのです。会社の行為でなければ差止の対象にならないので、株主の差止請求権は実際上骨抜になって了います。殊に二七二条に依る差止めの対象たる行為は、取締役が会社の機関として会社の為めに為す行為、即ち会社自身の行為となる様な行為に限られないのでありまして、取締役が自己又は第三者の為めに為す行為、例えば二六四条違反の競争行為の様な、本来会社の行為とはなり得ない行為、即ち取締役個人の自己自身の為めに為す行為や第三者の為めに為す行為でありましても、二七二条に依り差止が出来なければなりません。二七二条を会社の能力に関係付けて見るのは、此の点からも誤であると言わなければならないのであります。

同様の意味で、商法七二条は合名『会社ノ目的ノ範囲ニ在ラザル行為ヲ為スニハ総社員ノ同意アルコトヲ要ス』る旨を規定しますが、此の規定も会社の権利能力が本来、目的の範囲内に制限されていないことの論拠として引用されることが多いのでありますけれども、之も目的外の行為を為すに付ての規定でありますから、行為能力の面でなら兎に角、権利能力とは全く、関係のない規定であります。又、本当は行為能力の面でも決め手にはならない。論者の説では定款上の目的の範囲外でも会社は元々能力があることを前提として、唯、事柄が重大であるから総社員の同意を以て行えと云う趣旨の規定であると言うのですが、之も反対に元々は会社に能力がないから、総社員の同意に依って其の能力を創り出すことを定める規定であると説明することもできるのであります。ですから前の二七二条の規定にせよ、此の七二条の規定にせよ目的に依る能力制限の肯定、否定、何れの論拠にもなるのでありまして、と言うことは何れの説にとっても、反対説を覆す為めの論拠にはならないと云うことであります。せいぜい、之等の規定は自説の立場でも其の説明には困らないと云う、消極的なことが言える丈けであります。それにしても、之等の規定は権利能力には全く関係のない規定でありますから、玆に持ち出すのは見当違いなのであります。

（1） BGB §21 以下の法人に関する規定は、ドイツ法上総ての法人に関する一般規定である。故に例えばドイツ株式法（AG）や有限会社法（GmbHG）などに会社組織上の事項につき規定がないときは、ＢＧＢの法人に関する規定が会社関係に補充的に適用されることに付き争はない。

（2） 民法が法人の権利能力に付き、命令に依る制限を規定するのは、主務官庁の設立許可（民三四条）、業務監督（民六七条、七一条）等の制度に対応する措置である。之に反して会社は準則主義の下に、直接法律に依る規制を建前とするので、官庁の個別的監督を受けるものではないから、命令に依る権利能力の制限を一般的に予定して置くことは、適当なことではない。
(3) 自然人の権利能力に付ても、法令に依る制限が出来るかは、特に規定はないが、法律に依り之を制限し得ることは当然であり、之に反し命令に依り之を制限することは許されない。会社についても之と同理が働くのである。
(4) 会社に付き商法に別段の規定が無い場合に、民法の法人に関する規定が当然の理を示すものとして、会社に類推適用を認むべきものは、民法四三条以外にも在り得る。例えば民法六三条の規定の如き、現在は昭和二五年の改正で、商法二三〇条ノ二が新設された為め、株主総会に此の規定を類推する余地は無くなっているが、其の改正前には商法に特に規定が無かったから、民法六三条は株主総会にも類推され、総会は全能的権限あるものと解釈されていた。又、現行法上でも、例えば創立総会や有限会社の社員総会の権限に付ては、商法二三〇条ノ二の如き規定が無いことと相俟って、民法六三条の趣旨が類推され、一般包括的権限あるものと解釈されるのである。
(5) 民法六八条一項二号、並に昭和一三年の改正法施行前の商法七四条二号、一〇五条、二二一条一号、二四六条などに、『目的タル事業ノ成功又ハ其成功ノ不能』を法人（会社）解散事由に挙げているのも、それが法人格付与の拠り所を失い、法律的に無用の存在となるからであると見て良い。昭和一三年の改正法で会社に付き此の解散事由を撤廃したのは、斯る無用の存在を、目的変更（定款変更）に依って、再生活用する余地を開いたに過ぎない。
(6) 自然人は、其の生存中に権利能力を剥奪されることもない。Larenz, a. a. O. S. 106.
(7) 現行法律は、設立につき民法は許可主義、商法は準則主義を採っているから、何れも設立を望む者に、望む範囲の法人格を付与する。法人格を望まないのに、或は望む以上に広大な範囲に、決定的に権利能力を押し付けることはない。
(8) 例えば夫婦同居義務の如き念頭に置いて考えて見よ。
(9) 若し之を認めるとすれば、法人設立行為の主たる効果（意思表示の効果意思に応じた効果）ではなくて、其の従たる効果（附随的・法定的効果、効果意思に基かずに与えられる効果）である。
(10) Schw. ZGB. Art. 53. Die juristischen Personen sind aller Rechte und Pflichten fähig, die nicht die natürlichen Eigenschaften des Menschen, wie Geschlecht, das Alter oder die Verwandtschaft zur notwendigen Voraussetzung haben. 此のスイス民法五三条は、我民法四三条の内容を丁度裏側から規定していることになる。
(11) 此の点は、無論、我国の現行法を、特に民法四三条の規定を生かしつつ、綜合的に理解する限り、其の様に取扱われていると云うのであって、実定法の具体的な内容如何に拘らず、超法律的に其の様に理解すべしと言っているのではない。現に我国と異り、ドイツ法上は法人の目的が法人設立の効果意思を限定する意味を有つ様な扱いをしていない（特に我民法四三条に相当する規定はない）。之に反しイギリス、common law に於ては、定款の定が権利能力の限界を画するものとされる（後述参照）。

(12) 結局民法四三条は、命令に依る制限の点を除いては、其の他の部分は総て当然の理を示したに止まり、特に同条の規定を俟つまでもない。命令に依る制限だけは同条の規定を俟って初めて可能となる。だから若し同条の規定が無ければ、此の点に差異を生ずる丈けで、其の他の点は同条が在っても無くても同じことである。

(13) ドイツ民法BGBには法人の目的に依る権利能力の制限に関する規定はなくて、学説は一般に其の制限を否定している。後述参照。但し同法四九条二項は、解散後の法人の権利能力が清算の目的の範囲に制限される趣旨であると解されている。

(14) 現に社会的事実として、会社周辺に巻き起っている目的外の関係が、果して会社に依って巻き起された関係であると、法律上も認められ得るか、或は誰か会社以外の者が勝手に巻き起したことで、会社には関係ないことと法律上認められるか、と云う点は、権利能力の問題ではなくて、主として行為能力の問題（何人につき法律要件が具備するかの問題）である。権利能力は権利義務の帰属の問題であって、法律要件（権利変動の原因）の帰属の問題ではない。

(15) 左様な権利義務発生の原因たる取引の存否、効力は行為能力の点で問題になるが、権利能力の問題ではあり得ない。故に玆では、仮りに会社に行為能力ありとして、其の取引に因り発生すべき権利義務は、会社の権利能力の範囲内のものとして会社に帰属し得るか、と云う点に絞って考察することを要する。

(16) 之は当該論者が其の様に考える丈けで、私は此の設例の場合にも、其の売買代金債務は会社の目的の範囲内に在り、従って権利能力内の義務であると解するから（後述参照）、此の論者の考える様な不公正な結果を生ずることはないと考えている。

(17) 動産即時取得（民一九二条）の場合でも、占有移転の直接の当事者を比較して、其の何方を保護するかと云う問題ではない。無権利であった占有譲渡人が、何人に対し如何なる責任を負うかは一先ず措いて、占有取得者と本権権利者との間の利害衝突を差当って如何に解決するかが問題なのである。

(18) 会社・法人の目的が、其の本店支店の所在地などよりも、法律上重視されていることは、昭和一三年改正法施行前の商法一二一条（株式会社の定款補足事項）、民法四〇条（寄附行為補足事項）にも現われている。

(19) 民法一六二条二項（短期取得時効）其の他。

(20) 商法六三条、一四八条、一六六条一項、有限会社法六条など。但し此の点は民法の法人に付ても略同様である（民三七条、三九条）。

(21) 民法四〇条に依れば寄附行為の補足事項の中には、目的は含まれていないから、民法は其の補足事項よりも目的の方が、一層決定的な重要性あるものと見ていることになる。尚お昭和一三年改正前の商法一二一条でも、目的は補足事項に含まれていなかったから、商法も会社の目的を重視していたことになる。

(22) 定款作成の意思表示に付ては、正に本文記載の通りであるが、株式申込の意思表示に付ては、会社の目的は、発起人が予め申込用紙に記載して置くべき事項であって、株式申込人の効果意思の内容（申込人が会社の目的を決定せんとの意思）ではなくて、寧ろ申込の誘引として示された事項として、申込人側の動機の一部と為るに過ぎないと見るのが正確である。

(23) 此の点は民法の法人に付ても同様である（民四六条一項一号）。

(24) 民法の法人に付ても、民法四五条二項、四六条二項で、法人登記の制度を以て、其の登記を為すに非ざれば他人に対抗することを得ない。

(25) 此の見方に私が賛成する意味ではない。之に一応敬意を払うことも悪くはなかろうと云う丈けである。

(26) 此の点は、論者の考える程、危険ではないことに付ては、後述。

(27) 株主大衆化傾向を考慮すれば、株主保護は即ち大衆保護に外ならないことを知るべきである（例えば新日本製鉄は昭和四五年三月三一日、合併に因る会社成立当時、発行済株式総数四五億株、株主人数六二一、六二六名と言われる）。

(28) Ashbury Railway carriage Co. v. Riche, 1875. L. R., 7 H. L. 653. ――a company only exists for the purposes which are stated in its memorandum, and any act done outside these declared purposes is ultra vires, and therefore null and void. (Pitman, Companies and Company Law, 5 ed. p. 34.) そこに any act とあるに注意すること。

(29) Topham's Company Law, 7 ed. p. 13.

(30) 小町谷・イギリス会社法概説六三頁以下。

(31) Ballantine, On Corporation, p. 263 et suiv.

(32) 北沢・アメリカと日本の会社法一〇頁以下、加美・会社の能力と定款の目的（田中誠二先生古稀記念・現代商法学の諸問題）一〇九頁以下、特に一一二頁以下。

（33）フランス商事会社法一一三条参照。Colin et Capitant, Droit civil français, T. 2, p. 632 et suiv.

（34）Schw. O. R. Art. 718 I. Die zur Vertretung befugten Personen sind ermächtigt, in Namen der Gesellschaft alle Rechtshandlungen vorzunehmen, die der Zweck der Gesellschaft mit sich bringen kann.

（35）Enn.=Nip. a. a. O. § 105 (S. 623 ff).

（36）大隅・全訂会社法論上二七頁。

（37）BGB §§ 21, 22.

（37 a）W. Flume, a. a. O. S. 30 Anm. 10.

（38）通説は民法の法人が私益事業を兼営し、又会社が公益事業又は非営利事業を兼営することは許されないと見るのであるから（前述、営利法人の説明参照）、会社が其の定款に営利を目的とする旨記載することは、単なる事実の陳述という以外には、法律的に無意味なことであり、反対に非営利を目的とする旨記載しても、違法な記載であって、無効と言う外ない。だから営利又は非営利の点で権利能力に制限があるとしても、それは民法四三条の関知する所ではない。

（39）民法の法人に付いては、目的は設立許可の条件の一つでもある。民法七一条参照。

（40）権利能力に法定的制限のあることは自明のことで、其の外に任意的制限があるかが現在の問題である。

（41）前述、営利法人の説明参照。

（42）仮に任意的に定款に之を定めたとしても、其の定は権利能力の範囲を限定するものではない。又若し権利能力の範囲を限定する意味の定を定款に定めたとすれば、其の様な定は公の秩序に反して、当然無効と言うべきであろう。権利能力の限界は法律の認めた以外、任意の制限を許さないものと解すべきである。

（43）Enn.=Nip. a. a. O. S. 603. ――besondere Rechtsfähigkeit (ist) die Rechtsfähigkeit in den Fällen, in denen die Rechtsordnung zum Erwerb bestimmter einzelner Rechte oder zum Eintritt in bestimmte Pflichten die allgemeine Rechtsfähigkeit nicht für ausreichend hält, sondern noch besondere das Rechtssubjekt betreffende Voraussetzungen aufstellt.

（44）会社の性質上も、法律の規定の上でも、当該権利又は義務が会社に帰属するに付て、何も支障がないのに、ただ定款所定の目的の範囲から外れると云う丈けの理由で。

(45) イギリス法上は、定款上に能力内の権利義務の種類が直接列挙されるから、或る特定の権利又は義務が会社の能力内の権利義務であるか否かは、定款の定と突き合せれば、直接答が出るようになっている。

(46) 斯様なことは、売買契約、贈与契約乃至は所有権譲受の物権契約が能力内であるか否かを問題にすれば足るので、行為能力の方で吟味すれば良いことである。

(47) 商法五〇三条二項の推定は、会社の権利能力の定まりたる後に為すべきであって、会社の目的遂行の為めに必要なるや否やを定むるに付て、此の推定はない（大審院、大三・六・五民録二〇輯四三七頁）。然し此の判決は商法五〇三条二項の適用を否定しただけであって、同条一項の適用まで否定したものではない。

(48) 大審院、昭一三・六・八（民集一七巻一二二二頁）。

(49) 会社法の大意上三二頁。

(50) 其儘では、法人の行為能力を命令を以て制限することを認め乍ら、法人の権利能力は、命令に依っては之を制限し得ないと云う結果になるが、其の合理的根拠ありや疑わしい。

(51) BGB §49 II. Der Verein gilt bis zur Beendigung der Liquidation als fortbestehend, soweit der Zweck der Liquidation es erfordert. 此の規定は我民法七三条又は商法一一六条と同趣旨を定めたものと、ドイツの学者も見ている様である。Enn.=Nip. a. a. O. S. 624. Müller-Erzbach, a. a. O. S. 96 f. 然し其の制限は、権利能力の範囲を縮小する意味ではなくて、期限（条件）附になる意味ではなかろうか。es は Fortbestehen 即ち存続すること、を意味する（清算の目的が、社団の存続を必要とする限り、清算が終了するまで、社団は存続するものと看做す）。但し東季彦氏の訳では、『社団ハ清算ノ目的ニ必要ナル範囲ニ於テハ清算ノ結了スルマテ存続スルモノト看做ス』となっている。尚おＢＧＢでは社団の解散と権利能力剝奪又は喪失とを区別して規定すること（BGB §§ 45, I. III. 50. I. 51）及び BGB §49 II は解散した株式会社ＡＧに適用なきものと解されている（AG §269 V. 旧 §210 V 参照）ことを注意せよ。

五　会社の行為能力

会社は法人でありますが、一般に法人の行為能力と云うのは、自然人に付て行為能力と云うのとは、多少意味合いが違って居りまして、法人自体に行為なるものが認められるか、法人自身の行為・行動なるものが在ると考えられるかと云う問題です。即ち会社其の他の法人には夫れ自体に自然的な手足口目耳などの肉体構造、並に脳髄や神経系統もありませんから、其の心理的な動きや身体の物理的動作の具わらない法人が、一体自己自らの意思や行動を持ち得るか、意思の能力 Willensfähigkeit や行為・行動の能力 Handlungsfähigkeit(1) が在るかと云う問題であります。之に反して自然人の場合には其の心身の活動に依り自ら行為・行動することは当然のことと見られますから、其の意味での行為・行動の能力 Handlungsfähigkeit のあることに付ては余り多くの問題はありません。唯、其の行為が法律行為たる場合に、独力で完全に有効な法律行為を為す能力があるかと云う点で、法律行為の能力、即ち Geschäftsfähigkeit が問題になるのでありまして、全く行為能力の無い者や、制限的に行為能力のある者が法律に規定されるのであります。そして、日本の民法では、其の制限的行為能力 beschränkte Geschäftsfähigkeit のある者として、未成年者、禁治産者、準禁治産者の三つを挙げまして、之を単に無能力者と呼んでいるのであります。(2) 然し会社其の他の法人の場合には、元々斯様に其の法律行為能力を制限するか否かなどと言う前に、一体法人自らの意思及び行為・行動なるものが在るかと云う問題がありまして、そして其の行為の能力 Handlungsfähigkeit があるとすれば、其の中で行われる法律行為が当該法人の心身の未熟や欠陥、即ち法人組織に不備欠陥ある為めに、其の効力に影響を受けること、即ち自然人に付ての民法の無能力者制度の意味での行為能力の制限、Geschäftsfähigkeit の制限と云うことは法人に付ては考えられていないのであります。

此の意味での法人の行為（行動）能力の有無は、法人本質論との関係もありまして、法人擬制説に依りますと、元々法人なるものは法律の fiction でありますから、本体は現実には実在しないと見ているので、従って無い者が何かを考えたり、行為・行動したりすることはないのであります。法人自身が何かを行うことは考えられない、行為能力は無い、法人が自分に権利変動を生ぜしめる原因は、自らの意思や行動ではなくて、何うしても夫れは他人即ち代理人に依って為される行為に因らなければならない、だから法人には常に一定の法定代理人が居ることが必要でありまして、此の法定代理人が其の法人の為めに代理行為をすることに因って、法人が権利義務の得喪をすることが出来る。法人自らの行為なるものは無いから、法人自ら自分の意思や容態 Verhalten に因って、自分の権利関係を変動せしめることは、性質上不可能であると言うのが擬制説の立場です。然し一般に現在では法人擬制説を其儘、採っている人は殆どないので、総て実在説になって居ります。夫れは法人の本体を社会的組織体であると見るか、法的組織体であると見るか、其の辺の見方は色々でありましょうけれども、少くとも何等かの意味で法人の本体は実在する、一定の組織体が現実に実在すると見て居りまして、此の組織体説其の他実在説の立場に立つ限りは、会社其の他の法人に行為能力がある、即ち会社自身自ら意思を持ち、行為をすることが出来る、会社自身の行為行動なるものが法律上認められると言うのであります。

抑も、法人なるものは、社会生活上何等かの組織体が在って、夫れが社会生活に主体的に登場して何かを仕出かしている、其の様な組織体が社会的に動くことに因って生ぜしめられる周囲の生活関係への影響に付ての法律規制を、其の組織体自身の権利とし義務とする仕方で行うと云うので、法律が之に権利能力、法人格を与えると見るのですから、実在説の立場では、動く組織体を観察して、組織体が自ら活動しているから、其の活動の結果を其の組織体自身の権利或は義務の形で法律規制をしようと云う所に、之に法人格を付与する狙いがある訳です。活動が先行していて、先ず何等かの活動が認識され、其の活動の根源に組織体のあることが認識される、其の社会的な活動体として、当該組織体に権利能力を認めると云うのであります。法律が夫れに権利能力を付与しようとする抑もの動機が、現実に社会的に活動する組織体が在ると云う認識に基くことなので、社会的に活動しない組織体とか、其の他活動を度外視して、唯、現に組織体が実在すると云う丈けで、権利能力を付与するのではありません。活動を離れた組織体、動かぬ法人などは、立法者が之を問題にする価値はないのであります。其の意味で、実在説は法人として権利能力を認める以上は当然に其の法人自身の活動を予定している訳でありまして、其の組織体が自ら社会の一員として、自己の行動をするから、其の行動に因って生ずる生活関係を、其の組織体自身の権利とし義務とする形で把えようと云うので、法人制度が考えられるのです。ですから今日では、会社其の他の法人に、それ自身の行為・行動のあることを争う学説は無い様であります。

此の点が自然人に行為能力を認めるのとは、考え方の順序が逆なのでありまして、自然人は其の社会的活動以前に、先ず其の生命が在って、個人尊厳の立場から社会的行動の有無に拘らず、其の生存体に権利能力が認められます。然る後に、それに社会的活動が認められる様になれば、如何なる条件の下に、之に法律行為能力 Geschäftfähigkeit 又は不法行為能力 Deliktsfähigkeit を付与するかが問題とされます。法人は先ず行為能力 Handlungsfähigkeit を認めるに足る組織体に付き、権利能力を付与して法人とされるのでありまして、法人格を与えられる程の組織体ならば、既に充分行為・行動の能力がある Handlungsfähigkeit も Geschäftsfähigkeit もある。謂わば生れながら完全行為能力ある者として権利能力が与えられるのであります。法人の本体は社会的活動力のある組織体でなければならない。活動能力を欠く組織体、組織上欠陥のある組織体であっては、法律は初めから之に法人格、権利能力を付与しないのであります(3)。

夫れならば一体、法律上法人の行為と認められる現象は、如何なる現象であるか、法律は如何なる場合に法人自身が行為・行動をしたと云う把え方をするのか、何でも彼でも、兎に角社会現象として其の組織体が活動した様に見えさえすれば、夫れは全部法律上も其の法人の行為であると云う訳ではないので、矢張、法律は法律としての立場から、特に取引の安全を保護して法律関係を明確ならしめて置く必要がありますので、一定の現象が其の法人自身の行為と認められる前提要件を定めます。夫れは即ち其の社団、組織体の機関 Organ なる組織（社団組織の中の機関に関する部分）がありまして、其の機関を通じて社団が活動する、夫れを法律上社団自体の行為と認めるのです。法人には常に機関組織がありまして、夫れがどの法人に付ても法人格付与の一つの前提要件になって居ります。機関組織を具えない法人を認めることなどは、夫れ自体制度として無駄であります。即ち自然人の場合には自然の肉体、手足や目口、頭脳神経などを具えて居り、之等の作用に依って自らの行動をする訳ですけれども、仮に之等の肉体組織に欠陥があって、行為の自然的能力に欠けていても、生きている限りは完全に権利能力を付与されます。法人は斯様な物質的肉体を自ら具えるものではありませんから、現実に物理的に法人自身の物質的構成部分を働かせて、自ら社会生活を営むものではありません。法人が行為をする、行為能力があると言いましても、其の様な自然現象としての肉体の働きが法人自体に在ると言うのではないのでありまして、左様な働きは、どうしても誰か自然人が居て、其の自然人の肉体の動きに依って法人の動きを作り出す仕組が必要であります。其の様な仕組にすることで、其処に現われる地位、或は或人が特定の法人の為めに自己の行為を法人の行為たらしめ得る資格を作り出す地位が機関と謂われるのです。そして其の地位は一つの無形の制度的現象でありますけれども、実際に法人を活動させるのは、其の地位を充す自然人であって、其の自然人が其の地位 Post に就て、其の人が法人の為めに何等かの活動をすれば、夫れが即ち其の法人の活動と看做される訳です。(4) 其の地位に就く人のことを機関構成員 Organmitglied、複数は Organmitglieder と謂います。其の機関構成員が其の機関の地位に就て、法人の為めに何等かの行為をする。自らの肉体的な行動をする、自分自身の為めではなく、法人の為め、法人の行為として、自らの肉体的行動をすると、夫れは自然的には当該自然人の行為ではありますが、夫れを法律的には法人自身の活動として扱う、活動と看做す、その様な仕組を以て会社其の他法人自体が行為をしたことになるのです。会社の行為なるものは其の様な仕組を通じて作り出されます。社会現象としても、無論大体に於ては、同じ仕組で組織体の活動なるものが作られていると認識されるでしょうが、然し必ずしも法律の認めた機関の活動丈けが、組織体の活動となるとは限りませんし、又反対に法律上は正規の機関活動であっても、夫れが直ちに社会現象として当該組織体自体の活動として認識されるとは限りませんが、少くとも法律上は法人の行為は必ず法律の認める当該法人の機関を通じてのみ作り出され、法律上正規の機関活動は法人自身の行為と看做されることになっているのであります。そして而も、法律は法定の必要的機関組織を具えている場合に限り、其の組織体に法人格を付与するのでありまして、必要的機関組織に欠陥のある様な組織体には、初めから権利能力を与えたりはしないのであります。

ですから会社の場合にも常に、其の活動に必要な機関組織が具わっていなければ、法律は之を会社と認めないので(5)ありまして、そしてその会社が何か行為をなしたと認められる為めには、其の機関の構成員が其の資格で会社の為めに何等かの行為をしていることが必要なのであります。少くとも外形上機関構成員の職務上の行為と認められる現象があるときに、夫れが会社の行為になると云うことであります。無論其の場合の機関構成員の主観的な動機如何は、会社の行為となるか否かに影響するものではないので、例えば其の機関構成員に、会社の金銭を横領しようとの下心があった所で、其の者が会社の為めに他から金銭を受領すれば、会社が其の金銭を受領したことになるのであります。会社の為めに金銭を他に支払ったならば、何の為めに支払ったか、一体左様な金銭支払の必要があったか否かなどには関係がなく、総て会社が支払ったことになるのであります。此の意味では必ずしも、そう言った作為だけが問題となるのではなくて、機関構成員の不作為、つまり職務上或ることを為さなかったことも、矢張、会社自身の不作為、会社が其のことを為さなかったことになります。作為不作為共に、会社は行為能力がある訳です。例えば会社が或る期間を懈怠したか否か、一定の期間内に為すべきことを為さずに其の期間を徒過したか否かも、矢張、其の期間内に、然る可き機関構成員が、必要な行為をしなかったか否かと云うことなので、法人の不作為状態も矢張機関構成員に依って作出されるのです。作為不作為共に法人に行為能力があると見られるのです。

そして斯様な作為にせよ不作為にせよ、会社の社会生活上の活動には種々雑多千差万別の行為・行動が含まれて居りまして、凡ゆる方面、凡ゆる種類内容の活動があると考えられますから、夫れは必ずしも法律行為だけに限定されるものではありません。法律上一番重要な問題を含む最も注目すべき行為は、法律行為でありますけれども、社会の活動は必ずしも法律行為とは限らない。寧ろ分量から言えば単なる事実上の行為の方が遥かに多く為される。例えば倉庫に商品を保管するなら、其の保管と云う行為も会社の行為になります。権限ある機関が一定の商品を倉庫に保管していることが、会社自ら之を保管していることになるのです。従って例えば、其の様な状況で、他人の所有物を会社所有の商品と誤認して、倉庫に長期間保管したとすれば、夫れに因り会社の為めに取得時効の期間が進行します。時効取得は法律行為ではありませんで、単なる事実、所有の意思を以てする占有の継続と云う事実の効果でありますけれども、会社に付て斯様な占有が継続しているか否かも、矢張、権限ある機関が其の様な事実を創り出しているか否かに係っているのであります。兎に角、法律行為、特に各種の契約に限らず、其の他諸々の種々雑多な事実上の行為に付ても、会社には総て行為能力があり、機関を通じて会社は之等一切の作為不作為の能力を具えているのであります。事実上の一般的行為能力があります(6)。

尤も、多くの場合には、之等の法律行為にせよ、其の他の行為にせよ、会社は必ずしも唯一の機関に依り之等の行為を行うことにはなっていないで、夫れ夫れ適当に各機関の担当すべき会社の行為の種類範囲を定めて、色々な構造を持った機関が幾つも具えられていて、例えば商法に株式会社の機関としては、総会あり、取締役会あり、代表取締役あり、或は監査役あり、其の他臨時の検査役と云う機関もある。其の様に会社の機関は、一会社に一種類一個だけあると云うのではなく、夫れ夫れ幾つか複数の機関があって、夫れ夫れ其の担当する活動の分野が定められて居ります。其の担当する活動分野の性質内容に応じて、其の分野の活動を処理するに適する構造を持った機関が作られまして、其の機関構成員が其の機関に割当てられた会社の活動分野に於て、且つ定められた活動方式に於て、夫れ夫れ会社の活動を創り出して行く、法律上会社の行為と認められる現象を創り出して行く訳です。其の各機関に割当てられた活動の分野が、即ち其の機関の権限でありまして、数種の機関のある場合には、夫れ夫れ会社の活動が各機関の権限に分配されて、各機関は其の与えられた権限内で会社の行為の作成に当るのです。従って或る会社の凡ゆる機関の権限の全部を合計したものが、其の会社の法律上為し得る行為の限界になる訳で、各機関の権限の合計が其の会社の行為能力の範囲と一致する訳です。機関権限の無い所、何れの機関の権限も及ばない所では、会社には自らの行為を創り出す方法を法律上与えられませんから、機関の具えられ得ない分野に於て、法律上会社の行為と認められるべきものは在り得ない。従って行為能力は無いのです。会社に行為能力があると言っても、無限定に会社は何事でも為し得ると云うのではありませんで、夫れには自ら一定の限界があります。此の点は後に再び行為能力の限界、即ち所謂特別的行為能力の問題として説明する予定であります。

夫れから、会社に機関が具わって居りましても、各機関には夫れ夫れ割当てられた権限の限界がありますから、其の権限外の行為を機関が為しましても、夫れは会社の行為にはならないのでありまして、例えば先程出ました商品を倉庫に保管することなどは、業務執行の一部でありますから、株式会社ならば取締役会が会社の為めに之を保管すれば、夫れは会社自ら保管したことになりますけれども、監査役などは現在の所其の様な業務執行の権限はありませんから、監査役が会社の為めに商品を保管しましても、夫れは会社が保管したことにはなりません。監査役個人で――恐らくは会社から預った形で――保管していることになって了います。取締役会が会社の為め保管するなら、目的物の占有権は会社に帰属しますけれども、監査役が保管しても、占有権は会社に帰属せず、監査役個人に占有権があることになります。尤も会社につき間接占有の関係が成立するなら別問題ですが、左もない限り、会社の占有は生じません。会社が間接占有を取得するには、其の権限ある機関即ち取締役会が監査役をして、会社の為め当該商品を占有せしめる関係が必要なので、監査役は監査役としては、一般的に取締役会に対して斯様な立場に在る者ではありません。又、会社の直接占有は、監査役の所持に因って生ずる余地はないのであります。

唯、法律行為に付ては――直ぐ後で説明致しますけれども――所謂代表機関が之を担当するのでありまして、其の代表の関係に付ては、代理の法則が一般に類推されるものと解釈されて居りますから、之に依れば、権限の無い者が会社を代表して法律行為を為した場合、其の無権限代表行為には無権限代理の法則が類推されます。だから夫れは会社にとって全然無意味な行為ではなくて、権限ある代表機関が之を追認することに因って、会社の法律行為たらしめ得る可能性がある訳です。追認されるまでは会社の行為ではありませんけれども、無権代理の法則に従って権限ある機関が会社の為めに之を追認すれば、会社の行為になります。然しこう云うことは、法律行為及び準法律行為に付てだけ言えることでありまして、事実上の行為に付ては代理と云うことが抑々在り得ないのですから、従ってその無権代理など云うこともありませんし、其の追認などを民法も認めて居りません。事実上の行為に付て権限外の行為があった場合には、確定的に夫れは会社の行為でない行為、法律上は会社に関係のない行為、他人の行為なのでありまして、之を追認に因り会社の行為たらしめる余地はありません。ですから例えば占有の為めの所持などは追認の余地などないのでありまして、強いて其の無権限者の所持を会社の占有の為めに利用したければ、改めて会社が其の者から占有を譲受ける外ない（民法一八七条）、占有権を承継しないで其儘追認しましても、会社が遡って之を所持していたことにはならないのであります。

所で今まで述べて来ました会社の行為能力と云うのは、実は広義の行為能力、或は事実上の行為能力と云いますか、兎に角会社自ら何か行為行動できる、会社自身の行為行動なるものが在り得ると言っている訳で、法律が一定の現象を会社の行為・会社自身の作為又は不作為と認めると云う意味で、会社は事実上の行為能力或は広義の行為能力、即ち Handlungsfähigkeit があるのでありますが、然し普通に会社の行為能力と謂う場合には、斯様な事実上の行為能力、広義の行為能力よりは、寧ろ狭義の行為能力、即ち法律行為の能力 Geschäftsfähigkeit のことを指すことが多いのであります。自然人の場合でも行為能力と言えば主に法律行為能力のことでありまして、民法で無能力者と謂うのも、此の法律行為能力に於て制限された者のことであります。会社の場合にも普通に行為能力があると云うのは、矢張主に法律行為能力があることで、狭義の行為能力を指していることが多いのですが、唯会社の場合には、此の意味の行為能力があるとすれば、其の範囲では完全な行為能力があるのでありまして、自然人の場合の様な無能力者の制度は会社にはありません。

そして少くとも法人実在説の立場を採る限り、会社も亦自ら法律行為を為す能力があると認められまして、夫れは代表機関を通じて会社が法律行為をする形で、会社自身の法律が認められるのであります。代表機関が会社の法律行為をすると云うのは、結局の所、其の意思表示を担当することで、代表機関が会社の為めに意思表示を為し又は受ける権限を与えられる。左様な権限を与えられた機関を代表機関と名付けるのでありまして、会社の為めに会社の意思表示を為し又は会社に対する意思表示を受ける権限のある機関が代表機関であります。其の代表機関構成員が会社の為めに意思表示を為し又は受ければ、夫れが会社自身の意思表示又は会社自身に対する意思表示となりまして、之に依って会社自らが当該意思表示を組成分子として成立する法律行為の当事者となるのであります。其の様な代表機関がどの会社にも具わって居り、其の代表機関の権限の範囲内に於て、会社自ら意思表示を為し又会社自身に対して為される他からの意思表示を会社自ら受領することができます。

そして会社の代表機関が会社の意思表示をするに付ては、其の内心的効果意思も其の代表機関構成員が自ら決定する訳です。其の意味で会社には法律行為的効果意思（Geschäftswille 又は Erfolgswille）を決定する能力、即ち意思能力があります。代表機関が会社の為めに決定した効果意思は、会社の内心的効果意思になるし、代表機関が会社の為めに表示行為をすれば、会社自ら表示行為を為したことになる。代表機関が其の権限内の事項に付き或ることを知り又は知らないこと、意思の欠缺又は瑕疵或は過失の有無など、皆会社自身の善意悪意、心裡留保、錯誤、過失無過失乃至は会社自身に対する詐欺強迫に通ずるのであります。斯様に法人は其の代表機関に依って、法律行為の内心的効果意思を決定し且つ表示行為を為すのでありますから、其の代表機関の構成員は、自ら左様な効果意思を決定し、表示行為を為すに足る能力のある自然人でなければならないのであります。即ち法律行為的意思能力のある自然人に限り会社其の他法人の代表機関構成員たり得るのであります。然し民法一〇二条の類推に依り、完全な行為能力は必ずしも必要でないと云うのが通説であります。外国では例えばドイツ株式法七六条三項には株式会社の取締役員は無制限的行為能力者たる自然人でなければならない旨規定を設けて居りますが、我国の民法や商法には斯様な明文の規定がありませんので、民法一〇二条が類推されると通説は見て居ります。(7)

尚お、代表機関の権限は、直接には法律行為の為めの権限なのですが、然し準法律行為、例えば債務履行の催告其の他の意思通知、債権譲渡の通知其の他の観念通知などに付ても、法律行為に関する原則が性質の許す限り類推さるべきものとされて居りますから、準法律行為も代表機関の権限に属する行為であります。準法律行為を会社の為め行う権限ある機関も代表機関であります。債務履行の催告を会社自ら為したと云う為めには、其の権限ある代表機関が会社の為めに履行催告の通知を発することが必要であります。

之に反して、法律行為でも準法律行為でもない其の他の行為は不適法の行為ならば固よりのこと、仮令適法行為でありましても、代表権限とは関係のないものと見るべきでありましょう。例えば、所謂現実行為 Realakt とか事実行為とか謂われる適法行為、先程の占有の為めの所持などが之に属しますけれども、斯様な物の所持などの行為は代表機関の仕事ではない。代表機関が会社の為めに所持すると云う関係ではありません。寧ろ所持と云うことは事実上の事務処理の一部でありますから、業務執行機関の権限になります。業務執行機関が会社の為めに物を所持すれば、会社が其の物を所持したことになる。業務執行機関が其の業務上、即ち其の権限内で何か物品を直接・間接占有すれば、会社が其の物品を占有したことになる。会社が直接占有権を取得するには業務執行機関が其の権限内に於て其の機関構成員の手で、会社自己の為めにする意思を以て所持すると云う要件を充すことを要するのです。夫れに因って会社自ら其の物を所持することになり、会社が其の占有権を取得します（民法一八〇条）[8]。斯様な所謂事実行為は必ずしも法律行為と同じ原則には依らないのでありまして、代表権限の裏付を必要とするものではありません。

所で代表機関が会社の為めに効果意思を決定し、且つ其の効果意思の表示行為をすると云うのですが、どう云う形を整えたならば、会社の為めに効果意思を決定し表示行為をしたことになるのかの点に付ては、一般に民法にも商法にも、会社其の他法人の代表の方式に付ての原則を格別定めて居りませんので、矢張、代理一般の法則を類推する外ないのであります。ですから例えば代表取締役が会社の法律行為をするには、会社の為めにすることを示して、即ち代表意思を表示して意思表示をする（顕名主義の原則）、会社の為め会社自身の効果意思として内心意思を決定し、且つ其の旨表示行為にも明かにする。会社の意思として会社の意思を自分の手で表示する旨を示して意思表示をするのです。民法九九条が代理の場合『本人ノ為メニスルコトヲ示』すことを要求するのに準じて、代表意思を示して表示行為をする。之が正規の代表の方式であります。無論、法律は代理意思の表示がなくとも、代理行為の成立する場合を認めて居ります。夫れは相手方が本人の為めにすることを知り又は知ることを得べかりしとき（民法一〇〇条、尚お商行為の代理に付き商法五〇四条などがありますが）、其の場合には必ずしも本人の為めにすることを示す代理意思の表示は必要でありませんが、然し少くとも内心的効果意思に於ては、本人に付き効果発生することを欲する旨の代理意思其のものは必要であります。夫れに準じて代表の場合にも代表取締役は会社自身の効果意思として、従って一般には[9]会社に付き効果発生することを欲して、且つ一般の法則としては其の旨が表示行為の中に示されていなければならない。例外的には民法一〇〇条或は商法五〇四条に当る場合などに、表示行為には示されないでも内心の意思さえあれば、代表行為として扱われます。之が通説の考え方であります。

其の外、此の代理と代表とは何処が違うかは民法学の方で一般の説明がある筈で、此処で詳しく立入っている必要はないと思いますが、少くとも代表の場合には其の行為自体が法人の行為となる。代表機関の構成員が法人の為めに為した代表行為は法人自身の行為になる。法人自身が意思表示を為し又は受けたことになる。所が代理の場合には、通説に依れば、民法は代理人行為説を採って居りますから、代理人の為す意思表示は、代理人が代理人自己の意思を代理人自身の意思として表示するので、唯其の表示される意思の内容に於て、其の効果を本人に付て生ぜしめたいと意欲する。即ち代理人の行為に因って、其の効果を本人に帰属せしめる。其の様に意思表示されれば其の欲する通り代理人の行為の効果が本人に付て生ずる。効果を本人に帰せしめる丈けで、行為其のものは代理人の行為であり、決して本人の行為にはならないと云うのが今の通説であります[10]。嘗ては、代理行為の本質に付て本人行為説（Geschäftsherrntheorie 又は信任説 Vertrauenstheorie）とか共同行為説（Vermittlungstheorie 又は意思説 Willensdogma）とか色々ありましたけれども少くとも現行の我民法商法は代理人行為説（又は代表説 Repräsentationstheorie）を基礎として色々な規定を設けていると見ることが出来ますので、代理の場合には意思表示其のものは代理人自身の意思表示で表意者又は受領者は誰かと言えば代理人なのであります。其の意思表示を主たる組成分子として成立する法律行為の効果が、表示された効果意思通りに、本人に直接に生ずる。代理人の為めには生じない。所が之と異り、代表の場合には行為其のものが初めから法人の行為となるので、代表機関構成員たる個人の行為が其の効果だけを法人に帰せしめるのではない、と見るのです。尤も先程言いました通り、法人擬制説に依れば、代表は代理其のものの一種でありまして、代表機関構成員は法人の法定代理人と見られ、代表者の為した法律行為の効果が法人に帰属すると云う説明が為されますが、法人実在説の立場に立つ限りは、代理と代表との間に、本質的差別があると見まして、代表の場合には行為其のものが法人自身の行為と看做され、だから其の効果も[11]一般には無論法人に付て生ずる。其の意味で法人に法律行為能力、狭義の行為能力 Geschäftsfähigkeit があると説明されるのであります。代表機関構成員が法人の為めにすることを示して為した意思表示は、法人自ら為した意思表示として扱われるのであります。

尤も斯様に観念上の差別にも拘らず、代表に付ては広く性質の許す限り代理の法則を類推すべきものとされますから、実際の効果や取扱に於ては総て両者同等になります。其の為めに最近、民法学者の間に代理と代表との区別に付き多少動揺を生じている節もあります[12]。代理と代表とを厳密に区別する根拠はないなどと言い出している様でありますが、今日の所、圧倒的な通説に依れば両者を区別して別異の現象と考える。其の行為が誰の行為であるかの点で本質的に異ると説明して居ります。代表に付ては代理に関する原則が一般に類推されるに過ぎないと言うことであります。唯、民法の法典上の用語としては、此の代理と代表とを厳密には使い分けていない嫌いがありまして、法人に関して理事の代理権と云う文句が所々出て居ります。無論、理事が法人を代表する旨規定する場所もあります。民法五三条では代表の文句を使いますが、然し例えば四四条は理事其の他の代理人と言いまして、代理人扱いをする。或は五七条にも理事の権限が代理権であるかの様な表現を用いて居りますが、之は民法制定当時は未だ完全に擬制説から抜け切れないで、擬制説的な考えも残って居りましたので、代理と代表とが截然と使い分けられなかったのだと見られて居ります。商法では代理と代表とを用語上使い分けて居りまして、之を混用している箇所はない様であります。会社の代表機関や其の権限を表わすには常に代表と云う言葉を使って居ります（例えば六四条一項五号、六号、七二条乃至七九条、一二三条一項二号、三号、一二四条二項、一五六条、一八八条二項八号、九号、二六一条乃至二六二条など）。其の他代表関係を表すのに代理と云う言葉を用いる箇所は商法にはない様であります。一方、民法は親族法の中で親権者や後見人に付て、財産上の行為に付き、親権に服する子又は被後見人を代表する旨規定します（民法八二四条、八五九条）。之は本当は法定代理なのですから、其の権限は代理権である筈なのに、代表と云う言葉を使って居ります。民法学者は其の言葉使いに付て、色々註釈を加えますけれども、兎に角、代理と代表とを民法は言葉使いの上で余りに厳密に区別しませんが、然し学問上は両者性質を異にしますから、厳密に区別して言葉を使用すべきものであります。

尚お会社に付ては、夫れ夫れ会社の種類に従って、色々な代表機関が具えられて居りまして、必ずしも一つの会社に代表機関が一個とは限りません。場合に依って複数の同種の代表機関が同一会社に同時に併存することもありまし、又場合に依っては、異種類の代表機関が同一会社に同時に幾つも設けられることもあります。之等の内、前者に付ては、其の各代表機関の権限は、互に重複 overlap していることになりますが、後者の場合には各種の機関の間に権限の分配がありまして、夫れ夫れ其の割当てられた範囲内の法律行為に付て、会社の意思表示を為し又は会社に対する意思表示を受けると、夫れで会社自ら当該意思表示を為し又は受けたことになるのでありますが、同じ代表機関でありましても、自己の権限外の法律行為の為めに会社の意思表示を為したり会社への意思表示を受けたりすることは出来ないのであります。代表機関でありましても権限外の行為を為したならば、夫れは会社の法律行為にはならない。仮令其の行為に付て、代表権限を持つ他の代表機関が居りましても、自ら権限を持たない限りは、其の機関の行為が会社の行為となることはないのであります。唯、この場合にも、矢張、代理の法則、殊に表見代理或は狭義の無権代理の原則が類推されますから、無権限代表或は表見代表は無権代理或は表見代理と性質の許す範囲で同等の扱いを受けます。従って仮令、実質的には代表権限をもたない者の為した代表行為でありましても、表見代理に準じて考えられる表見代表の要件を充して居れば、其の表見代表行為は会社自身の行為となるのであります。更に民法上の表見代理の場合の外に会社特有の表見代表を商法、有限会社法に幾つか規定して居ります。従って民法で表見代理を認める場合よりは、会社の表見代表が認められる場合の方が多いことになります。夫れは商法が取引の簡易迅速を計って、外形的事実に対する信頼を一層強力に保護しようとするからであります。それから夫れ以外に無権限で為された代表行為であっても、権限ある代表機関が追認すれば、無権代理の追認の法則に準じて、矢張、其の行為が会社の法律行為になるのであります。唯、無権代理の場合には追認に因って其の行為の効果が本人に帰属する丈けで、行為其のものは追認があっても依然、無権代理人の行為に外ならないのですが、無権限代表行為の追認の場合には其の行為の効果だけでなくて、其の追認を為した代表機関に依り会社自ら其の法律行為を為したことになる点で、代理の場合と違うので、そこが適用ではなくて類推であると言うpointであります。例えば、民法の法人の場合に理事が法人と利益相反する法律行為を法人の為めに為しましても、夫れは権限外の行為でありますから、其儘では法人の行為とはなりませんが、後に特別代理人が之を追認すれば、夫れに因って法人が其の行為を為したものと看做されます（民法五七条）。同様に株式会社の代表取締役が勝手に会社を代表して、会社と自己又は取締役との間の取引を為したとしても、夫れは会社の取引とはなりませんが、取締役会の承認を得て、同一の又は他の代表取締役が其の取引を追認すれば、之を会社自身の為した取引とすることが出来る訳です（商法二六四条）。尤も此の追認があっても、当該取引につき会社の相手方になる取締役は二六六条一項四号の責任を免れませんし、追認自体の適否に付ては、追認を為す代表取締役並に取締役会に於て追認を承認する決議に賛成する取締役は善管注意義務や忠実義務に服しますから、従って其の追認に付て二六六条一項五号及び二項の責任を負うのは言う迄もないことであります。

但し、無権限代表行為の追認は、其の追認さるべき行為に付て、本来権限ある代表機関の具わっている場合には考えられますけれども、会社に其の様な権限ある代表機関が具わっていない様な行為に付ては、最早、之を有効に追認する途もないのですから、之を会社自身の行為たらしめることは絶対的に不可能であります。之は確定的に初めから無効な行為であります。即ち、其の様な行為は、本来会社の行為能力の範囲外の行為でありまして、誰がどう工夫して見ましても、会社の行為として之を作り出すことも、追認することも出来ない。法律は之を会社の行為としては取扱わない。行為能力外のことであります。ですから権限外の代表行為と謂いましても、其の中には二た通りのものが在ると考えなければならないので、其の行為を会社の行為たらしめ得るか否かが、他に当該行為に付き代表権限ある機関が会社に具わっているか否かで決まる。左様な機関があるなら、其の無権限行為は会社の行為能力の範囲内の行為ではあるので、其の権限ある機関が之を追認すれば会社の行為になる。然し権限ある機関の存在しない行為に付ては、誰も之を有効に追認することも出来ませんから、夫れは会社の行為能力外の行為であり、確定的に会社の行為たらしめ得ないのです。此の点が会社の能力外の行為と狭義の権限外の行為、越権行為との違いです。ですから、又一方から言えば、会社の凡ゆる代表機関の権限を合計したものが其の会社の法律行為能力の範囲と一致する訳です。其のことから更に反転して、法律が会社に付て、会社自身が何かの法律行為を為すことを予定する規定を設ける以上は、[13]格別の事由のない限りは、当然其の行為を担当する代表機関のあることをも前提としていると見なければならないのでありまして、会社が或る法律行為を為すことを法律で規定し乍ら、其の法律行為に付き会社の代表機関を設けていないと云うのでは、制度の穴が開いて了う訳で、直接法律が明文を以て其の機関を指定していないでも、其の行為を担当する代表機関を解釈の力で発見し得るものと見なければならないのであります。

又、代表行為は代表機関が会社の為めに会社の意思表示をする旨を示して、其の行為をするので、之が顕名主義の下での代表行為の正規の方式でありますが、其の際、其の代表意思を表示するに至った内心の動機などは、どうであっても構わない。会社の為めにすることを示す代表意思の表示があれば、夫れが会社の行為になります。例えば、代表取締役が元々目的物横領の魂胆で、会社の為め何か意思表示をしたとすれば、其の横領の魂胆などは当該法律行為の動機の一つに過ぎませんから、左様な魂胆が内心に在ったからと言って、其の行為が代表行為でなくなることはない。其の様な行為でも、矢張、会社の為した行為になります。其の際、唯、代表取締役は目的物横領の魂胆を有っていただけで、代表行為として会社の行為にはなります。代表取締役個人自身の行為となるものではありません。会社の為めにするとは、会社の行為たらしめる、従って其の効果も会社に直接帰属せしめると云う意味でありまして、会社に利得せしめると云う意味ではないこと位は確実に理解していなければなりません。更に行為の動機に止まらず、内心的効果意思に於てすら、代理又は代表の意思に関する限り、行為又は効果の帰属に付ては原則として問題にならないのでありまして、会社の為めにする内心意思がないのに、其の旨の表示だけ為された場合には、其の点意思欠缺の問題として心裡留保なり錯誤なりの法則に依り、其の有効無効が判断さるべきものでありますから、其の行為は原則として矢張会社自身の行為たることに変りはないのです。唯、場合に依り、と言いますのは、民法九三条以下の原則に従って、無効の行為となると言うに過ぎないのであります。会社自らが無効な法律行為を為したと言うのでありまして、機関構成員個人の行為となることはないのであります。心裡留保や虚偽表示の裏に隠された隠匿行為として個人の行為があるかも知れないと言う丈けです。(14)

以上、会社の法律行為能力に付て述べて来ましたが、此の行為能力と、会社の権利能力特に其の特別的権利能力とが、専門の学者の間でも可なり混乱している様に思われます。参考書の中にも、両者の区別を乱しているものも可成り頻繁に見掛けます。一般的権利能力は権利者又は義務者たる一般的な資格即ち法律上の人格であり、特別的権利能力は一般的権利能力者たる自然人又は法人が、各特定の権利又は義務に付き、取得の能力があるかと云う問題、個別権利義務と法人格との結び付きの資格でありまして、例えば或る会社が特定の土地所有権者になれるか、地上権者になれるか、金銭給付の債権者又は債務者になれるかと云うので、或る権利又は義務が当該自然人又は法人に帰属し得るかと云うのが特別的権利能力の問題です。之に対して、行為能力、特に今問題にしている狭義の行為能力、法律行為能力は、権利変動の原因、即ち法律要件の一種たる法律行為に特有の問題でありまして、其の自然人なり法人なりが、法律行為を自ら為し得るかと云うので、売買、贈与、賃貸借、委任などの債権契約が出来るか、或は所有権移転、抵当権設定などの物権契約が出来るか、夫等の法律行為を会社自身が行うのか、夫れ共、法定代理人に行って貰う外ないのであるか、と云う問題であります。其の自己又は代理人の為す法律行為の効果として、其の目的たる権利変動を生じて、当該権利義務が会社に帰属するか否か、法律行為に限らず、其の他一般の権利変動の原因、即ち法律要件が具備すれば、会社が其の権利義務を取得して、権利者、義務者になるかと云うのは権利能力の問題です。行為能力は斯様な権利義務それ自体のことではなくて、其の権利義務変動の原因、即ち法律要件の中の一種たる法律行為の能力でありまして、会社自ら其の法律行為を為し得るかと云うのです。権利能力と行為能力とは其の対象に把握される事項が、此様に別異なのでありまして、権利能力は謂わば権利義務の存在、帰属していること、又行為能力は権利義務の変動、特に権利変動原因の一種たる法律行為特有の問題なので、謂わば、権利義務の変遷、動的な面、動かす原動力たる行為の面での能力の問題であります。だから行為能力は権利能力を前提とするとか、権利能力は行為能力を包摂するとかの関係に在るものではありません。全く別の面、別個の現象を取扱っているのです。両者を観念上前後の関係と考えたり、上下の関係と考えたりしてはならないのであります。夫れにも拘らず、民法学者の中には、好く両者の関係を説明しまして、例えば、法人の行為能力は其の権利能力に基いて与えられるとか、法人には権利能力が認められるから、其のことから当然に行為能力が出て来るとか、或は権利能力の範囲内で当然に行為能力があると云う様なことを言ったり[15]、或は甚だしきに至っては、法人に付ては権利能力と行為能力とに本質的区別がないとか、之を区別する本質的実益はない、とか云う様なことなど言います[16]。然し之等は皆、私から見れば杜撰な頭で考えるから、左様な愚かなことを言って了う訳で、其の為めに肝要の点が判らなくなっていると思うのであります。無論、一般的権利能力は法人格其のもののことですから、行為能力も一般的権利能力者に付てでなければ問題になりません。法人格のない所に行為能力、殊に法律行為の能力だけを認めることは、現行法上其の例はないのでありますが[17]、然し今此処で問題にするのは、其の権利能力の範囲のこと、即ち特別的権利能力のことでありまして、其の特別的権利能力の有無と行為能力の有無とを混同してはならないのであります。

無論、特別的権利能力のない権利義務に付て、其の取得を目的とする法律行為の行為能力を認めましても、左様な法律行為が実際為されました所で、其の行為の効力として当該権利義務を其の行為者に帰属せしめることは出来ません。例えば外国会社には日本国内の鉱業権は帰属し得ない。外国会社は鉱業権に付き特別的権利能力がありません

(鉱業法一七条)。然し其のことから直ちに其の外国会社への鉱業権移転を目的とする準物権契約、或は之を目的とする売買其の他の債権契約に付て、其の外国会社の行為能力まで奪われていると見てはならないのであります。無論、斯様な法律行為に付き外国会社に行為能力を認めた所で、其の行為の効力として其の外国会社が鉱業権を自ら取得して鉱業権者となる能力、即ち権利能力(特別的権利能力)はないのですから、結局夫等の法律行為は無効な訳です。仮りに外国会社は行為能力を有していて、法律行為そのものは可能であるとしましても、鉱業権取得に付ては無効な法律行為しかできないのです。だから行為能力はないと言っても、実際上大した差異はないかも知れません。然し夫れは理論上は若し行為能力がないのだとすれば、其の行為は会社の行為ではあり得ないので、有効無効を論ずるまでもなく、其の行為そのものが会社には存在しないのです。会社は初めから其の行為を為していないことになりますけれども、行為能力はあって権利能力だけ無いのだとすれば、其の法律行為は会社の行為である。会社が其の法律行為を為したのですけれども、夫れは法律上不能の目的をもつ故に、法律行為として無効である。会社は無効の法律行為を為したことになります。準物権契約は目的不能でありますし、債権契約は原始的給付不能でありまして、何れも法律行為は為されたが、其の行為は法律上無効であると云う丈けであります。

それから会社に一定の権利義務に付て、権利能力はあるが、其の権利義務の変動を目的とする法律行為の行為能力はない、と云うことは理論上固より在り得ることであります。現に法人擬制説の立場では、総てが此の様な関係になる筈でありますが、仮に実在説の立場で考えましても、例えば一時的ではありますが、取締役が全員死亡したとか、職務執行停止の仮処分を受けたとかの際には、会社は後任代表取締役なり職務代行者なりが就任するまでは一般の代表行為が出来ません。行為能力は事実上停止して了います。けれども之が為め会社が権利能力までも停止されたり奪われたりすることはありません。代表機関構成員を欠いたからと言って、既得の権利義務を総て失って了うなどと云うことにはなりません。且つ其の間、会社自ら為す法律行為は事実上出来なくなって居りますが、法律行為以外の原因或は他人——特に代理人——の法律行為で、会社が権利義務を得喪することを妨げないのであります。だから権利能力があって行為能力がなかったり、行為能力があって権利能力がないと云う場合があっても、決して観念上の矛盾でも、無益の詮議立てでもないのであります。

又、行為能力を認める際に、其の行為能力の範囲内にある法律行為と云うのは、必ずしも会社が自己の名を以て為す法律行為だけに限定されませんから、会社が誰か他人の代理人として（他人の名を以て）其の法律行為を為すことも含まれている筈です。例えば先程の鉱業権に付て言えば、外国会社は其の権利能力がないので、自分が鉱業権を取得することを目的とする法律行為は、法律上不能の目的をもつ法律行為として、当然無効でありますが、同じ鉱業権に付て、外国会社が誰か日本人或は日本法人の代理人として鉱業権譲受の法律行為をすることは別に差支えないので、其の結果、其の行為の本人たる日本人又は日本法人は、当該目的たる鉱業権を取得し、鉱業権者になることができます。然し其の取得の行為は其の権利能力のない外国会社の為した外国会社の行為でありまして、夫れは今日の通説たる代理人行為説の立場では議論の余地はないでありましょう。ですから外国会社は、自ら権利能力のない権利義務に付ても、其の変動を目的とする法律行為の行為能力は否定されないのです。もう一つ例を挙げますと、商法五五条で、会社は他の会社の無限責任社員となることを得ない。会社は他の会社の無限責任社員の持分を取得する権利能力がありません。然し会社が他人の代理人として、他の会社の無限責任社員から、其の持分を譲受けることを目的とする法律行為を為すことはできる筈で、法律は斯様な行為能力を否定しては居りません。自ら取得する能力のない権利義務に付ても、他人の代理人として責の取得を目的とする法律行為を為す能力はある。権利能力がないのに行為能力があっても、少しも論理上矛盾ではないし、左様な制度があっても全く無駄なものとは言えないでありましょう。唯、実際問題として、権利能力のない権利義務に付て、特に其の取得を目的とする法律行為に付き行為能力だけを特別に与えたり、権利能力を与えて置き乍ら、其の取得を目的とする法律行為の能力だけを特別に奪ったりすることは、大して実益のあることとは思えませんが、権利能力の範囲が或る点で限界付けられたからと言って、行為能力も亦必ず論理的に之に併行して限定されなければならないなどと云うのは、誤った考えであると云う訳です。権利能力を制限しても、行為能力はそっくり其儘にして置いて少しも差支えない。理論上も実際上も何の障碍も不都合もないのですから、権利能力の制限は権利能力だけの制限と見るべきであり、行為能力の制限は行為能力だけの制限と見るべきでありまして、法律が特に両方共に制限すると言わない限り、一方の制限が他方に影響を与えるものではないと解さなければなりません。会社の権利能力が定款に定めた目的の範囲内に制限されるか否かに付ては、既に別の機会に述べました通り、学説上争がありますし、又同じ様に会社の行為能力が定款の目的の範囲内に制限されるか否かに付ても争のある所でありますが、仮に之等二つ共肯定して其の制限があると解すべきものであったとしましても、其の場合、目的の範囲と云う言葉が同じでも、之に依って制限する対象が全く別異の事項なのですから、制限の仕方も違っているのでありまして、之を権利能力も行為能力も同じ範囲で認められるなどと考えてはなりません。一方は権利義務の帰属のこと、他方は法律行為の帰属のことに関する枠でありまして、同じ一〇〇キロと言っても長さと重さとでは全然関係のない数量で、其の大小の比較の仕様がないと同様であります。権利能力の範囲と行為能力との大小など較べ様がないのであります。次元の異る現象を漠然と比較してはなりません。

兎に角、法人に付き其の権利能力と行為能力とは、明確に区別して考えなければならないのでありまして、両者をゴッチャにしては何のことか訳が判らなくなります。何時も出て来る例の八幡製鉄の政治献金の問題なども、あの判決の中でも、又殆ど大多数の学者や実務家も、権利能力の問題として論じ合っていますが、然し一体何がどう云う意味で権利能力の問題になるのかを考えてから、物を言って貰いたいのです。会社が自民党に三五〇万円の政治献金をするに付て、問題となる法律的な現象としては、会社自民党間の金銭贈与でありまして、贈与契約なる一種の法律行為、債権契約なのですから、夫れは行為の問題でありまして、行為能力の面では一応登場させられますけれども、贈与契約其のものは直ちに其儘、権利義務ではありませんから、権利能力の側では採上げ様がない。若し権利能力の点で考え様とするなら、どうしても行為ではなくて、何か権利又は義務其のものを持出さなければなりません。だから政治献金という贈与契約其のものではなくて、其の贈与契約に因って如何なる権利義務が会社に帰属するのか、其の会社に帰属すべき権利義務が抑も会社の権利能力の範囲内に在るかを問題にしなければなりません。即ち会社は贈与契約に於ける贈与者として、其の目的たる金銭給付の債務者たりうるか、又、其の給付の目的物たる金銭につき、一体、所有権を享有する能力[18]があるか、と云う点位しか問題にならないのであります。そして金銭所有権が会社に帰属することは、先ず、当然中の当然でありまして、会社の目的たる事業が何であろうと、今日の取引社会で金銭所有権に縁のない企業など在る筈がありません。だから無論、八幡製鉄は其の権利能力を有します。又、会社は其の取得した金銭所有権を他人に給付する債務を負担する能力がある筈で、金銭債務負担の能力なき会社などは考えられません。ですから会社の権利能力の面から見る限り、政治献金が能力外の関係になる点など何処にもないのであります。会社に帰属し得ない権利や義務などは一つも出て来ない。問題は政治献金の行為、其の様な金銭贈与契約及び其の債務履行々為としての金銭所有権移転の物権契約につき能力があるか、之等の法律行為の能力の有無と云う点になりますが、それならば法律行為の問題であって、権利義務の問題ではありませんから、行為能力が検討さるべきでありまして、権利能力の点では問題にならない。そして行為能力の面から考えましても、会社の目的たる事業如何に拘らず、其の事業遂行に当って、時には金銭贈与をすることが有用のことであり、或は必要不可欠であることすら在り得るのでありまして、他人に贈与すること、会社財産を無償で他人に給付する約束を為したり、其の約束を履行したりするのは、営利の目的と結び付かないなどと考えるとすれば、夫れは営業なるものの性格を誤って把握しているのでありまして、営業たるが為めには、事業全体として一貫した営利の意思をもつことは必要ではありますが、営業上為される個々の行為が、一つ一つ夫れ丈け独立して、常に利益を生ぜしめるものでなければならないなどと考えるとすれば全く間違いであります。(19) 左もなければ一般の宣伝広告など一切、営業の目的の範囲外のことになって了います。従業員に盆暮のボーナスを支給したり、顧客に景品を贈呈したりするのが、目的の範囲外であるなどと言うことはないのです。固より其の広告なり景品なりの効果が、所期の通り挙ったか否かは、夫等が営業の範囲内の行為であること自体に、影響を生じないのであります。結果から見て全く無駄金を捨てた様になったとしても、其の行為能力の範囲を逸脱するものとなることはないのであります。或は無駄と知りつつ、例えば世間附合いの為め已むを得ずとか、或は何となしに厄介払いと云う様なことで、金一封を贈呈する様なことも矢張、営業の範囲内と考えて良いことであります。そうだとすれば政治献金なども、夫れ自体は見方に依っては困った風習慣行であるかも知れませんけれども、同じ意味で営業の範囲内の行為と見なければならない筈です。元々、行為能力の範囲を考えるには、当該法律行為の内容自体を見て、それが会社の行為たり得べきものであるか否かを決めるべきでありまして、当該法律行為が如何なる動機で為されるか、或は夫れが会社の目的事業にとって妥当な程度数量のものであるか否かなどは、行為能力の有無には関係ないことです。ですから政治献金のことを考える場合にも、行為能力の面では、其の種の金銭贈与契約として観察して、会社はその様な金銭贈与の能力があるか、其の債務履行々為の能力があるかを考えれば良いのでありまして、其の限りでは会社の能力を疑うべき点は何処にもないのであります。無論あの会社が、正にあの時期に、且つあの政党に、あの金額の政治献金をすることが、政治的、社会的乃至は会社の経営上、妥当の行為であったか否かは問題でありましょうが、之等の点は最早、権利能力の問題でも、行為能力の問題でもないのでありまして、若し問題があるとすれば、精々会社財産の管理処分に付ての、取締役の忠実義務など、其の職務遂行上の債務不履行になる点があるか否かだけであります。政治献金は、権利能力の点でも行為能力の点でも、全く問題にならないのであります。

所で会社は一般に行為能力があるとしても、矢張、権利能力に於けると同様に、色々な面で会社の行為能力には特別な制限、限界があること、従って自然人の行為能力と比較して、其の範囲に差異のあることを考えなければなりません。無論、会社に無制限な何でも為し得る行為能力が与えられる訳ではありません。一般に考えられる会社の行為能力の限界も、権利能力の場合に倣って、一応、三つの点に分けて観察して見たならば、どう云うことになるでありましょうか。権利能力に付て、一般的権利能力の問題と、特別的権利能力の問題とを分けて考察できる様に、行為能力に付ても、之に準じて、一般的行為能力と、特別的行為能力とを分けて、其の後者の限界を三つの点から考察して見ようと云う訳であります。尤も行為能力に付て、一般的、特別的と分けて論ずる仕方は、余り多く行われていない様ですが、鳩山さんの日本民法総論には、斯様な言葉を用いて説明した部分があります[20]。仮に此の区別に従うとすれば、今迄述べて来たのは、一般的行為能力の問題、即ち一体会社自身の行為・行動（容態 Verhalten）なるものが存在するか、如何なる仕組、方式で会社自身の行為・行動が作られるかの問題でありましたが、之から以下に述べることは、特別的行為能力の問題、即ち如何なる行為が会社の行為能力の範囲内にあるか、会社の行為能力の範囲、限界如何の問題であります。

其処で、先ず第一には、会社たる性質に基く行為能力の限界なるものがあるであろうかと云う点であります。会社自体には自然人の様な肉体構造がありませんから、肉体的行動、容態 Verhalten を会社自身に現出せしめることは出来ません。肉体の行動を会社自ら為すと云う事実上の行為能力 Handlungsfähigkeit はありません。従って又、会社自らの肉体行動を給付する約束などは、初めから客観的に履行不能でありまして、当然無効であります。尤も之は、法律行為能力 Geschäftsfähigkeit がないのではなくて、法律行為の能力は有って、会社自ら、代表機関の手で、左様な契約を締結すること自体は可能（geschäftsfähig）であるけれども、其の契約は、先発的給付不能の目的のものである為めに、無効の契約であるのです。夫れを履行することが事実上不能なので、履行々為としての事実行為が行為能力外（handlungsunfähig）であるのです。但し会社が誰か自然人の肉体的活動を給付することを約束するのは、可能な給付の約束です。会社が自分で作業をする旨の約束は、給付不能の為め、無効ですが、会社が例えば労務者を使って作業させる旨の約束は、可能の給付の約束です。会社が家屋建築の作業を請負う約束は、無論有効に為し得ることです。それから自然人に現われる身分関係も、肉体の存在を前提としますから、身分関係の設定変更を目的とする法律行為の能力は、会社にはありません。会社が自ら婚姻したり養子縁組したりする能力、或は相続人排除とか子の認知の能力などは、会社にはありません。会社には死亡がありません、従って遺言の能力もありません。然し受遺者になる能力、之は一種の権利能力でしょうが、其の受遺者たる能力と共に、其の遺贈の承認拋棄を為す能力もあります。之は行為能力です。

他方では、自然人には具わらない団体組織を会社は持ちますから、団体組織の形成変動を目的とする行為は、会社其の他社団法人に特有の行為でありまして、此の意味で自然人には不可能であっても、会社には可能な行為もあるのです。例えば会社解散の決議は一種の法律行為で、会社其の他社団法人でなければ出来ない行為です。自然人が解散することなど考えられません。合併にせよ、定款変更にせよ、会社なればこそ夫れを為し得るのです。ですから会社たる性質上は、必ずしも行為能力の制限だけが考えられるのではなくて、性質上、自然人の行為能力の範囲には含まれ得ない分野に於て、会社の行為なるものが在り得るのであります。

夫れから、第二には、法令による行為能力の制限があるかと云う点です。行為能力も亦法律が付与するから有る訳で、従って法律自ら会社に付き其の行為能力を限定的に付与し、或は一旦付与した行為能力を後に法律を以て剝奪、制限することも出来る筈であります。[21] 例えば解散した会社は清算事務の範囲内に於てのみ行為能力が認められます。商法一二四条に、清算人の事務として、清算人の仕事が挙って居ります。清算の目的の範囲内で為し得る行為と云うのは、之等の行為のことであります。解散後、清算中の会社は、夫れ丈けのことが出来、従来の定款に定められた目的の営業を継続することは出来ずに、営業を止めて、清算事務丈けが出来る様に、行為能力の中味が変る訳です。又、破産の場合には、破産財団の管理及処分を為す権利は破産管財人に専属しますから（破産法七条）、従って破産した会社は自己の財産であっても、破産財団に属するものに付ては、其の管理処分を為す権能を奪われます。破産管財人は会社の機関ではなくて、公の執行機関であると解されますので、管財人が何かを為し得るからと言って、夫れが会社の行為になる訳ではありません。管財人が公の執行機関として、会社の破産財団に属する財産を、管理処分するのであります。ですから其の限りで、会社には自己の財産に付き管理処分の行為は為し得ないのでありまして、会社のどの機関にも斯様な行為の権限がありません。(22) 之等の場合に、よく一一六条の『清算ノ目的ノ範囲内ニ於テハ仍存続スルモノト看做ス』旨の規定が、会社の権利能力と共に、行為能力に付ても其の限界を定めた規定である様に説明されますけれども、然し此の規定は本来、権利能力のこと丈けを定めたものでありまして、『仍存続スル』と言うのは、法人格、権利能力が持続する意味であります。ですから、一一六条や破産法四条は直接には行為能力に関係のない規定であると見るべきであります。解散会社の行為能力の範囲は一一六条に依るのではなくて、一二四条に依り定められることは後に述べる通りであります。

其の外に法律が会社の行為能力に付き、どう云う制限を規定しているか、探せば方々に見附かるかも知れませんが、次の三番目に取上げる「目的に依る制限」がどうなるかの点を別にすれば、余り目立つ様な大きな一般的な法定の制限を、現在の所、法律はしていない様であります。一寸、目に著きますのは、例えば銀行、保険会社、或は証券会社などに付ては、他の事業を営んではならない、と云う兼業禁止の規定であります（銀行法五条、保険業法五条、証券取引法四三条など）。各々其の本業に専心すべきで、他の商売に手を出してはならない、と言われまして、之が或は行為能力を限定する規定と見られないこともない様ですが、然し本当は之等は行為能力を制限したのではなくて、他の事業に手を出した場合にも、其の事業上為される個々の行為は、矢張、会社の行為と認められます。だから行為能力其のものは此の点で制限されないのでありまして、唯、会社が左様な兼業行為をすると、行政取締に触れて、違反の会社が業務の停止、役員の改任、営業免許取消などの行政処分を受ける規定が、銀行法二三条、保険業法一二条などにある所から見ますと、矢張、其の違反行為は会社自身の行為であることを否定するものではない。私法上は会社の行為として有効であり、だからこそ、之に因って会社の本業や会社財産が他の事業の結果に依り影響される危険があるのでありまして、其の様なことにならない様、行政取締をする規定であると見る方が良さそうです。夫れならば之等の兼業禁止は会社の行為能力の制限にはならないのであります。

更に又、同じ或る行為を為してはならない、と云うのでも、単なる禁止規定で、其の行為者如何に拘らず、或種の内容の行為の効力を否定する場合が少くないのであります。例えば額面株式を其の券面額未満の価額で割引発行してはならない（商法二〇二条三項）。此の割引発行禁止は会社の行為能力の制限となるのか。定款に定めた株式種類や授権の枠を超える株式発行が禁止される。又、発行限度を超過する社債の発行も禁止される（商法二九七条）。之等も会社の行為能力の制限となるかと言いますと、之等は唯、会社が之等の行為を為すことは為しても、夫れは無効である、と云う丈けであって、夫れが会社の行為にはならない、と云う訳ではないのです。会社の行為には違いないが、効力規定違反の理由で、夫れは無効である、に過ぎないのです。左もないと、凡ゆる禁止規定が皆行為能力の制限になって了います。自然人の場合に、禁止規定違反の行為が行為能力外であるなどと考える余地はないのでありまして、会社の場合にも法令違反で無効とされる行為が、会社の行為能力の範囲外であるなどと考える余地はなさそうであります。行為能力は行為の主体に関することで、特に法人の行為能力は、主体に於ける行為の存否の問題でありますし、禁止規定、効力規定は、行為存否の問題ではなくて、現に存在する行為の効力の問題でありますから、此の点で両者の識別が出来る筈であります。

だから、法律による会社の行為能力の制限は固より在り得ることでありますが、次に述べる目的に依る制限の点を別にすれば、現行法上会社の行為能力を制限する規定は案外多くはない様であります。無論、在るかも知れませんから、気の附いた規定があったら、検討して頂きたいと思います。

最後に第三番目の行為能力の制限として問題になるのは、目的に依る制限であります。定款に定められた目的の範囲内に於てのみ、会社の行為能力があるのか、と云う点であります。実は此の点が会社の行為能力の制限として理論的に最も重要な問題点なのでありまして、例の英法上の ultra vires 能力外の原則も、大陸法的に翻訳すれば、其の中心点は行為能力の限界乃至は代表権限の限界を言っているのであります。一定の取引、即ち目的の範囲内に在らざる取引が無効である、と云うことが主な狙いです。直接に権利能力の問題に係わる事項は、実際上余り多く問題にならない様であります。日本でも、従来学説や判例に、一般に権利能力の問題として取上げられる大多数の事例は、総て一定の行為が会社の能力の内か外かを論じているのでありまして、専ら行為を問題とするのでありますから、夫れは行為能力の面で検討さるべきものでありまして、判例等に現われる事例を通覧致しますと、実際上問題となる事項の重心は、矢張、行為能力の方に在るのであります。無論、判例の中にも権利能力の事例が現われない訳ではありません。例えば、会社には名誉権や名誉回復請求権が帰属するとか(23)、又精神的慰藉料請求権はない(24)、とか云うことは、確かに権利能力の問題ですが、之等は今述べている目的に依る制限には関係のない、性質上の制限の方で取上げられるべき事例であります。目的の範囲内の権利能力と云うことで判例に現われるのは、例えば、会社は他の会社の発起人たり得るかとか(25)、軽便鉄道会社が炭礦採掘権を取得し得るか(26)、とか云うのがありますけれども、夫れ以外は殆ど全部行為能力の方の事例になるのであります。即ち例えば金銭の貸借、保証、連帯保証、物上保証、身元保証、債務引受、債務免除、手形行為、手形割引、支払保証、債権譲渡、主要財産の売却、役員慰労金贈与、株式引受、など、種々雑多な行為が、会社の能力範囲内であるか否か争われている訳でありまして、之等の行為が問題である限り、権利能力には関係がなく、行為能力を問題としなければならないのです。所が之が誤って、何時も権利能力の問題として論ぜられているのであります。ですから、一般の参考書で権利能力の目的に依る制限を説明するに当って、引用される色々な事例とか判例の動向とかは、総て之を行為能力の方に振替えて読み取る必要があります。夫等文献に現われる事例の大多数は、一定の取引其の他の行為でありますから、夫等の行為が会社の定款に定められた目的の範囲内に在る行為であるか、抑も会社の行為能力が其の目的の範囲内に限定されるか、と云う問題に直して考えなければならないのであります。

此の様に文献上は権利能力として説明されているものを、行為能力の問題に移し替えた上で観察いたしますと、我国の判例では、一貫して会社の行為能力が其の定款に定められた目的の範囲内に限定されることを前提としつつ、其の目的の範囲なるもの自体の解釈を漸次緩めまして、嘗ては極めて杓子定規的に、定款の文言に直接該当する行為丈けが目的の範囲内に在る行為であると解していましたが、次には直接其の文言には該当しないでも、其の目的を達する為めに必要な行為ならば、総て目的の範囲内に在る行為としまして、更には目的を達する為め必要又は有益な行為と云う所まで拡げて、目的の範囲内であると認める様になって来て居ります。学説も亦大体は判例の此の様な動向を是認して居りますが、中には更に一歩進めて、目的と相容れない行為を除き、其の他総ての行為は目的の範囲内に在ると見ようとする者も現われて居ります。之等の判例の変遷や学説の状況に付ての具体的なデータなどは、民法商法の一般参考書にも可成り詳しく引用解説されて居りますから、夫れは其の方で調べて頂くことにしまして、此処では細かいデータは省略致します。但し前に言いました様に、多くは権利能力の箇所に誤って論ぜられて居りますから、夫れを行為能力の問題に引直して読んで頂かなければなりません。

所で会社其の他の法人の行為能力が、定款又は寄附行為に定められた目的の範囲内に限定される旨の、法の根拠は何処にあるか、どの規定で其のことが判るかと言いますと、矢張、多くの学者は権利能力の規定を其儘持出して来て、民法四三条が権利能力の限界を定めると同時に行為能力の限界をも定める規定であると見て居ります。[27] 然し繰返し述べました通り、権利能力と行為能力とは別個独立の観念でありまして、且つ民法四三条の規定には其の文句は明かに『権利ヲ有シ義務ヲ負フ』と言っているので、権利義務の法人帰属を規定しているのです。民法四三条は、行為、特に法律行為に関しては、何も言っていないのです。ですから民法四三条は、少くとも直接に法人の行為能力に付き、限界を定める規定であるとは言えません。精々間接に裏の含みとして、行為能力も権利能力も同様の限界に服することを予定している、と云う位のことが言えるかも知れません。然し、間接に、と言いましても、どう云う論理の筋を通って、其の様になるのか、前に触れました様に、法人に付て権利能力と行為能力とを識別し得ない様な幼稚な考ならいざ知らず、之を区別して考える限り、権利能力の限界から行為能力の限界を引き出す論理の手はないと言わなければなりません。

だから或は会社の目的に依る行為能力の制限は、我国現行法上は存在しないと見た方が良いのかも知れません。少くとも夫れは会社の権利能力に付き目的に依る制限を否定するよりは、理由付けが一層楽であるとも言えます。行為能力に付ては、民法四三条の様な規定は、民法にも商法にも無いからであります。一般に学者は会社の権利能力に付き、目的に依る制限を否定する際に、民法の法人に付ては民法四三条があるから、其の制限を認めざるを得ないが、会社には左様な規定がないから、民法に規定される様な制限は、会社には存在しないと言うのですが、夫れなら行為能力につき目的に依る制限を定める規定は、民法にも商法にも無い以上は、民法の法人も会社も、其の行為能力に於て、左様な制限を受けない、と云った方が、寧ろ論旨一貫するでありましょう。論者の気にする第三者保護の立場からも、固より斯様な制限はない方が優れている筈であります。決め手になる根拠がなければ、会社の行為能力の目的に依る制限を否定するのが、正しい見方であるとしなければなりません。

夫れにも拘らず、私は依然として、会社の行為能力は其の定款に定められた目的の範囲内に限定されると解するのが、現行法の解釈として正しいと思って居ります。其の成法上の根拠は大約、次の様な点にあると思います。

先ず広義の行為能力、即ち事実上の行為能力 Handlungsfähigkeit が定款に定めた目的の範囲内に在る行為に限定されると云う点に付ては、民法四四条が之を示していると思われます。特に其の二項の規定で、『法人ノ目的ノ範囲内ニ在ラサル行為ニ因リテ他人ニ損害ヲ加ヘタルトキハ』、現に其の行為を為した機関構成員が連帯して損害賠償の責任がある旨を明かにします。其の一項は理事其の他の代理人が其の職務を行うに付き他人に損害を加えた場合には法人に損害賠償の責任がある、として居ります。此の一項と二項とを対照しますと、目的の範囲内に在るならば、機関の行為は法人自身の行為であるから、法人が責任を負うけれども、目的の範囲内に在らざる行為であると、夫れは法人自身の行為にはならないから、法人には責任が無くて、其の直接の行為者が自己の行為に付て、不法行為の責任を負う、と云う訳です。と云うことは、目的の範囲外では、法人の行為なるものは存在しない、仮令法人の為めに行為した積りでも、夫れは当該機関構成員個人の行為にしかならない、と見る規定であると解することが出来ます。無論、此の四四条の解釈には色々争もありまして、詳しくは会社の不法行為能力の問題を論ずる際に別に検討する予定ですが、兎も角、此の四四条二項の規定は、目的の範囲内に在らざる行為は、法人の行為ではあり得ないことを前提としたと見る外ないのでありまして、夫れは法人自身の行為ではないのだから、法人の不法行為とはならず、法人が不法行為の責任を負うこともない。夫れなら誰が如何なる責任を負うかを第二項が規定していると見られるのであります。尤も此の第二項の規定は会社には準用になって居りませんから、会社の場合に、目的外の行為につき機関構成員が民法四四条二項の様な責任を負わしめられることはありませんが、其の一項の方は会社にも夫れ夫れ準用になっていることは前に述べた通りであります。民法は其の第一項で目的の範囲内に在る行為のみを把えて法人の不法行為責任を規定したとすれば、商法が会社に之を準用しましても、会社の目的の範囲内に在る行為に付き会社に不法行為責任を負わしめるものとなる筈でありまして、準用の結果、不法行為能力の範囲が無制限に拡大されるとは考えられません。

又、商法七二条は、合名会社が目的の範囲内に在らざる行為を為すに付て、総社員の同意あることを要すると云うのですが、之も会社は本来、目的の範囲内に於てのみ行為能力がある、目的の範囲内に在らざる行為に付ては、行為能力は無いけれども、合名会社の様な人的会社に付ては、総社員の同意で臨時に行為能力の範囲を拡張することも許されて宜しい、臨時の行為の為めに一々定款変更して、目的を拡大するには及ばないと云うのが七二条の規定の趣旨であると解すべきであると思います。此の点も無論学者間に異論がありますが、私は此の様に解して居ります。此の七二条の規定が出ますと、どうしても二七二条も引合いに出したくなりますが、之は取締役の為す目的の範囲内に在らざる行為に対し、株主に差止請求権を与える規定ですが、之は七二条程には判然とした決め手にはなり相もありません。会社の目的の範囲内に在らざる行為が会社の行為になるか否かに拘らず、株主には差止請求が出来なければなりません。会社の行為として差止めるのか、取締役個人の行為として差止めるのかは、二七二条の狙いとしては、何れでも良い筈です。寧ろ差止の相手方は会社ではなくて、当該取締役個人でありまして、株主は会社側に在って会社の為めに、取締役個人の行為を止めさせるのです。会社が自己の行為を差止められるのではありません。だから目的の範囲外で会社に行為能力が在るか否かなど、全く関係のない制度です。二七二条は会社の行為能力の範囲を定める根拠には援用の役に立ちません。

次に狭義の行為能力、即ち法律行為能力 Geschäftsfähigkeit が定款に定められた目的の範囲内に限定されると云う点に付ては、商法七八条の規定で、合名会社の代表社員の代表権限の及ぶ範囲が定められて居りまして、『営業ニ関スル一切ノ裁判上及ビ裁判外ノ行為』となって居ります。合名会社の場合、会社存立中の法定の会社代表機関は、代表社員だけでありまして、夫れが営業に関する一切の行為に付き代表権限がある。其処に営業と云うのは、定款に定められた会社の目的たる事業のことであります。目的たる事業は定款に定められている、従って代表権限の範囲も、定款上の目的に依り限定されることになります。之れ以外に代表機関がなくて、会社は之れ以外に自己の法律行為を為すことは、法律上不能でありますから、結局、会社の法律行為能力が定款に定められた目的の範囲に限定されることになります。

同様に会社解散後は、代表清算人が会社の唯一の法定の代表機関になりますが、其の代表清算人の代表権限も、清算事務の範囲内に限定されます。商法一二四条二項で、『前項ノ職務ニ関スル一切ノ』云々と云うのが夫れで、前項の職務とは即ち清算事務一切のことであります。解散後の会社は、清算の目的の範囲内に於ては仍存続するのですから（商法一一六条）、権利能力が清算の目的の範囲内に限定されると共に、行為能力は清算事務の範囲内に限定されることになるのです。

株式会社に付ても同様の規定がありまして、存立中は二六一条三項、解散後は四三〇条一項で、夫れ夫れ定款に定めた目的たる事業の範囲内、乃至は清算事務の範囲内の法律行為に付て、代表機関の権限が規定されて居ります。従って、会社の狭義の行為能力の限界も、其処に在ることになるのであります。

何れにしましても、権利能力に関する規定を其儘持って来て行為能力の範囲を考えるのは見当違いでありまして、民法四三条や商法一一六条、破産法四条などは、権利能力の規定ではあっても、行為能力のことは何も規定するものではないと思います。

所で以上述べました様に、会社の行為能力は、事実上の行為能力も、法律行為能力も、定款に定められた目的の範囲内に制限されると解すべきでありまして、恰も夫れは権利能力に於けると同様と言いたいのですが、唯、何故に斯様な制限があるのかと言いますと、権利能力の場合には、現行法人制度の建前から当然の制限であると言えましたが、行為能力に付て斯様な制限のあるのは、必ずしも法人制度の建前から当然に出て来るものとは言えないと思います。定款作成の意思表示は、法人格発生を効果意思の内容としますが、事実上の行為能力や法律行為能力の発生を意欲するものとは言えないからであります。少くとも権利能力の発生を意欲しないでは、定款作成の意思表示になりませんけれども、行為能力の発生を意欲しないでも、定款作成たるに妨げないと思われます。そして定款作成を初め、其の他何処にも、会社の行為能力の発生を目的とする意思表示を、法律が要求している箇所は見当りません。行為能力発生を目的とする意思表示なしに、会社は成立し得るのであります。従って行為能力の発生は、寧ろ会社成立に伴って当然に生ずる、法定的附随的効果であると解すべきでありまして、其の発生のために特に意思表示を必要としない、意思表示の効果意思の内容に相応する効果、即ち或る法律行為の主たる効力とは言えないのであります。誰かが意欲すると否とに拘らず、法律が法定的に付与する効果であります。だから其の付与される行為能力の範囲も、総て法定的に限界付けられるのでありまして、当事者の意思に含まれた限界に依り自律的に之を限定するものではあり得ないのであります。従って行為能力の目的に依る制限も、結局は法令に依る制限の一場合に外ならないので、同じ目的に依る制限でも権利能力の場合とは其の制限され方の性質が違って居ります。法律が会社代表権限の範囲を法定して、其の任意の制限を許さないのも、行為能力の範囲が本来法定的に定められることの一面を示していると言えましょう。商法七八条二項、一三五条、二六一条二項、四三〇条二項、有限会社法三二条、七五条二項などが、民法五四条を直接又は間接に各種の会社に夫れ夫れ準用して居ります。従って目的に依る行為能力の制限は、行為能力の限界を示す第三の範疇を為すものではなくて、第二の法令に依る制限の中の一つとして説明するのが正しい行き方であります。結局会社の行為能力の限界も、会社の権利能力の限界に付き検討された所に倣って、三つの点で問題となるとは言うものの、第三番目の目的に依る制限は、行為能力に付ては第二番目の法令に依る制限の一つに過ぎないことが判明したのですから、行為能力の限界を論ずるに当って、三つの独立した範疇の制限があると見るのは理論的に正しくない、目的に依る制限があると言うこと自体は間違いではありませんが、それは法令に依る制限の一つの場合であることを知らねばなりません。

外国の立法例では、イギリス法が common law の原則として、ultra vires を謂って居りますので、権利能力も行為能力も、定款 memorandum に目的として掲げられた事項の範囲内に於てのみ、付与されることになって居りまして、夫れが為めイギリス会社の memorandum を見ますと、其の object clause の中には会社の目的たる事業や、会社の取得すべき権利義務の種類の外に、会社が行うべき各種の取引其の他の行為が明細に列挙されて居ります。だからイギリス法上は、会社の目的に依る行為能力の制限は、矢張、会社自身の自律的規制に因る制限でありまして、法定的附随的制限ではありません。定款作成の意思表示の内容に基く任意的な制限であります。大陸法上も、権利能力に付て目的に依る制限を認めるか否かに拘らず、少くとも行為能力に付ては、目的に依る制限を直接法律の規定で定めたり、或は学説上之を肯定するのが大多数であります。例えばスイス債務法五六四条、六〇三条、七一八条などに依りますと、各種の会社の代表者の代表権限の範囲を定めて、会社の目的が夫れを伴うことの出来る一切の法律行為（alle Rechtshandlungen, die der Zweck der Gesellschaft mit sich bringen kann）を行う権限を有し、其の任意の制限を以て善意の第三者に対抗することを得ない旨を規定して居ります。だからスイスでは、法定的限界の形で、目的に依る行為能力の制限を規定する訳です。之に反してドイツ株式法では、目的に依る行為能力又は代表権限の制限を認めません。唯、取締役員の内部的な服従義務として規定して居ります（株式法八二条一項及び二項）。目的の範囲内にない行為を為しても、取締役が対内的に会社に対し、債務不履行に因る損害賠償義務を負うに過ぎないのでありまして、対外的には当該行為は会社の行為であること、取締役会の代表権限内の行為であること、に変りはないものとして居ります。之等の比較法的な事情が、日本法の解釈にどの様に役立ち得るかは微妙な所であります。

尤も会社の行為能力が定款に定められた目的の範囲内に在る行為に限定されることを是認しました所で、其の結果具体的にどう云う行為が目的の範囲内に在らざる行為と認められるのかを考えますと、丁度之は権利能力の場合と同じ様に、目的の範囲外である為めに、会社の行為たり得ない様な行為は実際には余り無さそうであります。会社の目的たる事業がどんな種類、又は規模のものでありましても、現在の様な経済機構の下では、殆ど凡ゆる財産上の行為は、凡ゆる営業の目的の範囲内に在ると考えて良いのであります。無論、或る行為が会社の行為能力の範囲内に在るか否かは、当該行為夫れ自体の内容性質に就て判断すべきことでありまして、其の行為を為すに当っての附随的な周囲の事情、殊に其の行為を為すに至った動機などを考慮に入れてはならないのであります。例えば会社代表機関構成員が、如何なる動機で其の行為を為したかは関係がない、仮りに横領背任等の魂胆があったとしても、夫れは動機の一部に過ぎませんから、代表取締役が目的物を横領私消する積りで或る物品を買入れたとしても、代表取締役が会社の為めに売買契約を為した以上は、其の売買契約其のものは会社が為した売買契約たることに変りはない。其の売買契約自体の内容を見て、会社が当該物品を買入れることが、会社の目的たる事業の範囲内で在り得べきことであるか否かで、行為能力の内外を判断しなければなりません。其の売買契約が、会社の目的たる営業にとって現実に必要、或は有益であるか否かも関係ないことで、取締役の見込違いや軽率、未熟練の為め、営業上不利益な売買契約を締結して了ったとしても、有利か不利かなどと云う事情は、行為能力の範囲の内外の判断に付き、材料に加えてはならないのであります。左様にして見ますと、殆ど凡ゆる財産上の行為は、総ての種類の営業にとって其の目的の範囲内に包含されるのでありまして、例えば判例に現われました事例を見ましても、倉庫会社が靴下を売買することとか[28]、保険会社が洋服生地を大量に買入れるとか[29]云うのがありますが、倉庫会社が靴下を買入れることも、又夫れを他に転売することも、其の目的の範囲内に在らざる行為とは言えないのであります。何となれば、倉庫会社であっても、其の従業員への作業用とか、現物給与として靴下を支給することがあるでしょう。又夫れが余れば、残品を転売することも当然考えて良いことです。何の為めに靴下を買ったり売ったりするのかは、売買契約の動機に過ぎませんから、行為能力の有無の判定には関係のないことで、抽象的一般的に、靴下の売買が倉庫営業の範囲内で行われ得る可能性があれば、具体的な靴下売買が如何なる事情で行われたかに拘らず、夫れは目的の範囲内に至る行為になります。唯、具体的な特定の取引が、営業に不必要又は有害であるとすれば、夫れは会社内部の債務不履行の責任を生ぜしめる丈けで、之が為め其の取引が行為能力外の行為になることはないのです。ですから目的に依る行為能力の制限があると言いましても、実際上其の制限に触れて、会社が其の行為を為す能力がない、誰かが会社の為めに其の行為を為しても、其の行為が会社の行為になり得ないなどと云うことは殆どないのであります。(30) 従って実際上の結果から見れば、目的に依る行為能力の制限があると言いましても、無いと言いましても、殆ど全く差異を生じないでありましょう。だから権利能力の場合と同じ様に、此の点に関する議論は、実務上の実益がない議論でありまして、考え様でどちらでも筋の良く通る方で宜しいでありましょう。

唯、少くとも、会社は営利の目的を有することを要するから、営利性のない行為の如きは総て其の目的の範囲内に在らざる行為であるなどと云う、素朴な見当違い丈けはしてはなりません。会社が営利の目的を達する為めには、種々雑多な附随的行為も積重ねて行かなければならないのでありまして、其の中の一つ一つの行為だけを切離して観察すれば、全く営利の目的のない、見す見す損と判り切った行為も沢山含まれていて差支えないのであります。営業と云うものは、事業全体として利益を追及しているのでありまして、個々の行為に分解して了えば、利益を生ずるものもあり、損失を生ずるものもある、個々の行為から見れば営利と云うことは、当該個々の行為自体の内容性質に依るのでありまして、直接的或は間接的な動機の一つに過ぎないものです。そして行為能力の有無を決めるものは、直接的或は間接的な動機の一つに過ぎないものですから、営利の目的などは、行為能力の問題には無縁のことと言わなければならないのであります。

夫れから、社団組織上の行為(31)は、定款に定められた目的の範囲から見て、其の内と外とか云う区別の埒外の現象でありまして、会社の企業形態其のものの在り方を規制する行為でありますから、之も定款に定められた目的如何に拘らず、会社たる以上は皆、自ら行い得る行為でなければなりません。目的に依る行為能力の制限があると言いましても、其の目的自体は何時でも、定款変更して変えることが出来るので、唯、目的を変更しない限りは其の範囲内に、又、目的を変更したら変更したで、其の新に定められた目的の範囲内に行為能力が限定されると云う丈けのことと解さなければならないのであります。其の他の社団的な行為に付ても同様でありまして、定款上の目的如何に拘らず、どの会社でも他の会社と合併契約が出来ますし、解散決議をすることも出来ます。取締役、監査役の選任、解任、資本の増減、利益又は利息の配当、準備金の積立、取崩、新株発行など、株式会社であれば其の目的如何に拘らず、一様に為し得べき行為でありまして、行為能力があります。ですから目的の範囲内と云うことは、主として会社の営業活動の面で問題となるのであって、会社組織上の行為に付ては、目的の範囲の内外など問題にならないと見るべきでありましょう。

尚お会社が解散しますと、会社組織上の行為に付ては、相当大きな制限を受ける様になります。例えば解散した株式会社は最早、新株発行其の他、資本や準備金の増減、利益や利息の配当などは出来なくなりますし、又定款変更も営業を前提とする定の新設、変更などは出来ません。例えば支店の新設とか、任意機関の設置とか、取締役定員の増減などは出来なくなります。社債の新規発行も出来なくなります(32)。従って之等の行為は、解散会社の能力外の行為と見て良いのでありますが、斯様な能力の制限は、今、此処で問題にする目的に依る制限ではなくて、解散会社たる性質に依る制限、或は解散会社の機関の権限の欠欲による行為能力の限界と見た方が良さそうであります。

（1）Handlung なる語は、ドイツでは此処で云う広義の行為、行動を指すが、スイスでは法律行為、取引などの意味であり、ドイツの Geschäft に当る。従ってスイスで Rechtshandlung とは、ドイツの Rechtsgeschäft のことである。以下にはドイツ法学上の意味で Handlung の語を用いる。

（2）此の外に不法行為能力又は責任能力 Delikts- od. Zurechnungsfähigkeit の問題もある。

（3）但し相続財産法人（民九五一条）の如き擬制的法人に付ては、必ずしも主体的な活動能力其の他一定の組織の存在を予定していない。

（4）Schw. ZGB. Art. 54. Die juristischen Personen sind handlungsfähig, sobald die nach Gesetz und Statuten hierfür unentbehrlichen Organe bestellt sind.

（5）特に法的組織体説の説く所である。尤も会社其の他法人成立の為めには、法定の必要的機関組織自体の具備することは必要であるが、其の機関の構成員が充足されているか否かは、法人の認否、存立に直接影響はない。機関構成員の一時的欠缺に因り法人格は消滅しないが、法人の活動が現実に阻害され、事実上（広義）の行為能力に事実上影響を与える。然し其の状態は、恰も自然人が例えば言語障害を起した場合と同様の状態と見るべく、法律上行為能力（法律行為能力）に制限を受けることはない。

（6）法人の行為能力は Handlungsfähigkeit であり、自然人の行為能力は Geschäftsfähigkeit であることが此処に現われている。

（7）尚お商法六条の規定に依り、合名会社、合資会社の未成年の代表社員の代表行為に付ては、民法一〇二条を類推するまでもない場合が多い（商七六条――七〇条、一五一条、一四七条参照）。

（8）占有瑕疵の有無も、占有に付き権限ある機関（一般には業務執行機関）構成員に付き定まる。

（9）玆に特に「一般には」と言ったのは、会社が他人の代理人として意思表示を為すことも在り得るからである。此の場合には代表行為の為めの代表意思と、夫れが代理行為たる為めの代理意思とが必要で、代理人たる会社の意思表示に因り、本人に直接其の効果を生ぜしめる旨の効果意思が要求される。

（10）異説、Flume, Das Rechtsgeschäft, S. 754ff. Der Stellvertreter vollzieht das Rechtsgeschäft, d. h. er verwirklicht in seiner Person den Tatbestand des Rechtsgeschäfts, er schliesst z. B. den Vertag. Das Rechtsgeschäft als abgeschlossener Tatbestand ist jedoch eine Regelung des Vertretenen und nicht des Vertreters.

此の説明で無権代理の関係を如何に理解するのか、Flume 自身は別段触れていない。尚お神戸・契約総則・著作集上一八頁註参照。

（11）註（9）参照。

（12）川島・民法総則（法律学全集）一二二頁。

（13）例えば商法七二条の『会社ノ目的ノ範囲内ニ在ラザル行為』或は二四五条一項に列挙された行為。

（14）之に反し内心には代表意思があるのに、夫れを表示しなかった場合には、民法一〇〇条、商法五〇四条などが類推され、原則としては個人の行為と看做され、会社の行為とはならない。本文に説明するのは、無い代表意思が表示された場合のことで、此の場合には常に会社の行為となり、唯場合に依り無効であるという丈けであって、其儘個人の行為となることはない。

(15)　鳩山・日本民法総論一四二頁。

(16)　服部・会社の権利能力、行為能力及び不法行為能力、松本記念・会社法の諸問題八七頁以下、今泉・新民法総則一四五頁。

(17)　之とても論理的に不可能という訳ではない。

(18)　贈与の結果、会社は金銭所有権を給付して喪うのであるが、権利の喪失自体は権利能力と関係はない。その喪失すべき権利が喪失の時に既に会社に帰属しているか、会社は金銭所有権を取得して、其の所有者たり得るか、という点が権利能力の問題たり得るのである。

(19)　前述、営利社団、営利法人の説明参照。

(20)　鳩山・日本民法総論五四頁、山口弘一・日本国際私法論上巻二八〇頁。

(21)　之に反し命令に依り会社の行為能力を制限剥奪することは許されない。

(22)　管理処分権の剥奪そのものは、行為能力の制限ではない。Enn.=Nip., a. a. O. § 144 (S. 885 ff.). Geschäftsfähigkeit は、Eigenschaft der Person selbst であり、Verfügungsmacht は、Beziehung zu dem der Verfügung unterliegenden Recht 即ち Befugnis である。唯、会社に付ては、後に述べる如く、破産法四条、商法一二四条等との関係で、破産財団に属する財産を管理処分する権限ある機関が会社には存在しないことになり、従って会社は其の行為能力を此の限度で失うのである。

(23)　大阪地、大七・九・一七（新聞一五一〇号一六頁）。

(24)　東京控、昭一二・二・二四（法律新報四六六号一一頁）、東京高、昭三一・一二・二六（高裁民一〇巻一二号八三三頁）。

(25)　大審院、大二・二・五（民録一九巻二七頁）。

(26)　大審院、昭九・一二・二六（法学四巻七四二頁）。

(27)　我妻・民法総則一三九頁。

(28)　東京地、昭三〇・一・二八（下級民六巻一号一二四頁）。事業の不振を乗切るための一時的措置として行ったことを認定している。

(29)　名古屋高、昭三四・八・三（高裁民一二巻八号三六〇頁）。従業員の福利厚生の為め。

(30)　民法七一条は、『法人ヵ其目的以外ノ事業ヲ為』すことあるべきことを予想した規定であるが、之は当該目的外事業に属する個々の行為が、矢張法人の行為に外ならないこと、即ち行為能力外ではないことを前提としてのみ考え得ることである。前述した特別法上の兼業禁止に違反する場合にも、其の営業（兼業）上の個々の取引は、会社の行為能力の範囲を逸脱する行為とは言えないと云うのも、同理である。

(31) 会社組織上の行為に付き権限を有する機関は、商法に一々指定されるのが通例であるが（例えば総社員の同意、株主総会の特別決議など）、特に其の指定がなければ、合名会社、合資会社に在っては総社員、株式会社に在っては取締役会、有限会社に在っては社員総会であると解すべきであろう（民六三条参照）。

(32) 但し会社継続、合併などに因り、其の能力を回復する。

六　会社の不法行為能力

会社に限らず、一般の法人に付て、其の不法行為能力の問題を、法人自身の不法行為なるものが在り得るかと云う問題として見るならば、法人擬制説の立場では、之を否定せざるを得ないのであります。法人自体が自ら不法行為をすることは、擬制説の立場では、在り得ないことであります。法人は抑も法律の fiction でありますから、左様な実体のない者が何か不法行為をすることなど考えられません。唯、擬制説の立場でも、何等かの関係で、他人の為した不法行為に付て、法人が其の責任を負うことは考えられ得ることで、擬制説の立場でも、不法行為に付て法人の責任負担の能力、帰責能力 Zurechnungsfähigkeit, Haftbarkeit を認めることに論理的な障碍がある訳ではありません。他人の為した不法行為に付て、一定の前提要件の下に、法人が例えば無過失の責任を負うことは在り得ることで、民法四四条一項も、此の点を定めた規定である、と云うことになります。即ち、夫れは法人自ら不法行為を為すことの規定ではなくて、他人の為した不法行為、理事其の他の代理人の為した不法行為に付て、法人が如何なる条件の下に、其の責任を負わしめられるかを定める規定であると理解するのです。ですから之は丁度、民法七一五条一項で、或る事業に付き、他人を使用する者が、其の他人の行為に付て賠償の責に任ずるのと同類の規定で、法人は理事其の他の代理人の手で事業をするから、之等の者の為した不法行為に付て、使用者たる法人が責任を負わなければならないと見る訳です。四四条に依る法人の責任は、七一五条に依る使用者の責任と同質、同系統の責任であると、擬制説では説明します。

然し一般に実在説の立場では、法人自身に社会的な行動、法人自体の行為が在ること、法人の事実上の、即ち広義の行為能力 Handlungsfähigkeit を是認しますから、法人自ら為した左様な行為の中には違法性をもつものも在り得る、widerrechtlich な Handlung も在り得る筈でありまして、其の違法な行為も法人自身の為した行為に違いないとすれば、法人が其の不法行為 unerlaubte Handlung を為したと観察せざるを得ない。其の意味で法人自体の不法行為も在り得る、不法行為能力 Deliktsfähigkeit を認めることになります。単なる責任負担の能力があるとして、他人の行為の責任を引被る丈けではなくて、自らの行為であるから自ら其の責任を負わなければならない、夫れを民法四四条一項が規定すると見ます。即ち四四条の規定は、法人自ら如何なる要件の下に、自らの行為に付て不法行為の責任を負うかと云う、法人の不法行為成立の主観的な要件の一部、責任条件を定めている訳です。恰も自然人の場合に、一般に不法行為能力がありますが、然し民法七一二条や七一三条に依れば、未成年者に付ては責任弁識能力が必要で、未成年者に責任弁識能力が無ければ、自己の行為に付て不法行為の責任を負わないし、又意思無能力者も、自己の行為に付き、不法行為の責任を負わない、と云う様に、不法行為の成立要件の一部としての責任能力の点、不法行為成立の主観的要件の一つとして自然人の場合には、斯様な意思能力乃至責任弁識能力あることを要求します。其の能力がなければ不法行為の責任を負わないことにして居ります。それと同じ様に法人の場合にも、四四条一項に定める要件を具えなければ、法人に不法行為の責任はない、法人が自己の行為に付き不法行為の責任を負うのは、四四条一項の要件を具える場合に限るとされる、従って仮りに社会的には法人自身の為した行為と認められ、而も其の行為に違法性や故意過失、其の他一般不法行為成立の要件を具えていても、四四条一項の要件の全部又は一部を欠く場合には、其の法人に不法行為の責任はないのです。其の法人に不法行為の責任を負わしめる為めには、法人自身の行為に関する限り、法人の側に四四条一項に定める要件を満足していることが必要である、即ち法人に不法行為のあることを前提として、四四条一項は其の責任負担の要件、不法行為成立の範囲を定めたのであります。無論、この四四条一項は法人が自己の行為に付き、不法行為の責任を負うには法人の側に如何なる要件が必要かを定めたのでありまして、其の他一般の不法行為成立要件は民法七〇九条以下の規定で定められます。民法七〇九条以下の規定に依り、一般不法行為成立要件を具えた上に、更に四四条一項の要件をも充すならば、法人に責任があると云うことです。之が実在説の立場での見方であります。

其処で、民法四四条一項の規定に依れば、先ず理事其の他の代理人が為した行為でなければならない。理事の為した行為の外に、其の他の代理人の行為も挙って居りますが、其の他の代理人とは、民法の規定では例えば五六条の仮理事、五七条の特別代理人、或は七八条の清算人などでありまして、之に反して民法五五条の特定の行為の代理の委任を受けた者は、四四条一項に謂う其の他の代理人には該当しないと、民法学者の解説では言って居ります。即ち其の他の代理人とは、少くとも当該法人の機関構成員に限るので、法人の為めの通常の委任代理人や被傭者、即ち法人事業の為めに雇われている者などは含まれない。機関の為した行為に付て、法人が不法行為責任を負うと云うのであります。尤も、民法学者は一般に、其の他の代理人の中に総ての機関を含むとは見て居りませんで、機関の内、代表機関丈けを意味すると解して居ります。(1) 同じく法人の機関でありましても、例えば監事や社員総会などは、其の他の代理人には加えて居りません。監事などは代表権限がないから、監事が法人の不法行為となる様な行為を作り出す余地がない、監事が民法四四条一項に依る法人の責任を生ぜしめることはないと見ているらしいのであります。然し例えば民法五九条に掲げられた監事の職務を見ますと、其の中に総会や主務官庁に一定の事項を報告することと云うのがあります。斯様な報告は監事の権限内の事務でありまして、其の報告をすれば法人が報告したことになるでありましょう。総会又は主務官庁にして見れば、監事から報告を受ければ、法人の正規の権限ある機関を通じて、法人から報告があったことになるでありましょう。其の報告の中に例えば他人の名誉信用を毀損する様な虚構の事実を含んでいたならば、其の被害者は法人に向って損害賠償なり、名誉回復の処分なりの請求が出来て良さそうであります。そして此の責任も民法四四条一項の責任として考えるべきでありまして、何も代表機関の代表行為でなければ、法人の不法行為にはならないと、限定して考える理由はなさそうです。代表機関の代表行為と云えば、本来は法律行為である訳ですが、元々法律行為が同時に不法行為になることは、寧ろ稀有な現象でありまして、例えば他人所有の動産に付て、無権利者が所有権譲渡の物権行為を為した為めに、其の相手方が当該動産を即時取得して了って（民法一九二条）、其の結果、従前の所有者が其の所有権を喪失した場合に、其の無権利者が自己の物権行為に因り他人の所有権を喪失せしめた、其の所有権を侵害したことになりますので、其の物権行為たる一種の法律行為が、他面では同時に他人の所有権侵害の不法行為にもなる。或は弁済受領の権限のない債権準占有者が、弁済を受領した為め、債権者の債権を消滅せしめて、其の権利、債権を侵害したとすれば（民法四七八条）、弁済受領の行為が法律行為である限り、その法律行為が同時に債権侵害の不法行為になる、と云う場合などが考えられますが、大体に於て不法行為は物を破壊したとか、奪ったとか、他人の身体を傷つけたとか、左様な事実行為から成っている場合が大多数です。所が法人の為めに法人の事実行為を担当する機関は、本来代表機関ではなくて、主として業務執行機関であります。代表機関が其の権限内の行為を為して、即ち法律行為を為して、他人の権利を侵害する場合と比べれば、業務執行機関が其の権限内の行為、即ち法人の事務処理に付き何か事実上の行為を為して、夫れが違法に他人の権利を侵害する場合の方が、社会的には遥かに重大且つ頻繁に起り得ることであります。夫れも矢張、法人自身の行為と認めらるべきことに変りはないのですから、法人の不法行為を考える場合に、代表機関の行為に限定して、代表権限の有無などに拘泥すべきではないと思います。(2) 凡そ法人の機関が其の権限内で法人の為めに或る行為をすれば、総てそれは法人自身の行為となる筈なのですから、其の行為に因って他人の権利が違法に侵害される限りは、法人が自己の行為により他人の権利を違法に侵害したものとして、法人に不法行為責任を負わしむべきであります。其の意味で民法学者は一般に民法四四条の其の他の代理人とは代表機関のことである様に説明しますけれども、之は狭過ぎるので、必ずしも代表機関に限定しないで、総ての機関の行為に付て法人の不法行為を認めるべきであると思います。民法が法人に付て、代理人と言っているのは、他の場合には代表機関を指すことが多いので、四四条で代理人と謂うのも代表機関のことだと見るのも、民法の用語例として、一応は筋があり相です。民法上代理と代表との用語が混用されているので、四四条の用語も其の場合の一つと見ようとするのですが、然し此処で代理人とは代表機関のことと見るよりも、もっと広く総ての機関を含むものと解釈すべきだと思います。つまり民法四四条一項の規定は、法人は理事其の他の代表機関構成員に限らず、其の他総ての種類の機関構成員が其の職務を行うに付き他人に加えたる損害を賠償する責に任ずることを定めたものと読み取るべきものでありまして、民法は法人に関して代理と云う言葉を可成り乱雑に使っているのであります。

其のことは四四条二項の規定の逆推からも言えることで、目的の範囲内に在らざる行為に因りて他人に損害を加えたときには、法人自体には不法行為の責任はないけれども、其の法人の機関として行為した直接の行為者等が総て連帯して賠償の責に任ずると云うのです。此の第二項の規定に列挙されている者の中には、『其事項ノ議決ヲ賛成シタル社員』などと云うのが入って居りまして、之は決して代表機関の代表行為を問題にしたものであるとは見られません。社員総会の決議に付て、賛成の表決をした社員と云うのですから、法人の代表とは関係のないことです。社員総会が法人の目的の範囲内に在らざる行為に付き議決を為した場合に、其の賛成表決を為した各社員が、何故に不法行為の責任を負わなければならないのか、と言うと、若し夫れが法人の目的の範囲内に在る行為を為す決議であるならば、其の決議に基き為される行為は法人自身の行為として、法人に不法行為の責任があるけれども、目的の範囲内に在らざる行為では、如何なる機関と雖も、之を法人自身の行為たらしめ得ないから、法人に四四条一項の責任を負わしめ得ない。法人自ら為した不法行為とはなり得ない。だから其の場合には、直接の行為者乃至は直接の行為に加担した者として、其の行為に付き直接間接干与した機関構成員個人の不法行為として、夫等の者に連帯の賠償責任を負わしめるというのです。斯様な行為は或は社会的には法人自身の行為と認められる場合もあるかも知れませんが、法律的には法人の行為とはならない。而も法人の看板を掲げて行われる行為は、兎角大掛りな仕事になり勝ちでありまして、其の被害も莫大広汎なものとなる危険もありますので、之に就て法人に責任がないとすれば、七〇九条以下の一般原則に依る個人の責任だけになって了いまして、被害者救済に欠ける虞がありますので、其の責任加重の意味で、特に四四条二項が、其の行為に干与した機関構成員全員に、連帯責任を負わしめる規定を掲げたのです。機関構成員の行為が法人の行為とならない場合に、其の行為者個人が連帯の賠償責任を負う旨の此の規定があるとしますと、法人の目的の範囲内で機関構成員の為した行為は、法人の行為となり、法人は其の行為に付き自ら其の責任を負うのであって、夫れは必ずしも代表機関の為した代表行為丈けに就て、其の様になるものとは限らないで、凡ゆる機関の行為に就て同様に考えるのでなければ不合理であります。現に四四条二項は代表機関でない総会の議決に就て、社員個人の責任加重を規定します。若し法人の目的の範囲内に在る行為に付ての議決であったのなら、其の行為に付ても、其の議決そのものに付ても、法人自身の行為として、法人が不法行為責任を負うべきものでありますから、議決を賛成した個々の社員の不法行為責任を特に加重する理由は全くない。(3) 然し目的の範囲内に在らざる行為に付ての議決であったならば、其の議決に基く行為に付き法人には責任がない。だから個々の社員が加重責任を負えと言っているのです。従って一項の其の他の代理人と謂うのも、必ずしも代表機関構成員のみを指すのではありませんで、総ての法人機関の構成員が之に含まれるものと見なければならないと思います。要するに法人の不法行為能力は、其の法律行為能力、即ち狭義の行為能力 Geschäftsfähigkeit を前提とするものではなくて、事実上の行為能力、即ち広義の行為能力 Handlungsfähigkeit を前提とするものでありまして、法人が現実に社会生活に於て色々な行為・行動 Handlungen を自ら為している、其の事実上為される各種の行為行動・作為不作為が違法性を帯び、他人の権利を侵害するとすれば、夫れは即ち法人自身の行為 Handlung が不法行為 unerlaubte Handlung となると見なければならないと云う訳です。だから法人が自ら法律行為 Rechtsgeschäft を為すか否か、如何なる要件、範囲で法人自身の法律行為が認められるか、などと云うことは法人の不法行為能力の問題には直接関係のないことと言わなければならないのであります。だから其の法律行為を担当する機関たる代表機関の行為には限らないので、法人の如何なる行為を担当するかに拘らず、総ての種類の機関の行為に付て、それが法人の不法行為となる可能性が考えられて良いのであります。

夫れから、四四条一項には『理事其他ノ代理人カ其職務ヲ行フニ付キ』と言って居ります。此の『職務ヲ行フニ付キ』とは、どう云うことかも、民法学者の説明を聞かなければなりませんが、機関構成員が当該機関の権限内で法人の為めに為したる行為であることが必要でありましょう。

当該機関の権限外の行為は、仮令他の機関の権限内のものであっても、当該機関が為したのでは其の法人の行為とはなりませんから、法人の不法行為ともなりません。又、権限内の行為であっても、法人の為めに為した行為でなければならない。機関活動として為した行為でなければならない。機関構成員であっても、同時に自己個人の生活を失っている訳ではありませんから、自己自身の個人生活上の行為を行って差支えない、と言うより、個人生活上の行為を為そうとすれば、何時でも——と云うのは仮令勤務時間内であっても、其の勤務を怠って、何時でも——為し得るのです。全身全生命を機関活動に捧げた訳ではありません。ですから同一内容の行為であっても、それを法人の為めに法人の行為として行うことも、自己自身の個人生活上の行為として行うことも出来る。例えば同じ物品の売買であっても、之を法人の為めにすることも出来れば、自家用の為めにすることも出来る。同じ自動車の運転であっても、法人の為めに、例えば法人の職員や資材を運搬する為めにも、自分の休日のレジャーの為めにも出来る。そして法人の不法行為となるのは、無論其の機関構成員が機関活動として法人の為めに為した行為に限られます。法人の為めに為したか否かは、行為主体の決定、即ち行為の帰属先は誰かの問題であって、其の直接行為者の意思の向けられる先で決まることでありまして、兎に角、其の直接行為者の内心の持ち方、心の向け方と云う、主観的状況に係ることであります。尤も代表機関の代表行為に付ては、既に言いました様に、代理の法則が一般に類推されます結果、所謂顕名主義の原則で、法人の為めにすること、即ち代表意思の表示がなければ原則としては法人自らの法律行為にはならない（民法九九条、一〇〇条など）。ですから唯、内心で法人の為めにしよう――法人の行為たらしめよう――と欲した丈けで、其の旨表示されなければ、原則として法人の法律行為にはならない（但し民法一〇〇条や商法五〇四条の類推される限度で此の点重大な例外はあります）。先程の売買などは債権契約ですから、之に因って直接に第三者の権利を侵害することはありませんので、法人の為した売買が不法行為となることは考えられませんが[4]、例えば債権契約ならば、即時取得の場合など、直接第三者の権利を侵害することが考えられる。其の場合法人が左様な権利侵害の不法行為を為したと認められる為めには、法人の代表機関が、其の権限内で法人の為めにすることを示して、当該物権契約を為したことが必要であると云う訳です。之に反して事実行為に付ては、顕名主義の原則などはありませんから、法人が事実行為を為したと認められるが為めに、当該機関構成員が法人の為めにすることを示して其の行為を為すことを必要としませんが、少くとも其の行為が法人の行為と認められる客観的な状況が具わっていることを要するものと解さなければなりません。客観的に見て[5]其の行為が法人の機関活動たる外形を持っていなければならないと思われます。左様な客観的状況の下に為された行為に付てのみ、其の被害者は法人に対して、不法行為の損害賠償を求めることが出来るのであります。ですから例えば自動車事故に因り其の被害者が、自動車損害賠償保障法三条に基き、自己の為めに自動車を運行の用に供する者として法人自体に対し、損害賠償を求め得る為めには、其の運行の用に供すると云う行為が、法人の機関の活動として為されていること、即ち自動車の運行は事実行為であり、法人の為め運行の用に供するか否かは業務執行の仕事でありますから、業務執行機関の構成員が、自ら又は法人の使用人をして、当該自動車を運行の用に供し又は供せしめると云う外形を法人の為めに作り出していることを必要とする訳です。其の際其の機関構成員が法人の為めに運行の用に供する内心の意思が有ったか否か又之を外部に表示したか否かが直接に問題となるのではなくて、之を含め其の他一切の事情を綜合して、法人の為めに運行の用に供していると認められる様な客観的事実を、其の法人の業務執行機関の構成員が作り出しているか否かが問題であるのです。又民法七一七条に基き法人が工作物の占有者として不法行為の責任を負う為めには、法人の機関、此の場合にも業務執行機関が、当該工作物を法人の為め、直接間接、占有している、所持していると云う客観的事実を作り出していることが必要であると云う訳であります。兎に角、不法行為を構成する行為としての作為、不作為が、法人の機関に依り法人の為めに為されている場合に限って、法人が加害者として、被害者に対し不法行為の責任を負担するのです。其の外、具体的に如何なる行為が其の職務を行うに付き為したものと認められ或は認められないかに付ては、民法学の研究に譲りまして、私として今、此処で特に異論や補足すべき点などは持ち合せて居りません。

以上の様な要件の下に民法の法人は不法行為の責任を負うので、其の限度で不法行為能力があるものと認められますが、其の民法四四条一項の規定が、会社に夫れ夫れ準用になって居りますので、会社に付ても、民法の法人と同じ法則で、不法行為能力が認められることになります。尤も此の四四条一項を会社に付き準用する際に、商法の規定は其の体裁が可成り不統一でありまして、各種の会社の各種の機関毎に、夫れ夫れ思い思いの準用の仕方をして居ります。即ち、

先ず合名会社に付て見ますと、商法七八条二項が民法四四条一項の規定を合名会社に準用します。ですから其の結果、合名会社は『理事其他ノ代理人』と云っても合名会社には理事と名づけられる法定の機関はありませんで、夫れに相当するのは業務執行社員及び代表社員でありますから、『合名会社ハ業務執行社員又ハ代表社員其他ノ代理人ガ其ノ職務ヲ行フニ付キ』云々となる訳です。そして其の他の代理人とは、民法では仮理事、特別代理人或は清算人などのことであるとされますから、合名会社に之を準用すれば、其の他の代理人の中には無論、合名会社の清算人が含まれる筈であります。所が商法は一三五条で、商法七八条二項の規定を、清算人に準用しますので、間接に民法四四条一項の規定を合名会社清算人に準用する訳です。既に七八条二項で其の他の代理人の中に清算人を含めた規定を準

用しているのに、何の為めに一三五条が其の七八条二項を重ねて清算人に準用したのでありましょうか。(6) 清算人に重ねて準用する結果、果して如何なる法則が設けられたことになるでありましょうか。一三五条の此の部分を文句に現わせば、『合名会社ハ清算人其他ノ代理人ガ』云々と云ぅ規定になる、と言うのでありましょうか。そうだとすれば、此処で其の他の代理人と謂う中に何が含まれるのでありましょうか。七八条二項に於て、其の他の代理人と謂うのと何処が違うのか。七八条二項では、其の他の代理人の中に清算人は含まれないし、一三五条で其の他の代理人と云う中には業務執行社員及び代表社員は含まれない、と解するのでありましょうか。夫れにしても其の他の代理人に付て重複した規定になって了うことは免れないでありましょう。(7) 現に民法の法人に付ては清算人に四四条一項の規定を準用する旨の規定はありません。四四条一項に其の他の代理人とあるので充分と民法は見ているのです。夫れにも拘らず合名会社の場合に特に清算人の為め準用の規定を設けているのです。或は七八条二項は合名会社に準用すと言いますので、理事其の他の代理人と云うのも其儘、合名会社に持って来て、前に述べました様に、業務執行社員又は代表社員其の他の代理人となるけれども、一三五条では、合名会社に準用するのではなくて、清算人に準用するのですから、民法四四条一項で理事其の他の代理人と云うのが、商法七八条二項で準用されて、業務執行社員又は代表社員其の他の代理人となり、更に之が一三五条で清算人だけに準用されて、其の結果、『合名会社ハ清算人ガ其職務ヲ行フニ付キ』という規定になり、此処では最早『其他の代理人』は脱落すると見るべきでありましょうか。仮りにそうだとすれば、七八条二項では『其他の代理人』はまだ生きていて、而も其の中に清算人は含まれない。清算人だけは、一三五条に於て初めて、会社の不法行為に干与することが規定されると解するのか、又は七八条二項に於て既に『其他ノ代理人』の文句は脱落して、結局合名会社に於ては、業務執行社員、代表社員及び清算人に付て丈け会社の不法行為責任が規定され、『其他ノ代理人』に付ては、商法は会社の不法行為責任を特に規定していない。合名会社の法定の機関は此の三種類丈けでありますから、商法は法定機関に付て丈け、合名会社の不法行為責任を、直接規定するけれども、定款に依り設置される任意の機関の行為による会社の不法行為の責任に付ては、明文の規定を設けないで、解釈に委ねたと云うのであるか、どうも商法七八条二項と一三五条とに於て、民法四四条一項を二重に準用する点で無用の重複を冒しているか、又は折角民法の包括的な規定を、わざわざ個別列挙の規定に変えて、制度に穴を開けて了ったか、何れにせよ其の文理の論理的解釈を困難ならしめている様であります。

次に合資会社に付ては、合名会社に関する規定が広く準用されまして（商法一四七条）、先程の七八条二項も一三五条も、其の中に含まれますので、合資会社の不法行為能力に関しては合名会社の場合と同様の扱いになります。

又、株式会社に付ては、二六一条三項で、今の七八条を代表取締役に準用します。従って七八条二項を通じて、民法四四条一項が間接に準用されまして、『株式会社ハ代表取締役其他の代理人ガ』云々となりまして、不法行為責任が認められます。尤も此処でも『其他ノ代理人』と云う文句が生きているか否か多少疑問です。と云うのは、七八条二項で民法四四条一項を準用する段階で、合名会社に付き其の他の代理人の文句が生きているか否かが今云った通り疑問でありますから、若し此処で既に其の文句が脱落しているのであるとすれば、夫れが更に二六一条三項で、代表取締役に準用になりましても、『其他ノ代理人』の文句が生き返えることはない筈です。又、仮りに七八条二項の段階では其の他の代理人の文句が生きているとしましても、二六一条三項では、七八条二項の文句とは違って居りまして、七八条二項は合名会社に準用すと言いますが、二六一条三項は株式会社に準用するとは言わないで、代表取締役に準用すと言います。ですから之は丁度、一三五条が清算人に準用すと言うのと同じ筆法でありまして、先程言いました様に、一三五条迄来た段階で、『其他ノ代理人』の文句が脱落すると云うのなら、同じ筆法の二六一条三項でも『其他ノ代理人』は脱落するものと見る外ないのであります。(8) 又、四三〇条二項(9)には二六一条三項をも含めて、多数の規定を清算人に準用しますから、結局株式会社に付ては、代表取締役と清算人若は代表清算人――この清算人全員を指すのか代表清算人丈けを指すのかも、文理的には綿密な検討をしなければ、簡単には突き止められないのですが、何れにしても、代表取締役と清算人又は代表清算人――との二者丈けを取上げて、其の行為に依る会社の不法行為責任を規定していることになります。然し株式会社には之等の外に、尚お種々の機関又は機関構成員がありまして、総会、取締役会、監査役を初め、検査役、整理委員、監督員、管理人や特種株主総会など、並に之等各種機関の構成員、特に一般取締役、仮取締役、取締役職務代行者、任期満了後の留任取締役など、及び其の外に若し定款上任意の機関の設置を定めるならば、之も含めまして、商法は之等の者の行為に付き、会社に不法行為責任があるか否か、如何なる要件の下に、其の行為が会社の不法行為となるかに付て、直接明文の規定を置いて居りません。然し商法は決して、不法行為の点で、之等の者の行為を、代表取締役や清算人の行為と区別して、差別扱いする積りはないので、殊に之等特に規定を設けなかった者の行為に因っては、株式会社は不法行為の責任を負わないとか、或は異った要件の下で、若は異った態様の責任を負う、と云う積りで、明文の規定を設けなかったとは思われませんから、之等の特に規定のない機関構成員の行為に付ても、矢張、民法四四条一項の規定が一様に類推適用されるものとしなければならないのであります。恐らく準用条文の起草上の不注意又は不手際の為め、本来之等一切の機関構成員も含めて、規定される様に、民法四四条一項にある『其他ノ代理人』の文句が文理上脱落しない様な準用の文句を選ぶべきであるのに、条文の形式上之が落ちて了う様な表現になっているのでありまして、法律の本旨は決して之等の者を除外する積りはないと思われます。

有限会社に付ても、事情は略、株式会社に於けるのと同様でありまして、有限会社法三二条及び七五条二項が、商法七八条の規定を、夫れ夫れ有限会社の取締役及び清算人に準用します。ですから此の場合にも民法四四条一項に在る『其他ノ代理人』と云う文句が、準用の結果形式上脱落していると見るか、左もなければ、重複して了っていることになります。

斯様に会社の不法行為能力に関しては、民法四四条一項の規定を、夫れ夫れの会社の、夫れ夫れの機関に、直接又は間接に、一々準用することに依り、民法の法人の不法行為能力と同等に取扱うことになっていますが、唯、商法及び有限会社法の規定を子細に点検しますと、各規定の文言が不統一で而も周到を欠いて居り、其の為め、文理に重複箇所があったり、穴が明いたりしているのです。之等の点は解釈の力で補正する外ありませんが、結局会社も民法の法人も、其の不法行為能力に関する法律の扱いは同等であるとの結論に変りはないのです。夫れにしても途中の文理的な障碍を正確に見極めてから、解釈論を展開して、其の結論に到達することが出来るという点を見落してはなりません。参考書に引用してある沢山の準用条文の数字丈けを一通り眺めて、其の規定の文句の違いを調べもしないで、安易に結論を受容れて了ってはなりません。結論に到達する道程が大切なのであって、其の大切な道程の作業を省略して、結論丈けを鵜呑みにしていたのでは学問になりません。其の訓練には丁度手頃の練習問題でありますから、自分で良く納得の行く迄、当って見て頂きたいと思います。

尚お、民法七一五条一項と四四条一項との関係に付ては、法人擬制説に依れば、理事其の他の代理人の行為につき、法人が不法行為責任を負うのは、他人の為した不法行為に付き、法人が其の責任を負うので、法人自ら其の不法行為を為すものとは見ませんから、其の関係は丁度七一五条の場合に当る訳です。法人は其の目的たる事業の為めに、理事其の他の代理人を使用する者であるから、其の被用者たる理事其の他の代理人が、其の事業の執行に付き第三者に損害を加えれば、其の加害者を使用する法人は、其の被害者たる第三者に損害を賠償しなければならない。其の限りでは民法七一五条一項の規定の適用で足るので、特に四四条一項の規定を俟つ迄もないのですが、唯、七一五条一項には但書の規定があって、使用者が被用者の選任及び其の事業の監督に付き過失が無ければ、使用者は免責されることになっているのに、四四条一項には斯様な免責の規定がありません。と云うことは、一般の事業主の責任より法人の責任の方が厳重になっている訳で、此の点で四四条一項は七一五条一項に対する特別規定である、と見るのでありますす。然し法人実在説では、此の両者は元々別系統の規定です。四四条一項は法人自身の行為につき、法人自ら責任を負う規定であり、七一五条一項は他人の行為、即ち被用者の行為に因る使用者の責任を定める規定でありますから、此の両規定は一般規定、特別規定の関係に在るものではないことになります。ですから法人の機関の職務上の行為に付て、其の法人に七一五条が適用されることはないので、専ら四四条一項に依り、法人自身の不法行為として法人が自らの過失に因り、自らの行為に付き責任を負うのであります。無論法人の機関構成員ではなく、其の通常の従業員として、法人との間に委任、或は雇傭などの関係で、法人の事業に従事する者が其の事業の執行に付き、第三者に損害を加えた場合には、七一五条に依り法人が其の賠償の責任を負うのでありまして、四四条一項に依り其の責任を負うのではありません。機関構成員が其の職務を行うに付き、法人の為めに為した行為に因る損害賠償の責任丈け、四四条一項に依るのです。だから同項に『其他ノ代理人』と謂う中には、一般の委任代理人などは含まれないで、専ら機関構成員丈けと解釈されるのです。一般の委任代理人の行為に因り本人が責任を負うのは、七一五条に依るのであります。其の本人が法人であっても、此の点変りありません。

所で民法四四条一項に依り、法人が不法行為の責任を負うならば、其の直接の行為者たる機関構成員個人は自ら不法行為責任を負わないのか、と言いますと、之も擬制説に依れば法人が責任を負ったからと云って、直接の行為者が自ら七〇九条以下の責任を免れることはない。寧ろ此の者が本来の責任者であって、之に加えて尚お法人も責任を負わしめられると理解します。夫れは丁度七一五条の場合に一般に其の様に解せられている通りであります。法人と理事其の他の代理人とが被害者に対して不真正連帯で損害賠償しなければならない。法人は四四条、理事は七〇九条以下の責任を負うと云う説明が何の引掛りもなしに、為し得るのです。所が実在説の立場では、必ずしも単純に同様の結論には結び付けられません。寧ろ反対に、機関の行為は法人自身の行為であって、当該機関構成員個人の行為としては見られないのだから、法人が自己の不法行為に付き其の責任を負う以上は、最早其の機関構成員の個人の行為としての不法行為なるものは、存在し得ないのであって、従って其の個人の責任は生じない、と云う考(10)の方が判り易いかも知れません。夫れにも拘らず、一般の学説では、機関構成員は個人責任を免れないと見て居りまして、其の旨を直接明文の規定で明かにした外国立法例もあります。例えばスイス民法五五条三項[11]には、法人の機関は法人に責任を生ぜしめるに止まらず、自らも其の故意過失に因る責任を負う旨を規定して居ります。其の様な明文の規定のないドイツ民法や我国の民法でも、学説上は矢張、行為者個人にも責任があって、其の行為者と法人とが不真正連帯の賠償義務を負う、と解釈されて居ります。唯、其の行為は法人の行為であるとして、法人が其の責任を既に負っているのに、其の直接の行為者個人が、何故に依然として不法行為の責任を負わなければならないのか、と云う点の説明は必ずしも一様ではないのでありますが、私なりに見れば、其の行為が法人の行為であると言っても、現実の事実として、其の行為が機関構成員たる自然人の頭脳や筋肉の活動から成っていること自体が、消えてなくなるものではない。斯様に自然人の肉体的活動として為されたことが、法人の行為として認められる。其の様に社会的或は法律的評価を受ける丈けでありまして、自然的事実としての個人の行為其のものの存在が否定される訳ではありません。単一の事実が法律的評価に於て二面性を有つので、不法行為責任は、此の二面に向けて夫れ夫れ生ぜしめられるとしても、論理的矛盾とはならないのです。其のことは実は法律行為の場合でも同じである筈なのですが、唯、法律行為の場合には、法人と個人との両者が共に同一内容の行為を為して、両者双方共に自己の意思表示を為し又は自己に対する意思表示を受けたことになったとしましても、其の法律行為の効果が、各別に法人及び個人の両方に生じて了うことはないのであります。機関構成員、例えば代表取締役が会社を代表して締結した売買契約が会社自ら締結した売買契約でもあり又、取締役個人の締結した売買契約でもあると云う二面性を持って居りましても、之に依って同じ物品を会社も買った、取締役個人も買った、両方で競合して買った、と云うことにはなりません。夫れは何故かと言えば、其の場合に法人及び個人が為したと見られる売買契約の二面性、若は二個の売買契約は、何れも其の内容は同じ意味を持つもの、其の効果意思の内容方向は唯一、一個でありまして、完全に符合して居ります。法人と個人とが異った内容を意欲しているものではありません。一個の行為を両面から把えると云う丈けですから、行為の内容は一個である筈です。同一内容、同一意欲を、誰が決定し誰が表示したとしても、其の意欲の内容其のものが同一である限り、其の意欲の内容に相応して発生する法律行為の効果に変りはないのであります。法律行為の効果は其の効果意思の内容方向通りに生ずるのでありますから、其の内容方向が同一、一個である限り、仮令行為者が重複して居りましても、其の効果が重複したり抵触したりすることはないのです。即ち今の売買契約で言えば、契約を為した行為者は会社及び個人の両方であっても、其の効果意思の内容、従って又之に因り発生する債権債務の内容は、何れも会社に目的物の所有権を給付して、会社が其の代金として金銭所有権を相手方に給付する、と云うことで、債権債務は何れにしても会社に帰属しまして、取締役個人に帰属することは在り得ないのです。ですから法律行為の場合に、行為に二面性があると云うことを特に強調する必要がないのです。実在説の立場では、機関の行為に法人自身の行為たる性格が是認されると言えば、夫れで済むことで、其の場合に依然として個人の行為としての存在を失わないとしても、個人の行為たる面では格別の法律行為的効果は無い。総て法人の法律行為として其の方の効果で全部尽されて居りますから、其の個人の行為たる面の存否を論ずる実益がないのです。法人が買うと言っているので、個人が買うと言っているのではない。夫れを法人自ら言ったのか、個人が言ったのか、或は両方で口を揃えて言ったのか、誰が言ったのでも、其の法律行為の効力には変りはないのです。所が不法行為の場合には、其の効果は行為者の意欲を実現せしめるものではありません。法定的に行為者其のものに、且つ其の意欲の内容とは関係のない効果を生ぜしめるので、だから二面性をもつ行為に付ては、不法行為の効果が夫れ夫れの面で行為者毎に各別に生ぜしめられるのです。法人に責任を擦《ナス》り附け様と欲しても、個人が其の責任を免れ得るものではないし、又法人の責任を個人一身に引被ろうと欲しても、法人が其の責任を免れ得るものでもありません。此の点が法律行為の場合と様相、性格を異にするので、之が又、法律行為に付ては個人の責任が問題にならないのに、不法行為に付ては個人の責任が問題になる所以でもあるのです。此の意味で法人実在説の立場でも法人と個人との二重責任を肯定すべきものと考えます。尤も此の点に付ては、学者の間に色々な説明の仕方があり、中には個人責任を否定する人もある様ですから、諸君も文献を調べて検討して頂きたいと思います。

実は私は法人の機関の為す法律行為に付ても、行為の二面性で説明した方が工合が良い場合があると思うので、夫れは無権限代表行為に付て、其の行為者個人が民法一一七条の類推に依る責任を負う関係では、其の者自ら左様な行為を為したとして、其の無権限行為者個人が責任を負うのであり、又其の同じ行為が追認に因り法人の行為となる関係では、法人の行為たり得べき性質を内在せしめているからであると見られるので、同一法律行為が二面性を以て、夫れ夫れの面での行為者があり、其の各行為者毎に独立した別異の効果がある訳です。然るに法人の行為である限り個人の行為では在り得ない、個人の行為である以上は、法人の行為では在り得ないと見たのでは、此の点の説明が困難になるのではないかと思われます。特に表見代表の行為の場合には、追認を俟たずに其の行為は法人の行為と認められる、と同時に、其の反面では、其の行為者個人が無権代理人に準ずる責任を負っていると解せられている筈でありますから、此の関係は同一法律行為が同時に法人の行為でもあり且つ個人の行為でもあるとしなければ、筋が通らない様に考えるのであります。

法律行為及び不法行為以外の行為、殊に適法行為たる事実行為に付ても、実は行為の二面性を考えなければならないと思いますが、事実行為が法律上問題となるのは、夫れが何かの法律要件の組成分子となる場合に限るので、行為に二面性がありましても、大体に於ては、夫れが法律要件を形成するのは、其の何れか一面だけでありましょうから、他の一面は法律的には無価値な現象に了る場合、法律要件として不成立、即ち要件不満足に了る場合が大多数であろうと考えられます。例えば物を運搬するとか文書を作成するとか、其の他何かの仕事を為し或は為さないこと、左様な作為又は不作為を法人も個人も共に為していると認められましても、夫れが私法上問題となるのは、例えば法人或は個人が其の様な給付義務を負担していれば、其の債務者にとって債務の履行或は不履行になる丈けであって、債務者でない方の者の側では、法律上何も問題にならない訳です。[12] 然し此の事実行為の二面性については、もっと色々な局面について一々綿密に検討を加える必要があり相であります[13]が、今は其の余裕もありませんので、他日に譲りたいと思います。興味のある人は一つ試みて下さい。

夫れから七一五条一項が出た序でに、其の二項三項に付ても一寸触れて置きますが、先ず二項は所謂代理監督者の責任の規定でありまして、判例にも時折出て来ます。例えば会社のトラックの運転手が操縦のミスで、他人に損害を加えた場合に、其の運転手自身は無論七〇九条に依る不法行為の責任があるし、又、会社も其の運転手を事業の為め使用する者として、七一五条一項の責任を負いますが、其の外に例えば会社の代表取締役が各自七一五条二項に依り、会社に代り事業を監督する者として、前項の責任即ち会社と同じ責任を負うべきものであると云う主張が、訴訟に時折出て居りますが、判例は何れも、代表取締役が代表取締役たるが為めに、常に当然に七一五条二項の代理監督者たるものではなくて、具体的に運転手の勤務に付て直接指揮監督する役目を持っていた者のみが、其の代理監督者としての責任を負うものとして居ります。ですから其のトラックの運行に付て直接指揮を取る取締役は七一五条二項の責任を負うけれども、其の他の代表取締役は此の責任を負わないとされます。

又七一五条三項には、使用者から被用者に対し求償権がある旨を規定して居ります。最終的な責任者は其の直接の行為者であると云う考を民法は採って居ります。其処で運転手の起した事故に付ては、其の運転手が最終的に其の責任を負担しなければならない、被害者に対しては会社も賠償の義務を負いますが、会社が被害者に賠償した金額は、此の三項に依り会社から其の運転手に求償することが出来る。夫れならば、四四条一項の規定に依って、法人が被害者に賠償金を支払ったときに、其の法人は其の金額を当該理事、其の他の代理人に求償することが出来るか、七一五条三項と同じ求償権が、四四条一項の法人に与えられるか、と言いますと、四四条一項の場合は法人擬制説に依れば七一五条一項の場合の一つ、其の特別規定と見るのですから、無論七一五条三項は其の場合にも適用されて、法人に求償権があると解することになるのであろうと思いますが、実在説の立場では、此の二つは別個の事項に関する規定であると見ますから、当然には七一五条三項の適用あるものではないので、従って其の様な求償権が当然に与えられるとは言えないことになります。然し其の機関構成員は多くの場合、会社其の他法人の為めに内部的な事務処理の債務を負って居ります、法人と機関構成員との間の任用契約上の債務がある訳で[14]、機関構成員としては、法人の為めに善良なる管理者の注意を以て約束の事務を処理しなければならない。所が其の事務処理の間に、其の不法行為に因って会社法人に損害賠償の責任を負わせて了う様な行為をすることは、多くの場合に善良なる管理者の注意を欠いていて、此の点で法人に対する任用契約上の債務不履行になりますので、其の債務不履行に因る損害賠償義務が、其の機関構成員に在ることになります。結局、法人の不法行為責任の尻は、直接行為者たる機関構成員個人に持込まれるのですが、夫れは民法七一五条三項が適用又は類推されるのではなくて、法人に不法行為責任を負わしめる様な行為を為すことが、其の行為者個人の法人に対する債務不履行になるから、民法四一五条に依る損害賠償として、其の機関構成員は法人が被害者に支払った金額の求償を受けることになると見るべきです。

更に序でに附加えますが、民法四四条一項は、先程言いました様に、色々な形で、各会社の各機関に一々準用されますけれども、其の四四条二項は会社に準用する規定がありません。商法、有限会社法には之に代るべき規定も設けられていません。此の規定が無いとしますと、夫れは民法の法人に特有の法則であって、会社には其の様な法則は行われないと見なければならないことになります。然らば民法四四条二項に相当する場合、会社に付ては其の責任はどうなるのか、総会、取締役会其の他の機関が会社の目的の範囲内に在らざる行為を為しましても、夫れは会社自身の行為とはなり得ませんから、仮令会社の為めに会社の行為をする積りであっても、夫れは直接行為者自身の個人の行為にしかなり得ないのでありまして、其の行為に因る不法行為責任も、当該機関構成員個人丈けに帰しまして、会社が責任を負うことはないのです。会社の能力外、不法行為能力の範囲内に在らざる行為であります。そして其の直接の行為者個人は、民法の一般原則に従って不法行為の責任を負うのですから、共同不法行為の要件を充さない限り、数人の行為者は各自に賠償責任を負うのでありまして、民法四四条二項の如き連帯にはなりません。共同不法行為になるならば、民法七一九条に依り連帯になります。唯民法の法人の場合には議決を賛成したる社員までも引張り出して、連帯の賠償義務を課しているのに、会社の場合には、斯様な連帯義務を負わしめないと云う、差別扱いを正当化する実質的な理由は余り無い様でありますから、立法論としては、総ての法人に付き統一的に扱った方が良さ相でありります。但し其の際民法四四条二項の様な規制が、果して合理的であるか否かは、更に疑問でありまして、稍々厳し過ぎる感が致します。目的範囲内に在る行為ならば、法人自体に責任があるから、機関構成員の個人の責任を特に加重したり、責任者の範囲を拡大したりする必要は無いけれども、目的の範囲内に在らざる行為である為め法人に責任が無い場合には、個人の責任を拡大加重する必要があると云う、被害者保護のための政策的規定であると思われますが、議決を賛成したる社員まで巻添えを食わせて、連帯責任を負わしめるのは、些か行き過ぎの様に感ぜられます。無論、其の議決が教唆幇助などになる場合には、一般規定でも七一九条二項に依り連帯になりますが、法人機関の場合には、同項に該当しないでも、四四条二項に依り、当然に連帯責任があるのだとしますと、一寸疑問になります。若し仮に其の原則が会社にも及ぼされる様なことになりますと、株主など迂濶に総会の委任状を他人に渡せないことになり兼ねません。民法四四条二項の規定がどの範囲の者を責任者として把えているのかは、民法学の方に尋ねないと判然としませんが、此の規定自体は大した合理性も重要性もないのではないかと思われます。或は民法四四条二項に挙げられた人達は、直ちに連帯賠償の責に任ずると云う趣旨ではなくて、之等の人達の中に、若し一般不法行為の規定に依って損害賠償の責任を負う者があるならば、其の者丈けは其の責任が連帯になると云う意味であると解釈すべきであるかも知れません。即ち民法四四条二項は、不法行為の責任を負うべき者の範囲を特に拡大するものではなくて、本来一般の規定に依り不法行為の責任を負うべき者の内で、同項の列挙に該当する者があれば、其の人達丈けは責任が連帯になる、其の責任が加重されるに過ぎないのであって、従って議決を賛成したる社員など挙って居りましても、議決賛成自体が不法行為となることは殆ど考えられません。特に夫れが教唆幇助などになる場合ならば、既に民法七一九条で連帯するのですから、四四条二項の規定を俟つまでもない。教唆にも幇助にもならないで、而も議決賛成が不法行為になる場合に限って、四四条二項が適用されて連帯になると云う趣旨、即ち民法四四条二項の規定は一般不法行為の要件を具えて、而も一般の規定では連帯にならない場合に限り、四四条二項に掲げた者の責任を加重する、連帯とするものと解するならば、見掛け程苛酷な規定ではないかも知れません。元々四四条の規定は、第一項の場合にも、一般不法行為の要件を具えた行為であることを前提として、更に同項に定める要件をも充足すれば、法人に不法行為責任がある旨の規定なのですから、之と同じ筆法で、第二項の規定も、一般不法行為の要件を具えた行為が、更に同項の要件をも具備すれば、其の責任が加重される旨の規定であると解するのが、寧ろ或は正しい解釈であるかも知れません。

最後にもう一つ、会社の不法行為と云うことで、何時も問題になるのは、例の商法二六六条ノ三の規定です。有限会社法三〇条ノ三にも同趣旨の規定がありますが、株式会社は、其の取締役が、取締役会又は代表取締役の構成員として、其の職務を行うに付き、他人に損害を加えたならば、会社自身の不法行為として会社が其の被害者に対し、損害賠償の責に任ずることは、民法四四条一項、商法七八条二項及び二六一条三項の規定に依って認められ、且つ当該取締役も自ら民法七〇九条に依る不法行為者として個人責任を負うと解せられていると云うことでありましたが、此の点は有限会社の取締役に付ても略同様な訳でありまして、有限会社法三二条で、商法七八条を其の取締役に準用して居りますことから明かでありますが、之等取締役の個人の民法七〇九条の責任と、今の商法二六六条ノ三、乃至有限会社法三〇条ノ三に依る取締役の責任との関係如何と云う問題であります。所が此の二六六条ノ三の規定に依る責任の性質や内容に付ては文字通り諸説紛々として居りまして、何説何説と名づけ、大体の取纏めをすることすら困難な状態でありますから、とても今之を子細に検討している余裕はありません。夫れは取締役の責任を論ずる別の機会に譲る外ないのでありますが、大雑把に言って、其の責任の本質に付き不法行為説と債務不履行説とありまして、不法行為説の方が多数説らしいのですが、私は従来から、其の責任は取締役の会社に対する債務不履行の責任の延長であると見て居ります。二六六条ノ三の責任は取締役が其の職務を行うに付き、悪意又は重大なる過失ありたるとき、と云うので、其の職務とは取締役が会社に対して持つ職務のことでありまして、職務違反、任務懈怠は、本来会社に対する債務不履行であります。会社に対する債務不履行に付て、悪意又は重過失がある場合に、其の取締役は会社に対して、商法二六六条に規定された様に、債務不履行に因る連帯賠償責任を負わなければならないのは勿論のこと、夫れ丈けで済むものではなくて、若し其の行為に因って第三者にも損害を加えているならば、其の第三者の損害をも連帯して賠償しなければならない、と云うのが此の二六六条ノ三の規定です。第三者に対しても亦、と謂うのが其の意味で、本来なら債務不履行の責任は、債務者が債権者に対して負うべきもので、第三者に対して債務不履行と云うことはない筈ですから、第三者に向って左様な責任を負う謂れはない理窟なのですが、商法は特に取締役の職務の重大広汎なことから、社会的な重責を負わせて、第三者を保護しようという政策的な規定であると見られるのです。責任の相手方を第三者にまで拡大したことに、規定の主な狙いがあるのです。素直に此の規定を読めば、其の様に理解するのが自然であります。ですから此の場合に其の取締役の行為が会社に対して不法行為となるか否かは問題でないと共に、其の第三者に対する関係に於ても、其の取締役又は会社の債務不履行又は不法行為であるか否か問題でないのです。第三者に対する関係では会社も取締役個人も債務不履行にも不法行為にもならない場合にこそ、主として此の規定の効用を発揮するのでありまして、他の一般の規定では救済され得ない第三者を、此の規定を以て救済しようと云うのです。無論其の行為が、一面に於ては取締役の第三者に対する直接の不法行為となる場合も在り得ることで、其の場合には無論其の取締役は自ら不法行為の責任を免れませんが、夫れは民法七〇九条以下の規定に依る責任であって、商法二六六条ノ三に依る責任ではありません。ですから其の場合には取締役が会社に対する関係で任務懈怠になるか否かは関係ありませんし、況や其の任務懈怠に付き悪意重過失があったか否かなど関係ありません。直接に取締役と第三者との間に民法七〇九条の要件が具わりさえすれば、会社とは無関係に、取締役は其の第三者に不法行為の責任を負うのです。唯、其の場合に其の行為が取締役の職務を行うに付きなされた行為であるならば、会社も其の第三者に不法行為責任を負うことになりまして、夫れが民法四四条一項の準用の結果であります。そして会社がこの責任を負うには、取締役が職務を行うに付きなした行為であれば良いので、其の際取締役が会社に於ける任務を懈怠しているか否か、懈怠に付き悪意重過失があるか否かを問わないのです。会社と取締役とが不真正連帯の関係で、第三者に対し不法行為の責に任じます。そして此の場合に万一、其の取締役の行為が、会社に対する関係に於て、悪意重過失に因る任務懈怠となるならば、そのときに初めて、二六六条ノ三の責任が問題となる訳で、其の結果取締役は被害者に対し民法七〇九条の不法行為責任と、商法二六六条ノ三の債務不履行責任との両方の責任を競合的に負担することになります。ですから両方競合と言っても、法律要件としては全く独立したものでありまして、不法行為責任の方は民法七〇九条の要件を具備することが必要にして充分であり、不履行責任の方は商法二六六条ノ三の要件を具備することが必要にして充分な訳です。之が私の解釈の大体の筋であります。

然し商法二六六条ノ三の責任の本質を不法行為の責任であると見る立場では、大分様子が変って来ます。不法行為説の中にも色々ありますけれども、その中に例えば、此の規定は一般不法行為の責任を軽減して、悪意重過失の場合のみ責任を認め、軽過失の場合には責任を負わない主旨で、其の代り悪意重過失の場合には連帯の責任になる、と云う考がありますが、其の取締役の責任を軽減する理由は、取締役が経営の責任者として広汎なる事務を処理するに付き充分手腕を発揮出来る様にと云うのですけれども、此の理由は余り筋の通り相もない、却って社会的な重責に対応して責任強化の理由こそあれ、之を軽減するなどはピント外れの考と言わなければならないと共に、二六六条ノ三の文句から言いましても、民法七〇九条の要件とは大分食い違っているのでありまして、単なる七〇九条の責任の軽減と見ることは無理であります。七〇九条の方では職務を行うに付きなど云うことは全然問題にならない、故意過失は権利侵害の点に付ての話でありますから、全然見当違いのことを取上げている。又、二六六条ノ三の中の第三者に対しても亦と云う文句も、七〇九条の責任としては見当外れであります。七〇九条では被害者たる第三者以外に責任の相手方など考えられていません。然し二六六条ノ三では責任の相手方は本来は他に居ることを前提として、『モ亦』と云う文句で、第三者をも相手方に加える意味を表わしているのです。それから、商法二六六条ノ三の規定は、一般不法行為の要件が具っただけでは取締役に責任を負わしめないで、更に此の二六六条ノ三の要件も加わって初めて取締役は第三者に不法行為責任を負う意味であるとの見方もある様ですが、之では益々、取締役の不法行為責任は限定されて了って、不合理であります。取締役は、仮令故意に第三者の権利を侵害しても、夫れが偶職務上の行為であるときは、職務を行うに付き悪意重過失がない限り、不法行為の責任を負わないことになって了います。又、或る人は、二六六条ノ三の責任は民法七〇九条の責任に代る責任であると見まして、取締役は二六六条ノ三の要件を具える丈けで、不法行為責任を負い、民法七〇九条の要件が具わらなくても責を免れない、と解して居りますが、之に依れば、権利侵害も必要でない、況や権利侵害に付ての故意過失も必要でない、ただ任務懈怠に付き悪意重過失があり、之に因って第三者に損害を生ぜしめた、と云う因果関係さえ認められれば、取締役は不法行為の責任を負う、と云う訳ですけれども、此処まで来て尚お、且つ其の責任を一種特別の不法行為責任であると主張するのは、聊か強弁に過ぎると思われます。専ら任務懈怠丈けを原因とするのですから、正に債務不履行其のものでありまして、之を不法行為的性格と見るのは一種の偏見としか受取れません。恐らく、消滅時効期間や、過失相殺の点で、債務不履行の扱いより は不法行為の扱いの方が相応しいと考えての意見である様ですが、左様な点の考慮から責任の本質を逆に色替えすることは邪道と言う外ありません。何れにしましても、不法行為責任説の中には納得出来る様な説は一つも見当らないと云うことでありますが、仮りに之等の説に依って考えれば、民法七〇九条の責任との関係は夫れ夫れ変って出て来る、両者併存又は競合すると見たり、二六六条ノ三が優先して、七〇九条以下は補充的役割を持つと考えたり、或は七〇九条以下は全く適用を排除されて、二六六条ノ三の責任のみを認めたり、立場立場で色々になると云うことであります。

（1）Enneccerus=Lehmann, Lehrb. d. BR. II Bd. § 243 I 2 a (S. 954).
（2）民法の法人の理事は、代表機関たると同時に業務執行機関でもあるので（民法五三条）、代表機関でない（代表権限なき）業務執行機関なるものを、民法学者は想定しないのであろう。然し株式会社の取締役会などでは、正に此の点が問題になるのである。
（3）後述の通り、機関構成員は一般の原則に依る通常の不法行為責任を負えば足る。
（4）尤も特定物売買契約に、直接に所有権移転の効力を認める我国民法学の通説に依れば、債権契約であるからと云って、之に因り直接に第三者の権利を侵害しないとは限らないことになるであろう。
（5）法律行為は私的自治の実現手段と認められるものであるから、当事者の意思又は表示を中心に法律関係が組立てられなければならないが、不法行為は私的自治とは関係なく、被害者救済を目的とする制度であるから、外部の社会的客観的状況に応じて、法律関係が組立てられなければならない。
（6）商法一三五条の規定は、昭和一三年の改正法律により新設されたもので、昭和六年商法改正要綱五五に則ったのである。然し改正要綱が合名会社の清算人に民法四四条一項を準用する規定を設けよと言っている点は、恐らくは立案者の誤解であって、其の結果無用の重複となって了ったのである。
（7）昭和一三年改正法施行前には、斯る疑問を生ずる余地はなく、商法七八条二項の規定文で、清算人をカバーしていたし、而も何処にも重複箇所はなかった筈である。

(8) 此の様な疑義を生じているのも、昭和一三年改正法律が、一三五条を新設した余波である。一三五条さえ規定しなければ、此方に波及することもないので、正に平地に波瀾を生ぜしめた無用の改悪と評する外ない。

(9) 現在の四三〇条は、初めは二三四条であったが、同条に掲げる準用規定の中には、現在の二六一条三項に相当する旧一七〇条は挙っていなかった。然るに明治四四年の改正に当って、当時の二三四条を改め、一七〇条を準用に加えたのである。其の主旨は、之を加えないと、清算人の行為に付き、株式会社に不法行為責任を負わしめる規定を欠くことになるから、之を加えるというのであるが、夫れが抑もの誤解の始まりであったので、それが無くても、既に旧一七〇条の規定丈けで、清算人をカバーしていた筈である。尤も旧一七〇条二項は、民法四四条一項を間接に取締役に準用すると言って株式会社に準用するとは言っていない点で、合名会社の場合（旧六二条二項）と表現を異にし、清算人をカバーするか否か文理上の疑問がなくはないとは言うものの、清算人を除外する如き文理解釈が正しい解釈として通用する筈はない。だから旧二三四条の改正は誤解に基く無用の蛇足であったのである。所が此の誤解が更に誤解を生んで、本来、合名会社に付ては、七八条二項が清算人をカバーすることに文理上些かの疑点もないのに、昭和六年の改正要綱から、昭和一三年の改正法に至り、先程の一三五条の新設となり、玆に至って正に覆うべからざる無用の重複と欠陥とを文理上に現出せしめて了ったのである。

(10) 服部「会社の権利能力、行為能力及び不法行為能力」松本記念・会社法の諸問題一〇八頁以下。

(11) Schw. ZGB. Art. 55. Die Organe sind berufen, dem Willen der juristischen Person Ausdruck zu geben. Sie verpflichten die juristische Person sowohl durch den Abschluss von Rechtsgeschäften als durch ihr sonstiges Verhalten.

Für ihr Verschulden sind die handelnden Personen ausserdem persönlich verantwortlich.

(12) 法人も個人も共に債務を負わないのに、其の両者が給付を為したと認められ、給付受領者が不当利得を得た場合にも、其の給付者たる法人及び個人が何れも同一の損失を受け、利得損失間の因果関係が認められる場合というのは考えにくい。法人又は個人の何れか損失を受けた側のみに、不当利得返還請求権がその限度で発生するに過ぎない。

(13) 例えば懸賞広告の指定行為を法人機関構成員が行った場合に、法人及び個人の両者が同一指定行為を行ったと認められるか、又その場合懸賞債権が法人、個人の何れに帰するか、或は其の双方に帰するかは、結局其の懸賞広告の意思表示の解釈に依り定まるとすべきか。

（14）法人（会社）との間の特別な任用契約に因らないで、例えば社員たる資格、地位（社員権、持分、株式）の中に含まれる法定的な権能として、機関構成員たる者（例えば合名会社の業務執行社員、代表社員）に対して、法人（会社）から求償し得るか否か疑問である。仮に求償できるとしても、其の根拠は民法七一五条三項に在るのでも、民法四一五条に在るものでもなく、他に之を求めなければならないであろう。

（津田利治・会社法以前、私家版、昭和四十五年五月）

有限會社について

序　言

有限會社法は昭和十三年の議會（第七十三帝國議會）を通過した新しい法律である。第七十三議會を通過した法律案は無慮八十七件の多數に達し、近來稀に見る大量生産である。之固より事變に備へて戰時體制を整へんがための所謂非常時立法が輻輳したためでもあるが、然しその中には事變とは全く無關係な平時の恆久的立法も相當に含まれてゐる。而も此種の法律案だけを採つて見ても、本議會は決して平時の議會に劣らぬ仕事をしてゐると云ふことは驚異に値する。その中でも多年の懸案であつた商法中改正法及び茲に說明せんとする有限會社法の成立は特に注目せらるべき事柄である。そこで以下に於ては此有限會社法に依る有限會社に就いて簡單な紹介をして見たいと思ふ。

有限會社は株式會社と同樣に有限責任社員のみより成る會社であるが、比較的少人數の者が比較的小規模の企業を營むために適當な樣に、株式會社の嚴規を緩和して作られた特殊の會社である。株式會社も亦株主なる有限責任社員のみによつて組織される會社であるが、本來其制度は多數の株主から零細なる資金を集めて大資本を形成し、以て大規模なる企業を經營することを眼目とするものである。そこで株式會社に關する法規は總て此點に眼中に置いて設けられてゐる。多數の株主、多數の會社債權者又は會社理事者等は株式會社を中心として其利害が銳く對立し、此利害關係の調整を當事者の自發的なる相互協調に俟つことは全く見込なきことなので、法律は高踏的に多數の强行的規定を以て之等の利害對立を適當に調整せんとする。近代の何れの立法例に付いて見るも株式會社に付いては所謂干涉主義並に公示主義を徹底し、今後更に益ゝ此傾向が强まらんとしつゝある。我國に於ける株式會社も亦其例に洩るるものではなく、現に今次の商法改正は其主力が株式會社法の部分に置かれてゐることは極めて明瞭なる事實である。

然るに從來我國に於ては有限責任社員のみより成る會社としては株式會社のみが認められ、他の會社（合名、合資、株式合資）は何れも其社員の全部又は一部が無限責任社員たることを要する。而も法律の豫定する以外の組織を有する會社を任意に設立することを禁じてゐるから（民三三條）社員全部が有限責任社員たらんとすれば、株式會社として之を設立するの外なく、他の會社形態を採るを得なかつた。一面社員の有限責任制は企業家乃至は投資家にとつては極めて魅力的なものであつて、之あるがために始めて氣輕に各種の事業に投資することが出來るのである。そこで株式會社が其制度本來の主旨から見れば、多數の株主を擁し、大資本を以てする大規模企業のためのものなるに拘らず、尙ほ各社員が有限責任の特典に與らんがためにのみ、比較的少人數より成る小規模事業のためにも亦盛に利用されるに至つた。其社員內部の關係から見るならば相互信賴に基いて成立する合名會社又は合資會社等の所謂人的會社の形態を取るを適當とする場合なるに拘らず、尙ほ其社員の何れもが直接無限責任の負擔を廻避するために、故らに株式會社組織を選ぶのである。然るに斯る場合に於ても株式會社に關する法規は一律に適用せられ、而も其規定の大多數が强行規定であるため、右の如き少人數若くは小規模會社にとつては極めて窮屈な拘束を與へる。即ち例へば株式會社を設立するには七人以上の發起人あることを要する（商一六五條）。從つて無理にも七人の頭數を揃へねば會社を設立し得ない。又取締役は三人以上（商二五四條）監査役一人以上を常置せねばならず、株主總會を招集するには會日より二週間前に各株主に對して其通知を發することを要し（商二三二條）會社の定款に官報又は日刊新聞紙に依る公告方法を定めしめ（商一六六條）且つ每期の貸借對照表其他種々の事項に付き會社は此方法に從つて公告を爲さねばならぬ（商二八三條二項、其他）などは多數株主を擁する大規模の會社についてこそ有意義なる法則とは云へ、同族會社的な少人數の株式會社にとつては極めて煩はしいことであり、場合によつては寧ろ滑稽ですらある。常識的に考へて見ても資本金何億何千萬圓と云ふ大會社と資本金僅か數千圓乃至數萬圓の小會社とが同一法規に依つて同一の取扱を受けることが如何に無理であるかを推量し得るであらう。

斯くして株式會社の外に、株式會社の如く有限責任社員のみより成る會社であつて、而も株式會社と異り主として少數社員より成る簡易なる組織を有する新しい會社形態が要望せらるるに至つた。此新規の會社形態に於ては社員が少數の相互信頼する者から成り、而も其出資額を限度としてのみ責任を負ふ所の、謂はば內部關係に於ては人的會社、外部關係に於ては物的會社の特質を具へた人的物的兩會社の中間折衷的なものたることを要する。尤も人的會社、物的會社の折衷は既に合資會社や株式合資會社に於ても見らるる所であるが、之等の場合には兩要素が互に融和せず、無限責任社員と有限責任社員又は株主とがそのまま寄合世帯を爲してゐるに過ぎない二元的な會社形態であるが、之に對し新なる會社形態は兩要素が完全に融合して一元的なものとなつてゐなければならない。

そこで先づ案出されたのは英法系の所謂私會社であつて、英法上に於ては會社の定款に株式讓渡の制限、株主數の制限（原則として五十人以下）並に株式及社債の公募の禁止を規定する場合には私會社（private company）として（the Companies Act, 1929, sect. 26.）、一般の株式會社（company）に關する各種の規定の適用を緩和してゐる。然し此の英法上の私會社は要するには株式會社の一種であつて、株式會社に非ざる特殊の會社形態ではない。故に制度の目的から見るならば其徹底を缺き中途半端なものとなる缺點がある。於茲、獨逸では一八九二年に有限責任會社法（Gesetz betreffend die Gesellschaften mit beschränkter Haftung. 略して GmbHG.）なる單行法を制定し、株式會社と並んで之とは別種の所謂有限責任會社（Gesellschaft mit beschränkter Haftung 略して GmBH.）なる會社形態を創設した。此の獨逸の有限責任會社法は異常なる大成功を修め、其後同國商法改正に際し相當の改正を加へられた後（EG. z. HGB 1898.

Art. 11.）一九二三年に小修正があつて今日に及んでゐるが、其間本法に依つて設立せらるる有限責任會社は逐年莫大なる數に達し、今日に於ては其總數は同國株式會社の夫れに比して約四倍半に達してゐる由である。

獨逸の有限責任會社法立案に當つては、種々の意見が行はれたが、大體に於て株式會社の制度を骨子として之に人的會社の特質を加味すべしとの意見と、合名會社制度を根幹として之に物的會社的色彩、殊に有限責任制を盛るべしとの意見とが對立し、論議の結果前者の形態を採用することになつた。從つて同國有限責任會社は株式會社に近い形態を持ち、所謂物的會社の一なることは學者間に異説を見ない模樣である。

獨逸に於ける立法の成功は其後續々他の諸國の立法者を動かし、之を受繼して同型の會社を採用したるものに、葡（一九〇一年）、墺（一九〇六年）、デンマルク（一九一七年）、ポーランド（一九一九年）、ブラジル（一九一九年）、チェコスロヴァキア（一九二〇年）、ソヴイエトロシア（一九二二年）、チリー（一九二三年）、佛（一九二五年）、リヒテンシュタイン（一九二六年）、ハンガリー（一九三〇年）、白（一九三五年）、瑞西（一九三六年）等あり、伊太利は一九二五年、スペインは一九二六年に夫れ夫れ草案を發表してゐる。之等諸國の有限責任會社法乃至其法案は其內容に於て必ずしも一致するものではないが、而も大同小異のものである。そして之等獨逸法を受繼して既に有限責任會社法を施行せる諸國に於ても、母法國たる獨逸に於けると同樣に、此種の會社の設立せらるるものが異常の數に上つてゐるものの如く、例へば佛の如きに於ても、一九二八年には既に有限責任會社の數は株式會社の數の約七割に達し、一九三五年には反つて前者が後者を超過すること二割五分に及んでゐる有樣である。

右の如き諸國の實例は我國に於ても夙に學者の注目する所であつたが、近時實際界方面よりの熱心なる希望も加はつて、昭和六年には法制審議會は商法改正要綱に於て、外國法上の有限責任會社又は英國法上の私會社に該當する特別の會社を認め之に付き特別法を以て規定を設くることを決議し（要綱第二十三）、之に基いて政府は着々草案を準備し、昭和十三年の議會に有限會社法案と名づけて之を提出し、議會は無修正にて之を可決したので、同年四月五日法律第七十四號有限會社法として公布された。尤も同法は其施行期日は勅令を以て之を定むることになつてゐて（同法附則）其勅令が未だ制定されてゐないから、今日の所まだ施行されてゐないし、又何時から施行せらるべきかも未定である。從つて現在直ちに同法に從つて有限會社を設立することは不可能であるが、非訟事件手續法の改正、其他附屬の法令の整備を俟つて早晩施行せらるべきことは明かである。その曉には從來の合名、合資、株式、株式合資の各會社の外に有限會社も加はつて、我國にも亦諸外國と同樣に五種の會社が存在し得ることになる。

此有限會社法に依る有限會社は前述の獨佛其他に於て一般に有限責任會社（Gesellschaft mit beschränkter Haftung, société à responsabilité limitée）と呼ばれ、我國に於ても從來有限責任會社と呼び慣はしてゐた（商法改正要綱第二十三參照）ものに相當するのであつて、卽ち獨逸法に淵源する會社形態の受繼である。英法上の私會社制度の採用も多少は考慮されたらしいが遂に採用されるには至らなかつた。有限責任會社と云ふ一般に慣用されてゐる名稱を止めて、特に有限會社と改めたことは用語の簡略と云ふ以外には別段深い意味はない。そして用語は凡て簡明なるを可とするから以下本稿に於ても、外國に於ける此種の會社を指すにも單に有限會社なる名稱を用ひる。

有限會社は少人數の社員より成る小規模少資本の會社を主眼とする制度である。有限會社の形態を取るを適當とする營業は相當廣範圍であつて、例へば百貨店若くは其他の一般の小賣商、乃至は之と同程度の規模の營業ならば行くとして可ならざるはない。營業種類には商法上の會社と同樣に何等の制限を受けない（有一條一項）。但し特別法上株式會社に限り經營を許さるる營業は有限會社に於て之を營むを得ない（例へば取引所法五條、保險業法二條、銀行法三條、貯蓄銀行法三條、無盡業法四條、信託業法二條、等）。又有限會社は本來比較的少資本の小規模企業に適切なる會社形態ではあるが、然し其特徴の第一は少數の相信賴する社員によつて組織される點に在るのであつて、從つて社員數が少數なるときは、假令資本金額が少額ならざるときと雖も、株式會社とするよりは有限會社とした方が便宜である。此意味に於て一般の同族會社、コンツエルンの統制會社又は持株會社等のためにも有限會社の形態が利用さるべきである。

其他有限會社制度の應用範圍は極めて廣いから、有限會社法施行後は、新規設立の會社は恐らくは有限會社が最も多數を占むるに至るであらうことは諸外國の先例に徵して略ゝ間違ひはない。

有限會社法は全文八十九箇條、其内に多數の準用條文を包含する相當大部の法典である。茲に其全般に亙つて解說することは與へられた紙數の許さざる所であるから、以下には簡單に其要點又は特徵を指摘するに止むる。有限會社法は有限會社を以て株式會社に近い系統に屬せしめ、從つて株式會社に關する多數の規定を準用してゐる。之がため有限會社に關する法則を極めて難解なるものたらしめた憾なしとしない。立法論としては手形法と小切手法との前例に在る如く、假令同趣旨の規定であつても、株式會社と有限會社とには夫れ夫れ獨立に規定を設くべきではなかつたらうか。然し夫れは扨て置いて、以下には有限會社の特長を主として株式會社、殊に改正法上の株式會社との對照に於て說明することにしたい（尙ほ以下に引用する商法の規定は總て改正商法の規定である。略語は「有」は有限會社法、「獨有」、「佛有」等は夫れ夫れ獨逸又は佛蘭西の有限會社法、「瑞債」は瑞西債務法を指す）。

一　有限會社の本質

有限會社は有限會社法に依つて設立された法人である（有一條）。有限會社は商法上の會社ではない。有限會社と商法上の會社との相異は前者が有限會社法に依り後者が商法に依り設立せらるる點に在る。卽ち兩者の差異は單に法人格取得の根據を異にすると云ふ形式的な差異に止まり、其實質又は本體に於ては差異は認められない。蓋し此兩者共に其本體は社團であり、其目的たる事業は商行爲の營業の外、一般の營利事業たり得る點は同一であるからである（商五二條、有一條一項）。斯の如く實質的には有限會社も商法上の會社も同一物であるから、有限會社については商法上の會社に關する一般原則と殆ど同一の法則が規定されてゐる。卽ち有限會社は法人であり（有一條二項、商五四條一項）商行爲を爲すを業とせざるも商人と看做され（有二條、商四條二項）有限會社の商號中には有限會社なる文字を用ふることを要し（有三條、商一七條）有限會社は本店の所在地に於て設立の登記を爲すに因つて成立し（有四條、商五七條）設立登記其他の登記については總て商法の會社の登記に關する規定が準用せられ（有四條、商六一條、有一三條三項）有限會社は他の會社（商法上の會社）の無限責任社員たることを得ない（有四條、商五五條）。其住所は本店所在地に在るものとし（有四條、商五四條二項）開業遲延又は休業若くは公序良俗違反の場合には裁判所より解散を命ぜられる（有四條、商五八條乃至六〇條）が如き之である。更に有限會社は商法を除くの外、他の法律の適用については商法上の會社と看做される（有八九條）。以上の如くであるから有限會社は商法上の會社其ものではないが、略ゝ法律上之と同等に取扱はれてゐるものと見ることが出來る。然し凡ゆる點に於て同等の取扱を受けるのではないから、特に規定なき限り商法上の會社に關する規定は直ちに有限會社にも適用又は準用あるものと解してはならない。例へば商法上の會社は一般的に合併が認められ（商五六條）如何なる種類の會社が如何なる種類の會社と合併するも差支へなく、又原則としては（商五六條二項）新設合併に因つて如何なる種類の會社を設立しても差支へない事になつてゐるが、此規定は有限會社には準用がなく、又有限會社について別に之と同趣旨の規定も存在しないから、有限會社については有限會社法が豫定する合併方法以外には合併が許されない。卽ち有限會社は有限會社又は株式會社との合併が許さるるのみであつて（有五九條、六〇條）且つ合併に因る新設會社も有限會社又は株式會社以外には在り得ない（同上）。商法上の會社相互の合併に因つて有限會社を設立する新設合併も法律上不可能である。

此點外國立法例に就いて見ると、大多數は有限會社を以て商法上の會社の一種と認め又は少くとも商法上の會社と看做してゐる。例へば有限會社について特別法を制定せず、民法又は債務法等の中に他の一般商事法規と共に之を規定した瑞西、ソヴイエトロシア、リヒテンシュタイン等に於ては勿論のこと、之を特別法に規定せる佛及び墺の如きも之を以て商事會社の一とし（佛有三條、墺有六一條）ポーランドは直接規定なきも同國有限會社法一條の解釋上當然商事會社と認められ、獨では之を商事會社と看做してゐる（獨有一三條三項）。我國の如く會社について總則の規定を有する立法例に於ては有限會社を商法上の會社の一とし又は少くとも商法上の會社と看做すことは更に其實益が多い譯であるが、何故か立法者は之を商法の適用についてのみ除外例を設けて之を會社と看做さなかつた（有八九條）。立法論としては商法の適用についても亦之を會社と看做して置けば商法と同趣旨の規定を一々繰返へし又は準用する必要がなく、法律運用上も簡明なるを得たであらう。有限會社を商法上の會社としなかつたため、返つて商法一條、四一條、四八條、七四條、一五五條、二六四條、五二三條等の適用について疑義を生ずるを免れない。

二　社員の有限責任及び其例外

有限會社々員の責任は原則として其出資の金額を限度とする（有一七條）。有限會社又は有限責任會社なる名稱が此點から出たものなることは説明の要を見ない。會社そのものが有限であり又は會社の責任が有限であると云ふ意味ではないこと、勿論である。會社そのものは會社債務について無限責任を負擔する。そして有限會社々員の負擔する有限責任は所謂間接有限責任たることは各立法例を通じて略ゞ一樣に認められる所であつて、我有限會社法一七條に所謂責任も亦其間接責任を意味するものなることは疑ない。即ち有限會社々員は會社に對して出資拂込の義務を負擔するに止まり、會社の債權者に對して直接辨濟を爲す責任を負擔するものではない。此點株式會社の株主の責任と同性質であつて（商二〇〇條）、同じ有限責任社員と云はれても、合資會社の有限責任社員は直接責任を負擔し、其出資の價額を限度として會社の債務を自ら直接に會社債權者に對して辨濟する責に任ずるのと異つてゐる（商一五七條）。唯瑞西に於ては此點一大例外であつて、有限會社々員は其出資額を限度として直接に會社債權者に責任を負擔する（瑞債八〇二條）。從つて同國の有限會社は其外部關係に於ても人的會社としての色彩を多分に持つに至つてゐる。

有限會社が有限責任社員のみによつて組織されることは株式會社以外の商法上の會社との區別の要點であるが、株式會社と有限會社とは此點は全く同一であつて、從つて此兩者の間には前記の如く設立の準據法の相異以外には本質的な相異を求めることは不可能である。勿論此兩者は各個の細目的な點に於ては可成りの相異はあるが、凡て之等は本質的相異とは云ひ得ないもののみである。一般に株式會社について學者の下してゐる定義は卽ちそのまま有限會社にも妥當するのであつて、此點から見ても兩者間に本質的な相異なきことの例證とするを得るであらう。一般の定義に依れば株式會社とは一定額の資本を一定額の株式に均分し、各株主は其引受け又は讓受けたる株式の金額を會社に拂込む義務を負擔するも、會社債權者に對しては何等の責任を負はざる會社である。然るに此定義は一二の用語を改めればそのまま有限會社にも通用する、卽ち有限會社とは一定額の資本を一定額の出資口に均分し、各社員は其引受けたる出資口の金額を會社に拂込む義務を負ふも、會社債權者に對しては何等の責任を負はざる會社であると。兩者の細目的な相異は其本質的相異に非ざるのみならず、之等は皆制度全體としての相異であつて、個々の會社について總て之等の相異が現はれてゐる譯ではない。換言すれば會社設立の當事者（發起人）としては可成り廣い範圍に於て同一組織を有する會社を株式會社として設立し得ると同時に、有限會社としても亦之を設立するを得る、斯る場合には結局其設立の當事者が株式會社を設立せんと欲したるや又は有限會社を設立せんと欲したるや、換言すれば株式會社に關する商法の規定に從つて之を設立せんとしたか有限會社法の規定に從つて之を設立せんとしたかと云ふ設立準據法如何に依つて定まり、其以外には個々の會社について見れば之を識別する方法はない。

有限會社に於ける社員有限責任の原則に對しては多少の例外がある。此例外は總て有限會社法に特に規定ある場合のみに認められ（有一七條）定款の規定其他の方法を以ては社員に出資義務以外の義務又は責任を負はしむるを得ない。有限會社法上特に認められた例外と云ふのは社員に資本充實の責任を認めた點であつて、卽ち（一）會社成立當時に於ける現物出資又は引受財產の實價が定款に定めたる價格に著しく不足するときは會社成立當時の社員は會社に對し連帶して其不足額を支拂ふ義務を負ふ（有一四條）。資本增加の場合にも其增資に同意したる社員について同樣の責任を負はしむる（有五四條）。(二) 有限會社に於ては後述の如く全額一時拂込主義を採つてゐるが、設立の際全額拂込又は財產全部給付の未濟なる出資あるときは、會社成立當時の取締役監査役及社員は連帶して拂込を爲し又は給付未濟財產の價額の支拂を爲す義務を負ふ（有一五條）。(三) 之等の社員の連帶責任は何れも無過失責任であつて、而も會社成立の日より五年を經過したる後に非ざれば之を免除するを得ない（有一六條、五六條）。發起人取締監査役等が會社設立又は增資に際し資本充實のため一生の無過失責任を負ふことは株式會社に於ても認められてゐるが（商一九二條、三五六條）一般の社員が當然斯る責任を負擔するは有限會社特有の制度である。之れ蓋し有限責任社員のみより成る會社に於ては會社財產のみが會社債權者のために履行の擔保となるものであるから、會社の資本充實は取引の安全を保護する上に極めて重要であつて、殊に有限會社の如く簡易なる手續に依つて設立せらるる會社に於ては、會社の濫設に因つて取引の安全を害する虞が一層大きいので此點嚴重に監督する必要を認めたのである。所で右の如き社員の責任は定款の規定を以てしても之を排除するを許さざる性質のものであるから、有限會社たる以上必ず存在すべき要件であり而も株式會社の場合には反對に定款を以てしても各株主に斯る責任を負はしむることを得ないから、此點を以て有限會社と株式會社との本質的相異と見る意見もある。然し此責任は嚴密に云へば社員の社員たる資格そのものの中に含まれてゐる責任と見るべきではなく、寧ろ社員が會社の設立又は增資に干與したことの責任に外ならない。それは有限會社法一四條、一五條又は五四條が會社成立當時の社員又は增資の決議に同意したる社員のみに付き此責任を認めた所からも明かである。會社成立當時の社員は株式會社について見れば卽ち其發起人に該當するものであつて（有限會社には募集設立がない）、株式會社の發起人の責任が株式會社の本質的要素と見られない限り、有限會社々員の責任も亦其本質的要素と解するを得ない。從つて此責任が有限會社特有のものたるに相異ないが、尙ほ之を以て株式會社と有限會社との本質的相異であると見るのは多少正確を缺くものと云はねばならぬ。

有限會社々員が一般に資本充實に關して特殊の責任を負ふことは多くの立法例の認むる所であるが、其責任の內容は必ずしも一樣ではない。我有限會社法は寧ろ佛法の主義に近いが、然し佛法に於ては現物出資の價額について社員が全部第三者（會社債權者）に對して直接に連帶して責任を負ふのであつて（佛有八條）、我國に於けるが如く會社に對する責任ではない。獨墺等は株式會社と同樣に出資の分割拂込を認むると共に、其拂込につき株式の場合と同樣に失權手續を爲し、其結果會社が尙ほ滿足を得ざる拂込請求額について他の社員が總て其持分に應じて拂込を爲す責任を有するものとする（獨有二四條、墺有七〇條）。

三　社員數の制限

有限會社の社員の數は最低二人、最高五十人を限度とする（有八條、六九條一項五號）。之れ有限會社なる制度の本來の主旨が相互信賴する少人數の社員から成る會社を目標とするものであるからである。有限會社は社團たることを要するから（有一條）最低二人の社員がなければ設立することが不可能であり、且つ一旦設立された後でも社員が二人未滿になれば會社は解散する（有六九條一項五號）。從て最低二人の社員の存在は會社設立並に存續の要件である。合名會社や合資會社も同樣であつて（商九四條四號）、株式會社の設立に七人以上の發起人を要するのと異つてゐる。此點からしても株式會社が常に多數株主の存在を豫想し、有限會社が之に反し少數社員のみより組織されることを豫想してゐることを知り得る。最低二人の社員の存在が會社設立の要件たることは多くの立法例の認むる所であるが、之を以て會社存續の要件とは爲さず、所謂一人會社を認むる立法例も少くない。我國では株式會社について既に一人會社を認めながら（商四〇四條）、有限會社について之を認めなかつたのは多少權衡を失してゐる樣であるが、然し有限會社についても社員が一人になつて解散した場合には新に社員を加入せしめて會社を繼續することを許してゐるから（有七〇條二項、商九五條二項參照）、實際問題としては大なる障碍はないであらう。

次に社員の總數は五十人を超ゆることを得ない。但し特別の事情ある場合に於て裁判所の認可を得たるとき、及び遺產相續又は遺贈に因り社員の數に變更を生ずるときには五十人を超えても妨げない（有八條）。增資又は持分讓渡によつて社員が增加する場合にも尙ほ此制限に服する（有一九條二項）。斯の如く社員數の最高限を制限することは他の會社には全く例を見ざる所である。合名會社や合資會社の如き人的會社も制度の目的から見れば其社員は少數たらざるを得ないが、我商法上は其最高限を制限してゐない。從つて法律上は社員は如何に多數であつても差支へない譯である。然し實際問題としては合名會社合資會社の社員が數百人乃至數千人も在ると云ふことは先づ豫想し得ない所である。然るに有限會社の場合には、若し法律が右の如く何等かの制限を設けざる限りは、相當多數の社員を集める可能性がある。而も斯る多數社員より成る有限會社なるものは有限會社制度の本旨に反するものであつて、且つ動もすれば株式會社に關する嚴規を潛脫する目的に供せられ勝である。之れ特に有限會社についてのみ社員數最高限の制限を規定する所以である。尤も此點の立法例は極めて區々であつて、此制限を設くるものもあり、設けざるものもある。殊に獨では最高限の定めはない。墺、佛等にも其制限はないが、唯墺法上は社員五十人、佛法上は社員二十人以下の場合と之を超ゆる場合とを區別し、後者については機關構成等につき多少株式會社に近い干涉的規定を設けてゐる。英法上の私會社は株主數五十人を超ゆることを得ない。

四　資本總額の制限

有限會社の資本總額は一萬圓を下ることを得ない（有九條）。資本減少も尙ほ此範圍內に於てのみ可能である。之に反し資本金額の最高限の定はない。資本金額の最低限を定むることは多數立法例に見らるる所であつて、例へば獨は五萬マルク（獨有五條）墺は二億クローネ（墺有六條）卽ち二萬シリング、佛は二萬五千フラン（佛有六條）瑞西は二萬フラン（瑞債七七三條）と云ふが如き之である。又稀には最高限を定むる立法例もあつて、例へば瑞西では之を二百萬フランとせるが如き之である（瑞債七七三條）。

有限會社の制度が元と少資本小規模事業に適する會社形態を作るに在ることは既に繰返へし述べたが、極端に少額資本の有限會社を認むるときは此種の會社の濫設に因つて取引の安全を害する虞がある。そこで各國立法例は其資本額の最低を定め、夫れ以下の資本金額を以ては有限會社の設立を許さないものとしてゐるのである。之に反し資本金額の多い事は別段弊害を伴はないから、多數立法例では其最高を制限してゐない。それでも一方に於て社員總數の制限を受けるから、事實上は株式會社の如く殆ど無限に多額の資本を集めると云ふ譯には行かないであらう。蓋し資本額を多くすれば、それだけ社員一人當りの出資口金額が多額となつて來るからである。

五　出資口金額の制限

資本は均一なる出資口に分割される。此點株式會社については直接規定があるが（商一九九條）、有限會社には別段の規定はない。然し有限會社に於ても出資口に分割せられざる資本の部分を認めてゐないのであつて、特別規定なきも同樣に解すべきである。有限會社に於ける出資口なるものは株式會社の株式に該當する觀念である。尤も株式會社の株式には二樣の意味があつて、資本の一部としての株式の意味と株主權の意味の株式とに用ひられてゐる。出資口は卽ち前者の意味の株式に相當する。之に反し株主權たる株式に相當する觀念は有限會社に於ては之を持分と稱へる。

出資一口の金額は百圓を下ることを得ない（有一〇條）。株式會社の場合には廣く零細なる資金を集める必要から一株の金額を成る可く少額とするを便宜とするが、而も餘りに少額の株式を發行するときは細民の不健全なる投機慾を刺戟する虞が多いので、商法は一株の金額を五十圓以上、全額一時拂込の時は二十圓以上に制限した（商二〇二條二項）。有限會社に於ては之と異り零細なる資金を集むることを目的としないから、出資一口の金額は必ずしも少額たるを必要としない。寧ろ出資一口の金額が各社員の出資額の最低限を爲すものであるから、之を成る可く多くする方が各社員の會社企業に參與する量を相對的に多からしめ、會社資本が極端に一部社員に偏倚することによつて生ずる種々の弊害を少なからしむる利益がある。然し一方に於ては此出資口が單位となつて各社員の持分が計算され（有一八條）原則として出資口數に應じて總會の議決權が與へられるのであつて（有三九條）、此出資一口を單位として株式會社の株主平等の原則に對應すべき社員平等の原則が存在するから、出資口の金額を餘りに多くすることは單位としての效用を喪はしめ、實際上不便を感ずるであらう。斯くして種々の事情を斟酌した上で、法律は最低百圓を以て適當としたのである。

出資口金額の最低を定むることは多くの立法例の認むる所である。例へば獨の五百マルク（獨有五條）、墺の五百シリング（墺有六條）、佛の百フラン（佛有六條）、瑞西の百フラン（瑞債七七四條）、の如き之である。然し之等の多數の立法例では所謂持分單一主義を採り、我國の如く各社員は其出資口數だけの持分を有すると異り、原則としては一社員一持分のみを有するに過ぎない（獨有五條二項、墺有六條三項、瑞債七七四條二項）。そして各社員の持分金額がその最低額を以て整除し得ることを要件とするのが多い。此點に於ては我國の有限會社は一段と株式會社に近似してゐる。

六　出資金額拂込の必要

有限會社々員は其引受けたる出資の全額を設立又は增資の時に拂込まねばならぬ（有一二條、五七條）。株式會社に於ては現物出資を除いては（商一七二條、一七七條三項、三七〇條）設立又は增資の際に拂込むべき額は株金額の四分の一を下らざる限り必ずしも全額一時に拂込むことを要するものではない（商一七一條二項、一七七條三項、三七〇條）。そして其殘額を爾後何時何回に分割して拂込ましむるかは全く會社の任意に定め得る所である。斯の如く分割拂込を爲し得ることは設立又は增資の際に其資本又は其增加額の全部を即時に必要とせざるも、漸次に之が必要となつて來ることが豫想される場合には極めて便宜である。例へば漸次に事業を擴張する豫定の場合又は建設工事に長年月を要する場合等には設立又は增資の時には其當座に必要とする金額だけを拂込ましめ、殘額は事業擴張乃至工事進捗の程度に應じて隨時之を徵收するが如き之である。合名會社や合資會社に於ては第一回拂込金額が出資の四分一以上と云ふ制限すらも受けない。之に反し有限會社の場合の如く全額一時に拂込まねばならぬとすれば、當分餘剩の資本を會社に遊ばせて置くか又は當初必要なだけの資本を定めて其拂込を爲し、後日再び資金の必要があれば其都度資本增加の手續（有四七條乃至五七條）に依つて其資金を得るか、何れかの方法に依る外はない。之れ畢竟有限會社の制度が右の如き性質の大規模事業を營むことを制度本來の目的としてゐないからであつて、斯る事業は有限會社の形態に於て之を營むに不適當である。

此點の外國立法例は區々であつて、獨墺瑞等は有限會社についても分割拂込を認めてゐるが、佛は我國同樣に全額拂込主義を採つてゐる。我國に於ては全額拂込主義を採る結果設立又は增資完了後は最早出資拂込の問題を殘さない。從つて株式會社に於ける滯納による株式處分の手續に相當する制度も存在しない（商二一三條以下）。

七　社員公募の禁止

株式會社の設立については所謂發起設立と募集設立との二方法が認められる。一般公衆から廣く資金を募集すると云ふ株式會社制度の本來の主旨から見れば募集設立こそ株式會社の面目をそのまま發揮してゐるものと云はねばならぬ。固より發起人等が一旦株式總數を引受けて發起設立を爲し、後日適當の機會を見て其引受株式を發起人の手から一般に賣出すと云ふ方法をとつても略ゞ同一の目的を達することが出來るが、會社自ら株主を募集して資金を集める募集設立が株式會社制度の本來の主旨に直接觸れてゐる方法と云ふに違ひはない。資本增加についても同樣の事が云はれ得る。然るに有限會社の場合には資金を一般から募集することは制度の本旨ではなく、反つて少數の個人的に相信頼する者の共同出資によつて成立する會社たることを本旨とする。そこで法律は先づ其社員總數を限定すると共に、更に進んで社員の公募を許さざるものとした。卽ち有限會社の設立は株式會社に於ける發起設立に該當する方法に依つてのみ爲され得べく、募集設立の方法を認めてゐない。資本增加の場合にも尙ほ社員の公募を許さない（有五二條二項）。

八　持分讓渡の制限

有限會社々員の持分の讓渡が株式の讓渡に比較して著しく制限されることは殆ど例外なく各國立法例の認むる所である。之れ前記の社員公募禁止と相俟つて社員相互間の人的信頼の關係を維持せんとする主旨に外ならない。蓋し若し株式の如く（商二〇四條—二〇六條）會社又は他の社員の關知せざる間に社員が輾轉と交替するときは社員間の人的信頼は到底之を維持するに由なきを以てである。斯くて我有限會社法に於ても持分讓渡を著しく制限し、社員は社員總會の特別決議あるときに限り其持分の全部又は一部を他人に讓渡することを得る。而も定款を以てすれば此制限を更に加重するを妨げない（有一九條一項）。尤も社員相互間の持分讓渡に付いては定款を以てすれば右の如き制限を撤廢若くは輕減することを得る（有一九條三項）。蓋し此場合には新社員の加入がないから社員間の信頼關係を破壞する虞なきを以てである。尙ほ持分讓渡其他持分の移轉會社其他の第三者に對する對抗要件としては名義書換の手續を要するは株式の場合と同様である（有二〇條、商二〇六條）。

持分の質入も可能であるが、譲渡の場合と同様の制限に服する（有二三條）。持分譲渡が特殊の制限に服する結果、有限會社は持分に付き指圖式又は無記名式の證劵を發行するを得ない（有二一條）。記名式の持分證劵を發行することは差支へないが、此場合にも斯る證劵は所謂證劵たるに止まり有價證劵とはならない。蓋し持分移轉の際にも斯る證劵の名義書換を必要としないし（有二〇條）、其他私法上斯る證劵に特殊の效力を與へてゐないからである。

株式讓渡が原則として自由であり、且そのために株劵が發行されることは法律的には兎も角、經濟上の見地から見るならば現今の株式會社の最も重要なる特徴の一である。有限會社に於ては卽ち斯る特徴を奪はれてゐるのであるから、株式會社と有限會社とを經濟上の見地から比較するならば、此點は最も重要なる差異の一つと見ねばならぬ。

九　設立手續の簡易

有限會社の設立手續は株式會社の夫れに比較するときは極めて簡單である。募集設立の方法を認めざることは其第一であるが、株式會社の發起設立の手續と比較するも尙ほ有限會社の設立手續の方が簡單である。卽ち有限會社を設立するには（一）定款を作成して各社員之に署名し（有五條一項、六條、尙ほ公證人の認證を要す、有五條二項）（二）定款に取締役を指定せざるときは社員總會を開いて之を選任し（有一一條）、定款に監査役を置くべき旨を定め而も監査役たるべき者を指定してゐないときは同樣に之を選任し（有三三條二項）（三）取締役が社員をして出資全額の拂込又は現物出資の目的たる財產全部の給付を爲さしめ（有一二條）（四）最後に設立の登記を爲すに因つて會社は成立する（有一三條、四條、商五七條）。從つて株式會社の發起設立の如く、（A）發起人七人以上あるを要しない（商一六五條）。

二人以上の社員あるを以て足る。（B）定款作成の外に株式引受の手續を要しない（商一六九條）。蓋し各社員の引受くべき出資口數は定款の絕對的必要事項として定められてゐるし、且つ各社員之に署名するのであるから、別に引受手續を爲すは無用の重複に過ぎないからである。（C）檢査役の選任並に其調査報告等の手續を必要としない（商一七三條）。然し其代りに各社員が會社の資本充實について無過失の責任を負擔することは前に說明した（有一四條―一六條）。

十　機關構成の簡略

有限會社にも株式會社と同樣に、取締役、監査役、社員總會及び檢査役の四種の機關がある。然し之等の機關は株式會社の夫れ夫れの相當機關に比較すれば遙かに簡略に出來てゐる。之れ總て社員數が少數なることから來た結果である。

A　取締役

取締役は矢張會社の業務執行並に代表のための必要的機關であるが、株式會社の場合の如く三人以上たるを要しない（商二五五條）。一人以上あるを以て足る（有二五條）。又其任期に株式會社の取締役の如き制限がない（商二五六條は準用がない。有三二條）。其他の點に於ては株式會社の取締役と略ゝ同樣である（有二六條―三二條）。

B　監査役

監査役は株式會社の場合と異り任意的機關である。即ち定款に別段の定めある場合に限り之を設置する（有三三條）。

此場合にも其任期に法定の制限なきこと取締役と同様である。其他の點は株式會社の監査役と略ゝ同様である（有三四條）。監査役が任意機關たることは多くの立法例の略ゝ一致する所であるが、墺は社員五十人、佛は二十人を超ゆる場合には之を必要的機關としてゐる。我國の如く社員總數を五十人に限定した以上は斯る例外を認むる必要は固より存在しない。

C　社員總會

有限會社法は社員總會の決議を以て定むべき事項を多數に規定してゐる。此點から見れば、有限會社は常に社員總會なる機關を有することを豫想してゐるものと見るべく、定款を以てしても之を全然廢止することは許さざるものと解すべきである。此意味に於て社員總會は矢張必要的機關である。然し具體的なる個々の決議事項についてならば、總社員の同意あるときは社員總會の手續を省略し、書面に依る決議を以て之に代ふることを得る（有四二條一項）。一旦總會招集の通知を發したる後に於ても決議の目的たる事項に付き總社員が書面を以て同意を表したるときは書面に依る決議ありたるものと看做される（同條二項）。斯の如く個々の決議事項についてならば總會を省略し得るのであつて、此限りに於ては社員總會は任意的機關と見ることが出來る。

社員總會は招集によつて成立し、その招集手續も株主總會と略ゝ同様である。招集權者（原則として取締役、有三五條、其他監査役、有四一條、商二三五條、少數社員、有三七條二項、商二三七條二項、淸算人、有七五條一項、商四一九條、四二七條等）が會日より一週間前に各社員に對して其通知を發することを要する（有三六條）。然し其通知に會議の目的たる事項を記載することを命じてゐないし（卽ち商二三二條二項の準用がない）、一週間前と云ふ期間は定款を以て之を短縮することを許してゐる（有三六條但書）。更に總社員の同意がありさへすれば、斯る招集の手續すらも必要としない（有三八條）。從つて特に招集をしなくても直ちに社員總會を開いて任意の決議を爲し得る。之れ蓋し家族的な少數社員から成る有限會社の如きに於ては社員總會を招集すると云ふ事柄自體が頗る迂遠無意味なものに外ならないからである。

各社員の議決權は其社員の出資口數に依つて計算されるが、定款を以て其議決權につき別段の定めを設くるは差支へない（有三九條）。其定款の定めについては商法二四一條の如き制限はないから株式會社に於ける程嚴格なる社員平等の原則は行はれてゐない事になる。決議の方法には矢張通常決議（有四一條、商二三九條一項）と特別決議（有四八條）とある。特別決議に依るべき場合は特に法律が其旨規定する（有一九條、二三條二項、四〇條、四七條―五〇條、五七條（四〇條三項）五八條（商三七六條一項）五九條二項、同條四項、六〇條四項、六三條（商四〇八條、四一三條三項、一八〇條二項）六九條、七〇條、七五條（四〇條一項四號・二項）等）。其他總社員の同意を必要とする場合もある（有六七條）。

右の外は大體に於て株主總會と同樣であつて、株主總會に關する多數の規定が準用されてゐる（有三七條二項、四一條）。

D　檢査役

有限會社に於ても臨時の調査機關として檢査役を認むる。然し之を選任すべき場合は株式會社に比して少なくなつてゐる（有四五條、四一條、商二三五條、二三八條）。

十一　其他の特徵

有限會社と株式會社との相異の細末の點については今茲に一々列擧する遑がない。唯上來說述したる以外の點に於て、株式會社について存する制度にして而も株式會社には存せざるものを二三重要なものだけ列記すれば、

A　貸借對照表其他の公告

株式會社に於ては定款の絶對的必要事項として會社は一定の公告方法を定め（商一六六條一項六號、二項）且つ此方法に從つて毎期の貸借對照表を公告せねばならず（商二八三條二項）其他多數の場合に公告を命ぜらるゝ。之に反し有限會社に於ては定款に公告方法を定むる要はないし、貸借對照表の公告等も命ぜられない。有限會社に於ても公告を命ぜらるることはあるにはあるが（有五八條、商三七六條二項、一〇〇條、有四一條、商二四七條、一〇五條四項、有五七條、商三七二條、一〇五條四項、有五八條、商三七六條二項、一〇〇條、三八〇條、一〇五條四項、有六三條、商一〇〇條、一〇五條、有六八條、商一〇〇條、有七五條、商一四二條、一〇五條、四二一條、等）株式會社に比して場合が遙かに少ないし、且つ其公告方法も定款を以て定むるのではなく、總て裁判所が爲すべき登記事項の公告と同一の方法を以てするのである（有八八條）。

B　社債

有限會社には社債の制度がない。直接社債發行を禁止する規定はないが、有六〇條三項、六四條一項但書等の規定から見るときは有限會社の社債發行を許さざるものと解するの外はない。

C　建設利息の配當

有限會社は建設規息の配當を爲し得ない。蓋し商二九一條の規定は有限會社に準用がなく、從つて建設利息其他何等の名目を以てするを問はず、會社に實際利益なきに拘らず社員に配當を爲すを許さないからである（有四六條、商二九〇條）。法定準備金は外國立法例中には其積立を要せざるものもあるが、我國では有限會社についても其積立を命じてゐる（有四六條、商二八八條一項）。

D　會社の整理、特別清算

之等の制度は何れも有限會社に存在しない。

（慶應義塾大學講座　經濟學　附錄（特別講座）、慶應出版社、昭和十三年、現代の經濟第四卷第九號、昭和十五年に一部修正の上再錄）

新商法點描

一　商法より企業法へ

一般に從來の見方に依れば、商法とは『商』若は『商事』に關する法律である、とされてゐる。從て此の商若は商事なる觀念を精密に確定することは、商法學上極めて重要なる任務の一つであつて、夫れに因つて始めて商法の適用範圍の限界が判明する譯である。

所が此の商若は商事の觀念に就ては頗る曖昧模糊たるものがあり、結局實質的なる定義を下すことは不可能なるかに見える。蓋し商法の規定の對象は極めて種々雜多であり、且つ國により時代により其の範圍が流動變轉して已まないから、之等の全部に共通な統一的定義を求めることの困難であるに依るのである。そこで現在では商法上に於ける商若は商事の觀念を實質的に定義することを斷念して之を其の形式的方面から觀察し、商事とは商法の規定したる事項を謂ふ、とする外はないものゝ如くである。之れ以外には商法の適用範圍を精密に確定するが如き商の定義を求めることは出來ない。今日まで、商の觀念を其の實質的方面より把握せんとする企ては、其の結果の不精密さのために、總て失敗に了つてゐると言つて差支へない。然し乍ら商事なる觀念の定義として、商法に規定したる事項を謂ふ、と言つたのでは、之を前記の商法の定義に當てはめて見ると、商法とは商法に規定したる事項に關する法律を謂ふ、と云ふことになつてしまふのであつて、商法の支配領域の確定と云ふことに付ては、要するに何事も證明してゐないと云ふことに歸著する。

惟ふに商法上の諸原則は、沿革上から之を見れば、最初は經濟上の『商』現象に特有なる法規として發生し、發達して來たものなることは疑を容れない。商業は貨物の生産者と消費者との中間に在つて、其の貨物の轉換を媒介する營利活動（賣買商、其の他の固有商）若は之を補助することを目的とする營利活動（運送、寄託、保險、銀行其の他の補助商）であつて、通常一般の民事上の行爲（日常生活）と比較すれば、商業に在つては簡易迅速性、其の他特殊の性格を多分に有するから、此の商業に適應すべき特有なる法規が、一般民法上の原則に對して特別法として發生し、發達することは自然の要求に外ならないからである。

斯くして出來上つた商法上の原則は、特に商業のためのものであるから、色々な意味で商業にとつて特に便宜に出來てゐることは言ふまでもないが、而も夫れは特に商業のみに限つて便宜であり、其の他の事項には之を適用するに適しないものであるかと云ふに、決して左樣ではない。商法の諸原則は、無意味に偶發的に出來上つたものではなくして、商業特有の性格又は傾向を眼中に置いて、其の性格又は傾向に適應すべく、合目的的に出來上つて來たものであるから、假に商業以外の事項であつても、商業と共通の性格又は傾向を持つたものがあるとすれば、夫れは又矢張り商法の規定を適用した方が便宜であるに相違ない。商法が所謂『商』法に止まつてゐない原因は玆に存在する。

我商法は明治三十二年制定の當初から、可成り多くの非商事現象を收容してゐる。例へば電氣又は瓦斯の供給に關する行爲は夫れが原始生産業に屬する場合にも相對的商行爲であり、運送に關する行爲は商品又は商人以外の物品又は旅客運送でも相對的商行爲であり同樣に生命保險、商品以外の物の損害保險、商品以外の物の寄託と引受、商行爲以外の行爲の仲立又は取次に關する行爲、出版印刷又は撮影に關する行爲、客の來集を目的とする場屋の取引、等は何れも本來商業に屬するものとは言ひ得ないものであり乍ら、商法は之を相對的商行爲とし、之を營業として爲す限り商法の適用を受けねばならぬ（商五〇二條）。又手形に關する行爲の如きは、商業上授受せらるる手形に限らず、常に絕對的商行爲であるから、例へば官吏が月末に米屋の勘定として偶々小切手を振出した樣な場合でも、夫れは商行爲として商法の支配下に立たねばならぬ（商五〇一條）。

斯樣に商法の規定の對象は其の制定當初から著しく本來の『商』の觀念から逸脫したものであつたが、商法の『商』以外の領域への進出は商法の制定に因つて其の步を止めて固定してしまつたものではなく、商行爲の種類は其の後益々增加しつゝある。卽ち明治四十二年の擔保附社債信託法が同法に依る信託の引受及び社債總額の引受を商行爲に加へたるを始めとし（同法三條、一九條二項）、無盡業法に依る無盡や信託法に依る信託の引受も亦商行爲（相對的商行爲）に加へられた（無盡業法二條、信託法六條）。尙ほ昭和十年法制審議會作成の商法改正要綱第二百七に依れば更に數種の商行爲の追加を提案してゐる。

商行爲の種類の增加と相俟つて、商法の領域の擴大につき看過すべからざる事件は、明治四十四年の商法改正法に依る民事會社の出現である。民事會社は夫れまでとても營利社團法人として民法三五條に依り、商事會社設立の條件に從ひ設立せられ、且つ設立後も總て商事會社に關する規定が準用されるものであるから、實質的には商法、殊に會社法の勢力範圍內に在つたのであるが、明治四十四年の商法改正法に依つて、之を完全に商法の領域內に吸收し、之を會社と看做すと共に（商五二條二項、但、從來は四二條二項）此の民事會社の行爲には商行爲に關する規定を準用することゝしたので（商五二三條、但從來は二八五條ノ二）、會社法並に商行爲法の範圍に於ては民事會社も商事會社も全く同等の地位を與へられ、其間の差別はなくなつたのである。その結果、會社の形態に於て經營される限りに於ては、商行爲の營業たると否とを問はず、總ての種類の營利事業が一樣に商法の支配下に入り、殊に今まで商法から原則として閉め出されてゐた原始生產業が、會社法の門戶開放に因つて一齊に商法の領域に登場することになつたのである。

尤も斯樣な現象は獨り明治四十四年の會社法の改正を俟つまでもなく、既に保險法及び海商法の領域に於ては早くから現はれてゐた。

先づ海商法について見るに、商法の規定に依れば、其の規定は本來商行爲を爲す目的を以て航海の用に供する船舶についてのみ適用せらるべきものであるに拘らず（商六八四條）他方に於ては航海の用に供する船舶である限り商行爲を爲す目的を有せざるも尙ほ商法の海商編の規定が準用せらるべき旨、船舶法が規定したため（同法三五條）、前揭商法六八四條に依る制限は結局無意味に歸し、海商法の規定は實質的には商行爲とは無關係に、廣く海上私法、殊に海上企業法としての實體を與へられてゐる。

保險法の範圍に於ては事柄は一層顯著である。保險は本來相對的商行爲であるから（商五〇二條九號）、營業として之を爲す場合に限り商行爲となり、商法の支配範圍に入つて來る譯であつて相互保險の如き營利を目的とせざるものは商法からは除外されねばならぬ筈であるが、夫れにも拘らず、保險に關する商法の規定は原則として相互保險にも準用せらるべきことを商法自ら明かにせるのみならず（商六六四條、六八三條一項、八一五條一項）、保險業法は保險相互會社につき、商法第一編及び第二編の規定を極めて多數に準用してゐるから（同法三六條二項、三九條三項、四二條、五〇條、五三條二項、五四條、六〇條乃至六二條、六七條、六九條二項、七三條、七七條、七八條等）、相互會社は商法上の會社ではないと謂ふものの、商法上の會社、殊に株式會社と極めて類似せる組織形態を有するものであつて、會社法の原則は實質的には保險相互會社にも亦其の領域を擴大せるものと認めることが出來る。從て相互保險は其の企業主體並に企業活動の兩方面とも、實質的に營利保險と同樣、商法の支配範圍内の事項となつてゐる。

以上の外にも尙ほ特別法の方面に眼を轉ずるならば、其處には又多數の商法原則進出の跡を見ることが出來る。或は商法の重要なる規定を準用し、或は商法と同趣旨の規定を設くることに依つて、商法的色彩を濃厚にしてゐる法令は枚擧に遑がない。只其の特に顯著なるものを例示するならば、其處に產業組合法がある。產業組合は商行爲を爲すを業とせざるは勿論、營利を目的とするものにも非ざるに拘らず、尙ほ商人に關する商法の規定が準用せられ（產業組合法五條)、且つ產業組合の組織は商法上の會社と共通の要素を多分に含んでゐる。工業組合や商業組合なども亦、此の產業組合法の規定を準用することに依つて同樣の狀態に存る(工業組合法三八條、商業組合法三七條)。

從來の商法は形式上から見れば少くとも商行爲中心主義に據つたものであつて、商法は廣い意味に於ける商行爲法であるとさへ云ひ得るものであつた。尤も其の商行爲なるものの觀念そのものが、前述の如く極めて變態的に定められてゐて、經濟上の『商』なる觀念からは頗るかけはなれたものであつたにしても、兎も角も形式的には商行爲と言ふ一團の現象を捉へて商行爲を設け、商法の其の他の部分も總て此の商行爲と何等かの關連を保たしめてゐる。卽ち商行爲を爲すを業とする者に非ざれば商人とはならず、從て商法第一編に於ける商人に關する規定は適用されないし、商行爲を爲すを業とする社團に非ざれば會社として設立することを得ず、從て第二編の規定も適用の餘地はない。手形に關する行爲は絕對的商行爲であるから、第四編手形の規定は常に商行爲に關するし、又第五編海商の規定も前述の如く商行爲を爲す目的を有する船舶についてのみ適用される。要するに從來の商法の規定は第一編から第五編に至るまで、總て商行爲そのものか、若は商行爲と關連ある事項でなければ適用しないと云ふ立場を採つてゐる。

斯樣な商法の『商』法としての立場の維持が、其の內面的崩壞にも拘らず、尙ほ商行爲の種類の增加、換言すれば商行爲の觀念の技術的な擴張によつて取繕はれてゐる間は未だ良いとして、それが相互保險に、非商船に、民事會社に、產業組合に、と言つた工合に、次ぎ次ぎに商法の原則が商行爲の係累を脫出して、廣大なる天地に手足を伸すときは、最早商法は『商』法としての立場を實質的には喪失したものと解すべく、少くとも商行爲中心主義の一角は旣に崩壞したものと認めざるを得ない。

斯樣な大勢から見て、今回の商法改正前に於てすら、旣に一部の進步的な商法學者の中には、商法は『商』法に非ずして、『企業』法であるとし、商法が外形上は商行爲の種類を列擧してゐるに拘らず、之を制限的列擧とは見ないで、一の例示的列擧と解すべきものとし、商法の豫想する以外の一切の企業にも均しく商法の適用あるものである、とすら主張する者があつた。勿論、斯る見解は實定的な商法の解釋論としては固より其の限界を逸脱したものと云ふの外なく、遽かに之に贊同し得ないものではあるけれども、立法論としては確かに極めて適切なる主張たるを失はず、能く商法の近き將來の進路を道破してゐるものと云ふべきである。

商法より企業法へ！　それは現代商法の手近な理想目標であらねばならぬ。只、今日の狀態に於て直ちに、商法＝企業法、と云ふ所までには達してゐないことを遺憾とする。折角商法改正の機會を得ながら、仍ほ舊殼を蟬脫し得ないで、舊態依然、商行爲中心主義を看板に掲げてゐるのは、聊か立法上の時代錯誤たるの觀がある。

尤も改正法は新に第四條に第二項を加へて商人の觀念を擴張し、三種の準商人を認むるに至つたから、改正前と比較すれば、之に依つて更に一段と企業法としての實體に近付いたとは云ふものゝ、一方に於ては商法が依然として商人及び商行爲の觀念を制限的列擧の形で定めてゐる點が、普遍的企業法としての理解を防げてゐるし、他方に於ては、絕對的商行爲や小商人の存在が『企業』の觀念とは矛盾するのである。

二　準商人の正體

（一）

商法改正法は商人の觀念を擴張して、新に三種類の準商人を認めることになつた。卽ち商法上固有の意味に於ける商人とは『自己ノ名ヲ以テ商行爲ヲ爲スヲ業トスル者ヲ謂フ』ことは從來と變りはないが、此の外に改正法は『店舖其ノ他之ニ類似スル設備ニ依リテ物品ノ販賣ヲ爲スヲ業トスル者又ハ鑛業若ハ砂鑛業ヲ營ム者ハ商行爲ヲ爲スヲ業トセザルモ之ヲ商人ト看做ス第五十二條第二項ノ會社亦同シ』と規定した（商四條二項）。此の規定に依り商人と看做さるべき者を便宜上準商人と名けて置く。從て商法上準商人には（一）店舖其の他類似設備に依る物品販賣業者、（二）

鑛業若は砂鑛業者、（三）民事會社の三種がある譯である。

之等三種の準商人の中、最後の民事會社（商行爲を爲すを業とせざる會社）に付ては、改正前に於ては爭のあつた所であるが、多數の學者は之も商人であると解してゐたし、又假令反對論者と雖も之に商人の規定が類推せらるべきものと解する者が多數であつたから、改正法が特に準商人の一に加へて之を商人と看做した所で、實質的には何等の變更を來さない。從來から學說上略〻承認されてゐたものを規定の明文に表はしたと云ふに止まる。從て改正法が實質的に特に新設した準商人は殘る二者だけである。

（二）

そこで先づ最初の店舖其の他類似設備に依る物品販賣業者に就て考察して見る。商法の規定に依れば『店舖其ノ他之ニ類似スル設備ニ依リテ物品ノ販賣ヲ爲スヲ業トスル者（中略）ハ商行爲ヲ爲スヲ業トセザルモ之ヲ商人ト看做ス』と云ふのである。

此の規定は主として農業、林業、漁業、鑛業其他の所謂原始生產業者に適用されるものであつて、店舖其の他類似設備を利用して其の產物若は加工品を販賣する限り、總ての原始生產業者が商人と看做されるのである。蓋し例へば近郊の百姓が自ら都會內に店舖を設けて專ら自作の野菜類を販賣すると云つた樣な場合には、其の營業形態や規模から云つて、通常の八百屋、卽ち青物市場から野菜類を仕入れて之を販賣する八百屋と全く差異はないし、殊に買主其の他外部の者から見ては或る八百屋が其の商品を自作せるものか、又は市場より仕入れしものかを判別することは困難であるから、此の點の相違に因つて一方は商人として商法上の諸制度の適用を受け、他方は其の適用を受けないと云ふことは、極めて不便であるし且つ斯る區別を設くべき實質的な理由もない。そこで商法は斯樣な原始生產業者も亦一樣に之を商人と看做し、均等の取扱を爲さんとするのである。尤も此の規定は必ずしも原始生產業者のみに限り適用されるものでないことは後述の通りである。

以下商法の規定に基いて、此の種の準商人の要件を分析して見れば、

一、商行爲を爲すを業とせざること。商行爲卽ち商法五〇一條又は五〇二條に揭ぐる基本商行爲を爲すを業とする者は固有の意味の商人であつて、物品販賣を爲すを業とする者であつても此の種の準商人には該當しない。故に例へば商品を他から仕入れて之を轉賣することを業とする者は商法五〇一條一號又は二號の商行爲を爲すを業とする者であるから、固有の意味の商人となるのであつて、準商人とはならない。

二、物品の販賣を爲すこと。玆に物品とは商法の他の場所に於ける用例と同じく、動產及び有價證劵を謂ひ、不動產を包含しない。尤も有價證劵も理論としては包含されてはゐるが、實際問題としては有價證劵の販賣業が商行爲營業とならぬ場合は極めて稀有であらうから、物品と言つても差當り動產のみが問題となるものと見て大過はない。

三、物品の販賣を爲すを業とすること。業とするとは商法四條一項や五二條などの場合と同樣、營業とする意味である。繼續的な營利の意思を以て同種の行爲を反復することが豫想されねばならぬ。而して其の營業は物品販賣業たるを要し、其の營業の基本たる取引の法律上の形態は賣買契約である。卽ち賣買契約に因つて物品を賣却することを營業とせねばならぬ。物品を販賣する限り必ずしも小賣商たることは必要でない。專ら卸賣を營む場合でも此種の準商人たるに防げない。之に反し營業として物品の買入を爲すと言ふことが在り得るか否か疑問であるが、假に斯樣に營業が在り得たとしても、其の營業主は準商人にはならない。又物品の賃貸業（貸衣裳、貸蒲團等の營業）は其の目的物を他より仕入れる場合には、商法五〇二條一號の商行爲に該當し、其の者は固有の商人となるが、偶々手元に在り合せの物品を賃貸しても、其の者は商人でも準商人でもない。自己の資金を以てする金貸業又は質屋營業等も、其の營業の基本取引は消費貸借契約であつて賣買ではないから矢張此の種の準商人とはならない。

以上三個の要件から見て、結局此の種の準商人たるべき者は、前述の如く一般の原始生產業者が其の主要なるもの

であるが、必ずしも原始生産業者に限る譯ではない。即ち例へば贈與、遺贈又は取得時效等に因つて無償取得した物品を後に營業として販賣する者の如きは物品販賣業者であり乍ら、商行爲を爲すを業とする者ではないから、矢張此の種の準商人に加へねばならぬ。同様に始め轉賣の意思なくして有償取得したる物品、若は轉賣の意思はあつても轉賣に因つて利益を得る意思なくして有償取得したる物品を後に販賣することを業とするならば此の種の準商人に該當する。從て、此の種の準商人は專ら原始生產業者に限るとの見解は理論上は誤謬と云ふの外なきものであるが、然し實際問題としては此處に擧げた樣な營業者は實例に於て殆ど存在しないであらうから、實際上は此の種の準商人は原始生產業者のみであると言つても、大なる過ではないのである。

四、店舗其の他之に類似する設備に依ること。商法は店舗なる語を此の場合の外、四四條にも用ひてゐるが、其の店舗の何たるやに付ては解釋の參考となるべき規定を全く設けてゐない。故に結局國語の通常の用法に從つて之を解釋する外はないと考へる。其處で試に國語の辭書を繙いて見ると、店舗とは「みせ」即ち「見世」であり、「見せ棚」の意味から轉化したもの、顧客の目に着き易い場所に商品を陳列して置く設備であると云ふことになるらしい。但し之れだけでは商法上店舗の定義としては不完全であるから、私見を以て其の定義を下すならば、『店舗とは營業主が其の取引の目的物を陳列する爲めに設けたる排他性ある場所的設備であつて、而も一般人が自由に其處に出入して其の陳列したる物品に付き取引を締結することを目的として設けたるものを謂ふ』。尤も現今吾人日常の用例としては店又は店舗なる語は更に廣く用ひられてゐる樣であつて、必ずしも商品の陳列を必要とせず、一般に營業所用の場所的設備を總稱する。現に質屋取締法二條は『質屋ハ店舗ノ外ニ於テ營業ヲ爲スコトヲ得ス』などと云ふが如き場合には明かに商品の陳列を要件としてゐない。商法四條二項の店舗なる語が果して本來の狹い意味に用ひたものであるか、若は轉化したる廣い意味に用ひたものであるかは議論の餘地も在らう。然し此の規定を設けたる立法理由などから推して、特に固有の商人的設備を利用する場合に限り之を商人と看做す主旨と見るを妥當とするから、店舖なる語の意味に付ても狹い本來の意味に解するを適當と信ずる。殊に商法が其の他の類似設備を併せ列擧した點からも、特に之を廣く解する必要はないと思ふ。卽ち商法四條二項に所謂店舗は質屋取締法二條等に謂ふ店舗よりも狹い意味を持つものである。又商法四四條に用ひた店舗の語も解釋の技術としては商法四條二項の場合と同一意義に解釋したい所であるが、四條二項と四四條とは立法主旨に於て全く別個無關係のものであるから必ずしも兩者同意義に解さねばならぬものではない。然し四四條の店舗の意味を如何に解すべきかに付ては、今玆に之れ以上深入りする餘猶がないから別の機會に讓ることにする。

次に店舗に類似する設備の何たるやに付ても商法上解釋の資料を發見し得ないが、矢張此の規定の立法理由から考へて、主として商人の利用する、商人固有の場所的設備を指すものと解するを適當と信ずる。所謂商品陳列所の如きは其の典型的な例である。之に反し倉庫や工場の如きは店舗でも其の類似設備でもない。單なる事務所の類も亦同様である。之等は何れも商人固有の設備とは言へないからである。實際問題としては店舗も其の類似設備も共に建物若は其の一部たることが大多數であるが、理論上は必ずしも建物若は其の一部たることを要すると解すべき根據はない。單なる行商の荷駄は店舗若は其の類似設備に屬せざることは明かであるが、之に反し露店、屋臺店、列車船舶內の賣店、大型自動車に依る移動式賣店の類は何れも店舗又は其の類似設備に屬するものと見なければならぬ。

(三)

次に鑛業者及び砂鑛業者が準商人である。卽ち『鑛業若ハ砂鑛業ヲ營ム者ハ商行爲ヲ爲スヲ業トセザルモ之ヲ商人ト看做ス』のである。然し鑛業及び砂鑛業は何れも夫れ自體としては商行爲には屬せざること自明であるから、商法が此の場合にも『商行爲ヲ爲スヲ業トセザルモ』と斷つてゐるのは蛇足に過ぎない。鑛業及び砂鑛業を營む者が何故に商人と看做さるべき必要があるか、其の理由は明確でないが、恐らくは鑛業も砂鑛業も近代的設備の下に大規模經營に適する企業であるから、其の他の一般原始生產業と區別して、特に店舖に依り其の產物を販賣しないでも、當然之に商法上の諸制度を適用するを相當とすると立法者が考へたのではないかと思ふ。此の規定は法制審議會作成の商法改正要綱には存在しなかつたものが、起草委員の手に依つて突如附加へられたものであつて、立法論として果して適當なりや否や疑はしい。何となれば鑛業及び砂鑛業が近代的設備の下に大規模經營に適すると云ふだけでは、現在總ての鑛業及び砂鑛業が例外なく現に近代的設備を有し、現に大規模に經營されてゐると云ふことにはならない。而も商法は其の設備や規模の如何に拘らず、凡て其の經營者を商人と看做してゐるのであつて、從て近代的設備を有せず、規模の狹少なる場合にも尙ほ其の經營者は商人と看做され、商人に關する商法上の諸制度の支配を受けねばならぬ。そのことは立法者自身が鑛業砂鑛業者に付ても尙ほ小商人の存在を否認せざる所からも承認せざるを得ないであらう（商法中改正法律施行法三條參照）。殊に斯樣な規定を特別に設けないでも、鑛業砂鑛業が會社の形態で經營されるならば、商法四條二項後段の規定に依つて商人と看做されるから、會社が之を經營する場合には斯る規定の必要はない。そして鑛業砂鑛業を多少共合理的に大規模に經營しやうとすれば、先づ會社組織を選ばねばならぬであろう。今日會社以外の鑛業又は砂鑛業者であつて、而も商人と看做して商法の支配下に置かねばならぬものが幾何現存するのであろうか。更に若し其の鑛業若は砂鑛業者が其の採掘又は採取したる鑛物又は其の精錬加工品を店舖又は其の類似設備に依つて販賣するならば、四條二項前段の規定に依つて商人と看做されるから、益々中段の規定を設くる實益が少くなつて來る。結局此の規定は會社に非ざる鑛業砂鑛業者であつて、而も店舖又は類似設備を有せざる者に付て初めて之を設けた實益がある譯である。換言すれば大規模の鑛業砂鑛業者は此の規定がなくても、他の規定に依つて商人たるべく、此の規定を俟つて始めて商人と看做される樣な者は大多數が取るに足らざる小『山師』であると云ふことになる。聊か呑舟の魚を逸して雜魚ばかりを引掛けた觀なきを得ない。

(四)　之を要するに、商法改正法は新に三種の準商人を列擧してゐたが、結局夫れ等の中、實際問題として重要視すべきは、店舗又は類似設備に依る原始生産業者だけであつて、其の他は從來より理論上承認されてゐたものか（民事業社）、實際上稀有のものであるか（原始生産業以外の物品販賣業者）若は立法者の見當外れで巻添を喰つたもの（鑛業砂鑛業者）である。

三　第五百二十三條の波紋

商法改正法五二三條に依れば『第五十二條第二項ニ定メタル會社ノ行爲ニハ商行爲ニ關スル規定ヲ準用ス』とある。此規定に依つて民事會社の行爲が所謂準商行爲となるのである。此新法五二三條の規定は改正前二八五條ノ二の規定を其まゝ踏襲したものに外ならないのであつて、改正法が新規に之を設けたものではない。然し乍ら一方に於て改正法は新に民事會社を商人と看做す旨の規定を設けたため（三條二項）今度は五〇三條の規定に依つて民事會社が其營業の爲めにする行爲は總て商行爲となつてしまひ、從て舊法二八五條ノ二を傳承する新法五二三條は最早廢物と化したのではないか、と云ふ疑問を生ずる。

此の疑問は一應尤もであるが、然し從來一般の學者の見解を基礎として推論して行くならば、五二三條は改正法上も必ずしも其の效用を全く失つたものではなくして、返つて其の重要なる點に於て存在意義を有するものであると見ねばならぬ。と言ふのは、五〇三條に於て『商人ガ其營業ノ爲メニスル行爲』と謂ふは、商人の營業の補助として爲さるる行爲（例へば營業資金の借入、使用人の雇入等）を意味し、其の營業の基本たる取引（即ち所謂營業の部類に屬する取引、例へば本屋ならば書籍の賣買契約）を包含しない。其の基本的取引は五〇一條又は五〇二條等を俟つて商行爲となるのであつて、五〇三條を俟つて始めて商行爲となるのではない。蓋し五〇三條の適用あるがためには先づ其行爲者が商人なることを確定せねばならないが、或者が商人なることを確定せんとすれば、先づ其營業の基本たる取引が商行爲なることを確定せねばならないから（三條一項）、從つて其の基本取引は五〇三條に所謂『營業ノ爲メニスル行爲』に該當するや否やを論ずるまでもなく、既に他の規定に依つて、其商行爲なることが確定してゐなければならぬ。五〇三條は其の適用の先決問題として既に商行爲なることの確定してゐる行爲に付てまでも、更に重ねて之を商行爲とすることを宣言したものではない。之れ五〇三條に『其營業ノ爲メニスル行爲』と云ふのは營業の補助として爲さるる行爲のみを意味し、營業の基本取引を包含しないと解せらるる所以であつて、五〇三條の商行爲を補助的商行爲又は附屬的商行爲等と呼ぶのも此意味を表現するために外ならぬ。

斯樣に五〇三條は營業の補助的行爲のみを商行爲とする主旨であるとするならば、民事會社が商人と看做された結果は、單に其の營業の補助的行爲が商行爲となるに止まり、肝心の營業の基本たる取引は五〇三條の適用範圍外であつて、此規定に依つては商行爲とはならない。從て基本取引に付ても亦商行爲法の原則を適用せんとするならば、特に其旨の規定を設けねばならぬ。五二三條が今日尚ほ其存在意義を失はないと云ふのは斯樣な關係があるからである。卽ち五二三條は民事會社の營業の基本的取引を商行爲法の原則に從はしむるために必要なる規定である。尤も五二三條に所謂會社の行爲なる語の中には營業の基本取引のみならず、其の他一切の補助的行爲をも亦包含してゐるが、其の補助的行爲に關する限りは五〇三條と重複してゐる。

然るに若し上述の如く民事會社に付て五二三條の規定が必要であり、此の規定なくしては其の營業の基本取引に對し商行爲法の規定を適用若は準用することを得ないものであると解するならば、民事會社以外の準商人に付ても亦同樣のことが言はれねばならぬ。夫れにも拘らず、改正法は店舖其の他類似設備に依る物品販賣業者及び鑛業若は砂鑛業を營む者等の準商人（三條二項）に付て五二三條の如き規定を設けてゐないから、其營業の基本取引（例へば物品販賣業者の爲す物品販賣契約）は商行爲に非ず又商行爲に關する規定が準用されるものでもない。之等の準商人も亦商人と看做さるる以上は五〇三條に依つて其營業の補助的行爲は商行爲となり商行爲に關する商法の適用を受くるに拘らず、肝心の本尊たる基本取引だけは商行爲とはならず從て民法の適用を受くるに過ぎないことになる。

右の如き結果は極めて不當であつて、商法が民事會社のみにつき五二三條の規定を設け其の他の準商人については全く此の點の顧慮を爲さゞる理由が那邊に在るかを解するを得ない。一體改正法が三種の準商人を認め、就中店舖又は類似設備に依る物品販賣業者を商人と看做すこととした主要なる理由は、これに依つて取引の安全並に迅速を保護せんとするに在る。蓋し斯る物品販賣業者は店舖等の典型的商人設備を利用し、營業の外形からは固有の商人と區別することが困難なるに拘らず、之を從來の如く商法の適用範圍外に置くときは、取引の相手方に不測の損害を生ぜしむる虞が著しいからである。然るに若し取引の安全と云ふ見地からするならば、之等の者を單に商人と看做しただけでは不充分なのであつて、寧ろ夫れよりは其の者の行爲を商行爲をすることに重點を置かねばならぬ。或者が商人であるか否かは單に商業登記とか商業帳簿とか、其の他主として商法總則の規定が適用せらるるか否かの差異を生ずるに過ぎないから、取引の相手方にとつては大した影響のないことが多い。勿論之を商人と看做しただけでも取引の安全迅速に相當役立つことは否定し得ないけれども、其の者の行爲を商行爲とすることと比較すれば、其の效果に於て遙かに劣るものである。

斯くて從來の學説を基礎として改正法の規定につき形式論理的に推理を進めて行くならば、上述の如き不當なる結論に到達することは避くべからざる所であつて、此意味に於て起草者は立法の杜撰の非難を免れないが、法律の眞の解釋論としては右の如き不當なる結論を其まゝ承認することは許されないのであつて、三條二項が準商人を認めた精神が之等の準商人と固有の商人との法律上の差別待遇を撤廢せんとする所に在るならば、法規の形式上の缺陷にも拘らず、尚ほ之等の者の商行爲法上の差別待遇も亦同時に之を撤廢せんとする主旨であると解すべく從て準商人の營業上の行爲は其基本取引についても亦商行爲の法則に從ふべきものであると解するを正當と信ずる。結局五二三條は民事會社以外の準商人にも亦之を類推適用すべきものと解する。

尤も以上總ての議論は五〇三條が所謂補助的商行爲に關するものであつて、營業の基本取引を包含しないと云ふ前提の下に進められたものであるが、此前提自體も亦、一應は再檢討を受けねばならぬ。蓋し改正前の商法に於ては商行爲營業者のみが商人とされてゐたから、商人の觀念を定むる先決問題として常に其の基本取引の商行爲性が認定せられねばならなかつたから、其結果營業の基本取引が商行爲なりや否やは全く五〇三條（改正前二六五條）の關與せざる前に決定せられてしまふので、そこで五〇三條は營業の基本取引を包含しないと云ふ見解が成り立つのである。五〇三條の規定自體には基本取引を除外すると云ふ主旨は毫も包含されてゐないのであつて、寧ろ反對に其基本取引は勿論のこと、補助的の行爲すらも之を商行爲とすると云ふ主旨なること明かである。基本取引を除外すると云ふのは他の規定との關連上出て來ることなのであつて、決して五〇三條に內在する事柄ではない。營業の基本取引は他の規定に依つて常に商行爲となつてゐるのであるから、五〇三條が重ねて之を商行爲とする迄もないと云ふだけのことであつて、其基本取引が他の規定に依つて商行爲とならぬ場合にも尙ほ五〇三條が之を除外して商行爲とは爲さぬと云ふ根據は何處にも存在しない。故に若し商人の營業の基本たる取引にして、而も他の規定に依つては商行爲とされてゐないものが在るとすれば、斯る行爲は矢張り五〇三條に依つて商行爲たるものであると見るは必ずしも無理な解釋ではない。改正前は遇々斯る場合がなかつたから、之を論ずる必要がなかつたまでで、改正法の如く商行爲を爲すを業とせざる商人（準商人）を認むる以上は其營業の基本取引は五〇三條に依つて商行爲となると見て差支へないのであるまいか。現に獨逸商法三四三條は我商法五〇三條と略同主旨の文句を用ひた規定なるに拘らず同法が商人中心主義を採り基本商行爲の觀念を認めざる結果商人の營業の基本取引及補助行爲を含めて三四三條が之を商行爲とするものであることは同國商法學者の一樣に認むる所である。

但し我商法五〇三條を右の如く解するに付ては尚ほ二つの難點がある。即ち其の一は三條二項が準商人は商行爲を爲すを業とせざるも之を商人と看做すと云つてゐるのに、其の者の營業の基本取引が五〇三條に依つて商行爲であると云ふのでは逆說的であつて、一體準商人の營業の基本取引は商行爲であつてはならぬ筈なるに拘らず、之を商行爲としてしまふのは矛盾すると云ふことである。然し此の點は單に詭辯的な障碍に過ぎないのであつて、本來三條二項に所謂商行爲とは固より所謂基本的商行爲を指すのであつて、五〇三條に依る商行爲を包含しないことは多く論ずるまでもない。又第二の難點は五二三條が無用の規定となると云ふことである。蓋し右の如く解するならば民事會社の營業の基本取引も亦、其の補助的行爲と共に一切五〇三條に依り商行爲となるからである。法律解釋の一般原則としては法規は總て有意義なるものとして解釋するを可とするが、若し五〇三條が基本取引をも包含すると解するを正當とするならば五二三條は起草者の錯誤に因つて無用の規定を設けたこととなるのであつて、此の點は蓋し已むを得ざる所である。

以上之を要するに、商法改正法五二三條は五〇三條が營業の基本取引を包含しないと解するならば、民事會社以外の準商人を脫落したる片手落な規定であることになるし、若し又五〇三條が其の基本取引を包含すると解するならば、無用なる駄足的規定であると云ふことになる。

（財政經濟時報第二十七卷第三號、第四號、第五號、昭和十五年）

一人會社について

一

一　一人會社（one man company, Einmanngesellschaft）と云ふのは一人の社員（又は株主）を以て組織されてゐる會社のことである。

現行法個人企業の有限責任制は一般的には認められてゐない。然し此の場合會社制度を利用するならば、個人企業を實質的に有限責任化することが出來る。合名會社、合資會社及び株式合資會社は何れも無限責任社員を含んでゐるので、此の目的には不適當であるが、株式會社と有限會社とは個人企業の有限責任化に役立ち得る。一人會社は實は此の目的のために案出されたものに外ならない。(1)

二　個人企業の場合に於ても、その營業規模が膨脹して取引範圍が廣汎となり、使用人の數も增え、使用人に委任する權限の範圍も擴大するときは、營業主としては最早自らその營業の全般に亙つて一々巨細の指揮監督を爲すことは不可能であつて、從つて使用人の不正怠慢又は不熟練等に因る損害發生の危險も增大する。海商法の領域に於ては既に早くから、船長の行爲につき船主の責任を制限する制度が存在してゐるが（商六九〇條）、之と同一の理由によつて、その他の一般の企業につき營業主の責任を、その營業財產を限度とする有限責任としたいと云ふ、企業者側の要求は必ずしも理由なきものとは言へない。若し斯様な制度が認められれば、營業主は營業外の私用財産まで企業の危險に曝されることなく、又一人で數種の營業を營む場合にも、一の營業上の危險が他の營業財産に及ぶことなく、互に獨立して之を經營し得ることになる。この目的のために應用されるのが一人會社である(2)。

一人會社に於けるその唯一人の株主又は社員は個人(自然人)に限らない。或る會社が他の會社の總株式又は持分を所有することによつて、コンツエルンに於ける親子會社の完全なる支配關係の生ずることは廣く知られてゐる。會社がその營業の一部門又は或る支店の營業を獨立經營せしめ、或は特定の特許實施を爲すために、別に一人會社を設立する例は頗る多い。斯様なことは獨占禁止法の施行によつて著しく制限を受けることになつたけれども(同法九條以下)、尙ほその枠内に於ては一人會社を子會社として利用し得る(3)。

三　株式會社も有限會社も、その本體は社團であつて(商五二條、有一條)、個人企業をそのまゝ之等の會社組織に變へることは出來ない。殊に株式會社の場合には最低七人の發起人(商一六五條)、有限會社の場合にも最低二人の社員がゐなければ、會社を設立することは不可能である。然し或る一人の者が、名目的に自己の妻子などを發起人又は社員に加へて右の最低員數を充たし(所謂藁人形 straw man)、之等の者には夫れぞれ一株宛又は一口宛といふ様な最低限の株式又は出資口を引受けしめ、殘餘の總株式又は出資口を自ら引受けて會社を設立し、會社成立後は自ら代表取締役となり、株式會社の場合には他の株主(妻子)から委任狀附で株券を全部自分に引取つてしまふと云ふ風にすれば、會社の實權は一切その者の手に握られ、他から干渉を容れる餘地がない。斯る會社の營む企業は會社組織の外被(Mantel)を着てはゐるけれども、實質はその一人株主又は社員の個人企業なのである。而もその會社の外被あるために、營業上の債權者は會社債權者であつて、株主(社員)個人の債權者ではない。結局企業の危險は會社財産以外には及ばないことになり、個人企業の有限責任化を實現し得るのである。英法上 one man company と云ふのは主として斯様な藁人形を用ひた會社を指してゐる。

然るに獨法上に於ては、一般に會社設立には複數人の存在を要件としてゐるが、會社存續の要件としては社員數の最低限を規定せず、卽ち社員數が一定限を降つた場合に會社が解散すると云ふ様な規定を設けてゐない。それでも合名會社や合資會社は組合であると見られてゐる關係上、契約關係の存在が必要とされ、殘存當事者一人となつてしまつては最早組合契約は認められないと云ふので、社員が一人となれば會社は當然解散するものと見られてゐる。(4) 之に反し株式會社、株式合資會社及び有限會社の場合には、株主又は社員が一人となつても當然にはその會社は解散しないものと解せられてゐる。そこで此の後の三種の會社に於ては、正面から一人會社が存立し得るものとなり、前記の如き藁人形を揃へて置く必要もない。會社設立には例へば株式會社には五人以上の發起人が必要であるけれども(AG. § 32)、會社成立後一人の株主が他の株主の總株式を讓受けて一人會社となることが出來るのである。獨逸で Einmanngesellschaft と云ふのは此の種の一人會社を指すのである。

廣い意味で一人會社といふ場合には、右の如く藁人形を用ひたものと、之を用ひないものとの二た通りある譯であるが、以下に於ては主として後者、卽ち藁人形を用ひない方の一人會社につき、それが我現行法上存立を許されるか否か、若し許されるとすればその本質如何、並に個々の點（例へば株主總會など）について一般の會社と異つた取扱をしなければならないのは如何なる點であるか、と云ふ様なことを取扱つて見たいと思ふ。藁人形を用ひる場合は、若し藁人形なしの一人會社が禁止されるとすれば、その脫法性が問題となるが、今は之れには觸れないで置く。

尙ほ一人會社が個人企業の有限責任化に利用される場合には、計畫的に永續的な一人會社が出現するのであるが、その外に、偶然の事由によつて出現する一人會社も考へ得る。例へば死亡其の他の事由に因つて社員が退社したため、殘存社員が一人となつた會社、或は株主の死亡により他の株主がその株式を相續した結果、又は滯納株主の株式を消却した結果（商二一六條）、殘存株主が一人となつた株式會社の如き之である。斯様な偶然の一人會社は前記の如き一人會社とは種々の點で區別して觀察しなければならない。以下に於ては此の點も併せて考察して見たいと思ふ。

（1） 一人會社に關する文獻——岡野・會社法五九九頁引用、Feine, Die GmbH. in Ehrenbergs Handbuch d. HR, III Bd. III Abt., S. 425 ff., Wieland, HR. I. Bd. S. 507 ff. II Bd. S. 385 ff., Düringer-Hachenburg, HGB. III Bd. S. 179 ff., Friedländer, Konzernrecht, 1927, S. 121 ff., Ders. Die Einmanngesellschaft, ZBH. 1926, S. 22 ff., S. 134 ff., Katzaroff, Zum Problem der Einmanngesellschaft, ZHR. 1934, S. 98 ff., Wacke, Die Einmanngesellschaft im Steuerrecht, ZHR. 1938, S. 9 ff., Erler, Der Gewinnanspruch als Aktivum bei Schachtelgesellschaften, ZBH. 1926, S. 193 ff., Becher, Der Handel mit Aktien-Mänteln u. GmbH-Mänteln, ZBH. 1927, S. 163 ff., Pinner, Sind im Besitz einer Tochtergesellschaft befindliche Vorratsaktien einer anderen Gesellschaft in Betreff des Stimmrechts als eigene Aktien dieser Muttergesellschaft anzusehen? ZBH. 1927, S. 198 ff., Flechtheim, Die Einmanngesellschaft u. § 107 d. VVG. ZBH. 1928, S. 388., Roth, Einmanngesellschaften, ZBH. 1930, S. 165 ff., Fischer, Fort mit der Einmann-GmbH ? Z. d. Akad. f. D. R. 1938, S. 548 ff., Klausing, Das kommende AR. DJZ. 1935, S. 1135 ff., Teichmann-Koehler, AG. § 204 f., Ritter, AG. § 203. Anm. 7., Schlegelberger-Quassowski, AG. 2. Aufl. § 2. Anm. 14, 15., Staub, HGB. 14. Aufl. § 179. Anm. 20 a., Lehmann-Ring, HGB. § 292. Anm. 6., Koenige, HGB. § 250. Anm. 5, § 292. Anm. 4 f., Staub-Hachenburg, GmbH. § 60. Anm. 25., Brodmann, AR. § 292. Anm. 6 f., Godin-Wilhelmi, AG. § 1. Anm. 3, 4, 5., J. v. Gierke, HR. 4. Aufl. S. 388 ff., Lehmann, Lehrbuch d. HR. 3. Aufl. S. 374. Anm. 3., Cosack, Lehrbuch d. HR. 12. Aufl. S. 65., Müller-Erzbach, Deut. HR. 2. Aufl. S. 303., Heinsheimer, HR. 3. Aufl. S. 83, 107, 117., Hallstein, Die AR. d. Gegenwart. 1931, S. 356.

（2） 一人會社用の稍ヽ脱法的な方面としては、例へば銀行業、信託業等本來個人企業としては許されない事業も株式會社を設立してその株式を一手に占めることにより實質的には個人の經營が可能となる。又許可營業の權利を讓渡することは普通では仲々面倒であるが、一人會社がその營業許可を得て置けば、あとはその總株式を讓渡することにより實質的には營業讓渡が簡單に出來る。不動產所有者が一會社を設立して、その不動產を會社名義にして置けば、相續開始した場合でも、或は不動產を他に讓渡する場合でも、株式についた名義書換を爲しさへすればよいので、不動產の法律上の所有者（會社）には變動はないから、不動產登記は必要でない。依つて登錄稅不動產取得稅等を課せられることはない。

（3） Friedländer, Konzern R. S. 122., Ders. ZBH. 1926, S. 22., Wieland, HR. II Bd. S. 385. 大隅・會社法論一九八頁。

（4） K. Lehmann, a. a. O. S. 273., Staub, a. a. O. § 138. Anm. 2., Schlegelberger, HGB. 1939, § 138. Anm. 2.

二

四　我現行法上、會社は總て社團であつて（商五二條、有一條）、株式會社以外の會社は皆、「社員ガ一人ト爲リタルコト」を法定の解散事由としてゐる（商九四條、一四七條、四六九條、有九六條）。從つて之等の會社は皆一人會社として存立し得るものはない。勿論解散しても直ちに權利能力が失はれる譯ではなく、淸算の目的の範圍内に於ては仍存續するものと看做されてゐるし（商一一六條）、新に社員を加入せしめて會社を繼續することも出來るから（商九五條二項、有七〇條二項）、その間は一人會社として法律上存在を認められてゐるのであるが、斯かる解散後存續する一人會社は今は問題外とする。

之に反し株式會社の場合には、商法はその設立のためには七人以上の發起人（株主）を必要とし（商一六五條、一六九條）、且つ改正前は「株主ガ七人未滿ニ減シタルコト」を解散事由に掲げてゐたのに（改正前商二二一條）、現行法は之を法定の解散事由から削除してしまつた（商四〇四條）。そこで最初七人以上あつた株主が漸減して七人未滿になつても、現行法上では株式會社は解散しないことは明かである。然し株主員數が更に減少して、一人又は無となつた場合にも尙ほ解散せずに存立し得るものであらうか(1)。此の點について商法は直接規定を設けなかつたので、後述の如く多少の疑問を殘してゐるが、若し之を肯定し得るならば、我國に於ては現行法上株式會社に限り一人會社の存立を許されると云ふことになる(2)。

改正前商法に於て、株主が七人未滿に減じたることを株式會社の解散事由としてゐたことに付いては、從來から學者間に異論のあつた所であつて(3)、昭和六年法制審議會答申の商法改正要綱第百七十も此の規定を削除すべきものとしてゐる。そして現行商法四〇四條がこの改正要綱の主旨に從つて、右規定を削除したものであることは疑を容れない。

然らば何故之を削除する必要があつたか。その理由を、改正要綱起案者の一人である松本博士は左の如く説明される。(4)

『「株主が七人未満に減じたること」を削除せんとするは、七人以上の株主あることを會社成立の要件とするに止めて、之を會社存續の要件たらざるものとしようと謂ふ意味である。蓋し七人以上の株主を會社存續要件とするときは、無名記株の發行ありたる場合の如きは株主の員數を確知し得ないから、何人も知らざる間に會社が解散して居る奇觀を呈すべきである。外國法に於ても或員數の株主――例へば獨に於ては五人、佛に於ては七人、英に於ても原則として七人――を以て會社成立の要件とするを常としてゐるが、其員數を缺くに至りたることを解散の原因として居るものは其例あることを知らない。若し會社の存續に關しても七人の株主に重を置く必要ありとすれば、佛法（千八百六十七年法三八條）の如く株主が七人未満と爲りてより一定期間を經過したる後、利害關係人の申請に因つて裁判所が解散を命じ得ることにするを以て足るのである。然るに會社の存續上株主の員數に重を置かざるべからざる理由はなく、寧ろ多數外國法上は一人會社（one man company）の存續が認められてゐるのであつて、獨株式會社法案（一七八條）の如きは新に明文を以て一人會社を認めることにして居る。我邦に於ても事實上或一會社又は一個人が會社株式の全部を所有する一人會社は相當多數存在して居る。此場合に於ては名義上他の數人の株主を設け、其株券に白紙委任狀を附して自己の手に納めて置くのである。既に此の如き一人會社の事實上の存在あり、且之を認むる實用ありとすれば七人の株主を會社存續の要件とすることを廢するを可とし而も之に代はるべき規定を設くる必要はないのである。』

此の松本博士の説明は、帝國議會に於ける商法中改正法律案の審議の際にも政府委員から同趣旨の説明があつたし、現行商法四〇四條の解釋としても殆ど總ての學者によつて無條件に受け容れられてゐる所である。(5) それはむしろ一般に現行商法の下にあつては、株式會社は株主一人となつても解散せずに存立し得ることを自明の理としてゐるものの如くである。(6)

然しながら右の説明によれば、商法四〇四條改正の目的には二つあることが明かである。卽ち一は株式會社に於て株主七人以上あることを會社成立の要件とするに止めて、之を會社存續の要件たらざるものとすることであり、他の一は株主一人となるも株式會社は解散せざるものとすること之である。此の二つの事がらは、ややもすると同一視され勝ちであるが、決して同一事項ではない。且つ前者と後者とは之を認めるについての理由に於ても全く別個のものがあるのである。

(1) 株主一人となる原因は株式の讓渡、相續等に因つて、一人で或る會社の總株式を取得すると云ふのが最も普通であるが、株式の消却（殊に商二一六條に依る消却）又は併合等によつても株主一人となることを考へ得る。
　尙ほ、或る一人の株主を除き、其の他の總株式を會社に於て取得した場合（商二一〇條參照）にも、實際上一人會社と同様の結果を生ずる。次に株主が無となる場合は餘り多くを豫想し得ない。蓋し株主は合名會社々員等と異り死亡、破産其他によつて退社することがないからである。然し例へば、會社が總株式を消却したり、又は總ての自己株式を取得したりすることが許されるとすれば、株主の一人も居らぬ株式會社と云ふのが出現する。

(2) 個人企業の有限責任化が一人會社を認めることの主たる效用の一つであるとすれば、寧ろ有限會社にこそ一人會社を認むべきであつて、外國の例を見ても、株式會社のみに一人會社を認め、有限會社には之を認めないと云ふのは、ブルガリヤ等少數の例があるに過ぎない。Katzaroff, a. a. O.

(3) 松波・日本商法四一七頁、松本・日本會社法論四一一頁、烏賀陽・會社法二七〇頁註二一。

(4) 松本「商法改正要綱解説」私法論文集續編一六四頁。

(5) 寺澤・改正商法審議要綱三八三頁、奥野外六氏・株式會社法釋義四二五頁、田中（耕）・改正商法及有限會社法概説二五〇頁、同・改正會社法概論七六七頁、大隅・會社法論四五〇頁、小町谷・商法講義卷一、四二五頁、田中（誠）・改正會社法提要四三二頁、西本（寛）・改正商法解説三五六頁。

(6) 前註所掲の外、佐々・新商法要義三〇六頁、同・日本新會社法五〇六頁、大森・會社法（新法學全集）五〇〇頁、西島・改正會社法五三〇頁、横田・會社法講義四頁、佐藤・新會社法論一八七頁。

五　無記名式の株券が發行されてゐる場合には、その性質上、株主が現在幾人あるかと云ふことを確知する方法はないから、若し會社が無記名株のみを發行する場合には、會社も株主もその他何人も知らざる間に株主總數が七人未滿に減少してゐたといふ様な事も考へ得る。從つて改正前の如く、株主七人未滿と爲りたることを解散事由とするときは、「何人も知らざる間に會社が解散して居る奇觀を呈す」るのである。然し斯様な現象は會社の株式の全部が無記名式である場合に限つて生ずるのであつて、會社が一部分でも記名株を發行してゐれば、斯様な心配はない譯である。(1)だから若し立法論として、株式會社にあつては常に一定員數以上の株主の存在が望ましいことであるならば、返つて無記名株の發行の方を此の點から適當に――例へば七人以上の記名株主を殘すことを要するといふが如くに――抑制すべきであつて、之を爲さずして反對に株主員數に拘らず株式會社を存續せしめるといふが如きは本末轉倒と言はざるを得ない。況んや會社が無記名株を發行してゐない場合に於ても、會社存續のためには株主員數を問題としないといふ結論は、之れだけのことから直ちに之を導き出すことは出來ない。(2)

のみならず、假に會社の株式が全部無記名であつたとしても、その株主員數を確知し得ないのは、最後の二人に至るまでであつて、若し最後の一人が會社の總株式を取得すれば、少くともその株主（從つて、總株主）にとつては、自分以外には其の會社の株主は一人も居らぬといふ事實は明確に知り得るのであるから、何人も知らざる間に株主が一人となつてゐたといふ如きことは在り得ない。勿論改正前の如く、無記名株の發行について何等の抑制手段を用意せずして、而も株主七人未滿に減じたことを解散事由とすることは贊成し難い所であつて、此の點は改正さるべきものであるが、之がため一人會社や無人會社まで存續を認めねばならないと云ふ理由は一つもない。卽ち松本博士その他一般學者の掲げる此の理由は、株主員數最低、七人の限度を撤廢するための理由たり得るに止まり、一人會社を存續せしむるための理由とはなり得ないものである。換言すれば、若し之れだけの理由ならば、株式會社も他の會社と歩調を一にして、その解散事由の中に「株主ガ一人ト爲リタルコト」といふ一號を加へて置くのが至當であり、假に此の規定がなかつたとしても、解釋上同一の結果に達し得るのである。

固より無記名株の發行を認めた限り、その流通上の障碍は出來るだけ除去して置くことが望ましい。無記名株はその性質上、株式の分散に役立つものであるが、然しその流通の途上、たまたま少數者の手に集中することも豫期せねばならない。そしてその度毎に會社の存立が脅かされる樣なことがあつてはならない。斯樣な正常の取引によつて生ずる偶然の事由によつて會社を解散せしむることは、企業維持といふ點からも之を避けなければならない。(3) そこで前述の如く、無記名株の發行を制限して置けば、此の危險は豫防出來るのであるが、假に無記名株は無制限に發行せしむる方が良いといふ考へがあるとすれば、それは一人會社の存續を認める方が良いといふことになるであらう。然し此の場合に於ても、その認められる一人會社といふのは、飽まで一時的現象としての一人會社のことであらねばならない。即ち或る瞬間に於て、たまたま株主が一人となつても、早晩再び株式が分散することを豫期される限度に於て、一人會社の存續を認めればよい。之がためには外國の立法例にも見られる如く、或は一定期間を限つて一人會社の存續を認めるとか、或は一定期間を定めて裁判所からその株式の讓渡を命じ、之に應じなければ會社の解散を命ずるとか、或は一定期間以上會社の總株式を所有してゐた者は、その當時會社の負擔してゐた債務につき、直接辯濟の義務を負はしめられるとか、色々な方法が考へられて然る可きである。何れにしても、かういふ理由で計畫的永續的な本來の一人會社までも、一樣に無條件に存立を認めてしまふのは無策に過ぎる。

(1) 記名株式の場合にも、株券の裏書により、又は白紙委任狀附にて讓渡される場合には、會社その他何人も知らざる間に、株主が七人未滿に減少してゐたと云ふことも起り得る。然し此の場合には、その讓渡は商法二六〇條の規定に從つて名義書換の手續をしなければ、會社又は會社その他の第三者に對抗することを得ないから、會社解散の基準も、株主名簿の記載によるものとしなければならない。故に何人も知らざる間に會社が解散してゐると云ふ樣なことは起り得ない。

(2) 我國の現狀に於ては、株式は殆ど全部記名式であつて、無記名株の發行される場合は極めて稀である。殊に會社の總株式が無記名式である例は恐らくは絶無に近いと想像する。故に斯樣な場合を念頭に置いて法律の改正が行はれたとするならば、正に概念の惡戲である。

(3) 田中(耕)・改正會社法概論七六七頁、田中(誠)・改正會社提要四三二頁。

六 商法四〇四條(舊二二一條)改正の理由として、第二に擧げられてゐることは、株式會社の存續上株主の員數に重を置かざるべからざる理由がない、といふことである。然し果して全く之を度外視してよいものであらうか。

會社設立の場合に發起人七人以上を必要としてゐるのは(商一六五條)、必ずしも株主員數の最低限と云ふ意味ではなく、發起人間の相互牽制によつて、その恣意を防ぐことと、設立に關する責任者を成る可く多くして利害關係人を保護すると云ふ主旨である。(1) 從つて此の七人と云ふ員數は設立のための條件として考へられてゐるのであつて、會社存立のためにも亦、此の七人なる員數を最低限とすべきか否かは別に之を考慮せねばならない。

然し株式會社の構造全體を通覽するならば、多數株主の存在を眼中に置いてその規定が設けられてゐることは明かな事實であつて、殊に株主總會その他の機關の組み立てには、株主が一人か二人しか居らぬ場合には、殆ど道化芝居の膳立てと化するであらう。(2) 此の點から云へば、多數株主によつて組織された社團であつて初めて株式會社の形態を採るに適するものであると言へるのであつて、少數者の團體のために此の會社形態を採ることは極めて不適當であり、強ひて之を株式會社に組織して見た所で、その煩瑣な規定のために、不便極まりない結果を來すのみである。立法者は既に斯樣な少數者の團體のためには有限會社の制度を用意したのであるから、此の際、少數者の團體に對しては株式會社の門戶を閉して、成る可く之を株式會社形態からは遠ざける樣に工夫誘導することが、一方に於ては親切であるし、又他方に於ては法の威信を保つ所以でもある。

無論會社設立の條件と存立の條件とは同一であることを要しないから、[3]株式會社存立條件としての株主員數最低限を、設立の條件と同じく七人とするか、或は之を更に切下げて五人或は三人とするかは立法者に於て適宜定め得ることである。要は株式會社制度の主旨と規定の內容から見て、多數株主と云ふ、その「多數」なるものの最下限を明規して之を維持する方策を施すべきである。故に此の點に於ては寧ろ改正前の規定が――七人といふ數及び之を當然の解散事由とすることの適否は別として――その趣旨に於て妥當の根據を持つものと云はねばならない。改正法が此の規定を削除し、而も之に代るべき多數株主維持の規定を他に設けなかつたことは、此の點からは合理性を發見することが出來ない。

假に所說の如く、株式會社の存續上株主の員數は全く無視さるべきものであるとするならば、一人會社はおろか、株主全員の缺亡した無人會社の存立も亦許されなければならない理である。此の點については遺憾乍らまだ多くを學說に聽くことを得ないのであるが、若し一人會社は認めるが、無人會社は認めないと云ふならば、株主員數に重を置かないと云ふことにも、自ら限界のあることを知らねばならない。その限界が一人であるか二人であるか、又は三人、五人、乃至七人であるか、此の判斷のためには他に根據を求めなければならないのである。[4]

(1) 西本(辰)・株式會社發起人論一六頁、松波・會社法六六七頁、靑木・會社法論二〇九頁。

(2) Feine, a. a. O. S. 427.

(3) 富井・民法原論第一巻三〇〇頁、三潴・民法總則提要二巻二一八頁、穗積・民法總則上二六八頁、同・民法總則(新法學全集)一七七頁、長島・民法總論二五五頁。

(4) 現行法上、一人會社は存立し得るが、無人會社は解散すべきことを明示されるのに、田中(誠)・會社法提要四三一頁がある。若し無人會社を認めるとすれば、株式會社は資本減少の手續によつて、その資本の總額を減少し得るか。又定款の規定に基き株主に配當すべき利益を以て、株式の總數を消却することが出來るか(商二一二條)。右可能であるとして、斯る會社はなほ解散せずにゐても、株主總會を開くことを得ず、從つて取締役、監査役の任期滿了しても後任者を選任することを得ず、定款の變更も、會社解散の決議も出來ないことになる。會社が自己株式の總數を取得した場合にも、ほゞ同樣の狀態を生ずる。

七　會社の存續上株主の員數に重を置く必要がないと云ふことは、株式會社に關してのみ妥當する事柄であると云ふことは出來ない。他の會社及び社團法人一般に關しても同じく妥當する所であらねばならない。蓋し多數株主の存在といふことは特に株式會社に強く要求される所であるのに、その株式會社に於てすら一人會社を認めると云ふならば、他の會社に於ても之を認めないといふ理由はないからである。現に獨逸に於ては、一人會社は株式會社のみに限らず、株式合資會社や有限會社についても之を認められてゐることは既に指摘した通りである。

然るに我商法に於ては、株式會社以外の會社は皆「社員が一人と爲りたること」が法定の解散事由である（商九四條、一四七條、四六九條、有六九條）。殊に有限會社は、機關構成その他總ての點に於て、株式會社に比して極めて簡略に出來てゐるから、一人會社であつても、株式會社の場合の如く道化がかつた膳立てを強要されることがない。それにも拘らず、有限會社は何故に社員一人となつたならば解散しなければならないのであらうか。

元もと有限會社は比較的少人數の團體を眼中に置いて設けられた會社形態であつて、現にその社員々數の最高限を原則として五十人に制限してゐるのも此のためである（有八條）。株式會社については、株主員數の最高限を制限する規定などはないのであつて、むしろ場合によつては數千人若くは數萬人も株主のゐることを豫想して、總ての制度が出來てゐる。從つて此の制度をそのまゝ株主が一人しか居らぬ一人會社に適用するとすれば、非常な無理を生ずる。然るに有限會社の場合には、實際上に於ても、せいぜい二、三人の社員を以て組織されてゐるのが大多數であつて、その規定を一人會社の場合にそのまゝ適用しても、さしたる無理は感ぜられないのである。

實際上の問題として、若し有限會社の制度が株式會社の制度よりも簡略であるために、一人會社として都合が良いとするならば、恐らくは實際界は法律の規定を乘り越えて一人有限會社を實現するであらう。その方法は既に株式會社に於て經驗濟みの藁人形を用ひれば簡單に出來るのである。今日一人會社の途を株式會社には開き、有限會社には閉したとしても、實際界は斯様なことには拘泥しないで、一人會社の必要あるときには、その重要部分は藁人形による實質的な一人有限會社の方に走るであらう。此の場合、不便をしのんでも株式會社を選ぶ様な愚(?)は敢へてしないのである。(1)

更に重要なことは、債權者保護の點である。有限責任の制度は、最初から債權者の犧牲を内包するものであるから、立法者としては、有限責任を認める反面には必ずその犧牲を極力豫防して取引の安全を圖る用意を爲すべきである。此の點から言つて、有限會社の資本の總額は一萬圓を下ることを得ないことになつてゐるのに(有九條)、株式會社の資本についてはその最低額を規定せず、從つて株式會社は資本金三百五十圓乃至百四十圓を以て之を設立することを得べく、而も一旦設立された後は、更に資本減少して之を五十圓乃至二十圓までに下し得ると云ふならば(一株會社、商二〇二條二項)、株式會社に一人會社を認めることは制度として缺陥あるものと謂はざるを得ない。蓋し一方に於て斯様な少額資本金の株式會社を許すならば、他方に於て如何に法律がその資本維持又は充實を嚴格に勵行せしめて見た所で、債權者保護には大して役立たないからである。之に反し有限會社に於ては、資本金額そのものが初めから、極端に少額ではあり得ないのであるから、一人會社を認める弊害は株式會社に於ける程、著しくはないのである。(2)

(1) 法律が一人有限會社の存續を認めない理由として學者の說く所は、主として有限會社に於ては持分讓渡が制限されてゐて、株式會社の場合の如く、何人も知らざる間に社員が一人となつてゐたと謂ふ様なことはないから、と言ふに在るが(田中(耕)・前揭九三九頁、田中(誠)・前揭七二九頁、大隅・前揭五七九頁)、此の點は株式會社に於てもその心配のないこと前述の通りである。又株式會社の場合には一人會社となつても將來株式の分散の可能性が充分あるが、有限會社の場合には將來持分々散の可能性が少いと云ふ理由も擧げられてゐる(田中(耕)、田中(誠)、各前揭)。然し有限會社の持分讓渡につき社員總會の特別決議を得ることを要すると云ふことは(有一九條)、一人會社の場合には何等の制限にも障害にもならないと云ふことを注意せねばならない。蓋し一人社員がその持分を他に讓渡すると云ふことは、即ち總社員がその讓渡に同意したことに外ならないからである。高々、同意決議の書面を作る位のことで濟むのである（有四二條）。又反對に株式會社の場合に、定款に株式讓渡の制限又は禁止の定めるときにも（商二〇四條）一人會社は出現し得るし（例、相續）、そして此の場合には將來株式分散の可能性はないのに解散せずにゐられるのであらうか。又斯様な法律上の形式論を離れて看るときは、就中、永續的な本來の一人會社を問題とする限り、株式會社の場合でも、株式の分散は實際上豫想し得ないのである。

（2）立法論としては、單に一人會社の關係からだけではなしに、その他總ての關係から見て、株式會社の資本總額の最低限を適當に（例へば五十萬圓）規定すべきではなからうか（獨逸株式法七條參照）。

八　一體法律が合名會社等につき「社員が一人と爲りたること」を解散事由としてゐる理由如何と謂ふに、それは會社は總て社團でなければならないのに（商五二條、有一條）、社員一人となつてしまつては、その社團の實體を缺くに至ると云ふのであつて、之に反し民法上の公益法人が社員一人となつても解散せず、社員の缺亡によつて始めて解散するものとしたのは（民六八條）、社團の實體が既に消滅せるにも拘らず、公益事業を成る可く存續せしめたいと云ふ、政策的見地からの特別扱ひであるとされてゐる(1)。

もしもさうであるとするならば、株式會社についても、之と同様のことが言はれ得なければならない。卽ち株式會社の場合にも、民法六八條の如き特別の規定がない限りは、その實體たる社團の消滅によつて解散せざるを得ないから(2)、株主が一人となれば當然會社は解散するものと見なければならない。一般に一人會社の存續を認めるためには、特にその旨の規定を積極的に設ける必要はないものと解せられてゐる様であるが(3)、若し商法九三條等に於て社員が一人と爲りたることを解散事由に掲げるのが、社團法人たる性質上當然の理を示したるに過ぎないものとするならば、特に此の點につき規定がなくても、同一に解せられなければならないのであつて、法定の解散事由の一つとして列擧されてゐないと云ふことのみを以て、社團の實體を失つた會社が、依然として社團法人として存續し得ると云ふ風には結論し得ない様に思はれる。

尤も商法九四條、四〇四條、有限會社法六九條等の規定は、それぞれ會社の解散事由を網羅的に列擧したものであつて、その列擧以外の事由によつて、會社が解散する場合を認めないと云ふ解釋も構想の餘地があるが、然し必ずしも斯様に解釋せねばならないことはないと思ふ。現に例へば、會社がその本店を外國に移轉したときの如きは、之を解散事由として考へる餘地があるし、又例へば株式會社の場合にも株主が一人もゐなくなつて、「株主の缺亡」を來すときは、之を解散事由に數へる學者がある。(4) 要するに法律が列擧した解散事由の外に、或る事由が解散事由たり得るか否かは、それぞれの事由について之を判斷すべきであつて、始めから前記法條に列擧した事由以外には解散事由は存在しないと決めてかゝることは出來ないのである。

(1) 田中(耕)・改正會社法概論二四〇頁、松本・日本會社法論五六九頁、青木・會社法論一四三頁、西本・會社法一六二頁、田中(誠)・改正會社法提要五五九頁、岡野・會社法一三二頁、鳩山・日本民法總論二一二頁、中島・民法釋義卷之一總則篇三三四頁。

(2) 此の場合には社團の消滅によつて權利能力の基礎たる實在を失ふのであるから、會社は直ちに權利能力を失つて消滅すると考へられるかも知れないが、やはり利害關係人のために清算を行ふ必要あることは他の事由によつて解散する場合と同様である。故に此の場合にも會社は清算の目的の範圍內に於ては仍ほ存續するものとし、權利能力は直ちに喪失しないものとせねばならない。

(3) 松本・私法論文集續編一六四頁。

(4) 田中(誠)・會社法提要四三一頁。

九

尤も社員が一人となれば社團は當然消滅すると云ふことについては、多少異見を挾む餘地がある。

抑も社團たるがためには、複數人の存在を必要とすると謂はれてゐるけれども、それは組合の如く契約關係によつて結合してゐる單なる人の集合ではなく、團體として一定の組織を有し、その機關を通じて、その構成員の個人的意思とは別個の、統一的な團體意思を有ち、社會的に活動し得る一つの單位として、組織的全一體を爲すものでなければならない。社團は斯る一個の獨立體であるが故に、これを構成する個人に增減變更があつても、依然としてその同一性を保持しながら存續し得るのである。(1)故に社團としては、その構成員の數や同一性に重きを置く必要はないのであつて、要はその構成員を離れた獨立の社會的活動の源泉たる組織體があるか否かが社團の存否を定める鍵である。卽ち社團を設立する場合の社員々數の理論的最少限は二人であるが、現實に個々の社團について見れば、もつと多數の者が社員となつて社團が創立されるのが通例であらう。それと共に一旦設立された社團に於て、後日社員の增減があつても、理論的には社團の存立を害しないで居られる譯であるが、現實に個々の社團について見れば、或はその社員の中の一人が脫退しただけでも、社團の結合を維持することが困難となり、崩壞せざるを得ない樣なものも在り得ると共に、(2)又中には社員が著しく減少しても依然として團體の存續に支障なく、極端な場合には、社員が一人となり又は無となつても、尙ほ相當期間は事實上餘命を保つて、從來通り引續き團體の活動を繼續し得るものも在り得る。無論、社員が一人しか居らず、若しくは一人も居らない樣な場合には、嚴格な意味に於て團體的意思と謂ふものは存在し得ないかも知れないが、(3)仍ほ從來の機關を通じて事實上活動を繼續し得る場合があるのであつて、殊に近い將來に於て社員獲得の見込のある場合には、一時偶然の事由によつて社員が一人又は無となつたとしても、之によつて直ちに當然その社團が消滅するものとは云へない場合もあるのではあるまいか。社員が一人又は無のままで、長年月を存立し續けることは出來ないが、現に程なく社員が補充された場合には、從前の社團が終局的に消滅して、又新たなる別個の社團が創立されたと見るよりは、從來からの社團がそのまゝ繼續して居ると見るのが實際の事實に卽した見方であらう。

民法上の社團法人が社員一人となつても解散しないと云ふのも實は斯樣な場合を豫想してゐるのであつて、必ずしも社員なき社團法人を認めたものではない。(4)合名會社や有限會社は社員一人となれば解散するが、新に社員を加入せしめて會社を繼續することが出來るとしたのも（商九五條二項、有七〇條二項）、同一社團の繼續なるが故に、權利能力も中斷されずに繼續することを認めたものと解さねばならない。そして民法上の社團法人も、合名會社や有限會社も、社員が缺亡して解散した場合には最早、法人や會社の繼續の途を設けてゐないのは、此の場合には新社員獲得の見込がないからに外ならない。

然らば株式會社は如何と云ふに、この場合にはその設立の際には七人の株主を必要とするが、存續の條件として株主員數の最低限を規定しなかつたのであるから、後日株主が漸減して、一人若くは無となつても、之がため會社は直ちに解散するものではない。然し此の場合に於ても、社團の存在は絶對の要件であつて、法律は社團に非ざる株式會社を認むる主旨を何處にも規定してゐないから、株主が一人若くは無となつたために、社團の存在を認め得なくなつた樣な場合には、會社は解散するものと謂はなければならない。此の意味に於て會社が總株式を消却したり、一株を殘して他の株式全部を消却したり、又は株式全部を併合して一株にすると云ふが如きことは許されないものと見なければならない。之に反し、株式の讓渡或は相續等に因つて、偶々總株式が唯一人の株主の手に歸したとしても、本來之を一人で永續的に獨占することを目的とするのではなく、早晩再び讓渡して之を分散せしむる意思がその一人株主にあるときは、社團性は必ずしもまだ失はれたものとは謂へないから、會社は解散しない。會社が自己株式の全部を取得し、又は一人の株主だけを殘して他の總株式を取得した場合も同樣である（商二一一條）。

右の如く解するならば、株式會社については、少くとも一時的、偶然的なる一人會社の存續は認め得ることとなる。然し斯樣な解釋を採つてもなほ、計畫的、永續的なる――完全に社團性を缺除してゐる――本來の一人會社を認めるには至らない。

（1）石田「社團」法律學辭典一二一四頁。

（2）舊民財取一四四條、佛民一八六五條、獨商一三一條等は斯樣な社團（組合）を眼中に置いて設けられた規定である。富井・民法原論一巻總論二九九頁。
（3）佐々・日本會社法五〇七頁。
（4）民法學者の中には公益社團法人が社員一人となつても解散しない理由を之と同じ點に求めてゐるものもある様である。仁井田・民法總論二五七頁、穗積・民法論上二六八頁、同・民法總則（新法學全集）一七七頁、長島・民法總論二五五頁。

一〇　先に指摘した如く、商法四〇四條改正の目的は二つあつて、一は株主員數最低七人といふことを會社存續の要件たらざるものとすること、他の一は一人會社の存續を認むること、であるが、此の二つの改正目的はそれぞれ獨立した理由に基くものである。そして之れまで述べた所によつて、そこに扱つた改正の諸理由は何れも右第一の改正目的のための理由であつて、第二の一人會社を認めるといふための理由とはならないものであることを明かにした積りである。

然らば改正商法が一人會社の存續を認めんとする理由は何處にあるか。それは松本博士の說かれる如く「我邦に於ても事實上或一會社又は一個人が會社株式の全部を所有する一人會社は相當多數存在してゐる。此の場合に於ては名義上他の數人の株主を設け、其の株券に白紙委任狀を附して自己の手に納めて置くのである。既に此の如き一人會社の事實上の存在あり且つ之を認むる實用ありとすれば」、此の際一層のこと一人會社を公認すべきである、と謂ふ、此の一點に外ならないのである。

即ち一人會社は、無記名株を發行した場合に株主員數を確定し得ないとか、株式會社の存續のために株主員數を問題とする必要がないとか云ふ、謂はゞ從來の株式會社法に內在する矛盾を解決するために、之を認めることになつたのではない。それどころか、一人會社と云ふことそれ自體が論理的には返つて一つの矛盾なのである。(1)「一人」と云ふことと「會社」と云ふこととは本來相親まざる觀念なのであつて、之を敢へて結合しやうと云ふ所に論理的な困難がある。それにも拘らず、實際社會は概念の遊戯場ではないから(2)、藁人形を用ひて事實上一人會社を勝手に作り上げてゐるのであつて、右の如き論理的困難などに拘つてはゐない。

從つて問題は一人會社なるものを概念的に承認し得るか否かに在るのではなくして、現に事實上存在してゐる所の、又將來も續出するであらう所の一人會社を法律上如何に取扱ふべきかと云ふことに在る。立法者は之を禁止すべきか、放任すべきか、或は認許すべきか、といふことである。

そして若し一人會社を認めると云ふことになれば、それは結局個人企業の有限責任制を認めることになるのであつて、從來の私法理論に對する重大なる變革を意味する。故に若し立法者が從來の私法理論を固執するならば、一人會社は當然之を禁止すべきであつて、之がためには、株式會社に於ても株主一人と爲りたるときは會社は解散すべく、藁人形を用ひた實質上の一人會社は之に反する脫法行爲として、一方に於てはその關係者に刑罰の制裁を課すると共に、更に斯る會社の解散を命じ(3)、且つ會社債務につきその一人株主及び藁人形になつた者に直接連帶無限の責任を負はしめると云ふ樣な嚴格な方法が採られるべきである。

然しながら、個人企業の有限責任化は果して今日尙ほ禁止すべき事柄であらうか。近代企業の特質(4)から考へても、既に從來の私法原則に變更を加へる時期に到達してゐるのではなからうか。勿論之を認めるについては、債權者保護の點に於て遺漏なきことを要する。けれども、此の點にさへ充分の注意を拂つたならば、有限責任の個人企業を認めても、別に取引の安全を害する樣なことはないであらう。そして株式會社法に於ける債權者保護の規定は極めて周到であつて(5)、此の規定が個人企業の場合にも總て適用されることになるならば、假令營業主の責任が有限になつても、債權者保護はそれでよいとしなければならない。且つ現に藁人形による實質的な一人會社が株式會社として多數存在するのであつて、前記の如くにして之を禁止して見ても、その實效に大した期待が持てないとするならば、返つて一人株式會社を正面から認許した方が適當である。斯くて現行商法は株式會社について一人會社を認めることになつたのである。

然し、既にここまで來たならば、何故に個人企業の有限責任化のために株式會社の殼を被らなければならない様にして置く必要があるであらうか。現在の所では是非とも先づ七人以上の者を以て株式會社を設立した上で、總株式を讓受けるか、又は既存の株式會社を買收して（所謂Mantelkauf）一人會社を作ることが必要である。然し結局一人會社の存立を認めたのであるから、初めから一人會社として設立する途を與へずに置く必要はない樣であるし、且つ實質は個人企業なのであるから、わざわざ之に株式會社の外被をつけなければ、有限責任の利益を賦與しないと云ふのも妙なことである。故に立法論としては、單に一人會社を認めて置けばよいと云ふのではなくして、「單獨營業の有限責任に關する法律」と云つたものの立案研究を爲すべきであると思ふ。(6) 現行法上はただ當面の實際上の事實に辻褄を合はせると云ふ不徹底な態度を以て、株式會社についてのみ一人會社を認めることになつてゐるに過ぎない。而も疑を避けるために、特にその旨の規定を設けると云ふ用意をすら、故らに回避してゐるのは、誠に遺憾と言はなければならない。

（1） Brodmann, a. a. O.
（2） Baumbach, AG. Anh, § 124., Ders. GmbHG. Anh. § 15.
（3） 一會社が會社又は役員の行爲によつて實害を生じてゐるならば、商法五八條二項により現行法上でも會社の解散を命じ得る（小町谷・商法講義巻一、四二五頁）。
（4） 二參照。
（5） 現行株式會社法に於て債權者保護の點から最も遺憾なのはその資本金額の最低限を規定してゐないことである（七參照）。
（6） Pisko, Die beschränkte Haftung des Einzelkaufmanns, Grünhut Z. Bd. 37. S. 699.

一一　外國に於て、一人會社の問題が特に取上げられてゐるのは、獨逸に於てである。彼國では、我現行商法と同樣に、株式會社につき株主員數が一定限以下になつたことを、法定の解散事由としてゐないので、(1) 學說及び判例は從來一般に總株式が一人の株主の手に歸しても、會社は解散しないと解してゐる。尤も古くは株主一人となつては會社は存立し得ないとの說も行はれてゐたが、(2) 近來では多少の疑義を殘す者がある程度であつて、(3) 殆ど總ての學者は一人株式會社の存續を是認してゐる。(4) 一人會社の本質の理解の仕方には色々の意見があるが、之を認めるか否かの問題は殆ど舊套自明のものとされてゐる如くであつて、(5) 此の點については慣習法の存在すら主張されてゐる位である。(6) 一九三一年の株式法草案一七七條二項は明文を設けて、株式總數が一人の所有となつても、會社は解散しない旨を規定してゐたが、一九三七年の株式法では之を當然の事として削除してゐる。(7) 尤もナチス政權下に於て、經濟に於ける匿名制の排除と個人責任の確立と云ふことが强調され、之等の原則と一人會社を認めることとの矛盾が指摘されてゐるが、一人會社による有限責任制の濫用は、主として小規模の會社、就中有限會社に於て行はれるものであるし、一方株式法に於ては、株式會社の資本最低額を原則として五十萬馬克に制限したので（同法七條一項）、その弊害は著しく除去されることになつた。そこで論議の末、一人會社の制度はそのまゝ是認することに決着したのである。(8) 尙ほ獨逸に於ける一人會社は、株式會社の外、株式合資會社、(9) 有限會社にも認められてゐることは既に述べた。そして一人會社の主たる實用性は有限會社の場合にあるものの如くである。(10)

英國に於ては、株式會社の設立には、一般には七人以上、私會社 Private company の場合には二人以上を必要とすると共に（Companies Act, 1929, Sect. 1.）、一旦設立された後に於ても、(11) 株主員數が此の人數以下に減るときは、會社は解散し、裁判所はその淸算を命ずることが出來る（Co. Act. Sect. 168.）。且つ同法二八條に依れば、株主員數が法定最下限を割つたことを知りながら、六ケ月以上會社の營業を繼續した場合には、その間に會社の負擔してゐた一切の債務につき、その株主が直接に無限責任を負ふべきものとしてゐる。從つて法律の規定の正面からは一人會社の存在を許さない譯であるが、有名なる Salomon v. Salomon & Co., 1897, App. Cas. 22. 事件以來、藁人形を用ひた實質上の一人會社 one man company を適法なるものとし、且つその一人の株主と會社そのものとは、法律上別個の權利主體たることを認められてゐる。(12) 此の判例以來、此の種の一人會社が相當の勢を以て跋扈したものと見え、一九〇七年の Companies Act は特に私會社の制度を創設して、その需要に應ずると共に Companies Consolidation Act. 1908. Sect. 129 IV に於て藁人形禁止の規定を設くるに至つた。(13) それでもまだ一人會社の增勢を阻止することは出來なかつた模樣である。一方一人會社に刺戟されて出來た私會社の制度は其の後、Companies Consolidation Act. 1908. Sect. 121. を經て、Companies Act. 1929, Sect. 26. に受けつがれて今日に至つてゐる。(14)

佛國に於ては、株主員數が七人未滿となつて、一年間を經過するときは、利害關係人の請求により、裁判所は解散を命ずることを得ることになつてゐる。從つて此の解散命令あるまでの中間に於ては、株主七人未滿の株式會社の存立を許してゐる譯であるが、學說は一般に、株主一人となれば法律上當然に解散するものと見てゐる。

その他の諸國では、極めて區々であるが、株主員數が一定數以下になつたことを法定の解散事由とするものは少くない(例へば、その最低を十人とするもの――ポルトガル、セルビア。七人とするもの――ベルギー、ルクセンブルグ、ブラジル。六人とするもの――リトアニア。五人――トルコ、ペルシア、スエーデン。三人――デンマルク、ノールウエー、フインランド、スキス。)。尤も之等の內には一定期間內に株主を補充して解散を免れ得ることになつてゐるものもある(その期間を三ケ月とするもの――ノールウエー、スエーデン、デンマルク。六ケ月――フインランド、ブラジル、ベルギー、ルクセンブルグ、ポルトガル。一年――トルコ、ペルシア。)。此の期間を徒過したときは、或は當然解散するものとし或は解散の決議を爲すことを命ぜられ(フインランド、ノールウエー、デンマルク)、或は利害關係人から解散の請求を受ける(ベルギー、ルクセンブルグ、ポルトガル、トルコ、ペルシア、スキス)。そして會社が此の期間を超えて營業を繼續するときは、ブラジルに於ては取締役及び株主全員が、オランダ、デンマルク、フインランド、チリに於ては惡意の株主、取締役が、ノールウエーでは一ケ月以上營業の繼續を知つてゐた者が會社債務につき、直接に連帶して辯濟の責に任ずることになつてゐる。而も之等諸國の大多數にあつては、株主一人となつた場合には、法律に特別の規定がなくても、當然その株式會社は解散するものと解せられてゐる。

之に反し獨逸に於けると同じ様な工合に一人會社を認めるものに、オーストリアがある。更にリヒテンシュタインでは、一人會社、殊に設立當初からの一人會社を認めたるのみならず、個人營業にして有限責任なるものをも許してゐる。(15) 然るに同じ獨法系でも、ブルガリアの如きは有限會社については明文を設けて一人會社は解散すべきものとしたが、株式會社については特別に之を解散事由として規定しなかつた點は、全く我國と歩調を一にしてゐる。イタリーは大體佛法系でありながら、株式會社につき一人會社を認めるのが通説であり、有限會社については一人會社を認めつつ、その社員は無限責任を負ふものと解せられてゐる。又英法系の中でも、アメリカ合衆國に於ては、一人會社の存立は許されるものと解されてゐる模様である。(16)

斯様に諸外國に於ける實例は、誠に千差萬別であつて、一人會社に關する立法上の世界的な傾向と謂つたものはまだ看取することが出來ない。英獨佛三大法系別に見ても、その間に特別な傾向は摑み得ない。大體に於ては一人會社の存立を認める立法例の方がむしろ少數であつて、我改正商法の立案者が、外國の先例に倣つたと云ふのは、世界的な一般潮流に順應したといふよりは、寧ろ獨逸の先例に倣つたといふのが眞相に近いのである。

(1) HGB. § 292. AG. § 203.
(2) Endemann, Handbuch d. HR. I Bd. 1881, S. 651.
(3) Brodmann, AR. S. 485., Katzaroff, a. a. O. S. 98 ff.
(4) Wieland, HR. I Bd. S. 508. 其の他 I の註所揭參照。
(5) Katzaroff, a. a. O. S. 100.
(6) J. v. Gierke, a. a. O. S. 388.
(7) Klausing, AG. S. 181., Amtl. Begr. z. §§ 203-215., Ritter, AG. 1939, S. 581.

（8） Klausing, a. a. O., Ders. Das kommende AR. DJZ. 1935, S. 1137 ff. 大隅・八木・大森・獨逸商法Ⅲ株式法四六四頁（現代外國法典叢書）。

（9） 株式合資會社が一人會社となると云ふのは、その唯一の無限責任社員が總株式を取得する場合である。我商法上斯様なる場合には會社解散することになつてゐるので（商四六九條一項、一四七條、九四條、尚ほ四七一條参照）、此の方法によつても株式合資會社の一人會社を出現せしめ得ない。

（10） Wieland, a. a. O. S. 509., J. v. Gierke, a. a. O. S. 388.

（11） Curti, Englisches Zivil- u. Handelsrecht. Bd. II. S. 348.

（12） 此の事件に於て認められた事案と云ふのは、或るSalomonなる皮革商人が彼及びその妻子等六人と共に組織した株式會社Salomon & Co. に、その營業を譲渡したと云ふのであるが、その會社の株式總數二萬株の內、妻子等六名には各一株宛を割當て、殘餘の株式は全部自分自身で之を引受けたのである。卽ち妻子六人は單に名目上の藁人形たるに過ぎないのであるが、それでも法律の要求する七人——當時はまだ二人で設立し得る私會社の制度はなかつた——と云ふ最低限の員數を揃へてゐる點は獨逸や我國に於て論ぜられてゐる一人會社とは異るものである。Feine, a. a. O. S. 429., Friedländer, Konzernrecht, S. 126.

（13） Wieland, HR. Bd. II. S. 388.

（14） Connell & Wilkinson, Companies and Company Law, 5 ed. 1937, p. 173.

（15） Liechtenstein ZGB. 1926, Art. 637 ff. 834 ff. Beck, ZHR. Bd. 89. S. 218 ff., Wieland, HR. Bd. II. S. 385. Anm. 1.

（16） 之等諸國の立法例その他については、Hallstein, Die AR. d. Gegenwart. S. 356., Wieland, HR. Bd. I. S. 508. Bd. II. S. 387., Friedländer, Konzern R. S. 125., Feine, a. a. O. S. 429., J. v. Gierke, a. a. O. S. 338., Katzaroff, a. a. O. S. 101., Hamburger, AG. Rechtsvergleichendes Handwörterbuch f. d. Zivil- u. Handelsrecht, Bd. II. S. 129, 139. 之等の資料に現はれた以後の最近の事情は知り得ない。

（法學研究第二十卷第三號、第二十二卷第一號、昭和二十二年、二十四年）

改正株式會社法總評

はしがき

昭和二十五年五月二日、第七國會の最終日に兩院を通過成立した「商法の一部を改正する法律」は、同年五月十日法律第百六十七號として公布され、昭和二十六年七月一日から施行されることになつている（同法附則第一項）。この法律は、殆ど商法の全編にわたつて改正を加えるものであるが、その主要な狙いは株式會社法の部分にあり、株式會社法に關する限りは、今回の改正によつて根本的な變革を受けることになる。之に反しその他の部分の改正は、むしろ附け足り的のものであつて、株式會社法の改正に伴う調節又は整理がその主なものである。

株式會社法改正の主旨は多岐に亙つているけれども、大體㈠資本調達の圓滑化、殊に授權資本乃び無額面株式の制度の採用、㈡取締役會の法定、並びに之に伴い株主總會、監査役の權限縮小、㈢個々の株主の地位の强化、の三點に要約することができる。然しこの三點の何れにも屬しないような改正も相當多數に含まれている。何れもアメリカ諸州、殊にイリノイ州の會社法に於ける諸制度に倣つて行われたと見られる改正が大部分であつて、之がため今後我國の株式會社法が、相當アメリカ風な内容を備えるものになつたことは、否み難い事實である。從來の我國株式會社法は、法律の他の部門と同様に、獨乙法を中核とする純然たる大陸法系に屬し、明治三十年代以來、約半世紀に亙つて、漸次我國民生活の內に消化され、親しまれて來たものであるが、之を今この改正法によつて、アメリカ風に模様がえするとすれば、そこには理論の面からも、實際の面からも、相當に切替時の混亂が起るであろうことを豫測しなければならない。株式會社法の法律大系中に占める地位、並びに株式會社の國民生活に於て占める地位に鑑みるとき、かかる混亂は力めて最少限度に喰い止めて、改正法の圓滑な運用を圖ることは刻下の急務と言わなければならない。

殊に今回の改正が、この種の性格の立法事業としては、むしろ唐突のうちに行われた嫌いがあつて、草案に對する理論上及び實務上の檢討が盡されていない。之がため出來上つた改正法律を見ても、隨所に疑義百出する狀態であつて、到底收拾がつかない。

吾々慶應義塾大學の商法學を擔當する者は昭和二十四年の春、卽ち新法の改正要綱の時代から、引續き瀕繁に、研究會を開いて、改正法に關する檢討を續けて來た。この研究會には、商法の專門者だけではなく、時に應じて民法、民事訴訟法又は經營經濟學の擔當者の協力をも得、又時には東京株式懇話會その他、株式事務の實務家の意見をも徵する機會をもつた。そして殊ど定期的に每週研究會を開いて來たので、その成果も旣に相當量に達した。その內容にはなお未熟な點を多分に殘しているけれども、整理のでき次第、逐次發表したいと思つている。敢えて之を別稿に發表する所以は、改正法に關する疑義の所在を捉えるということだけでも、多少の寄與はできるかと思われるからである。

本稿は右の研究會とは直接關係なしに書いたものである。然し研究會に現われた諸氏の意見から、數々の示唆を受けていることは特記して置きたい。研究會の議論は大體に於て、個々の制度や規定についての具體的な細かい點に集中し勝ちであるから、別稿の內容も自然そういう風になつている。それを補う意味で、本稿では總括的な一般論を取上げたいと思うのである。

一

1　改正の發端

何故に株式會社法は改正――殊にアメリカ風に――されなければならなかつたか。この點については色々な原因を探り當てることができるであろう。然しながら、その改正の直接の發端として、この改正を方向づけ、且つ之を實現せしめた要因は、正に昭和二十三年七月に行われた、前回の株式會社法の部分的改正に在る。もし昭和二十三年の改正が行われなかつたとしたら、恐らくは今回の改正も、今回のような經過で、且つ今回のような内容で實現することはなかつたであろう。

昭和二十三年の商法一部改正は、專ら株式會社に於ける株金の分割拂込を廢止し、設立又は增資に當つて株金全額を一時に拂込ましめることに改めただけのものであるが、如何なる必要に基いて、かかる改正が爲されたにせよ（この點後述）、現行の株式會社法の中から、株金の分割拂込制だけを廢止してしまうことは、株式會社制度全體の調和を害し、殊に會社の株式資本調達を非常に窮屈にしてしまう。そこで何等かその緩和策を講じないでは、運用上の不便、會社運營上の不安を避けられないのである。

現行の株式會社法といわず、一般に私有財產制度全體として見ても、それは極めて複雜な機構を持つた精密機械のようなものであつて、その中のどの些細な部分を採つて見ても、他の全體との關連に於て、設けらるべくして設けられているのであつて、それぞれの部分が、それぞれの役割を果しつゝ、制度全體としての調和と安定とに寄與しているのである。從つて、その中のどの一部をとつて見ても、それを動かせば直ちにその影響が制度全體に波及するものであるから、他の部分との關係を考えずに簡單に模樣がえをすることはできないのである。この意味から、昭和二十三年の改正は、それ自體完了した改正とはいえないので、必ず之に伴う善後策をも考えなければならないのである。

その善後策が卽ち今回の大規模な商法改正となつて現われたものに外ならない。この點は當然のことながら、動もすれば看過され、或は輕視されている。

勿論、改正法を巨細に觀察すれば、昭和二十三年の改正の善後策とは無關係な點もないではない。例えば、株式額面の最低額や罰金過料の金額などを引上げたこと（改一八條二項、二〇二條、二〇二條二項、四八六條以下）、外國會社の規定を改めたこと、發起人の權利株讓渡を禁止する規定を削除したこと（一九〇條）、代表社員又は取締役と支配人との共同代表の規定を削除したこと（改七七條、二六一條二項）などは之である。然しながら、大多數の改正は昭和二十三年の改正と直接又は間接の關係をもつているのであつて、この點を度外視しては、今回の改正は殊ど無意味のものに歸する。

2　改正を促進する內外の情勢

尤も右のほかにも、今回の改正を好都合ならしめる事由は色々あつた。之等の事由は、今回の改正の主動力となつたものとはいえないにしても、少くとも之を促進し又は改正法の內容に影響を與えたかも知れないことは、充分に豫期されるのである。

a　周邊法制のアメリカ法化

戰後我國にはアメリカ法的な制度が遽かに各方面に輸入され、殊に商法周邊に於て、獨禁法や證券取引法その他、株式會社の運營上直接間接に重大な影響のある法制がアメリカ式の內容を以て相次いで制定された。然るに之等の新法制は、從來の我國の法制、殊に現行株式會社法と充分連絡がとれていないので、立法技術の面からも、その實際運用の面からも、種々の破綻を示している。そこで商法を改正すれば、それによつて、之等の破綻は、全部とはいえないまでも、相當に除去することができるであろう。

然しこのことには一定の限界があることを知らねばならない。一體に商法周邊に於て商法と不調和なアメリカ式制度が出來たことは、商法自體の不備でもなければ、商法側の責任でもない。それは直言すれば、商法周邊の立法の不備であつて、之等の戰後法制が、充分我國の既存の法則にマッチするように作られていないからである。從つてもしその不調和を除去しようとするならば、周邊の法制の方の改正を先ずもつて研究すべきであつて、反對に商法の方を改正して之等の法制に順應せしめようというのは、本末顚倒の考え方である。獨禁法その他は、私法制度に對して外部からはめた枠であつて、その枠は現實の私法制度に卽して適當に作ればよいのである。作つた枠が既存の私法制度にピッタリはまらなければ、枠の方を作り直すことを先ず考えるのが順當である。そして必要な枠が、立法技術的に見て、どうしてもピッタリはめられないという場合に初めて、その限度に於て技術的な改正を商法に對して施すべきである。從つて、この場合に行われる商法の改正は、從來の私法制度に對して重大な實質的變更を加えるものにはならない筈である。

現にこの出來上つた改正法律を見ても、周邊法制との調節を考えて作られたと思われるような規定は、餘り見當らないのであつて、少くともこの點が今回の立法の主要な狙いとして取上げられたという形跡は、全く認められない。むしろ改正法は之を全く度外視したのではないかと思われる位に、この點に關して冷淡である。强いて求めれば、改正法によつて我國の株式會社法が、アメリカのそれに似かかつて來たという點が、僅かにその周邊法制と步調を合せた點であると言えるが、然しその代りに我國私法の中で株式會社法だけがアメリカ法化したことになり、商法のその他の部分及び民法との調和を破つてしまつたことは、改正法にとつて大きなマイナスではないであろうか。

b　外資導入

我國戰後の經濟復興のためには、外資導入特にアメリカ資本の導入が強く要望されるから、之を促進するための各種の施策が强力に遂行されなければならない。今回の株式會社法の改正もその一環として考えるならば、現行法上外資導入を妨げるような規定を改正し、或は進んで外資導入を促進するために役立つような制度を新設するという考慮は當然に拂われて然るべきである。

尤も外國の資本家が我國の產業に投資するか否か、又如何なる條件で、いか程投資するかは、主として我國產業の採算性或は安定性というような、經濟的・政治的の要因によつて左右されることであつて、この際我國の株式會社法がどうなつているかということは、大局には影響を與えるものとは思えない。

假に法制上の問題として考えた場合にも、今日外資導入を妨げる大きな原因となつているものは、株式會社法の不備缺陷ではなくして、恐らくは外國爲替管理法その他經濟統制法、獨禁法又は稅法などであろう。故に外資導入を中心として考えるならば、商法改正などはむしろ末端の些事であつて、その本筋は全然別の方面にあるといわなければならないのである。

たゞ日本の法律とアメリカの法律とでは、その根本の建前も、個々の技術的な制度も相當異つているので、日本の法律に不案内のアメリカ資本家にとつては、日本產業に投資するにつき、相當の不便や不安を感ぜしめていることであろう。兩國法制の相違は必ずしも株式會社法についてのみ存在するものではないけれども、事柄が直接關係のあるだけに、株式會社法の相違が一番目立ち易い。株式會社法の改正によつてこの目立ち易い相違を取除いて置けば、外國投資者に便宜であり、安心を與え、從つて外資導入を圓滑ならしめ得るかも知れない。

然し私法の他の部分をそのまゝにして置いて、株式會社法だけを完全にアメリカ法的に改正するということは不可能のことである。それは言うまでもなく、株式會社法は我國私法秩序の一部を擔當するものとして、深く一般私法理論の中に基礎を置いているからであつて、それを切離してアメリカ法化して見ても、それは一般私法理論から遊離した實施不可能の異物となつてしまうか、或は表面上アメリカ會社法を模倣していても、實質は依然として從來の理論の支配する大陸的株式會社法に過ぎないかである。現に今回の改正法は後者の域を出ていないと見て差しつかえなく、アメリカ會社法上に存する各個の制度を、表面的に輸入しただけであつて、その基本的な原理や精神までも輸入することには成功していない。この程度の改正では、外資導入に役立つことを期待するのは無理であつて、せいぜい幾分の心理的な効果がないこともないといつた程度ではなかろうか。法制の外面的類似性は、むしろ背後に匿された相違點に對する警戒を必要とするのであつて見れば、益々その効果は減殺されることになるであろう。

c　證券の民主化

アメリカ會社法は從前から大陸會社法とちがつて、株式資本の調達については可成り自由な方法を認めているが、この點あたかも我國戰後の企業再建整備のためにする巨大な資本の需要を控えて、大いに參考とする價値がある。又アメリカ法に於ける株主の保護が大陸法に於けるよりも徹底していることは、財閥解體などによつて分散した株主大衆を目前にして、株主保護の必要が増大した際とて、改正のための有力な資料を提供している。勿論アメリカ法に於ける之等の特色は、既に以前から我國及び大陸法の學者、實務家の間には注目もされ、研究もされていたのであつて、それにも拘らず、大陸法系の諸國が之に倣つていないのは、その必要がなかつたというよりは、その立法の建前の不一致ということが大きな原因である。即ち我國では從來資本確定の原則或は株主平等の原則などを中心として、會社資本の調達方法を可なり狹く限定していたのである。この方式をそのまゝ維持するか或はアメリカ式に自由にするかは、一利一害であつて、簡單に何れが優るとは言えないのである。要は各國の國民性その他國情に應じた行き方をすればよいのであつて、我國は我國として一貫した方向をとつて來たわけである。個々の株主の保護を强化し、その發言權を增大せしめることも同樣であつて、特に我國では、いわゆる會社荒しの弊害を重大視して、その取締を强化徹底するという方向にずつと進んで來ているので、その結果個々の株主の獨立した發言權は或る程度に押えられて來たのである。そこに今回はアメリカ流の方式を採り入れて、資本調達を自由にし、株主の發言權を强化しようということになれば、從來の行き方とは全く逆であつて、我國株式會社法としては重大な方向轉換である。戰後新に生じた事情によつて、それが是非とも必要とあるならば、方向轉換ももとより已むを得ないが、果してそれだけの必要があるか否か、又どの程度採り入れる必要があるかは、充分愼重な利害の檢討によつて究明されなければならない重大問題である。それに藉すだけの時間的餘猶がないならば、せめて臨時立法の形式ででもその必要に應ずべきであつて、早急に早呑み込みで商法自體を恒久的に改正してしまうのは妥當の處置とはいえない。

3　改正法成立の經過

何れにせよ斯樣に大規模な改正が、僅々二ケ年足らずの極めて短い立案準備期間の後に實現したことは驚異に値する事實である。固より戰後、憲法や民法親族相續編、刑事訴訟法その他の大法典の大規模な改正が、相次いで、而も急速に行われていることを考えれば、商法の改正についてだけ、特に不思議に感ずることはないというかも知れないが、憲法や民法の改正は直接に敗戰の結果と結びついているのであつて、その改正について時間的餘猶を與えられなかつたことは、むしろ當然である。然し株式會社法の改正を之と同一系列に屬するものと見ることはできない。

前回の大改正である昭和十三年の商法中改正法律も、主として株式會社法の改正を中心課題としているが、それは遠く昭和六年の法制審議會の議決答申による「商法改正要綱」に基くものであつて、その法制審議會が內閣總理大臣から商法改正についての諮問を受けたのは昭和四年であつた。從つて商法改正が正式に立案者の手に取上げられてから計算しても、法律が成立するまでには少くとも十年近くの歲月が流れている。それでもなお硏究工夫の足らなかつた點が隨所に殘されているのである。法律改正について徒らに遲疑逡巡するのは宜しくないが、臨時緊急の立法でない限り、拙速は一層困りものである。

更に立案當局が一貫して、その改正を已むを得ざる最少限度に止めようという消極的な態度で終始していたことは甚だ遺憾であり、それがため必要な點についての改正の立案までも澁つていた感があるのであつて、それが最後まで災したことも否み難い。即ち昭和二十三年七月、株金全額拂込制が實施されると、直ちにその對策としてアメリカ式の授權資本制及び無額面株式制の採用が考慮されることになり、その具體案の研究に著手したが、その結果は無額面株式制の採用については、やゝ難色を示しつゝも、同年九月には既に一應の見通しを得て、十一月には早くも法務廳の手で、三十五項から成る「商法の一部を改正する法律案要綱」(第二次案)が出來上つた。然しこの要綱自體につい て更に檢討を進める暇もなく、翌昭和二十四年一月に至り、關係方面から、株主地位の强化に關する可なり廣汎な、具體的な示唆を受けるに到り、之に基いて前記要綱の練り直しをすることになつた。株主地位の强化の點については、「會社荒し」の防止ということについて可なり憂慮されたが、結局一應の結論に達して、同年八月十三日、法務總裁から法制審議會の第一回總會に對し、「商法の一部を改正する法律案要綱」として之を諮問した。この要綱は五十四項目に亙る可なり詳細なものである。法制審議會は右要綱を直ちに商法部會を設けて檢討することになつたが、翌九月になつて、法務府は右の商法部會に對して、更に「改正の一部を改正する法律案要綱を修正し又は之に追加すべき事項」なるものを提示した。之は先の要綱につき修正すべきもの五項目、之に追加すべきもの十七項目を含むものであるが、こゝで始めて今回の商法改正點の全貌が出揃つたのであり、殊に取締役會制度がこゝに至つて始めて改正要綱に登場したのである。斯様に今回の株式會社法改正の三大眼目たる、㈠授權資本、無額面株式、㈡取締役會、㈢株主地位の强化、の三點が最初から全部並行して改正目標に取上げられないで、逐次に一つ一つ後から追加されて行つたことは、立案者に定見を缺くものゝ如き印象を與えている。

一體アメリカに於ける授權資本制は、アメリカ式の取締役會 (board of directors) 及び役員 (officers) を中心とする、株式會社の管理經營機構を背景として行われているものであつて、かゝる機構をもつからこそ、授權資本制も合理的に行われ得ているのである。株主地位の强化の問題にしても同様であつて、アメリカに於て、個々の株主の發言權の强いことは、アメリカ法上の取締役會の性格、權限などとパラレルを爲すものである。要するにアメリカ會社法は制度全體として調和を保つように出來ているのであつて、雜然と各部無關係な、そしてその或ものが個別的に優秀な、制度が集まつて出來ているのではないのである。その點は我國の株式會社法も同様であつて、全體として調和を保ちつゝ、制度の安定が得られているのである。萬一この調和を破るならば、制度全體として不安定となり、その結果は株式會社企業の維持又は發展にとつて重大な支障を來すことにもなるであろう。故にアメリカ式の授權資本制を我國に於て採用しようとするならば、直ちに他方に於てその調和方策たるアメリカ式の取締役會制、從つてまた株主地位の强化ということを同時に考慮しなければならないのであつて、萬一他の方面には影響なしに授權資本制だけを採り入れようとするならば、その授權資本制そのものを、相當本質的に變形して採用する外はないのである。嘗てドイツに於てアメリカの授權資本制を輸入するに當つて、結局それは認可資本制（genehmigtes Kapital）の形を採らざるを得なかつた事情は我國の立法當局者にとつて、殷鑑遠くはないのである。

　結局に於て出來上つた改正法律は、株式會社法の全領域に亙つて改正を加えることになり、改正後の制度全體の調和は充分に計られているのだ、というかも知れないが、その場合改正の取り上げ方が必ずしも各部分一様ではなくて、授權資本制や無額面株式制は、相當思いきつた姿で採用されているに反し、株主地位の强化の點はやゝ不徹底であり、取締役會の點に至つては一層甚だしく、たゞその形骸を採り入れたに過ぎない程度である。而もその規定の仕方が甚だ不手際であつて、取締役會關係では、條文の技術的整理すら出來ていない點が少くない。その具體的なことは別に指摘することとして、果して斯様な不均衡な改正のしかたで、全體としての調和が保たれ得るものであろうか。尤も制度の弊害や弱點が、どういうところから出て來るかは、結局改正法實施後、それが表面化して來て始めて明確にし得ることであつて、現在のところでは、たゞ色々な跛行現象が臆測され得るに過ぎない。例えば取締役の獨裁的專制力が現在以上に强化されて、株主その他の利害關係人の利益は一層危殆に陥らしめられはしないか、或は會社荒しが一層跋扈しはしないか、といつた懸念は何人も一應は改正法に對して懷くものである。之らの懸念は單なる杞憂として早晩解消するものであるかも知れない。然しながら、少くとも大小樣々の懸念や疑問を殘しつゝ、何故に法律の改正を特に急いで强行しなければならなかつたろうか。

二

1　株金分割拂込制の廢止

昭和二十三年七月の商法改正による株金分割拂込制の廢止が、今回の大規模な商法改正を不可避ならしめた直接の發端であることは既に述べた。從つてこの前後二つの改正法律は、立法手續上は全く獨立した二個の法律であるけれども、實質上は統一した一個の改正事業であつて、兩者を切り離して考えることはできない關係にある。

それだけに又、この統一した一個の改正事業を、何故に二度に分けて實施しなければならなかつたか、甚だ疑問である。株金分割拂込制に何か致命的な缺陥があつて、而もそれがため國民生活に囘復すべからざる危害を及ぼすというう、急迫な事情でもあつたのなら、取り敢えずその分割拂込制を廢止して置いて、その結果の善後處置は後から考えるというのも致し方がない。然し分割拂込制について、かような急迫な事情があつたとは考えられないし、少くとも何人かゞ左樣な事情のあることを指摘したということも、寡聞にして知らない。

とも角、株金分割拂込制は昭和二十三年に極めて簡單に廢止されてしまつたけれども、この制度も色々の長所を持つているのであつて、例えば長期建設事業を目論む會社などのように、當初から所要資金の全額を必要とせず、第二期、第三期というように計畫の進行につれて逐次に資金を追加してゆく必要のある場合などには、株金の分割拂込制は最も適切であつて之によつて第二期、第三期の追加資金が最も簡單に、且つ確實に獲得され得るのである。もしこの場合、分割拂込制が廢止されたとすると、會社は當初から所要資金の全額を徴收して徒らに大金を死藏するか、又は將來の不確實な市場を目當てにして、とも角も當初の所要資金だけを集めて事業に着手し、第二期以後の資金はその都度、增資新株を發行して調達するか、何れかのほかなくなるのである。そのためにこの種の會社企業が著しく不利又は危險となり、景氣變動等による資金難から中途挫折の虞も多くなる。

又、右のように近い將來に於ける具體的な資金需要が計畫されていない場合でも、會社が未拂込株金を持つということは、會社にとつては非常な強みであつて、之によつて會社は不時の資金需要に何時でも應じ得るのである。殊に萬一會社が支拂停止の危機に直面するようなことが起つたとしても、未拂込株金の徴收によつて、その危機を切り拔けることができる。そしてかような萬一の場合の應急手段を用意しているということが、又平常に於ても會社の信用維持に大いに役立つていることを看過してはならない。從つて株金分割拂込制の廢止は、同時に會社の一般的信用低下を來すものといえるのである。

尤も未拂込株金の徴收ということは、實際問題として相當の困難を伴うものである。商法は株金徴收の手續として、株式の競賣、株式讓渡人の責任など、綿密な規定を設けていたけれども、之を實行するには仲々容易ではなかつた。たゞ會社が順調に計畫事業を遂行し、或は發展段階にあつて事業の擴張充實或は改良などの所要資金として、未拂込株金を徴收するのは、割合に簡單であつて、株主も喜んでその拂込催告に應ずるのである。斯樣な狀況に於ては、その會社の株式市價も相當高値になつていることが多く、拂込をすればその拂込金額以上に株價が高騰して來るのであつて、株主として決して損はないのである。假に拂込のため手許資金に事缺く株主があつたとしても、その持株を擔保に供し、或は一部賣却することによつて、容易にその拂込のための資金を調達することができる。從つて斯樣な場合には會社が株金を徴收することは、別段困難を伴わないのである。商法の規定した株式の競賣とか讓渡人の責任などを持ち出す以前に、圓滑に株金の徴收を完了し得るのである。稀に紛爭を生ずることがあつたとしても、それは多數人相手の仕事には如何なる場合にも避け難い手違いに過ぎない。

然るに之に反し會社が事業不振で、株價が低落している時期に株金拂込を徴收するとなると事情は一變する。この場合には株主は拂込をしても、株價の値上りは拂込金額に達しないから、一般に拂込を喜ばないのみならず、假にその持株の換價、質入等によつて拂込資金を調達しようにも、株價が安くてはどうにもならない。又會社の不況時は、得てして一般的不況時と重なり勝ちであるから、株主側にも拂込資金は不足し、その調達にも困難な狀況にある時なのである。而も斯樣な場合にこそ是が非でも株金を取立てなければ會社は支拂停止、破產宣告にまで追込まれてしまう。そこで嫌がる株主から強硬に而も急速に取立てようとするので、隨處に紛爭が惓き起り、焦れば焦る程、益々摩擦を多くして實績が上らなくなるのである。株金徴收に關連する判例が極めて豐富に山積しているのも、制度自體が煩瑣であることもあるが、然し一方は何とかして取ろうとし、他方は何とかして免れようとする心死のあがきの跡と見た方がよいのである。

會社が未拂込株金を何時どれだけ徴收するかということは、定款の規定又は總會の決議を以て定め得ることであつて、斯る定めのない場合には取締役が適宜に之を定め得るものと解せられている。然し定款の規定や總會の決議を以て株金の拂込につき何等かの具體的定めをするということは、實際上極めて稀であつて、殆ど取締役の一存で拂込徴收がきめられている實狀である。勿論この場合でも株主總會は取締役に對して、株金の徴收に關し、何等かの命令、禁止又は制限を定める權限は奪われていないから、理論上は何時でも斯樣な決議をなし得る譯であるけれども、株主總會の現狀から見れば、取締役の方針に反して總會が何等かの決議をなすことを期待することは、實際問題としては多くの場合無理である。假令多數の株主が株金徴收に反對であつても、それが總會の決議として取締役に押付けられることは餘りない。のみならず、會社が現實にその窮況を打開し、殊に目前の支拂資金を獲得するために株金を徴收するような場合には、株主は假令之に反對して見た所で結局に於てその徴收を回避することはできないのである。即ち會社が支拂資金を調達できないため、支拂停止すれば、會社は破産の宣告を受けることを免れず（破一二六條二項）、破産により會社解散すれば、最早株金徴收については株主總會の權限を離れ、會社財産の不足分だけは、嫌でも取立てられることになるからである（破二〇七條）。つまり株主が一致して拂込を嫌うような場合には、返つて反對の決議をしても間に合わないような事態に立至つているときである。要するに會社が現實に必要とする限り、實際問題としては、株主の贊否に拘らず、未拂込株金は徴收されることになつているのである。

固より會社が未拂株金の拂込を徴收するのは、株式の引受以來既に確定している株主の義務を履行せしめるというだけのことであるから、後日いよいよ徴收される段になつてから株主が異議を言えた筋合いではないとはいえ、株式引受後、不確定の遠い將來にまで、何時たりとも會社の拂込請求に應ずる用意をしていなければならないことは、株主にとつて極めて苦痛のことに違いない。殊に手許資金が涸渇している時期に限つて、追求が益々急であるとすれば、株主としては思わぬ苦境に置かれることになるのである。株金の徴收によつて、株主或は株式讓渡人が家産を消盡し、一家離散の憂き目に遭うという實例も稀ではなく、之がためひいては一般社會不安、經濟危機にまで發展しないとも限らないのである。

然るに戰後、財閥解體や獨占禁止などによつて、株式分散の傾向が著しく、企業再建整備のための資金も大衆投資に待つほかなくなつたので、今日では未拂込株金の徴收によつて苦境に立つ株主も、廣く國民各層の間に分布するものと見なければならない。故に前記のような難點はますます何とか工夫して、除去或は緩和すべきものであろう。

然しそれだからといつて、その善後處置も用意せずに直ちに株金分割拂込制を廢止するというのでは、餘りに思慮單純である。之を廢止しないでも、改良の餘地はいくらでも考え得たのではなかろうか。之を廢止してしまつたばかりに後述のような色々な支障や缺陷を生じて來たのみならず、分割拂込制の本來の長所も失われてしまつたのである。その利害得失の判斷は、そう容易には下し得ないとしても、少くとも法律改正の根據は極めて薄弱とならざるを得ない。假に豫想される程の利點があつたとしても、それを以て果して、改正法施行のため企業の被むる勞力や費用の浪費、その他一般取引界の不習熟によつて起る混亂の損失を償い得るであろうか。

三

1　授權資本制とその限界

昭和二十三年の商法改正によつて未拂込株金の徵收という途が塞がれて見ると、會社が株式資本を追加調達するには、資本增加の方法によるより外はなくなつた。然しその資本增加を行うについては、一々株主總會の特別決議やその他新株發行についての複雜な手續を必要とするので、未拂込株金の徵收のように、迅速適確な資金調達はできなくなるのである。然るに會社が臨機に必要な資本を調達し得るか否かは、會社並びにその利害關係人にとつては極めて重要なことであるから、何かその代策が必要となる譯である。そこで先ず第一に着想されるのが、いわゆる授權資本の制度であつて、之によれば新株發行の權限を取締役（會）に委ね、株主總會は之に一切干與しない。新株發行について定款變更（增資）のための株主總會の特別決議も、增資報告總會も必要としない。之によつて總會開催のための時間と手數、費用を省略し得るに止まらず、取締役は增資につき一々株主側の意向を徵することなしに、自己の自由な判斷に基いて、隨時資金を調達し得ることになるのである。

斯樣に現在我國で考えられている授權資本制なるものは、そもそも株金分割拂込制廢止の代用物として見ているために、專ら新株發行の權限が株主總會から取締役（會）に移つたことに重點を置いて觀察されるけれども、授權資本制の本來の意味は全く之とは別の點にあるのである。卽ちアメリカでは會社を設立するには州長官の免許が必要であつて、且つ州長官の免許があれば、必ずしも株式總數の引受がなくても會社は成立する。從つて會社は設立當時にはその株式總數を發行せず、その一部だけを發行して置いて、殘部は後日適當な時期に順次發行して行くことができるのである。授權資本の「授權」なる語も、州長官が株式の發行を免許したという意味で、會社に株式發行の權限が與えられることを意味するのである。會社がその授權資本の範圍內で新株を發行する手續がどうなつているかということは、別段授權資本なるものの本質には關係のないことであつて、それがたまたまアメリカでは、株主總會の決議を必要とせず、取締役會の權限になつているというに過ぎない。故に假にアメリカに於て、新株發行の權限を株主總會に移したとしても、授權資本の觀念が消滅するものではない。殊に況や授權資本制は株金分割拂込制の代用品ではないのであつて、兩者は全く無關係のものである。卽ち授權資本制を採るアメリカの會社が、同時に株金の分割拂込を認めることは、決して矛盾もしなければ、重複もしないのである。

所が我國の會社法のように、會社設立につき準則主義を採つている場合には、會社の設立又は株式の發行について官廳の免許を受けることは考えられない。從つてアメリカに於けるような「授權」の觀念は生じ得ない。むしろ會社の設立及び增資が全く發起人又は會社の自治に委ねられている點は、アメリカに於けるより一層自由なのであつて、「授權」ということに關する限り、我々はアメリカの會社法に學ぶべき何等の魅力も感じない譯である。

たゞ授權の範圍に限定されるとはいえ、その範圍內での新株發行の手續が簡略であること、殊に株主總會の決議を必要としないことは大いに便利であつて、この長所は我國に於ても採り入れる價値があるように見える。そこで我國で授權資本制という場合には、專らこの點だけを中心として考えられるようになつたのである。卽ち我國に於て授權資本制を採用したというのは、增資新株の發行につき株主總會の權限を奪つたということに外ならない。「授權」というような積極的な面は全くないのである。或は定款によつて、取締役會が增資新株發行の權限を授與されたという風に解し得られないこともないが、授權資本の語義をそのように取るのは、用語の本來の意味から頗る遠去かつている。そこで改正法も法典上の用語としては、特に授權資本なる語の使用を避けたものと解せられる。

增資新株發行の權限を取締役會に移すにしても、その際如何なる方式を採り又は如何なる條件或は制限を附けるかは、立法政策上の問題として、適宜に決定せらるべきものである。固より改正法のような行き方が、その唯一の採り得べき方式又は條件であるとはいえないのである。たゞ改正法としては、その立案に當つて、主として株金分割拂込制廢止の穴塡めの目的で授權資本制を考えたのであるから、その目的を達するため、成る可く適當なように授權資本制の型を作り上げればよいわけである。そのための工夫は各所に現われているけれども、例えば會社の設立に際して發行する株式の總數は會社が發行する株式の總數の四分の一を下ることを得ないものとしたこと（改一六六條一項三號、二項）などは、昭和二十三年改正前商法一七一條二項の「第一回拂込ノ金額ハ株金ノ四分の一ヲ下ルコトヲ得ズ」という規定を正に想起せしめるものであつて、改正法上の授權資本の枠と、改正前の未拂込株金額とが相照合するものなることを示しているのである。

卽ち改正法が定款の絕對的必要事項としている「會社が發行する株式の總數」から「會社の設立に際して發行する株式の總數」を控除した殘りが將來取締役會にその發行の權限を委ねられる增資新株の總數となるのであつて、之が卽ち設立當初の授權資本となるわけである。この場合授權資本が金額を以て定められないで、株式數を以て定められるのは、改正法が無額面株式の發行を豫定し、且つ之を發行する場合には授權の枠は、金額を以て限定しないで、株式數を以て限定した方が適當であるとしたからに外ならない。立法論としては、たとえ無額面株式制を採用しても、授權資本の枠は金額を以て定めることにして差支えないのであつて、この場合には會社の發行する株式の總數は、その發行價額如何によつて、後から定まつてくるので豫め定款上決定して置けないということになるだけである。そのこと自體に論理的な矛盾があるわけではない。授權資本が株式數を以て示されたにせよ、或は一定の金額を以て示されたにせよ、それは會社の現實の資本とは別物であつて、會社が定款變更の手續を要せずして達し得べき資本の最高限たるものである。故にそれは單に一種の可能性にすぎないのであつて、現實に存在する資本の一種ではない。之を授權「資本」と呼ぶこと自體、多少誤解性を含むが、既に慣用語となつているので、別に用語を改めるまでもあるまい。

會社の資本の額が發行濟株式の金額（又は發行價額）の合計によつて定まることは、原則として改正法上も變りはない。たゞその資本の額は、取締役會が新株を發行することによつて、その度毎に随時増加し得べきものであるから、豫め之を定款に記載せしめることを得ないのである。蓋し之を記載すれば増資新株の發行は常に定款變更を來すことになり、從つてそのために株主總會の特別決議を必要とするに至り、授權資本制を採用せんとする目的は達せられないからである。改正法が定款の絶對的必要事項から「資本の總額」を削除したのもこのためである。尤も改正法上に於ても、定款の絶對的必要事項として、「會社の設立に際して發行する株式の總數並に額面無額面の別及數」「額面株式を發行するときは一株の金額」「會社の設立に際して無額面株式を發行するときは其の最低發行價額」を規定しているから（改一六六條一項四號、六號、七條）、會社設立當初の資本金額は、少くともその最低額が定款上算出し得るのであるが（改二八四條ノ二）、それは單に設立當初の資本金額についてであつて、その後會社が資本金額を如何に増減したかは、會社が特に任意的に之を定款に記載せざる限りは、定款からは之を知り得ないのである。斯様に之は專ら授權資本の枠内で會社が増資を爲すにつき、株式總會の決議を不要ならしめるための用意に外ならないが、その結果、資本増加のみならず、資本減少も亦、定款變更を來さないことになつた點は注目すべきである（但し資本減少については總會の特別決議を必要とする。改三七五條）。

取締役會がその權限に於て増資新株を發行し得るのは、固より定款に定められた授權資本の枠内だけであつて、之を越えて、新株を發行せんとするときは、先ずその枠を擴めるための定款變更をしなければならない。然しその授權資本の增加について、改正法は發行濟株式の總數の四倍を超えて之を增加することを得ないという制限を設けた（改三四七條）。之は恐らくは、會社の設立に際して發行する株式の總數は會社が發行する株式の總數の四分の一を下ることを得ない（改一六六條二項）としたので、その脫法行爲として會社が設立後直ちに授權資本を無制限に增加することを防止せんとする旨と解し得る。然し之がため一面に於ては、從來は會社が增資をなすにつき、現在の資本の十倍でも百倍でも一氣に自由にできたのに、改正法上は株數に於て一度に四倍までしか增資が出來ない結果となつた。即ち例えば發行濟株式の總數を現在の百倍に增加しようという場合には、少くとも三回乃至四回の定款變更と、その都度新株發行の手續とを、それぞれ繰返し完了して行かなければならなくなつたのである。從つてかゝる場合には、實際上はむしろ新會社を別に設立した方が簡單である。

とに角、改正法は以上のような形で授權資本制を採用することになつたのであるが、その採用については、なお色々な點を考慮する必要があり、特にその新株發行の權限を委ねらるべき取締役會の性格、構造をどう規整すべきか、株主の新株引受權を原則として認むべきか否かなどの點は、授權資本制の在り方を側面から條件づけるものであつて、その定め方如何によつて、授權資本制の色合いが大分違つてくるのである。之等の點についてはなお後に觸れる。

改正法は新株發行について、授權資本制を採用したほか、なお一つの重要な改正を行つている。それは新株發行について、いわゆる賣出發行的な方法を加味したことである。即ち資本增加の手續として、現行法では新株總數の引受並に拂込のあつたことを必要としているが（現三七〇條一項、三五一條一項）、改正法では取締役會の定める增資新株の數（改二八〇條ノ二）は單に發行豫定數（最高限）に過ぎないのであつて、現實に增資が成立するのは、その中拂込期日までに引受並に拂込のあつた株式についてだけである（改二八〇條ノ九）。拂込期日までに引受及び拂込のない株式があつたとしても、それは打切つてしまつて、引受拂込のあつた株式だけについて增資が完了することになるから、增資不成立の危險がなく、現行法に比して非常に融通性がある。この點についての改正法の規定のしかた自體には批判の餘地は多分にあるが、之によつて會社の資本調達が簡易になつたことは疑ない。

斯様に改正法の下に於ては、増資手續が簡易化されたのであるが、そのことを以て果して従來の未拂込株金の徵收の制度に代るだけの效用を果し得るのであろうか。會社が未拂込株金を逐次徵收して行くのと、授權資本に基き新株を逐次發行して行くのとは、會社が計畫した豫定資本の逐次補充して行く過程としては同一であるため、兩者は屢々同類異形のものとして考えられ勝ちであるが、その制度の本質が根本的に違つているために、一方が他方の效用を完全に兼ねるということは不可能らしく見える。授權資本制の下に於ても、新株の發行は依然として新株の發行であつて、それ故にやはり株式申込證の作成、株式申込證による株式の申込、之に對する株式の割當、その拂込という手續は不可缺である。更にこの外、證券取引法による屆出や目論見書の作成交付、そのほか株主募集廣告やその他色々な附随的事務が必然的に伴つているのであつて、單に株主總會の特別決議が省略されたという位のことでは、まだまだ未拂込株金徵集のような直截簡明な資金調達方法には遠く及ばないのである。

のみならず、更に重要なことは、授權資本制の下に於ても、新株發行のための經濟的な可能の限界は從來同様に存在するのであつて、その可能の限界を超えてまでも、この方法によつて資本を調達することはできないのである。というのは、その會社の株式の市價が、その劵面額を上廻つている場合には、會社が之を劵面額を以て發行する限り、その引受人を得ることに困難を感じないのみならず、場合によつては劵面額以上のプレミアム附で之を發行することも可能なわけであるが、反對に萬一その株式市價が劵面額を割つているような場合には、會社が之を劵面額で發行しようとしても何人も之を引受けるものはないであろう。而も株式の發行價額はその劵面額を下ることを得ないから(商二〇二條)、會社は之を市價相當額まで引下げて、割引發行することは許されない。結局この場合には新株發行による増資は不可能となるのである。そしてこの點は授權資本制を採用したということによつては、救治されるものではない。然るに未拂込株金の徵收の場合には、株式市價の如何に拘らず、その劵面額に達するまでは、額面通り徵收することができるのであつて、一面に於ては會社は、株價が高くてもプロミアムを稼ぐことができないと共に、その反面株價が極端に安くても、額面通りの金額を徴收することができる。而もこの後の場合こそ分割拂込制の眼目であるとすれば、授權資本制は、その代用物としては正に骨拔きである。

2 無額面株式制とその限界

株金分割拂込制廢止の穴塡めとして、授權資本制が力不足であるとすれば、その補充として更に着想されるのは、矢張アメリカ式の無額面株式の制度である。無額面株式は一定の券面額を有せず、且つその發行の都度自由に定めらるべき價額を以て、之を發行し得べきものであつて、而もその發行價額の如何に拘らず、株主として與えられる權利は、他の株式と同等のものとしているのである。額面株式の場合でも、額面以上の價額を以て之を發行することが許されており、且つその場合の額面超過額は必ずしも各株式につき同一であることを要しないし、その發行價額の如何に拘らず株主として與えられる權利は同等のものとされているから、この範圍に於ては無額面株式も別段異とするには足りないのである。問題は無額面株式に於ては一定の券面額がないために、額面株式に於けるが如く、その最低發行價額を限定するに、その券面額を以てすることができない點にある。卽ち株式の發行價額はその券面額を下ることを得ないという原則は、無額面株式に關する限りは無意味のものとなる（現一七一條一項、改二〇二條三項）。額面株式については、改正法は依然として右の原則を維持しているので、會社の株式市價がその券面額を下廻つている場合には、額面株式を以て新株を募集することは、前述の通り實際上見込のないことである。之に反し無額面株式を以てするならば、會社はその市價に應じた自由な低價額で新株發行ができるのである。無額面株式についても、券面額以外の方法でその發行價額の最低限を定めることは、立法的には可能な譯であるが、改正法はこの點について別段の考慮を拂つていない。結局、改正法の採用した無額面株式の制度は、實質的には額面株式につき額面以下の割引發行を認めたのと同じようなものであるが、たゞ無額面株式を發行する場合には、その發行價額の如何を問わず、原則としてその發行價額が資本金額に計上されることになり、從つて何程低廉な價額で之を發行しようとも、之がため資本の缺損を生ずるということはない。之に反し、額面株式の割引發行を認める場合には、會社の資本額は發行された株式の額面によつてきまつて來るから、その割引額だけは資本の缺損を生ずることになり、會社は何等かの方法で之を塡補しなければならないであろう。卽ち斯樣な缺損を生ぜしめないで、而も自由な價額で株式發行ができるという點が無額面株式制の狙いとする長所である。

尤も現行法に於けるように、無額面株式なる制度を持たず、且つ額面株式の割引發行も許さない場合には、株式市價が券面額を下廻つている限り、實際問題として、新株發行によつて資本を調達することは、全く見込がないというように言われているけれども、然しそれは、そのまゝの狀態では新株の引受け手がないというだけであつて、どんなことをしても絕對不可能であるというわけではないのである。卽ち斯樣な場合には、先ず會社はその株式市價に相應する程度までに資本減少を爲して、從來の株式（舊株）を無償で償却、併合又は券面切下げするのである。その結果株式市價がその券面額を超えるようにして置けば、その上で增資を爲し新株を發行すればよいのである。卽ち減資に次いで直ちに增資をするのである。それは結果に於ては、無額面株を安價で發行したのと殆ど同一であつて、かゝる手段を講じさえすれば、何も特に無額面株式の制度がなくても、會社は同一の目的を達し得るのであつて、この場合資本調達が不能となるようなことはないのである。固よりそれがためには、會社は資本減少の手續をとらなければならないから、急速簡易に資本を調達することができないという難點はあるにしても、無額面株式制度の採用が、不可能を可能ならしめたという程のものではないことは確實であつて、たゞ減資の手續を省略して增資ができるという點で、大いに簡便にする利點があるのである。

斯樣に無額面株式の制度を採用することによつて、會社の株式資本調達が可なり自由になるのであるが、然しそれにもなお一定の經濟的な限界のあることを知らねばならない。即ちその會社の株式市價が零又は零に近い程に低落している場合には、如何に無額面株式であつても、その發行價額の如何に拘らず、之を引受ける者はないであろうから、かゝる場合には、最早新株發行は不可能である。又何程かの價額を以て新株を發行し得べき場合であつても、それが非常に安くては、その大半が發行費用に食われてしまうようなことになつて、會社が所要の資金を手取りできるためには、非常に多數の無額面株式を發行しなければならないので、授權資本の範圍内での操作は困難となるであろう。そこへ行くと、未拂込株金の徵收は全く無制限であつて、株式市價が全く零であり、株主が未拂込部分の株金を拂込んでも、なお株式市價の値上りが、拂込金額に達しないという場合でも、會社は委細構わず之を徵收することができるのである。而もこの强力さこそは、會社にとつて起死回生の方策たり得るものであつて、この方法を奪つて置きながら、如何に他方に於て授權資本や無額面株式制を新設して見ても、肝要の所で限界があるために、會社の資本調達は、未拂込株金制度を認めたときほどには、自由に且つ强力ではあり得ないのである。

會社が苦境時に於て、それを切拔けるため所要の資本を調達できるか、できないかということは、會社にとつては非常に重大な死活の問題であつて、その不可能な場合には、之がため企業の破綻を來すことにもなるであろう。そしてそのことは、單に會社にとつて一大事であるに止まらず、直ちに會社債權者の側に影響を及ぼすものであつて、會社債權者にとつて見れば、會社の破綻は卽ち、その債權の滿足な辨濟を得られないという危險を負わされることを意味する。だから卽ち未拂込株金徵收の制度を廢止することによつて、株主を保護しようとすれば、その反面、必然的に會社債權者の保護に缺けることになるのである。株主が、財閥の解體その他によつて、一般大衆化するより以前に、既に會社債權者なるものは、その會社の從業員、勞働者等の賃金債權者を含めて、より一層廣い範圍の一般大衆であつた筈である。株主と會社債權者との利害相剋は、完全に大衆對大衆の利害相剋であつて、出來ればその何れもが法の前に同じような保護を受けなければならない立場にある。然しその兩者の利益を同時に兩立せしめ得ないとすれば、法はその何れか一方の利益を犧牲にして、他方を保護するほかないのであつて、そのどちらをどの程度に保護し、従つてその反面、その對立者側の利益をどれだけ犧牲に供するかは、立法政策上最も困難な問題である。結局その時々の國民生活の實情に照して、立法者の判斷で適宜に之を調節して行くほかはないのであつて、或る程度以上に微妙な點になつてくれば、結局水掛論に歸するかも知れない。然し少くとも株主保護の問題を、單に會社株主、若くは取締役對株主の利害調節の面だけで考察することは、物事の一面觀であつて、問題の所在がもつと廣い面で追及されなければ、正鵠を得ることはできないであろう。

從來は株金の分割拂込が認められていたので、會社は設立に當つては、當面の所要資金を株金の一部拂込（第一回拂込）によつて賄い、殘部は未拂込のまゝ事業に著手するのが通例であり、且つその後になつて追加資本の必要を生じた場合にも、必ずしもその未拂込株金の徵收の方法のみに賴らず、會社はその未拂込を殘したまゝ、可能な限りは資本增加（新株發行）によつて之を調達して行く例が多い。昭和十三年の改正前の商法の下に於ては、株金全額拂込の後でなければ、資本增加を許さなかつたにも拘らず（改正前商二一〇條）、所謂變態增資によつて、新會社を設立しては之を合併して行くという方法で、盛に同樣の目的を達していたのである。そしてその未拂込株金は、會社が資金調達難に陷つた際の、最後の切札として保留しているのであつて、このことが又一方に於ては、前記の如く株主側にとつて非常な不安と恐慌とを來す原因でもあるけれども、その反面會社にとつては經營上非常な強みであり、企業の基礎を安定せしめていたのみならず、會社債權者にとつても之が大きな擔保となるのであつて、取引の安全、會社の信用維持という一般的な目的のためにも大きな役割を果していたのである。然るにこの分割拂込制を廢止することになれば、會社が增資による資金調達の望みが絕えたときには、直ちに破綻に直面するのであつて、企業經營に於ける彈力性が著しく失われると共に、會社債權者も亦、その債權の取立が不能となる危險が增大するわけである。今までは企業危險が株主のところで喰い止められる可能性が相當あつたのであるが、今後は、株主側に危險負擔のゆとりが残つていないために、直ちに會社債權者に企業危險が波及するのであつて、會社債權者なるものは、會社の企業が蹉跌すれば、いつでも損をするものだと觀念していなければならない。要するに株金分割拂込制の廢止は、會社の企業維持を脅かし、會社債權者に不測の損害を與え、ひいては一般取引の安全を害するに至るのであつて、而もそれは授權資本制及び無額面株式制の採用によつては、そのマイナスを恢復し得ないものと言わなければならないのである。

額面株式の券面額は、會社資本の構成部分としての金額を示すだけのものであつて、固より株式の價額（市價）とは直接關係はない。株式價額決定の要因は複雜多岐であつて、之を適確に捕捉することは不可能に近いが、結局株式を以て會社企業に對する持分權として見るならば、會社企業の總價値に對する一株當りの分け前としてその價額が算出され得るものと見てよい。會社企業の價値は、會社の財産又は營業の狀況に應じて、隨時變動するものであるから、之につれて株式の價額も隨時變動することを免れない。然し一面に於て法律が資本充實について綿密な規定を設けているから、會社が之を遵守勵行する限り、會社の純財産は常に會社の資本總額と同等又は之を幾分超過する額（少くとも準備金の額までは）を維持すべきであつて、假に一時之を割るようなことがあつたとしても、可能な最も早い時期に早急に回復することが要求されている。又反對に會社財産が資本金額を大きく超過した場合にも、之を永久に維持することは制度的に困難であつて、何時でも資本金額（及び法定準備金の額）までに切り下る可能性が常に存在する譯である。從つて會社の純財産の額を一株當り割振つて見れば、ほゞその券面額と同等又は之を幾分上廻る價額に安定點を有するのであつて、會社の財産を基準にして算定する限り、株式價額がその券面額を大きく離れることはない筈である。假に一時兩者の間に大きな開きができたとしても制度的には早晩株式價額はその券面額に接近して來るようにできている譯である。勿論株式の價額は單に會社財産の額のみによつて決定されるものではなく、企業の收益率その他多くの要素が加わつて來るものではあるけれども、なお一つの目安にはなり得るのであつて、株價が券面額よりも上廻つていれば、その會社企業が何等かの點で優良であるからであり、反對に下廻つていれば、劣惡である證據と見られよう。斯様な判斷が少くとも素朴的に下され得ることは、株主・株式取得者或は會社債權者などにとつて極めて便利である。卽ち券面額は內容空虛な形式的記載文句ではなくして、會社がそれに相應する實質的資產を保有すべきことを豫定しての、株式の名目價額なのである。

然るに會社が無額面株式を發行する場合には、斯様な意味での株式の名目價額は、券面に之を表示されないことになる。この場合にも名目價額そのものは存在しなくなるものではなく、たゞ券面に直接記載されないというだけであつて、會社の資本金額を發行濟株式總數に均分した額として算出することは可能である。額面株式の場合には、各株式の券面額の合計が資本金額となつているのであるから、資本金額が何程であろうとも、又發行濟株式の總數が何程であろうとも、資本金額を發行濟株式に均分した結果は、常にその券面額と一致する。然るに無額面株式に於ては、その券面額がないのみならず、改正法上は、無額面株式については、その發行價額の全部又は一部が資本金額に計上されるというだけであつて（改二八四條ノ二）、その資本に組入れられる金額は、必ずしも額面株式の券面額と一致することを要しないし、而も發行の都度、その組入金額を異にして差支えない。それにも拘らず、各株式に屬する割合的權利は平等であるから、資本の分け前としての株式の名目價額は、その都度、資本を發行濟株式の總數で除して見なければ算定することはできない。このことは、會社が無額面株式のみを發行する場合には、まだしも誤解の虞れはないが、額面株式と無額面株式とを併せて發行する場合には、非常に誤解される危險があるのではなかろうか。卽ち從來額面株式のみを發行していた會社が、一旦何程かの無額面株式を發行すると、今までの額面株式についても亦、その券面額は必ずしも現在の株式の名目價額を示さないことになるのであつて、それが幾何であるかは、一々資本金額を株式數で割つて見なければ確かめ得ないのである。從つて額面株式の券面額は、單に過去に於て會社資本の中に拂込まれた金額であるというに止まり、現在の株式の價値とは、何の關係もないものとなるのである。人或は額面株式の券面額は、株式市價とは無關係であるから、有害無益の記載であつて、無額面株式の方が安全且つ合理的であるというけれども、それはむしろ反對に、無額面株式を發行するから、額面株式の券面額が邪魔になつて、有害無益化するのであつて、無額面株式さえ發行しなければ、券面額は大いに意味もあり、取引上の便益もあるものなのである。而も無額面株式の發行によつて、一擧にして、額面株式の券面額をも將來に向つて無意味ならしめるということは、今まで永年の間、額面株式のみに習熟して來た我國の取引界には、相當誤解を來す可能性がある。

額面株式の發行價額はその券面額を下ることを得ないという制限があるため（現一七一條一項、改二〇二條三項）、券面額は額面株式の最低發行價額となる。會社が定款を以て一株の金額を定めるのは、その株式の最低發行價額を定めていることになる。そしてその價額は成るべく低く定めて置く方が、現在及び將來の資金調達に便宜であるから、法律に許される最低限に之を定めるが通例であつて、現に株式の額面は一株五十圓というのが大多數であるのも之がためである（昭二三年改正前商二〇二條二項）。然るに無額面株式の場合には、少くとも改正法上は、その發行價額の最低を制限していないから、會社は全く自由にその發行價額を定め得るのであつて、此の點は資金調達上に大いに便宜には相違ない。然し額面株式との間に存するこの點の差別は、その兩者の本質上存在する差別ではなくして、立法上の片手落ちから生じたものである。

抑も額面株式の券面額は二十圓又は五十圓（改正法上は五百圓）を下ることを得ないとしたのは（商二〇二條二項）、何も額面株式なるものの本質上當然の規定ではない。額面株式の券面額の最低を法律で制限しなかつたとしても、額面株式たる性質を害するものではない。たゞ法律が斯る制限を設けたのは、餘りに少額の株式が發行されることによつて、不健全な零細投資を誘發することを防止しようという、政策的な考慮から出たことである。そして不健全投資の誘發という點から見れば、それは額面株式なるが故に特に危險がある譯ではないのであつて、無額面株式に於てもやはり同一程度にその危險がある。だからもし立法者が額面株式について、その券面額の最低を制限する必要ありとするならば、同樣の意味に於て、無額面株式についても亦、その最低發行價額を制限しなければならない筈である。

又反對に無額面株式についてその最低發行價額を制限する必要がないとするならば、同様の意味に於て、額面株式の券面額について、その最低額を制限することなく、會社をして自由に之を定めしめて差しつかえない筈である。この點は、昭和二十三年十一月法務廳作成の「商法の一部を改正する法律案要綱」第二次案第五には「會社設立の際發行する株式が、無額面株式であるときは、その發行價額は一株二十圓を下ることを得ないこと」とあり、少くとも設立の際發行する無額面株式については、その最低發行價額について、額面株式のそれとの間の調和を考えていたが、昭和二十四年八月法制審議會に諮問された「商法の一部を改正する法律案要綱」には、この條項すら削除されており、その結果、改正法律にも斯る規定は設けられなかつた。加之國會は參議院の修正によつて、額面株式の券面額をわざわざ最低五百圓に引上げることにしたのであつて、額面株式と無額面株式との間に、法律上の取扱方に於て、明かに政策上の齟齬を露呈している。そして若しこの政策の齟齬がなかつたならば（例えば、無額面株式の發行價額は五百圓を下ることを得ないという規定を設けた場合を想像せよ）、無額面株式制度の效用も、大いに減殺されるであろうこと明かである。

更に額面株式について、その發行價額は券面額を下ることを得ないとしているのも、額面株式なるものゝ本質から來る論理的要求ではないのであつて、專ら資本充實、會社債權者保護という政策的見地からの要求にすぎない。額面株式は、之を割引發行した場合にも、會社の資本金額は額面通り計上されて來るが、之に對して會社の取得する拂込金額は、その額面より少い發行價額だけであるから、その差額は直ちに資本の缺損となつて現われて來る。現行法はかような株式發行價額自體に缺損を伴うような會社設立又は資本增加の方法を許さないという立場をとつているわけである。然し實際問題としては、會社は設立費用又は新株發行費用を負擔しなければならないから、額面株式をその券面額通りの價額で發行したのでは、會社の手取り金額はその資本の額に達しない。かかる缺損を生ずることは商法と雖も之を排斥してはいないのであつて、現に創業費については（改正法上は新株發行費についても）、その塡補方法を緩和するために、貸借對照表の資産の部に之を計上することを許し、爾後一定期間内の年次償却を認めている位である（商二八六條、改二八六條ノ二）。それ故に額面株式の割引發行を認めることによつて缺損を生じたとしても、だから割引發行を許さないという程、絶對的なものではないのであつて、無額面株式について、その發行價額に制限を置かない位ならば、之と並行して、額面株式について割引發行を許すということは、强ち無理な考えとは言えないであろう。尤も割引發行を單に認めるというだけでは、その割引額が全部缺損となつて、會社にとつては非常な負擔となるであろうから、實際の利用價値はあまりないかも知れない。故に額面株式の割引發行を許すならば、同時にその缺損塡補について特別の考慮を拂わなければ實際上殆ど無意味であつて、之がためには創業費の場合と同様に、その割引額を貸借對照表の資産の部に計上することを許し、五年乃至三年内に毎決算期に於て均等額以上の償却を爲すことを命ずることにすればよいのである。むしろこの割引額は實質的には創業費又は新株發行費の一部とも考え得るのであつて、それは株式引受人に支拂われる引受の報酬であると見ることができ、丁度、株主の募集を第三者に委託した場合の、その受託者に支拂われる報酬が創業費又は新株發行費の一部であるのと變りはない。現行法が株式の割引發行を絶對に認めないものだから、返つて金融機關等に株主募集の委託をして、その報酬として過分の手數料を支拂い、實質的には割引發行をしたのと同一の結果を來すような、脱法行爲の機會を與えているのである。そして商法が若し額面株式の割引發行を認めるならば、額面株式による資金調達は可なり自由になるのであつて、相對的に無額面株式の效用は低下する。

（法學研究第二十四卷第四號、昭和二十六年）

改正株式会社法の解釈上の諸問題

慶應義塾大学商法研究会が改正株式会社法について共同研究を続けていることは、本誌前々号の拙稿に記したが〔編注：改正株式會社法總評、本書二八一頁以下〕、恰もその時に当って、日本私法学会の商法部会では、本年春の第六回大会に際して、「改正株式会社法の解釈上の諸問題」を討議することになったので、その討論の基礎とするために、問題点を各会員から広く募集するという通知に接した。そこで筆者も取り敢えず後記〔**第一**〕のような四十四の問題点を選んで、日本私法学会に提出したが、之等の問題点は何れも前記商法研究会に於て今日までに問題とされた多数の論点のうちから、特に改正法上新に生じた問題点であって、解釈上重要と思われ、且つ学会の討論の対象として適当であると思われるものを選び出して見たのである。学会討議の時間が四月三十日午前九時から午後四時まで、昼食時間を含んで七時間しか予定されていないので、この点からも余り多くの問題を提出して見ても無意味であると思い、大体討論時間と睨み合せて、分量を切りつめたので、相当重要と思われる問題であっても、割愛せざるを得なかったものが少くない。

日本私法学会では、かくして各会員から提出された問題を取捨選択、整理して、合計三十九問題とし、東大教授鈴木竹雄、石井照久両氏の「商法部会報告資料」という形式で、予め会員に配布した。この報告資料も、〔**第二**〕として後に掲載して置く。この資料の原文には説明は、ついていないが、読者の便宜のため、筆者の註を末尾に附けて置く。

商法部会は予定通り四月三十日開会されたけれども、問題の分量と重要性とから、特に予定の討議時間を延長して、翌五月一日の午前中をも之に充てることとし、之によって報告資料にある諸問題につき大体一と通り討議を済ませることができた。その討議の内容については、速記を整理した上、何等かの形で近日中に公刊されることになっているから、詳細はその方に譲りたいが〔編注：改正會社法の疑義と解明（日本私法學會私法別册）〕従来になく多数の参加者が終始互に活発な議論の応酬を繰り返えし、学会として最高の収穫を得たものと信ぜられる。

〔第一〕 改正株式会社法の解釈上の諸問題

慶應義塾大学　津田利治

一　株式の種類及び形態について

1　額面株式と無額面株式とは、どの程度まで差別扱いが許されるか

株主平等の原則から言って、商法上特に規定のない限り、額面株式と無額面株式との間に、不平等な取扱いをすることは許されないものと解すべく、殊に商法は、この両者を「株式の種類」という中には含ましめなかったので、数種の株式相互間に認められるような差別扱い（改二二二条三項、二二二条ノ二、二四二条など）は額面株式、無額面株式の間では許されないであろうが、然しこの両者は、その最低発行価額が限定されるか否か、或は資本並びに資本準備金に於ける取扱いがどうなるかというような、商法上明白に規定されている点だけが異り得るのであって、その他の点に於ては、両者全く差別がないし、差別をつけることもできないであろうか。例えば㈠額面株式と無額面株式とを同時に発行する場合に、その発行価額を異にすること（改一六六条一項四、六、七号、二九三条ノ二、二項。之に反し改一六八条ノ二、二号、二八〇条ノ三は均一価額を前提としているようである）、㈡無額面株式に限り無記名株式とすること（改

二二七条)、㈢無額面株式だけを分割すること(改二九三条ノ四)などは許されないであろうか。更に㈣額面株式を有する株主に限り、新株引受権を与えること(改一六六条一項五号)、㈤資本減少に当り、無額面株式だけを消却又は併合すること(改三七六条)なども、やはり額面、無額面の区別が、株式種類に該当しないということで、否定されなければならないであろうか(改二二二条三項参照)。㈥額面株式を無額面株式に、或は無額面株式を額面株式に変更することは許されるか。許されるとすればその方法如何。㈦株式を併合する場合には、額面株式は額面株式と、無額面株式は無額面株式とでなければ併合することができないか。或は両者は株式として同格であるとすれば、互に自由に(例えば三株を併合して一株にする場合に、額面二株と無額面一株というように、予め画一的に併合割合を指定するか、或は之を指定せず株主の選択によって、額面だけ三株でもよければ、額面無額面合せて三株でもよい、というように)併合できるか。併合の結果、額面株式が無額面株式になることも可能か。

2　無額面株式の最低発行価額につき制限があるか

無額面株式の発行価額については、直接その最低限を定めた規定はないが(改二〇二条三項)、然し常に何程かの発行価額のあることは、商法の予定している所である(改一六六条一項七号、一六八条ノ二、一七五条、一七七条、二八〇条ノ二、二八〇条ノ六、二八〇条ノ七、二八四条ノ二、など)。して見れば、全く無償で之を発行することは許されないと解すべきであろうか。又は単に名目的な発行価額(例えば一株五円、或は更に極端に、一万株につき一円)でも、兎も角、価額が有りさえすればよいのであろうか。もし無償発行(又は名目的な低価額発行)が許され、且つ額面株式との差額発行が許されるとすれば、株式市価が券額面を下廻っており、而も無額面株式は余り多数に発行したくないという場合に、両者抱き合せで——例えば券面額で発行する額面株式五株に対し、無償で発行する無額面株式一株の割合で——割当て発行することによって、その目的を達し得る。又例えば実際上殆ど利益配当を受ける見込のないような後配株を無額面株として、之を無償発行し、総会に於ける議決権を掌握せしめることなども可能となる。無論之を濫用すれば、新株発行差止の請求の対象とはなるであろうが（改二八〇条ノ一〇）、外国立法例に見られる多数議決権株の制度と同様の目的を達するため、現在の株主に無償の無額面株を多数に保有せしめて置くことなどは、どうであろうか。

3 転換株式の転換と、資本及び準備金との関連如何

商法は転換株式の発行価額は、転換に因りて発行する株式の発行価額たるものとしているから（改二二二条ノ二）、株式を転換しても資本及び資本準備金の合計額が之によって変動することはない（改二八四条ノ二、二八八条ノ二）。然し転換株式の発行価額のうち、資本に組入れた部分と、資本準備金に組入れた部分とは、転換後もそのままの額を維持しなければならないのであろうか。若し左様ならば、例えば一株五百円で発行された無額面優先株の転換株式につき、その発行価額中、四百円を資本に組入れ、残り百円を資本準備金として積立てる場合には、之を五百円の額面通常株に転換することは許されないので（改二八四条ノ二、一項、二八八条ノ二、一号）、かかる内容の転換株式は始めから発行することができないわけである。然しこの場合、資本準備金に積立てた金額を転換に際して資本に振替えることが許されるならば、右のような転換株式の発行は可能である。一方準備金の資本組入は、取締役会の決議に依ることになっているので（改二九三条ノ三）、株主の転換請求によって、その都度当然に――従って又非常に小刻みに――準備金が資本に組入れられることは認められるか否か疑問である（改二二二条ノ六）。又若し之が認められるとすれば、無額面優先株から、無額面通常株に転換するに際しても――この場合には発行価額の限度内では金額に制限なく――資本準備金から資本への振替が許されてよい。更に又転換株式の発行に際して資本準備金に組入れた額を超過して、転換に際し、利益準備金又は任意準備金などから資本に振替えるというようなことは、全く考慮の余地はないであろ

うか。

反対に、転換によって資本から準備金の方へ振替えることは、資本減少になるので、許されないと解すべきことは、ほぼ問題なきが如くである。仮に之を許すとすれば、転換株式の発行に際して、予め条件附資本減少として、債権者保護の手続を履践せしめることにするほかないのであって、それほどまでにして、この種の転換株式の発行を認める実益もないように見える。

4 株式転換の割合は、常に一株対一株たることを要するか、或はその比率は自由に定め得るか

現行法上は、常に一株対一株の転換のみを予想し、転換によって株式数に増減を生ずることはないように思われる（現三六〇条、なお現三六六条一項二号参照）。然るに改正法は転換株式についても、「転換ノ条件」なるものを規定しているので（改二二二条ノ四、二号、現行法上は、転換社債についてのみ、「転換ノ条件」なる規定がある。現三六〇条、三六四条二項）、その中には転換比率を予想している如くである。もし左様ならば、その転換比率は自由に定め得るであろうか。転換に因って発行する株式が、額面株式である場合に、資本金額との関係に於て問題となる。即ち例えば額面株式の券面額は五百円であり、無額面優先株の発行価額中、資本に組入れる金額が一株四百円であるという場合に於て、後者を前者に転換するについては㈠転換比率は常に一対一であることを要するとすれば、右の転換株式は発行することを許されないわけであり、㈡その比率は必ずしも一対一たることを要しないとしても、この種の転換株式の発行を可能ならしめるためには、転換比率を旧五株対新四株の割合に定めるほかないのであって、何れにしても、転換比率の定は、自由ではないと解すべきであろうか。もし転換比率が右のように自働的に定まるものとすれば、「転換ノ条件」というのは、このほかに何があるであろうか。

5 無議決権株式について、一定の少数株主権をも奪い得る旨の規定（現二四二条一項後段）を削除したのは、如何なる意味か

定款を以てしても、之を奪い得ない主旨であるか、或は定款に定めるまでもなく、無議決権株主には、当然にかかる少数株主権は与えられない主旨であるか。又総会に於ける議決権を前提とするようなその他の権利（例えば株式買取請求権、改二四五条ノ二、四〇八条ノ二、累積投票請求権、改二五六条ノ三、四、など）については如何。かかる権利は無議決権株主は当然有しないか、当然有するか、或は定款を以て之を奪い得るか。改正法に、総株主の同意（改二六六条四項、一九六条、二八〇条、なお有六四条）、発行済株式総数の三分の二（改二六四条二項、二六六条五項）、同じく十分の一（改二九三条ノ六、二九四条、四〇六条ノ二）、同じく百分の三（改二三七条、二五七条三項、三八一条、四二六条、など）などという場合に、無議決権株式又はその株主を含めて計算するものであるか。又無議決権株主が優先配当を受けないために、議決権を有する場合（改二四二条一項但書）には、之等の点について、何か変更があるか。

二　株式の譲渡について

6 当事者の意思表示のみに因る記名株式譲渡の効力如何

改正法は、記名株式譲渡の方式として、二種の方法を規定しているが（改二〇五条一項）、それは譲渡方式としては、これ以外の方法を認めない主旨であるか。㈠当事者の意思表示のみに因る譲渡、その他商法所定の方式に依らない譲渡は、当事者間に於ても全然その効力は認められないか。会社が承認しても之を有効ならしめ得ないか。㈡改正法は、株券の発行前に為したる株式の譲渡について規定するけれども（改二〇四条二項）、この場合、会社に対し其の効力を生じないにしても、少くとも当事者間に於ては有効と認めらるべき譲渡たるがためには、如何なる方式によるもので

あるか。権利株譲渡（改一九〇条、二八〇条ノ一四）の方式如何の問題とは区別して考察せらるべきであるか。㈢改正法は、譲渡証書につき、記名式のものと、白地式のものとを認めているが（改二〇六条三項）、指図式又は無記名式（持参人払式）の譲渡証書の効力は認められないであろうか。㈣白紙委任状附記名株式譲渡の商慣習は、改正法施行と同時にその効力を失うものであるか。

7 会社は定款を以て、記名株式の流通形式を、株券裏書又は譲渡証書の何れか一方によるもののみに限定し、或はその裏書又は証書の方式を指定することができるか

現行法にある裏書禁止の規定（現二〇五条一項但書）が削除されたので（改二〇五条一項）改正法上は、定款の定に依るも裏書禁止は許されないと解すべきが如くであるが、譲渡そのものの禁止又は制限のように、積極的にはその禁止を規定していない（現、改二〇四条一項）。故に実質的に株式の譲渡を禁止又は制限しない限り、譲渡方式の制限は、或る程度許されると解釈する余地もあるように見える（例えば、裏書は必ず株券の裏書欄に之を記載すること、補箋による裏書を禁ずること、裏書人の捺印を要すること、譲渡証書は所定の雛型によるべきこと、など）。

なお右と反対に、定款を以て、改二〇五条一項所定の譲渡方式を緩和拡張し、又はそれとは別種の譲渡方式を追加規定することができるであろうか。

8 譲渡証書の署名者として、株券に「株主トシテ表示セラレタル者」（改二〇五条一項）とは何人を指すか

㈠株券の表面に記載された、その株券最初の株主名義人の意味か（アメリカ式に、株券が名義書換の都度、新券と交換されることを前提とするならば、この意味に解するのが適当か）、㈡その株式につき、株式取得者として最後に名義書換を為した者として、株券に記載されている者の意味か（株券が名義書換の都度、新券と交換されないことを前提とするならば、

この意味に解するのが適当か)、㈢或は名義書換後、株券の裏書譲渡ある場合には、その最後の被裏書人、最後の裏書が白地式又は持参人払式であるときは、何人でも差しつかえない意味か(之は改二〇五条の辞句には一番近い)。もし㈢の解釈が正しいとすれば、反対に譲渡証書による譲受人が、名義書換を為さず、自ら裏書人として株券に裏書を為し得るか。この場合に譲渡証書と裏書とが連続すれば、裏書の連続、並びに所持人の資格証明力は肯定されるか(改二〇五条二項、三項)。譲渡証書による譲受人が、裏書を為す代りに、更に自ら署名した譲渡証書によって、その株式を譲渡することができるか(譲渡証書の連続)。

9　名義書換の手続として、株券の書換をなす必要はないか

株券の記名式裏書以外の原因による記名株式の移転について問題となるが、改正法二〇六条は、対抗要件としての規定であるためか、株主名簿の書換についてのみ規定し、株券の書換については規定を設けていない(現二〇六条二項参照)。然し名義書換の手続として見るときは、株券の書換は必然的に要求されるものと思われる(なお、改四九八条一一号参照)。そこで会社対株式取得者間の権利義務の関係として見るとき、株券の書換は如何に理解せらるべきであるか(会社は、株券の名義書換をなした上でなければ、株主名簿の名義書換に応じない、と主張し得るか。株主名簿の書換には応じなければならないけれども、株券の名義を書換える義務はないといえるか。株式取得者は、株主名簿の書換のみを請求し、株券の名義書換をなすことを拒絶し得るか。など)。

10　株主名簿及び社債原簿の複本は、名義書換代理人が之を備付けたると同一の効力を以て、会社自ら之を備付け、利用することを得ないか

名義書換代理人につき、複本による名義書換を認めるならば(改二〇六条二項)、会社自ら書換事務を行う場合にも、

複本の利用を許して差しつかえないように見える。然るに法律の規定は、会社自らは複本による書換をなすことを予想していないが、之はそれを禁ずる意味であろうか。

三　新株引受権について

11　新株引受権に関する定款の定は、その引受権の内容を直接に確定することを要するか

この点につき改正法は、設立の際の授権資本（未発行株式）については、新株引受権……「ニ関スル事項」なる文句を用い（改一六六条一項五号）、定款変更による増加授権資本については、新株引受権を「与へ、制限シ又ハ排除スル旨」なる文句を用いている（改三四七条二項）。前者によれば、必ずしも定款に於て、直接に引受権の内容を確定する必要なく、単に之を確定し得べき程度の記載で足るが如くであるが、後者によれば、定款に於て直接に、その有無制限を確定しなければならない――但し制限については、単に「制限する」と記載しただけでは意味を為さないから、制限の仕方を記載せしめるものと考えられるが、そうなれば、その仕方は直接に定款で確定して置く必要があるか否か疑問が残る――如くである。この両者は特に意味があって、その表現を変えたのであろうか。

定款に於て、直接その内容を確定する必要はないと解した場合に、それならば定款を以てその確定を㈠株主総会、㈡取締役会、㈢個々の取締役、又は㈣第三者、などに委任することが許されるであろうか。又その確定を委任するについては、未発行株式の総数につき一様に引受権の有無制限を予め確定せしめなければならないか、又は具体的に新株を発行する際に、その時の発行株式について、発行の都度定めしめてもよいか。

12　株主の新株引受権の制限としては、如何なる方法が許されるか

抽象的には、株主平等の原則に反しないか否かによって、大部分その許否がきまると思われるが、例えば㈠端株については引受権なきものとする、㈡設立に際して発行する株式についてのみ、その株主に新株引受権を与える、㈢額面株式に対しては、額面新株の引受権を、無額面株式に対しては、無額面新株の引受権を与える、㈣新株総数の八〇%以内に於て、発行の都度取締役会の定める数だけの引受権を与える、というような制限は許されるであろうか。

13　新株引受権を与えられるべき第三者は、特定人たる事を要するか

法文には「特定ノ第三者」なる文句を用いてあるので（改一六六条一項五号、三四七条二項）、その引受権者は特定人、殊に定款作成又は定款変更の時に於て、特定せる人たることを要し、不特定人や後に特定すべき者を含まないように見える。然らば㈠新株発行の時の取締役、㈡会社従業員中、取締役会の指定する者、㈢会社の縁故者、得意先、などに新株引受権を与えるという定款の定は、無効であろうか。或は初めから特定していた者でなければ、その他の第三者に引受権を与えるには、必ずしも定款の定によることを要しないと解すべきであろうか。

四　株式買取請求権について

14　総会に於て議決権を行使することを得ない株主は、株式買取請求権を与えられないか

商法の規定によれば、株主が会社に対し、自己の有する株式の買取を請求し得るがためには、総会に於て一定の議案に反対したることを要件としているが（改二四五条ノ二、四〇八条ノ二）、その反対するというのは、単に総会の議事進行中に、反対の意見を発表するを以て足るのか、或は表決の際に、反対投票を為すことを意味するのか。恐らく後者が正しいと思われるが、然らば、その決議に付特別の利害関係を有するために、議決権の行使を禁ぜられた株主

（改二三九条五項、例えばカルテル協定の解約――改二四五条一項二号――が議案となった場合の、その協定の相手方など）は買取請求をなすことを得ない結果となるか。又無議決権株主の如きも、少くとも優先配当を最近の決算期に於て受けた限りは（改二四二条一項但書）、買取請求をなす機会は与えられないのであろうか。

15 買取請求の目的たる株式の範囲如何

この点については、改正法は「自己ノ有スル株式」といっているだけであるが（改二四五条ノ二、四〇八条ノ二）、それは㈠自己の持株全部の買取を請求することを要する意味であるか、或は例えば、持株中優先株については値下りの虞が少いものとして之を除外し、通常株だけの買取を請求するというようなことはできないか、㈡持株中に無議決権株あるときは、之を含めて買取の請求をなすべきか、㈢何時を標準としてその持株をきめるか（イ）会社に対し、反対の意思を通知する書面を発信した時か、（ロ）その通知が会社に到達した時か、（ハ）総会の決議が成立した時か、（ニ）買取請求の書面を会社に提出した時か、（ホ）株主名簿の閉鎖又は基準日を定めている場合には（改二二四条ノ二）その後に取得（又は名義書換）した株式であるというだけで、買取請求の目的から除外されるか、など」。

16 買取請求の目的たる株式を第三者に譲渡した場合の効果如何

株主が会社に対し、その持株の買取を請求し得るというだけでは、その株式の譲渡性が失われるものではないし、又（少くとも現実に買取請求を為すまでは）株主は会社に対し、之を第三者に譲渡せざる旨の債務を負うものとも考えられないが、もし之を第三者に譲渡した場合にはその譲受人はその株式に関する買取請求権をも当然取得することになるのか。或は当然取得するのではないとしても、買取請求権譲渡の特約（或は、之と共に会社に対する通知）を為すことによって、之を取得することができるか。又その反面、元の株主は、その株式譲渡によって、買取請求権を当然失うか、或は買取請求権は喪失しないで、従ってその株式を再び取得すれば、その買取を会社に請求することを妨げないか。持株の一部を第三者に譲渡した場合に、持株全部について、買取請求権を失うか。

17　買取の目的たる株式の「公正ナル価格」は何時を標準にして決定するか

この点についても法律に直接規定がないので疑問を生ずるが、㈠総会の決議成立の時か、㈡買取請求の書面を会社に提出した時か、㈢代価の支払を為すべき日、即ち総会の決議の日より九十日後に当る日か、㈣裁判所が価格決定を為す時か。

18　株式買取の履行に関する改正法二四五条ノ三、五項の規定は、売買並びに権利移転に関する一般規定の適用を排除する主旨であるか

同項に「株券ト引換ニ」というのは、株主側に於て、その株式を会社に移転するため、必要な一切の行為を完了したことを意味するのか（殊に裏書又は譲渡証書の交付）、或は文字通り単に株券を引渡せばよいのか。又同項後段に「代金ノ支払ノ時ニ」というのは、株券の引渡があったか否かを問わず、又株式移転の手続、殊に名義書換があったか否かを問わず、代金支払（若しくは供託）の時を以て、株式移転の時とする主旨であるか。

19　株主の株式買取請求の効力を失わしむべき、会社の行為の中止（改二四五条ノ四）**とは、如何なる事実をいうか**

㈠後の総会に於て、前の総会の決議を取消し、又は撤回したことをいうのか、㈡取締役会又は代表取締役が、総会の決議あるにも拘らず、之を実行しないことをいうのか、㈢実行に着手した後であっても、中止といえる場合があるか（原状に回復したこと、或は原状回復の請求権あること、など）、㈣中止するについて会社が手附の拋棄、違約金の支払その他相当の出捐をなす場合でも、買取請求は失効するか、㈤行為の相手方が中止した場合、相手方に実行の意思なきため、事実上中止せざるを得ない場合、会社が行為を中止すべく相手方と折衝、奔走している場合、などにも買取請求を拒み得るか。

会社が何時までに、その行為を中止すれば、買取請求を失効せしめるか㈠決議の日より九十日内か（改二四五条ノ四、後段）、㈡代金支払の時か（改二四五条ノ三、五項）、㈢その後でもよいか、など）。

五　株主総会について

20　定款を以て総会の権限に属せしめ得べき事項の範囲如何

この点については、特に取締役会の権限との関係が問題である。取締役会の法定の権限とされている事項のうちには、定款を以て総会の権限に委譲し得べき旨を、特に明規する場合（例えば改二八〇条ノ二）と、別段その点について明文の規定のない場合とがある。後者のうち、必ずしもその全部が、権限移譲を禁ずる主旨でないことは、ほぼ明らかであるが（例えば改二九六条）、然し疑問の存するものも少くない（例えば改二六一条一項、二項、二六五条、二九三条ノ三、など）。殊に会社の業務執行に関する決定の権限（改二六〇条）を、一般的に株主総会に属せしめることは許されるか否か、そこに限界があるとすれば、その限界は如何。

21　商法にも定款にも特別の規定がなくても、株主総会の権限に属するものと解釈すべき事項はないか

改正法二三〇条ノ二は、かかる事項の存在を否定するものの如くであるが、例えば㈠改正法二二二条三項の「格別ノ定」などは、総会の決議を以てするほかないのではないか、㈡総会の選任した検査役（改二三七条三項、二三八条）の解任は、総会の決議を以てすれば可能であるし、その他の方法では不可能らしく見える、㈢準備金及利益又は利息の配当以外の目的に、利益金を処分すること（改二八八条、任意準備金の積立、役員の賞与、慰労金、退職金の支払、など）も総会の決議を以てすべき性質であると思われる、(四)社長、副社長、専務取締役、常務取締役その他会社を代表する権限を有するものと認むべき名称は、株主総会によって附与された場合でも、会社はその取締役の為した行為につき、善意の第三者に対し、その責に任ずべきものと思われる（改二六二条）。その他にも疑問の場合があると思われるが、之等は改二三〇条ノ二との関係で、如何に解すべきであろうか。

六　取締役について

22　取締役は株主たること以外の点について、その資格を制限することを得るか

改正法二五四条二項は、取締役の資格制限を全面的に禁止したものであるか、或は特に「株主たること」という資格制限だけを禁止したものであるか。定款を以て取締役につき、国籍、年齢、住所、職業、経歴などによる資格制限を定めることは許されないであろうか。

23　取締役につき、その法定の義務以外に、株券供託義務その他の義務を負わしめることができるか

取締役の資格を株主に限ることはできないにしても、偶々株主が取締役に選任された場合には、その持株の全部又は一部につき、株券を監査役に供託すべき旨、定款に規定することはできないか。現在の会社定款中に、株券供託の規定がある場合に、その規定は新法施行と共に当然その効力を失うか。又身元保証その他の担保を供する義務なども、定款を以て取締役に負わしめることは許されないであろうか。

24　定款を以て「二人以上の取締役を選任するときは、株主の請求を待たず、常に累積投票による」べき旨を定めることができるか

25　取締役の選任以外の事項（例えば監査役又は清算人の選任など）についても、定款を以て、累積投票に依るべき旨を定めることができるか

26　累積投票の請求は、之を撤回することができるか。できるとすれば、何時までに撤回すればよいか（会日の五日前、会日の前日、開会前、表決前など）。累積投票の請求者が同意又は欠席した場合には、累積投票に依らないでよいか

27　累積投票に依る同点者の取扱方はどうなるか。当選者が取締役就任を拒絶した場合に、次点者の繰上当選は認められるか

28　商法所定の累積投票の方法（改二五六条ノ三、二項）**は、定款を以て之を変更することができるか**

以上数問は累積投票に関連するものであるが、商法の規定が簡略であるために、このほかにも種々の選挙技術的な疑問が少くないようである。

29　取締役が会社に対して損害賠償の責任を負う原因として、「法令ニ違反スル行為」を為したるとき、というのは、現行法に於ける「其ノ任務ヲ怠リタルトキ」というのと、同一意味に解してよいか

商法二六六条一項の改正は、取締役の責任を具体的に明確化するために行われたものとすれば、之によって現行法上の取締役の責任を軽減したり縮少したりする意味は持っていないものと解すべきであろう。然るに現行法では一般的に取締役の任務懈怠につき、連帯の損害賠償責任を規定するのに対し、改正法では数個の場合を列挙してその責任を規定するに止まるから、その列挙に洩れた任務懈怠については、商法上別段の責任を負わないことになり、単に民法上、一般の政務不履行として、必ずしも連帯の責任を認め得ないことになりそうである。或は改正法二六六条一項五号に「法令又ハ定款ニ違反スル行為」というのが、現行法の「其ノ任務ヲ怠リタル」という場合を全部包括し得るとし、民法第六四四条や改正法二五四条ノ二の規定は、正に「法令」の規定に外ならないと解すれば、この場合は妥当な結果を得られるかも知れない。然し現行法の二六六条では、取締役の任務懈怠と法令違反とを区別し、前者をその一項に、後者を二項に規定しているから、この両者は別個の観念であって、任務懈怠は法令違反を含んだ一層広い観念であること明らかである。その同じ用語を採って、同じ条文の改正規定としたのであるから、その用語の意義は改正法上も変更がないと見るのが自然らしく見える。改正法上「法令」なる語は、他の箇所にも相当多数に現われているが（例えば改二五四条ノ二、二五七条三項、二七二条、二八〇条ノ一〇、二九四条、など）、その「法令」という中に、民法六四四条や改二五四条ノ二の規定などを含ましめるのは無理であると思われる（特に改二五四条ノ二、二九四条）。又改正法は他方に於て、発起人、監査役、或は合名会社の清算人などの責任については、「其ノ任務ヲ怠リタルトキ」という表現を用いているので（改一九三条、二七七条、一三四条ノ二）、会社機関構成員等の責任に関して、任務懈怠と法令違反との用語の対立は、改正法上も依然として存在するわけである。かかる情況の下に於て、改二六六条に「法令」というのだけが、特殊の用法を持っていて、一般の任務懈怠と同一或は之より広い意味をもつのであると解してよいであろうか。

30　違法配当に関する取締役の責任と、株主の違法配当返還義務との関係如何

改正法は、違法配当に関する取締役の責任について、違法な利益配当を為すべき旨の議案を総会に提出したことを条件としているが（改二六六条一項一号）、それは㈠現実になされた利益配当なるものが実質的に違法であっても、取締役提出の議案そのものに違法配当を含んでいなければ（例えば、総会に於ける原案修正の決議によって違法となった場合

など)、取締役には格別の責任はない、という意味であるか、(二)違法配当議案の提出ということは、単に改二六六条一項本文に於ける特別な責任額を導き出すために過ぎないのであり、従って提出議案に違法の点がなくても、或は議案提出には干与しない(若しくは反対した)取締役であっても、現実に為された配当が違法であるならば、同項五号によって、会社の蒙った損害を賠償する責任がある、と解すべきであるか。何れにしても総会提出の議案の内容如何及びその提出に干与したか否かによって取締役の責任の有無又は範囲を区別しなければならない、と解してよいのであろうか。

右の違法配当に関する責任に基いて、弁済を為した取締役の、配当受領者に対する求償権については、その悪意を要件としているけれども(改二六六条ノ二)、(一)ここに悪意というのは配当が実質的に違法であることに関するのか、取締役の議案提出に関するのか、(二)善意の株主に対しては、民法の一般原則によって求償し得ない意味であるか、(三)善意の株主は、取締役の求償に応ずる義務がないと共に、会社に対する違法配当返還義務もないと解し得るか(配当受領の時から返還義務がないのか、取締役の会社に対する弁済によってその義務を免れるのか)。

会社債権者の改二九〇条二項に基く違法配当返還請求権は、(一)改二六六条による取締役の責任についても、之を行い得るか、(二)善意の株主に対しても、之を行い得るか。

31　改正法二六六条一項二号及び四号の行為は、それが適法に為された場合にも、取締役の責任を生ずるか。その責任は、その行為の適法不適法に拘らず、同条五項の規定に従つて、之を免除することができるか

法規の明文上は、一項三号の文面との対照からいっても、この場合には適法行為についても責任を負わしめる主旨であること、ほぼ明らかであるが、適法の行為について、法律上当然に、当事者の職務上の責任を課することは、異例であるため、一応の疑を免れない。

32 改正法二六六条二項の規定は、取締役会の権限外の行為についても適用されるか

特に、例えば取締役の競争行為は、株主総会の認許を要する事項であるが（改二六四条）、取締役会が取締役の競争行為に認許を与えるというような、法律行為的には無意味な行為を為した場合にも、その取締役会の決議に賛成した取締役は、その競争行為を総会の認許なくして為したものと看做される、という風になるのであろうか。

33 改正法二六六条ノ三、後段の規定による取締役の責任は、会社に対する任務懈怠を前提とするか

この規定は、(一)前段の規定が適用される場合の一例として、特別の場合につき、之を明確にしたに過ぎないものか（任務懈怠並びに悪意、重過失は後段の場合にも必要とするか）、(二)「虚偽」の記載又は登記・広告などというのは、悪意の場合だけに限定し、重過失を問題としない意味であるか（悪意の任務懈怠についてのみ責に任ずるか）、(三)悪意、重過失の有無を問わず、虚偽の記載などの事実のみを以て、責任を生ぜしめる意味であるか（虚偽の記載、即ち客観的に見て事実と相違する記載と見て、そのことは直ちに当然任務懈怠と看做す意味か）、(四)或は又、会社に対する任務懈怠の点をも度外視する意味であるか（直接第三者の利益を侵害する不法行為的責任であるか）。

又賠償すべき損害は、(一)会社が損害を受けたことを前提とし、その影響によって第三者に及ぼした損害たることを要するか（「第三者ニ対シテモ亦」というのは、後段の場合にも当てはまるか）、(二)会社に損害を与えたか否かを問わず（会社に対して責任があるか否かを問わず）第三者の独立した損害をも含むか。

34 改正法二六六条ノ三、二項が、二六六条二項を準用した結果は悪意又は重過失の点についても看做されるか

この場合単に行為を為したるものと看做しただけでは、意味をなさないので、悪意重過失まで擬制されなければな

らないかと思われるが、結果から見て、それはやや苛酷であるし、且つ法文の辞句の上からも無理があるので、疑義を免れない。

35　取締役の責任を追及する株主の代表訴訟に於て、㈠会社が参加したときは、原告たる株主は訴訟から脱退するか、㈡会社が参加した後に、他の株主が更に参加することができるか、㈢勝訴の株主は、その判決の執行もなし得るか、㈣株主が勝訴判決を得た場合に、会社又は他の株主が之を執行することができるか、㈤訴訟の告知を受けた会社も、参加をしない限り、改正法二六六条ノ三による再審の訴を提起することができるか、㈥代表訴訟に於て為された不当な和解、請求の抛棄に対する救済方法如何

代表訴訟に関する諸多の疑義は、代表訴訟制度の基本的事項についての、訴訟法学の方面からする究明が先行しなければ、解決し得ないように思われる。代表訴訟の権利は、訴訟上の法定代理か、重畳的訴訟実施権か、その参加は補助参加か、共同訴訟参加か、その再審の訴は、民事訴訟上の既存の再審の訴と如何なる関係にあるか、など。

七　取締役会及び代表取締役について

36　取締役会の権限の法定の範囲如何

37　代表取締役の業務執行に関する法定の権限の有無及び範囲如何

38　その他の取締役の業務執行又は代表に関する法定の権限の有無及び範囲如何

一般原則としては、取締役会は、会社の業務執行につき決定の権限を有する旨、規定されているけれども（改二六〇条）、このほかに個々の事項について、特に取締役会に於て決定すべき旨を定めた場合がある（改二三一条、二五九条但書、二六一条、二六一条ノ二、二六五条、二八〇条ノ二、二九三条ノ三、二九三条ノ四、二九六条、など）。後者については解釈上問題ないとしても、それ以外の事項につきどの程度まで、取締役会は業務執行に関与すべきであるか。現行法上会社の業務執行という言葉は、会社の目的遂行のため生ずべき一切の事務を細大もらさず包括するものと解すべきであるし（現七〇条、一五一条、二六〇条、有二六条、なお民六七〇条）、この用法は他の場合に於ては、改正法上も変更なきものと見なければならないように思われる。ただ取締役会の場合には実際問題としては、日常些末の事務についてまで、一々取締役会の決議の下に処理して行かねばならないのは不便であるし、アメリカの会社に於ける board of directors に倣ったとするならば、取締役会は会社事業の基本方針を決定するに止まり、日常の具体的な事務について一々取締役会が決裁して行くことはしない、と解すべきであろうか。又この解釈を維持するに足る成法上の根拠があるか。

取締役会が一般的業務執行機関とされた以上は、その構成員たる個々の取締役は、それ自身、業務執行の権限なきものと考えられるが、改正法の規定によれば、会社の業務執行に属する事項でありながら、個々の取締役の職務なるが如くに規定されている場合が、相当たくさんある（例えば、改五八条一項三号、一八四条一項、二項（二九四条三項）、一八九条、二三七条一項、二三八条、二六三条、二七四条、二七五条、二八〇条ノ六、二八〇条ノ一一、二八一条以下、二九三条ノ二、六項、二九三条ノ五、二九三条ノ七、三〇一条二項、三〇三条、三九〇条、三九一条二項、三九七条二項、など）。これ等のうちの或るものは、会社の行為として、外部の第三者に対する関係に於ては、代表取締役でなければ為し得ないものを含んでいると共に、会社内部関係に於て観察するときは、性質上取締役会の権限に属すべきものではないかと思われるものが少くない。殊に例えば決算書類の作成、総会への提出などは、外国立法例に徴して見ても、正に取締役会の責任に於て行わるべき事務であるように思われる。これ等の場合でも、改正法の文字通り、個々の取締役の行うべき事務と見て差しつかえないであろうか。もし左様に見るならば、個々の取締役と取締役会との間の業務執行に関する権限の分界線は、どこにあると解すべきであろうか。

改正法は、代表権限を賦与されていない取締役が、社長、副社長、事務取締役、常務取締役などの名称を附せられる場合のあることを予期しているが（改二六二条）、かかる名称を附せられた取締役は、如何なる点で、その他の取締役と職務上の差異があるものと考えられているのであるか。

改正法は、代表取締役については、その代表権限についてのみ、直接規定を設けているが（改二六一条三項）、その業務執行の権限については、何も規定していない。代表取締役には業務執行の権限はないものと解すべきであるか（法文の辞句には近いが、実際上極めて不便である）、会社を代表して為す行為の範囲に於て業務執行の権限をも有するものと解すべきであるか、或は取締役会の決議に反せざる範囲に於て、一切の業務執行を為す権限を有するものと解すべきか（この解釈ならば実際上は最も便宜であるし、アメリカの会社に於ける officers の制度に倣ったとするならば、この様に解釈すべきように思われるが、改正法の辞句からは距離が遠いようである）。

39　取締役会の法定の権限は、その全部又は一部を、他の機関に移譲することができるか

定款を以て、その権限の或るものを、株主総会に移譲し得ることは、改正法の予定する所であるが（改二三〇条ノ二、二八〇条ノ二、など）、そのほかに、取締役会の下部機関の方にも移譲し得べきものがあるであろうか。例えば、会社の常務に関する決定の権限を、一般的に代表取締役に移譲したり、或は常務会といったような、取締役の一部（又はその他の者を加えて）から成る任意機関を設けて、業務執行の一部を、一般的に行わしめることなどは差しつかえないか。若し差しつかえないとすれば、その権限移譲を為し得る限度（例えば業務執行の全部を代表取締役の単独執行権に移し、取締役会を廃止したり、或は実質的に無用ならしめることまでできるか）、及びその方法（定款を以て定めることを要するか、取締役会自身の決議を以て定め得るか）如何。

40　取締役会の決議につき、代理人又は書面による表決、電話による表決、或は持廻り決議などは許されるか。許されるとすれば定款を以て之を定めておくことを要するか

改正法の辞句の上からは、否定的に解すべきが如くであるが、実際上の便宜からいえば、之を認める必要があるようである。

八　会社の計算について

41　準備金の資本組入は、任意準備金についても之を行い得るか

之は一般に、改正法上「準備金」なる語が任意準備金をも含む意味であるか否かの問題であるが、改二八九条には、特に「前二条ノ準備金」と規定して、法定準備金なることを明示しているが、改二九〇条、二九三条ノ三、二九三条ノ五、二項などは単に「準備金」と規定したのみで、法定準備金たることを明示していない。

42　発行済株式総数の減少は――定款の規定に基き株主に配当すべき利益を以て消却する場合を除いては――必ず資本減少となるか

配当すべき利益を以てする株式消却により資本減少となるか否かは、従来争のあるところであり、改正法上は、資本と株式との必然的関連が断たれた結果、消極説に有利になったようであるが、然らば、その他の場合でも、資本に影響を与えないで、株式数を減少することはできそうに思われる。現に株式分割の場合には、株式数が増加しても、資本金額には影響がないものと解すべきであろうから、その反対に、株式の併合によって株式数が減少しても、必ずしも資本を減少する必要はないのではあるまいか。但し改正法が、株式併合に関する規定を資本減少の部分に規定しているのは（改三七七条以下）、株式併合と資本減少との必然的関係を前提としているものであろうか。之に反し株式分割は会社の計算の部分に規定しているので（改二九三条ノ四）、株式分割と株式併合とは、改正法上必ずしも同性質の反対現象とは見ていないようである。なお右に関連して、株式数をそのままにしておいて、資本金額だけを減少することは許されないであろうか（資本増加の方は、準備金の資本組入によって可能である、改二九三条ノ三、一項）。

43 額面株式を分割するときは、その券面額も分割されるか

額面株式を併合しても、その券面額はその割合で増加するものではないが（その割合で増加したのでは、資本減少のために株式を併合することは無意味である）、その反対に、株式を分割するときはその割合で券面額を切下げなければならないであろうか。或は分割の結果、券面額の総計が資本の額を超過しない限度で、分割後の券面額は、自由に定め得ると解し得るか（但し改二〇二条二項）。

44 株式の発行価額は、その引受価額と同一であるか

株式の発行価額は、発起人又は取締役会に於て決定することになっており（改一六八条ノ二、二八〇条ノ二）、それは株式申込証の記載要件となっているが（改一七五条二項八号、二八〇条ノ六、三号）、それとは別に、株式申込人は、申込証に引受価額を記載することになっている（改一七五条三項三号、二八〇条ノ一四）。一方払込については、「発行価額ノ全額」となっているにも拘らず（改一七〇条、一七七条、二八〇条ノ七）、株主の責任の限度については、引受価額を基準にしている（改二〇〇条一項）。又会社の資本に組入れられるものは「無額面株式ノ発行価額ノ総額」云々（改二八四条ノ二）、資本準備金も「発行価額中資本ニ組入レザル額」（改二八八条ノ二、二号）となっている。そこで、引受価額と発行価額との間に、用語上如何なる使い分けがあるのであろうか。

改正株式会社法の解釈上の諸問題

鈴木竹雄・石井照久

〔第二〕商法部会報告資料

設立

一、定款を以て株主の新株引受権の附与を取締役会に委任しうるか（一六六①五）[1]
二、定款を以て特定の第三者に対する新株引受権の附与を取締役会に委任しうるか（一六六①五）[2]
三、端株について株主の新株引受権を無視しうるか（一六六①五、二八〇ノ四）[3]
四、設立の際の株式発行条件は均等でなければならないか（一六八ノ二、二八〇ノ三）[4]
五、発起人の資本充実責任の発生時期は何時か（一九二）[5]

株式

一、株式譲渡制限契約の効力如何（二〇四②）[6]
二、当事者の意思表示のみに因る記名株式譲渡の効力如何（二〇五①）[7]
三、譲渡証書の署名者として株券に「株主トシテ表示セラレタル者」とは何人を指すか（二〇五①）[8]
四、名義書換の手続として、株券の名義書換をなす必要はあるか（二〇六①）[9]
五、株式消却（償還株式を含む）、株式併合の結果減少する株式数だけ新株を再発行することは許されるか（二一二、二一三、三七七）[10]

六、転換株式転換により、資本を減少することは出来るか（二二二ノ三）[11]
七、転換株式転換後、もとの転換株式数だけその株式を再発行することは許されるか（二二二ノ六）[12]
八、定款を以て、一株券を発行しない旨を定めうるか（二二六）[13]

株主総会

一、定款を以て総会の権限に属せしめうべき事項の範囲如何（二三〇ノ二）[14]
二、株主総会の決議について可否同数のとき議長の決するところによるとする定款の規定の効力如何（二三九）[15]
三、六月前より引続き株式を有する株主の意義如何（二三七等）[16]
四、議決権なき株主の議決権復活の時期如何（二四二）[17]

取締役会

一、最初の取締役の任期は何時から始まるか（二五六②）[18]
二、定款で取締役選任決議の定足数を定めないとき、その定足数はどうなるか（二五六ノ二）[19]
三、累積投票の結果当選者の数が選任すべき取締役の数に足りない場合どうするか（二五六ノ三）[20]
四、取締役会の権限の全部又は一部を他の機関（例えば取締役の委員会）に委任できるか（二六〇）[21]
五、瑕疵ある取締役会の決議の効果如何（二六〇ノ二）[22]
六、会社の目的の範囲外の行為の効力如何（二六一③、五八、二七二参照）[23]
七、取締役の競業認許は事後でよいか（二六四）[24]
八、代表訴訟の原因たる法律事実は何か、差止請求もこれに入るか（二六七）[25]
九、代表訴訟の参加の性質如何（二六八）[26]
十、株主の請求により会社が取締役の責任追及の訴を提起して、敗訴したときの請求株主の会社取締役に対する責任如何（二六八ノ二）[27]

監査役

一、監査役の監査と公認会計士による監査（証取一九三ノ二）との関係如何[28]

二、監査役が取締役・使用人を兼任した場合の効果如何（二七六）[29]

新株発行

一、新株発行価額と引受価額とは異りうるか。異るとすればその差額の経理上の取扱如何（二八〇ノ二、二八〇ノ一四、一七五③、二八四ノ二）[30]

二、検査役による検査を要しない現物出資の範囲如何（二八〇ノ八）[31]

三、資本増加の効力発生時期は払込期日か登記の時か（二八〇ノ九）[32]

四、新株発行無効の訴の原因如何（二八〇ノ一五）[33]

計　算

一、資本の減少により資本総額を券面額以下となしうるか（二八四ノ二）[34]

二、定款を以て配当請求権について、配当決議の時を始期とする除斥期間を定めうるか（二九〇、利益配当支払法参照）[35]

三、建設利息配当に関する定款の定めにおいて、一定の株式を特定していない場合の効果如何（二九一）[36]

四、端株の生ずる準備金の資本組入による新株発行、株式分割は可能か（二九三ノ三、二九三ノ四）[37]

五、株式買取請求権行使のために書類閲覧を求めうるか（二九三ノ六）[38]

六、資本準備金となるべき評価益の範囲如何（二八八ノ二[三]）[39]

（1）　改正法は株主に新株引受権があるともないとも言っていない。そのことについては定款で何れとも全く自由に定めしめることにしている（改一六六条一項五号、三四七条二項）。そこで㈠定款は全く之を与えないことすらできるのであるから、之を与えるについても、何も定款で直接内容を確定して置く必要はなく、何等かの方法或は条件を以て与えられる場合もあるという定め方も、之を無効と解すべきではないと見るべきか、㈡株主の新株引受権なるものは、本来取締役会の新株割当自由を拘束し、取締役会は引受権者にはその引受権の内容に従つて、優先的に新株割当をしなければならないという点で意味があるのであるから、新株引受権の附与を全く取締役会の一存に委すということは無意味である。即ち定款に於て新株引受権を全く否定した場合にも、取締役会が株主に対し新株を優先的に割当てるということは、割当自由の原則から当然許されることである。従つて、新株引受権の附与を取締役会に一任する定款の規定は、無効ではないとしても、それは新株引受権の「無」を規定したものに外ならない、と見るべきか、㈢新株引受権に関する事項は、定款の絶対的必要事項であつて、定款を以てする以外の方法によつては之を定めることは許されないものと解すべく、従つて新株引受権の附与を取締役会その他に委任することは許されない、と見るべきか（前掲11、12番の問題参照）。なお取締役会の定めるいわゆる新株引受権が商法上の新株引受権に該当するか否かは、改二八〇条ノ三、但書の規定を適用し得るか否かの点で、重大な実益がある。

（２）　前問と略同様の関係が見られるが、ただ第三者の新株引受権は、株主の場合と異つて、定款の規定を設けることによつて、直ちにその権利が発生するのではなくて、定款の規定に基き、会社（代表取締役）が当該第三者との間に新株引受に関する契約を締結することによつて始めて発生するものと解すべきであろう。従つて「特定ノ第三者」並びに之に与えられる新株引受権の内容も、株主のそれとはちがつて、多少会社と第三者との間の折衝の余地が残されていてもよいのではないか。定款の規定は株主をして利害の判断を為し得る程度の大綱を定め、具体的な点は取締役会に委任することは許されると解すべきであろうか（改二四五条二項参照）。ただ実際問題として、会社従業員、会社縁故者などを新株引受権者とし、新株発行の都度、その割当を受くべき従業員又は縁故者を具体的に取締役会をして指定せしめるという主旨の定款の規定が果して右の基準に適合するか否か（前掲13番の問題参照）。

（３）　新株引受権を有する株主は、その持株数に応じて新株の割当を受けるものとすれば、発行済株式数と、株主に割当てられるべき新株の総数とが同一である場合並びに後者が前者の整数倍である場合を除いては、常に端株の割当が生ずる訳であるが、改正法はこの端株の処置について別段の規定を設けていない。或は減資のためにする株式併合について生ずる端株の処置に関する規定（改三七九条）に準じて競売すべきかとも考えられるが、新株引受権は必ずしもその引受によつて株主が獲得し得べき財産的利益（プレミアム）を目的とするものではなく、むしろ株主が会社企業に対して持つている持分の割合を減少しないようにという目的のために認められる権利であるとすれば、単に端株売得金の分配に与つただけではその目的を達し得ない。又仮に売得金分配によつて決済することが許されるとしてもその結果は極めて僅少な金額の分配のために複雑な手数を必要とすることになる（競売代金中から株式発行価額を控除した額を、端株の割合に応じて分配することになる）。故に実際問題としては、一層のこと、端株切棄てができれば好都合であるが、㈠株主平等の原則からいつて、それが許されるであろうか、㈡許されるとして、それは予め定款を以てその旨定めて置くことを要するか、定款に定がなくても取締役会の一存で之を無視し得るか、㈢一株未満の端株のみならず、例えば十株未満又は百株未満の端株をも無視し得るか。㈣株主の持株につき十株又は百株未満の株式に対しては、新株引受権を与えない旨を定め得るか（前掲12番の問題参照）。

（4） 新株発行については発行条件均等の規定が定められているのに、設立に際してはかかる規定がないために生ずる疑問である。均等条件の要求は、新株発行についてのみ存在する特別のものであるか、又は一般に株式発行は均等条件を要求されるか。

（5） この問題は、現行法上に於ても存在する問題であるが、ただ改正法上は、引受なき株式については、発起人の共同引受が擬制されるので、現行法に於ける如く引受義務を負わされたのとは多少関係が異る点がある。即ち引受義務の場合には、その権利者たる会社が成立しなければ、義務を負うべき相手方がないので、その発生時期も会社成立の時と解するのが自然のようである。然し引受が擬制される場合には一般の株式引受が行われる時に発起人も引受を為したものと解して差しつかえはないわけである。然し果して改一九二条一項は、会社成立前の引受を擬制したものであろうか。仮りにそうだとすれば、その看做される引受の時期は何時であろうか（一般の割当完了の時、払込請求の時、払込期日、未払引受人に対する失権手続の時、失権株式再募集を完了した時、創立総会招集の時、その終結の時、など）。

（6） 株式の譲渡性を物権的に奪つてしまうことは「定款ノ定ニ依ルモ」許されないことになつたので、定款以外のいかなる方法によるも不可能であると解すべきが如くであるが、ただ債権的に株式を譲渡すべからざること、又は譲渡につき一定の制限を受くべきことを義務づけることも許されないであろうか。例えば会社従業員の持株について、その譲渡又は質入などをなすについては、会社の承認を受くべきこと、先ず会社に売渡の申出を為し、会社が之を買受けない場合に始めて、第三者に譲渡して差しつかえないことなどの特約を締結したときは、かかる特約は有効であろうか。更に改正法は、担保の目的のために株式を譲渡した場合に、その譲受人（債権者）が、その株式を担保の目的以外には処分せざることを、譲渡人（債務者）に約束することまで禁止するものであろうか。家族的な株式会社に於て、株主相互間に、その株式処分に関する何等かの制限を約束することなどはどうであろうか。

(7) (前掲6番の問題と同一)。

(8) (前掲8番の問題と同一)。

(9) (前掲9番の問題と同主旨)。

(10) 授権資本の枠は、それが一回行使されてしまえば、消滅するものであるか、或はその枠内で一旦発行された株式が、何等かの原因で消滅すれば(消却、併合、転換など)、原状に復活して枠が拡がつて来るものであるか。授権資本の枠なるものは、会社が現に発行している株式総数を押える枠であるか、或は会社が過去に於て幾何の株式数を発行したかという点を押える枠であるか。前の意味ならば一旦発行したけれども後に消滅した株式数は算入されないし、後の意味ならば、之も算入されて来る。アメリカに於ける授権資本の観念からすれば、その枠は州長官の免許を得た枠であつて、いわば会社に附与された既得権的の意味もあるから、現在に於ける社外発行株式数が之で押えられるだけで、一旦発行したけれども後に回収してしまつた株式の数は算入されないと解すべき根拠があるようであるが、我国の授権資本は、株主総会の特別決議なくして、取締役会の判断で発行し得べき株式数というに過ぎないから、株主総会と取締役会との権限の権衡という点を考えても、必ずしもアメリカ風に解釈すべき根拠はないのではないか。

(11) (前掲3番の問題参照)。前掲3番では、主として資本増加の方を問題としたのであるが、資本減少についても同様の意味で問題となる。ただ㈠資本増加は、資本準備金の資本組入ということで、取締役会の決議事項であるが、資本減少は株主総会の特別決議事項となつている点(改二九三条ノ三、三七五条)、及び㈡資本減少については、特に会社債権者保護の点が考慮されなければならないこと、に於て両者の相違がある。殊に債権者保護の手続を省略することは許され得ないとして、それを何時行うべきかの問題が附加される。

(12) 之は前々問(株式第五問)と同主旨で問題となるが、仮に転換によつて、授権の枠が回復するとして、再び発行することのできる株式は、前と同一の転換株式であるか、或は転換請求権のない優先株であるか。即ち前に発行した転換株式の転換によつて、留保されていた新株の枠(改二二二条ノ二、二項)は既に満たされているから、再度転換の余地がないのではないか。

(13) この点は、現行法上でも、会社が定款を株式譲渡の制限を定めていない限り、——或は之を定めていても——同じ問題があるのであつて、特に改正法によつて新に起る問題ではない。然し改正法は譲渡制限を全く禁止したので、特に重要性を加えたことは事実である。即ち株券の種類を限定することによつて、実質的に譲渡を制限する結果を生ずるからである。

(14) (前掲20番の問題と同一)。

(15) この問題は、改正法上新に生じた疑問ではなく、現行法に於ても存在する問題である。何故にここに採り上げられたかを疑う。

(16) 改二三七条、二五七条三項、三八一条、四二六条、四五二条、などに「六月前ヨリ引続キ発行済株式ノ総数ノ百分ノ三以上ニ当ル株式ヲ有スル株主」という文句がある。この場合、之等の規定による少数株主権を行使する株主の資格として、「六月前ヨリ引続キ」というのは、㈠その六月のどの時点を取つて見ても常に百分の三以上の株主であつたことを要する意味か、㈡六月の期間内の何れか任意の一時点に於て百分の三以上の株主であれば、他の時点に於ては、持株百分の三に達しないでもよいのか、㈢権利行使の時に百分の三あることを要し、且つ之を以て足るのか。

(17) この点は、改正法律案要綱では可なり不明確であつたが(要綱第十八)、改正法では、決議の時を標準とすべきことが、明示された。然しそれでも、その当該決議(優先権を満足しない配当決議)そのものについて議決権が与えられるか否か、或は個々の決議を単位としないで、当該総会全体につき議決権の有無が定められのか、多少疑問の余地がないではない。

(18) この問題は、現行法上に於ても同様に存在するが、改正法上は初代取締役の任期が僅か一カ年を超えることを得ないとされたため、特に重要性を加えたということは言えるであろう。即ちその任期の起算点は、㈠発起人又は創立総会による選任決議の時(改一七〇条、一八三条)、㈡就任承諾の時、㈢取締役として会社成立前の最初の職務に着手した時(改一八四条)、会社成立の時、即ち設立登記の時(改五七条)、などが考えられる。尤もその何れの時点をとるにしても、会社設立手続が渋滞なく進行すれば、実際上の結果には大した影響はなく、近々二週間内外の開きができるに過ぎず(改一八八条)、殊に定款を以て任期伸長の規定を設けている場合には(改二五六条三項)、何れにしても結果は同一になる可能性が多いのであるが、例えば創立総会は終結したけれども、官庁の許可その他の手続が遅延して、設立登記に必要な書類が完備し得ないというようなことは間々起り得ることであつて、そのために会社の成立が予想外に遅延することは少くない(改六一条、非訟一五〇条ノ二、一八七条二項)。従つて、創立総会に於ける選任決議などを取締役任期の起算点とすれば、極端な場合には、会社成立前に任期が満了してしまうことも考え得る。而もかかる場合には、創立総会は既に終結してしまつて、之を再開することができるか否か疑問であり、固より会社成立前のこと故、株主総会を招集することはできず、従つて、取締役の後任者を選任する方法がないのではないか。又そこまで行かないでも、会社の成立するまでに、半年も十カ月も経過して、そのために第一回の決算期が到来する前に取締役の任期が満了してしまい（この場合には、改二五六条三項による任期伸長はできない）、従つて会社は成立後間もなく取締役選任のための臨時総会を開かねばならないことになるであろう。

(19) 恐らくは、改二三九条一項の規定により、定款を以て何等の除外例なしに、総会の定足数を撤廃した場合の問題であるとも思われるが、かかる定款の定は㈠全部無効か、㈡商法の強行規定に抵触する限度で一部無効とし、殊に改二五六条ノ二の場合には、法定の最低限として、発行済株式総数の三分の一の定足数を定めたものと見るべきか、㈢或は同様に一部無効であるが、この場合には、定款に別段の定なきものとし、改二三九条一項の原則に戻つて、発行済株式総数の過半数を以て定足数とするものと解すべきか。

(20) 例えば三名の取締役を累積投票によつて選任すべき場合にその投票が二名の候補者に偏つて集中し、三人目の者には一票も投ぜられなかつたような場合である。この場合に㈠累積投票は全部無効であつて、初めからやり直し、再度累積投票を行うべきか、㈡累積投票による選任は無効であるけれども、累積投票そのものは適法に完了したのであるから、通常決議を以て全員の選任をやり直すべきか、㈢累積投票による選任は有効とし、ただ不足の員数についてだけ、更に選任の決議（不足二人以上のとき、更に累積投票によるべきか否か）を為せばよいか、㈣その不足員数については取締役を選任しないで、欠員のまゝ置くべきか（その結果、取締役の員数が法定又は定款所定の最低員数に満たない場合は如何にすべきか）。

(21)（前掲39番の問題と同主旨）。

(22) 株主総会の決議の瑕疵については、決議取消の訴、無効確認の訴などの規定を設けているが（改二四七条、二五二条）、取締役会の決議の瑕疵については、特にかかる規定はない。そこで総会の決議ならば、取消の訴の事由たるようなことが、取締役会の決議について存するときは、その決議の効力に如何なる影響を与えるか。

(23)「会社ノ目的ノ範囲内ニ在ラザル行為」という辞句は、既に現行法（改正法も同じ）七二条に用いられていて、その意味については学説上争のある所であるが、その同じ辞句が改正法二七二条にも新に設けられたため、問題の重要性を増して来た。㈠右両規定に於ける同一用語は同一意味に解し得るか否か。㈡「目的ノ範囲」は会社の権利能力の限界を劃するか、行為能力若くは代表機関の権限の限界を劃するか、㈢英米法上の ultra vires の法理の影響を認め得るか。

(24) この問題も現行法の下に於て、既に存在するものであるが、改正法は特に総会に於ける認許の要件を厳重にし（改二六四条一項、二項)、且つその違反取引による取締役の責任の免除を困難ならしめているから(改二六六条一項三号、同条四項)、疑問を新にしたものと思われる。殊に改正法は現行法と異つて、他の会社の無限責任社員又は取締役となることについて、総会の認許を要求していないため、他の会社の無限責任社員、取締役となることそれ自体は制限を受けないが、その無限責任社員又は取締役として他の会社のため、会社の営業の部類に属する取引を為すには、一一個別的に総会の認許を要するが如くである。改正法上何等かの方法又は範囲で予め包括的な認許を得るということは許されないであろうか。

(25) 改二六七条に「取締役ノ責任ヲ追及スル訴」というのは、改二六六条に基く給付の訴に限る意味であるか、或は会社と取締役との間のその他の債権関係(殊に会社より取締役に対する貸付金、その他会社と取締役との間の取引に基く会社の債権、改二六五条)に基く給付の訴をも含むか、或は之等の権利関係に基く確認の訴をも含むか、更に一層広く、会社から取締役に対して提起すべき凡ゆる訴を包含するか(現二六七条、二六八条参照)。なお、この訴の範囲を余りに広く解すると管轄の点で不都合を来す虞はないであろうか(改二六八条一項)。

(26) (前掲35番の問題参照)。

(27) 株主が自ら訴を提起した場合については、改二六八条ノ二の規定があるが、会社が株主の請求により訴を提起した場合については、特別の規定がない。その訴に於て会社が勝訴となれば問題はないが、会社が敗訴した場合、その請求を為した株主は、一般不法行為の原則に従つて、会社及び被告取締役に対し損害賠償の責任あるものと見てよいであろうか。或は改二六八条ノ二、二項との権衡上、少くとも会社に対しては、株主悪意の場合のみに責任を負わしむべきか。又は斯る訴を提起することは――たとえ株主の請求によるものとはいえ――会社自身にも過失があるものとし、従つて会社に対する責任は認めないでもよいであろうか。

(28) この点は現行法の下でも起りうる問題であるが、改正法上監査役の地位の変化と共に特に立法論的な疑問を強くする。即ち監査役による監査と公認会計士による監査とは、自らその監査の立場を異にし、各独立して各職務上の立場に応じた監査が行われなければならないことは、略と疑問の余地がないようであるが、実際問題としては同一内容のことを重視して行わねばならないことになつて、何れか一方は駄足の観がある。立法論としては、証取法一九三条ノ二の適用ある会社については、監査役による監査を廃止して、公認会計士による監査のみを命ずることとし、或は、公認会計士と監査役との兼任の途を開くことなどが考慮されてもよいかと思われる。我国監査役制度の運命について、一つの示唆を与えている点とも見られないことはない。

(29) この点も――支配人以外の使用人にまで適用範囲が拡大されたことを除けば――現行法の下でも同じ問題がある。㈠改二七六条所定の地位にある者を監査役に選任することは、㈠当然無効（総会の決議無効）であるか、㈡或は他の地位を辞任その他により失わなければ、就任できないだけであるか、㈢そのまま就任したなら、他の地位を辞任する義務を負うに止まるか、㈡監査役就任によつて、当然他の地位を失うか。又㈡監査役就任後に、改二七六条所定の地位に新任されるのは、㈠後者が当然無効であるか、㈡他の地位に就任することにより、当然監査役の職を失うか、㈢監査役辞任の義務を負うに止まるか、など。

(30) (前掲44番の問題参照)。

(31) 改二八〇条ノ八、一項但書の適用範囲の問題であるが、数人の現物出資者がある場合又は一人で同時に数種の現物出資を為す者がある場合に於て、「其ノ者ニ対シテ与フル株式ノ数」というのは、一回の新株発行に於ける現物出資の総額についていうのか、現物出資者各一人一人についていうのか、出資の目的たる財産の種類毎についていうのか。

(32) 増資発効時期に関する現三五八条の規定が廃止され、その代りに、払込期日を以て、新株引受人が株主となる時期とする規定を新設したので（改二八〇条ノ九）、増資発効時期も、この払込期日であると解するのが自然らしく見えるが、改正法の下に於てもなお増資登記の時を以てその発効時期とする見解もあり得る。

(33) 新株発効無効の訴は、現行法上の増資無効の訴に相当するものであるが、現行法の増資手続と、改正法の新株発効手続とは、多少趣を異にするため、その無効の訴の事由も自ら異つて来るものと思われる。取締役会の決議なくして、若は取締役会の無効の決議に基いて為された新株発行、取締役会の決議を超過し、その他決議の内容に合致しない新株発行、新株引受権者の引受権を無視して為された新株発行（改二八〇条ノ四）、株主の発行差止請求を無視して為された新株発行（改二八〇条ノ一〇）、など。又授権資本の枠を超過する新株発行、定款の定と異る種類の新株発行、不均等な条件を以てする新株の発行などは、取締役会の決議の無効の問題ともなるし、そうでなくても、独立した新株発行無効の問題ともなるであろう。なお個々の新株の引受について存する無効又は取消の事由は、必ずしも直ちに新株発行無効の訴の事由とはならないであろうが（改二八〇条ノ一三、現三五六条）、そのため引受なき株式が非常に多数であつて、増資の目的を達することができないといつた程度である場合に、増資無効の事由たり得るか否か、即ち改二八〇条ノ九、二八〇条ノ一三、等の規定があるため、現行法の下に於けるこの点についての判例の見解が改正法上も維持し得るか否か、多少疑問であろう。

(34) 改正法上は、資本と株式との必然的関連が失われて、資本が株金総額を超過する場合のあることは、準備金の資本組入の規定（改二九三条ノ三、一項）の規定するところであり、前述の株式の利益消却の場合にも、この現象が認められる。然し反対に、資本が株金総額を下廻ることは、果して改正法上許されることであろうか。改三七六条一項は、資本減少には必ず「減少ノ方法」が定められることを規定しているが、之は減資が常に発行済株式数の減少又は額面株式の券面額の減少を伴うものであることを前提としているからではなかろうか。然し一面から見て、無額面株式制を採用した以上、額面株式の券面額についても、単にその発行に際して払込まれた金額であるという、沿革的な事実を表示するに止まるものとすれば、資本と株式との関連はもつと自由に考えてよく、改三七六条の規定も、株式数や券面額には手を触れないで減資をするということも、之又「減少ノ方法」の一態様に外ならない、といえるのではないか。

(35) この問題も、現行法の下に於て既に存在するものであつて、今回の商法改正とは何等の関係はない。会社の配当する利益又は利息の支払に関する法律（昭和二十三年法律第六十四号）によつて、配当金支払債務が株主住所への持参債務となつたので、会社が配当の決議を為したまま、株主住所に於ける弁済の提供もしないでいる間に、定款の除斥期間が進行するというような定めが許されるか否か。

(36) 改正法は、建設利息の配当につき「一定ノ株式ニ付」という要件を新に附加したので、この辞句の解釈が問題となる。一定の株式というのは、会社が数種の株式を発行する場合の株式種類を指定することをいうのか、或はその他の点で株式を区別して、利息配当を為す株式と為さざる株式とを作る意味であるか（改二二二条一項との関係如何）、或は会社の発行する株式の総数に対する分量的割合をいうのか（例えば、その五〇％）、など。それから本問にある如く、もし定款がその一定の株式を定めなければ、利息配当の定が全体として無効となるのか、或は総株式に対して利息配当をすべきものとなるのか、という疑問が続くのである。

(37) この場合、端株という意味が二た通り考えられる。一つは、各株主について見た場合に生ずる端株であって、かかる端株を生ずる株主が一人でもおつては、準備金の資本組入による新株発行も、株式分割もできないのでは、株主の多い会社では実際上、極めて偶然の場合を除いては、実行不可能となるであろう。所が改正法は、かように当然予想しなければならない端株の処置について、何等の規定を設けていないので、その生じた端株を如何に処置するかが問題であろう（改三七九条参照）。又もう一つの場合は、新株発行又は株式分割が全体として端株を生ずる場合であつて、例えば、会社の発行済株式の総数一万株のところ、その三株を分割して五株とするという如き分割方法に於ては10,000÷3が整除し得ないため、最後の旧一株がどうしても端株になる訳である。かような結果となる新株発行や株式分割は、恐らくは許されないと解すべきであろうか。

(38) 書類閲覧請求権が、いわゆる共益権であるか、自益権であるか、については、現行法上も多少争のある所であるが、改正法は特に二九三条ノ六の場合には、之を少数株主権としたために、同条の閲覧権だけは、共益権的色彩が強くなつたようである(改二六三条二項、二八二条二項参照)。然るに株式買取請求権は純然たる自益権たること、ほぼ疑ないので、かかる自益権行使の目的のために、その前提として共益権を利用することは、権利の濫用となる疑がある。然し、一方に於て、かかる事由は、閲覧拒絶事由の列挙のうち、直接にはどれにも該当しない(改二九三条ノ七)。或は改二九三条ノ六の書類閲覧請求権は、少数株主権であつても、自益権たるもの、或は少くとも自益権たる性質と共益権たる性質とを兼有するものと解する余地はないか。

(39) 会社財産の評価替が、如何なる場合に許されるか、固定財産と流動財産とでは、評価替について、条件を異にするか(改三四条二項、二八五条参照)、資本準備金に積立てるべき評価益も、財産種類その他により差異があるか、評価損の方が多額である場合に、之を塡補するため資本準備金を減少することは許されるか。

(法學研究第二十四巻第六號、昭和二十六年)

改正株式會社法の難點

實施を目前に控えた改正株式會社法は、既にその改正要綱の時代から、色々な意味で色々な難點を含むものとして論議の的となつているが、實務の立場から最も困ることは、その出來上つた法律の內容について、解釋上の疑義が餘りにも多いことであろう。改正の主旨そのものも、必ずしも萬人の納得するものではないけれども、その點の是非善惡はしばらく立法者の判斷に任せるとして、さてその結果でき上つた改正法の條文を讀んで見ると、或る點では馬鹿ていねいに力こぶを入れながら、肝心の要點がぼけていたり、前後同性質の事項をちがつた風に規定して見たり、全體として雜然としていて整理が行きとゞいていない。それは一つには改正法の成立を特に急がなければならない或る種の事情があつたため、草案推敲について充分な時間的餘裕がなかつたせいであろうが、それにしても立法技術の拙劣さは覆うべくもない。法律公布以來既に一カ年餘り、學者も實務家も、改正法の解釋上の疑義を解明するため、苦心慘憺しているものの、まだ〳〵暗中模索の域を出ていない。

かような情況の下に於て、日本私法學會では、今春の大會の商法部會に於て「改正株式會社法の解釋上の諸問題」を討議したが、その際討議の對象となつた問題點は合計三十九點に及んでいる。これらの問題點は必ずしも實務上重要な問題のみというわけではなく、中には單に學問的興味を中心とした問題も含まれているが、大體に於て改正法に於ける解釋上の疑義の所在を示すものとして注目すべきである。固より改正法上の疑義が之を以て盡きるわけではなく、改正法實施に當つて、差しづめ解釋を迫られている實務上の問題だけでも拾つて見れば恐らくは、數百を以て算えなければならないと思われるが、こゝに採り上げられた點だけでも解決すれば、あとはそれに準じて次々に解決できるものが出てくるから、私法學會の成り行きには大いに期待をもたれたわけである。それにも拘らず學會に於て諸學者の意見が大體にでも一致したというものは、極めて少數であつて、その大部分は意見が分れたまゝ結論には至らなかつたのである。そのうち實務上關係が深いと思われる點を二三拾つて參考に供したいと思う。

○ 定款を以て株主の新株引受權の附與を取締役會に委任しうるか（一六六①「五」）

○ 定款を以て特定の第三者に對する新株引受權の附與を取締役會に委任しうるか（一六六①「五」）

増資新株の發行は從來は必ず定款變更となるので、そのためには増資の都度株主總會の特別決議が必要であつた。そこでその新株を現株主に割當てるか否か、會社役員その他の緣故者にも割當てるか否か、どれだけ一般市場に公開募集するか、社内割當株と公開株との發行價格はそれ〴〵如何程にするか、というようなことは、一々株主總會で檢討して豫め決議して置くことができたし、又慣例上も之等の點について具體的な決議がなされるのが通常であつたが、改正法では授權資本の枠内での新株發行の權限が、原則として取締役會に移されたので、株主總會が一々口を出す機會がなくなつた。そこで改正法は新株引受權に關する事項を、絶對的必要事項として必ず豫め定款に記載して置くことを要するものとしたのである。それは結局、取締役會が新株割當の自由を振り廻して自分等の都合の良い方面ばかりに新株を割當て從來の株主の方を全く閉め出すようになつては、株主側は非常な不利に陷る惧れがあるので——殊に新株發行價格が安い場合には、舊株の値下りを免れない——それでも株主は差しつかえないのか或は取締役會の割當自由を制限して、株主側に引受權を留保するか、を定款で必ず定めて置けという主旨である。從つて、新株引受權を取締役會の決定に一任するというのでは無意味であつて、取締役會の自由にはさせない所に初めて引受權なる觀念が生ずるのである。而も改正法は、引受權が無ければ無いということを定款に必ず書いて置かなければならないとしているので、引受權としては無意味な記載をしただけでは不充分であるという解釋が成り立つ可能性がある。又假りにそこまで言わないでも、定款に引受權に關する定めを記載せよというのは、定款を以て直接に引受權に關する定めを爲すことを要する意味であつて、取締役會その他のものに、その定め方を一任するだけでは、定款が之を定めたことにはならないとも解し得る。何れにしても萬一その記載が不適法だとすると、それが定款の絶對的必要事項であるために、定款（又は定款變更）が全體として無效となり、從つて設立無效（又は增資無效）を來すことになるから、實務上は餘ほど注意しないといけない。一般に定款記載例として「株主の新株引受權については取締役會でこれを定める」というのや「株主は新株引受權を有しない、但し取締役會の定めるところによりこれを與えることができる」というのが出ているが、かゝる記載例は嚴密に言つてどこまで有效であるか疑義がないわけではない。

次に第三者の新株引受權は、株主の新株引受權と同性質のものとして一率に取扱われ勝ちであるが、多少趣を異にする點のあることも注意しなければならない。即ちこの點についての定款の定めは、會社が第三者との間に新株引受權附與の契約の締結についての有效要件となるものであつて、會社（代表取締役）は定款に定められた範圍內に於てのみ、有效にかゝる契約を締結し得るというに過ぎない。定款に規定があれば、別に契約がなくても當然にその第三者が引受權を與えられるというのではない（但しこの點についても爭の可能性はある）。會社が第三者と左樣な契約をなすことによつて、會社の將來の資本系統が拘束されることは、株主にとつて重大問題であるから、之を定款に明確にさせるのである。從つて將來の資本系統についての利害の判斷がなし得る程度に定款の記載があればよいので、細部は取締役會の機宜の折衝に委ねる餘地が殘されていてもよいと解し得る。且つこの點に關する定款の定めは、商法上明らかに相對的必要事項となつていて、たとえその點の記載が不適法でも、定款全體としての效力には影響がないし、從つて設立無效の問題を生ずる餘地もない。實際問題としては、會社役員その他の會社緣故者に對する慣例的な新株割當が改正法上如何なる方法で持續し得るかということで、第三者の新株引受權が大きく浮び上つて來ているが然しこの制度本來の目標は、新株引受による金融支配或はコンツェルン關係の設定につき取締役會の權限を制限するという方に、問題の實質的な重點があることを看過してはならない。

○　株式讓渡制限契約の效力如何（二〇四①）

改正法は株式讓渡を禁止したり制限したりすることは、「定款ノ定ニ依ルモ」これを許さないことにしているので、定款以外のどんな方法に依つても、やはり許されないのだと解するほかはないが、それは直接には、株式は絶對に（或は一定の制限内でなければ）讓渡できないものであるとしそれに違反する讓渡は無效であるという主旨の、いわゆる物權的な禁止制限のことであつて、必ずしも債權的な禁止制限——卽ち株式を他に讓渡しないという債務或は一定の制限内に於てのみ讓渡すべき旨の債務を負わしめること、從つてその義務に違反して讓渡しても、株式讓渡そのものは有效であつて、讓受人は完全に株式を取得できるが、たゞ讓渡人が自ら株式を保有すべき債務を履行しなかつたというわけで、損害賠償の責に任ずるにすぎない主旨のもの——までも許さないという意味ではないようである。さもないと、例えば債權擔保のために株式を信託的に讓渡した場合には、債權者はその株式を取得して株主となるわけで、而もこの場合債權者はその株式をその債權擔保の目的に於てのみ保有し處分するという制限をつけられるのだが、かような債權的な制限までも禁止されてしまう結果になると、信託的讓渡もできないことになつてしまうのである。然し同じ債權的な制限であつても、例えば會社（取締役）が各株主と個別的に契約を締結して、株主がその株式を讓渡してはならないこと、又は株式を讓渡する場合には豫め取締役會の承認を受くべきことなどを約束させる段になると、實質的に改正法二〇四條に抵觸して來るので、かゝる契約は無效であろう。そこで從業員持株を與えた會社が、從業員在職中は持株の讓渡を禁止したり、之を處分する場合には先ず會社に賣渡の申出をなし、會社が買受けないときに始めて、他に讓渡することを許すというような約束をすることは無效であろうか。家族的な株式會社に於て、株主相互に株式保有について何等かの約束をすることも無效であろうか。學者の意見は、株式讓渡の債權的な制限禁止は必ずしも凡ゆる場合に無效ではないと見ているが、同時にそれは場合によつては無效であると見ることも、ほゞ一致している。問題はその有效無效をどこできめるかということであるが、その點になると學者の意見はまち〳〵である。

○ 當事者の意思表示のみに因る記名株式讓渡の效力如何（二〇五①）

改正法は記名株式讓渡の方法として、株券の裏書によるものと、讓渡證書を添附して株券を交付するものと、二た通りを規定しているが、それは讓渡方式としては、これ以外の方法を認めない主旨であろうか。商法所定の方式に依らない讓渡はその當事者間に於ても全然その效力は認められないか。會社が之を承認しても有效ならしめ得ないであろうか。改正法の規定は、極めて限定的に二種の讓渡方式を規定しているように見えるが、然し他方に於て改正法は株券發行前の株式讓渡につき――會社に對しその效力を生じないにしても――當事者間に於ては有效なることを認めている。株券の裏書又は讓渡證書と共にする株券の交付を絶對的要件としているのなら、この場合にどうして株券なしに株式讓渡することができるのであろうか。傳統的慣習法による白紙委任狀附記名株式讓渡は不要式の株式讓渡の有效なることを前提とし、その對抗要件を充足するため名義書換を請求する權限を、委任狀によつて白紙委任するものであるが、改正法がかゝる不要式の株式讓渡の效力を認めないと解する限り、右の慣習法も存立の前提を失うことになる。但し多數說は白紙委任狀そのものは、改正法上の讓渡證書（少くとも間接的には讓渡の事實を證明する）と見ることができるとしている。然しその場合にも理論的には、從來の慣習法がそのまゝ法認されたのではなくて、全く別の觀點から、たま〳〵それが改正法上の株式讓渡の方法に合致したから有效となるのであつて、從つて、その效力も一切改正法の規定によつて定まり、從來判例で確立されている效果は、爾後適用なきものとなるであろう。實際問題としては效力上疑のある白紙委任狀は、新法施行後は一日も早く取引界から姿を消すことが望ましく、讓渡證書を以て之に代えるべきである。

○ 株式消却（償還株式を含む）、株式併合の結果減少する株式數だけ新株を再發行することは許されるか（二一二、二二二、三七七）

取締役會は定款に定めた授權資本の枠内では自由に新株を發行する權限があるわけであるが、その授權資本の枠なるものは、それが一回行使されてしまえば消滅するものであるか、或はその枠内で一旦發行された株式が、何等かの原因（消却、併合、轉換など）で消滅すれば、再び原狀に復活して枠が擴がつてくるものであるか。換言すれば授權資本の枠は、會社が現に發行している株式總數を押える枠であるか、或は會社が過去に於て、現在に至るまでに幾何の株式數を發行したかという點を押える枠であるか。前の意味ならば一旦發行して後に消滅した株式の數は算入されないし、後の意味ならば之も算入されてくる。アメリカに於ける授權資本の觀念からすれば、その枠は州長官の免許を得た枠であつて、いわば會社に附與された既得權的の意味もあるから、現在に於ける社外發行株式數が押えられるだけで、一旦發行してその後回收されてしまつた株式の數は算入されないと解すべき根據があるようであるが、我國の授權資本は、株主總會の特別決議なくして、取締役會の自由なる判斷で發行し得べき株式數というに過ぎないから、權限の權衡上からも、必ずしもアメリカ風に解釋すべき根據はないようである。現に學者の多數說は、株式が消滅しても枠は回復しないと見ているようである。

○ 定款を以て總會の權限に屬せしめ得べき事項の範圍如何（二三〇ノ二）

改正法は株主總會の全能性を制限して、商法又は定款に特に株主總會の權限として規定されている事項に限り決議を爲し得ることとした。それならば會社は定款の規定を設けさえすれば、現行法に於けると同じように總會の權限を原則として無制限に認めることが許されるであろうか。この點については特に取締役會の權限との關係が問題となるのであるが、取締役會の法定の權限とされている事項のうちには、例えば新株の發行に關する事項の如く、定款を以て總會の權限に移讓し得べき旨を、特に明記する場合もあるが、多くの場合にはその點明文を設けていない。然らばその明文のない場合には、總會への權限移讓はできないかというと、必ずしも左樣には云えないので、例えば社債の發行の如きは、新株發行との權衡上、やはり總會の權限に移讓しても差しつかえなさそうである。それなら定款に定めさえすれば、取締役會の法定の權限を全部總會に移してしまつてもよいかといえば、之にはやはり相當難があつて、例えば會社の業務執行に關する決定の權限を一般的に總會に屬せしめることなどまでは許されないと見る向きもある。

○ 取締役會の權限の全部又は一部を他の機關（例えば取締役の委員會）に委任できるか（二六〇）

取締役會の權限のあるものを、定款を以て株主總會に移讓し得ることは前述の通りであるが、そのほかに取締役會の下部機關の方にも權限の移讓ができるであろうか。例えば會社の常務については、一般に取締役會の決議がなくても代表取締役が之を專行し得ることとしたり、或は常務會といつたような、取締役の一部の者（或はその他の者を加えて）から成る任意機關を設けて、業務執行の一部（又は全部）を一般的に行わしめることなども法律上許されるであろうか。若しそれが許されるとしても、その權限移讓は無制限に成し得るであろうか（例えば業務執行の全部を常務會に移し、取締役會を廢止したり、或は實質的に無用ならしめることまでできるか）又その權限の全部又は一部を移讓するについて、定款を以て之を定めなければならないか、或は定款に定めがなくても取締役會自らの決議を以て定め得るであろうか。改正法上取締役會は必要的機關と解すべきであろうから、その權限を極端に限定することは許されないと見ても、その具體的な限界については疑義を免れないのである。

○ 瑕疵ある取締役會の決議の效力如何（二六〇ノ二）

株主總會の決議の瑕疵については、改正法は現行法通り、總會の招集の手續又は其の決議の方法が法令若くは定款に違反し又は著しく不公正なる場合に、訴を以てその決議を取消し得べきものとし、決議の内容が法令又は定款に違反する場合に、その決議は當然無效とし、必要ある場合には無效確認の訴を以てその效力を爭うことにしているが、改正法に新設された取締役會の決議については、瑕疵ある場合の效果につき特別の規定を設けていない。決議の内容が違法であるならば、特別の規定がない限り、その決議は當然無效であると解することはほゞ爭のない所であろう。問題は取締役會の招集手續や決議の方法に於ける瑕疵である。この場合株主總會の決議に準じて取消を認めてはというのも一つの見方であり、立法論としては確かに考慮の餘地があるが、解釋論としては、取消し得べき行爲についてはは法律が常にその旨を定めているので、規定がないのに取消權を認めることは困難である。從つてかゝる決議は、瑕疵あるにも拘らず有效であると見るか、或は全部無效であると見るか、或は場合により有效、場合により無效のことがあると見るかのほかないが、一番通りのよいのは、全部無效という説であろう。

然しこの説は實際上の結果から見れば、外部からは調査することの困難な手續上の瑕疵によつて取締役會の決議が無效となることになり、第三者にとつて相當危險である。尤も取締役會の決議の無效が、第三者に對してまで影響を與えるのは、會社の行爲につき取締役會の決議を法定の要件としている場合（例えば、總會の招集、新株又は社債の發行、準備金の資本組入など）だけであつて、而も之等の場合でも、無效な取締役會の決議に基づいて爲された會社の行爲の效力には影響がないという説も相當有力である。

○ 資本準備金となるべき評價益の範圍如何（二八八ノ二「3」）

改正法は「一營業年度ニ於ケル財産ノ評價益ヨリ其ノ評價損ヲ控除シタル額」を資本準備金として積立てるべきこ

とを規定しているが、會社財産の評價替が如何なる場合に如何なる財産につき行われることを豫想して、その評價益積立を命じたのであろうか。この規定が商法という恒久法律の中にあることを思えば、先般の資産再評價法に基く評價替のような、特殊な場合の臨時の現象を眼中に置いたものではなく、平時通常の場合に行われる評價替を豫想したものと見なければならないであろう。商法は會社財産の評價について、その固定財産と流動財産とを別扱いにしているが、何れにせよ評價替による新價額は、特別法による例外が認められない限り商法のそれ〳〵の評價法則を破ることは許されないであろうから、その限度内に於ける評價替ということになる。その結果固定財産についての評價益が出る場合は極めて局限され、例えば、過分の減價償却などによつて、從來過少評價となつていたものを、適正價格に改める場合などに限られるわけである。又流動財産についてはその時々の時價による評價が許されるから、それによつて評價益の出ることも別に不思議はないが、然しこの評價益はむしろ性質上利益と見るべきであつて、商法が之を狙つて資本準備金積立を命じたものとすれば、やゝ見當外れに見える。この點についての學者の見解も今のところ割り切つた結論には達していないようである。

（企業經濟研究第三號、昭和二十六年）

新株引受權の正體

一

株式會社が資本增加のため新株を發行するに當り、その增加資本を何人から調達するか、從つてその新株が何人によつて引受けられるかは、舊株主（增資決定當時の既存の株主）の利害に重大な影響がある。即ちその新株が舊株主中の一部の者又は第三者に大量に割當てられるようなことがあると、之がため總會における議決權の分布狀態に變動を生じ、企業支配の形が從前と異つてくるのみならず、(1) 增資による會社財產の增加又は企業收益の增加が、株式數の增加に追隨し得ない場合には、一株當りの會社財產の分前又は配當率の低減を免れず、(2) 特に株式市場に流通する株式數の絕對量の增加と相俟つて、舊株式價の低落を招來する危險がある。かかる支配關係の變動、財產的分前の減少、株價の低落などによる舊株主の損失を避けようとすれば、舊株主がその持株數に應じて、增資新株全部を引受けることにすればよいのであつて、之により株主は舊株について失う分を、新株によつて完全に補塡することができる。(3) 然し株主に新株引受を强制することは、新に拂込義務を課することになつて、株主有限責任の原則に抵觸するから、新株發行に際しての舊株主保護の手段としては、新株引受の權利だけが問題となる。

從來は株主の新株引受について、商法上一般的に之を保障する規定はなかつたけれども、新株發行は常に資本增加として、定款變更のための株主總會の特別決議を必要とし（改正前商一六六條一項三號、三四二條）、總會は增資決議に際して、株主に新株引受權を留保する旨の決議をなす機會があつた。そして實際上も通例その決議がなされるのが慣行であつた。(4) 然るに改正商法は、いわゆる授權資本制を採用し、その授權の範圍內での新株發行が、取締役會の權限に委ねられ、その結果株主總會が新株發行の都度之に干與する機會がなくなつたので、そのままでは株主がその持株數に應じて新株の割當を受け得る制度上の保障がなくなる。

無論舊株主の利益を擁護するためには、その新株引受權を原則的に認めて、取締役會の割當自由を制限して置く必要があるのであつて、この點は授權資本制を採つていない舊法上においても、立法論としては、法律の規定をもつて、原則的に株主に新株引受權を與えて置くべきものであつたのである。(5) 我國の實際は前記の慣行によつて幸にも法の缺陷が救われていたけれども、授權資本制を採る改正法の下においては、總會の決議をもつて取締役會を拘束する機會が與えられない結果、株主に對する新株割當は單に恩惠的なものとなつてしまつて、株主の不安は著しく增大してくる。(6)

然し乍ら株主に新株引受權を原則的に認めてしまうと、今度は又之に伴つて色々な面倒が生じてくることも事實である。即ちその場合には、會社は新株發行の都度、各株主につき割當てるべき株式の數を、一人一人算出しなければならず、(7) 之は株主人數の非常に多い株式會社においては、相當の時間と手數とを要する事務となる。又會社の發行濟株式の數が漸次增加してくると、舊株總數に對する新株の數が、割合上漸次小さくなつて來て、新株引受權そのものが大した重要性をもたなくなつてくる一方、(8) 各株主に割當てられる新株の數に、少數點以下の端株がつく場合が益々多くなつて、その處置が煩瑣である。なお會社が優先株、後配株その他の數種の株式を發行している場合には、各種株式間の新株割當比率をどう定むべきかに微妙な關係を生じて來て、技術的に公平な新株割當が困難な場合を避け難い。(9) 要するに株主に新株引受權を與えると、會社の新株發行が著しく澁滯する虞れがあり、折角法律が授權資本制

の採用によつて會社の資本調達に機動性を與えようという狙いが帳消しになる危險もある。(10)

かくて株主に新株引受權を與えるべきか否かは、今回の商法改正に際して、最も烈しく論議された點の一つであつて、之がため改正要綱のときから法律案の作成に至るまでの間に、立案者のこの問題の取扱方には、幾度かの變轉を重ねたのであつた。(11)そして結局確定の改正法律においては、新株引受權に關する定めを、全く各會社の定款に一任し、法律自らは株主に新株引受權があるともないともきめて置かない、ということに落着したのである（改商一六六條一項五號、三四七條二項）。立法段階においては、問題は之で一應解決したかに見えるが、之を定款に記載すべき絶對的必要事項とすることによつて、各會社が個別的に解決を強要されたことになり、實は問題を法律の內容から定款の內容の方に押しやつたに過ぎないのである。現に各會社は、改正法に基いて授權資本制を設ける場合に、定款中にその新株引受權に關する定を、どういう工合に規定して置いたらよいかについて重大な疑義に逢著している。この點に關する改正法の具體的な解釋になると、諸學者の意見が遺憾乍ら著しく相違していて、實務上去就に迷わしめる結果となつている。而もこの間にあつて、去る七月五日法務府民事局長の名で、各法務局長、地方法務局長宛に出された民甲第一四三五號（商通第二號）の通達は、新株引受權に關する數箇の定款の定を例示し、その有效なるものと無效なるものとを區別して、(12)登記申請受理の基準を示したのであつたが、之は問題の解決に役立つよりは、返つて之を紛糾せしめた觀があるのである。(13)

之らの諸説や意見を通觀すると、そもそも新株引受權とは何ぞやという、極めて初歩的な基本觀念について、まだ究明されずに殘つている部分があり、そのために議論が混亂しているように感じるのであつて、先づこの點を明かにしながら問題を再檢討して見たならば、論爭の意味合いが多少なりとも判然としてくるのではないかと思うので、以下に些か私見を述べることとする。

（1） 例えば發行濟株式總數一萬株の株式會社が增資新株一萬株を發行する場合に、之を全部株主以外の第三者に割當てるとすれば、舊株五千株を持つている株主は、新株發行前は總會における議決權の二分の一を有する支配力をもつていたのであるが、新株發行後はその四分の一を有するに過ぎないことになる。

(2) 例えば額面五百圓の發行濟株式總數一萬株、資本金五百萬圓の株式會社が純財産額六百萬圓を有する場合には、一株五百圓の株式に對する會社財産の分前(殘餘財産の分配額)は六百圓となる計算であるが、もしこの會社が更に一株五百圓で一萬株の新株を發行すると、發行濟株式の總數は二萬株、資本金は一千萬圓に增加するが、會社の純財産額は手持の六百萬圓に、新株の拂込金五百萬圓(發行費用は假に度外視して)を加えた一千百萬圓となるに過ぎないから、一株當りの分前は五百五十圓となり舊株主は一株につき五十圓宛の値下り損失を被ることになる。株式市價も大體之につれて低下するであろう。Brodmann, AR. § 282 HRB. Anm. 1., J. v. Gierke, HR. 4. Aufl. S. 445. 大野「新株引受權の基礎」早稻田法學二六巻一冊六〇頁以下。

(3) 前註の例においても、もし舊株一株に對し新株一株の割合で割當てるとすれば、決議權の數は各株主につき倍增しただけで、株主間の比率には變動がないし、株價も舊株について一株五十圓の値下りがあつても、新株が五百圓の拂込に對し五百五十圓に値上りしているから、その損得は相殺される。

(4) この慣行によれば、株主に對する新株引受權と共に、會社役員又は緣故者に對しても增資新株の一部につき引受權を與えるのが通例である。後者はいわゆる第三者の引受權の範疇に屬するが、それは株主の引受權とは全く別の意味のものであり、株主の引受權を制限する結果となるものであるから、利害は逆になる。舊法が株主の引受權を原則的に認める規定を設けていないために、總會の決議を通じて、株主の引受權の蔭に、會社役員等が役得的な相伴にあずかるという陋習が何時とはなしに出來上つてしまつたのである。授權資本制の下では、この慣例上の第三者引受權も自然消滅の形となるので、改正法上之を如何にして溫存するかということに關係者が腐心している嫌いがある。

なお從來の慣行では、その會社の株式市價が相當高値であつてプレミアム附で公募ができる場合でも、新株引受權者に對しては券面額を以て引受けしめるのが通例である。卽ちプレミアムが會社の收入とならないで、引受權者の利得となるわけである。そこで改正法二八〇條ノ三但書の規定も之を是認する規定を設けるに至つたものと思われるが、本來いえば引受權者が公募株よりも有利な條件で新株を引受けて、その差額を利得するということは、新株引受權の要素ではない。殊に第三者が新株引受權によつてこの利得にあずかるということは、結局舊株主の損失において利得することになるのであつて、何等合理的な基礎がない。新株引受權を論ずるに當つて、この點の誤解がしばしば議論を的外れにしていることを注意しなければならない。

（5）ドイツ舊商法（ADHGB）では、まだ株主の新株引受權を一般的に承認する規定を設けていなかつたが、その結果取締役會の割當自由の濫用によつて、舊株主に不測の損害を與える弊害あるものとし、新商法では一般的に之を認める規定を置くことになり（HGB §§ 282, 283）、一九三七年の株式法では、之を一層强化することになつた（AG §§ 153, 154）。八木「改正法における新株引受權の特異性」松本先生古稀記念・會社法の諸問題三九七頁以下。

（6）授權資本制の母國であるアメリカにおいては、株主の新株引受權は既に古くから、コンモンローの原則として承認されている。富山「アメリカ會社法における新株引受權の原則」京都大學商法研究會編・英米會社法研究一四四頁以下。八木・前揭。

（7）改正法二八〇條ノ五によれば、新株引受權を與えた場合には、少くとも三〇日以上の失權豫告期間を以て各引受權者に對し、其の者が引受權を有する株式の額面無額面の別、種類及數並にその期間内に株式の申込を爲すべき旨の通知又は公告をしなければならない。然し假にこの規定がなかつたとしても、株主が新株引受權をもつている場合には、新株割當に先だち、先ずその株主の持株を調査して、之に基き各株主に割當つべき新株の數を算出して置かなければならないのであつて、この手數だけは法律の規定がどうあろうとも之を省略することはできないのである。

（8）卽ち發行濟株式總數が一萬株の會社が、新株を一萬株發行する場合と、發行濟株式總數十萬株の會社が、同じく新株一萬株を發行する場合とでは、新株發行が舊株主に與える影響は後者が前者の十分の一に過ぎないことを知り得る。

（9）アメリカに於て最近は株主の新株引受權を定款又は州法をもつて制限又は排除する旨の規定を設ける傾向がやや一般化しつつあるというものも、その原由は之等の點にあるものとされている。富山・前揭一五八頁以下。なおその他の新株引受權否認の根據については、大野・前揭六七頁以下。アメリカではコンモンローの原則があるため、株主の新株引受權を否認せんとすれば、必ず法律又は定款にその旨を規定しなければならない。之に反し我國では何も規定がなければ引受權はないことになるのであつて、之を認めんとする場合に特別の規定を必要とするのである。

（10）なお「市場の情況或は會社の狀態からして、株主に割當てるより、他に株主を求めることが、必要乃至はより適當な場合が存するにかかわらず、株主の新株引受權に拘束され、その要求を滿足しえない」ので、株主の新株引受權は會社の資本調達の機動性を害するという點が擧げられる。八木・前揭四〇六頁。尤も會社が株主から圓滑な投資を期待できないような情況の下においては、株主以外の投資も概して期待できないことが多いのであろうから、何か別に政策的な關係を利用する場合とか、その他特殊の事情を念頭に置かない限り、資本調達の機動性が本質的に影響を受けると見るのは思い過ぎである。

（11）昭二三・一一・一六法務廳發表の「商法の一部を改正する法律案要綱」（第二次案）第十六では「株主は、その有する株式の數に應じて株式引受權を有するものとし、この引受權については定款により別段の定めをなすことを得ること」とあり、昭二四・八・一三法務府から法制審議會に諮問した「商法の一部を改正する法律案要綱」第二十七では「株主は、その有する株式の數に應じて株式引受權を有するものとし、この引受權については、定款又は特別決議をもつて、これを排除し、若しくは制限し、又は第三者に與えることができること」となつていたが、法制審議會の答申は之を改めて「新株引受權は、定款又は特別決議をもつて、株主又は第三者に與えることができること」（同第三十七）という風に、原則と例外とを轉倒せしめたのであるが、更にこの答申に基いて起草された筈の改正法律案では、現に改正法一六六條一項五號、三四七條二項に見られるように改められたのである。

（12）同通達の新株引受權に關する部分を抄記すれば、次の通りである。財政經濟弘報二六六號（昭二六・七・一六號）。

六、商法第百六十六條第一項第五號又は第三百四十七條第二項に規定する株主に對する新株の引受權に關する定としては、次のごとき定は、有效である。

一、株主は新株について引受權を有する。但し、新株の發行に當り取締役會の決議をもつて各回の發行株式の全部又は一部を排除することができる。

一、株主は、昭和　年　月　日增加した株式につき引受權を有する。但し取締役會の決議をもつて制限することができる。

一、株主は未發行株式につき引受權を有する。但し端株については、この限りでない。

取締役會は端株につき役員又は從業員に對し引受權を與えることができる。

一、株主は新株引受權を有しない。但し、取締役會の決議をもつて與えることができる。

一、當會社の株主に對しては、取締役會の決議をもつて新株引受權を與えることができる。

次のごとき定は、無效である。

一、株主に對する新株引受權の有無は、取締役會が定める。

一、株主に對する新株引受權については、取締役會に一任する。

七、商法第百六十六條第一項第五號又は第三百四十七條第二項に規定する特定の第三者に對する新株の引受權に關する定としては、新株引受權を與える第三者は、少くとも會社の從業員、役員、舊從業員、舊役員、顧問、相談役という程度に具體的に記載することを要し、單に「特定の第三者」という記載は無效である。取引先、緣故者というような特定できない記載も無效である。但し、特定の第三者に與えるべき新株引受權の範圍の決定は、取締役會に一任してもよい。

(13) 日本經濟新聞昭二六・七・三〇、朝日新聞昭二六・八・一三。

二

先ず新株引受權は「權利」である、ということから始めなければならない。それはかような一見自明と見える點になお問題が殘されているからである。

新株引受權は一種の權利であつて、株式引受の資格とは區別しなければならない。新株引受權者は、會社の新株發行によつて、そのまま當然に株式を引受けたことになるものではなく、その權利を行使して初めて引受人となるものであると共に、或る者が新株引受權に與えられていないということは、その者が新株の引受を爲す資格を有しないということを意味するものではない。故に例えば株主に新株引受權を與えて置かないと、會社の發行する新株を株主に割當てることができないと考えるのは誤りである。(1) たとえ株主に引受權が與えられていないでも、株主の申込に對して、會社が自發的に各株主の持株數に比例して優先的に割當をなすことは、無論差しつかえないことである。多數の競合する申込の中から、會社(取締役會)が任意の基準を作つて割當株を選び出すことは、割當自由の原則から當然のことであつて、この際會社が持株數に應じて株主に優先的に割當をなしたからといつて、之によつて株主に引受權を與えたものとなるのではなく、又引受權者に非ざる者を違法に引受權者として取扱つたことになるものでもない。

新株引受權も一般の權利と同樣に、之を行使すると否とは引受權者の自由であり、從つてその全部又は一部を拋棄することも自由である。且つ新株引受權はそれ自體引受の義務を伴うものではないから、(2)會社は引受權者に對し、新株の引受を强要することは固より許されない。然し引受權者であつても、一旦引受をなした以上は、引受人としての拂込義務を負うことは勿論であつて(改商二八〇條ノ四、一七六條)、この義務と右にいう引受義務とは全く別物である。

新株引受權は、會社に對し新株の割當を請求することのできる權利である。新株引受權という文字そのものから見れば、それは他の者に優先して新株の引受をなし得る權利であり、(3)從つて引受權者が會社の意思に拘らず、一方的に新株の引受を成立せしめ得べき、一種の形成權であるが如き感を與えるが、少くとも我商法の解釋上は、新株引受權を以てかかる形成權であると見ることは不可能である。蓋し商法は、新引受權者による株式引受についても、株式申込證による申込並びに之に對する割當がなされることを規定しているからである(改商二八〇條ノ四、五、六)。(4)即ち株式引受が成立する形態は、引受權ある者におけると、引受權なき者におけると全く同一であつて、ただ會社は引受權ある者からの申込については、その引受權の內容に從つて、引受權なき者からの競合する申込よりも優先して割當をなすべき義務を負つているというだけの違いである。(5)

引受權者の有する割當請求權といい、會社の負擔する割當義務といい、何れも債權的な權利義務に過ぎない。(6)從つて、會社が引受權者に對して適法な割當をなさなかつた場合にも、それはただ債務不履行としての責任を生ずるに止まるのである。卽ちその際、發行株式中に引受なき株式がまだ殘つている場合には、引受權者はその株式を割當てるべき旨を會社に請求することができるけれども、發行株式が他の者に割當てられてしまつて、(7)引受なき株式が殘つていない場合には、もはや新株の割當そのものを請求することは不可能であつて、(8)引受權者は會社に對し不履行に基く損害賠償を請求し得るに過ぎないものとなる。(9)會社が引受權者に對する割當をなさずして拂込期日を經過してしまつたときも同樣である(改商二八〇條ノ九)。

新株引受權は、會社に對し新株割當の義務を課するものであるから、割當の權限ある會社の機關も亦、之によつて拘束を受ける。

新株の割當を決定する會社の機關は、原則として取締役會である。一般に新株發行に關する事項が、嚴密な意味で會社の業務執行に屬するか否かに拘らず（改商二六〇條參照）、改正法が授權資本制を採用する以上は、それは取締役會の權限となることが當然豫定されているのであつて、新株の割當もまた、新株發行に不可決の重要事項として、取締役會にその決定の權限があること明かである。[10] 尤も改正法二八〇條ノ二は、新株發行に關する事項のうち、取締役會において決定すべきものを、特に列擧していて、その中には新株の割當は擧つていない。從つて割當については特に取締役會の決議を必要とせず、代表取締役の權限をもつて之を決定し得るものと解する餘地があるかも知れない。[11] 然し同條の規定は、新株發行に關する取締役會の權限を、その列擧事項だけに限定し、その他の事項については權限がないことを規定したのではなくして、取締役會の權限に本來は屬すべき事項のうち、同條に列擧するものだけは定款を以て直接に定めてもよし、又は定款の規定に從い株主總會が之を定めることにしてもよい。然しそれ以外の方法、例えば代表取締役をして之を定めしめることは、定款の規定を以てしても許されない、ということを規定したのである。[12] 之に反し同條列擧以外の事項は、かような制限はないから、定款を以て直接之を定めたり、定款の規定に從い株主總會[12a]が之を決定すべきものとしたりすることは、無論差しつかえないし、その他の方法、例えば代表取締役をして之を定めしめるということも、定款を以てすれば可能なのである。然しかかる事項であつても、定款に別段の定のない限りは、やはり取締役會が之を決定すべきものなのである。

新株引受權は、割當の權限ある會社機關を拘束する。割當の權限が取締役會にあるとすれば、新株引受權はその取締役會の割當に關する權限を拘束するものでなければならない。新株引受權が何人かに與えられていない場合には、取締役會としては、その新株を如何なる方針又は基準によつて何人に割當てるかを自由に決定する權限があるのであつて（割當自由の原則）、取締役會がこの範圍で自由に行動する限りは、新株引受權は問題にならない。たとえ取締役會が任意に何等かの割當基準を定めたからとて、この基準によつて割當を受くべき者が、新株引受權を與えられたことになるのではなく、ただ事實上割當を受けるという關係、卽ちいわば單なる反射的利益が與えられるに過ぎないのである。かかる反射的利益も通俗的には引受權と稱し得ないわけではないが、商法にいわゆる新株引受權なるものには該當しないのである。假に之を新株引受權であるとすると、定款の規定によらずしては、取締役會は割當方針も割當基準も定めることができないことになる。蓋し定款の規定によらずして、取締役會が勝手に何人かに新株引受權を與えることは許されないからである（改商一六六條、三四七條）。その結果、定款に新株引受權附與の規定がない場合には、取締役會は割當を決定することが全く不能となり、定款にその規定のある場合に、それに基いて機械的に割當をきめることだけができるのであつて、割當自由ということは全く認められなくなつてしまうのである。

新株引受權は、右の如く取締役會の割當方針の決定の結果發生するのではなくて、その割當方針を決定するについて、取締役會の自由採量を拘束し、自己に割當をなすべしということを請求し得るところに存在するのである。取締役會の割當自由を拘束しないようなものは、新株引受權とはいえない。故に例えば、定款の規定において「株主に對する新株引受權の有無又は制限は取締役會において定める」とか「株主は取締役會の定めるところに從つて新株引受權を有する」とか、或は「株主は新株引受權を有しない。但し、取締役會の決議をもつて之を與えることができる」などというのは、何れも通俗的に割當自由の原則を表明しているだけのことであつて、法律的な意味での新株引受權に關する定としては無意味のものといわねばならない[13]。更に例えば「株主は新株引受權を有する。但し新株發行に當り取締役會の決議をもつて、之を排除又は制限することができる」などというのも、結局引受權者は取締役會に割當を强要することができないことになり、新株引受權の實質を保有し得ない定め方となるのである。恰もそれは、債務者の純粹隨意條件が停止條件附法律行爲を無效ならしめるのと同じ意味で（民一三四條）、新株引受權の定を無效ならしめるものと見なければならない[14]。

尤も之らの場合に、取締役會の決議が具體的な新株發行についての割當方針をきめるのではなくして、例えば會社設立早々の取締役會が、まだ何時發行するとも見通しのついていない會社の發行すべき新株總數について、その割當基準を豫め一般的に定めて置くというような場合には、その決議が將來の取締役會の割當自由を拘束する限りは、必ずしも新株引受權の成立を觀念的に認め得ないでもない。然し新株引受權の有無又は制限が、定款上直接に定められないで、他の機關にその決定を委任することの能否は暫く措くとしても、この場合少くとも後の取締役會が、前の取締役會の決議を撤回又は變更し得ないことになつていなければならないのであつて、そのためには定款を以てその趣旨の定を特別に設けて置かなければならないように考えられる(15)。

(1) 野津「改正商法の今後改正を要する點」産業經理一一巻六四頁。

(2) 大隅・大森・逐條改正會社法解説三五四頁。引受の義務ということも、引受權とは別に無論考えうることである。何人かが會社に對し新株引受義務を負うためには、そのものと會社との間に、その旨の契約あることを要し、且つそれを以て足る定款の規定は無用である。

(3) 田中誠二・新會社法論二九八頁。但し同教授も之を形成權であると主張されているのではない。

(4) 大隅・大森・前掲三五四頁、田中・前掲三〇〇頁。改商二八〇條ノ四の規定は、株主が新株引受權を有する場合の規定であるけれども、第三者が引受權を有する場合でも、割當を必要とする點は變りないものと見なければならない。なお改商二八〇條ノ五の規定による通知公告は、通俗的には割當通知と呼ばれ得るかも知れないが、それはただ引受權者の申込を促す誘引たるに過ぎず法律上の割當とは別物である。卽ち事がらの順序からいえば、先ず二八〇條ノ五の通知公告がなされ、次で二八〇條ノ六による株式申込があり、最後に二八〇條ノ四に從つて割當がなされるのである。條文の位置は轉倒している。

(5) 新聞や雜誌に現われる俗説には、株主に新株引受權を認めると新株發行に際して株主が引受權を行使してどれだけの新株引受をなすか確定的に豫測し得ないから、先ず株主の引受を確定してから、その引受のなかつた株式について更めて公募しなければならず、從つて新株發行手續が非常に手間取る、というようなことが時折言われているけれども、それは誤解であつて、株主割當株も公募株も同時に並行して申込を受くべきものである。株主の申込も引受權の範圍に拘らず隨意の株式種類、數の申込ができる。ただ會社がこうした雜多な申込のうち、引受權ある者の申込については優先的に割當をしなければならない、それで殘りがあれば、あとは何れの申込に對しても自由に割當ができるというだけである。引受の時期を二段階に分ける必要はない。

(6) Ritter, Aktiengesetz, 1939, S. 490.

(7) 新株引受權者の引受權を無視して、他の者に割當てられた株式があつたとしても、その割當による引受そのものは有效である。註(9)參照。

(8) この場合不足分について取締役會が新株を追加發行すべきものであるという說がある(鈴木・石井・改正株式會社法解說二一三頁)。然しこの追加發行は新な新株發行となり、前に割當洩れとなつた者だけにその全部を割當て得るか否か、株主に新株引受權がある場合に問題である。

(9) 取締役會が引受權を根本的に無視して新株の發行をなさんとする場合には、引受權者は、民事訴訟法による假處分によりその新株發行を差止め、その他一般の規定に從つて救濟を求め得ることは、無論であるが、そのほかに、特に株主が引受權者である場合に限り、改商二八〇條ノ一〇によつて新株發行差止を請求し得るか、或はその發行後、新株發行無效の訴(改商二八〇條ノ一五)の事由となし得るかは疑問であつて、別の機會に論及したいと思う(積極說・鈴木・石井・前掲二四九頁)。

(10) 割當の通知そのものは、取締役會が自らなすのではなくして、代表取締役がなすべきものであることは論を俟たない。取締役會がその責任において、割當の決定そのものを、代表取締役その他に委任することはできる。この場合にも割當決定の權限は取締役會に由來することに變りはない。

(11) 石井・矢澤・新らしい株式會社の定款四四頁。

(12) 鈴木・石井・前掲二〇一頁、大隅・大森・前掲三三三頁。

(12a) 具體的な割當の權限を總會に留保することはできるが、總會が抽象的な新株引受權そのものの內容を決定する旨の定款の定めは、無效である。後述參照。

(13) 株主の新株引受權については、それが定款記載の絕對的必要事項であるために、かかる無意味の記載を爲しただけでは定款全體を無效ならしめる。株主に新株引受權を與えないならば、そのことを直接定款に記載して置く必要があるのであつて、引受權が無きに等しいような記載をしただけでは、この條件に合致しない。

(14) この點一般の學説は相當緩かな解釋をとつていて、かかる定款の定も有效であるとし（鈴木・石井・前掲三〇頁、大隅・大森・前掲四九頁）、前記の民事局長通達も大體學説の線に沿つているかに見える。然し之らの説に何れも、「取締役會が與えても新株引受權は新株引受權にちがいない」という考えを基礎にしているのではないかと憶測されるのであつて、この點は筆者の贊同し得ないところである。

(15) 一般に考えられている定款記載例は、取締役會が新株割當について機宜の方針を採り得るように工夫したのであるから、もとより新株發行の都度、その方針を定めることを豫定しているのであつて、本文記載のように、取締役會が豫め一般的な規範設定をなすことは豫想してない。

株式の發行價額其の他發行の條件は、新株引受權者に對しては、引受權なき者に對するよりは有利に定めることができる（改商二八〇條ノ三、但書）。然しその有利な條件の定は何人が決定するのかは改正法には直接規定がない。一般の新株發行條件が取締役會によつて決定さるべきものとすれば（改正二八〇條ノ二）、この有利な條件も、原則と[1]して取締役會に於て之を決定するものと解すべきが如くである。但し立法論としては、定款又は株主總會の特別決議を以てのみ、有利不均等な定が許されるものとなすべきであつて、特に引受權が第三者に與えられている場合に、その必要を痛感する。蓋し舊株主は之によつて不測の損害を受ける虞れがあるからである。[2]

然し發行條件の有利ということは、新株引受權の要素として必然的に隨件するものではない。會社は新株引受權者ある場合に於ても、一般公募株と同一の發行條件を以て、引受權者に新株發行することは差しつかえないことであり、且つ特別の事情のない限り、均等條件を以て發行することを本則とすべきものである。[3] 從來我國の慣行では、公募株が相當のプレミアム附で發行される場合にも、引受權者に對しては券面額を以て引受をなさしめていたので、新株引受權は、券面額を以て引受ける權利、若くは市價よりも低額で引受ける權利であるが如く考えられ、引受權額と市價との差額を利得せしめるのが、新株引受權の唯一の目的と解され勝ちである。[4] 然し會社としては新株引受權者にかような利得をなさしむべき筋合はないのであつて、むしろ成る可く少數の株式を成る可く高價に發行して、多額の資本を調達するように努力するのが、舊株主に對する當然の義務と解すべきであり、之によつて新株發行による舊株主の不利益を最少限度に止めることになるのである。無論新株發行條件が如何樣に定められようとも、新株が全部舊株主に對し持株に應じて割當てられる場合には、株主は舊株について失うものを、新株によつて回復し得るから、差引き損失はないことになるが、(5) この場合においても舊株主は新株引受の義務が課せられるわけではないから、新株の引受を欲しない舊株主は、新株發行による損失を免れないのである。かかる損失は會社が新株を相當の發行條件をもつて發行すれば、避け得べきものであつて、舊株主の利益を考えるならば、會社は新株引受權者に對しても之を不當に有利な條件で發行することは許されない筈である。殊に新株引受權者が第三者に與えられている場合に、之に對し有利な條件で新株を發行することは、即ち專ら舊株主の損失において之をなすことになるのであつて、會社にも何等の利益をもたらすことではないのであるから、特別の事情のない限り、(6) 許されないものと解すべきである。(7)(8)

(1) 定款を以て引受權者に對する有利な發行條件を直接規定してもよいし、株主總會をしてその條件を定めることにしてもよい。改商二八〇條ノ二。

(2) 舊法上は新株引受權者に有利な發行條件を定めるといつても、それは常に株主總會の定款變更決議に伴つて決議されているのであつて、取締役が株主の利益を無視して勝手に定めていたものではない。改正法上取締役會が自由にこの定をなし得るとすれば株主にとつて相當警戒すべき點であろう。固より取締役の義務としては、取締役會が故なく會社又は舊株主に不利な新株發行條件を定めることは、たとえ引受權者に對してであつても許されない。

(3) K. Lehmann, Lehrb. d. H. R. 3. Aufl. S. 371.

(4) 野津・前掲。新株引受權に關する制度は、舊株主の保護が狙いであつて、引受權者に財產的な利益を與えることを目標としない。

(5) 一註(3)參照。

（6） 例えば公募するよりは、引受權者に割當てる方が發行費用を節約し得るとするならば、その限度において引受權者に對する發行條件を有利にすることは差しつかえない。

（7） 特に取締役が引受權者となつている場合に、取締役會が之に對する發行條件を有利に定め得るか否か疑問である。この點なお後述。

（8） 之に違反すれば、新株發行差止の理由となるほか（改商二八〇條ノ一〇）、取締役の二六六條ノ三に基く損害賠償、並びに新株引受人の二八〇條ノ一一に基く差額支拂の義務などを生ずることになるが、新株發行無效の訴の理由にはならない。

三

新株引受權には、株主に對して與えられるものと、第三者に對して與えられるものとがある。この兩者は、株主の利害の點から見れば、その影響は反對になるので、法律上もその取扱を異にする點がある。

先ず株主の新株引受權に關する事項は、定款に記載すべき絶對的必要事項であつて、設立の時の未發行株式については、設立當初の定款を以て、株主に對する新株の引受權の有無又は制限に關する事項を記載すべく（改商一六六條一項五號）、その後定款を變更して、會社の發行する株式の總數を增加する場合には、その都度その增加分について、株主に對し新株の引受權を與え、制限し又は排除する旨を定款に定めなければならない（改商三四七條二項）[1]。設立のときに定められた新株引受權に關する規定は、その當時の定款上豫定されている未發行株式だけについて定められているのであつて、將來會社が發行する株式總數を增加するかも知れないことを見込んで、まだ之を增加しないうちから豫めその新株引受權に關する定めを定款中に設けて置くことは許されないものと解せられる。かように新株引受權に關する定は、設立のときと、その後發行株式總數を增加する度毎に、獨立して設けられるから、その定めかたは、その都度異つていて差しつかえないのである。[2]之らの諸點に關しては、なお述ぶべき事項は多いが、ここにはただ次の點だけに觸れて置く。

株主の新株引受權に關する定款の定については、商法の規定の文言は、設立のときと、その後の株式增加分についてとで、多少ちがつているが（改商一六六條一項五號、三四七條二項）、之は特別の意味があつてその表現を變えたものと見るべきではなく、何れも株主に新株引受權を與えるか否か、[3]與えるとすれば、如何なる條件で、どの程度之を與えるかを、直接具體的に定款を以て定むべきことを要求しているものと解すべきである。[4]從つて定款の定は、直接に新株引受權の有無制限を明確にすることを要し、單に間接的な定め方を規定しただけでは不充分である。この意味で株主の新株引受權に關する事項は株主總會その他の機關が決定すべき旨の定款が適法であるか否か疑問である。[5]假にそれが許されるとしても、その決定を新株割當の權限ある會社機關（取締役會）に行わしめる旨の定款の定は、新株引受權たる本質を喪わしめるものであることは、前述の如くである。

株主の新株引受權に關する事項は、定款を以て自由に定め得るけれども、ただ株主平等の原則に反する如き定は許されない。卽ち商法は「新株ノ引受權ヲ有スル株主ハ其ノ有スル株式ノ數ニ應ジテ新株ノ割當ヲ受クル權利ヲ有ス」（改商二八〇條ノ三）る旨を規定し、この點に關しては定款を以てしても、之と異つた定をなすことを得ないものと解すべきであるからである。故に定款が株主に新株引受權を與えるならば、それは總株主に對して、その持株數に應じて平等に與えられるべきものであつて、例えば何株以上を有する株主に限り新株引受權を有するものとしたり、設立の際に發行した株式についてのみ株主に引受權あるものとしたり、額面無額面の別によつて引受權に差等を設けたりすることは許されない。[6]ただ會社が數種の株式を發行する場合だけは例外として、「定款ニ定ナキトキト雖モ」新株の引受に關し、株式の種類に從い格別の定を爲すことができる（改商二二二條三項）。故に定款を以てすれば、固よりかかる格別の定を爲し得るのであつて、この場合には新株發行の際、當然この定款の定に從つて株式種類により格別の割當がなさるべく、もし之を平等に割當てたり、或は定款の定と異つた不平等の割當をするためには、先ず定款變更の手續を必要とすること論を俟たない。(7) そして之がためには株主總會の特別決議のほか、引受につき不利益に變更を受ける種類の株主の總會の決議をも必要とするわけである（改商三四二條、三四五條）。之に反し「定款ニ定ナキトキ」に新株の引受に關し、株式の種類に從い格別の定を爲す、というのは如何なる場合を指しているのであろうか。

株主の新株引受權に關する事項は、定款の絶對的必要事項であつて、引受權がある場合でも、ない場合でも必ず定款にそのことは定められている筈である。故に「定款に定なきとき」といつても、引受權に關する定がないときを意味するものでないことは、疑を容れない。そこで先ず考えられるのは、之は定款には新株引受權なしと定められている場合のことを云つているのであろうか、ということである。然し數種の株式の何れにも新株引受權が與えられていないとするならば、之に對して新株の割當をなすか否かは、取締役會の自由であつて、全く割當てないことすらできるのである。之を割當てる場合にも、必ずしも平等であることを要しないのであつて、同種の株式間においてすら、不平等な割當をなすことは差しつかえない。況や數種の株式の間に不平等な割當をしたからとて、別に不思議はないのであつて、商法がこの最後の場合だけを取り上げて、特別な規定を設けたものとは考えられない。そして而もこの場合に限つて、或る種類の株主の總會の決議を必要とする規定を設けているのは（改商三四六條）益々不條理であつて、同種株式間の差別扱いは自由だが、異種株式間の差別扱いには、特種株主總會の決議が要求されるということになつてしまうのである。(8)

そこで「定款ニ定ナキトキ」というのは、新株引受權が與えられていない場合ではなくて、引受權は與えられているけれども、數種の株式間の割當比率に格別の定をなしていない場合を意味するものと考えて見る。即ちこの場合には割當が數種の株式間に平等になさるべきか、種類により格差をつけるのかが定款に定めてないから、後に新株發行に當つて取締役會が自由に之を定めることができるのであり、ただ之によつて不利な格差をつけられる方の種類の株主の利益を保護するため三四六條がその種類の株主の總會の決議あることを要することにしたのである、という考え方である。然し定款に格別の定がないと、數種の株式に對する引受權が平等であるか不平等であるかが未定であると見るのはおかしいのであつて、この場合にはそのままで行けば、新株發行に當り各種の株式は、當然に平等の新株割當を受くべきものなのである(改商二八〇條ノ四)。その平等であることは法律上當然であるから、特に定款に記載することを要しないだけであつて、その旨定款に記載ある場合と何等變りはない。さもないと定款の定だけでは引受權の內容を確定し得ないことになつて、定款の無效を來すことになつてしまうであろう。だからこの場合に株式種類に從つて格別の割當をするためには、當然定款を變更しなければならないことであつて、たとえ或種類の株主の總會の決議を條件とするとはいえ、定款變更の手續によらないで取締役會が勝手に差別的な割當をすることは許されない筈である。又假に之が許されるならば、「定款ニ定ナキトキ」だけに限定するのも意味のないことであつて、定款に定めた株式種類間の比率を變更するのも同じ扱いをしなければ權衡を失する。

結局、二二二條三項(從って又三四六條)に「新株ノ引受」とある部分は、その適用のある場合を合理的に想像することができないのであつて、之は恐らくは、新株引受權に關する事項が定款の絕對的必要事項になつたことに關連して、調整さるべきものであつたのではなかろうか。(9)

(1) 新株引受權に關する事項は、定款の絕對的必要事項たるのみならず、登記事項(改商一八八條二項一號、三四七條三項)且つ株式申込證の記載事項である(改商一七五條二項二號、二八〇條ノ六)。株劵の記載要件となつていないのは(改商二二五條)立法論としては考慮の餘地がある。

(2) 會社は未發行株式がまだ殘つているときでも、發行濟株式總數の四倍を超えない限度で、發行すべき株式の總數を增加することができる(改商三四七條一項)。その場合にも從來の引受權に關する定と、株式數增加分についての引受權に關する定とは、必ずしも同一であることを要しないが、別異の定をした場合に新株を發行するとすれば、何れの引受權に關する定が適用せらるべきかにつき困難な問題を生ずる。八木・前掲四一四頁。

(3) 法律自身株主に新株引受權があるともないともきめないで、定款でそれを定めしめるというのは、立法例としては頗る特異なものであつて、新株引受權を廻る對立意見の巧みな妥協策として立法者の苦心の跡は見られるけれども、必ずしも優れた解決策であつたとは認め難い。八木・前掲四〇三頁以下。

(4) 鈴木・石井・前掲二六頁、三一二頁。

(5) 新株引受權の内容を株主總會が決定するということは、觀念としては可能なことである(舊三四八條、三四九條)。ただ改正法はそれを定款の絶對的必要事項としたために、株主總會が之を決定する餘地がなくなつているのである。之に反し取締役會をして之を決定せしめるというのは、引受權の觀念として無意味のことである點は前述の通りである。

(6) 株主中の一部の者に新株引受權を與える場合でも、特定の第三者として與えるならば差しつかえない。その區別については後述。

(7) 新株引受權は株主の固有權であるという立場をとるならば、定款變更の手續を以てしても、一旦變えた引受權を奪つたり不利益に變更したりすることはできない。引受權ある數種の株式につき定款と異つた不平等の新株割當をなすことは、必ず一方に於て不利益を受ける株式を生ずるから、その種類の株主全員が同意しない限り不可能であることになる。

(8) 改商三四六條が三四五條を準用した結果は、「株主總會ノ決議ノ外其ノ種類ノ株主ノ總會ノ決議アルコトヲ要ス」となるのであつて、この場合には特種株主總會の外に、當然に株主總會の決議あることを豫想しているという解釋もあり得る(松田・會社法概論二四九頁)。この解釋によれば、定款變更と同じ手續となつてくるから、結果の不當は除かれる。然し改商三四五條は、株主總會に關する規定ではなくて、専ら特種株主總會に關する規定である。三四六條で之を準用する場合にも、その事項について株主總會の決議を必要とするか否かは、他の規定によつて定まるのであつて、三四六條で三四五條を準用するから株主總會の決議が必要であるとするのはおかしい。それが改正前の三四六條から特に決議という文句を改めたゆえんでもある。鈴木・石井・前掲三一〇頁、大隅・大森・前掲一五七頁、五〇七頁。

(9) 改正前は、定款の絶對的必要事項とされていないから、「定款ニ定ナキトキト雖モ」ということは意味をなすことである(舊二一二條二項)。且つ增資新株發行のための定款變更の決議と、新株引受權に關する決議とは、同時になされるのであつて、この點も改正法上とは事情がちがう。

株主の新株引受權については、抽象的な引受權と具體的な引受權とを區別することができる。抽象的な新株引受權は、總會における決議權或は利益の配當を受ける權利などと同樣に、株式の內容をなす一つの權能であつて、株式から離れた獨立の權利ではない。故に常に株式と運命を共にするのであつて、株式が讓渡されれば、之に附隨して引受權も亦移轉する。個々の株式について引受權を拋棄したり、株式と分離して別々の處分をなすこともできない。然し引受權は定款の規定によつて與えられるものであるから、一旦與えられた引受權であつても後に定款を變更すれば、隨時之を奪い又は變更することができる。或は新株引受權に關する事項は定款の絕對的必要事項となつている所から、之を株主の固有權と解し、定款變更の手續によつては一旦與えた引受權を奪い又は不利益に變更することはできないとする說がある。蓋し株主は定款所定の引受權を信賴して株式を取得しているので謂わば旣得權的利益と解すべきであるとするのである。(1) 然し之を優先株の優先權と比較して見ると、株主の地位は略々同等であつて、優先株の場合にも株主は優先權に關する定款の定を信賴して之を取得しているのであつて、(2) 謂わば旣得權であると見られるのであるが、それにも拘らずこの場合には學說は一般に之を固有權とは見ないで、定款變更によつてその優先權を奪い又は減縮することができるものとしている。(3) 新株引受權についても之と異つた取扱をする理由はないようである。(4)

株主の抽象的な新株引受權は、會社が新株を發行する際に具體的引受權となる。この具體的な新株引受權は、株式から流出した支分的な權利であつて、獨立の債權である。その具體化の時期は取締役會が新株發行に關する決議をなした時であつて、その時現在の株主が之を取得することになる。恰もそれは抽象的な利益配當に與る權利から、總會における配當の決議によつて、具體的な一定金額の配當金支拂請求權を生ずるのと同一である。具體的引受權は株式とは別個獨立の債權であるから、その後株式が他に讓渡されても、之に伴つて移轉するものではなく、株式とは別に一般の債權讓渡の方法を以て之を他に讓渡し得べく、その他質入、相續等の目的ともなる。

具體的な新株引受權は、會社に對し新株の割當を請求する債權であつて、その本旨に從つて割當を受け、株式の引受が成立すれば、引受權はその目的を達して消滅する。從つてこの引受權は、株式引受があつて初めて發生する「株式ノ引受ニ因ル權利」即ちいわゆる權利株とは別物である。故に權利株の讓渡を制限する商法一九〇條、二八〇條ノ一四及び四九八條二項などの規定は、直接に新株引受權に適用あるものではない。然し權利株讓渡制限の規定が、引受人の不當な投機を抑制するためのものであるとするならば、新株引受權についても、より以上の強い理由を以てその讓渡を制限する必要があるものといわねばならない。故に新株引受權についても、右の商法一九〇條の規定は類推され得るものと解すべく、具體的新株引受權の讓渡は、たとえ債權讓渡の對抗要件を具えても（民四六七條）、會社に對しては其の效力を生じない(5)。

具體的な新株引受權は、定款變更の手續によつて、之を奪うことはできない。それは具體的な利益配當金支拂請求權などと同樣に、株主の固有權というよりは、むしろ債權者的權利になるが故に、社團法的な制約を受けないのである。

具體的な新株引受權によつて、どれだけの新株割當を請求し得るかということは、觀念的には新株發行の決定があると同時に、各株主につき計算上自働的に定まり、そのため別段の手續を必要としない。商法二八〇條ノ五に基く通知は單に確認的な意味をもつに過ぎない。そして株主が具體的引受權の全部又は一部を拋棄することは自由であり、又商法二八〇條四項によつて失權することもあるが、その結果は、その分については何人も引受權を有せず、從つて會社は何人に對しても自由に割當ができることになる。他の株主の引受權が自働的にそれに及んで來て、丁度共有者の持分拋棄の場合のように（民二五五條）、その引受權を增加せしむるものではない。

新株引受權ある株式に對しては、その持株數に應じて平等の割合で新株が割當てられるとすれば（改商二八〇條）、各株主につき一株未滿の端株の割當分が生ずることを當然に豫想しなければならない。然るに商法はこの端株の處置について別段の規定を設けなかつたので、異見の生ずることを免れない。或は端株については株主は當然に新株引受權を有しないもの、若しくは會社において株主の端株引受權を無視し得るものと解する説もあるけれども[6]、之を無視するがためには、特に定款にその旨の定がなければならないと解すべきであろう[7]。かかる定款の定は嚴密には結果から見て株主不平等となるが、端株引受權を無視される機會は各株主に平等に存在するわけであるから[8]、右の定款の定は、新株引受權の制限として有效と見てよいであろう（改商一六六條一項五號、三四七條二項）。ただこの定に乘じて會社が故意に新株發行を配案して、端株を多數に生ぜしめるような場合には、不公正な發行方法として、新株發行差止請求の理由となるであろう（改商二八〇條ノ一〇[9]）。

之に反し定款に別段の定のない場合には、株主が自ら端株引受權を拋棄しない限り、會社はその割當をしなければならない。然し我商法上端株のままでは引受を成立せしめることはできないから、會社は數名の株主を適當に組合せて、共同引受で割當てるほかないであろう[10]。或は資本減少のためにする株式併合について生ずる端株の處置に關する規定（商三七九條）をこの場合に類推すべしという議論も考えられるが、それがためには法律の規定か、少くとも定款にその旨の定があることが必要であろう[11]。

（1）　鈴木・石井・前掲二九頁、大隅・大森・前掲四九頁。
（2）　株式申込證の記載要件となつている點も同樣である。改商一七五條二項四號、二八〇條ノ六、五號。
（3）　この場合には、株主總會の特別決議のほか、優先株主總會の決議も必要であるが（改商三四五條）、總株主から平等に引受權を奪い又は減縮するには、特種株主總會の決議は必要でない。だからといつてこの定款變更を禁ずる理由はない。
（4）　假に之を固有權であるとしても、會社の發行する株式の總數を、定款變更によつて減少すれば、その減少分についての引受權は自然消滅となる。そして直ぐに發行株式數を元通りに增加し、その分について、從前とは異つた新株引受權に關する定めをすれば、實質的には固有權が定款變更によつて自由に侵害され得ることになり、固有權説を固執する意味もない。八木・前掲四一一頁以下。

（5） 引受權の讓渡が會社に對しその效力を生じないとすれば、會社がその引受權を表彰する流通證劵を發行することはできない筈である。然るに證劵取引法二條一項六號は正にかかる證劵の存在を豫定している如くであつて、商法との間に歩調が合つていない。
（6） 鈴木・石井・前掲二八頁、二一〇頁。
（7） 大隅・大森・前掲四九頁、三五三頁。
（8） 抽籤による株式消却などが減資の方法として適法視されていることと對照すべきである。
（9） 鈴木・石井・前掲二八頁、二一〇頁、大隅・大森・前掲三五三頁。
（10） 鈴木・石井・前掲二一一頁、大隅・大森・前掲三五四頁、は何れも株主から共同引受の申出があれば、會社は之を拒み得ないとする。問題は株主からその申出のない場合にも、會社が進んで共同引受の割當ができるか否かであるが、拂込義務との關係で困難な問題である。改商二〇三條一項。立法論としては、少くとも端株引受權については讓渡制限を撤廢し、且つ之につき流通證劵（端株劵）の發行を認めれば、端株の處置に便宜である。大隅・大森・前同。
（11） 商三七九條を準用することは、理論的に不可能な點があるのみならず、實際上も僅少な金額の分配のために手續が複雜すぎて適當でない。

四

次に第三者の新株引受權も、定款の定に基いて與えられるのであるが、單に定款にその定があるというだけでは、直ちに第三者の引受權を發生せしめるものではない。そのためには定款に基いて會社がその第三者との間に特に新株引受權授與の契約を締結することを要するのである。蓋し第三者は株主とは異り、社團關係の外にある者であるから、定款の定めによつて、その權利義務に直接影響を與えることはできないものと見なければならないからである。定款の定めはただ會社が第三者との間に新株引受に關する契約を締結するための有效要件であり、取締役會又は代表取締役に契約締結の權限を與えるという意味をもつに過ぎないのである。蓋し第三者に新株引受權を與えるということは、會社の將來の資本系統を拘束し、會社及び株主にとつて頗る重大事項であるから、取締役會の權限を制限しているわけであつて、それは營業讓渡、賃貸又は經營委任などを總會の特別決議事項に留保しているのと同主旨である（改商二四五條）(1)。

第三者の新株引受權に關する事項は、定款の相對的必要事項である（改商一六六條一項五號、三四七條二項）。之を與える場合に限つて、記載を要するのであつて、與えないことを特に記載する必要はない。蓋し株主の場合と異り、別段の定なき限り第三者には引受權を認むべからざることは自明の理であるからである。

第三者に新株引受權を與える定款の定は、設立の際の未發行株式についてと、その後の發行株式增加分についてとは、別々にその都度設けらるべく、初めから一貫した定を置くことはできない。そしてその定は設立當初の分については「若シ特定ノ第三者ニ之ヲ與フルコトヲ定メタルトキハ之ニ關スル事項」とあり、その後の增加分については「若シ特定ノ第三者ニ對シ之ヲ與フルトキハ其ノ旨」とあつて、この場合にも法文の表現を異にしているけれども、それは何れも引受權附與の相手方及び引受權の內容を具體的に定むべきことを要求する主旨にほかならない。

第三者の新株引受權は、株主のそれに對立する觀念であつて、後者が株主たることを條件として與えられる引受權であるに對し、前者は株主たることを條件とせず、その他の理由に基いて與えられる引受權である。故にその者が偶々株主であつたとしても、それは第三者の引受權たることを妨げない。之に反し株主中の特定範圍の者を選び出して引受權を與えることは、その範圍を如何樣に定めようとも、それは第三者の引受權という範圍には入つて來ない。故に例えば「千株以上の株主」或は「設立の際發行した株式の株主」に引受權を與えるというような定めは、依然として株主の引受權という範疇に入るのであつて、而もそれは平等原則に反する無效の定めである（改商二八〇條ノ四）(2)。但し數種の株式中のあるものに引受權を與えることは差しつかえない（改商二二二條三項）。

商法は新株引受權を與えらるべき第三者が「特定ノ第三者」たるべきことを特に明示している。故に定款上その第三者を直接に特定することを要する。[3] 蓋し第三者の新株引受權は、それが與えられるか否かということよりは、何人に與えられるかという點の方が、株主にとつて關心事であるからであつて、之によつて會社の將來の資本系統が方向づけられてしまうからである。この意味で新株引受權を單に「特定の第三者」に與えるとか、「取締役會に於て指定する第三者」に與えることができるとかいう定款の定は、その第三者を直接に特定し得ないので無效である。然しその第三者は、株主が會社將來の資本系統を拘束するにつき利害の判斷をなし得る程度に、範圍が限定されて居れば、必ずしも嚴密な意味で「特定人」たることは必要でないと解してよいであろう。取締役會に或る程度相手方選擇の餘地を與えて機宜の處置に委せた方が實際問題としても會社及び株主にとつて返つて有利である。然しどの程度に第三者を限定すれば、この判斷が可能であるかは、個々の場合に具體的に檢討するほかないであろう。[4]

第三者の新株引受權に關する定が、設立又は發行株式總數の際に設けられないで、後から定款變更によつて追加することができるか、又既存の引受權を增加擴張することができるかについては、それによつて株主の新株引受權に影響を及ぼすか否かに拘らず、株主の利益保護という立場から之を消極的に解する說がある。[5] 然し株主に新株引受權がなく又あつてもそれの及ばない部分については、その新株が何人に對して割當てられようと株主において容喙すべき筋合ではないから、之について第三者に引受權が後から與えられても、株主に不測の不利益を與えるものとはいえない。又株主の既得の引受權を害するような第三者の引受權が新に定められることは、株主の引受權をその固有權と解する立場に立つ限りは許されないことであろうが、然らざる場合には、第三者の引受權を定める旨の定款變更によつて、株主の引受權に關する從前の定款の定が、その抵觸する限度において變更されることになるのであつて、別に差しつかえはない。[6]

第三者の新株引受權は、定款の規定に基いて、會社がその第三者との間に、新株引受權授與の契約をなすときに發生する。[7] 定款の定に基かないで會社がかかる契約をなしても、その契約は無效である。定款の規定の範圍內ならば、會社（取締役會、代表取締役）は自由にこの契約を締結することができる。故に定款の規定で許される限りは、會社は數回の新株發行を通じて、豫め一般的に第三者に引受權を與えることを約し、或は新株發行の都度、その回に發行する新株につき引受權を與えることを約することができる。何れにしてもかかる契約がない以上、定款に定があるというだけでは、第三者は引受權を主張し、割當を請求することはできない。[8] 從つて、もしも會社がこの契約を締結しないうちに、新株を發行し、その割當を完了すれば、定款の規定に拘らず、第三者の引受權は發生せずに終つてしまうのである。[9]

會社と第三者との間にこの契約が締結されれば、之によつてその第三者は新株引受權を取得する。この新株引受權は會社が新株發行を決定すると共に、具體的な一定數の新株割當請求權となるのであるが、それ以前においても、第三者の引受權は、會社に對する純然たる債權であつて、この點は株主の抽象的引受權とは性質を異にする。この債權は、特約を以て禁止されない限りは、一般の債權讓渡の方法によつて讓渡することができるけれども、その讓渡は會社に對しては、その效力を生じない（改商一九〇條、二八〇條ノ一四の類推）。

新株引受權が第三者に與えられている場合にも、會社は之に對し、他の者に對するよりも有利な發行條件を定めることができる（改商二八〇ノ三、但書）。且つその有利な條件は、引受權者每に別異であつて差しつかえなく、總ての引受權者に均等に定める必要はない。[10]

第三者の新株引受權は、その契約締結前はまだ發生していないから、會社は何時でもその定款を變更して、その引受權を排除し又は減縮することができる。又特に引受權に關する規定を變更しないでも、會社の發行する株式の總數を減少することにより、或は契約を締結しないままで新株を發行してしまうことにより、第三者をして新株引受權行使の餘地なからしめることもできる。之に反しその契約締結後は、會社は定款變更によつて、その引受權を剝奪又は制限することはできない。一旦第三者に與えた引受權を剝奪又は制限するには、會社と第三者との間に、その旨の合意がなされることを必要とし、且つ之を以て足るのである。定款變更は必要でない。

（1）　第三者の新株引受權は、株主の新株引受權と、外形は類似しているが、制度の狙いが全く別である。それは引受權者の立場を保護することを考慮する制度でもなければ、株主側の配當や株價に及ぼす不利益を擁護することを直接の目的とするものでもない。それは第一に會社の資本系統の方向づけによつて、會社企業の根本形態に影響を及ぼす現象として法律が特に注目するわけである。昨今我國の實情では、會社役員等が慣例的に與えられていた新株引受權を如何にして溫存するかということで、この制度が論議の中心になつているが、制度そのものの狙いとしては、的を外れている。

（2）　鈴木・石井・前揭二七頁、大隅・大森・前揭四八頁。

（3）　直接に特定しないでも、特定し得ればよい。例えば「發起人」「設立當初の株主たりし者」。

（4）　前述民事局長通達は、この點具體例を示して一應の基準を與えている。然しここには例示されていないが、實質的に重要なのは、親會社や金融機關或は外資導入の際の外國資本家などに引受權を與える場合である。

（5）　鈴木・石井・前揭三一頁、大隅・大森・前揭五一頁。

（6）　第三者の新株引受權に關する定を後から定款に追加できないとしても、授權資本の枠を減少、增加することによつて、容易に同じ目的を達することができる。

（7）　この點、舊三四九條は「會社ガ特定ノ者ニ對シ將來其ノ資本ヲ增加スル場合ニ於テ新株ノ引受權ヲ與フベキコトヲ約スルニハ」云々と規定して、第三者の新株引受權發生の態樣を明示している。改正法は表現を異にしているが、事柄の性質上舊法と別異の解釋を容れる餘地はない。舊法上特別決議事項であつたのを、新法は定款の相對的必要事項としたこと自體は、事柄の重要性を認めたとも云えるが、むしろ之は總會の決議事項に殘して置いても、反對株主に株式買取請求權を認めて、商二四五條の場合と步調を合せるべきではなかつたろうか。

なお取締役を新株引受權者とした場合に、その取締役が會社との間の新株引受權附與の契約を締結するには、改商二六五條、二六〇條ノ二、二項、二三九條五項の制限を受けるであろうか（二六六條一項四號參照）。或は右の契約は、二六五條に所謂取引には該當しないと見るか、定款の定に從つてなす行爲には同條の適用はないと解し得るであろうか。

（8） 反對、大隅・大森・前掲五〇頁。

（9） この場合にも會社が自發的にその第三者の株式申込を受けて、之に對して定款の定通り割當をなすことは自由である。然し之がためその第三者に引受權が發生するわけではない。從つて、之を引受權者として、有利な發行條件を定めることなども許されない（改商二八〇條ノ三）。

（10） 會社としては、特約のない限り、有利な發行條件を定める義務はない。且つ取締役會としては、特別の事情のない限り、有利な發行條件を約束することは任務に反することになる。殊に取締役自身が引受權者となつている場合において然り。

（私法第五號、昭和二十六年）

取締役會の權限を繞る二三の問題

一

會社の業務執行ということの意義並にそれと會社代表との區別及び其の相互の關係如何などという問題は、從來既に幾度か論議が繰返されて、充分檢討を經た問題であり、その結果學者間の見解も大綱に於ては略々一致するに至つていたから、今更ら取上げて論議を加うべき點は殘されていないかの如くに見えていた。然るに偶々今回の商法改正（昭和二五年法律一六七號、商法の一部を改正する法律）によつて、株式會社の業務執行につき、新に取締役會の制度が法定せられ、且つ其の會社代表につき、代表取締役が取締役會によつて必ず選任せらるべきものとなつたことから（改商二五九條乃至二六一條）、之まで揃つていた學者の步調は俄然亂れて、少くとも株式會社の業務執行及び代表に關する限り、其の權限の內容、所在、範圍並にその根據などについて、各人各樣の見解を生み、學問的には一種の混亂狀態に陷つた觀がある。然し何故に突如として斯る混亂狀態を現出せざるを得なかつたかを省察するとき、それは新制度に關する硏究不足というよりは、その新制度を受容する側の學者の基礎的な立場の相違に、より多くを歸しなければならないのではないか。卽ち從來學者間の見解が略々一致していたと見られたのも、實はただその表面的な結果だけに過ぎないのであつて、問題の根底に於ては必ずしも一致していなかつたために、その立場の相違が新制度への接觸によつて、偶々表面化するに至つたのではないかを疑わざるを得ないのである。

無論現在のところ株式會社法の範圍内に於ては、右何れの學者の見解を採るにしても、實際上の結果に於て大きな差異を生ずるものではないから、理論の混亂にも拘らず、實務上支障を與える程ではないけれども、而も微妙な點を取上げるならば、實際上結果が正反對になる點も在り得るのであつて、その論爭は決して單なる概念上の空論として看過又は輕視することを許さないのである。のみならず問題は單に株式會社法の領域だけで孤立的に解決して濟まされ得るものではなく、凡そ業務執行ということ、及びそれと代理又は代表との關連が問題となる限りは、私法の全領域に亙つて共通的に解決しなければならない點を含んでいるから、今やこの言い古るされた舊い問題は新に全面的再檢討を受けなければならない狀態に立至つたものの如くである。

然し乍ら今ここに問題全般に亙つての大系的論述をするだけの餘裕はないから、それは他の機會に讓ることとし、ここにはただ、現に學者の見解の分れている二三の主要な點を採り上げて、以下に些か私見を述べるに止める。

二

先ず第一に個々の取締役は株式會社の法定の機關であるか。(1)否。改正法上は取締役會が株式會社の一般的業務執行のための法定の機關となつたのであるから、個々の取締役は單に機關構成員たるに過ぎず、それ自體機關ではない。この點改正前の商法に於ては（有限會社法に於ては改正前後を通じて一樣に）、機關も其の構成員も共に之を取締役と名付け、各取締役が各自單獨に機關としての取締役を構成するので、取締役という語は右二樣の意味を有するのであるが、改正法上株式會社の取締役は專ら機關構成員たるのみであり、機關としての取締役なるものは存在しない。

然しこの點は問題がないわけではない。現に學者の中には、改正法上も取締役は依然として舊法に於けると同じく、會社の業務執行並に代表機關であるとし、取締役會はただ取締役の業務執行について指揮監督を爲すための、會社の業務執行の意思決定をなすべき決議機關に過ぎず、それ自體業務執行の機關ではないとする者もある。商法の規定を見ても、第三節「會社ノ機關」第二款「取締役及取締役會」という表題の文句は、恰も取締役と取締役會とが何れも會社の機關として併び稱され得る如き表現である。のみならず商法の各個の規定は、會社の業務執行に屬する可成り種々雜多な事項を、個々の取締役の職務であるかの如くに規定している。例えば五八條一項三號、一八四條一項及二項（二九四條三項）、一八九條、二三七條一項、二三八條、二六三條、二六六條一項一號、二七四條、二七五條、二八〇條ノ六、二八〇條ノ一一、二八一條乃至二八三條、二九三條ノ二、六項、二九三條ノ五、二九三條ノ七、三〇一條二項、三〇三條、三九〇條、三九一條二項、三九七條二項の規定などがその例である。之等の規定に於て取締役の職務とされている事項は、會社の業務執行に關する相當一般的な事項や基本的な重要事項から、それほど重要でない機械的な末端的事務の類に至るまで、可成り廣い範圍に及んでいる。そこで之等の規定の文句を文字通りに解釋すると、取締役はやはり舊法に於けると同樣に、會社の一般的業務執行の機關であるが如くであり、從つて取締役會なるものも、舊法の取締役に代るべき機關ではなくして、單に取締役の過半數を以て會社の業務執行を決するにつき（舊二六〇條）、その過半數を得る方法を明確化したる制度に過ぎないという見方に根據を與える如くである。

然し乍ら斯る見解は、改正法が取締役會制度を採用した趣旨を全く無視するものであつて、之を認容することはできない。卽ち抑も改正法が取締役會を法定の機關とした所以は、從來單獨制の取締役の行つていた業務執行を合議制の取締役會に行わしめるためなのであつて、それは周知の如く授權資本制の採用と關連することである。授權資本制に伴い新株發行の權限が總會から取締役に移るから、それとの權衡上社債募集その他の權限も亦、總會から取締役に移讓する必要を生じ、その結果一方に於ては總會の權限の根本的な限定と表裏して、丁度それだけ取締役の權限が遽かに擴大することになる。卽ち總會の萬能性が否定されて、會社運營の實質的中心が制度上に於ても取締役に移ることになるのであるが、斯る重大な權限を擔當する機關としては、從來の如き單獨制の取締役は適當でなく、會社、株主その他の利害關係人の不測の損害を防止し、會社企業の運營を過まらざるためにはその權限行使に一層の愼重明確さが要求されるので、從來の取締役に代えて、その衆智の結果を以て活動する合議制の取締役會を以て右の權限を擔當せしめることにしたのである。だから取締役會は單に取締役の行動を制御するための安全辯たるに止まるものではなく、取締役會が取締役に代つてその業務執行に關する一切の權限を接收したのであつて、その結果個々の取締役自體には最早業務執行の權限は原則として殘存せざるものと見なければならない。

それにも拘らず、改正法も會社の業務執行に關して前記の如く取締役の權限に屬する事項なるが如き規定が多數に見受けられるというのは、專ら立法の不手際という外はない。之等の場合には「取締役」という成文上の用語にも拘らず、性質の許す限りは總て之を「取締役會」と讀みかえて解釋しなければならないのである。斯樣な立法上の不手際の生じた原因は、改正法の立案經過中、取締役會制度採用の點だけが特に時期的に最も遲れて、追加的に取上げられたため、商法全般に亙る充分な調整が出來なかつたことによるのである。會社の業務執行に關して取締役の權限を定める規定が、全部舊法當時からそのまま引繼いだものか、又は取締役會制度採用が問題となる以前から改正要綱中に存在していたもののみであることからも右の消息を知るに難くはない。

斯くて取締役は改正法上は最早法定の會社機關たらざるものとなつた。然しその取締役が定款により何等かの單獨制の任意機關となることは改正法上も可能であろうし、代表取締役に選任された取締役は、代表取締役ということで、單獨制の法定機關（代表機關）を構成することは論を俟たない。

三

次に、取締役會は會社の業務執行の基本方針を決定する權限を有するのみであつて、業務執行のその他の部分（特に業務の具體的實行）については權限を有せざるものであるか。(2)

否。取締役會は原則として會社の業務執行の凡ゆる部分について、その權限を有する。卽ち取締役會は會社の一般的業務執行機關である。その點に於て改正前の業務執行機關たる取締役と差別のあるべき筈はない。一般的業務執行機關というのは、法律又は定款により特に他の機關の權限に屬せしめたものを除いては、凡ゆる業務執行について權限を有する機關という意味である。そして會社の業務執行というのは、會社の目的たる事業を遂行するために生ずる一切の事務を處理することであつて、そのうちには大小、輕重、緩急、種々雜多の事務が皆含まれている。取締役會は之等總ての事務を處理する機關である。單に業務執行の基本方針決定ということだけにその權限が限定されるものではない。

無論實際問題として、取締役會が業務執行の末端の事務に至るまで、一々皆自ら直接に之を處理するということは、特に小規模な會社の場合でない限りは、事實上不可能であろう。然し取締役會が斯る末端の事務に至るまで業務執行の一切の權限を有するというのは、必ずしもその總てを自力を以て處理すべしという意味ではない。商法又は定款を以て、取締役會が自ら行うべきことが要求されている事項もあるけれども（例えば支配人の選任解任、商二六〇條、代表取締役の選任、商二六一條、取締役と會社との間の取引の承認、商二六五條、など）、特に斯る規定のない限り、取締役會は自らの判斷によつて適宜に業務執行を他人に委託することができる。その委託を受けた者が更にその委託の主旨に從つて、第三者に業務執行を委託するということも考えられる。そして之等取締役會から直接又は間接に業務執行の委託を受けた者は、會社の業務執行をその委託の範圍に於て擔當することになるけれども、それは會社の機關として業務執行をするのではなくして、會社のためその業務を補助する補助者たるに過ぎない。會社の使用する何千何萬という商業使用人その他の勞働者從業員は總てこの意味での業務補助者である。業務執行機關のなす業務執行と、補助者のなす業務執行とでは、會社に對する關係が異るのであつて、前者はその行動がそのまま會社自身の行動であり、その行動に因つて生ずる損益その他の結果は當然會社に歸屬するものであるが、後者は單に會社に對して仕事を提供するだけのことであつて、その行動自體が會社の行動となるものではない。その爲される仕事を會社（取締役會）が會社の業務執行として承認又は受領することによつて始めてその結果が會社に歸屬するのである。從つて取締役會が多數の會社從業員を使用して、その業務執行を分擔せしめたとしても、之がため取締役會の業務執行に關する機關權限が失われたり制限されたり或は從業員に權限が移讓されたりするものではない。却つて引續きその權限を保有するが故にこそ、從業員をしてその業務執行を補助せしめることができるのである。それ故に取締役會は業務執行の末端に至るまで全部自力を以て處理することは事實上不可能であるということは、取締役會の業務執行に關する權限を限定的に解する理由にはならないのである。

商法は合名會社の業務執行については、その業務の內容によつて㈠常務、㈡その他の業務及び㈢支配人の選任及解任の三種に區別し、それぞれ業務執行の方法に差別をつけている（商六八條、民六七〇條及び商七一條）。即ち輕微な業務は簡易な方法により、重要な業務は愼重な方法により執行せしめる主旨である。然るに株式會社の業務執行については斯る區別を爲さず、總て一樣に愼重な方法によらしめるのである（商二六〇條）。それは何故かといえば、合名會社の場合には概してその事業が小規模であるので、業務を執行する社員が自ら末端の事務まで處理するということを當然に豫想しているので、會社の常務については簡單な方法で處理せしめるのである。之に反し株式會社の場合には、商法は取締役會が末端の事務に至るまで自ら直接に處理するということを初めから豫想していないので、業務の種類に從つて特別簡易な處理方法を用意する必要を認めなかつたまでである。それ故に株式會社に於ては、會社の常務であつても、常務に屬せざる事務であつても、總て同一の方法で取締役會が自ら之を處理し、又はその責任に於て補助者をして之を處理せしめることになるのである。會社の常務の如きは平常時々刻々相次いで發生し、且つ卽決卽行を必要とするものが少くないのであるから、若し取締役會が自力で之を處理せんとすれば、取締役會は常時招集され、常時活動していなければならないであろう。然るに商法は取締役會を招集するには原則として會日より一週間前に各取締役に對して其の通知を發することを要するものとしているから（商二五九條ノ二）、商法は取締役會が少くとも一週間以上の間隔を置いて、時々招集されることを豫定しているわけである。之では普通の會社ならば業務執行が停頓してしまつて、事業遂行は事實上殆ど不可能である。然し乍ら會社事業が相當程度大規模になつてくれば、假令取締役會が年中無休で活躍しても、山積する無數の日常業務を全部自力で處理することは到底及びもつかないことであつて、その大部分は補助者を使つて處理せしめなければならないのである。その事情は商法改正前の單獨制の取締役に於ても程度の差はあれ、本質的な變化はないのであつて、取締役を何名置いて見ても、取締役だけの力で全部會社の業務執行を完遂するということは不可能である。合議制の取締役會になれば、一層その事務處理の能力が分量的に制限されるであろうけれども、取締役なり又は取締役會なりが自ら直接に處理する事務の分量は、會社の全業務の分量に比較すれば、五十歩百歩で、實際上その極めて一少部分を占めるに過ぎない點に於ては變りはないのである。それ故に舊法時代の取締役について一般的業務執行の權限につき事務の限界を考える必要がなかつたのと同じ理由で、改正法上の取締役會についてもその法律上の限界を設定することは誤りである。

四

取締役會は會社の業務執行の決定を爲す權限を有するのみであつて、その決定に基く實行を爲す權限を有せざるも

のであるか。(3)

否。取締役會は會社の業務執行の決定を爲す權限と共に、之を實行する權限をも有するものと解さなければならない。

一般に業務執行ということについて、之を業務の決定と業務の實行とに分析して考えることは實益のあることである。それは我が民法及び商法が業務の決定と業務の實行とについて異つた取扱を爲す點があるからである。即ち業務執行の權限ある者が如何なる方法でその業務執行を爲すかということについて、民法及び商法は常に一貫して業務の決定についてのみ特別の規定を設け(即ち例えば民法五二條二項、六七〇條、商法六八條、七一條、一五一條二項、一五二條、有限會社法二六條並びに改正前商法二六〇條などに於て、……の業務執行は……を以て之を決す、という風な規定を設けているのは、みな業務決定の方法を定めるものであつて、「之ヲ決ス」というのは業務決定の意味に外ならない)、業務實行の方法については別段の規定を設けないことにしている。その別段の規定を設けないというのは、業務實行も業務決定と同一方法に依らしめる主旨ではなくして、業務實行については法律は特にその方法を指定しないのであるから、その權限ある者は自由に無制限に業務の實行を爲し得る主旨であると解すべきである。その結果業務の決定とその實行とは法律上別異の取扱を受けることになるのである。

業務の決定と業務の實行とは、業務執行なるものを段階的に分析した場合に生ずる二つの要素であつて、先ず或る事項についての方針が決定され(業務決定)、次いでその方針を實現するための行爲が爲される(業務實行)。その兩者が相結合して初めて一つの完全な業務執行が出來上る。業務決定のみあつて、その實行を伴わない場合には、業務執行という見地からは結局「無」であり、決定のない實行などということは、ナンセンスである。業務執行機關は業務執行を爲す機關であるから、固より業務の決定とその實行とを爲す機關である。その何れか一方のみの權限しか持たない機關の如きは業務執行機關とは言い得ない。從つて法律が業務執行機關について、その業務決定の方法についてのみ特に規定し、業務實行の方法について別段の規定を設けなかつたとしても、それは業務執行の機關について、業務實行の權限を否定するものではないのである。

無論業務決定と業務實行とは別個の事項であるから、その兩者のため夫れ夫れ別異の機關を設けることも、理論的には不可能なことではない。然し左樣なことは極めて非實際的である。業務執行のためには、之に屬する凡ゆる事務について、一つ一つその決定と實行とを必要とするのであるから、決定機關と實行機關とは常に相隨件して活動しなければならない譯であり、實際上その煩に堪えないであろう。現に少くとも今までは我が民法上も商法上も、業務決定機關と業務實行機關とを別個の機關とし、之を併置したという場合などは存在しなかつたのである。

改正前の株式會社の取締役は、他の會社又は法人の業務執行機關と同樣に、單獨制の機關であつたから、一人一人の取締役(員)が取締役なる一個の業務執行機關を構成し、從つて各株式會社には取締役の員數に等しい數の業務執行機關が同等の資格で併存していたわけである。之等複數の取締役は各自獨立して會社の業務執行全般に亙る權限を有するのであるが、ただ業務執行の統一と愼重を計るため、會社の業務執行は原則として取締役の過半數を以て之を決するものとしていた(改正前商二六〇條)。卽ち取締役は業務執行の機關であるから、業務の決定も、その實行も、その權限內の事項であるけれども、特に業務の決定についてのみ、右の規定を以て取締役の權限に一つの制限を加えたものなること前述の通りである。之に反し業務實行に關しては斯る制限の規定はないから、取締役は本來有する權限を無制限的に行使し得るのであつて、業務實行は定款に別段の定なき限り、原則として各取締役が決定の主旨に從つて單獨に之を爲し得るのである。

改正法上の取締役會も亦、會社の一般的業務執行機關たることに於ては、舊法上の取締役と差異はない。故に取締役會も亦、業務の決定及び實行の權限を有するのである。無論改正法二六〇條の規定は、他の類似の規定と同樣に、直接には取締役會の業務決定に關する規定であり、且つ商法はその業務實行に關する規定を特に設けてはいない。然し之がため取締役會の業務實行の權限を否定することは誤りである。

ただ舊法上の取締役と違つて、取締役會は各株式會社にたつた一つしか存在しないから、取締役會は機關としてはそれ自身單獨に行動する外ないのであつて、取締役會の行う業務執行は、それ故に、機關の數を基準に考えれば常に單獨執行（單獨決定、單獨實行）である。商法二六〇條の改正規定が、「定款ニ別段ノ定ナキトキ」並に「過半數」という舊規定の文句を削つているのも、取締役會がその業務執行（特に業務決定）について、他の同格の機關と共同したり、他の同格の機關から制肘を受けたりすることを、法律や定款に定める餘地が初めから存在しないからである。

斯様に取締役會はたつた一つしかない機關であるから、その機關活動（會社の業務執行）は取締役會としては單獨に之を行う外ないが、一方に於て取締役會は少くとも三人以上から成る取締役の全員によつて構成される合議制の機關であるため、その機關活動には多數の構成員（取締役）が參加するのである。然しこの場合に於ても、その構成員毎に一個宛の機關活動があるのではなくして、各構成員が共同して、全體として一個の機關活動を作出することになるのである。此の點に於て舊法上の取締役がその過半數を以て會社の業務執行を決するのとは趣を異にする。

所で取締役會の機關活動は、その構成員たる取締役の過半數が出席して成立する會議體に於て作出される（商二六〇條ノ二、一項）。商法はこの會議體をも亦、取締役會と稱している。蓋し機關たる取締役會は、この會議體を通じてのみ活動を爲し得るのであつて、會議體以外の時所に於ては取締役會としての機關活動は全く存在し得ないものとしているため、商法はこの兩者を同等視したのである。然し觀念上は兩者を區別しなければならないことは言うまでもない。

機關たる取締役會は、取締役全員を以て構成され、取締役でありながら取締役會の構成員たらざる者の如きは商法上存在し得ないが、その活動の場たる會議體の取締役會は、必ずしも取締役の全員が出席して之を構成することを要せず、その過半數の出席を以て足るものとしたのである。從つて取締役會の機關活動作出に協力する取締役も、必ずしも常にその全員たることを要するものではなく、會議出席者だけが之に協力することになるのである。換言すれば取締役中會議に缺席する者があつても、出席者が過半數に達して居れば、その會議體は取締役會としての機關活動を作出する資格を有するのである。

取締役會の主たる權限は、會社の一般的業務執行に在るから、取締役會の機關活動が右の如き會議體によつて行われるというのは、主として會社の業務執行がこの會議體の手で行われることを意味する。業務執行は前述の如く業務決定と業務實行とから成るから、この會議體が會社の業務を決定し、且つその業務を實行するのである。但し商法は例によつて此の場合にも業務決定の方法についてのみ規定を設け、業務實行の方法に關しては特に規定を設けない。即ち商法は取締役會の活動のために決議の方法を規定しているけれども（商二六〇條ノ二）、決議の方法はその性質上、業務決定の方法としては役立つが、業務實行の方法としては用を爲さない。故に業務實行は決議の方法を以てするのではないこと事物の性質上當然であると言わなければならない。然らば取締役會による業務實行は如何なる方法によるのであるか。この點直接規定はないが、結局それは會議に出席した取締役の全員の共同によつて之を爲すものと解する外ないであろう。舊法上の取締役は單獨制の機關なるが故に、特に規定がなければ各取締役が單獨に業務を實行するものと解するのであるが、取締役會の場合には、各取締役が單獨では取締役會の活動を作出する資格又は權限を有せず、取締役の會議體だけがその資格を有するのであるから、特に規定がない限り會議體の構成者、即ち出席取締役全員一致して初めてその活動を作出し得べく、從つて會社の業務實行は斯る方法を以てのみ可能となるものと解せざるを得ないのである。取締役會の議事錄作成は會社の業務執行（特に業務實行）に屬する事務に外ならないけれども、その議事錄には出席したる取締役の全員が署名すべきものと規定されていることは（商二六〇條ノ三、二項）、右の解釋を裏書するものである。

ただ既に述べた如く實際問題としては、取締役會が會社の業務執行を全面的に自力で處理することは、單に業務決定だけを取つて見ても不可能であろうから、取締役會は多かれ少かれその補助者を使用せざるを得ない。業務實行に致つては、殆ど全部が補助者に委託されなければならないのが實情であろう。然し事實上かかる補助者を使用せざるを得ないということは、決して取締役會の權限を否認する理由にはならないのであつて、却つてその權限あればこそ、補助者をして自己の活動を補助せしめることができるのであることは、前述の通りである。

五

代表取締役は會社の一般的業務執行（或は業務實行）のための法定の機關であるか。[4]

否。代表取締役は專ら會社の一般的代表機關たるに止まり、法定の業務執行機關ではない。

元來、會社の代表と業務執行とは、同一事項についての相表裏する關係であつて、同じ事實が一方から見れば會社代表となり、同時に他方から見れば會社の業務執行となるものであることは、今更ら說くまでもない。無論業務執行の方が關係事項の範圍が廣く、業務執行に屬する事務の內には各種の法律上の行爲あり、又雜多な事實上の行爲もあるわけであるが、會社の代表は專ら會社の爲す法律上の行爲、特に法律行爲乃至意思表示に關する。事實上の行爲については代表の關係は法律的には生じない。從つて會社の代表と業務執行との雙方に關係があるのは、會社の爲す法律行爲又は意思表示であつて、それは一方に於て會社の代表機關が會社を代表して之を爲し又は受けることによつて、會社の、又は會社に對する、法律行爲又は意思表示となると共に、他方に於て會社の業務執行機關が會社の目的たる事業遂行上之を爲し又は受けることによつて、會社の業務執行となるものである。それ故に假に茲に會社の業務執行機關兼代表機關たるものがあるとして、その機關が、會社の目的たる事業遂行上、會社のために法律行爲乃至意思表示を爲し又は受けるならば、その同一の法律行爲乃至意思表示が、會社の業務執行行爲であり且つ同時に代表行爲であることになる。

従つて正常の關係を念頭に置く限りは、會社の法律行爲は會社の業務執行機關兼代表機關が之を爲すべきものであつて、代表權限を有せざる者の如きは、假令業務執行權限があつても、直接に會社自體の法律行爲を爲す權限なく、從つて法律行爲によつて直接に會社に權利義務の得喪變更を生ぜしむることを得ない。又代表權限のみが與えられても、業務執行の權限がなければ、正當にその代表權限を行使して會社の法律行爲を爲すという（業務執行の）機會が與えられないから、それは單なる空位となつてしまうのである。斯くて會社その他法人の代表權限は、常に業務執行の權限と結合して一個の機關に賦與せらるべきものとしたのが、從來の民法及び商法が一貫して採つていた立場であつた。ただ業務執行の方が代表よりも對象の範圍が廣いから、業務執行機關は常に必ずしもその全部が代表機關たるべきものとはしていなかつたが、少くとも業務執行の權限を有せざるものが代表機關となるが如き例は存在しなかつた（民五三條、商七六條、一四七條、一五一條、一五六條、改正前商二六一條、四六六條、有二七條等參照）。

然るに改正法は斯る從來の例を破り、株式會社の一般的業務執行機關と一般的代表機關とを截然と分離し、取締役會は專ら前者に、代表取締役は專ら後者に該當するものとした。少くとも改正法は、取締役會の代表權限については何も觸れていないと同時に、代表取締役の業務執行權限についても何等規定する所がないのである（商二六一條）。故に取締役會には會社代表の權限なく、代表取締役には業務執行の權限なきものと言う外はないであろう。若し取締役會に會社代表の權限があるならば、少くとも商法はその代表權限と代表取締役の代表權限との間に如何なる關係があるか、を明かにしなければならない筈であり、同樣に代表取締役が業務執行機關であるとするならば、その業務執行權と取締役會の業務執行權との間の關係を明かにしなければならない筈である。商法が之等の點につき沈默しているのは、初めから斯る權限はないものとしているからに外ならない。

それ故に取締役會は、會社の業務執行上、法律行爲を爲す必要を生じた場合に於ては、自ら會社のため斯る法律行爲を爲す權限を持たないのであつて、此の場合には必ず代表取締役をして會社の法律行爲を爲さしめる外はない。一方代表取締役は代表權限はあつても、當然には業務執行の權限を持たないから、機關としての代表取締役自體は、進んで自發的に會社の法律行爲その他會社の業務執行に屬する事務を處理するという地位にあるのではなく、專ら取締役會からの委託に基いて會社を代表し、會社の法律行爲を爲すという地位に在るに過ぎない。取締役會からの委託は豫め一般包括的な事務について爲されてもよし、又は個々具體的の行爲につき爲されてもよい。取締役會の自由な判斷によつて適宜に委託されるわけである。ただ實際上は個々の行爲につき其の都度委託するというようなことは、その煩に堪えないであろうから、多くの場合には少くとも會社の常務に屬する法律行爲については、明示又は默示で相當廣汎な一般的委託が爲されていると認められ得るであろう。且つその際、法律行爲以外の事務についての業務執行も廣く委託されるのが通例であると言える。或は業務執行をその決定と實行とに分けて、その決定は取締役會自ら之を行い、その實行だけを代表取締役に委託することもできるし、更に取締役會は業務執行の基本方針を決定するだけとし、その方針に基いて之を具體的に實施することは、一切代表取締役に之を委託するという方法も可能である。然し斯る一般的委託が常に爲されなければならないと解すべき理由は存在しない。殊に例えば取締役會が會社の支配人その他營業上の代理人の選任を代表取締役に委託した場合には、代表取締役としてはかかる代理人選任の行爲（委任又は雇庸契約及び代理權授與行爲）を爲すを以て足り、その後は取締役會はその代理人をして會社の業務執行に屬する法律行爲（代理）を爲さしめて居れば、必ずしも一々代表取締役（代表）を煩わさないでも、會社の業務執行に支障を生ずるようなことはないであろう。ただ最初の代理人選任行爲その他會社自ら意思表示を爲さなければならない場合だけは、取締役會はどうしても代表取締役に之（最少限度の業務實行）を委託しなければならないのである。

代表取締役は取締役會からの委託の趣旨に從つて會社を代表して法律行爲を爲せばよいのであつて、それ以外の事項についてまで會社のためその法律行爲を爲すべき業務執行の地位にはない。無論その場合に於ても、代表權限そのものは法定の範圍で不可制限的に與えられているから（商二六一條三項）、代表取締役が取締役會からの委託なしに、或はその委託の趣旨を超え又はその趣旨に反して、會社代表行爲を爲した場合にも、その法律行爲そのものは原則としては有效なる會社の法律行爲として、會社を拘束することになる。然しそれが有效であるというのは、會社と第三者（法律行爲の相手方）との間の關係に於ていうのであつて、之がため會社内部の關係に於てその代表行爲が適法な業務執行行爲となるものではない。故に代表取締役は斯る行爲を爲し得るということは、内部關係に著眼する限りは言い得ないのである。それにも拘らず之を敢えてすれば、代表取締役としては、取締役會の追認なき限り、その行爲の效果を終局的に會社に歸屬せしむることを得ず、從つて會社に對しその行爲の結果につき原狀回復又は損害賠償などの責任を負わなければならないのである（但し事務管理等の點は暫く措く）。

取締役會が會社の法律行爲を爲すべきことを委託する相手方は、嚴密にいえば、機關たる代表取締役そのものではなくしてその機關構成員たる取締役自體であると解すべきであろう。一般に取締役會は、その業務執行について自己の責任に於て任意に補助者を使用し得べきことは前述の通りであるが、代表取締役（員）も亦、取締役會から業務執行の委託を受けるという點に於ては、右の補助者の一種に外ならない。業務執行補助者は通例は會社の雇傭した使用人であるが、取締役自身がその補助者たり得ない理由はない。現に代表取締役（員）その他の取締役が支店長や支配人などに選任される例は多數あつて、この場合には取締役自體としては單に取締役會の構成員たるに止まり、個々に業務執行の權限を有するものではないが、會社從業員として取締役會から業務執行の補助を委託されたことになるのである。取締役會の定める社長、副社長、專務取締役、常務取締役なども、その委託される權限は場合によつて一樣ではないものの、何れにせよ取締役會の業務執行の補助者たる點に於ては、他の一般の會社從業員と變りはない。之等の者は一定の條件の下に代表權限が擬制されるけれども（商二六二條）、その點は取締役會の委託の性質及び内容とは關係のないことであつて、之がため之等の取締役が會社從業員として業務執行に從事するものたることを害するものではない。然らば即ち代表取締役であつても、業務執行という内部關係の面に於て右の意味での補助者、即ち會社従業員の一種と見るのを妨げる理由はないであろう。この場合には既に代表權限を持つているから、改めて代理權を授與するまでもないというに過ぎない。

なお會社が定款を以て、代表取締役につき相當一般的な業務執行の權限を規定する例が實際上少くない。例えば「代表取締役は會社の業務を統率する」というが如き定めが之である。斯る規定が果して代表取締役の機關としての權限を定めたものであるか否かは、定款の他の部分その他一切の資料に基いて具體的場合につき解釋、判斷する外はないが、假に機關權限を定めたものであるとするならば、代表取締役の有する法定の權限のほかに業務執行に關する權限を附加したことになり、この點に關する限り任意的な機關權限を定めたものとなる。故にこの場合には、前述の如き單なる従業員的な補助者の地位とは區別せらるべきである。一般に會社は、法定機關の專屬的權限を害せざる限り、定款を以て自由に任意機關を設置し得るものと解すべきであるから、前記の如き定款の定も無論有效である。但しその場合にも取締役會の法定の專屬的權限を奪い又は制限する趣旨に之を定めることは許されないのであつて、若しかかる主旨で代表取締役の業務執行に關する權限を定めたのなら、その定款の定は違法であつて、當然無效である。そして取締役會の有する一般的業務執行の權限は、その一部を定款を以て株主總會に移讓することは許されるけれども（商二三〇條ノ二）、その他には定款を以てするもその權限を剝奪したり制限したりすることは許されないものと解さなければならないから、定款を以て代表取締役の業務執行權を定めても、之がため取締役會の業務執行權限を剝奪又は制限することは許されない。從つて代表取締役の定款による業務執行權は、取締役會の無制限的な指揮監督の下にある補助機關としての權限を超えることを得ないのである。特に例えば取締役會は經營の基本方針その他特定の重要事項に關する決定のみを爲し、その他の業務の決定並に一切の業務實行の權限は代表取締役に專屬せしめるという如く、互に排他的な管轄を定めて業務執行の權限を分屬せしめることなどは許されないものと解すべきである。

六

改正法上の取締役會並に代表取締役の制度が、改正法の他の部分と同じく、アメリカ會社法に倣つて設けられたものであることは多言を要しない。そして此の際直ちに聯想されるのがアメリカ法上の取締役會 Board of directors 及び役員 Officers の制度であることも當然である。然しだからとて彼の取締役會及び役員の制度がそのまま我が取締役會及び代表取締役となつたものではないことも明かである。蓋しこの兩國法は、元來法系を異にするため、基本的法律觀念が相異して居り、その一方に存在する制度を他方の類似の制度を以て精密に割り出すことが甚だしく困難であるからである。(5) 今問題とする取締役會のことにしても、アメリカ法では、㈠法人理論が徹底せず、會社組織上の法律關係が隨時、契約理論によつて支配されること、㈡英米法特有の信託（trust）法理が適用されること、㈢機關と機關構成員、機關と代理人、代理又は代表と委任又は雇傭、會社の代表と業務執行などの間に截然たる概念的區別を爲さないこと、等のために、その制度を日本法的に再現することが殆ど不可能に近いのである。それにしても今回の改正法は立法論的には可成り不手際であつて、學者間に解釋上の論爭を惹起するに至つたのも、主として之がためであると言つて過言ではない。改正法がもう少し理論的に整理されていたならば、この論爭の大半は未然に防止し得た筈である。

その點に於て最も不可解なのは、改正法が取締役會を以て單なる業務執行機關とし、之に會社代表の權限を認めなかつたことである。取締役會制度は從來我國に於てこそ法定されていなかつたけれども、それは何もアメリカ法特有の制度という譯ではなく、英米法系及び大陸法系を通じてそれぞれ多少ニュアンスはあつても、世界的には寧ろ原則的に採用されているものである。我國の如く取締役を以て單獨制の機關とする立法例は他に餘り類例を見なかつたのである。そして大陸法系に於ける取締役會は皆、業務執行と代表とを兼ねた機關であつて、我改正法に於ける如く業務執行専門の機關としたものは、之れ亦餘り類例がない。英米法に於ては前述の如く業務執行と代表（又は代理）との區別が概念的に明確でないため、特にアメリカ法上の取締役會が會社の代表權限を有するか否かを直接明確にすることを得ないけれども――むしろ取締役會が自ら會社を代表して法律行爲を爲すことは否定されている――一方に於てその役員の權限が一切取締役會から傳來的に授與されるものであるという風に考えられている所から見れば、之を日本流に合理的に飜譯すれば、取締役會は固有の代表權限を有するものとしなければならないであろう。その固有の代表權限を委讓するという意味で代表取締役の選任を（或程度强制的に）認めればよいのである。改正法が取締役會の代表權限を認めないのは一の失策であると言つて差しつかえない。

一方アメリカ法上の役員は、會社の機關というよりは、むしろ高級職員であつて（だから社長 President 以外の役員は取締役たることを要しない）、日本流に言えば、支配人と同格又はその上に立つて、取締役會から包括的な業務執行の委任を受け、そのために必要な包括的代理權を與えられた一種の商業使用人に外ならない。故に改正法上の代表取締役に比較すれば相當の距離のある制度と言わねばならないのである。代表取締役の制度自體は必ずしも不合理ではないけれども、若しこの制度を置くならば、それは主として業務執行の面からの權限を先ず規定すべきであつて、代表權限はこの業務執行の權限に附隨して規定して置くべきであつたと思われるのである。

（1）取締役は改正法上も依然として會社の機關であるとする說は、野津・新會社法概論一六一頁、同氏「取締役會制度管見」法學新報五七卷三號、松岡「改正株式會社法上の執行機關」法律論叢二五卷三號、等。

（2）取締役會は會社の業務執行の基本方針を決定する權限のみを有するという說は、大濱・改正會社法概論二二一頁、伊澤・註釋新會社法四三一頁、四三六頁、岡咲・解說改正會社法八四頁、等。但し岡咲氏は別に「常務というべき日常の業務執行については取締役會は、その決議によつて代表取締役に一任することは、もとより妨げない」と説かれるので（同書八九頁）、取締役會の權限が本來基本方針決定に限定せられているという説を採られるのか否か不明である。

（3）取締役會は業務執行の決定の權限のみを有し、實行の權限を有せず、それは專ら代表取締役の權限であるという説は、通説に近い多數説である。例えば鈴木・石井・改正株式會社法解説一四一頁、一五四頁、石井・商法（會社法Ⅱ）二六八頁、二七一頁、大濱・改正會社法概論二一六頁、野間・會社法學概説一七三頁、松田・會社法概論一九五頁、松田・鈴木・條解株式會社法上二五七頁、二八〇頁、實方・會社法學四四三頁、西本・新會社法要論一二〇頁、一二九頁、一五三頁、同氏・株式會社重役論七二頁、大住「取締役及取締役會について」財政經濟弘報三五九號。なお田中・確定會社法解説一九頁、一一四頁、同氏・新會社法論二五五頁、二六二頁以下は、大體通説に近いが、業務實行は必ずしも代表取締役のみに限らず、その他の取締役も（取締役會からの授權があれば?）その權限を有すると説かれる。

（4）代表取締役に業務執行の權限を認めるのは寧ろ通説であつて、前註2及び3に掲げた諸學者は何れも代表取締役は業務實行の權限を當然に有するものとする。之に反し大隅・大森・逐條改正會社法解説二五八頁、二六四頁、大隅「商法改正法案における取締役會制度」法學論叢五七卷一號、同氏「改正商法における代表取締役の地位」法學新報五八卷四號は、代表取締役はその代表權の範圍内に於ては、當然に業務執行の權限を有するが、かかる權限内の行爲でも會社の重要な利害に關する事項は、事情が許す限り、取締役會の決議を求めて執行するのが、代表取締役の忠實義務の要求である、と主張される。

（5）アメリカにおける取締役會については、大隅「アメリカ會社法における取締役會」京都大學商法研究會編・英米會社法研究六九頁以下、石井「取締役制度改正の方向」株式會社法改正の諸問題六三頁以下。

（法學研究第二十六卷第三號、昭和二十八年）

會社の設立無效

一　序　說

一　設立無效制度の目的

商法は株式會社の設立について、所謂準則主義を採用し、法律が豫め一般抽象的に定めた會社成立の條件を充足して設立手續が完了すれば、會社は之に因り法律上當然に成立し、權利能力が賦與されるものとしている。之を裏面から言えば、株式會社を設立するには、商法に定めた會社成立の手續を形式上も實質上も完全に適法に履踐して、會社成立の條件を充足することを要し、その條件の充足が不完全な限りは、本來は株式會社の成立を認めないという立場を採つているわけである。然しそれにも拘らず現實の問題としては、商法の規定する會社成立の條件を具備しないような會社が、恰も之を具備したるが如き外形を整えて取引界に登場し、營業取引その他樣々の活動を爲してしまうであろうことは想像に難くないことであつて、商法が單に斯る會社の成立を認許しないというのみでは、その事實上の出現を阻止する力はない(1)。

所で會社の設立ということは、會社の成立（權利能力取得）を目的とする一種の法律行爲であつて、商法の規定する設立手續はその法律行爲の成立又は效力發生要件であると解し得るから、此の要件を欠缺するときは法律行爲は無効となり、會社成立という効果は發生しない。その結果會社に權利能力がないことになるから、如何なる種類如何なる内容の權利義務も會社自體に歸屬することを得ず、株主や取締役監査役などの地位も發生する餘地なく、株式の引受も株式の讓渡も全部無效であり、拂込んだ金錢やその他の財產は會社に歸屬せず依然として拂込を爲した者の財產として止まり、從つてその者は何時でもその拂戾又は返還を求め得べく、同時に他方では株主は利益配當を受ける權利なく、株主總會の決議は一切無效である。取締役監査役の選任も無效であつて、斯る無效な選任行爲に基いて何人かが取締役として會社のために活動したとしても、之を會社の行爲として認めるに由なく、從つてその取引は一切無效であり、爲された給付は法律上の原因なきものとして返還せらるべく、高々自稱取締役等が無權代理の責任を負うに過ぎない（追認の餘地はない）。取締役等の行爲に因つて損害を受けた者があつても、會社に不法行爲の責任を負わしめ得ない。發起人や取締役監査役などが會社に對して責任を負うということもない。要するに凡そ會社に關する總ての關係は、會社の權利能力が認められない限りは、根底から崩れてしまつて、法律上不存在又は無效とせざるを得ない道理である(2)。

而も斯る無效の效果は、一般原則に從えば何人から何人に對して何時でも又如何なる方法を以ても之を主張し得べきものであるから、事實上會社成立して支障なく營業を繼續し、その間には取締役も何回か交迭し、株式讓渡も盛に行われているといつたような場合であつても、會社は何時何所で誰からその設立無效を主張されるかも知れないのである。斯くて會社に關する法律關係は常に極めて不安定なものとなるのみならず、假に或る訴訟に於て會社成立無效なることを認容する樣な確定判決があつたとしても、その判決の既判力は民事訴訟の一般原則に從えば、當該訴訟の當事者間に於てのみ生ずべきものであるから（民訴二〇一條）、會社成立の有效無效について別異の當事者間に相矛盾する判決が確定することも免れないのであつて、會社に關する法律關係は極度に混亂する。

一般の法律行爲無效の原理の上に立つ限りは、設立無效の會社に關する法律關係が右の如くなることは已むを得ない所である。然し乍ら斯る不安や混亂は、固より法律が之を望ましいとしているわけではないから、出來るなら之を防止する工夫があつて然るべきであると共に、更に根本的に考えて、假令設立無效の會社とはいえ、外形上は適法に成立して支障なく存立を續けているならば、それを中心に多數の而も複雜な利害關係が集積して、事實上一つの安定した秩序が形成されてくるのであつて、そうすればまた一般人は斯る安定した秩序を信賴して各種の法律關係に入つてくることにもなる。この一般人の信賴は、保護されて然る可きである。無論法律の規定する設立の條件を具備しないような會社を、法律がそのまま默認して存立せしめて置くわけには行かないから、何等かの方法で斯る不適當な會社の作り出す事實上の關係を有效適切に排除する方策がなければならないが、それがため直ちに法律行爲無效の原理を押し貫くことは適當でない。そこで商法は會社の設立無效については、特に既成事實に對する一般人の信賴を破壞せざることを顧慮しつつ、その既成事實を有效適切に排除するにつき最も摩擦の少い方法を選んで、取引の混亂を避けるように、特別な制度を設けるに至つたのである。(3)(4)(5)

斯くて現行法の採る會社設立無效の制度の主要眼目は大約次の數點に在る。(6) 卽ち㈠設立無效の原因を壓縮して、設立無效となる場合を成る可く少くしたこと、㈡且つその範圍内に於ても、無制限に無效の主張を許さないで、一定の期間内に限り、且つ一定の者だけが而も訴の方法によつてのみ、之を主張することを得べきものとしたこと、㈢設立を無效とする判決の既判力を第三者にも及ぼして、その效果を總ての者について劃一的に生ぜしめたこと、㈣設立無效の會社は判決確定の時に解散したるものと看做して、淸算の方法によつてその法律關係を整理處分することにより、無效會社を將來に向つて解體消滅せしめることとしたこと、などが之である。

(1) 無論商法は斯る不適法な會社の成立を阻止するための豫防策には相當力を入れているのであつて、定款の認證、檢査役の調査、裁判所又は創立總會の權限などのほか、特に設立登記の際の登記官吏の審査は、假令形式審査に限られるとはいえ、設立經過の全般に及ぶものであつて、之等の關門を通過しなければ會社は成立し得ない。その他設立に關する罰則や民事責任が嚴重に定められていることも、設立手續の遵守を豫め警告する効果があろう。而も之等凡ゆる綿密なる法律の監視にも拘らず、なおその監視の網に洩れて法定の設立手續を遵守しない會社が事實上出現するのである。

（2） Grützmann, Bemerkungen über Nichtigkeiten nach Aktienrecht. Archiv f. c. P. Neue Folge 2. Bd. 1. Heft S. 53 ff., Lehmann, Das Recht der Aktiengesellschaft, I Bd. 1898, S. 430 f. 松本・日本會社法論四六七頁。

（3） 設立無效の制度は株式會社のみならず、合名會社、合資會社並びに有限會社にも設けられていて、その基本的な狙いも全部共通であるが、實際取引界に於て最も重大な意味を持つのは株式會社のそれであることは、多く説明するまでもない。

（4） 合名會社、合資會社については、商法は設立無效のほかに、設立取消に關する規定を特に設けている。之に反し株式會社や有限會社には設立取消に關する特別の規定は存しない。その理由等については後述。

（5） 民法上の法人についても設立の無效取消ということは問題となり得るが、民法は特に此の點に關して別段の規定を設けていない。或は一般の法律行爲の無效取消の原則が之に適用されると見ているのかも知れないが、立法論としてはやはり特別の規定を設けて別段の規制を爲すべきであろう。

（6） 鈴木・會社法六八頁。

二　設立無效に關する規定の變遷

我國に於て會社の設立無效又は取消に關し一般的な規定が初めて設けられたのは、明治三二年の商法（同年法律四八號）に於てであつて、その前の所謂舊商法（明二三年法律三二號）には此の點につきまだ何も規定していなかつた。明治三二年の商法でも當初は極めて簡單な規定があつただけであつて、會社が事業に着手したる後、合名會社については其の設立が取消されたるとき、株式會社については其の設立の無效なることを發見したるときは、解散の場合に準じて清算を爲すべきことを命ずるに止まつた（當時の一〇〇條・二三二條）。[1] 合名會社の成立無效（及び株式會社の設立取消）については規定がなかつた。明治四四年の改正（同年法律七三號商法中改正法律）によつて初めて設立無效の制度が整備し、大體今日見られるような形を具えるに至つたのであるが、同法では先ず之を合名會社について規定し（同改正による九九條ノ二乃至九九條ノ六）この規定を他の會社にも準用する（株式會社については同二三二條）。その改正の主眼點は、㈠會社の設立無效は訴を以てのみ之を主張することを得べきものとしたこと、㈡その訴は社員、或は株主・取締役・監査役に限り之を提起することを得べきものとしたこと、㈢設立を無效とする判決は第三者にも既判力を及ぼすべきものとしたこと、㈣設立無效の判決は會社と第三者との間に成立したる行爲の效力に影響を及ぼさず、解散の場合に準じて清算を爲すべきものとしたこと、等である。一方合名會社の設立取消に關する規定は舊のまま存置し、ただ登記の點を明かにする文句を加えたに過ぎない（同改正による一〇〇條）。次で昭和一三年の改正（同年法律七二號商法中改正法律）では之に實質的に重大な變更を加えなかつたが、同法では從來の設立無效の制度に準じて、新に合併無效の規定を整備することとしたため、規定の順序から先ず合名會社の合併無效について詳細な規定を設け、之を合名會社の設立無效に、更に後者の規定を他の會社の設立無效に準用するという形式に改めたのと（同改正による一〇四條乃至一一一條・一三六條乃至一三九條・四二八條）その他の小修正が行われた。[2] 又合名會社の設立取消についても設立無效に準じて扱うこととし、後者の規定を多數に準用するように改められた（同改正による一四〇條乃至一四二條）。[3]
昭和二五年の改正（同年法律一六七號商法の一部を改正する法律）で之等の規定は再び小修正を受けたが、[4] 基本的には前記明治四四年の改正以來の線を維持して今日に至つたのである。[5]

（1） 合資會社には合名會社の規定が、株式合資會社には株式會社の規定が、それぞれ準用される（當時の一〇五條・二三六條二項）。

（2） 主な點は、㈠從來は「會社カ事業ニ着手シタル後……其ノ設立ノ無效ナルコトヲ發見シタルトキ」は訴を以て其の無效を主張し得べきものとしていたのを、會社が成立すれば、事業に着手したると否とを問わず、直ちに訴を以て之を主張し得べきものとしたこと、㈡その訴提起の期間を會社成立後二年内に限定したこと、㈢訴が提起された場合にも、設立無效の原因たる瑕疵が補完せられたるとき又は會社の現況其の他一切の事情を斟酌して設立を無效とすることを不適當と認むるときは裁判所は請求を棄却することを得るものとしたことなどである。

（3） なお詐害行爲による合名會社の成立が訴を以て取消され得べきものとする規定を新設した（同一四一條）。

（4） 前記註2の㈢に掲げた裁判所の裁量による請求棄却に關する規定が削除され、又原告適格を有する者の内から監査役が削られた。

（5） 會社の設立無效に關する文獻としては、會社法に關する一般の教科書・註釋書が總てこの問題を取上げていることは言うまでもないが（岡野・會社法二八八頁以下、松本・日本會社法論四六二頁以下、田中（耕）・改訂會社法概論一七九頁以下、五八三頁以下、田中（誠）・新會社法論上一六三頁以下、大濱・改正會社法概論九三頁以下、一五八頁以下、野津・新會社法概論九八頁以下、鈴木・會社法六六頁以下、大隅・全訂會社法論上卷五四頁以下、二一六頁以下、大森・會社法講義四八頁以下、二八三頁以下、松田・會社法概論四五頁以下、等）之等のほかに、松本・商法判例批評錄三六〇頁以下、岡村「會社の事業著手前に於ける設立無效の訴」志林二七卷三號、志田「株式會社が事業に着手したる後其の設立の無效を發見したる場合に爲すべき清算を論ず」法協二六卷四號、Lehmann, Das Recht der Aktiengesellschaft, I. Bd. 1898, S. 415 ff., Wieland, Handelsrecht, 2. Bd. 1931, S. 82 ff., Hallstein, Die Aktienrechte der Gegenwart, 1931, S. 160 ff., Bondi, Nichtigkeit der Aktiengesellschaft, ZHR. Bd. 77. S. 442 ff. Bd. 78. S. 99 ff., Cohn, Nichtigkeit der Aktiengesellschaft, ZHR. Bd. 82. S. 105 ff., Grützmann, Bemerkungen über Nichtigkeiten nach Aktienrecht, Arch. f. c. P. Neue Folge 2. Bd. I. Heft. S. 52 ff., Houpin et Bosvieux, Traité général des sociétés, Tome 1. 1935, p. 910 et suiv., Escarra, Les sociétés commercials, Tome 2. 1951, p. 245 et suiv., Hémard, Théorie et pratique des nullités de sociétés et des sociétés de fait, 2. éd. 1926, Ballantine, On Corporations, 1946, p. 68 et seq., Cook, The Principles of Corporation Law, 1931, p. 708 et seq. なお歐州大陸法では、設立無效なる語は使用しないで、單に會社無效 Nichtigkeit der Gesellschaft, nullité de société と稱している。然し法律行爲無效の特殊の場合ということが考察の出發點になつていることに變りはない。

二 設立無效の原因

商法の定めた株式會社設立の手續は相當複雜であり、段階的に發展する手續の中で多數の設立干與者の行爲が逐次に積上げられて、最後に會社が成立するものとしているが、之等設立手續上の個々の要件が、形式上も實質上も瑕疵や缺陷なしに總て適法に充足されるということは必ずしも容易なことではない。何等か不測の事由のために、若くは一部の者の利己的又は背信的な目的のために、或種の瑕疵缺陷を包藏したまま設立手續を進行し終了してしまうことは寧ろ在り勝ちであつて、而も斯る瑕疵の入り込む危險は、會社が大規模になつて、設立干與者が多數になればなるほど益々大きくなる。從つて若し設立手續に於けるどの樣な瑕疵も總て會社の成立を妨げるものとするときは、會社、殊に大會社の設立は特に困難となり、惹いては株式會社形態による企業の創設、維持を阻害することになるであろう。(1)

會社成立に對する斯樣な傷害を減少するためには、設立無效の原因たる瑕疵を成る可く制限して、或る程度の瑕疵があつても直ちに會社の設立無效を招來しないものとすることが考えられるが、此の點に關する各國の立法例は極めて區々である。(2) 英米では會社成立(法人格の取得)までの手續を簡易にし、設立手續の大部分は會社成立後に行わるべきものとしているので、この成立後の手續に瑕疵があつても當該個々の行爲の效力に影響を與えるのみであつて、會社成立無效の原因とはならない。のみならず登記官の交付する成立證書(certificate of incorporation)は、適法に會社成立したることについての絕對的證據(conclusive evidence)とせられ、法務長官(Attorney General)以外の者は之を爭うことを得ないから、設立無效の場合は極めて局限されてくる。(3) 之に反し佛法その他大多數の立法例では、設立無效の原因を廣く認め、一般に法定の條件を履踐しない限り設立は無效たるものとしているが(L. 24 juillet 1867, art. 41.)一定の條件の下に瑕疵の補完を認めて設立無效となることから救濟する途を開いている立法例(例えば佛のL. 24 juillet 1867, art. 42 III, ajouté par L. 1er août 1893, art. 5.)も少くない。(4) 獨逸ではこの兩者の中間をとり、會社の無效原因を限定して、定款の絕對的必要事項の記載を缺き又はその記載が不適法なる場合に限り無效の原因たるものとし(AG. § 216 I. HGB. § 309)、その他の設立の瑕疵は會社無效原因たらざるものとしたのみならず、定款の絕對的必要事項の或るものについては、先ず之を定款變更の方法を以て補完すべきものとし、その補完なきときに初めて會社無效の主張が許さるべきものとしている（AG. § 216 II, 217, HGB. § 310.）(5)。之等の立法例を比較すれば、英米法の主義は會社の成立を確實ならしめる點に於て優れているけれども、人的或は物的基礎の薄弱な會社の成立を防ぎ得ないため、取引の安全を害する虞がある。之に反し佛法の主義は斯る缺點がない代りに、會社の成立を不安定ならしめるという弱點を免れない。玆に於て獨逸法の主義が中庸を得たものとして、多くの學者の是認する所となつている(6)。

然るに我商法は佛法の主義に近く設立手續に於ける如何なる瑕疵が設立無效の原因となるかについて、一般的な原則を掲げることをしなかつた(7)。從つて商法が會社設立手續の要件としている事項につき、欠缺又は違法があれば、原則としては設立無效の原因となるものと言わなければならない。然し商法の規定を仔細に檢討すれば、會社設立手續として規定する事項のうちには、何等かの瑕疵があつても、必ずしも會社の設立を無效ならしめるものではないという趣旨が、解釋上推論され得る場合が少くないのであつて、その結果設立無效の原因は可成り狹い範圍に壓縮されてくるのである。殊に設立に關する商法の規定の中には、單なる訓示的な規定や、或は違反に對する何等かの制裁はあつても、當該手續の效力には影響なきものとする所謂命令的な規定も相當多數あつて、之等の規定に違反しても、當該個々の手續の有效なることに變りはないから、從つてまた手續全體として會社設立の效力にも影響なきこと言を俟たない。のみならず所謂效力的な規定であつて、その違反は當該行爲を無效ならしめる場合であつても、商法が發起人その他の者に特別な補完の責任を課したり、或はその後の手續の進行によつて、從前の手續に存した瑕疵の援用を許さざるものとしたりする場合には、法律は一應かかる特別な效果を以てその瑕疵を治癒することを豫定しているわけであつて、從つて之等の方法を以て瑕疵の治癒され得る限度に於ては、設立手續上の個々の行爲の無效取消は、全體としての會社設立の無效原因にはならないものと解さなくてはならない。商法に特別な治癒の規定がない場合に於てすら、その事項を設立手續中に要求していることの立法理由から判斷して、後日の補完を認むべきものもある(8)。然し設立手續に於ける如何なる瑕疵が會社設立無效の原因となるかは、結局は個々の場合につき、設立手續全體との關連に於て綜合的に判定する外なく、一般的な原理を設けることは困難である。(9)

(1) Lehmann, a. a. O. S. 421.

(2) 岡野・前掲二九二頁、Lehmann, a. a. O. S. 416 ff., Wieland, a. a. O. S. 82 ff., Hallstein, a. a. O. S. 161.

(3) The Companies Act, 1948, sec. 15 (1).――The Companies Act, 1908, sec. 17, The Companies Act, 1929, sec. 15. も同主旨。Ballantine, op. cit. p. 68, Cook, op. cit. p. 708.

(4) 例えば瑞西では、無效の原因を列擧的に限定はしないが、會社の設立が法令又は定款に違反し、且つ之がため債權者又は株主の利益が著しく害せられる場合でなければならないとする (Schw. OR. § 643 III)。

(5) 獨逸舊商法 ADHGB には特別の規定がなかつたので、何が無效原因たるかについて學説上の爭があつた (Lehmann, a. a. O. S. 423. ff.)。獨逸商法 HGB § 310 は現行株式法と同様に無效原因を限定する規定を設けたが、なお明確を缺いたので、その規定の外になお他の無效原因たるものありや否やについて爭があつた (Wieland, a. a. O. S. 84. Anm. 7, 8. 岡野・前掲二九四頁)。株式法 AG § 216 I.S. 2. は特に明文を設けて、他に無效原因なきことを規定している。但し斯様に無效原因を限定的に列擧するのは、立法例としては他に類例が少い。無效原因に關する限り我國も獨逸法の主義を採らない。

(6) 岡野・前掲二九三頁、田中(耕)・前掲五八四頁、田中(誠)・前掲一六四頁、大隅・前掲二一八頁、Lehmann, a. a. O. S. 421 ff.

(7) 一方に於て商法は、株式會社設立について特有な無效原因を特に規定していない。故に一般原則に從つて判斷される以上の無效原因なるものはない。一般原則を縮少することだけが問題なのである。但し獨禁法一八條は、設立された會社が持株會社たることを以て設立無效原因としている。この規定は、會社の定款に會社の目的として持株會社たること(同法九條三項)を記載した場合に限り適用されるものであるか、或は定款に記載しない隱れた持株會社にも適用あるものであるか疑があるが、後者だとすればそれは設立行爲自體から見れば單なる動機の違法に過ぎず、商法上は直ちに無效原因とは認め難く、從つて商法に豫定してない新な無效原因を獨禁法が新設したことになる。

(8) 昭二五年商法改正前は、成立無效の原因たる瑕疵が補完せられたるときは、設立無效の訴は請求棄却され得べき旨の規定があつたが（當時の四二八條三項・一三六條三項・一〇七條）、同年の改正で削除された。然しこの規定は一般に設立の瑕疵は補完され得べきことを規定したのではないから、補完され得べき瑕疵であるか否かは別に考察しなければならない。そして補完されてしまえば、之によつて設立無效の原因も消滅するから請求棄却となるのは當然である。故に右の規定は少くとも瑕疵補完の點に關する限りは理論上當然のことであつて、之を削除しても結論に變りはない。この規定の削除によつて、瑕疵の補完は一般に否定されたと解すべきではない。

（9） 田中（誠）教授は、設立に關する規定は强行法規であるけれども、設立無效の原因を成る可く少く狹く解するため、出來るだけ之を命令規定と見るべきことを强調される（田中（誠）・前掲二九頁、一二五頁、一六四頁）。法解釋に對する基本的態度は別として、設立に關する規定が假令效力規定であつたとしても、之がため直ちにその違反が設立無效の原因たるものと解すべき必然性はないから、教授の主張はやや的を外れたものと思われる。或は教授の言われる效力規定という意味は、例えば創立總會に關する或る規定が效力規定だとすれば、當該規定に違反して爲された創立總會の決議が無效となるというだけではなくて（私見によれば、之だけでその規定を效力規定と呼ぶに充分である）、更に斯る創立總會を經て設立された會社の成立をも無效ならしめるということに在るとすれば、用語の使い方の争に歸する。

二　定款の作成と發起人

會社の成立は法律行爲である。卽ち會社成立を意欲する意思表示を不可缺の組成分子とする。故に斯る意思表示を全然缺く場合（暗默の意思表示すら推認され得ない場合）には會社設立なる法律行爲は初めから成立せず從つて其の有效無效は問題となる餘地もない。故に明示又は默示の意思表示あつてのことであるが、然し會社設立の意思表示は要式の意思表示であつて、定款作成なる方式を以て爲されることを要する。從つて假令會社設立の意思表示があつても、此の方式を履まないときは、設立は無效となる。定款作成は七人以上の者（發起人）が定款の書面に署名（又は記名捺印）することによつて爲す。此の署名が會社設立の意思表示の方式であり、且つ此の署名によつて、その署名者卽ち設立の表意者が發起人となる。發起人（卽ち會社設立の表意者として定款に署名を爲した者）が七人に滿たないときは會社の設立は無效である（一六五條）[1]。且つその署名は會社設立の意思表示として實質的に有效であることを要し、設立の意思表示として無效（例えば錯誤、僞造、無權代理など）[2]であつたり、或は取消原因（例えば詐欺、强迫、無能力など）[3]があるため取消されたりした場合には、その者は發起人たることなく、前記七人の内には算入されない。但し發起人としての署名者のうちに、意思表示無效の者又は取消した者があつても、殘る有效な署名者が七人以上ある限り、會社の設立は無效とはならない。蓋し會社設立は所謂合同行爲であつて、數名の發起人が共同して爲した會社設立の意思表示を組成分子として成立するけれども、それが有效なるがためには七人以上の者の有效な意思表示があるを以て足り、その餘の表意者の一人について存する意思表示の無效取消は、他の表意者の意思表示の效力には影響なきものと解すべきであるからである[4][5]。

（1） 大判昭和八年九月一二日民集一二卷二三三二頁。學說も略一致している。なお疑似發起人（一九八條）として責任を負うべき者が何人あつても、それは發起人その者ではないから、發起人の員數不足を補充する效果はない。

（2） 無權代理の效果については民法は契約と單獨行爲とを區別して規定しているが、合同行爲については直接規定していない。然し合同行爲に關しては、單獨行爲の無權代理に關する民法一一八條が類推せらるべきことは民法學者の認める所である（我妻・民法總則二〇三頁）。故に定款作成は相手方なき單獨行爲と同樣に、その無權代理は當然確定的に無效であつて追認によつて有效ならしめ得ないと解すべきである。

（3） 無能力者が會社設立の意思表示を爲しても、その效果は無能力者自身について生ずるのではなく、會社たる社團について生ずるのであるから、この點のみならば表意者の行爲能力は不必要で、無能力に因る取消は否定さるべきであろうが（民法一〇二條類推）、定款作成の附隨的效果として、發起人に重大な義務及び責任を生ずるから、この點で無能力による取消を認むべきである。

（4） 松本・日本會社法論四六三頁。之に反し合名會社（及び合資會社、一四七條）に於ては社員の一人について定款作成の意思表示に無效又は取消の原因があれば、會社成立全體が無效又は取消し得べきものとなることは、一三九條一四二條からも明かである。それは言うまでもなく合名會社に於ては社員間の人的信賴を重視するからであつて、組合的な變貌を受けているのである。田中（耕）・前掲一七九頁、大隅・前掲五五頁。斯る取扱は合同行爲の本質に照して見れば一つの異例と言う外はない。故に株式會社について一三九條の如き例外規定がないのは、原則に復して、發起人の一人について無效取消の事由があつても、それだけでは會社設立は無效にはならないとしているからである。反對に發起人の一人について存する事由に因り設立無效となり、而も其の場合に會社繼續の途がないということになるのではない。

（5）發起人の定款署名は何時爲さるべきかは商法に特別指定されていないが、遲くとも公證人の認證の時に於て七人以上の發起人の有效なる署名が爲されていることを要するものと解すべきであろう。判例（大判昭和八年四月二四日民集一二巻一〇一三頁）は會社成立（當時の規定で創立總會終結）後に發起人の署名を追完し得べきものとしたのであるが、現行法の解釋としては之を承認し得ない。

三　定款の内容

定款が作成されていても、その內容に於て絕對的必要事項の全部又は一部の記載を缺き、又はその記載が不適法であるときは、會社の設立は無效である。(1)(2) 定款の他の部分（相對的必要事項及び任意事項）の記載を缺き又は記載が不適法であつても、定款のその部分だけが無效となるに止まり、定款全體としては有效であるから、會社の設立が無效となることはない。

（1）獨逸法はこの場合だけを會社無效の原因たるものとしている。且つ會社成立後定款變更によりその欠缺又は不適法の部分の補完を認める（AG §§ 216 I II. 217.）我國でも昭和一三年の改正前は一部の絕對的必要事項については、定款にその記載を缺く場合に、創立總會又は株主總會に於て之を補足し得べき旨を定めていた（當時の一二一條）。昭和一三年の改正でこの規定は削除されたので、現行法上は斯る補足は許されないものと見る外はない。卽ち定款は發起人の署名の時（卽ち作成の時）に絕對的必要事項の欠缺又は不適法の部分あるときは、會社の設立は無效であつて、定款變更の方法によるも後に之を補完して設立無效を免れることはできない。但し立法論としては一定範圍の補完を許し又は命ずべきであろう。

（2）尤も法律關係に實質的な影響を與えない程度の輕微な誤記は、設立無效の原因にならぬものと解すべきである。例えば本店所在地或は發起人の氏名住所等に僅少の誤記があつても、その所在地又は發起人の特定に支障なき程度のものである場合の如き之である。

四 定款の認證

定款は公證人の認證を受くるに非ざれば其の效力を有しない(一六七條)。故にその認證を受けなかつたり(1)、又は受けたる認證が無效である場合(2)には、定款が無效となり從つて會社の設立も無效となる。

(1) 認證は何時までに之を受ける必要があるかは直接規定はないが、會社成立(設立登記)の時に認證を受けておればよいものと解すべく、それ以後に認證を受けたのでは設立無效を避け得ない。尤も募集設立の場合には有效なる定款の存在すること、從つて定款認證ありたることは、株主募集の前提條件であり、定款認證前に爲された株式の引受は無效と見るべきであるから、此の點で設立無效となる危險がある(後述五參照)。然しこの場合にも認證を缺き又は認證が無效なるが故に設立無效だというのではなくて、株式の引受が無效なるが故に、時には設立無效となり得るというに過ぎない。なお定款認證に關する事項は株式申込證の記載要件であり(一七五條二項一號)、會社成立後は株式申込證の要件の欠缺を理由として引受の無效を主張することを得ないけれども(一九一條)、此の場合は認證に關する記載を缺き又は記載が不適法だというのではなく、認證そのものの不存在を言つているのであるから、單なる記載の方式の問題ではない。一九一條の適用外である。

(2) 公證人の認證文を僞造したり、公證人に非ざる者が自ら公證人として認證を與えたりした場合の如し。之に反し認證についての公證人の管轄(公證人法六二條ノ二)その他の手續に違法の點ある場合に、それが會社設立無效の原因たるか否かは多少疑問であるが、その手續規定の中にも單なる訓示規定と解すべきもの(例えば公證人法三七條一項・六〇條・五八條三項・六二條ノ三、四項など)や瑕疵ある手續の追完を認めたもの(例えば同法三二條三項・三三條二項・六〇條・六二條ノ三、四項など)があり、前者に違背しても認證の效力には影響なく、又後者の違背もそれが追完される限りは認證は有效となるから、その限りでは何れも設立無效の原因とはならないが、その他の手續違背は認證そのものを無效ならしめ、從つて會社の設立は無效となるものと見なければならない。

五　株式發行事項の決定

一六八條ノ二の規定に基き發起人全員の同意を以て定むべき事項（但し同條三號の事項を除く）を全く定めなかつたり、その定の內容が違法であるため無效であつたり、その決定につき發起人全員一致の同意がなかつたり、或は形式上全員一致の同意があつても、その內に錯誤、無權限、詐欺、强迫その他の事由に因り無效又は取消されたものがあるため、實質的には全員一致の同意が成立していないような場合には何れも會社の成立は無效となるものと解すべきである。蓋し商法が特に之等の事項の決定に發起人全員の同意を要求しているのは、之等の事項が會社設立のための基礎的重要事項であるから、特に愼重に定めしめる主旨であつて、本來定款の內容たるに適する事項であるが、多少臨機の定を爲す餘裕を與える意味で、定款の絕對的必要事項から外して置いたに過ぎない(1)。即ち專ら會社の基礎的事項の定を確實にする主旨であつて、發起人自身の利害を考慮した制度ではないからである(2)。發起人全員の同意は何時成立することを要するかについても直接規定はないが、之等の事項が株式發行に關するものである所から考えて、遲くとも株式の發行前たることを要するものと解すべきであろう(3)。之に反し一六八條ノ二第三號の定は之を爲さず、爲した定の內容が違法であり又は之を定めるに發起人全員の同意を以てしなかつたとしても、單に無額面株式の發行價額の全額が資本に組入れらるべきものとなるに止まり（二八四條ノ二、一項）、會社の設立無效の原因とはならない(4)。

(1)　內容的に見て一六六條一項六號に掲げた定款の絕對的必要事項と一六八條ノ二に掲げた事項とは、同系統のものであつて、一を定款の絕對的必要事項、他を發起人全員の同意事項としたのは、事柄の輕重というよりは、臨機の處置の必要度によるのである。

(2)　結果に於て多數說である（鈴木・石井・改正株式會社法解說四〇頁、大隅・大森・逐條改正會社法解說六〇頁、その他）。之に對し田中（誠）・前揭一六五頁は、發起人全員の同意の有無は株式申込證の法定記載事項ではなく、公式に確かめる方法を有しないから、引受人及び利害關係人保護の見地から無效原因とはならないと解すべきものとし、松田・前掲九三頁は、この場合の發起人全員の同意は、内部的の意思決定に止まるから、對外的な效力には影響なきものとする。然しそれでは商法が一六八條ノ二を特に設けた主旨がはつきりしない。

（3） 尤も株式發行（卽ち株主の募集）に着手した後に、全員の同意が得られたという場合に、直ちに設立無效となると解すべきではなく、全員の同意が成立する前に爲された株式の引受が無效となり、ひいては設立無效の原因たることがある（後述**六**參照）と解すべきであろう。この意味で全員の同意は直接に會社設立の條件となるものではなく、株式發行の有效要件として、之を缺くときは株式の發行が無效となり、その結果間接に設立無效を來すものと解すべきである。換言すれば全員の同意そのものとしては何時成立しても有效であるが、それ以前には株式引受を有效に爲し得ないと解すべきであろう。但し鈴木・石井・前掲四一頁、大隅・前掲一七六頁等は全員の同意が後日に成立した場合には設立無效原因は除去されると解する。

（4） 鈴木・石井・前掲四一頁、大隅・大森・前掲六〇頁。

六　株式の引受(1)

會社の設立に際して發行する株式の總數の引受ありたることは會社設立手續中の一段階として要求されているから（一七〇條一項、一七七條一項）、設立に際して發行する株式總數の全部又は一部の引受を缺いたり、その引受が無效又は取消されたりしたため、總數の引受がない場合には、設立の條件を缺くことになり、本來なら設立無效の原因たるべきものである。然し株式申込證に依る株式の申込には民法九三條但書の規定の適用なきものとし（一七五條四項）、且つ株式を引受けたる者は會社の成立後は錯誤若は株式申込證の要件の欠缺を理由として其の無效を主張し又は詐欺若は强迫を理由として其の引受を取消すことを得ざるものとしたため（一九一條）、株式引受の無效取消が、就中會社成立後に、問題とされる場合が相當制限されてくるのみならず、之等の規定によつても救い得ない引受の欠缺（無效取消又は不存在）があつた場合には(2)、發起人が共同して之を引受けたるものと看做しているから（一九二條一項）、結局會社成立後に仍引受なき株式があつたとしても、法律上自働的に發起人の引受が擬制されてしまつて、結果的には引受なき株式が殘存するということは在り得ないことになる。斯る規定を設けた以上は、引受欠缺は當然補完されて會社設立無效の原因とはならぬものと解すべきである。この點昭和二五年の改正前の規定では、引受なき株式については發起人が連帶して引受ける義務あるものとして居つて、その義務を履行して現實に引受を爲すまでは、引受なきままに殘つていることになるから、改正法とは多少異つているが、引受なき株式があつても設立無效にはしないという主旨には變りがない。(3) 但し舊法時代の判例では、その引受欠缺が極端に多くて、全く引受なきか又は殆ど之に近い場合、若くは會社資本の鞏固と事業の遂行に障害を與える程度に甚しいときは、會社の設立無效の原因たるものとしている。(4) この判例の趣旨は恐らくは改正法上も踏襲されるであろう。(5)

(1) 株式引受の性質、内容等については學説紛糾して歸一するに至らないが、現在總ての學者によつて共通に述べられている所では、株式引受は定款作成と共に會社設立の行爲若くは意思表示であるとし、或は株式引受のみが會社設立の行爲若くは意思表示であつて、株式會社の定款作成は會社設立の意思表示たる性質を有せざるものとする。何れにしても株式引受が會社設立の意思表示を含むと見る點では一致している。そこで設立無效といえば、引受の無效と本來同視すべきものと解しつつ、而も個々の引受の無效が直ちに設立の無效とはならない理由の追究を試みるのである。然し私見によれば株式會社の場合にも會社設立の意思表示は定款作成そのものに外ならず、株式引受の方は會社設立の意思表示を包含しない。即ちそれは一定の引受價額を會社に出資して、會社の發行する株式を原始的に取得することを目的とする法律行爲（契約か合同行爲かは暫く措く）である。固より會社設立に際して發行する株式の引受は會社の成立を豫定して爲されるものであるけれども、當事者はその引受に際して會社成立を意欲する意思表示を爲すわけではない。かかる意思表示は既に發起人が定款作成を以て之を爲しているから、之を引受の當事者が再び反覆する必要もない。引受に於ては會社成立は既にその論理的な前提として考えられているに過ぎないのである。斯く解するときは、引受の無效取消は設立の無效取消とは直接關係なきこと自ら明かなるのみならず、その他の設立に關する多くの現象をも故障なく説明し得るのである。但しこの點の詳論は自ら本稿の目的を逸脱するから、他の機會に之を讓る外ない。

(2) 例えば申込の僞造、無權代理等による引受の無效、無能力に因る引受の取消、一六九條による發起人の株式引受が書面に依らずして爲されていること、など。

(3) 引受の義務を負わしめるよりは、引受を當然に擬制する方が、瑕疵の補完は一層嚴密であるから、設立無效を排除する力も新法の方が一層强いと解すべき理由がある。

(4) 大判大正五年一〇月二五日民錄二二輯一九七三頁。それ以來同主旨の判例が屢々繰返されている。判例に現われた引受欠缺の許容限度は具體的な案件によつて著しい開きがあるが、極く大雜把に表現することが許されるならば、大體過半の株式の引受が有效に爲されていれば、設立無效にならぬとされているようである。

(5) 多數の學說も判例に贊成する(大隅・大森・前揭九一頁、大濱・前揭一六〇頁、その他)。但し田中(誠)・前揭一六五頁は改正法は發起人が當然引受けたことになり、引受の欠缺ということは生じないから、判例のような問題もなくなつたと解せられる。然し擬制はあくまで擬制であつて、實質的に社團が完成したことを意味しない。法律は右の擬制によつて社團構成の缺陷を補うつもりであるけれども、この補充を以てしてもなお定款所定の會社の本體たる社團として著しく弱體であるならば、設立無效の原因として妨げなきが如くである。のみならず改正法は發起人の當然引受を擬制したため、會社成立後に引受なき株式を引受けて、所期の社團構成を完成すること、換言すれば會社成立後の引受によつて、設立無效原因を補完するということが不可能となつたものと思う。

七 拂込

各株につき其の發行價額の全額の拂込ありたること、及び現物出資の目的たる財產全部の給付を完了したることも、會社設立手續の一段階として要求されているから(一七〇條・一七二條・一七七條)[1]、本來は右の拂込又は給付の全部又は一部を缺き、或は拂込又は給付が無效又は取消された場合[2]の如きは、直ちに會社の設立無效を來すべきであるが、商法が發起人の連帶拂込義務を認めた結果(一九二條二項)[3][4]、拂込の欠缺は必ずしも直ちに設立無效の原因とはならない。但しこの場合にも判例は會社資本の鞏固と事業の遂行に障害を與える程度に拂込を欠缺するときは、會社の設立

無效の原因たるものとしている。(5)

(1) 商法は「遲滯ナク」拂込を爲し又は爲さしむべき旨を規定するが、此の點は單なる訓示的規定であつて、拂込徴收に遲滯があつてもそれ自體は設立無效の原因にはならない。

(2) 例えば申込證記載の拂込取扱場所以外に爲された拂込は無效である。拂込取扱場所に關する申込證の記載を缺き又は記載が不適當なとき(例えば銀行・信託會社以外の者を指定したとき)は、申込證の要件の欠缺として、會社成立後はその引受無效の主張はできなくなるが(一九一條)、斯る申込證に基いては有效な拂込を爲さしめる途がなく、且つその拂込の無效なることは會社成立後でも主張し得べきものと解する。

(3) 拂込を取扱つた銀行又は信託會社の責任(一八九條二項)によつても、實質上の拂込欠缺を補完し、從つて設立無效の原因を除去し得る。

(4) 一九二條の規定は現物出資については適用がないというのが多數説であつて、此の説によれば現物出資を爲すべく定款に記載されている者が、定款の規定通りに現物出資による株式を引受けなかつた場合並びに定款通りに引受けてもその給付を爲さなかつた場合には、一九二條による補完はないから、設立無效を避け得られない筈である(大隅・前掲二一〇頁)。然し一九二條は現物出資についても適用あるものと解する立場からは、その引受又は給付の欠缺は直ちに設立無效の原因とはならないことになるであろう(伊澤・註解新會社法三〇三頁、國歳・松本記念論文集三一〇頁)。

(5) 判例は會社の設立無效に對する關係に於ては引受欠缺と拂込欠缺とを常に同列に置いて考えている。然し引受の欠缺は、法律が特に發起人に引受義務を課するなり、引受を擬制するなりしない限り、本來の引受義務者なり引受人なりは存在しないわけであつて、そのままの狀態で引受欠缺を強制的に補足する途はなく、又發起人の責任を認めれば、その發起人のみが唯一の責任者となる外なく、他に本來の責任者は存在しない。然るに拂込欠缺は、法律が特に發起人に義務を負わしめないでも、本來の拂込義務が引受人に在るのだから、引受人に履行を求めて強制的に之を充足し得べきものである。發起人の責任を規定した場合にも、本來の義務者は依然として引受人であつて、發起人は單に副次的義務者として參加するに過ぎない。故に引受又は拂込欠缺の許容限度を考える場合には、この兩者の間に當然差異があるべきであつて、引受欠缺の方は會社成立の時の狀態に於て發起人の責任を以て補充し得る限度以上には之を改善する見込が全くない(改正前でもその見込が少かつた)のに對し、拂込欠缺の方は、現物拂込が殆ど爲されていなくても、會社は拂込を徵收する權利をもつているのであるから（特に事實上會社が簡單に之を徵收し得べき狀態に在るならば）、設立無效の原因とはならないものと解すべきであろう。殊に拂込欠缺の程度は、會社成立の時を基準として判斷すべきではなく、口頭辯論終結の時を基準にして、現に拂込がどの程度欠缺するか及び將來拂込徵收がどの程度成功する見込があるかということで設立無效の原因の有無を判斷すべきである。但し一說によれば拂込欠缺はその程度如何を問わず全然設立無效の原因にはならないと解しているが（松本・前揭四六五頁、田中（誠）・前揭一六五頁）、拂込が殆ど行われて居らず且つ將來行われる見込もない場合にも、設立無效にならないというのは行き過ぎである。

八　檢查役

一七三條又は一八一條の手續を經ないで爲した會社設立は無效である。然し發起人等が之等の規定に依り選任された檢查役の調查を妨害したとか、或は檢查役の作成した報告書の內容に虛僞若しくは不完全の點があるというだけでは、設立無效の原因にはならない(1)。

（1）　大濱・前揭一六一頁。

九　取締役監查役の選任、創立總會

㈠　發起設立の際に發起人が一七〇條の規定に從つて取締役監查役を選任せず、或は選任行爲が無效又は取消された場合にも會社の設立は無效にはならないというのが通說である(1)。然し全然その選任がない場合には、會社は設立登記を爲すことも出來ないのであつて（非訟一八七條一項）、假令何人かが取締役監查役と稱してその登記を爲しても、斯る登記は當該會社を成立せしむる效力なく、會社成立の外形を作出する力もない(2)。斯る登記は全然無效であつて、會社成立に關しては登記なき場合と同一である。從つて設立無效というよりは會社不成立の場合となるのである。之に反し發起人が取締役監査役を選任して居つても、その選任行爲が無效であり又は取消されたというならば、會社の設立は無效としなければならない。蓋しこの場合にはたとえ表見的のものにもせよ、取締役監査役があつて、會社設立の登記を爲せば、之によつて會社成立の外形を作出する力はあるから、會社不成立とは言えないと共に、取締役監査役がその權限を有しないでは會社として正規の活動を爲し得ないという組織上の重大缺陷があるから會社は外形上成立はしているが、その設立無效は避けられないと解すべきであるからである。但し株主總會が後任の取締役監査役を選任した後は會社としての活動に支障なく、從つて設立無效の原因は消滅するものと解すべきであろう。[3][4][5]

(二) 募集設立の際に、發起人が創立總會を招集せず、又はその招集された創立總會が商法所定の必要議事の全部又は一部を終了しない場合、若くは創立總會の所要の決議が内容違法のため當然無效なる場合等には會社の設立は無效である。即ち創立總會に於て發起人が創立事項の報告を爲さず(一八二條)、取締役監査役が調査報告を爲さず(一八四條)、檢査役の報告書を提出しなかつた場合(一八一條二項)などは何れも設立無效となる。然しその調査が不充分であつたり報告の内容が虛僞又は不完全であつたというだけでは設立無效にはならない。次に創立總會の決議が一八〇條三項・二四七條に依り取消し得べきものであつても、その取消の判決が確定しない限りは設立が無效となることはない。且つ決議取消の訴及び判決は創立總會に於ける個々の決議について爲され、從つて判決を以て取消された決議の内容が、會社成立の要件とされるものである場合に限り、その取消は設立無效を招來するが、さもなければその決議の取消は會社の設立を無效ならしめない。從つて例えば創立總會に於ける定款變更の決議(一八五條一項・一八七條一項)が取消されても、その結果は單に定款は變更されなかつたことになるだけであつて、設立無效にはならない。尤も一八五條二項・一七三條三項後段の規定に從つて爲される定款變更の決議が取消された場合には、設立無效となるものと見なければならない。取締役監査役選任の決議が取消された場合にも、取締役監査役に缺員を生ずるに止まり、設立無效にはならないものと解すべきである。[6][7][8][9][10][11][12]

(1) 田中(誠)・前掲一六六頁、Lehmann, a. a. O. S. 429.

(2) 斯る自稱取締役が會社の名に於て何等かの行爲を爲しても會社の行爲と認めるに由がない。自稱取締役個人の行爲である。

(3) 例えば公權剝奪された者又は公權停止中の者を選任した場合(舊刑三一條・三三條)、發起人の議決權の過半數に達せざる者が選任を決定した場合(一七〇條二項)等は選任無效である。獨禁法違反の選任も無效となる場合があるであろう(同法一三條)。又選任の決議につき詐欺强迫等があれば取消し得る。尤もここで問題にするのは會社成立前に取消された場合のことである。會社成立後に選任が取消されても、單に取締役監査役に缺員を生ずるに止まり、設立無效にはならない。

(4) 前註2の場合と異り、この場合には取締役の行爲については表見代表の法則が適用され、會社の行爲として效力を生ずべき可能性がある。從つて設立無效とする實益も出てくる。

(5) 斯る表見取締役の招集した株主總會の決議は、招集の手續に法令違反あるものとして取消され得べきものであるが(二四七條)、取消さずに置けば後任取締役選任の決議は有效である。

(6) 取締役監査役選任決議無效の場合に付き大判大正一四年一〇月二七日評論一四巻商四三一頁。なお創立總會が設立廢止の決議を爲したるに拘らず、設立登記が爲された場合にも設立無效となる。

(7) 大判昭和一一年五月二六日法學五巻一五一八頁。

(8) 松本・日本會社法論四六六頁。

(9) 大濱・前掲一六一頁。

(10) 後述の如く設立無效についても提訴期間の制限があるので(四二八條一項)實際問題としては決議取消の訴と設立無效の訴とを併行して提起する必要がある場合が多い。

(11) 設立廢止の決議が取消された場合の如きは、却つて設立無效の原因が除去されることになる。

(12) 創立總會が取締役監査役選任の決議を全然爲さなかつた場合の效果は、前述の發起設立の際に發起人がその決定を爲さなかつた場合と同一に解してよい。

一〇 登記

會社が本店所在地に於て設立の登記を爲さない限り、會社は外見上もまだ成立したものとは認められないから（五七條）、會社不成立又は未成立であつて、設立無效の問題を生ずる段階に至つていない。(1) 一旦爲された設立登記が非訟一四八條ノ二・一五一條ノ二、三、四などの規定に基き抹消された場合にも、會社不成立になるのであつて、設立無效となるのではない。(2) 設立登記期間の不遵守は設立無效の原因にはならない。支店所在地に於ける登記や變更登記の有無も、會社の設立の效果に影響はない。

（1） 大隅・前掲二二〇頁。反對に設立登記だけは立派に爲されていても、設立行爲の實體を全く缺く場合には、設立無效となるのではなくて、會社不存在である（後述參照）。

（2） 非訟法は、一般に商業登記が商法、有限會社法又は非訟法の規定に依つて許すべからざるものなることを發見したるときは、同法所定の手續を以て之を職權抹消し得ることとし、その規定は會社の設立登記についても例外なしに適用せらるべきものとしている。然し立法論としては、會社設立の登記が一旦爲された以上は、假令違法の點を發見しても濫りに之を抹消すべきものではなく、少くとも設立無效の原因たる瑕疵ある場合に限り抹消を許すべきであり、而もその抹消の效果も設立無效の判決確定せる場合と同等に規定すべきである。それと共に設立無效の原因あるときは、登記それ自體について違法の點がなくても、職權による抹消を認めることが、公益的立場から望ましいのではあるまいか。AG. §§ 216 III. 218.

三 設立無效の主張

一 序說

一般の法律行爲の無效の場合として考えるならば、會社の設立に無效の原因が含まれている限り、その無效なることを主張するについては別段の制限なく、何人から何人に對しても、何年經過後であつても、又獨立に主張することも他の主張に對する攻擊防禦の方法として主張することもできる筈である。然るに商法は獨逸法(1)に倣つて、その主張につき重要な制限を設け、株式會社の設立の無效は會社成立の日より二年內に限り、且つ訴を以てのみ之を主張することを得べく、而もこの訴は株主又は取締役に限り之を提起することを得るものとした（四二八條一項・二項）[2]。從つて假令設立無效の原因があつても、右以外にはその無效なることを主張する方法がないのである[3]。然し他方に於て右の訴に基き會社の設立を無效とする判決があれば、その判決は第三者に對しても其の效力（既判力）を有するものとし（四二八條三項・一三六條三項・一〇九條一項）、その訴の當事者以外の總ての者に對する關係に於ても、設立の無效なることが確定し、最早何人も之を爭うことを得ないものとした。

（1） 獨逸でも舊商法 ADHGB にはまだこの點について別段の規定はなかつたが、新商法で初めて之を規定し（HGB § 309）、株式法が之を引繼いでいる（AG § 216）。之に反し佛法では無效の主張について特別な制限はなく、株主のほか會社の債權者、債務者も會社又は他の株主に對し設立無效の訴を提起し得べく、會社解散後も之を提起し得る。但しその訴は會社成立後五年を以て時效にかかる（L. 24 juill. 1867, art. 42 III）。判決の既判力の及ぶ範圍については爭がある（Esccarra, op. cit., p. 339 suiv.）。白、葡、伊等も大體佛法に近い。英米では前述の如く會社設立證書が絕對的證據であつて、一般に之を爭うことを得ないが、法務長官 Attorney General のみが國王の名に於て登記を抹消し得べきものとし（英）、或は州のため權限開示の訴 Quo warranto proceeding を提起し得る（米）、Cook, op. cit., p. 708.

（2） 新設合併並びに組織變更に因る會社の設立無效は、四二八條の規定によるのではない。前者は合併無效の訴として別に規定されて居り（四一五條・四一六條）、玆には觸れない。後者については特別の規定はないから、その主張並に效果は一般原則によるものと解する外はない。大判昭和八年一一月二九日新聞三六七四號、大判昭和一一年九月九日法學五卷一九九三頁。然し組織變更が無效であつたとしても、從前の組織のまま法人格は存續していることになるから、普通の設立無效の場合の如き混亂の生ずる恐れはない。但し判例によれば舊商法の合資會社より株式會社への組織變更については、設立無效に關する規定が適用されるものとする（大民聯判昭和一三年一二月二六日民集一七卷二七六五頁）。

（3） 獨逸では登記官吏の職權による無效の登記を認めているが（AG § 216 III, § 218 I）、我國では公權的な設立無效の手續を規定しない。非訟法一五一條ノ二で設立登記の職權抹消はできるが、設立無效の原因が直ちに職權抹消の理由たり得るかは疑問である。寧ろ商法が設立無効を私的訴訟のみに限定した所から見れば、職権抹消の許されるのは單なる登記の手續違反の場合のみであつて、實質的な設立無效の原因では抹消を許さないものと解した方がよいであろう。商法五八條一項三號の規定する法務大臣の解散命令も、會社設立後の事由に基くものであつて、假に設立そのものが公益上有害であつても、同條による解散命令の對象にはなり得ない（例えば拂込欠缺のため經濟的基礎の缺けた場合など）。立法論としては、公益的な立場からの設立無效の主張も制度上用意して置くべきであつて（但し部分的には獨禁法一八條に規定がある）、之を私的訴のみに委ねたことは妥當でない。

二 設立無效の訴

㈠ 會社の設立の無效は訴を以てのみ之を主張することを得る（四二八條一項）。獨立の訴（反訴でもよい）を以てのみ無效の主張を許し、他の訴訟に於ける抗辯などでその主張を許さないのは[1]、會社の設立が果して無效であるか否かを、單に判決理由中に判斷するを以て足らず、その主文に於て明確にせんとする主旨である。

㈡ 此の訴の原告たり得る者は株主又は取締役に限る[2]（四二八條二項）。株主はその持株數に拘らず原告たり得る[3]。設立當初からの株主のみならず、新株の株主又は株式を讓受けて株主となつた者でも差支えない[4]。株主總會に出席したり、その他株主の權利を行使した後であつても訴を提起し得る[5]。然し訴提起の時に株主たることを要し、且つ口頭辯論終結に至るまで引續き株主たることを要する[6]。株主たる地位が中斷しない限り、原告の持株に增減變動があつても差支えない。次に取締役は株主であると否とに拘らず、又代表取締役であると否とに拘らず、この訴の原告たり得る。但し訴提起の時から口頭辯論終結の時まで引續き取締役に存在することを要し、途中退任するときは、その者が初から株主であるときの外は、その訴は不適法となる。なお會社整理につき管理人が選任されたときは、原告適格は取締役にはなく、その管理人に專屬する（三九八條二項）。會社解散後は取締役は退任し清算人が之に代るが、設立無效の訴を清算人が提起することはできない（四二八條二項は清算人に準用されない。四三〇條三項）。故に會社解散後は株主のみがこの訴を提起し又は之を維持し得るものとなる。(7) 以上の外には原告適格を認められた者はない。故に例えば發起人、會社債權者又は債務者などはその資格に於てこの訴を提起することを得ない。(8) 昭和二五年の改正前は監査役も亦原告たり得たけれども、改正後は監査役の權限縮小に伴い、この訴の原告適格も削られた。斯の如く原告適格を限定したのは、利害關係の薄い者の濫訴を防止する意味である。(9)

(三) この訴の被告たるべき者は會社である。(10) 原告が一般の株主(取締役に非ざる株主)なる場合には、その訴につき會社を代表すべき者は代表取締役である(二六一條三項・七八條)。取締役が原告なる場合には、會社を代表すべき者は取締役會又は株主總會の決議を以て之を定める(二六一條ノ二)。會社解散後は代表清算人が會社を代表する(四三〇條二項・二六一條二項)。(11) 但し會社が破産に因って解散した場合には、破産財團に關する訴については破産管財人が原告又は被告となるが(破一六二條)、設立無效の訴は破産財團に關する訴ではないから、破産管財人を被告とすべきではなくて、會社を被告とすべく而もその訴につき會社を代表する者は依然として代表取締役である。(12)

(四) この訴の管轄裁判所は會社の本店所在地の地方裁判所であり、專屬管轄である(四二八條三項・一三六條三項・八八條)。(13)

(五) この訴は會社成立の日より二年内に之を提起することを要する(四二八條一項)。會社成立の日というのは本店所在地に於ける設立登記の日のことである(五七條)。訴の提起(裁判所へ訴狀提出、民訴二二三條)の時が二年内ならば、その後判決までの間に二年を經過しても無論妨げない。斯様な提訴期間の制限は昭和一三年の改正で新設されたものである。(14) この提訴期間を徒過すれば最早何人も會社の設立無效を主張することを得ないこととなり、從って實質的には凡ゆる會社設立無效の原因たる瑕疵が期間の經過に因って治癒されることとなるのである。蓋し無制限に長期に亙って訴提起を許すときは、濫訴の弊を生じ易いのみならず、(15) 會社が假令當初無效原因を含んで設立されたとしても、その後何人もその設立無效を主張することなく長年月を經過して來たとすれば、事實上安定した狀態の上に會社企業の基礎も確立し、利害關係人の範圍を逐増してくるので、むしろ會社の成立をそのまま認めて、企業の崩壞を避けた方が、取引の秩序維持のため却つて望ましいとしたからに外ならない。然し乍ら二年という期間は、外國立法例と比較しても、可成り短期であるのみならず、設立無效の原因の内には、時の經過によつて治癒を認めることを適當としないものも在り得るのであつて[16]、總ての無效原因を一率に取扱つたことは、立法論として行き過ぎのようである[17]。

(六) 設立無效の訴が提起されたならば、會社は遲滯なく其の旨を公告することを要する（四二八條三項・一三六條三項・一〇五條四項）[18]。

(七) 數個の訴が同時に繫屬するときは、辯論及び裁判は併合して之を爲すことを要する（四二八條三項・一三六條三項・一〇五條三項）。蓋し數個の訴につき別々に重複した辯論や相矛盾した裁判の爲されることを避ける主旨である[19]。但し合併無效の訴や總會の決議取消の訴と比較すれば、提訴期間が長いので、期間經過を待たずに口頭辯論を開始する（一〇五條二項は設立無效の訴には準用がない）。

(八) 以上の外は總て民事訴訟法の一般の規定に從つて審理裁判が行われる。

（1） 大判昭和一二年四月一七日全集四輯三八九頁。
（2） 獨禁法一八條による設立無效の訴は、公正取引委員會が原告適格を有する。この場合に株主・取締役も亦原告適格を有するか否かは多少疑問がないではないが、之を肯定すべきものと思う。
（3） 單獨株主權であり、共益權である。數人の株主が共同して訴を提起することもできる。この場合には訴訟の目的が共同訴訟人の全員につき合一のみ確定すべきものであり、從つて所謂類似必要的共同訴訟である。
（4） 株式讓受人につき大判昭和七年五月二〇日法學一卷下五七一頁。
（5） 大判昭和一二年七月一四日新聞四一六六號。
（6） 拂込遲滯に因る失權株主（昭和二三年改正前二一四條）に原告適格なきことにつき大判昭和八年一〇月二六日民集一二卷二六二九頁。

（7） 後述の如く設立無效の判決が確定した場合には、解散の場合に準じて清算を爲すのであるから（四二八條三項・一三八條）、會社解散後は設立無效の訴の利益なく、從つて訴は不適法という說もあるが（大隅・前掲五八頁、松田・前掲四六頁）、この兩場合は清算人選任方法も違うし、會社繼續を爲し得るか否かの點でも異つているから訴の利益なしとするは當らない。但し大判昭和七年五月二〇日法學一巻下五七一頁が、發起人の會社及び株主に對する損害賠償責任の點につき差異ありとして訴の利益を肯定したのは誤りである。後述の如くこの點には差異を生じない。

（8） 從つて之等の者が共同訴訟人として訴を提起したり原告として訴訟に參加することなどはできない。

（9） 本來なら會社の債權者、債務者等は會社の設立無效について重大な利害關係がある筈であるが、後述の如く商法は設立無效が之等の者の權利義務に影響なきものとしているから、原告適格を認める必要もなくなっている。

（10） 設立無效の會社と雖も民事訴訟の當事者能力を有する。さもなければこの訴を認めること自體が論理的に矛盾である。但しその當事者能力の根據を民訴四六條に求めるのは誤りであつて、設立無效の會社と雖も後述の如く私法上の法人格が認められる（若くは擬制される）からに外ならない。Teichmann-Koehler, AG § 216. Anm. 3. 會社以外には此の訴の被告の適格をもつ者はないから、その他の者が共同被告として訴えられたり、被告として參加したりすることは許されない。然し株主などが會社のため補助參加することはできる。大判昭和一三年一二月二四日新聞四四一三號。

（11） 大判昭和一三年一二月二四日民集一七巻二七二一頁。

（12） 大判大正九年五月二九日民錄二六輯八〇〇頁。同大正一二年三月二六日民集二巻一八〇頁。同昭和一四年四月二〇日民集一八巻五〇五頁。破産せる會社に對し設立無效の判決を爲すことは妨げない。又その判決が確定しても破産手續には影響なく、そのまま續行される（大判昭和五年六月一二日民集九巻五四二頁）。破産會社であつても、破産取消、破産廢止、强制和議等の場合には、直ちに準清算に入る必要があるから、設立無效の訴の利益がある。反對、大隅・前掲五八頁、松田・前掲四六頁。

（13） この訴は財産權上の訴ではないから、訴訟物の價額は民訴印三條一項の規定により定める。

（14） その當時は、母法たる獨逸商法中にも提訴期間の定はなかつた。その後株式法で之を設けたけれども、その期間は五年である。然し登記官吏の職權による無效登記の權能は五年經過後も消滅しない。AG § 216 III. その他にも提訴期間又は時效を定めて訴提起を時間的に制限する立法例は少くないが、其の期間は概して長く、ベルギー、ルクセンブルグ、リヒテンシュタイン等は五年、ペルシャ等は十年である。Hallstein, a. a. O. S. 165. フランスは以前は十年であつたが、一九三五年之を五年に短縮した。田中（耕）・前掲一八一頁。瑞西だけは例外的で、僅か三月の提訴期間を規定する。Schw. OR. Art. 643. IV.

(15) 松本・私法論文集續編七二頁。

(16) 例えば獨禁法に違反して設立された持株會社、株式會社としての基本的組織を缺いている會社の如き之である。

(17) 從つて商法の一律的な規定にも拘らず、會社の目的が公序良俗に反したり、その他公序的な無效原因を理由とするときは提訴期間の制限を受けないという說もある（大隅・前掲五六頁、大森・前掲四八頁、西本（寛）・前掲三〇七頁、松田・前掲四六頁等）。解釋論としては無理であろう。

(18) 昭和一三年の改正前は、口頭辯論期日をも公告すべきものとしていたが（改正前二三二條二項・一三六ノ二條二項）、煩に堪えないので改めた。

(19) 辯論及び裁判の併合を命ずる規定は訓示規定である。大判昭和八年三月一〇日民集一二卷四六六頁。

三　判決

設立無效の訴に於ける本案判決としては、原告勝訴の場合と原告敗訴の場合とが考えられる。

(一)　設立無效の判決（原告勝訴）　裁判所が設立無效の原因ありと認めたならば、原告の請求を容れて、被告會社の設立を無效とする旨の判決を爲すべきものである。此の判決は第三者に對しても其の效力を有する（四二八條三項・一三六條三項・一〇九條一項）。判決の既判力は原則としてのその訴訟の當事者以外の者には及ばないのが民事訴訟法の建前であるが（民訴二〇一條）、會社の設立を無效とする判決の既判力を特に當事者以外の總ての者に及ぼし、設立無效の判決の確定した會社の法律關係を一齊に畫一的に整理せんとするのである。(1) 會社の設立を無效とする判決が確定したるときは本店及び支店の所在地に於て其の登記を爲すことを要する（四二八條三項・一三七條）。但しこの登記は裁判所の囑託に依つて爲されるのである（非訟一三五條ノ六）。この登記は單なる公示的意味をもつに止まり、登記に因つて無效の效果が生ずるわけではない。(2)

(二) 請求棄却の判決（原告敗訴） 裁判所が設立無效の原因なしと認めたならば、原告敗訴、即ち原告の請求を棄却する旨の判決が爲さるべきものである。この外に昭和一三年の改正の際に、設立の無效の原因たる瑕疵が補完せられたるとき、又は會社の現況其の他一切の事情を斟酌して設立を無效とすることを不適當と認むるときは——假令設立無效の原因ありと認めた場合にも——裁判所は原告の請求を棄却することを得る旨の規定を設けたが（同改正による四二八條三項・一三六條三項・一〇七條）、此の規定は昭和二五年の改正で削除された。(3) 然しこの規定の前段、即ち瑕疵が補完されれば請求棄却となるべきは當然であつて、此の範圍では特別な規定を俟つまでもない。故に右の規定が削除されても同理である。(4) 之に反し後段の部分、即ち會社の現況其の他一切の事情を斟酌して設立を無效とすることを不適當と認むるときにも請求棄却ができるということは、特別の規定を俟つて初めて認められることであつて、右規定が廢止されれば當然斯樣な裁判所の裁量による請求棄却は許されなくなつたわけである。(5) 原告敗訴の判決は民訴二〇一條の規定によつてその既判力の主觀的範圍が定まるのであつて、それ以外の第三者には既判力は生じない。故に或る設立無效の訴に於て原告敗訴の判決が確定したとしても、他の株主又は取締役がその會社に對し再び設立無效の訴を提起することは妨げなく、この場合には裁判所は前訴の判決に拘束されることなく、會社の設立が無效なるや否やを判斷して判決を爲すべきである。但し實際問題としては前訴の判決確定後に後訴を提起することは提訴期間の制限のために不可能なることも多いであろう。原告が敗訴したる場合に於て惡意又は重大なる過失ありたるときは會社に對して連帶して損害賠償の責に任ずる（四二八條三項・一三六條三項・一〇九條二項）。原告が數名ある場合に、共同不法行爲の要件を具備すると否とを問わず、この責任を負うのである。責任を加重することによつて濫訴を防止せんとする主旨に外ならない。尤も此の責任のために原告が擔保を供する義務はない。(6)

(1) この判決がもし後述の如く所謂形成判決であるとするならば、既判力のほかに形成力もあるわけであつて、判決確定と共に一定の私法上の法律關係が形成され、而もその形成された法律關係は、何人も之を否定することを得ない。換言すれば何人にも對抗し得るような法律關係が形成されるということは、形成判決たる以上當然のことであつて、その判決の既判力の範圍が如何にあるかということには拘らない。田中（耕）・前掲一八三頁。

（2） 獨逸では判決の既判力については別段の規定を設けなかつたが、之に基く無效の登記に一種の創設的效力を認めている。AG §218, HGB §311.

（3） 此の規定が昭和一三年に新設されたのは、會社荒しを抑制して濫訴を防止せんとするにあつたが、昭和二五年再び削除されたのは、「一切の事情を斟酌して」なる表現が殆ど無制限の裁量を裁判所に許すが如き結果となり、當事者の保護に缺けることを恐れたためである。鈴木・石井・前掲一三九頁、大隅・大森・前掲三八頁。

（4） この規定と雖も、凡ゆる瑕疵が補完され得べきことを規定したものではない。補完され得べき瑕疵なりや否や、如何なる方法又は條件の下に補完されるかということは、別途に檢討されねばならない。そしてその結果瑕疵が補完されたならば、最早設立無效の原因は存在しないから、原告の請求は棄却さるべきことは言うを俟たない。

（5） 尤もその訴の利益が原告になかつたり、權利の濫用に亙つたりする場合には、一般原則に從つて原告の訴は排斥せらるべきである。但し、此の規定廢止後も實質的には變更なく、裁判所の合理的裁量による請求棄却を是認せんとする說も少くない。鈴木・前掲六九頁、松田・前掲四七頁。然し通說は舊規定に多少の執着を示しつつも、訴の利益、權利濫用という如き一般原則上許された以上の裁量權は否定されたものと解する。鈴木・石井・前掲一三九頁。大隅・大森・前掲三八頁、田中（誠）・前掲一六七頁、大森・前掲五〇頁、大隅・前掲五六頁、二二一頁。

（6） 合併無效の訴、總會決議取消又は無效確認の訴、株主の代表訴訟、新株發行無效の訴など何れも被告の請求により原告は擔保を供する義務あるものとしているのに（一〇六條・二四九條・二五二條・二六七條四項・二八〇條ノ一六・三八〇條三項など）、設立無效の訴についてのみ何故にこの規定を缺くか不明である。

四　設立無效の效果

既に會社設立の無效なることが確定したならば、會社は初めから法律上存在しなかつたものとして、會社を主體とする一切の權利義務を否定し、爲したる給付は返還して、會社の法律關係を整理すべきものであろうが、そうすることは前述の如く關係者の間に非常な混亂及び不公正を生ずる虞れがあるので、商法は設立無效の會社の法律關係について特別な取扱を規定する。即ち設立を無效とする判決は會社、株主及び第三者の間に生じたる權利義務に影響を及ぼさず（四二八條三項・一三六條三項・一一〇條）、ただ將來に向つて解散の場合に準じて清算を爲すことを要するものとしたのである（四二八條三項・一三八條）[1]。

（1） この點に關する各國立法例及び學說は、極めて區々である。松本・商法判例批評錄三六五頁以下、Lehmann, a. a. O. S. 433. 即ち例えば佛蘭西では、會社無效の場合にも會社は對外的には有效に成立するものとし、善意惡意を問わず社員から第三者に無效を對抗し得ない。然し會社の債權者、債務者の側で無效を主張することは妨げない。從つて會社は債權者や債務者の利益のためにのみ存在するものである。之に反し無效の會社は對內的には全く不存在であつて、株主は會社に對し何の權利も義務もない。但し判例は會社が營業を爲すときは、對內的にも株主の拂込義務を認め、同時に利益配當を受ける權利をも認める。然し會社の無效が直接に訴を以て主張され（その訴は會社成立後五年間は廣く利害關係人即ち株主、債權者から他の株主又は會社に對して提起し得ること前述の如し）、その判決確定するときは、會社は將來に向つて存在を否定されるものとし、その當時の會社財產は利害關係人の間に清算されるが、判決確定前に遡つて會社否定の效果を及ぼすことはない。斯くて右の如き無效會社に關する一連の法律關係は、結局法律がその會社の事實上の存在を認めたるものとして、學問上之を事實上の會社 société de fait と呼んでいる。Escarra, op. cit., p. 345 et suiv., Hémard, op. cit. 獨逸では會社無效の確定判決又は登記官吏の決定に基いて、會社の無效が商業登記簿に登記された場合には、解散の場合の清算の規定に從つて清算を爲すべきものとし、會社の名に於て爲された法律行爲の效力は會社無效によつて影響なく、會社債務辨濟のため必要なる限度で社員は引受けたる出資の拂込を爲すべき旨を規定する（HGB §§ 311, AG § 219）。然しこの規定の解釋については色々爭がある。日本はこの獨逸法の系統に屬する。瑞西は更に一歩を進めて、會社は設立の登記によつて權利能力を取得し、假令その登記の要件が實質上存在しなかつた場合にもその權利能力は害せられざるものとし、ただ設立につき法律又は定款の規定に違反し、且つそれがため債權者若くは株主の利益が著しく害せられる場合に限り、而も登記の公告後三月以内に限つて、債權者又は株主は、會社の解散を請求し得べきものとした（OR. §643 II-IV.）。從つて文字本來の意味に於て設立無效ということはなく、設立の瑕疵は解散原因の一つとして取扱われるのである。米國では de facto corporation 及び corporation by estoppel の理論構成で無效會社の關係を理解する。Ballantine, op. cit., 86 et seq.

二 設立無效の判決確定前の會社の法律關係

會社の設立を無效とする判決が確定しても會社、株主及び第三者の間に生じたる權利義務に影響を及ぼさない。[1] 故に設立無效の判決は設立當初に遡つて會社に關する一切の法律關係を根本的に否定して原狀に回復させ、或は會社の名に於て行爲を爲した者に無權代理人の責任を負わしめるというのではなく、却つて會社は恰も有效に設立せられたるものとして、既往の關係には一切觸れないことにしたのである。商法が「權利義務ニ影響ヲ及ボサズ」と言つているのは會社の設立は恰も有效なるものとして法律關係を判斷すべしという意味である。設立無效なる會社は元來何等の權利義務を有し得ないのだから、判決が確定しても別に影響なく依然として之を有し得ないという意味ではない。故に、例えば會社の設立が無效であつても、株式の引受は有效であり、[2] 拂込まれた金錢その他の財產は會社に歸屬すべく、[3] 創立總會や株主總會は適法に成立し、有效な決議を爲し得べく、選任された取締役は取締役會又は代表取締役を構成して會社のため內部的及び外部的な活動を擔當し、從つて第三者との間に有效に取引を爲し、或は取締役等の行爲について會社は不法行爲の責任を負う。新株の發行、合併、定款變更という如き社團的な行爲も有效に爲し得る。發起人、取締役、監查役等はそれぞれ會社又は第三者に對して責任を負うべく、殊に發起人の責任は、會社成立したる場合の責任であつて（一九二條・一九三條）、不成立の場合の責任を負うのではない（一九四條）。[4][5]

（1） 明治四四年の改正法では、「會社ト第三者トノ間ニ成立シタル行爲ノ效力」に影響を及ぼさないものとしていたが、昭和一三年の改正で本文の如く改めたのである。前の規定では會社の爲した法律行爲の效力について規定するのみであつて、會社の對內的な關係や不法行爲などについての效果には觸れていない。恐らくは獨逸商法の規定に倣つたものと思われるが(HGB § 311. II. 獨逸では此の規定の解釋として、無效會社は對外關係に於てのみ存在を認められ、對內的には不存在であるとの說、內外兩面に於て法律上存在が認められるとの說その他が對立した)、改正法で表現を改めて疑義を除いたのである。

(2) その引受自體に獨立した無效原因があるならば、設立無效の判決があつたからとて、それが有效になることはない。即ち引受それ自體に無效原因がない限りは、會社の設立が無效だからとて、引受まで無效にはならないという意味である。大判昭和五年九月二〇日新聞三一九一號。

(3) 拂込未濟の分があれば、設立無效の判決があつてもその拂込義務は依然としてある。分割拂込制の下では第二回以後の株金拂込義務も肯定される。大判昭和五年一二月三日新聞三二一一號、同昭和一一年一一月一八日法學六卷二三六頁。

(4) 大判昭和一一年一一月二八日法學六卷三八七頁。

(5) 刑法や會社罰則その他公法上の關係に於ても、會社成立したものとして法規を適用すべきものである。設立無效の會社の發行する株劵につき有價證劵僞造罪の成立を認めた判例として大判大正一四年九月二五日刑集四卷五五〇頁。

三 準清算

設立無效の判決は、會社の權利義務を既往に遡つて法律上否定することはしないけれども、然し斯る會社の存立をそのまま是認するわけではなく、現存の財產その他の關係を整理して、會社の存在を將來に向つて早急に排除すべく、解散の場合に準じて淸算を命ずるのである。卽ち判決確定の時に會社が解散したものと看做して、その當時事實上會社財產として現存するものを、事實上の會社債權者並に株主に淸算の手續を以て整理分配することによつて、設立無效會社の法律關係を決濟するわけである。此の場合にとられる淸算の手續は、一般の會社解散の場合に行われる淸算の手續と全く同一であるが——故に之を準淸算と名づける[1]——ただ淸算人たるべき者の定め方が一般の場合と異り、利害關係人の請求に依り裁判所が之を選任するものとした(四二八條三項・一三八條後段)。準淸算にも通常淸算と特別清算とあり、清算人は清算事務として、現務の結了、債權の取立、債務の辨濟、殘餘財產の分配等を爲すべく、更に所要の登記や、決濟書類の作成承認、債權申出の催告、破產宣言の請求、特別清算の申立等を爲さなければならない。(2)

(1) 手續は非訟一三六條による。
(2) 四一八條乃至四二七條、四二九條乃至四五六條。

四　設立無效會社の性質

設立無效の會社について、準清算が行わるべきものとすれば、當然に會社は清算の目的の範圍內に於て權利能力あるものと考えなければならない(四三〇條二項・一一六條)。卽ち會社は自ら權利主體として財產を保有し、その財產について自己の名に於て清算を爲すのである。清算人は現務の結了その他の清算事務を行うのであるが、固よりそれは清算人自己の事務ではなくて、會社の事務である。清算人が會社の機關として(清算人數人あるときは清算人會を組織し且つその中から代表清算人を定めて)清算事務を行うわけである。又清算人が其の職務を行うにつき他人に損害を加えたならば、會社は不法行爲の責任を負わなければならない(四三〇條二項・二六一條三項・七八條二項・民四四條一項)。従つて設立無效の判決が確定した會社は、清算の目的の範圍內に於ける行爲能力及び不法行爲能力をも有するのである。(1) 更に清算手續中は株主總會や監査役もその活動が豫定されているから(四一九條・四二〇條・四二七條・四三〇條二項)、設立無效の會社には之等の機關も亦備わつているわけである。要するに設立無效の會社は、少くとも判決確定の時から以後は、普通の解散した株式會社と同樣に、清算の目的の範圍內に權利能力が限定された一種の株式會社そのものであるとしなければならない。(2)

所で設立無效の會社が清算を爲すべきものとすれば、その清算を初める時卽ち判決確定の時に法律上會社に歸屬している何等かの財產があることを豫定している。というよりは寧ろその當時事實上會社財產として現存するものを、そのまま法律上も會社財產と認めて之を淸算しようというわけである。然るにこの財產というのは、會社成立以來各種各樣の原因に基き色々な財產が複雜な離合集散を爲した結果、偶々そこに遺留しているものであつて、この最後の結果を會社に歸屬せしめるには、やはりその原因に遡つて會社の存在並に活動を法律上も承認してこなければならない。株式を發行して出資を受入れ、之を以て商品を仕入れ、或は工場施設を建設して商品を生產し、從業員を雇傭して賃金を支拂い、又時には新株又は社債を發行し、擔保を供し、その他各樣の活動を爲して各決算期には利益を配當し又は準備金を積立て、その結果現有財產が出來てきたのであつて、之等總ての段階に於て會社の存在を否定してしまうならば、その最終段階に至つても會社の現有財產は何も出てこないわけである。卽ち商法が設立無效の會社に淸算を命ずるのは、その會社が設立當初から權利能力あるものとして、判決確定に至るまでの間の活動の結果を全部會社に歸屬せしめた上で、現に存する財產につき淸算を行わしめるのである。商法が「會社、株主及第三者の間に生じたる權利義務に影響を及ぼさず」と規定するのは、正に右のことを意味するのであつて、設立無效の會社であつても會社は一應成立したるものとし、初めから權利能力を有するものとして法律關係を判斷せよというのである。

固より法律は設立無效の會社に對して正面から權利能力があるとは言つていない。ただ準淸算を爲すための前提を作る意味で、設立當初に遡つて權利能力を擬制するに過ぎない。一般の說明が、設立無效の會社の事實上の存在を法律が認めたとし(3)、事實上の會社（de facto corporation, sociétée de fait, de facto od. faktische Gesellschaft）なる觀念でこの關係を理解せんとするのもこのためである。然し假令擬制であるにしても(4)、實質的には權利能力を認めたのと同一であつて、結局設立無效とは言つても、用語本來の意味に於て無效なのではなくて、實は判決による解散の可能性を意味するに過ぎない。卽ち設立無效の會社というのは、實際上の結果から見るならば設立行爲に解散原因を含んだ會社のことであると言つて差支えない。一般の解散原因は會社成立後に生ずる事由なるに對し（四〇四條）、設立無效は設立行爲に存する事由、卽ち會社成立前に生じた事由なる點で區別し得るが、その效果の點では差異はない(5)(6)。

（1） 民事訴訟の當事者能力、破産能力、その他公法上の能力も勿論認められなければならない。
（2） 清算人の定め方に差異はあつても、會社の本質に影響はない。
（3） 事實上の存在を認めるというのは、單に事實を事實として認めるというのでは此の場合無意味であつて、權利能力を認める意味に理解しなければならない。
（4） 玆に擬制といつても、法人擬制說で言う如く實體なき所に架空の人格を作り出すというのではなく、その實體はあるが第一次的に人格を認められるだけの條件を缺くために、第二次的、補足的にその不完全な實體に對して假の人格（解散を豫定した人格）を認める意味である。
（5） 前述の如く瑞西債務法は既に正面から權利能力を認めた上、解散事由とする。OR. § 643.
（6） この意味で設立無效という語は、その效果を表現する語としては最早適當でない。それはただ原因たる瑕疵の種類性質に着眼して用いられている語であるに過ぎない。即ち一般の法律行爲ならば無效の原因とされるような重大な瑕疵ある會社設立行爲という意味である。その效果の點から見るならば、無效というよりは、寧ろ極めて緩慢な取消とでも言つたらよいような、清算を結了して初めて爾後その效力を否定される（會社消滅する）に過ぎないわけである。
一般の法律行爲ならば無效原因とされるような重大な瑕疵が、或る特殊の法律行爲については取消原因とされるというのは、身分行爲に多くその例を見る（民七四四條・七四八條・八〇三條・八〇八條等）。社團的行爲と身分行爲との間にはその他にも近似點が見られる場合が少くないが、之も亦その一つとしてよいであろう。特にその效果が既往に溯及しない點まで似ていることに注意すべきである。

次に又、昭和一三年の改正前には、株主總會の決議無效に關する規定があつたが（その當時の一六三條）、之は現行の決議取消に當るものである。且つその當時から之は決議無效というものの、本當の無效ではなくて、實は取消に外ならないのだとされていた。現在でも擔保附社債信託法による社債權者集會については、決議無效というまま規定が殘つているが（同法五七條）、之も古い總會決議無效と同じく、本質は取消である。之等は何れも本來は無效となるべき瑕疵ある場合なので無效と名づけたに止まり、その效果については本來の無效とは異つたものを規定しているわけである。設立無效というのも斯ういつた種類の名稱に幾らか近いと解し得るであろう。

五　設立無效の判決の性質

會社の成立無效の訴並びにその判決は、給付の訴又は判決ではないことは明かであるが、それが確認の訴又は判決であるか、或は形成（創設）の訴又は判決であるかということ、及び之に關連してその判決に遡及效があるか否かが問題とされる。

確かに原告が商法四二八條一項の規定に基いて訴を提起する限り、原告の請求の趣旨は、「被告會社の設立を無效とする」旨の判決を求めることになるであろうし、その結果裁判所が原告勝訴の判決を爲す場合には、「被告會社の設立を無效とする」という意味の主文とならざるを得ない。このことは商法の規定の語句からも、恐らくは疑を容れないであろう。(1)

斯樣な商法の規定並びに判決主文の文言から見れば、設立無效の判決は確認判決であつて、本來實體法上無效なるものを、無效と宣言するに止まると解すべきが如くである。而もそれは判決の確定を俟つて初めて將來に向つて設立を無效ならしめる、換言すればそれまでは有效なりしものを失效せしめるということを意味するもの(2)ではなく、設立の當初から無效であることを宣言するのだと見るのが最も自然の解釋のように見える。(3)

無論之を確認の判決であるとして見ても、この判決には商法が特別の效果を結合しているから、その判決があれば單に會社の設立が無效であることが既判力をもつて確定されるだけではなくて、その判決に結合される實體法的な效果として、被告會社の準清算なる法律關係を新に發生せしめ、且つそのためには前述の如く必然的に設立當初に遡つて會社の權利能力を擬制しなければならないことになつている。然し斯る效果は直接に判決の主文に於て宣言されているわけではなく、從つて判決そのものの本來の主たる效果とは言えないのであつて、商法という法律の力を以て外部から付與した附隨的效果に過ぎない。當事者や裁判所が斯る效果の發生を豫期すると否とに拘らず、況や之を意欲するまでもなく、商法がその判決に對して當然に之を付與するのである。そして或る判決が確認判決であるか否かは、判決そのものの內容に基いて決定せらるべきであつて、附隨的效果如何によつてはその性質を變ずることはないから、設立無效の判決は依然として確認判決たることを失わないわけである。(4)(5)

然し乍ら右の如き見解は餘りに「無效」ということに囚われた機械的な解釋と評せざるを得ない。如何に法律の規定に基くとはいえ、判決の內容が直ちに實質的に覆えされてしまう――判決が權利能力なしと宣言しているのに、すぐにその裏で法律が權利能力を擬制してしまう――というのに、なお且つ裁判所が斯る判決を爲すべきものというのは、寧ろ滑稽ですらある。そこで現在多數の說によれば、設立無效の判決は、無效なるものを無效と確認するものではなくて、實は設立無效の會社をして解散の場合に準ずる淸算狀態に入らしめる、という形成的(創設的)效果を內容とするのであり、從つてその判決は確認判決ではなくて、形成判決であると解している。(6)

此の見解に從えば、前に確認判決の附隨的效果と見ていたことが、實は判決の主たる內容となつてくるわけである。ただ此の場合多少困ることは、判決主文の內容であるが、そこで「設立を無效とする」と言つているのは、單に商法の規定に合せるための表現の技術として、その文句を使つているだけであつて、その實質的意味は準淸算の狀態を形成するに在ると見れば差支えないわけである。(7)(8)

(1) 四二八條三項の準用する一三七條・一三八條。なお一〇九條及び一一〇條の「合併ヲ無效トスル判決」に關する規定が設立無效にも準用され(四三八條三項・一三六條三項)、その結果やはり設立を無效とする判決という文句になつてくる。

(2) 會社の設立は、判決を以て無效ならしめるという意味、換言すれば判決確定するまでは無效ではないものが、判決によつて初めて無效となるという意味に理解し、その點で形成判決であるとする見解もある(大隅・前掲五七頁、Ritter, AG. § 216 Anm. 2. b.)。然し我商法の規定の文言からは遠い。

(3) 獨逸商法參考書は、この判決は宣言的意味を有するに止まり、會社がその時に至るまで株式會社として正當に成立して居つたという立場に立つものではない旨を說明している。Denkschrift. S. 171. 獨逸の學者の內にはこの見解をとる者も以前には相當あつた。松本・商法判例批評錄三六四頁以下。

(4) 例えば訴の提起によつて中斷された時效は、確認又は給付の判決が確定すれば、再び進行を初めるが(民一五七條二項)、この時效進行という效果は判決の附隨的效力であつて、かかる效果があるからとて、その判決の確認判決又は給付判決たる性質に影響を及ぼすことはない。

(5) 岡村・前揭論文は設立の無效の訴が確認の訴であるとすることは、被告が法人でないこと卽ち當事者能力なきことを主張するものであつて、それ自體矛盾であると說く。然し判決自體が無效を宣言しても法律上直ちに法人格が擬制されてくるから、訴及び判決が當事者能力なき者に對して爲されたと見るには及ばない。

(6) 松本・日本會社法論四七四頁、同・商法判例批評錄三六九頁、田中(耕)・前揭一八四頁。この判決の既判力が第三者に及ぶことをも、それが、形成判決たることの理由とする說もあるが、(田中(耕)・前揭一八四頁、鈴木・前揭六九頁、大隅・前揭五七頁)、既判力の範圍の廣狹は形成判決なりや否やに關係はない。

(7) 故に判決には、設立を無效とする、という文句をそのまま使わないで、準淸算の意味を表現する他の文句を用いても差支えない。之に反し本當の意味で無效を確認する旨の判決では、商法でいう設立無效の判決には該當しないことになる。

(8) 會社の設立無效ということを、若し前に述べたように、「設立行爲に解散事由を含んで設立された會社」という風に解することが許されるならば、設立無效の訴又は判決は、實は解散の訴又は判決そのものであつて、形成の訴(判決)たることが一層明瞭になる。卽ち設立無效の會社と雖も實體法上有效に成立するのであつて、單に判決(設立無效の判決)を以て解散せしめられるに過ぎないと解するのである。岡村・前揭論文四四頁、西本(寬)・前揭三〇八頁、Ritter, AG § 218 § Anm. 1., Godin, AG § 218. Anm. 1., Schlegelberger-Quassowski, AG. § 216 Anm. 7. そして斯く解する方が、訴提起なかりし場合の無效會社の關係をも實體法的に說明し得て工合が良い。卽ち本文の如き說明だと、判決が確定して初めて無效會社の權利能力が設立の時に遡つて擬制されてくるけれども、その判決なき限り、無效の會社はあくまで無效であつて、權利能力を有し得ない。けれども設立無效の訴以外では之を適法に主張し得ないから、結局有效なると同一の取扱を受けるに過ぎない。從つて又提訴期間を徒過した後は、未來永久に無效の主張を禁ぜられ、完全に有效な會社と同等の取扱を受くるに至る。けれどもそれはただ主張が禁ぜられている反射的結果なのであつて、實體的には無效は永久に無效であるということになる。之に反し右に述べた如く、之を解散の訴と解するならば、所謂設立無效の原因があつても、會社は實體法上有效に成立する。ただ訴を以て解散せしめられるだけということになるから、訴提起せずに居れば、その會社は何時までも存立し得られる。提訴期間を過ぎれば、解散請求權が消滅して解散事由が滅ることになる。即ちこの見解では單に無效を主張し得ないというのみではなくて、實體的に無效ではないことになるのである。瑞西債務法が此の立場に於て規定を設けていることは前述の通りである。然し我商法の現在の規定の正面の解釋として、そこまで斷言することが許されるか否か多少躊躇せざるを得ない。

五　會社の不存在と設立の取消

一　會社の不存在

以上述べた如く會社の設立無效につき特別な考慮を必要とするのは、法律の要求する會社成立の條件を具備せざるに拘らず、恰も適法に設立せられたる會社なるが如き外形を整えて取引界に登場するものある場合には、法律行爲無效の原則に從つて、その法人格を否定するという方法では、その事實上の會社を廻る利害關係を適當に處理することを得ないからである。故に設立無效が特に問題となるのは、少くとも右の如き事實上の會社の存在が認められる場合即ち外形上恰も適法な會社なるかの如き組織を具えた何等かの實體が存在する場合に限るのである。現に商法の規定を見ても、會社の設立無效は株主又は取締役に限り訴を以て之を主張し得べきものとし、且つその訴は會社の本店所在地の地方裁判所の管轄に專屬するものとしているが（四二八條・一三六條三項・八八條）、それは設立無效の會社と雖も少くとも株主及び取締役が存在し且つ本店所在地も一定していることを豫定しているわけであつて、事實上この程度の實體すら認められないような場合には、設立無效の問題にもならないのである。故に例えば何人かが勝手に株式會社という名義を用いて事業を經營し、或は架空の設立登記を爲したとしても、實際には定款の作成認證もなく、株式引受又は拂込もなく、創立總會を開いた形跡なく、從つて取締役選任なども行われていないというような場合には、會社設立の手續を全く缺いているわけであつて、外形上も會社としての實體を認めることはできないから、設立無效の問題にはならない。斯様な場合には會社は法律上は固より事實上も不存在なのであつて、敢て設立無效の訴を以てするまでもなく、何人から何人に對しても[1]、又何年經過後であつても、更に獨立の訴を以て若くは他の訴の攻撃防禦の方法として、その不存在を主張し得べきものである。[2]

(1) 但し不存在の會社は私法上の權利能力を缺くと同時に、訴訟に於ける當事者能力をも缺いているから、會社自體を原告又は被告として、その不存在を主張するということは、それ自體訴を不適法ならしめる。

(2) 大判昭和一〇年一一月一六日(民三部)全集二巻一二六四頁、大判昭和一二年九月二日(刑一部)全集四巻八九六頁、松本・日本會社法論四七四頁、田中(誠)・前揭一六八頁、松田・前揭四八頁。

二　設立の取消

株式會社に於てもその設立の意思表示に一般の取消原因(例えば無能力、詐欺、强迫など)があれば、その設立は取消し得べきものである。[1] 然るに何が株式會社設立の意思表示であるかについては、通說によれば、或は定款作成及び株式引受の兩者であるとし、或は專ら株式の引受のみがそれであるとする。然し株式の引受(申込及び割當)は將來會社が成立したならば、其の株式を取得しよう、取得せしめようということを內容とするものであつて、會社を設立せんとする意欲を內容とするものではない(前述參照)。故に株式の引受を取消しても會社の設立を取消したことにはならない。[2] 之に反し定款作成こそは會社設立そのものを目的とする意思表示であつて、從つて設立の取消といえば、定款作成を取消すことに外ならないのである。

合名會社については商法は設立取消の訴に關する規定を特に設けているが(一四〇條乃至一四二條)[3]、株式會社については特に規定を設けなかつたので、その取消は必ずしも訴を以て主張することを要しない。但しその取消の結果、設立は初より無效なりしものと看做され(民一二一條)、その無效となつたことを主張するには、前述の設立無效の訴を以てする外ない。故に一般には裁判外に於て設立を取消して置いて、それから設立無效の訴を提起することになる。從つて株式會社の場合には、設立取消は結局設立無效に合流してしまうのである。

なお發起人中の或る者が定款作成の意思表示を取消しても[4]、殘る發起人が七人以上ある間は會社の設立は全體としては無效とはならないものと解すべきことは既に述べた。

（1） 株式會社の設立取消について特別の規定がないことは、取消を絕對に許さぬ主旨ではなく、却つて一般原則そのままに取消し得べきものと見るべきである。

（2） 前述參照。同樣の意味で、例えば創立總會の決議は、會社設立の意思表示でないから、その決議が取消されても會社の設立が取消されたものとはならない、ということになる。

（3） 合名會社については詐害行爲に因る設立取消を特に規定する（一四一條）。然し株式會社の場合には、定款作成と株式引受とが切離され、從つて設立の意思表示の中には出資の約束を含まないから、それが詐害行爲となる場合なく（株式引受は詐害行爲となり得る）、設立取消の原因として之を加える必要がないのである。

（4） 取消そのものは可能であつて、之によつて當該發起人の定款作成の意思表示は無效となり、その者は發起人でなくなる。その者の發起人としての義務や責任も遡及的に消滅する。然し定款作成は合同行爲なるが故に、發起人の一人について意思表示の無效取消事由があつても、他の發起人の意思表示の效力には影響を與えないこと（但し合名會社の場合には人的會社なるが故に特にその一人について存する無效取消が設立全體の無效取消となる）既に述べた通りである。前述參照。

（田中耕太郎編・株式會社法講座第一卷、有斐閣、昭和三十年）

株式会社法における概念の貧困

一　題意

本日は未熟な私にお招きがありまして、何かお話し申し上げる機会を得ましたことを、大変光栄に存じております。ここに掲げました題は、大変いかめしく、勿体ぶつたようなものになつておりますけれども、実はそれほど難かしいことを申し上げようという考えはありませんので、ただ我々が普だん研究室で世間から離れていろいろな苦労をしておるその一端と申しますか、内輪話のようなものでも申し上げて、此の場の責を果させて頂き、何か御参考になりますようならば、大変仕合せだと存じます。

二　法的概念の限界、及びその決定と効果

さて株式会社法に限らず、法律のどの部分を見ましても、いろいろな社会事象が取上げられて、それがいろいろに規制を受けております。例えば商法の中で見ましても、商人であるとか或は商行為であるとか、乃至は有価証券であるとか、又は株式会社というようなのも、みな同様にそれぞれの社会事象を取上げて法律が規制をしておるのであり

ますが、併しその場合法律でもつて取上げます商人とか或は有価証券とかいう事柄の限界は、これは必ずしも一般経済社会において通用しておる観念とは一致しない。或る部分はそれより広い意味をもつし、又他の部分はそれより限定された面をもつています。つまり大体においては一般通用の概念と法律でもつて言つている概念とは重なり合つておりますけれども、厳密にその限界というものを詮索してみますと、必ずその間に喰違いがあつて、或る点では広いが、或る点では狭いというふうになつております。

ところでなぜそんなふうに法律でもつて使つている概念が、一般通用の概念と喰違わなければならないかというようなことを考えてみますと、それは場合によつては立法者の思い違いとか、考えの未熟のために適切を欠いたという場合もないではないのでありますけれども、併しその主な原因は、やはり法律には法律独特の立場があつて、或る制度で取上げるべき事柄の限界というものを、その法律自体でもつてはつきり決めておかなければ困るというところから出ておるわけであります。例えば商人なら商人ということを取りましても、商法でもつて商人と言つておりますことは、一般通用の意味での商人というのとは非常な違いがあつて、常識的には商人とは言えないような者も、法律では商人とされるし、又一面では商法では商人とされないような者で常識的には立派な商人であるというようなことがあり得るわけであります。それは商法が商人ということで一定の制度を設けまして、その制度がどの範囲の人々に適用されるべきかということを法律独特の立場からきめてくるからでありまして、いわばわざとこのような喰違いを作つておる。そのわざと作る喰違いの喰違い方については適不適の批判は出ましようけれども、ともかくも一般通用の概念をそのまま法律上の概念に借用するものではなくて、多くの場合には法律自らそういう喰違いを意識して、法律独特の概念を決めておるのであります。

そういう概念のようなことをやかましく取立てて、法律学者は難かしい定義など下しますけれども、そういつた定義などに執着してかれこれ言つているということは、実は一時かなり批判されまして、そういつた法律的な定義などを学者が机の上で七面倒くさく言つてみても、そんなものは実用性はないものだ、もつと融通性のある実地に即した考え方をしなければならないのだというふうに、いわゆる概念法学に対する批判が、大正から昭和にかけて激しく論ぜられたことがありましたが、併しそういう立場に立ちましても、法律学上に概念そのものが不必要だというのではなくて、昔のように文字の末節にとらわれて七面倒くさいことを言つておつたのでは役に立たぬということで、やはり法律学としましては、その法律が何と何とに適用されるのか、実際そこに現われた社会事象に対して、その法律制度の規制を受けるのか受けないのか、商法の対象になるのかならないのかということを決めて来なければなりません。併しそれを決めようとすれば、やはり対象となる事物の概念決定ということは、どうしても度外視することはできない。つまり法律学も一個の学問であります以上は、概念というものを度外視しては成立たないということはできるわけで、ただその概念を定立する場合に、文字の末節にとらわれて七面倒なことを言つておつたのでは、概念そのものがゆがんでくるということを警告して、そういうふうに概念がゆがまないように、もつと円満な正しい概念を作れという主張にはなりますけれども、概念そのものを放棄せよということにはならないのであります。而もそうした結果、円満な概念が出来たとしましても、それが必ず一般通用の概念と一致すべきものではなく、経済社会で一般に言われておる商人とか有価証券とかいうものと、法律でいう商人とか有価証券とかいうものとは違つて差支えない、それが一致するというようなことは初めから予期していないとすらいえるわけで、やはり法律には法律特有の立場があり、考え方があるといわなければならないのであります。

そういう塩梅ですから、法律の書物などを御覧になりますと、初めからおしまいまで徹頭徹尾、概念規定と申しますか、定義のようなものがずらりと並んでおります。そういうことによつて初めて、それらの法律制度の運用の的確迅速ということが期待できるわけでありまして、若しそういう概念規定が不充分であつたり、或は不精密あいまいであつたりいたしますと、事毎に一体そういう法律が適用されるのかされないのかということについて、その都度ああでもない、こうでもないという押問答や水掛け論を繰返えさなければならないと思うのであります。それで私なども法律の勉強を始めましたときに、何と法律というものは七面倒くさいことを頭から詰込ませるものだろうというような感じを受けたものでありますが、然し一方ではこんなに一から十までそういつた定義がぎつしり詰つておれば、それでもつて万事法律というものははつきり判つておるものだというふうに漠然とした考えをもたされたわけでありまます。そして実際大体のところを見ていえば、それに違いないと言えないこともないと思います。概略論として、そういう感じは無論間違つていないと思います。

三　現行法に見受けられる概念上の誤り、又は不明確性

ところがそういうつもりでもつて、一歩一歩一つの具体的な事柄を拾い上げて吟味して見ますると、必ずしもそういつた概念が明確にされているもの、或は適切に定義づけられたようなものばかりではないことが、時折発見されるのであります。それも初めのうちは自分が未熟なために、こちらの考えが足りないのだろう、もう少し調べてみたら、やつぱりそれでいいのだということがわかるのぢやないかということで、その場を過しておりましたし、事実また、後で成るほどと合点のいつた場合も沢山ありますけれども、どうもいつまでたつても合点のいかないこともかなりあちこちに見付かるわけであります。そういつたことの例をここで片端から挙げておりましても切りがありませんが、そのうち主だつたものを幾つか申し上げてみようかと存じます。

(一)　社債に関する従来の定義を以てする法律的規則の能否

例えば株式会社法を御覧になりますと、前から我が国には社債に関する規定が含まれております。ところで一体この社債というのは何だろうかということを書物で調べてみますというと、社債の定義は大体どの書物でも大同小異で、

同じような行き方で定義が下されております。つまり社債というのは、公衆の投資によつて得られた長期巨額の借入金であつて、これに対して流通性のある証券が発行されるものだと、こういつたような或は大体似たり寄つたりの定義が、どの先生の書かれた商法の教科書にもみな出ております。要するに社債としては、その公衆資金性といいますか、公債性といいますか、そういうこと、それから長期巨額性ということ、それから流通証券性ということ、この三点が社債というものの概念を決定する要素であるというふうに要約されることができるだろうと思うのであります。私も初めのうちは社債というものの説明は、なるほどそういうものか、それでいいのかと思つておつたのでありますが、併しちよつと考えて見ますというと、そういう定義ではどうも法律的には規律できないのではないかと思うようになつたのであります。

つまり第一の点の公衆性、公債性ということ、一般大衆の零細な投資を吸収しているのだということ、そういう面を取上げてみましても、法律的な要件として社債が公募されることは必ずしも必要としない。殊に商法の規定によれば、社債総額の引受の制度がある。社債総額を誰か特定人が一手に引受けるということ、この社債総額引受の方法でもつて、社債が発行されておりますというと、その資金は必ずしも一般公衆からは調達されてはいない。又社債を公募してみたけれども、結局それを引受けた者は一二の少数者だけになつてしまつたというような場合もあり得るわけでありまして、それも公衆という表現には当らない。無論その総額引受人というものは、最後まで自分でその社債を保有しているつもりとは限りません。多くは自己の計算において再びそれを売出すという、要するに自分は会社と公衆との間の中継ぎといいますか、仲介のつもりでもつて、一手に引受けるというのが大多数であるかもしれません。ですから結局においてはそういう総額引受人がその社債を売出せば、これは一旦その引受人が立替えておつた資金が一般公衆に分散して吸収されてくる、その結果社債というものが依然として公衆性をもつに至るのだということが考えられますし、又仮にその売出しというようなことを度外視いたしましても、例えばそういう総額引受が銀行その他の金融機関によつてなされておるといたしますれば、その金融機関の提供した資金というものは、結局は一般公衆から受入れた資金を運用したという形になりますので、そこでたとえ銀行などがその社債を売出さずに保有しておりましても、窮極のところ資金の出どころというものは、銀行の自己資金ではなくて、やはり預金その他で公衆から受入れた金銭が投資されているのだということで、一般公衆の提供した資金ということが言えるかと思うのであります。併しながら、そういうところまで考えて社債の公衆性ということをいうのであるとすれば、これはもはや法律的な説明ではなくて経済的な説明にすぎないのであります。つまり総額引受人がその社債を引受けて、それをあとから売出すという場合に、その売出によつて初めて社債になる、今まで社債でなかつたものが売出されたことによつて、その時に初めて社債になるというのではなくて、法律的には総額引受人が引受けた時から、初めから社債であつたわけであります。もう完全に社債であるものを売出すわけなので、社債でないものを売出して、社債に仕上げるわけではありません。ですから総額引受人が適当な売出の機会がなくて、そのまま償還期が来てしまつた場合とか、或は初めから売出の意思なしに総額引受をしたという場合でも、社債は社債でありまして、社債に関する商法の規定は全部適用されてきます。そういたしますと、そういうふうに第二段階として社債が売出されるということは、これは社債なりや否やを決定する基準にはならないわけで、従つてその点を取上げて、こうなるがために社債は公債性をもつということは、法律的には言えないことになります。金融機関が先ほど言いましたように、総額を引受けた場合に、その資金は結局大衆からの受入金であるという面が公債性だというように解しましても、金融機関が総額引受人たることは必ずしも法律上の要件でないのみならず、金融機関の運用する資金は特に社債なるが故に公衆性をもつわけではなく、凡ゆる資金運用が全部公衆性をもつものでありますから、その点で特に社債を区別することはできないし、又金融機関は法律上独立の人格をもつて、公衆と発行会社との間に介在しますから、たとえ経済的には公衆と発行会社との間に資金の流れが認められたとしましても、法律的にはその関係は切断されているものと見なければならないと存じます。ですからいずれの面からいたしましても、社債が公債性或は公衆性をもつということは、法律的の要件としてはいえないことでありまして、通常はそういう大衆に結局は資金が転嫁されてくるかも知れないけれども、法律的な要件からは公債性ということは社債の概念から外しておかなければならないということになるのではないかと思います。

それから長期巨額性ということも、これも極めて漠然とした相対的な議論であります。無論経済的な観点からすれば長期巨額ということを説明されるということは結構でありますが、併し法律的に言えば、然らば何年以上の償還期を定めれば社債たり得るか、又何万円以上の巨額になれば社債たり得るかということがはっきりしなければ、一定の借入金が社債であるかどうかということの判別ができないことになります。且つ長期巨額の借入金とは言いますけれども、併し商法は割合に短期、少額の借入金のために、社債制度を利用することを禁止してはおりませんから、従って極端な場合を強いて想像すれば、かなり少い金額のものも、例えば五万円とか十万円とかいうように、社債総額が極めて僅少な場合でも、之を社債として発行してはならぬ、或はそれを発行しても社債にはならぬというようなことは、少くとも現行法上は言えないのであります。又償還期にしましても、何年以上長期でなければならぬという制限はなくて、例えば今月末日に支払うとか、三月先に支払うとか、そういう償還期を決めましても、そんなものは社債にはならぬ、とは言えないのではないか。経済的には邪道、脱線であつても、法律的にはやはり社債は社債であつて、短期少額の借入金も、法律的には社債たり得る、と申しますのは、つまりそれが社債ならば社債の規定に従わなければ発行することも移転することもできない、ということにならざるを得ないのではないかと思うのであります。

それから最後の流通証券性というような点も同様に疑問でありまして、商法は社債発行会社に債券発行の義務があるということを直接規定はしておりませんけれども、併し社債については常に債券の存在することを前提とするような規定が二三ありますから、一般に会社は社債を発行した以上は必ず之に対する債券を発行しなければならない、債券発行の義務があるということは是認され得ると思います。併しながら既にこれは特別法ではありますけれども、社債等登録法がありまして、登録社債には債券が発行されない、つまり債券の発行されない社債というものも法律は認めているのみならず、そういう特別法などを離れて考えましても、会社は一般に債券発行の義務があるとして、それならばその債券を発行する以前は社債ではないのか。社債は発行したけれども、まだ債券を発行していないという場合に、それは社債ではないのか。或は会社は債券を発行しようと思うけれども、これが社債であるのだろうかないのだろうか。社債ならば商法の規定に従つて債券を発行しなければならない。社債でなければ、そんな債券を発行する義務はない。一体会社としてそういう債券発行の義務があるかないかということを判断するためには、どうしても債券発行前にそれが社債であるかどうかということを決めて来なければならない筈であります。会社がたとえ債券を発行するつもりでありましても、社債でないものに債券を発行して見ても社債にはならない筈であります。勝手にこれが社債だと称して、例えば通常の借入金について債券類似の証券を発行してみましても、それは社債にはならないというのと同様に、また会社がこれは社債ではないのだ、初めから債券を発行するつもりはありませんから社債ではありませんと主張して、債券発行を拒絶してみたところで、それが本来社債であるならば、会社のつもり如何に拘らず債券を発行する義務がある筈であります。従つて事実上債券が発行されているかどうかということによつて、社債であるか否かを決めるわけにいかないと共に、又債券発行の義務があるかないかということも、そもそもその会社が借入れた借入金というものが、社債であるかどうかということを、先に決めて来なければわからない筈であります。それゆえ、社債の観念を定めるのに、流通証券が発行されるのだということを概念規定の中に取入れるということは、論理的な本末顚倒を冒しておることでありまして、結果から原因を決定づけてしまつていることになります。証券市場における経済的な観察としては、社債と債券とを不可分的に、或は同視するということも許されましようが、社債の法律的な本質を考える場合には、それでは済まない面が出てくるのであります。

かように考えて参りますというと、この社債というものについて、一般に説明されておりますところの定義は、その中の三点とも、どれも決定的な要因をとらえていないのではないか、それを合わせてみても社債というものの概念は成り立つてこないのではないかということを疑うわけであります。そのほかにもなお社債は通常の金銭借入と違つて、いわゆる諾成契約であつて、金銭の授受がなくても当事者の意思表示だけで社債契約が成立するという点、或は社債募集には原則として社債申込証を必要とすることから、要式契約性があるという点なども、時折挙げられておりますけれども、これもやはり社債であればこそ諾成契約であり、要式契約であるのであります。即ちそういう借入金が金銭の授受以前に契約として成立しているかどうか、又一定の方式を必要とするかどうかということを判断するためには、やはり前以て社債であることが確定されていなければならない筈であります。従つて法律的な概念決定としては、社債というものを、こういうところでもつて他の現象と区別することはできないことになり、結局そうなれば一般に言われているような、そういう社債の定義というものは、法律的には意義をなさない不完全な或は間違つたものではないかと疑うわけであります。

それで私は私として社債について一通りの考をまとめて、定義らしいものをもつておりますが、然しそういう定義はまだ今のところ熟しておりません。私自身もこれで十分だというところまで確信をもちませんので差控えておりますが、御参考になりますかどうか、ついでに申し上げてみようかと存じます。私としては社債とは「社債契約に因つて成立した会社の債務又はこれに対応する相手方、つまり社債権者の債権」であり、そしてその社債契約とは何かと言えば、社債契約とは「株式会社とその相手方――つまり社債応募者になりますが――との間の金銭交付並びにその返還を目的とする契約であつて、その総額を均一条件の小口に分割して、応募者がその各口毎に引受金額を会社に払込むことを約し、会社はこれに対して後日償還をなすことを約するによつて成立する契約」である、とこういうふうに、余り手際のいいとはいわれない面倒な定義を下してみておるのであります。無論今こういうふうに一気に申し上げただけでは、お聞きになつておられる皆さんに御検討や御批判をお願いするわけには参らないかと存じますが、少くとも一般に行われておりますような、公債性とか、長期巨額性とか、或は流通証券性とかいう点は、社債の法律概念からは排斥しようという意図だけはお汲みとり願えるのではないかと思います。

尤も今申し上げました社債の場合のように、一般に通用している定義が実はその概念決定には根本的に役立たないのではないかというような場合は、このほかにはそうザラにあるわけではありませんで、従来の商法でありますれば大体研究が行きとどいておりますから、この点我々も日頃、同学の先輩、恩師の示された業績には多大の信頼と尊敬とを覚えるのであります。ところが今度の昭和二十五年の改正法が出ました途端に、色々今までなかつた新しい制度がたくさん入つてきましたので、その一つ一つについて充分な検討を加える余裕がなかつたためか、俄然あちこちにひどい概念の混乱を見るに至つたのであります。

㈡　額面株式と無額面株式とを区別する一般通念の当否

まず先程の社債について申し上げたのと同じ筆法で概念上の誤りを冒していると見られるものに、額面株式、無額面株式の区別、それはどこで区別されるかということであります。普通一般に説明されておりますところによりますというと、額面株式というのは一株の金額が定款に定められておつて、且つその金額が株券に表示されるものである。無額面株式の方は、定款にそういう金額が定められていないと共に、株券にも表示されていない株式だ、そういうふうに定義されます。或はいわゆる記載式無額面株を認める立場の人に言わせれば、定款に券面額の定めがあつても、株券にそれが記載されてなければ、それは無額面株式であるとされます。ところがこの場合においても、社債について申し上げたと同じ理由で、一体株券に券面額を載せるかどうかということが、額面株式、無額面株式の概念上の区別の要点であるかどうかということは甚だ疑わしいことでありまして、これは経済的な見方からしますれば、無論株券に券面額の載つていないような額面株式というようなものはあり得ないし、株券に額面の書いてある無額面株式などというものはあり得ない。それ自体矛盾する表現でありますけれども、併し法律的に果してそういうことが言えるかどうか考えてみなければならないと思います。つまりほかのことはともかく、株券に会社が額面を入れたかどうか、券面額を書かずに置きさえすればそれは無額面株式となるとか、或は券面額を書いてあればそれは額面株式になつてしまうというのならば、それは株券面の記載が額面無額面の別を決定する要点になります。ところが我々法律的に物ごとを考えて見ますると、そういうふうに株券に額面を記載するかどうかということは、これは既に発行されておる一定の株式に対して、如何なる記載をもつた株券を発行すべきかということで決まつて来るものと考えなければならないわけであります。会社としてはそれが額面株式であるならば、額面を記載した株券を発行しなければならないし、無額面株式であるならば、額面を記載してはならないということになります。会社が株券発行の義務を適法に履行しようとすれば、どうしても額面株式については額面を表示した株券を発行しなければならない、無額面株式には額面など書かない株券を発行しなければならないということは言えますけれども、併し本来額面株式であるものに対して、会社がたとえ額面の記載を落した株券を発行したとしても、それがためその株式が無額面株式に変つてしまうものではない。本来額面株式であるならば、会社がそんな額面の入つてない株券を出しても、それは会社として適法な株券を発行しなかつた、株券の記載事項が落ちている、ちようど会社の商号とか成立の年月日が落ちているのと同じように、券面額が落ちているというわけで、記載事項を脱落した不適法な株券が発行されたということになりますけれども、会社がそういうふうに記載を落したために、本来額面株式であるものが、無額面株式に変つてしまうということはあり得ないのであります。株主としては、会社がそんな不完全な株券を交付したならば、これは違うから額面を書き入れてくれ、額面のついた株券を出せという要求ができるわけであります。それによつて記載事項の揃つた株券を出して初めて会社の株券発行の義務が適法に履行されたことになるだろうと思います。たとえば会社と株主との合意上でありましても、額面株式に対して無額面の株券を発行することは許されないし、況やそれでも無額面株式に変更してしまうわけには参らないのであります。ですから一般に説明されておりますような、株券面の記載ということを額面株式、無額面株式ということの見分けの標準とされるということは、単なる常識論であつて、法律的には成立たないことで、法律的に言えば、やはりそれ以前に株式の額面無額面の別は決まつていなければならない筈であります。会社としては一定の株式に対して株券を発行しようという際に、一体この株式に対してどういう株券を発行したらいいかということを判断しなければならず、又判断できなければならないわけで、その場合に額面株式ならば額面を書くし、無額面株式ならば額面は書かないということが決められます。会社が株券発行の時に勝手に決めるわけではなくて、その前に既に決まつているべき筈のものであります。定款に定める一株の金額というのも、単に形式的に株券に記載さるべき金額というのではなく、もつと額面株式の本質を決定する意味に理解しなければならないと思います。そこで私は額面株式の定義として「一株毎に資本組入額が定款により一定金額を以て定められている株式」それから無額面株式は「一株毎の資本組入額が定款により一定金額を以て定められていない株式」というように説明しております。無論この定義が絶対正しいということを申し上げているのではなくて、少くとも株券の記載とは絶縁して額面無額面の区別を考えなければならないということを強調して申し上げたいと思うのであります。前に一言いたしましたいわゆる記載式無額面株というのがアメリカでは行われているという話でありますが、一体我国でもそれは認められるのかどうかということなども、株券の記載ということを土台としてその本質を考えておつたのでは間違いであつて、株券発行前の状態においてその本質がどこにあるかということを篤と見きわめてから、結論を得るようにしなければならないことであると存じます。私はアメリカの記載式無額面株というものを我国にもつてきた場合に、どういう形になるかはまだはつきりしませんけれども、もしもそれが定款には一株毎の資本組入額を一定金額でもつて定めてありながら、株券にはこの金額を記載しないものであるとするならば、現行法上かかる株式の発行は許されないと考えております。

同様のことは額面無額面の区別のほか、あらゆる株式の種別についてもいわれ得ることでありまして、優先株、後配株の区別とか、償還株、無議決権株、転換株などといつたものの概念も総て株券とは離れて、その前に実質的にきまつているのでありまして、株券はその本質に合せて記載事項が決定されてくるに過ぎないのであります。会社は優先株に対してはその優先権の内容を記載した株券を発行する義務があり、若し会社がその通りしなければ、株券発行の義務を怠つたということで、株主に対して正当な株券と取替えなければならない、場合によつては損害賠償や罰則の制裁も受けなければならないということはありますが、併しそういう間違つた株券を出したために株式そのものの性質が変つてしまう、今まで優先株であつたものが通常株に変つてしまうなどということはあり得ないことと言わなければならないのであります。ただ無記名様式というのだけはこの点唯一の例外でありまして、之は専ら株券の記載だけで決まつてくる観念であります。現実に無記名式の株券が出されなければ、如何なる株式も無記名株式にはならないのであります。株券発行前に無記名株式というものがあつて、これは無記名株式だから無記名の株券を発行するというのではありません。

㈢　取締役、取締役会、代表取締役に関する立法上の手違い、就中業務執行権の分界

ところでこういつた手違いといいますか、概念決定の不正確不鮮明というものが、単に法律解釈の上でもつて学者がそこまで考えを及ぼしていない気がつかないという場合はまだ救われ得ることで、それは学問上の学説の争いによつて、漸次補正して行けばいいのでありますが、無論それまでの間は実務家の皆さん方や一般国民には大変な迷惑をかけることにはなりますが、とに角将来改善の望みはあることですが、ところがそういう概念の不鮮明不正確ということが、立法の中にまで入つて来ますると、これはもはや救い難い欠陥を露呈してくるのではないかと思います。その一番目につきやすいと言いますか、手近な一例として、今度のやはり二十五年の改正で現われた現象でありますが、御承知の取締役、取締役会、代表取締役という、この概念であります。一体改正前には、取締役は各自それぞれ業務執行並びに代表の機関を構成し単独制の機関でありました。そして取締役は三人以上ということになつておりますか

ら、株式会社は業務執行並びに代表について同じ職務権限をもつた同格の機関が三つ以上並列しておつたわけで、その権限の範囲はみな同じで重複して全面的な業務執行並びに代表をする機関であります。そこへ持つて来まして改正法が取締役会の制度及び之に伴つて代表取締役の制度を採用したことになつております。一体かように法律制度として取締役会なり代表取締役なりの制度をそこに入れたということが、従来の建前からどれだけの変更を加えたことになるのでありましょうか。商法には会社の業務執行は取締役会で之を決すとしておりますけれども、それは取締役会というものを、会社の業務執行機関として認めたことになるのかどうか。商法の他の規定を見ますと特別に取締役会に於て決定すべきことを定めた場合があります。社債募集であるとか支配人の選任解任であるとか、或は会社と取締役との間の取引の承認であるとか、これらが会社の業務執行の一部として取締役会の権限であること明かでありますが、中には新株発行とか、株式の分割とか、或は準備金の資本組入とかいうことになりますというと、これはもはや純粋な業務執行という観念のうちには入れ難いものまで取締役会の権限が認められていることになる。ところが他方では取締役会ではなくて、個々の取締役が会社のためにいろいろな事務を担当するような規定がかなりたくさん商法の中に残つております。例えば各営業年度の決算書類や準備金及び配当に関する議案を取締役が作成して総会に提出するということ、その計算書類や附属明細書を取締役が会社に備付けて、株主の閲覧に供すること、少数株主の請求する会計帳簿書類の閲覧謄写を拒絶すること、そのほか新株の申込証を作成することとか、いろいろありますが、こういつた規定を見ますというと、各個の取締役というのが依然として之等の事務について業務執行の権限を有するように見える。少くとも規定の上では、取締役が之らの事務を担当するように書いてある。それならば一体先ほどの取締役会が業務執行の機関であるというのは何を意味することになるのでしようか。各個の取締役は旧法当時と同じく依然として業務執行機関であり、そこへ屋上屋を架するように、改正法が取締役会を新設して業務執行機関としたのか、又は以前取締役の権限に属した事項の一部とそれから従来は取締役の権限にはなかつた或る種の事項とを併せて取締役会の権限としたというのか、もしそうとすれば取締役と取締役会との権限の分け方、その分界線はどこに引かれたのか、そういつたことが商法の規定を材料としてはどうとも判断がつき兼ねるのであります。

それから代表取締役の問題にしましても、従来は各取締役がそれぞれ業務執行と同時に代表権限をもつておりましたから、取締役は当然に代表機関であり、特に代表取締役として選任されて代表機関となるわけではなかつた。無論取締役のうちから特に一部の者だけを代表取締役とすることはできましたけれども、それは実質的にはその他の取締役から代表権限を奪うことに外ならないのでありまして、代表取締役に今までなかつた代表権限を新に授与するという関係ではありません。代表取締役の代表権限は、代表取締役になる前からもつておつた代表権限そのままであつて、それを一旦放棄して又新しい権限をもらうわけではありません。殊に取締役がもつている業務執行の権限は、代表取締役を定めた場合にも、そのまま残るわけでありまして、従つて代表取締役もその他の取締役もみな同列同格の業務執行機関であつたわけであります。ところが改正法によりますと、取締役であるというだけでは当然には代表権限は認められないで、特に取締役会で代表取締役に選任されて初めて代表権限を授与される。即ち旧法のように他の取締役から代表権限を奪うという形ではなくて、誰ももつていない権限を代表取締役だけに与えるという関係になるのであります。そんなことは考え方の問題でどちらだつていいぢやないか、結果は同じことぢやないかと仰せられるかもしれませんが、困つたことに商法は代表取締役について代表権限のことばかり規定して、その業務執行の権限については何も規定していないのであります。前に申しましたように各取締役について依然として無制限の業務執行の権限が認められるとしますれば、代表取締役の業務執行権限を問題にすることもいらないわけになりますが、もし各取締役には業務執行の権限がないとか、或はその権限が本質的に縮少されておるとかしますというと、代表取締役は代表権限は全面的に与えられているに拘らず、業務執行の権限は全くないか、或は一少部分しかもつていないということになつてしまうわけですが、一体商法はかような業務執行権限を伴わない代表権限というものを認めたのであるかどうか。或は代表権限を認めた以上はその裏付けとなる業務執行権限を当然予定しているという考え方も成立つかと思いますが、それならばその代表関係以外の点については代表取締役は全く業務執行に関与しないのであるか。御承知のように代表というのは会社の意思表示、或は会社に対する意思表示、その他一般の通知催告といつたような、いわゆる法律行為及び準法律行為に特有な関係でありますから、その他の一般の事務、殊に会社業務の統率指揮監督というような事実上の行為については代表という観念は出てこない、法律的な意味での代表関係はあり得ない。それを代表取締役がやるのかどうか、やるとすればどの範囲でやるのか、一切不明であります。

特に奇妙なことには、商法は会社の機関という表題のうちに、取締役及び取締役会というのを挙げてありますが、代表取締役というのは特に表題には出していません。その表題だけ見れば各個の取締役は会社の機関であるけれども、代表取締役は機関ではない、或は少くとも取締役が機関である程度には、重要な機関であるとは商法は代表取締役のことを見ていない、ということになるのでありましようか。それから又、商法には取締役のうちから社長、副社長、専務、常務などをきめた場合の表見代表に関する規定もまだ残つております。之等の者は代表権を有せざる場合といいますから、代表取締役になつていない場合をいうので、その他の点、つまり結局業務執行の点で他の平取締役と何か区別されるのでありましようが、そういつた業務執行の点で区別すれば、どうして「会社を代表する権限を有するものと認むべき名称」を附したことになるのか、従つて又表見代表を認めなければならないことになるのか、全く不可解そのものであります。改正前ならば各取締役は特に奪われない限りは代表権限がありますから、之を奪つた場合に、奪つてないような名称をつければ表見代表を認める必要もありましようが、改正法では初めから代表権限がない者について、代表権限と無関係な名称をつけて、それがどうして代表権限を有するものと認むべき名称になるのか、又それがために代表権限を擬制しなければならないのか、どうも凡俗の思案を超えた規定となつております。

一体どうしてこんな取締役会や代表取締役をめぐつてひどい手違いを生じたのであるかと申しますと、これは立法経過から見ますれば、この取締役会に関する新しい制度が昭和二十五年の改正の際に、その改正要綱の中に取上げられた経緯が甚だ遅れておりまして、ほかの点はかなり早くから改正すべき点として検討されておつたにかかわらず取締役会関係のことだけが最後になつて、もう他の点の改正要綱が法制審議会に諮問されておつて、その審議が始まつている、そのあとから追掛けて、その要綱に追加或は補正すべき点として、取締役会、代表取締役に関する分が諮問に附された。法制審議会でも之を容れて、取締役会制度を答申案の中に謳つたのでありますが、ところがこの答申に基いて改正法律案を起草する際に、従来の取締役関係の規定を一々検討するだけの余裕がなくて、取敢えずその要綱に載つたところだけを、商法の中に挿込んだということでありましたので、立法経過として或は已むを得なかつたかもしれませんが、併しそれにしても結果から見れば条文の整理もできていない甚だ不手際極まることであります。従来の取締役に関する規定は殆どそのままそつくり残しておきながら、そこへただあとから取締役会の規定を新規に付加えた。代表取締役の規定も入れたということになりますから、商法の他の部分の規定と、その取締役会に関する規定との繋がりが全くついていない、この点などは昭和二十五年の改正法では何といつても一番大きな不手際で極めて体裁の悪い結果を露呈していると見られるところであります。

そういうふうに商法の規定自体が――そこまで極論していいかどうかわかりませんが――いわば支離滅裂であるためにそういう規定を受取りました我々側としましても、その規定の合理的な理解が困難でありまして、辻褄を合せようがないのであります。まあ苦しまぎれに色々な説明はしますけれども、取締役とか取締役会とか代表取締役に関する学者の見解は各人各様になつてしまいまして、どれもそれが正しくて他は誤つているということの極め手がないのであります。のみならず学者が株式会社法の範囲内での概念の整理に腐心する余り、従来統一的に理解され説明されておつた他の類似の現象との調和を破壊してしまうようなことにまでなつてくるのでありまして、例えば同じ業務執行でも、株式会社についていう場合と、合名会社や合資会社或は民法上の組合や匿名組合についていう場合とでは違つたふうに説明するというようなことになりますというと、もう学問的な混乱そのものであるといわなければならないのであります。

殊に取締役会や代表取締役に関する規定が、これはどういう手違いか知りませんけれども、清算人にまで準用されております。これなどは殆ど思いなしに手拍子でやつてしまつたという以外にはないと思うのであります。取締役会ならば会社の業務を担当し、その営業上の樞機を握つて最高方針を決定する。その際各取締役の経営者的手腕識見を縦横に駆使して会社企業を引ずつてゆくのでありますが、一歩誤れば重大な危機に陥落する虞れもありますので、数人の取締役が衆知をあつめて慎重に事を決せしめるというのも意味がありますけれども、併し清算人に至つては、もはや解散後の会社財産の整理分配だけの仕事であつて、営業上の手腕ということは全く振う場面がないのであります。それよりも我々にとつてもつと不思議に思われることは、清算人には三人以上というような規定がありませんから一人でもいいわけなので、それが清算人会を構成することを一方では当然に予定していたり、清算人のうちから代表清算人というものを必ず選任しなければ、代表権限が与えられないというようになつているのは一体どうしたわけでありましょうか。それとも商法は清算人も三人以上いなければならないということを暗に言つているのか、或は清算人がもし数人おるならば、こうしろといつているのか、一人でも何でも左様にしろといつているのか全く不明になつております。諸外国の立法例を見ましても、清算人が清算人会を組織して、それが清算機関となるというようなのは余り見当らないようでありまして、我々は戸惑いせざるを得ないのであります。之などは取締役会というものの本質性格を概念的に正確に把握しない、或は誤つて把握したために生じた立法上の明白なミスでありまして、もはや我々の力では何とも合理的な理解に達し得ないものといわなければならない点であります。

(四) 新株引受権の本質及びその他についての概念の不明確

もう一つ現行法上概念を不明確ならしめている点として目につきますのは、例の新株引受権のことであります。この新株引受権の本質が何かということは、これは学者の間でいろいろ議論されておりまして、皆さん先刻御承知のことと思います。この新株引受権に関する議論は、そのうちにはかなり常識が混入しておつて、法律的な概念の明確さということが相当に濁らされて来ておるということは、私もかつて或る機会に指摘したことがありましたが、特に新株引受権者に対する有利発行、発行条件の有利ということが、新株引受権の本質的な要素であるというふうに初めから思い込んでしまつたために生ずる混乱、或は新株引受権というものを、新株引受人たり得る資格と勘違いしているために生ずる混乱、或は新株引受権の付与ということと、新株そのものを割当てるということを混同したために生ずる混乱、殊に新株割当の権限を取締役会がもつていることが、直ちに新株引受権付与の権限と同一又は並行するものと誤認することに基く混乱、之等の法律的にいえば、いわば幼稚な誤解が専門の法律学者の議論の裏にもしばしば宿つているために、新株引受権に関する理解を極度に紛糾させておるのであります。併しその範囲においてならば、これはまだ学者の間の議論であり、学者の間で尤もと信じさせて漸次訂正していけばよかつたわけでありますが、ところがそれが今回の昭和三十年の改正に際しまして、そういつた混乱の背景をもつたまま改正案が審議されまして、株主に新株引受権があるかないかを、原則として新株発行の都度、取締役会がきめるというような、私から言わせれば、或は言い過ぎかも知れませんが、およそ奇妙な制度が採用されることになつたのであります。

以上申し述べましたほかに、昭和二十五年の改正では沢山の新しい制度が入つて来ましたが、例えば名義書換代理人であるとか或は登録機関とか、そういう制度を持つてきたわけでありますが、何がその名義書換代理人であるのか、どういう要件を具えればそれに当るのか、登録機関というのは何であるかというような点は甚だあいまいでありまして、法律の規定を見てもはつきり判らない。或は株主名簿や社債原簿の複本というのが規定に出ておる、その複本とは一体何か、手形や小切手にも以前から複本の制度があるけれども、文字は同じでも意味は違うのではないかどうもはつきりしない。或は株主名簿の閉鎖、基準日についての規定があるが、一体その株主名簿の閉鎖というのはどういうことか、基準日というのはどういうことか、更に昨年の改正で決まつた新株の割当日、つまりその日に於て株主名簿に記載ある株主が新株引受権を有するという、その日というのは一体先の基準日とはどうちがうのか、基準日の一種と見ていいのか、或は基準日とは全く違つたものと見なければならないのか、基準日と全く違うものであるとすれば、基準日を定めた上に割当日を定めるということも考えられるかどうか、両者同性質のものとすれば、基準日を定めることによつて割当日に代えることができるのかどうか、というような点が今なお不明に残されておるのでありまず。

四　結語――商法改正への寄与

こういつた株式会社法の現状を前にして、我々としてなすべき仕事は一体何でありましようか。それはいうまでもなく、安易に辻褄を合せたり、繿褸をかくしたりすることではありませんで、凡ゆる素材を綿密に検討して、不明な箇所は徹底的に明らかにし、法律の不備欠陥もあるがままに精確に把握して、実務家の皆さん方や一般国民の前に法律の実際の姿を秩序正しく正確に提示して、法律の実地の運用を適正ならしめるように努力を傾けなければならないと存じますが、それと共にただ既存の法律について兎や角いうばかりでなく、丁度現在商法改正が再び問題となつておりますので、その方にも働きかけて、少しでも正しく判りやすい法律が出来るようにすべきではないかと思つております。今度は商法の根本的な改正、殊に株式会社法を中心とする根本的改正が着々と進められると思いますけれども、そしてその際最も重要なことはもとよりその株式会社というものに対する基本的な政策をどうするか、例えば今ありまず群小株式会社というものを、一体整理した方が良いか、どういう形で整理したらいいかということを、根本的に考える必要があるのであります。併しそういう基本的な政策の樹立ということは、実は我々法律専門家の専門事項ではありませんで、そういうことはやはり政治、経済、社会、あらゆる方面からの綜合的検討の結果、結論が出されるわけであります。我々もまた法律という面から基本的政策の樹立について何かの意見を述べて、その政策に影響を与えるような発言をするかもしれませんが、それよりも我々の専門的な能力が直接発揮できるのは、そういう政策が決まつてから、その政策を実施するには、どういう法律を作つたらいいかどういうふうにそれを持つて行つて規定したらいいかという第二段の問題であります。即ち法律の規定をどういうふうに立案し、どういうふうに纏めて行くかという立法技術の問題であります。ちよつと考えますと基本政策をきめるのは非常にむずかしいけれども、それが決まりさえすればそれを法律にすることなどは極めて簡単なたやすい仕事のように見えますけれども、実はそう簡単には参りませんので、やはり法律には最初に申しました通り、法律特有の狙いというものがありますから、一般的政策がきまつたからとてそれがそのまま法律になつているわけではなく、立法技術としてどういうふうにしなければならないかということを、慎重に考慮する必要があるのであります。そしてそれがためには、やはりそこに取上げられますところの個々の現象、大きな事柄から末端の事柄に至るまでそれぞれ法律特有の概念決定を精密になして、それに基いて適用範囲というようなものをはつきり見定めた上で、適当な規律をして行くというような用意がなければならないというふうに考えております。昭和二十五年の改正法はそもそもその基本的政策の吟味も不充分ではありましたが、それよりも何よりも我々の目ざわりになることは、立法技術の粗略さであります。どうも我々の平生やつております仕事の関係からいたしまして、政策の良し悪しは我々の直接の責任とは感じませんが、立法技術の拙劣さだけは、何とも体裁がわるく、是非とも改めて貰わなければ困ると思つております。甚だ雑駁なお話を申し上げて参りましたけれども、平生私の考えておりますことの一端をお話して、皆様方が我々を御覧になる場合、我々の目のつけどころといつたようなものを多少なりとお判り頂くことができますならば、私の今日のお話の目的は達せられたわけであります。

〔本稿は、昭和三十一年一月二十日東京証券取引所講堂における講演
速記録を先生にお願いして筆を加えて頂いたものです——会報部〕

（東京株式懇話会　會報第五十四号、昭和三十一年）

資本と株式の復縁
——無額面株式と資本の増減をめぐる問題——

一

旧法では株式会社の資本の総額は、常に一定の金額を以て、定款の絶対的必要事項として記載され（旧一六六条一項三号）、且つこの資本は株式に均分されることになつていたから（旧一九九条、二〇二条一項）、株式は資本の構成単位たる性格をもつものとされていた。然るに昭和二五年の改正法は、無額面株式の発行を原則的に認めたため（改一九九条）、額面株式をも含めて、全般的に株式なるものが、資本の構成単位であるという関係は維持し得なくなり、茲に資本と株式との関連が切断された、と説明するのが一般の例である。而もこの「関連の切断」ということは、単に右の範囲内のことを言つているに止まるのではなくて、更にこれを一般化して、恰も資本と株式とが全く無縁の現象と化した如くに解し、従つて㈠資本の形成、増減は原則として株式とは無関係に起り得べく、又㈡反対に発行済株式の増減は、原則として資本の額には影響を与えずして行われる、㈢時としては資本の増減と株式の増減とが結合して行われることがあつたとしても、それは会社による恣意的な、偶然の結び附きなのであつて、資本或は株式というものの性質上必然的にそうなるのではない、ということまで意味しているのだという風に説明されてくるのである。

然しながら、資本と株式との関連が、無額面株式制度の採用ということがあるにしても、果してさように簡単に、而も完全に「切断」されたのであろうか。むしろ反対に、現行法上も原則としては旧法と同じく、資本と株式との間に一定の必然的関係をもつているものであり、ただ例外として、その間の関連が断たれる場合が、旧法におけるよりも幾らか多くなつたと見る方が、法律の規定の上からも、事物の実体の観察からも、より妥当性をもつのではあるまいか。少くともかような立場から現行法を眺めたならば、どうなるかということは、一応検討の価値があるのではあるまいかと思うのである。

二

まず第一に、資本の総額が定款の絶対的必要事項から除かれたことは、授権資本制採用のため当然の結果ではあつて、そのこと自体は資本と株式との関係とは何の繋がりもない。強いて言えば、資本と定款との関連の切断であつて、資本と株式との間に関連があるか否かは、必ずしも定款上記載されるか否かに限つた問題ではない。

これに反して無額面株式制の採用は、資本と株式との間の関連に重大な変化を及ぼす。即ち従来の如く、額面株式のみが認められている状態においては、資本と株式との間には

資本の総額＝一株の金額×発行済株式総数

という単純な等式関係が成り立つが、これに無額面株式が加わると、かように簡単には行かない。無額面株式においては、性質上、一株の金額なるものは存在しないし、且つ無額面株式の発行により資本に組入れらるべき金額は、その発行毎に（但し一回の発行分については各株式均等であるべきであろう。多少疑はあるが、その点深入りすると、議論が混雑するから、仮にそういうものとして置く）異つた額に定め得べきものであるから、この場合の資本と株式との関係は、

資本の総額＝額面株式一株の金額×発行済額面株式の総数＋第一次発行の無額面株式の一株毎の資本組入額×その発行済株式総数＋第二次発行の無額面株式の一株毎の資本組入額×その発行済株式総数＋第三次発行の……（以下之に準ず）

となり（改二八四条ノ二）、極めて複雑な等式関係になるわけである。然しそれは複雑なだけであつて、一つの等式にはちがいない。だから依然として資本と株式との間には厳然とした等式関係が成り立つのである。これだけのことでは「切断」とは言えず、資本の総額が株式に均分されるとは限らないために、その関係式が単に複雑化しただけのことに過ぎないのである。

然し切断論の立場からは、更に次の点を論拠に挙げるであろう。即ち新法上の制度として、準備金の資本組入に際して株式を発行せずにおれば（二九三条ノ三）、その分だけ資本が増加するけれども、この場合の会社の資本金額は、前記の等式だけでは算出し得ない。株式と関係なしに形成される資本の部分が出現する、と。如何にもその通りである。だからその限度において資本と株式との関連が切断されたということは、表現として固より許されるであろう。

然しその場合においても、あくまで「その限度において」正しいのであつて、その場合に限り、直接には株式の裏付けのない資本の部分が例外的に存在し得るというのである。且つその場合にも資本の本体的部分（必ずしも金額の大小を言うのではない）は株式との関連をもつており、それに対して附加的に、そうでないものが加わつているに過ぎない。即ち前記の複雑な等式の末尾に、更に「＋x」を附加することになるのである。如何なる会社でも、資本の本体的部分なしに、言い換えれば株式によつて形成された資本なしに、いきなり準備金を資本に組入れて（即ち前記のxだけで）、会社の資本を作る（資本＝x）などということは、できるものではない。

会社の資本は株式によつて調達するのが本筋であつて、準備金の組入の如きは附加的な資本増加の方法に外ならない。而もその場合においても商法は、これに見合う株式の発行を一般的に予定しているのであつて（二九三条ノ三、二項）、株式を発行せずにも組入ができるということは、規定の表面にはなくて、裏から推論し得るに過ぎないから、益々例外的性格が顕著である。

無論商法は準備金を資本に組入れる際に、株式を発行するのが原則なのか、発行しないのが原則なのかは明かにしていない。従つて準備金資本組入ということだけに局限して観察する限り、株式を発行しないのは例外だという成法上の根拠はないかも知れない。然し資本増加ということを一般的に考えた場合には、株式の発行によつて資本が増加するのが原則であつて、然らざるものはこの準備金組入（の一部）だけだとすれば、株式の裏付けなき増資は依然として例外的現象と見る外ないであろう。だから現行法上も、株式あつて初めて資本が形成又は増加するということは、かなり厳格な原則であり、例外はただ一つあるだけだという説明の方が、現行法の実際の姿に忠実なのではあるまいか。例外一つあるために、資本と株式との関連が原則的に切断されたと見て、前記の等式を根本的に否定してしまうには、まだ早いようである。

三

凡そ株式会社に限らず、あらゆる企業について、資本というものは常に出資者の出捐から成るのであつて、それ以外に空に資本が出現してくることはない。論者はよく資本の観念を説明して、損益計算の基礎となりし、且つ会社債権者の担保として、会社の保有すべき理想的な財産の額であるとし、資本が恰も抽象的な数字に過ぎないもののように述べているが、それは単に資本というものを、その作用又は機能の面から見た場合に、そのようなものと解せられるというに過ぎないのであつて、その資本が如何にして形成されるかということは、自ら別問題である。この点は他の面から考察しなければならない。つまり資本が如何に抽象的、理想的数額に過ぎないからといつて、会社が勝手に理想的な金額を持ち出して、例えば一億円とか十億円とかいう金額を、ただ空に並べさえすれば、それで資本が出来上るというものではない。商法はさような空虚な資本を作ることを極力防止すべく、資本の原則を堅持していることは周知の通りである。資本は出資によつてのみ形成される、それ以外には資本造出の方法はない。

そして一面その出資者は出資を通じて企業に参加する。株式はその出資者に対して与えられる企業参加の地位に外ならない。会社は出資者に対して株式を発行する。出資が続く限りは、その株式も発行済になつて存続する。出資をしないでは何人も株式の発行を受けることはできない、出資を償還すれば株式も消滅する。だから出資ということでもつて、株式と資本とは繋がつているのである。

無額面株式であつても、その理に変りはない。ただ額面株式ならば、出資の額が一定しているから、これによつて資本の額も、株式の数も自ら定まるので、この現象を旧法は「資本ハ之ヲ株式ニ分ツ」という風に表現していたのである。それは決して株式を積重ねれば、それでそのまま資本というものになつてしまう、株式がそのまま資本であるというようなことを考えていたわけではない。無額面株式もまた、出資に応じて発行される。が然しその一株毎の出資額が予め定款上一定していない。発行の都度適当に定められる点が額面株式と違つているだけである。商法は額面株式でも無額面株式でも、それを発行するには常に引受人の出資を要件として、出資を伴わない株式の発行は許していない。従つて株式を発行すれば常に必ず資本がそれに応じて形成増加し、株式を発行しながら、資本は変動しないというようなことは認めないのである。この点の例外は一つもない。

四

所で商法は株式について定まる出資額を、額面株式の場合には、直接に券面額として捉えているけれども、無額面株式の場合には、発行価額ということから導いて来た。即ち一般には発行価額がそのまま出資額（資本組入額）となるものとしているが、その一部を資本に組入れざることもできることにしたから、無額面株式の出資額（資本組入額）はその発行価額から資本に組入れざる額を差引いた残額であるということになる（二八四条ノ二）。然しかように発行価額の全部が必ずしも資本に組入れられないということは、額面株式についても起り得ることであつて、額面を超ゆる価額でこれを発行すれば、その超過額は資本に組入れられることはない。額面無額面を問わず、その発行価額そのものは一本であるけれども、そのうち資本に入る分と、入らない分とが併さつていることになる。

ただその際商法は額面株式については、まず資本組入額（額面）を定め、次いで発行価額を定め、従つて資本に組入れざる額が自然に定まつてくるという順序で、その関係を定めているのに、無額面株式については、この順序を取り代えて、まず発行価額を定め、次いでそのうち資本に組入れざる額を定め、従つてそのことから結果的に資本組入額が定まつてくるという逆の決め方を選んだのである。何故に順序を別異にしたかは判然しないが、順序を変えなければならぬという必然性はないようである。恐らく無額面株式の発行価額というものは、会社の業態や一般経済事情などによつて、或る程度客観的に適当な価額がきまつてくるから、余り会社の身勝手な金額たり得ない（尤もこの点は額面株式でも同じことである）。これに反し、その発行価額中どれだけを資本に組入れ、どれだけを組入れないかということは、無額面株式については、恣意的に会社の手心を加える余地がある所から、実際問題として我儘のきかない発行価額の方から先にきめて、あとは適宜配分しようという順序になるであろう。それを法律がそのまま正直に規定したに過ぎないということでもあろうか。然しこの場合においても会社にとつて最も重要なことは、永い将来の効果から見ても、その資本組入額如何という点でなければならない。だから法律の規定としては、無額面株式についても、額面株式と同様に、まずその資本組入額を定めしめ（無論、発行の都度これを定めるのであつて、予め一般的に定めしめる意味ではない）、これと同額又はそれ以上の価額を以て発行価額を定めしめるということにしても決して差支えないのであつて、理窟の上では、むしろこの方が順序を得ているといえるであろう。ともあれ商法が、発行価額などということを前面に押出し、出資額の方をいわば背後に引込めたために、とんだ誤解の種を蒔いたようでもある。発行価額といつて、「価額」という言葉を使うものだから、何かそれは売買代金のようなもの、つまり双務契約上の反対給付、有償契約上の対価であるが如き感じを与える。如何にも通俗的には株式を新規に引受けるのも、市場から発行済株式を買入れるのも、何れも株式投資であると同時に、対価支払であるから、出資も代金支払も同一視して差支えないかも知れないが、ここで法律的な性格まで混同したのでは話にならない。会社が発行価額を決定するについても、通俗的、経済的な投資の観念に基いて、適当な額を割出すに違いないが、それはあくまで、幾何の出資者に対して、幾何の株主地位を賦与するか、出資の度合と企業参加の度合とを如何なる割合にきめるか、ということなのであつて、決して法律的な意味において、会社側から株式を給付し、引受人側から発行価額の反対給付を為さしめるというのではない。発行価額という言葉そのものが法律的な性質を表現していないだけであつて、その本質は出資の単位額であり、その出資の上に株式が成り立つ、両者不可分の現象なのである。双務契約上の給付と反対給付との関係の如くに、当事者の法律行為によつて偶然に牽連せしめられた、本来互に無縁の現象ではないのである。

五

資本と株式との関連を切断する現象として、一般に挙げられるもう一つの例は、配当すべき利益を以てする株式の消却（二一二条）乃至は償還株式の償還（二二二条）である。この場合には発行済株式の一部が消滅しているのに、これに対応しておつた資本の部分はそのままで、資本減少を来さない。だから資本に影響を与えることなくして、株式だけが独立して減少する。それが資本と株式との関連の切断であるというのである。

然しながら配当すべき利益を以てする株式の消却（利益消却）の制度は、改正法によつて新設されたものではなくて、従来から認められていたものである。故にこれあるがために資本と株式との関連が切断されるのであるならば、それは従来から既に切断されておつたことになつてしまつて、殊更に新法上の新現象というは当らないのではないか。尤も利益消却の資本への影響については旧法時代有名な争のあつた所であつて、色色な説が対立しておつたが、改正直前の形勢では、資本に影響なしというのが通説に近かつた。無論その当時は、資本を株式に分つという法則が厳然と控えておつたから、利益消却によつて株式が減少しているに拘らず、資本はそのまま据置かれるということを是認するためには、相当の抵抗を感ずるのであつて、論者は已むを得ずにその場合には、株式に分割されない資本の部分が生ずる唯一の例外となるのだと逃げていた。その外には旧法上、資本と株式とは例外なく常に相対応していたから、かかる唯一の例外があるからといつて、資本と株式との関連が原則的に切断されたというような事を考える者は、固より一人もいなかつた。

改正法はこれにもう一つ、前述の準備金の資本組入に際し株式を発行しない場合を、例外中に加えたのである。旧法上は例外の場合が文字通り唯一つしかなかつたが、改正法上はそれが二つになつたわけである。単数複数の差はあつても、例外はあくまで例外なのであつて、凡そ如何なる原則でも例外の一つや二つは附き物である。一二の例外が現われたために、原則が忽ち消え去るというようなことは異例である。だから旧法上唯一の例外にも拘らず、資本と株式との関連は保たれていたと同様に、改正法上はただ二つの例外にも拘らず、一般には依然としてその関連は保たれていると見る方が自然の考え方といわなければならないのであろう。

六

右の二つの例外の場合は、何れも資本が株式を上廻る場合である。即ち株式の裏付けのない資本の部分が生ずる場合である。これに反し改正法と雖も、資本の構成に参与しない株式なるものを認めた場合はない。株式を発行すればこれに応じて常に幾何かの資本が造出されるのである。株式を発行して資本が増加しない場合は存在しない。

或はいうであろう。改正法上新設された株式分割の制度は、株式が増加しても資本が増加しないことを認めたものではないか、と。然り、確かにこの場合には、発行済株式の数は、分割の割合に応じて増加する。而も株式数が増加するに止まり、資本は増加しない。然しそれは増加しない筈である。何となれば、分割の結果、丁度その割合だけ一株毎の資本組入額が減少しているのだから。そのことは額面株式については異説のあることを、寡聞にして知らない。商法には分割は取締役会の決議によつて為し得るものと規定しているけれども（二九三条ノ四）、それは会社が無額面株式のみを発行している場合だけに、そのまま妥当するのであつて、発行済株式の全部又は一部が額面株式であつたならば、その一株の金額を減少するためまず定款変更の手続をとらねばならない、というわけである。さもなければ資本金額の算定が狂つてくるからである。掛け算の答（資本の額）を一定にしておいて、その乗数（株式数）を増加すればその増加の割合に反比例して、被乗数（額面）を減少しなければならない。

だから同じことは無額面株式についても言われなければならない。即ち無額面株式を分割すれば、その分割の割合に応じて、その発行済株式数が増加するけれども、これに伴つて反面にはその一株毎の資本組入額が減少する。だから資本の総額には変更がないのである。ただ額面株式の場合と異つて、その一株毎の資本組入額は定款の記載事項でないから、それを減少するために定款変更の手続を必要としない。従つて無額面株式の分割については取締役会の決議があれば足るので、額面株式の分割とは、この点の手続が異つている（株券記載事項でもないから株券引換の要もない）。

然しそれは資本組入額（従って発行価額）に変動がないからではなくて、変動があっても定款（及び株券記載事項）変更にはならないから、というに過ぎない。

かように資本を動かさないで、株式を増加すれば、株金額又は発行価額を減少するより外ないのと全く同様に、資本を変動しないで株式を減少すれば、株金額又は発行価額を増加するより外はない。株金額や発行価額を据置いたまま、発行済株式数を減少すれば、それに応じて資本も減少してくるのである。発行済株式を減少する方法は、株式の併合か消却であるが、商法は何れもこれを減資の方法として見ているのはそのためである（三七七条以下、二一二条、利益消却だけが例外である）。株式を減少しながら資本を据置くためには、利益消却を除いては、一株の金額又は発行価額をそれに応じて引上げなければならない。改正法施行法一〇条二項が、額面引上のためにする株式の併合について規定するのは、正にこの関係を前提としているからに外ならない。両者の関係が断たれているならば、何故かかる規定が必要であろうか。

七

会社が資本減少を為す場合にも、若し資本と株式との間の関連が全くないものとするならば、減資は株式への影響なしにこれを行い得ることになる。というよりは、減資をしても、本来は株式には何等の関係なきことといわなければならないであろう。

所が商法三七六条は、減資の際には、その決議において必ず減資の方法を定むることを要するものとしている。この規定は改正前からあつたもので、ここで減資の方法というのは、如何にして減少した資本に株式を合致せしめるか、額面切下か消却か或は併合か、ということであつて、それ以外にはない。その外に、減資が欠損填補のためか、株主に払戻すためかということも、減資の方法という内に含めて考えられていたが、この点は減資の方法というよりは、むしろ減資の目的、或は減資によつて資本の拘束から解かれた会社財産の処置、換言すれば、減資の跡始末であつて、厳密な意味での減資そのものの方法というのには当らないと見るべきであろう。その同じ規定がそのまま改正法に持ち込まれたとすれば、従来と同じ意味で減資の方法ということが考えられているわけであつて、株式の処置ということが、改正法上も減資の方法ということの中心課題であると見なければならない。

特に改正法においても、株式併合に関する規定を、資本減少の節の中に収容しているのであつて（三七七条以下）、このことは株式の併合が減資の方法の少くとも一つであることを前提としてのみ理解できるのである。もし株式の併合が、減資と無関係なものであつたり、或は少くとも減資に特有の方法ではなくして、これとは切離しても行い得るものであるとするならば、恐らくはその規定の位置も変更しなければならないのであつて、株式の分割に関する二九三条ノ四の規定と並べて設けるべきである。現在の規定の位置では、商法は専ら減資の方法としての株式併合を規定したと見る外ないのである。

減資の他の一つの方法と見られる株式消却についても、商法は特に二一二条にその旨規定するのであつて、その規定の文面からも株式の消却が本来減資の方法であることを示している。

然らば何故に改正法が株式の併合や消却を減資の方法として規定しているか。それはいうまでもなく、改正法上も資本と株式とは関連を保つていると見ているからである。即ち二八四条ノ二の規定は、減資後の資本についてもなお適用があると見ているからである。会社の資本は会社存続中のどの瞬間をとつてみても、二八四条ノ二の規定に従つて決定されているということを定めているのである。

減資の方法としては、株式の併合、消却による発行済株式数の減少のほか、一株の金額の減少という方法もあることは、旧法当時から説かれている。改正法上もむろんこの点変りはない。ただ一株の金額の引下げは、性質上額面株式についてのみ考え得ることであつて、無額面株式については、この方法により得ないことは、言うまでもない。然し無額面株式についても、これに相当する方法はなくはないのであつて、それはその資本組入額（発行価額）を切下げることとである。無額面株式の発行済株数をそのままにして、資本を減少しようとすれば、どうしても、その一株当りの資本組入額、従つて発行価額を引下げるより外にはないであろう。

一般には無額面株式の発行価額というものが、普通の売買代金などと同様に、一時的な給付を内容とするものなるが如く見るため、株式の発行、或は発行価額の払込完了と共に既にその目的を達してしまつた過去の歴史的事実は、その後の資本減少に当つてこれを変更する余地がないものの如くに解するのであるが、それは既述の如く発行価額という文字に迷わされた謬見であつて、株式の発行価額はその株式が発行されてある間は、永続的にその株式の持つている性質となつていると見るべきではなかろうか。

要するに改正法上も資本減少は株式との関連においてこれを為し得べきものであつて、株式の数か金額か、或はその双方に消滅を加えるのでなければこれを行い得ないものと解すべきである。只然し、これには例外がある。それは減資の当時、当該会社の資本の中に前述の株式の裏付なき資本の部分が存在する場合である。この場合において、而もその限度内で減資をするには、株式に手をつけるに及ばないのである。つまり会社が準備金を資本に組入れ、これに対して株式を発行していない場合には、その組入額の限度内で減資をするには、株式に影響なくこれを行い得る。又会社が利益消却乃至償還株式の償還を為した場合に、後日に至り更にその資本の部分の限度内で減資をするにも、残存株式に影響なく行い得ると解すべきであろう。これらの場合は元々例外的に株式に関係なき資本の部分が存在している場合であるからに外ならない。それ故会社に右の如き資本の部分ある場合に減資を為すには、資本のどの部分を減少するかということも、三七六条にいう減資の方法として、これを定めなければならないであろう。そしてこの意味で減資が株式と関係なしに行い得る場合もあることになるのである。然しそれは無論例外の場合であつて、そのために減資は本来原則的には株式に無関係に行われ得るということにはならないであろう。少くとも現行法はかかる原則を認めたと解すべき根拠を、積極的には何一つ提供していないことは確かである。

八

以上、私は仮に通説に反して、資本と株式との関連を原則的に肯定する立場に立つて、現行商法を観察して来た。然しこの立場を維持するためには、固よりこれでは足りないのであつて、なお多くの問題に触れ、通説からの疑点にも答えなければならないことを知つている。然し少くとも客観的に公平に見れば現行法の立案者が、通説の如き割切つた考に基いて規定を整備したとはいい得ない。いわば煮え切らない中途半端の制度を作り上げてしまつているようである。だからこの現行法の規定を論拠にして議論してみても、結局は水掛論に了るかも知れない。より深い事物の根源に立ち入つて究明する必要があるようである。

（財政経済弘報第六百一號、昭和三十一年）

業務の決定と業務の実行
——取締役会の権限と関連して——

こちらの株式事務懇談会の方からは、いつも「記録」をいただいておりまして、実務的な資料として平素私ども研究室でも大変重宝いたしております。それに引かえて、われわれの方は普段遠方におりますために、皆さん方にお目にかかつて御挨拶も申上げる機会がなく、恐縮に存じておつたのでございますが、今回お招きがありまして、何かお話し申上げるようになりましたことを、衷心から喜んでおります。

所で普段私どもが皆さん方実務家の前でお話するときは、いつも実務に多少とも何か関係のあるようなお話をしたら、いくらかでも聞いていただけるのではないか、というふうに勝手に臆測いたしまして、そういう方面からお話の内容も選ぶように注意しておるのでありますが、どうも実務的な面になりますと、われわれの方に材料が乏しく、むしろ皆様方の方に豊富な材料がありまして、材料の面ではちよつと太刀打ちができない。従つて私どもの申上げますことが何か痒いところに手の屆かない中途半端なものになり勝ちであることを、我ながら感じられたのでありました。それに餅は餅屋といいまして、実務のことはわれわれからお話しするよりは、むしろ皆さん方からわれわれの方に教えていただきたい、われわれは普段研究室で理窟のことばかりいつておりますが、これをそのままお聞かせした方が、あるいは皆さん方には御参考になることがあるのではないか、何かお役に立つようなお話をしようと思つて、無理な工風をすることが、却つて中途半端なものになつてしまうので、そういうことでなしに、われわれの生地をむき出しに、理窟を理窟通り理窟つぽくお話してみるのも、一つの行きかたではないかと、かように思いまして、甚だ独断なのでありますが今日はわざと実務には直接役に立たないことを承知の上で、お話を申上げてみようという考えをもつてここに伺つたような次第でございます。幸いに後で矢沢教授から極めて時局向きのお話がありますので、そういう冒険を敢てしましても、ちようどその埋め合せをしていただけることになりまして、その点は私にとつて大変気楽にお話ができるように感じております。そういうようなあんばいで、今日のところは実務ということは余り念頭におかないで、われわれが普段議論し合つていること、実務的にはどつちに転んでも大した影響もないようなことを議論し合つて、而もいつまでも対立して解決がつかないでいる。何でそんなにこだわつているのかというようなことを、ここでお話してみようかと思つております。

まあ、そんなことを考えながら、さしずめ思いつきましたのが、取締役会のことなんでありまして、取締役会の性格については、昭和二十五年度の改正法以来、学者の間にはほとんど一人一説といつてもいいように説がちがつております。どうしてそんなに違わなければならないのか、恐らく皆さんは奇妙にお感じになつておられるに違いないと思います。

御承知の通り取締役会は、昭和二十五年の改正法で法定されましたが、それは取締役の権限が、授権資本制の採用などに伴いまして、非常に拡大した結果なのでありまして、そういう拡大された権限を担当する機関としては、従来のような単独制の取締役では不安である。会社にとりましても、株主にとりましても、その他の利害関係人にとりましても今まで通りの取締役に担当させておいては不安である。だからこれを合議制の機関として、みんなの智恵を合せ集めた方式で権限を担当してもらうのが宜しいという主旨から、取締役会制度が法定されたということは、ほぼ総ての人達によつて承認されているところであります。

ところでかような主旨で取締役会制度ができたのでありますから、それならば従来取締役が担当しておつたことを、全部そつくり取締役会に移せば、それでよかつた筈であるのに、商法はこれをそのままそつくり移すことをしないで、特に代表取締役という、今までの代表取締役とは違つた選任方法によつて選任されてくる機関を、取締役会と並べて作つたという点、だから従来の取締役のもつていた権限が二つに分離して、その一方は取締役会を、他の一方は代表取締役に分け与えられることになつたという点、これがそもそも問題の起る根源ではないかと思うのであります。どういう分け方をしたかということが問題なのであります。

われわれはその点、従来の取締役のもつておつた権限のうち、業務執行の権限が取締役会に、代表権限が代表取締役にきたものと理解しております。取締役会というものが、従来の取締役に代るべき機関として、業務執行を担当することになつたというふうに、われわれは考えております。業務執行の機関でありますから、会社の一切の業務を執行します。以前取締役がやつておりましたような業務執行の権限は、挙げて取締役会に移されたのであります。従つて従来の取締役がそうでありますように、取締役会になりましても、その担当すべき業務というものに、別段制限がある筈がない。そのうちには法律行為もあれば、いわゆる準法律行為もあり、その他の事実上の行為もある。業務を指揮監督するとか、帳簿書類を作成保管するとか、あるいは物品を製造、保管、陳列、運搬するとか、各種の調査、試験、研究をするとか、計算をするとか、そういつた事実上の行為、これらは総て会社の業務に属します。およそ会社がその目的たる事業を遂行するために生ずる事務であるならば、総ていわゆる会社の業務に入ります。それらの一切の業務を遂行するのが取締役会である。通常の事務もあれば臨時特別の事務もある、大きな事務もあれば小さな事務もある、軽重緩急、種々雑多な事務が、総て会社の業務として、業務執行機関がこれを担当する。取締役会が担当するのであります。

むろんその際、従来の取締役がそうでありましたように、取締役会がそういう業務執行の機関になりましても、自分で手を下して、みんなそれをやつてしまわなければならんというのではありませんで、自分でできる範囲では自ら執行しますが、自分の手の及ばない分については、特に商法や定款に自分でやれというように定められてない限りは、自由に補助者を使用して差しつかえないのであります。多数の従業員、労働者を使つて業務を補助執行せしめるということは、従来も認めております。むしろそれは予定しての上で、取締役会は自らの責任で、一切の業務を執行してゆく、そういうことになつたのだと一応考えられるのです。

ですから商法の規定に特に明文をもつて、「取締役会之ヲ決ス」とか、あるいは「会社ハ取締役会ノ決議ヲ以テ」これこれのことをするとか書いてあつて、取締役会の権限であることを規定の明文上直接明かにしておる場合だけでなくて、例えば「会社ハ」これこれのことをする、というように単に会社と書いてある場合であつても、特段の理由がない限りは、それはみな取締役会がやるのだと解すべきであります。例えば株主名簿の閉鎖、基準日の設定などは、会社がこれをなすように商法には書いてあります（商二二四条ノ二）。その会社がするというのは、取締役会が会社の機関としてそれを決定し実行してゆくのであります。あるいは中には「取締役ハ……」と書いてあるものもあります。例えば取締役は営業年度毎に決算書類を作つてこれを監査役に提出する、又総会にもこれを提出してその承認を得なければならない、というように「取締役ハ」と商法には書いてあります（商三八一条乃至三八三条）。しかしこれも「取締役会ハ……」というふうに読みなおして理解すべきでありまして、そういつた会社がやること、及び取締役が会社のためにやること、いや従来取締役が業務執行機関としてやつておつたことは、総て取締役会がやることになつたと理解していいのではないかと存じます。商法の規定は必ずしも取締役会ということを一々明示してはいないですけれども、しかしおよそ会社の業務に関することは、みんな取締役会がその権限下に納めていると見られるのであります。

ところがこれに対しては、ほとんどといつてもいい位に、学者の方々はそういう風に無条件には考えません。そういうように一切の事務を含めるという意味での業務執行は取締役会の役目ではないと考えております。たとえその役目にしてみたところで、現在の取締役会の機構では、そんな種々雑多な事務を一つ残らず処理することは、事実上不可能であつて、そういう権限を担当するには適しない、会議体の形で臨時に時折開かれる取締役会がそんな日常百般の会社事務を処理してゆくわけには行かないじゃないか、だから取締役会は業務執行の機関であるというけれども、それは何でも彼でも全部取締役会がやるというのではなくて、実際にそのような業務執行を担当するのは、むしろ代表取締役の方の役目であつて、取締役会はただその代表取締役に対して大体の方針を指示するだけだ、大綱を決定するだけだ、というのであります。あるいは代表取締役と共に、業務担当取締役というものを認めて、それが実際の業務を執行してゆくとか、又ある学者によれば、定款などに特別の定がなくても、各取締役が当然に業務執行の権限があるとみまして、それに対して取締役会は何をするかといえば、業務執行の打ち合せをして、会社の意思を決定するだけである。肝心の業務執行自体は取締役会がするのではない、というように説明いたします。むろんこれらの説明には、それぞれ学者によつて説明の仕方に、いろいろニュアンスがありまして、全部一括して片づけてしまうことは間違いでありますが、大体において取締役会というのは、かつてわれわれが改正前の取締役について考えておつたような広汎な権限を担当するのではなくて、もつと大づかみな、いわば株主総会と並んで、その下で会社の最高方針を決定するだけの機関だというように説明するのが、現在の学者の大多数の見解ではないかと思います。

ところがどうして、そうならなければならないのかということの詮索があまりはつきりしない。私どもとしてはそういう考えには、まだにわかに賛成しておらないのでありますが、どうして多くの学者がそういうような考え方にもつていつてしまつたか、合点のいかない点がありますので、その点を本日、業務の決定と業務の実行というようなところに焦点を合せて、平生考えておりますことを申上げて、なるほどそんな経緯があつたのかということの御了承を願おうかと存じております。

一体業務執行ということは、必ずしも株式会社に特有な現象ではありません。そのほかにも業務執行ということが法律上問題となる場合はたくさんあります。そのうち最も手近にあつて目につくのは、他の会社、つまり合名会社、合資会社あるいは有限会社などの業務執行であります。それらの会社の業務執行と株式会社のそれとは同じではあり得ないのか、又民法上の組合についても業務執行ということが出て参ります。その組合の業務執行というのと、会社の業務執行、殊に株式会社の業務執行というのと同か本質的な違いがあるのだろうか、もし本質的違いがないとすれば、どうもわれわれの癖でありまして、同じものは同じに説明すべきである。学問というものは、なるべく単純な形でなるべく多くの現象を包括しようという努力でありますから、そこでもし何も違いがなければ同じに見るべきではないか、違つたものならば違つたものとして、どこがどう違うか考えなければならないと思います。そこで手始めにそれらのものを極く概略みて行こうかと思います。

先ず民法上の組合についてどうなつているか、という点であります。組合については民法の六七〇条が業務執行について規定しております。それによれば組合の業務執行は原則としては組合員の過半数を以て決するという主旨になつております。組合についてはこの規定だけしか業務執行に関するものはありませんが、この民法の六七〇条が一体業務執行について何を規定したのかといいますと、それは業務執行の全般について定めたのではなくて、いわゆる業務の決定の方法を定めただけのものであります。つまり業務執行というものは、観念的に分析してみれば、業務の決定と業務の実行とから成立つているものであります。これは現在のほとんど総ての学者が認めております。業務執行を分析すれば先ずどういうことをしようかということを決める業務の決定と、そうしようと決まつたことを実地に実現してゆく業務の実行ということに分けることができますが、その両者を含めて初めて業務執行という観念が出てくるのであつて、業務の決定をしただけでは、業務の執行になりませんし、決定なしに実行だけがあるなどということはあり得ないのであります。一つ一つの業務について、それぞれこの両方が揃つてはじめて当該業務を執行したことになるのです。ですから業務執行というものは、この両方を併せたものなのでありますが、ただ六七〇条はそういう業務の決定と実行との両方含めて一緒に規定したのではなくて、そのうちの決定の方法だけを規定してあるのでありま す。

そういうことは今でこそ誰でも当りまえのようにいつておりますけれども、その点を初めて指摘されたのは、恐らくは私の恩師であります西本辰之助先生であろうと思います。沿革のことはあまり自信がありませんけれども、西本先生の書かれました会社法の本が大正十年に出ておりますが、それにはつきりと指摘されておるのであります。それ以前の少くとも私の調べました範囲の有力学者の中には、まだ誰も業務の決定と業務の実行とを明確に区別して論じた方はないようであります。ですからおそらく西本先生がはじめて理論的にそれを指摘された学者であろうと私は思つております。その他の学者は当時民法学者も商法学者もこれを区別しないで、莫然と業務執行ということで片づけておつたのであります。

ところがそれに次いで確か大正十五年だと思いますが、田中耕太郎先生の会社法概論が出ましたが、之には大体今の西本説に近い見解を示されております。即ち業務執行については業務執行の意思決定と業務執行自体とを区別しなければならない、そうして民法の六七〇条はその意思決定に関する規定であつて、それが商法で合名会社に準用されるから合名会社の業務執行についても同様に、この六七〇条がその意思決定に関する規定だというように言つておられます。その限りでは先ほどの西本先生の説と大体一致しておるのですが、実はそこのところのニュアンスの相違が現在に至つて非常に大きな開きを生じてきた根元になつておるのではないかと思われるのであります。つまり西本先生の方は業務の決定と業務の実行とは、業務執行そのものの構成要素であつて、業務執行を分析すれば業務の決定と業務の実行とになるというお考えでありますから、業務の執行というううちに両方入つております。ところが田中先生の方はそうではなくて、業務執行というのは、厳密にはその業務執行自体といわれているものなので、之に対して業務執行の意思決定ということは業務執行以前の問題だと考えておられるのではないかと想像されるのであります。そしてこの考えの流れが現在株式会社の取締役会について多くの学者がとつております取締役会は業務執行の基本方針を決定する、執行自体は代表取締役がするとか、或は業務担当取締役がするという見解につながつているように思うのであります。

業務執行を分析して考える戦前の学者としては、もう一人、田中誠二先生がおられます。誠二先生の会社法提要は、耕太郎先生の概論にちよつと遅れまして、昭和二年に初版が出ております。この会社法提要によりますと、大体先ほどの西本先生と同じような説明がなされてあります。ですから私は田中誠二先生は完全に西本説であろうというように従来思つておつたのであります。しかしながら、昭和二十五年の改正法以後の田中誠二先生の著書を拝見しますと、どうも先生は初めから西本先生とは違つた考え方をしておられたのではないか、表現は同じようにしておられても、その中にほんとうに理解されておつたところは違うところにあつたのではないか、と思われるのであります。御承知かと思いますが、田中誠二先生は現在、取締役会は業務執行を決定する、しかしそれを実行するのは代表取締役及び業務担当取締役であるという説をとつておられます。決定と実行とが別個の機関によつて担当されるという立場に立つておられます。そういうところをみますと、どうも西本説とはちよつと違つて、業務執行というものが、決定と実行との二つに分れてしまつて、そのおのおのが何か独立した事務としての意味をもつものであると、とつておられるのではないかと臆測されるのであります。

かように業務執行を決定と実行とに分けて考えることは、戦前からごく少数の学者によつて唱えられておつたことでありますが、その少数説の間にも少しづつズレがあつて、一致していない、私どもの理解しておりましたのは、やはり西本説に従つて業務執行ということは業務の決定と実行とを両方合せたものであつて、観念的には分離できるけれども、実際の業務執行に当つては、何も決定しないで実行するわけにゆかないし、決定しておいて実行しないのは、業務を一つも執行したことにならない、結果からみれば何も決定しないのと同じことになつてしまいます。ですから現実に業務執行がなされたという限りは、その業務については実行及び之に先立つて決定が常に必然的に伴つておるべきであります。その一方だけが独立して行われても、業務執行たる価値がないのであります。むろん観念上の遊戯としては、どんな危いことでも、迂遠なことでも、頭の中の芸当はできますから、業務の決定と実行とを区別して、それぞれ別の者に行わせることもできないことはありませんけれども、実際論として実地に即して考えた場合には、同じ者がその両方を併せて担当するほかないのであります。ただ問題はその両方を担当する者が、決定と実行とをそれぞれどういう方法でするかということで、その方法は決定と実行とで異つた定め方をすることが考えられるだけであります。

そういうような立場から、民法の六七〇条の規定を見ますと、先ほど申しました通り、之は組合における業務決定の方法を規定しております。そしてそれだけを民法は定めたのであります。ですから誰が一体業務執行の権限をもつのであるか、権限の帰属がどこにあるかということは、民法は直接触れていないのであります。業務執行の権限ある者は既に予定されておつて、その者がその権限を行使するにはどうするかということ、しかもその権限の全般について規定しないで、ただその一半たる業務決定の方法はどうするかということを民法が規定しておるのであります。そうすると一体、組合の業務執行ということは全体としてどういうことになるのかといいますと、民法はその一部の点しか規定していませんから、あとは理論で補充して考えるほかないのですが、そうしますと、組合は法人ではありませんから、従つて組合の業務といいますのは、結局各組合員の共同の業務であります。一人一人の組合員からいえば、自分の仕事であります。ですから組合について業務を執行する権限なんていうことを特に考える必要はない、民法がその権限の帰属について特に規定するまでもないのでありまして、組合員は自分の仕事だから自分でやるのは当りまえだということになるのであります。ただその際大勢の組合員がめいめい勝手に連絡なしに仕事をしておつては統制がとれませんから、その決定だけは一本にしようというので、六七〇条が過半数を以て決するというようにきめたので、そのほかの点は、各組合員が自分の仕事は自分でするという当然の理として、民法は規定を特に設けることの必要を感じなかつたのであります。ですから業務執行の権限は各組合員がみんなもつております。そしてその権限行使の方法については、民法はそのうち決定は過半数によれといつておりますから、之は過半数を以て決する。業務の実行については別段の規定がありませんから、一般に自由に各組合員が単独でできるということになるのであります。

それから民法の六七〇条を御覧になりますと、その第二項がありまして、特に組合契約を以て数人の業務執行者を定めれば、その過半数を以て業務執行を決定するということを規定しております。その場合には業務執行権は決定も実行も、その業務執行者のみにあるということを前提として左様な規定があると解すべきであります。つまり他の組合員は本来もつておる筈の業務執行の権限を、特約によつて全部人に委託して、自分は業務執行の決定にも実行にも関与しないことになります。単に業務の決定だけでなく、実行の方も含めて全部委任しておる、その結果業務執行者は、業務の決定も実行もできるけれども、その決定については過半数を以てせよ、という意味であります。実行は各業務執行者が単独になし得るということは、規定の裏に当然あるのであります。ですから他の組合員は業務の決定はもとより、その実行にも参加しないのであります。少くとも民法が予定しているのは、そういう場合のことであることは、あとの業務監視権に関する規定などからも推論できるのであります（民六七三条参照）。

それから第三項には、組合の常務については、各組合員が専行できる、但し他の組合員が異議を述べたるときは此の限に在らず、という主旨の規定があります。ここで組合の常務という言葉が出てくるのでありますが、民法がこの組合の常務については各組合員が専行できるという規定を特に第三項として設けたのは、組合の常務は、その業務の一部分であるということを前提としております。業務と常務とがもし異質的なものであるならば、同じ条文の中で、続き文句のように並べて規定されるわけがありません。つまり一項と三項とを対比してみますと、三項の方は一項に対する例外という形で規定されております。一項で規定した事柄の一部、一項は組合業務の全部について、決定の方法を定めたのでありますけれども、そのうちの一部である常務については、特に除外例を認めて特別な決定方法によらしめるという主旨であります。だから民法は常務というものを業務の一種と見ております。業務のうちには常務としからざるものとがあつて、その常務だけは特に過半数の意見によらなくともよろしい、各組合員が独断で決定して、独断で実行してよろしいというのでありまして、それを民法は「専行スル」という文句をもつて表現しております。但し他の組合員が異議を述べれば此の限りでないというのでありましてこの限りでなければどうなるかといえば、その場合には一項の原則に戻つて、過半数で決めろということになるのであります。この一項に戻るというのもやはり常務は業務の一部に外ならないからということからそうなるのであります。ですから民法では組合の業務のうち、常務と常務に非ざるものとを区別します。業務とは別に、その外に常務があるのではありません。ですから業務執行というちには、常務の執行も含まれるのであります。特に重要なことだけが業務執行といわれるのであつて、日常平凡の事務の如きは業務執行という言葉には該当しないというような考えは、少くとも民法はとつてないのであります。どんなに重大なことでも、又どんなに些細なことでも、みな業務に入りますから、業務執行をなす者はみなこれを行うべきものでありますが、ただ常務だけは他から異議の出ない限りは、簡易な方法でやつてよろしい、常務以外のことは総て過半数の意見で決定する、常務であつても異議の出た限りは過半数によらなければならない、ということを規定しておるのであります。これが民法の建前です。

そうして御承知の通り、この規定は合名会社の内部関係の準用になつております（商六八条）。合名会社の内部の関係については、一般に組合の規定に従いますから、この六七〇条が合名会社の業務執行についても準用になりまして、今申し上げましたことは総て合名会社についても当てはまります。ただ合名会社の場合には、法人とされますから、会社の業務は会社自身の業務であつて、社員の業務ではありません。従つて誰がその業務執行を担当するかということとは組合の場合の如くに自明の理ではないのであります。そこで商法は合名会社については、各社員が原則として業務執行の権限をもつことを特に規定したのであります。もしそれが当り前のことであるならば、組合の場合と同じように特に規定はいらない筈でありますが、商法は合名会社について特に七〇条に「各社員ハ定款ニ別段ノ定ナキトキハ会社ノ業務ヲ執行スル権利ヲ有シ義務ヲ負フ」ということを規定しているのであります。

そしてその各社員が業務を執行する場合に、どういう方法でするのかということは、既に組合の規定を準用しておりますから、先ほどの原則によるのであります。但し商法はその点について更に七一条で、支配人の選任及び解任は特に業務執行社員を定めたるときと雖も社員の過半数を以てこれを決するものとしております。支配人の選任解任はもとより業務執行の一部であります。組合の場合には先ほど申しましたように、業務を二つに種類分けしまして、常務と常務以外のものとにしておりますが、しかし合名会社の場合には、もう一つ支配人の選任解任だけが、他の業務とはちがつた特別扱いをうけまして、その結果合名会社の業務執行は、一番難しいのが支配人の選任解任、その次が常務以外の業務、一番簡易なのが常務、というように三段構えでその決定の方法が規定されております。しかしこの場合にも規定があるのは、業務の決定の方法についてだけでありまして、その実行に関しては商法は依然として何も触れておりません。そして触れていないというのは、業務執行の権限ある者が、当然業務実行を為すべきであつて、しかも法律には何も規定がないというのは、法律は別段の制限をしない主旨と見る外ありませんから、各々独自の見解でやつてよろしい、単独に実行してよろしいという意味になるのであります。

合資会社についても同様であります。無限責任社員だけが業務執行の権限をもつ点がちがうだけで（商一五一条）、業務執行の方法は合名会社と全く同様であります（商一四七条、一五二条、一五六条参照）。ですから結局民法及び商法は、業務執行ということについては、組合も合名会社も合資会社も、大体一様な原則をとつておるわけであります。基本的には同じ考えにもとずいて、ただ枝葉の点について多少異つた扱いをしているのであります。

そうして株式会社についても、改正前には取締役はまさにこれと同じような基本的構想に立つておつたのでありま す。改正前の二六〇条の規定を御覧になりますと、「会社ノ業務執行ハ定款ニ別段ノ定ナキトキハ取締役ノ過半数ヲ以テ之ヲ決ス支配人ノ選任及解任亦同ジ」という規定であつたのであります。これは業務決定の方法に関する規定であることは、今までの説明でお判りいただけると存じます。もつとも不思議なことは、株式会社については、取締役に業務執行の権限があるのだということ自体は、商法のどこにも規定していないのであります。ただ業務執行の方法、それも業務決定の方法についてだけ、二六〇条がいきなり規定しているのであります。合名会社の場合と対照しますと、株式会社の旧規定には一つ抜けておつて、取締役が業務執行の機関であることを示す直接の規定がないのでありま す。合名会社の七〇条の規定に相当する規定がありません。しかしそれがありませんでも、解釈上それと違つた結論は出る余地がないのでありまして、直接規定はないけれども取締役は業務執行の機関であつて、各取締役がそれぞれ業務執行の権限をもつております。ただその取締役が何人かでバラバラに業務を執行したのでは統一がつきませんから、そこで過半数で業務を決定しろといつておる。だからその反面、業務の実行は各取締役が単独にできるという解釈が出てくるのであります。これは先ほどの合名会社及び組合の制度との対比からも、そうならざるを得ないのであります。そしてしかも株式会社の場合には、組合や合名会社などとちがつて、その業務の種類によつて決定方法を区別することをしていないのであります。会社の業務については、総て取締役の過半数で決する、従つて常務もまた取締役の過半数で決するのであります。合名会社の場合には常務は各社員が単独で専行できたのでありますが、株式会社については、常務につき各取締役が専行するという規定がありませんから、常務といえども取締役の過半数を以てこれを決するのであります。支配人の選任解任も合名会社では別扱いになつておりますけれども、株式会社ではこれも別扱いをしない、この点は二六〇条が特に後段で明かにしております。

しかしながら無論この場合においても、先ほど申しましたように、取締役は何でもかんでも自分自身でやつてしまえという主旨ではないのであります。これは合名会社の場合でも同様であります。合名会社の社員に業務執行の権限があるといいましても、補助者も使わないでみんな自分でやつてしまわなければならない、などということは決していつていないのでありまして、従業員その他補助者を使うことは初めから予定しております。株式会社の場合には、より以上の当然さをもつて、取締役は補助者を使つて業務を執行せしめるということを、初めから予定します。だからこそ常務についてすら特別な規定をしていないということがいえるのであります。常務については、そういう補助者に、取締役が過半数できめた指示を与えて、初めから委せておけばいいのであります。それによつて、取締役が過半数の意見で常務を執行したことになるのであります。合名会社の場合には補助者を使うといつても、組織立つて大規模なことを考えてはおりませんから、各社員が直接手を下す部分が割合に多いと見ておるので、そこで商法は一々業務の種類別に区別して規定したのであります。株式会社については、かような区別をすること自体が既に実質的に無意味であるほど、補助者の使用が一般的に予想されるから、原則一本でゆこうというのであります。

これと同じことが有限会社についてもいわれます。有限会社は、昭和二十六年の改正法の前後を通じて、現行法上でも株式会社の旧規定と同じようになつております。有限会社の取締役が数人おるならば、その過半数で業務執行を決定します。支配人の選任及解任また同じ、となつております（有二六条）。常務といえども過半数で決定するのであります。そして実行は常務たると否とを問わず、各取締役が単独でいたします。しかしその場合に補助者を使うことは差支えない。取締役は、自ら直接に手を下し、或は補助者を使つて、業務を執行するのであります。

これが従来の民商法及び有限会社法が業務執行ということについて採つている態度であります。そして現在もなお、少くとも株式会社の業務執行を除いては、そのほかの場合にはみな今申上げた通りになつておりまして、ほとんど異論はないだろうと思います。

かように改正株式会社法を取巻く類似の制度では、民法も商法も有限会社法も、恐らくはその他多数の特別法令においても、業務執行ということについて、ほぼ一貫した見方の下に制度を組立てておる、そこへ今度の取締役会の制度が株式会社について新しく入つてきたのであります。しかもその取締役会を設けたというのは、先ほどもいいました通り、少くとも今まで取締役のもつておつた権限を、そつくり接収して取締役会に移す、今まで取締役会の権限にはなかつたことまで拡張して、その権限とする、という主旨であつたはずでありますから、どうも私どもの考えからすれば、取締役会の権限が、従来の取締役の権限よりも狭いとか少いとかいうことは考えられない。株式会社の業務執行というものは、他の一般の業務執行というのと同じものであつて、それを今までは各取締役がやつておつたが、それでは困るというので、之を取締役会に移した、だから株式会社の業務執行を担当する機関は取締役会である。取締役会が業務執行を行う、業務の決定であろうと、業務の実行であろうと、常務であろうと非常務であろうと、大綱であろうと細目であろうと、一切の業務執行は、法令定款に別段の定のない限りは、挙げて取締役会の権限に属する、と見る外はないと思うのであります。

ただ他の会社の業務執行機関と取締役会とが違う点は、他の業務執行機関は一般に単独制でありますから、数人の業務執行者がある場合には、業務執行機関も複数になります。例えば合名会社の場合には原則として各社員でありますから複数になります。複数の業務執行機関が同じ資格、権限をもつて、同一会社に並列しておるのであります。有限会社及び改正前の株式会社の取締役についても同様でありまして、各取締役が同様の機関として並存します。ところが改正後の株式会社には取締役会が一つしかありません。どの株式会社も取締役会を三つも四つも置くことは許されません。取締役会を構成する取締役は数人でありますけれども、その取締役が何人おろうとも、数人でも数十人でも、その全員が一個の取締役会を構成しまして、取締役会としては一つしかありません。この点が他の会社の業務執行機関とちがいます。従つて又商法は取締役会がその業務執行の権限を行うについて他の同格の機関と、どういうふうに協調を保つかというようなことについて、別に注意を払う必要がないのであります。唯一の機関でありますから、単独にやるよりほかない、単独に決定し単独に実行するより外ないのであります。必要なのはただその唯一の機関である取締役会の合議制のやり方、取締役会の内部での決議の方法など、その活動方式を規定しておけばいいのであります。機関対機関の関係ではなくて、機関そのものの内部構造であります。この点が他の会社と趣を異にします。しかしその機関の担当する権限の性質内容、業務執行という事柄そのものは、株式会社なるが故に、あるいは取締役会なるが故に、特に異つた理解をなすべき材料はないようであります。

ですからこの意味では今までの二六〇条の規定は、取締役会が機関として一つになつてしまつた限りは、もはや不要になつたのでありまして、そつくり削除しておけばよかつた筈であります。あるいは現在の二六〇条ノ二をここに繰上げて、二六〇条のところに持つてくればよかつたのであります。ところが商法は二六〇条の規定をそのまま置いて、「会社ノ業務執行ハ取締役会之ヲ決ス支配人ノ選任及解任亦同ジ」としたのであります。これを一見しますと、今までの二六〇条の「会社ノ業務執行ハ定款ニ別段ノ定ナキトキハ取締役ノ過半数ヲ以テ之ヲ決ス」というのを、そのまま取締役会という文句と取り替えただけで、その他は「定款ニ別段ノ定ナキトキ」というのは、取締役会一つしかないから、定款に別段の定めようがないので、過半数という文句と共に取つてしまつただけで、別に変てつもないように見えますけれども、実はその規定の内容は以前の規定とは全然別のことを規定したことになるのであります。前の二六〇条は先ほども申しました通り、誰が業務執行権をもつかということに関するのではなくて、業務執行権のある各取締役が、その業務を執行するについての方法、特にその決定をどういう方法でするかということだけを規定しておるのでありますが、ところが改正された二六〇条は、業務執行の方法乃至決定の方法のことは一つも規定しないで、誰が業務の決定を担当するかという権限の所在を規定しているのであります。ですから同じ二六〇条で、文句も似ておりますけれども、規定の対象となつている事柄はちがつておるのであります。丁度それは従来合名会社には規定があるのに、株式会社には規定がなくて、立法の体裁として不均衡でありました権限の所在に関する規定、業務執行機関は取締役会である旨の規定をここに入れて、その不体裁を補つたと見られるのであります。

ところがその規定の仕方が甚だまずいのです。その第一は「会社ノ業務執行ハ取締役会之ヲ決ス」という書き方ですが、之では取締役会に業務決定の権限があることが示されただけで、しからば、業務実行の権限がどこにあるかは、依然として規定の上に直接現わされていない、ですから旧法の穴は半分しか埋まっていないのであります。この点は本日のお話に重要な関係がありますから、後ほど又触れることにいたします。それから第二にまずい点は、その後段の規定であります。支配人の選任解任亦同じというのですが、支配人の選任解任は先ほど申し上げました通り業務執行の一部であることは問題ないのでありまして、業務執行の一部であれば、二六〇条が特に業務執行と並んで取締役会の権限として規定するのは何の意味か理解ができなくなつてしまつたのであります。改正前は権限の所在を規定したのではなくて、決定の方法を規定していたのでありまして、その際なぜ支配人の選任解任亦同じ、という規定を特につけてあつたかといえば、支配人の選任解任については、合名会社や合資会社の場合には一般の業務執行とはちがつた、慎重な決定の方法を規定しておりますので、前にあるこういう規定を受けて、しかし株式会社の場合にはそれは区別しないのだということ、株式会社の場合には支配人の選任解任であつても、その他の業務であつても、みな同じように過半数で行くのだということを、注意的に規定する必要があつたといえばいえるのであります。しかし今度の二六〇条になりますとそれは殆ど無意味になります。というのは業務執行の権限が取締役会にあるならば、その業務執行というちには、あらゆる事務が含まれまして、常務もあれば常務以外のものもある、支配人の選任解任ももとよりこのうちに入つてしまいます。それだけを特に取上げて、業務執行と並べて権限の帰属を規定することは何の必要もありません。もしそれを規定する必要があるとすれば、後の二六〇条ノ二の方に、つまり取締役会の決議をするにはどうするか、その方法を定めた規定ですが、そこにもつて行つて支配人選任解任の決議も同じ方法でするのだということを注意的にことわるならば、合名会社などの場合との対照上、多少の意味はあるかもしれません。こちらの二六〇条の方にこれをつけたということは、ほとんど意味をなさないといわなければならないと私は考えます。

要するに二六〇条を改正する際に、新旧両規定の内容が別個の事項に関するものであることを、恐らくは立案者においてはつきり意識しなかつたために、旧規定の体裁をそのまま踏襲してしまつたと見るほかないのでありまして、そこに間ちがいの元があるのであります。旧規定は権限の所在についての規定ではなくて、権限ある機関相互間の関係で、その権限行使の方法について定めた規定であつたのでありますが、それは新法では不要となつた、そこで改正法は二六〇条の規定を権限の所在に関する規定に改めたのでありますから、合名会社の場合に比較すれば、七〇条の規定に相当すべきものであります。従つてその文句も七〇条に並行するものとして考えられなければならなかつたと思うのであります。そうすれば例えば「取締役会ハ本法ニ別段ノ定ナキ限リ会社ノ一切ノ業務ヲ執行ス」とでもしておけばよかつたでありましょう。それをそうしなかつたことは、恐らくは立法者のミスであつて、甚だ不手際だと思いますが、この不手際な規定の文句にもかかわらず、私としては解釈によつて之と同一の結果に到達すべきものと存じておるのであります。

かように改正法が取締役会というものを従来の取締役の代りにおいて、その権限を接収したと考えます限りは、業務執行に関する一切の権限が取締役会に与えられておつて、業務の決定であろうと実行であろうと、常務であろうとその他の事務であろうと、重要であると軽微であると、大綱であろうと細目であろうと、その区別なしに取締役会が行うべきものであります。しかしその場合においても、もとより取締役会が自分で全部直接手を下して切り盛りしてしまうということを考えているのでありません。改正前においてすら取締役は業務執行しますけれども、全部自ら直接やつておつたわけではなくて、大勢の従業員を使つて、その業務執行を補助せしめておつたのであります。改正後は取締役会に代りましたけれども、そういうことが許されなくなつたという材料は一つもありません。それどころか改正前には取締役が数人おつて、各自仕事の分担もできましたけれども、改正後は取締役会一つしかありません、しかもそれは招集によつて初めて活動状態に入り、普段は休止しておるという機構になつておりますので、従つて自力による直接の事務処理能力は改正前よりも著しく狭められたということがいえるのであります。株式会社が一層大規模化しようという時勢に、業務執行機関の事務処理能力がこんなに狭められても差支えないのはなぜかといえば、株式会社というものは業務執行機関が全部独力で業務を処理してしまうものではなくて、その機関が自己の責任において自由に従業員、労働者を使用して、会社の業務を執行してゆくということが初めから予定されているからなのでありまして、それだから取締役会は一つでも用が足りるのであります。従つて取締役会が一つしかなく、而もそれが時々しか開かれないということはその取締役会の権限を狭く限定して解さなければならないという理由にはならないと思います。以前と同じように、一切の業務執行について権限をもつものと解釈して差支えないと私には考えられるのであります。

ところが初めにも申上げました通り、現在わが国の学者のほとんど大部分の人たちは、取締役会にかような一般的な業務執行の権限を認めませんで、色々説明の仕方はちがいますけれども、取締役会には極めて限られた権限しか認めようとしないのであります。その実質的な理由は取締役会には事務処理の能力がないということでありますが、この点は理由にならないことは既におわかり願えたと思います。ただこれらの多数説を支持する所の形式的な理由として、条文上の根拠も多少ないことはないのでありまして、それは先ほどの二六〇条の規定の文句でありますが、そこに「之ヲ決ス」といつているのは、他の場合の同じ言葉の用法と同じく、業務を決定する意味であるから、取締役会は文字通り業務を決定するだけで、業務実行の権限はないというのであります。それなら一体その実行の権限は誰がもつかといいますと、その点はこの立場をとる学者はほとんど一様に、代表取締役がそれであると説明するのでありますす。つまり業務の決定と実行とを別個の機関に担当せしめるというのであります。しかし決定と実行とは観念上はいかにも分けることができますけれども、その観念上分けたところに従つて、おのおの別個の機関に担当せしめるということは、頭の中の遊戯としては考えられても、現実の業務執行に当つては、事の大小にかかわらず一つ一つ決めて、その決めたことは一つ一つ実行して行かなければなりませんから、それを別個の機関に担当せしめるということは極めて非実際的でしかないと思うのであります。例えてみれば二本の竹馬に一人で乗らないで、片方ずつ別の者が乗つて、而も二人で一緒に歩いてゆこうというような芸当であります。現に民法の組合にしましても、合名会社や合資会社にしましても、あるいは外国の制度をみましても、業務の決定と実行とを区別して、それぞれ別個の機関に担当せしめる、その一方では決めるだけで何一つ実行できない、他方は実行はできるけれども何一つ決められない、というような半人前のものの寄り合いのような機構をとつた制度は見当らないようでありまして、恐らく日本の学者の創作物というほかないと思うのであります。

その場合に代表取締役がそういう業務実行の権限をもつということの根拠としましては、御承知の通り代表取締役については商法は代表権限だけしか規定しておりません。業務執行については一言も費していないのであります。業務執行について何等かの権限があるともないともいつていないのであります（商二六一条参照）。しかしながら代表ということは、いわゆる対外的な行為の効力の帰属関係をとらえていつていることで、対外的行為であつても、その内部関係からいえば業務執行に属することに外ならないのだから、従つて代表権限がある限りは、その裏付けとして業務執行の権限も当然に予定されていなければならない、ということを主張するのであります。これが一般の学者の説明であります。しかしながら、私のみるところでは、代表と業務執行との結合が密接であるより以上の密接さをもつて決定と実行との関係が密接であるように考えるのであります。従つて一方において業務決定の権限をもつ機関があり、他方において代表の権限をもつ機関があつて、而も業務の実行の権限については何れとも決まらない白紙の状態にあるとしますならば、そこでしからば実行の権限をどちらに担当せしめるのが相当かということを考えてみるならば、それは一も二もなく、代表機関に担当せしめるよりは、決定機関に担当せしめるのが本筋であると思います。だから特に規定がなければ業務決定の機関にその実行の権限もあると見なければならないのであります。現に民法も商法もほかではみなそういう態度をずつと一貫してとつておるので、株式会社についてだけその一貫した態度を破つて、特殊な行きかたをしたと認むべき材料がありません。それがなければほかと同じ扱いにしたと解するのが一番自然ではないかと考えるのであります。

それから代表というものは、その内部関係から見れば、常に業務執行にほかならないということも、必ずしも理論的にはそうはならないのでありまして、普通に適法に代表取締役が行動します限りは、その代表行為によつてその範囲で会社の業務が執行されます。しかし反対に代表行為としては有効でありましても、それが常に必ず内部的に適法な業務執行行為であるとは限りません。例えば代表取締役が自己の利益のために会社の名において取引をした場合には、代表権限はありますから、そういう取引によつても会社は責任を負わなければなりません。会社の行為として有効であります。しかしながら、そのような取引によつて代表取締役は一体会社の業務を執行したのかということを考えますならば、これはとんでもないことなのでありまして、代表取締役は会社に迷惑をかけて自腹を肥しただけでありまして、会社の業務を行つたわけではありません。従つて代表の裏側がすなわち業務執行であるということには必ずしもなり得ない、会社を代表してなした行為が会社にとつて少しも業務の執行になつておらぬ場合があるのでありますます。それは代表権限が必ずしも業務執行権限を伴わないからであります。殊に代表機関の権限は、第三者保護の必要から、法律は一般に不可制限的、且つ包括的にその範囲を規定しております。之に反して業務執行の権限は任意の制限を有効に加え得るものであります。ですから代表権限には当然に業務執行の権限を伴うというようなことはいえないのであります。合名会社でも有限会社でもそうであります。今までの株式会社でもそうであつたのであります。取締役は代表権限と業務執行の権限とをもちましたけれども、その範囲は初めから完全に一致するものではなくて、喰いちがつております。殊にその業務執行権は自由にいくらでも制限できます。それを制限しても代表権限まで同時に制限したことにはなりません。従つて例えば単独には何一つ業務執行をなす権限を与えられていない代表取締役というものもあり得たのであります。この場合には代表権限の裏付けとなるような業務執行権は全然与えられていないわけであります。そしてそのような代表取締役こそ、正に現行法が構想に画いた代表取締役と見ることはできないでありましようか。

それから又代表という観念は、法律的にはもつぱらいわゆる法律行為および準法律行為についてだけ考えられるのでありまして、その何れでもない事実上の行為についての代表などということは、世間的通俗的にはともかく、法律的にはあり得ない、会社を代表して事実上の行為をなすなどということは、法律的にはナンセンスであります。法律行為、準法律行為についてだけ考えられることであります。準法律行為といいますのは、例えば履行の催告であるとか、債権譲渡の通知であるとか、あるいは総会招集であるとか、そういつたものは準法律行為であります。法律行為と申しますのは、厳密にいえばむづかしいことになりますが、意思表示を為し又は受ける、その意思表示について考えられることでありまして、代表取締役に代表権限があるというのは、代表取締役が会社のために何らかの意思表示をすれば、その意思表示によつて会社の法律行為が成立する、あるいは代表取締役に対してなされた意思表示があるとすれば、その意思表示によつて、その表意者と会社との間に法律行為が成立します。つまり代表取締役のなした法律行為がすなわち会社の法律行為であるという意味において、本来の意味においての代表という観念が表われるのであります。それに準じて債権譲渡の通知その他の準法律行為についても代表ということが言えます。代表取締役が会社のために債権譲渡の通知をすれば、それは即ち会社がその通知をしたことになりますし、誰かが代表取締役に対して譲渡の通知をすれば、会社に対する通知となる、というのであります。それ以外に代表ということは法律的には意味をもたない、つまり代表権限なるものはその他の事項について考えようがないのであります。例えば物を運搬するというような行為は、いわゆる事実上の行為でありまして、代表とは関係がありません。会社を代表して品物を運ぼうと、代表せずに運ぼうと、運ぶという行為の現実の効果そのものは何ら変りはありません。代表取締役が運んでも、小使が運んでも、あるいは他人が運んでも、運んだことそのことに差異はない、会社を代表して運んだが故に、運んだことの効果が会社に及ぶというようなことはあり得ないのであります。そういう事実上の行為の効果は事実そのものによつて生ずるのでありまして、代表資格の有無によつては差異を生じないのであります。

一般には会社代表ということは、会社の対外的行為について考えられる、というようにいいまして、会社の行為を対外的行為と対内的行為とに分けて説明しておるようでありますが、そのいわゆる対外的行為なるものが、今申しました法律行為、準法律行為なのでありまして、それ以外にはありません。もしそれ以外のことまで含めて対外的などという言葉を使うのだとすれば、それによつて代表の関係を説くのは間違いであるというほかないのであります。例えば会社を代表して祝詞や弔詞を述べるなどといいますが、単なる慶弔の挨拶のごときは、法律行為でも準法律行為でもありませんから、法律的な意味での代表の範囲には入りません。ですから祝詞を述べるのに代表取締役でなくても、誰が会社を代表しても少しも差支えありません。法律上の代表ではないから、代表権限も問題にならないのです。ですから対外的行為という言葉をお使いになることは御自由でありますが、こんな事実上の行為まで、法律的な代表関係を伴う対外的行為だとお考えになりますと、まちがいになるのであります。

従つて代表取締役の本来の権限というのは、今申しましたように、会社の意思表示を為し又は会社に対する意思表示を受けるということに尽きるので、これが本来の代表権限であります。そして代表取締役が会社のために意思表示をなし又は会社に対する意思表示を受けるとすれば、それによつて会社は自らの取引、自らの法律行為を行うことになりますから、通常の場合は之によつて、同時に業務執行をなしていることになるでありましょう。先ほどのように違法に取引する場合などは別問題として、適法に行動する限りはそうなります。だから取締役会というものを考えずに、代表取締役のことだけを考えるならば、代表取締役は少くとも法律行為については、準法律行為も含めていいですが、業務執行の権限があるという所までは認め得るかも知れません。ですから仮りにそこまでは譲歩して考えることにしましてもしかしだからといつて、その他の事実上の行為についてまで代表取締役が業務執行を為し得るという推論は出てこないのであります。普通の場合を眼中において、代表権限に伴つて予想され得る業務執行の範囲は、会社の為すべき法律行為、準法律行為だけであつて、代表とは無関係の事実上の行為についてまで、代表権限あるが故に業務執行の権限もあるとは考えられないのであります。而も会社の実務においては、恐らく法律行為よりは事実上の行為の方が分量において遥かに莫大なものではないかと、私は想像するのであります。まあこの点は皆さん方に教えていただきたい点であります。果して法律行為の数と事実上の行為の数と、数の上でどのくらいの比率になつているのかということは、実務にうとい私には判断の資格はありませんが、業種業態によつても大差のあることでありましようが、恐らく会社のなす行為のほとんど九十何パーセントは事実上の行為であつて、残り数パーセントだけが法律行為に該当するのではないかと想像しておるのであります。これはあるいは私の見当違いかもしれません。仮りにその割合がどうであつたにしましても、ともかく業務執行の内容の少なからざる部分というものが、代表とは関係なしに行われるということは恐らく間違いはないと確信しておるのであります。そういう代表とは無関係に行われる少なからざる分量の業務執行についてまで代表取締役に業務執行権があると推論することは、代表権限があるという理由だけでは無理であります。代表権限が認められているからといつて、代表とは無関係の事項についてどうして業務執行の権限があることになるでありましようか。それは推論の限界を超えた勝手な思いつきでしかあり得ないように考えます。

更にそれのみでなくて、仮りに代表取締役に業務執行の権限を認めるとしますと、一方では取締役会も業務執行の権限をもちますから、この両者の権限相互の関係が問題であります。一般には取締役会は業務を決定するだけで実行の権限はない、代表取締役がその実行の権限をもつ、つまり取締役会の決定したところを実際に行うのが代表取締役であると見るようであります。そうしますと株式会社の業務執行は、取締役会と代表取締役とがそれぞれその半面ずつを担当することになり、片一方だけでは一人前の業務執行機関とはいえないものになつてしまいます。のみならず代表取締役は業務の実行だけを行うといいましても、会社代表の点では代表取締役は会社のため意思表示を自らなすものでありますから、その意思表示のための意思を決定し且つ之を表示する機関なのであります。その決定の権限がないのに何故に意思の決定ができるか説明がつきません。仮りにその意思決定は取締役会がするのだとすると、代表取締役は単に予め決定されてある意思について、之を表示するだけの機関、意思の表示機関といいますか伝達機関といいますか、何れにしても意思表示を為す機関、代表機関ではなくなつてしまいます。そこで他の説によれば、取締役会は業務執行の大綱を決定するだけで、細目の決定及び一切の実行は代表取締役の権限であると逃げますが、何が大綱で何が細目であるかの分界が明確でないのみならず、左様な大綱決定についてだけしか権限をもたない機関が依然として業務執行機関たる名に値するかどうか疑わしいでありましよう。それよりも、そもそも改正法が取締役会を合議制の機関にして関係者を保護しようという主旨は全く不徹底になつてしまいます。関係者を保護するためには、合議制の取締役会が包括的な業務執行権をもつて、会社業務のあらゆる点について実権を握つていなければならない筈であります。大綱決定だけというのでは、恰も従前株主総会が一般に業務執行に関与し得たその権限を、株主総会から削つて、之を取締役会に移しただけのものとなつてしまつて、従前の取締役のもつておりました業務執行の権限は挙げて代表取締役の方に持つていかれてしまうことになりそうであります。それでは折角改正法が取締役会の制度を設けたのに、骨抜きになつてしまいます。又取締役会は業務執行の意思決定をするだけで、業務執行はそれ自体は代表取締役が行うのだという説明もありますが、之などは一層今申上げましたような非難が当つてくることにならざるを得ないでありましよう。何れも取締役会は業務執行の機関であるといいながら、実質的にはそれとはちがつたものを考えているとしか解せられないのであります。

さらにこれらの見解を通じて一様に不審に思われますことは、これらの人たちは取締役会では事務処理の能力に限界があるということを指摘して、だから代表取締役が業務執行の大部分を担当しなければならないというらしいのですが一体代表取締役ならば一人で何でもできるとでも見ているのでありましようか、取締役会にはできないけれども、代表取締役ならば全部何から何までやれるというのでなければ筋が通らないのでありますが、どうも私の見る限りでは、事務処理の能力という点では多少のちがいがないとはいえないとしても、それは五十歩百歩でありまして、どうせ代表取締役一人で全部直接捌ききれるものではありません。ですからどうしてそのことが取締役会の権限を限定して考える材料になるのか、不敏な私には一向理解のゆかない点であります。そのほか取締役会は合議制だから決議をするだけで、それを実行する能力はないということも、誤解でありまして、世の中には合議制の執行機関というのは沢山例があります。合議制の裁判所が良い例であります。合議裁判所はただ決議ばかりをしておるのではありません。山積する訴訟事件をどんどん処理しております。ドイツの株式会社の取締役会だつて、数人の取締役から成つている場合にも、一切の業務執行を自ら担当しております。単なる議決機関ではありません。それから取締役会が代表取締役に対して無制限の指揮監督をなす権限をもつことを説明するためにも、代表取締役の業務執行が専ら取締役会からの個別的あるいは包括的な指示委託によつてのみ行われるものであつて、独立した個有の業務執行機関ではないとすることによつてのみ初めて容易になるのであります。

かようなわけでありまして、私としましては代表取締役に代表権限があるということからは、必ずしもそれに伴つた業務執行の権限があるということには、必然的にはならないと思いますし、況や代表権限とは関係のない事務についてまで業務執行の権限があるなどと考えることは根本的に誤つていると思います。代表取締役の権限として商法が規定しているのは、正に代表権限そのものだけでありまして、それ以外の権限は認めていないのであります。取締役会については、商法の規定の文句の上では、業務決定の権限だけを規定しているに過ぎないことは間違いありませんが、業務実行の権限もまた、業務執行の一部として、当然取締役会の権限に属するものと解すべきであります。代表取締役の権限とするよりは、取締役会の権限とする方が理論上自然であり、又実際上もそれでなければ今申したような不都合な点が出きてくるからであります。しかしながら取締役会は、先ほどから繰返し申し上げております通り、自分で何から何まで業務執行を切り盛りせよというのではありません。殊に取締役会自体には代表権限を認められないで、それを代表取締役に専属せしめておりますところから——この点も改正商法のミスであろうと思うのですが——もしも会社が業務執行のため自らの法律行為をなそうとすれば、取締役会としては自分ではできないので、代表取締役に指示して代表取締役をして之を行わしめるよりほか仕方がないということになります。代表取締役としては包括的な代表権限がありますから、取締役会の指示のあるなしにかかわらず、会社のために意思表示をなし又は受ければ、会社を拘束するような、会社自身の法律行為を成立せしめうるのでありますけれども、さような法律行為を手放しに何でも自由にしてよろしいというのではなくて、いついかなる法律行為を為しあるいは為さざるべきかということは、総て取締役会の指示に従うべきものなので、取締役会としては一般的に包括的にある範囲又は種類の法律行為を代表取締役に一括して指示することももとより可能であり、実際上も大なり小なりかような形で指示が与えられているのが大多数でありましよう。しかしながら場合によつては極めて断片的な指示を代表取締役に与えるだけでも用はたりることもあるのではないかと思うのであります。例えば会社の業務はできるだけ支配人にやらせようという配人との間に選任契約の法律行為をすればよろしい、あとは口出ししなくてもよろしいということになります。その場合には代表取締役はその支ので、取締役会は代表取締役にその支配人を選任すべきことを指令したとします。その場合には代表取締役はその支配人との間に選任契約の法律行為をすればよろしい、あとは口出ししなくてもよろしいということになります。そういうことを取締役会がきめるならば、代表取締役としてはそのきめられたことだけをやればいいので、それ以上業務執行に関与することは越権行為になります。会社の業務は法令の許す限り、代表取締役を差おいて、みんな支配人にやらせるということもできる筈であります。そしてなお取締役会は代表取締役に対して業務執行に関し一旦何等かの指示を与えたとしましても、何時でも之を撤回又は変更することができるのでありまして、之によつて代表取締役の業務執行補助者としての地位も消滅又は変動するのであります。かように見て初めて取締役会が業務執行については代表取締役に対し無条件無制限の指揮監督権を有するゆえんがはつきり説明できると思うのであります。

しかしながら、取締役会が業務執行についてその補助をなさしめるという、その相手方は必ずしも代表取締役に限られるのではありません。その他の取締役にもそれぞれ業務の一限を分担せしめることもできます。いわゆる現業重役とか業務担当取締役とかいうのは、かように取締役会から業務執行の一部を命ぜられた取締役にほかならないのであります。又一般の従業員も、その仕事は総て取締役会の業務執行を分担補助するために任命されるのであります。その任命の契約はもちろん取締役会自らはできませんで、代表取締役なり、あるいは、予て代表取締役から選任されておる会社の代理人なりが取締役会の指示に従つて、その従業員たるべき人達との間に、雇傭契約なり委任契約なりを締結するのでありますが、その契約の内容は、取締役会の直接又は間接の指示に従つて、会社の業務執行を補助するということなので、従つてかようにして選任された従業員は、直接間接取締役会の指示に従つて会社のため仕事を為し労務に服するのであります。何れにしましても業務執行の最高指揮権は業務執行機関たる取締役会にあるのでありまして、決して代表取締役にあるのではありません。しかも之等の場合に取締役会の指示の下に会社の業務を補助するようになつた者は会社の機関となるものではありませんで、会社という人格組織の外部にあつて会社の使用人となつているにすぎないのであります。ですから、その委託を受ける者がたとえ代表取締役でありましても、その他の取締役でありましても、業務執行という面から看察します限りは、会社の機関ではありませんで、この点では一般従業員と同じ会社の使用人たる関係に立つものと観念すべきものであります。つまり業務執行の点においては代表取締役は取締役会の委託があつて初めて、その委託にもとづいてその業務執行を補助するのでありまして、代表取締役であるというだけで、本来的に固有の業務執行権などはもたないのであります。ただ会社のために意思表示を為し又は受け、会社自身の法律行為を作出するという点では、取締役会はどうしても代表取締役にこれを委託せざるを得ない、それだけは必然的に代表取締役に命ぜられることが予定されているということができると思うのであります。しかし必然的に委託せざるを得ないからといつて、まだ委託されもしないのに勝手にやつてよろしいということにはならないのであります。必要な場合に取締役会が委託しなかつたために、代表取締役が何もせずにいたとしても、その怠慢は専ら取締役会側の責任でありまして、代表取締役の代表取締役としての責任にはならないのであります。

以上大変急ぎましてお聞きぐるしい点もあつたかと存じますが、私の従来考えております改正法上の株式会社の業務執行ということについて、あらましを申し上げたと思います。限られた時間でありまして、申し上ぐべき点でまだ落していることが、むろん多々あると思います。ことに米英独仏など主だつた諸国の立法例についても是非比較検討して申し上げることが、この際必要であつたかもしれません。しかし本日のところはこの辺でお許しを願いまして忌憚のない御批判なり御意見なりをお洩らし下さることを切に希望いたしまして、お話を終りたいと思います。

（大阪株式事務懇談会　記録第百六号、昭和三十二年）

会社の政治献金判例について

先般、八幡製鉄のなした自民党への政治献金につき、会社に対する取締役の損害賠償責任を肯認した東京地裁の判決（昭和三十六年(ワ)二八二五事件、民事第八部、昭和三十八年四月五日判決言渡）に関しては、既に各方面から数多くの批判や研究が発表されているので、今更の感がなくもないが、なお私の気付いた点など二・三申述べることにしたい。

一

先ず判示によれば、(一)被告等が訴外会社（八幡製鉄）の代表取締役として、会社のため自民党に三百五十万円を政治献金したことは、同会社定款所定の事業目的の範囲外の行為であり、従つて定款違反の行為である。(二)取締役が凡そ定款違反の行為をなすときは、それだけで直ちに忠実義務に違反している。(三)取締役のなした行為が、定款違反且つ忠実業務違反の行為であるならば、取締役の損害賠償責任の発生原因となる、という主旨で、商法二六六条一項五号により、会社に対して連帯して献金額及び法定利息の損害を賠償すべきことを被告等に命じたのである。

如何にも商法二六六条一項五号には「法令又は定款ニ違反スル行為ヲ為シタルトキ」とあるから、原告の主張に従い、判旨もこの文句に沿つて、政治献金が法令又は定款に違反する行為に該当するか否かを判断したのであろう。しかしもともと二六六条一項五号というのは、同項一号乃至四号に該当する場合以外に、広く一切の任務懈怠につき取締役に責任を負わしめる主旨であることは、昭和二十五年改正前の同条の文句や現行の発起人、監査役等の責任を規定する一九三条一項、二七七条などの規定の文句との対照からも、又二六六条自体の改正の主旨から考へても、ほぼ争いのない点になつている。だから二六六条一項五号の適用に当つて、同号にいわゆる「法令又ハ定款」という文句に拘泥することは間違いであつて、専ら取締役としての任務懈怠があつたか否かという点だけを基準に判断しなければならないのである。従つて、場合によつては法令又は定款には何等違反していなくても、同号の責任を生ずることがあるし、又反対に或る種の法令又は定款に違反したからと言つて、それが会社に対する関係で、取締役としての任務に反したものとは言へない場合があつたとすれば、同号の責任は生じないとしなければならないであろう。判旨はこの点、二六六条一項五号の理解に不足している。

二

尤も仮りに二六六条一項五号が、任務懈怠の意味であるとしても、その取締役の任務というのは、二五四条ノ二に規定する、いわゆる忠実義務に相当する（或は少くとも忠実義務は任務のうちに含まれる）し、同条には「法令及定款ノ定」の遵守を命じているから、法令又は定款違反は、いわゆる「忠実義務」違反となり、その結果やはり二六六条一項五号の責任を生ぜしめるであろう。しかしこの場合にも、二五四条ノ二違反は即ち法令違反に外ならないから、二六六条一項五号の法令違反に該当するというのではない。この点いま詳しく論証している余猶はないが、少くとも「法令」「定款」という文句に拘わつている限り、二六六条一項五号と、二五四条ノ二との両方に出てくる法令、定款は別異のものとして理解しなければ、救い難い循環に陥るであろうことは、誰でも容易に気が付かれることと思う。

要するに二五四条ノ二違反は「法令違反」ではない。会社法上、「法令違反」という文句は外にも相当多く使われているけれども、単なる任務懈怠（即ち商法二五四条三項及び民法六四四条、又は二五四条ノ二の後段違反）はその中に含まれないというのが一般の用例である（例へば二五七条三項、二七二条など。尤も多少反対説もある）。それにも拘らず二六六条の場合だけは、正にこの忠実義務違反乃至は善管注意義務違反をこそ取上げなければならないし、而も二五四条ノ二違反さへ含めれば、その規定の文言上、その他の法令違反並びに定款違反はその中に入つてしまうから、二六六条が重ねて之を取上げるまでもない。二六六条で、取上げるべき法令違反は、二五四条ノ二違反だけで足りる。又二五四条ノ二違反が法令違反として取上げられるならば、それとは別途に定款違反なるものを考へる必要（乃至可能性）もないから、二六六条の定款違反ということは空文に帰する。かような関係で、二六六条一項五号の文句は完全に的外れなのであつて、法令又は定款に違反する行為と言つてはいるものの、それは、結局、任務懈怠という意味以外の何ものでもないことになるのである。

三

無論、問題を二五四条ノ二の方に移して考へれば、そこでは法令、定款の違反が直接問題になるであろう。しかしそうした場合でも、凡そあらゆる法令及び定款の定が同条で直接問題になると見るのは早計である。事柄は専ら取締役、会社間の債権債務の関係を規制しようというのであるから、会社から取締役に向つて特に遵守を求めるべき内容の法令定款の定は問題になるけれども、その他一般の法令定款について、同条が改めて取締役に遵守を命じたものではあり得ない。凡そ法令定款にして有効に存する限り、そのことだけで、何人も之を遵守すべきものであつて、その遵守を命ずるために特にもう一つ法規を必要とすることはない。そんなことでは遵守を命ずる法規を何遍重ねても最終的遵守に達しないことになつてしまう。だから、取締役にしても、法令定款がある限りは、二五四条ノ二の規定を俟つまでもなく、総てその遵守を命ぜられているのである。それにも拘らず、二五四条ノ二が敢えてその規定を設けているのは、慢然と当然のことを規定したのではなくて、特に商法が会社取締役間の関係として規定したかつたからに外ならない。換言すればそこで問題にする法令定款というのは、会社取締役間の関係を規律する法令、定款の定(総会の決議についても同様)なのである。だから例へば取締役と雖も一般の交通規則を遵守しなければならないことは勿論であるが、仮りに之に違反したからとて(それがため国家から一定の制裁を受けることはあっても)、会社から債務不履行を言い立てられることはない筈である。二五四条ノ二はさような法令遵守を取締役に命ずる意味を含んでいない。又例へば会社が納期に納税を怠れば、会社として税法上の制裁を受けるかもしれないが、もし納税したならば他面手形の支払資金を失つて、不渡処分を受ける危険があつたとすれば、租税の怠納はその場合却つて取締役として忠実義務を尽したことにもなり得るのであつて、怠納＝任務懈怠とはならないであろう。

無論怠納処分を受けることは会社に不利益であるから、故なく怠納することは任務懈怠に連ることが多いであろうけれども、それは怠納＝任務懈怠だからではなくて、左様な怠納に陥らざるを得なくなつた経営上の失策、並びにその事態において、他により適当な打開策があるにも拘らず敢へて怠納策を採つた結果、会社に不利益を与へることが、善管注意義務乃至忠実義務に違反して、任務懈怠の責を生ずるのである。即ち会社の租税怠納が二五四条ノ二違反になる場合があるとすれば、それは同条前段にいう「法令遵守」を怠つたからではなくて、後段の「忠実ニ」職務を遂行しなかつたからに外ならない。単純に税法に違反したか否かが問題なのではなくて、如何なる原因必要又は便宜のために敢へて税法違反を冒さざるを得なかつたかが問題なのである。前例の交通規則違反の場合でも同様である。その場合取締役が会社の義務を遂行する上において、善良なる管理者の注意、経営者としての専門的判断に基いて、経営上の失態もなく、適当と信じて為した行為であるならば、かような種類の法令違反は仮令結果において会社に不利益を生じたとしても、そのこと自体のため会社から取締役に任務懈怠の責を問はるべき筋合のものではない。

四

それ故二五四条ノ二に「法令、定款」といつているのは、極めて限られた範囲の規定だけを意味しているのであつて、会社から取締役に対して、善管注意とか忠実とかに基く裁量の限界として、特に取締役に課した行動の規制をいうのである。単に善管注意とか忠実とかいう点だけから判断すれば、却つて之を無視して行動することが会社のため有利であると信じ得たとしても、取締役はそれを為してはならない。その限界内でのみ、経営者的自由裁量が許されるという意味合いの法令又は定款が問題なのである。この意味で二五四条ノ二で予想している最も代表的な「法令」としては、商法二六四条(競業禁止)や二六五条(会社との取締制限)などを挙げることができよう。この種の法令又は定款乃至は総会決議だけにつき、取締役が仮令その際、会社のため有利であると信じ、且つ信ずるにつき過失がなかつたとしても、かような法令又は定款違反は、結果において会社に損害を生じた限り、取締役の責任を生ぜしめるという意味で、特に職務上の義務として取締役にその遵守を命じたのである。

五

だから判旨のいう如く、会社の政治献金が定款所定の事業目的の範囲外の行為であり、従つて定款違反の行為があるとしても、それがため直ちに二五四条ノ二(或は二六六条一項五号としても同じ)にいわゆる「定款」違反に該当するとは言い得ないのであつて、それを言うためには会社が定款に目的を定めるのは如何なる主旨であるかを吟味する必要がある。

一体、商法が定款の絶対的必要事項として、会社の「目的」を掲げしめる主旨は何であろうか。それは恐らくは会社の対社会的活動領域を定めて公表せしめるという積りであろう。だからこそ、従来判例も学説も、それが会社の能力の限界を示すものと解してきたことは正に本件判旨も指摘する通りである。然しこの限りでは、まだ会社が対外的に宣言しているだけのことであつて、会社が取締役に向つて行動の束縛を命じたことにはならない。だから判旨が言うように、従来の判例が「会社は定款所定の事業目的の範囲内の行為のみをなす権利能力を有するとする前提の下に、特定の行為が特定の事業目的を有する会社の権利能力に属するか否か、従つてその会社の行為として有効か無効かを決定するに際して、示されてきたものであるが、本件のような取締役の責任発生原因として定款違反行為の有無を決するに際しても採用されるべきものであり、後者の場合に前者の場合と異る認定基準をとるべき特別の理由はないものと考へる」というのは、(例によって権利能力と行為能力とを取りちがへている点は、已むを得ないとしても)能力問題と責任問題との基礎的差異を無視した議論という外ないであろう。もし目的外の行為が会社の能力外であるとすれば、取締役が会社の目的外の行為を為しても、会社はそれを会社の行為として認めない(何人も之を会社の行為とは認めることができない)のであるから、会社から取締役に向つて特に之を禁ずる意味がない。従来の判例の立場を肯定しつつ、それが取締役の責任を生ずべき定款違反であるというのは、それ自体論理的な矛盾を冒していることになる、と言へるであろう。

六

次に判旨は「商法五二条によれば、会社は営利の追及を目的とする社団である即ち会社の定款所定の事業目的は凡て営利性を有すべきものであり」「従つて営利の目的に反する行為は、個々の事業目的が何であるかを問うまでもなく、当然に凡ての事業目的の範囲外の行為といわなければならない」という。

然しこれも又一種の混線であつて、定款所定の目的といい、営利の目的という、同じ目的なる語であるための誤解に過ぎない。商法が定款に目的を定めしめるのは、営利事業を為すか非営利事業を為すかということではない。非営利事業は定款を以てしても、会社の目的たらしめ得ない。だから会社が非営利事業を目的とするということは、商法五二条違反にはなり得ても、定款違反にはなり得ない筈である。定款には会社が目的とする事業種別を特定すべきであり、且つ之を以て足る。凡そ定款の指定する一切の事業は（少数の例外を除いては）営利的にも、非営利的にも経営し得るであろうが、商法は会社につき後者を禁止する。各会社の定款が之を禁止しているわけではない。定款に仮令非営利目的を掲げても、左様な定款の定は当然無効であるから、此の点定款の遵守不遵守が法律的に問題となる余地がない。而も非営利事業の禁止は商法五二条によつて直接会社に向けられた禁止である。会社から取締役に向つての禁止ではない。だから先程の論法で、五二条違反は二五四条ノ二（乃至二六六条一項五号でも）にいわゆる「法令」違反でもない。

七

更に判旨にとつて致命的とも見られる点は、営利事業ということから、会社の為す個々の行為について、それぞれ営利性が要求される如き誤解に陥つていることである。そのために判旨は、凡そ行為なるもの（と言つても、専ら財産給付を目的とする債権契約だけを念頭に置いて考へているらしいが）を、取引行為乃至営利行為と非取引行為乃至非営利行為とに分類し（その分類の基準も納得のいくものではない）政治献金は後者に属することを予定しつつ、後者については、

「会社の事業目的が何であるか、又は当該行為がその事業目的を遂行し又は遂行するのに必要な行為であるかなどについて検討するまでもなく、凡ての非取引行為は、凡ゆる種類の事業目的の範囲外にあるといわなければならない」とした。然し会社の目的が営利事業にあるからといつて、会社の行う個々の行為が、一々具体的に営利と結びつかなければならないなどということは、とんでもない見当違いといわなければならない。そしてこの点の誤解こそは、本判決の陥つた最大の難点というべきものと思われる。それだけにこの点は、もう既に大多数の論者によつて指摘された所であるから、重ねて詳論することは差し控へる。

八

続いて判旨は忠実義務違反の点に判断を進めているが、そこで「取締役が凡そ定款違反の行為をなすときは、それだけで直ちに忠実義務に違反している」と言つているが、それは二五四条ノ二によつて遵守を命ぜられる定款の定に違反すれば、即ち、二五四条ノ二に違反したことになる、という意味ならば、その通りである。この場合「忠義実務」というのは、二五四条ノ二に規定された全貌を指しているのであつて、いわば二五四条ノ二の別名に外ならない。然し同条前段の部分、即ち「法令及定款ノ定並ニ総会ノ決議ヲ遵守シ」という部分は、忠実義務にとつては、むしろ当然のことであつて、忠実義務の忠実義務たる所以は、その後段の「忠実ニ」職務を遂行する義務を負うという部分にある。だからその前段に違反した場合には、そのまま法令定款違反と言つておけばいいので、特にそれを忠実義務違反と名付けるのは適切でない。むしろ法令定款にこそ違反してはいないものの、なお不忠実であつた場合だけを、特に忠実義務違反と名付けるべきであろう。

そのためか、判旨は之に続けて、「更に取締役の会社に対する忠実義務の具体的内容の重要な一つとして、会社の資本を維持し充実させるべき義務がある。従つて取締役が会社の財産を事業目的の範囲外の行為、特に営利の目的に反する行為によつて使用することは許されない。それ故、取締役は、凡そ非取引行為をなすときは、忠実義務に違反するものと言うべきである」と附加する。

この「会社の資本を維持し充実させるべき義務」とは、一体何を根拠に、如何なる内容の義務を指そうとしているのか不明であるが、若し、例の資本維持又は資本充実の原則として、把へられている事柄を指すのだとすれば、それは主として会社債権者保護のため、会社に課せられた拘束であつて、会社のために取締役に課した義務とは言へない。のみならず、仮りに、取締役に課せられた義務であるとしても、それに違反するというだけでは、依然として二五四条ノ二前段の「法令」に違反するものであつて、後段の「忠実ニ」に違反したものとはならないであろう。且つ資本の維持とか充実とかということは、会社の営業及び財産の全体の状況について判断せらるべきことであつて、個々具体的な行為が個別にこの原則につながるものと見るのも誤りであろう。

何れにせよ、判旨は本件献金が忠実義務に違反すると断定してはいるが、それは二五四条ノ二前段の「法令」又は「定款ノ定」に違反するということを（誤った解釈に基いて）認めただけであつて、同条の後段の「忠実ニ」という点に違反するか否かについては、一つも判断を加へていない、ということになる。さもなければ、前段に違反すれば、直ちに当然後段の「忠実ニ」という点の違反にもなる、と誤解したことになるであろう。

九

要するに一定の行為が二六六条一項五号による取締役の責任を生ぜしめるか否かの問題を、行為の類型を基準にして判断しようとした判旨の努力は大いに認めたいが、不幸にしてその類型のとり方に失敗したと評せざるを得ない。

無論、行為の類型から、責任の有無を判別し得るなら、誠に簡単明瞭で結構なことに相異ないが、その判別に役立ち得るような行為の類型を発見することは困難であつて、少くとも現状においてはまだそれが最終的な決め手となる程度には成功していない。従つて現在の処、左様な基準を持ち出すことは断念すべきであつて、個々具体的な行為につき、個々具体的な事情を綜合して、取締役が忠実な経営者としての判断の下に為した行為であるか否か、即ち二五四条ノ二にいわゆる「忠実ニ其ノ職務ヲ遂行」したものであるか否か、或は二五四条三項及び民法六四四条にいわゆる「善良ナル管理者ノ注意ヲ以テ」其の職務を処理したものであるか否か、を判断する外ないであろう。本件事案についても亦、すべからく具体的に如何なる情況の下に、如何なる効果を期待して、如何なる経路方法で、問題の政治献金が決定され、且つ実行されたか、特にそれが会社企業に対して如何なる意味合いをもつかなどの点を綜合的に考察して、果してそれが忠実義務又は善管注意義務に違反するか否かを判断しなければならないものと思はれる。

（法曹界第八十三号、昭和三十八年）

発起人の意義

大審院昭和七年六月二九日第三民事部判決
昭和六年（オ）第一五三八号払込株金返還請求事件
民集一一巻一二号一二五七頁

〈事実の概要〉

Y（被告・被控訴人・被上告人）はAおよびB（いずれも一審共同被告）ほか十数人の者とともに、大正一五年一〇月一八日、高級セメント製造販売等を目的とし、資本金一、〇〇〇万円、株式総数二〇万株、一株の金額五〇円のC株式会社の設立を発起して、その定款を作成し、それぞれ株式の引受をなしたうえ、Aを創立委員長として設立事務を取り行なわせることにし、一般株式の申込を募った。X（原告・控訴人・上告人）は昭和二年三月一〇日この株式五〇〇株の申込をなし、同日発起人指定の払込金取扱銀行に、第一回払込金一株につき一二円五〇銭、合計金六、二五〇〇円を払い込んだ。ところが右C会社は株式の申込を取り消しうべき時期（商法旧一二六条二項五号、現一七五条二項一一号）たる昭和三年六月三〇日に至るも成立せず、その後もついに設立されるに至らなかったので、Xは発起人たるY、A、Bの三名に対し、右株式申込取消の意思表示をなしたうえ、第一回払込金六、二五〇〇円の返還および訴状送達後の遅延利子の支払を求めた。

第一審ではXはA、Bに対しては勝訴したが、Yに対しては請求棄却され、これに対する控訴もまた棄却された。Xの Yに対する二審敗訴の理由は、Aほか十数名の者がC株式会社の設立を発起した際、Yもその発起人たることを承諾し、かつYはAに対し、右会社の定款に記名捺印すること、その他右会社の創立総会に至るまで発起人としてなすべき一切の行為をなすことを委任して、大正一五年一〇月一八日付でその旨の委任状を作成し、Aに交付した事実は認めうるけれども、同日作成された右会社の定款にAはYの記名捺印をしなかったために、ついに同会社の定款にはYの署名もしくは記名捺印はもちろん、Yの代理人の署名もしくは記名捺印もなされなかった、という事実が認定されて、「定款ニ発起人トシテ署名シタル者ニシテ初メテ商法所定ノ発起人トシテノ責ヲ負担スルモノト解スルヲ相当トスルヲ以テ被控訴人カ仮令右会社ノ発起人タルコトヲ承諾シ発起人トシテ定款ニ署名スルコトヲ第三者ニ委任シ且右会社設立ヲ画策シタル事実アリタリトスルモ定款ニ発起人トシテ署名若ハ記名捺印ノ存セサル以上未タ法律上発起人ナリト認ムルコト能ハス」というものであった。

そこでXは上告して、㈠第三者たる株式申込人は会社の内規たる定款作成ならびに署名捺印済みであるか否かを調査してこれを確認する義務がないのはもちろん会社が定款作成ならびに発起人を公表して株式を募集した以上は、実際にその者がその定款に署名しなかったというだけでは、これを信じて申込をなした株式引受人に対して、発起人たる責任を免れ得ない。㈡YがAに対して定款署名捺印することを委任し、かつAが定款に署名捺印してある以上は、AはYを代表して記名したものと認めるべきである、と主張した。しかしこの上告も棄却された。

〈判　旨〉

一　「株式会社ノ発起人ノ意義ニ関シテハ実質的方面ヨリ観察スルト形式的方面ヨリ観察スルトニヨリテ多少異ル見解行ハルト雖我商法ノ解釈トシテハ定款作成ニ当リ自ラ署名シ若クハ代理人ニ依リテ自己カ発起人タルコトヲ明確

ニ表示セル者ノミヲ以テ発起人ト解スルヲ相当トスルカ故ニ仮令発起人タルコトヲ受諾シ定款ノ作成其ノ他設立手続ニ関スル一切ノ代理ヲ他人ニ委任シタル者ト雖モ代理人ニ於テ適当ニ処理セサリシ結果現ニ作成サレタル定款ニ其ノ者カ発起人トシテ表示サレタルコトノ認メ難キ以上ハ商法ニ所謂発起人トシテ之ヲ観察シ同人ニ対シ直ニ商法所定ノ責任ヲ負ハシムルハ正当ナラス」。「尤発起人タルコトヲ受諾シ設立手続ニ関スル一切ノ代理ヲ他人ニ委任シタル為メ株式申込証中ニ発起人トシテ表示サレ且ツ引受ケタル株数迄記載セラレタルカ如キ場合ニ於テハ応募者ハ該株式申込証ノ記載ヲ信シテ株式ノ申込ヲ為スヘキカ故ニ斯ル申込証ニ於ケル表示ノ為応募者ニ損害ヲ惹起セル事実アラハ民法不法行為ノ原則ニ依リ損害賠償ノ責ニ任セサルヘカラスト雖本件ハ被上告人ニ対シ斯ル事由ニ基キ不法行為ヲ理由トシテ損害賠償ノ責任ヲ問ヘルモノニ非スシテ商法所定ノ発起人トシテ払込株金返還義務ノ履行ヲ求ムルモノニ外ナラサレハ」原判決は謬っていない。

二　「代理人ヲシテ定款作成ニ当ラシムルトキハソノ代理人カ本人ノ為メニスルコトヲ示シテ署名又ハ記名捺印スヘキハ当然ナルヲ以テ本人ノ為メニスルコトノ表示ナキ場合ハ代理人カ定款中ニ署名セル事実アリトテ之カ為メ本人カ発起人トシテ表示サレタルモノト云フヲ得ス」。

〈解　説〉

一　擬似発起人の責任に関する商法一九八条の規定は、昭和一三年の改正法で新設されたものである。それ以前は、法律上発起人でない者は、外見上いかに発起人らしく見えても、これを発起人として扱うことを得ず、したがってこれに対して発起人としての責任を負わしめることもできなかった。そこで株式引受人その他の利害関係人から、会社設立に関する責任を追及する訴においては、その相手方（被告）が本当の発起人であるか否かが、決定的な争点となったわけである。

判決はつとに、発起人とは定款に発起人として署名（または記名捺印）した者のみを指すものとし、「会社設立ノ際事実上縦令ヒ発起人ノ如キ状態ニテ行動シタル者アリトモ其者ノ氏名住所カ定款ニ記載セラレス及ヒ之ニ署名セサルトキハ此ノ如キ者ハ法律上株式会社設立ノ発起人ト云フヲ得サルモノトス」（大審院明治四〇年（オ）第四六六号株金取戻請求ノ件、二民判明治四一・一・二九民録一四輯二二頁）と解してきた。その後の判例もほぼ一貫して同様の見解を採っている（大審院大正二年（オ）第四五三号株金返還請求ノ件、一民判大正三・三・一二民録二〇輯一六八頁・抄録四九巻一一四四九頁、その他下級審にも同旨判例が多数ある）。学説もまた、多数はこの判例の立場を支持するが（松本・日本会社法論一一二頁、片山・株式会社法論一四五頁以下、西本（辰）・会社法二〇二頁、田中（耕）・合名会社社員責任論三五四頁四〇六頁その他）、これによると、本件にも見られるごとく、表見的な発起人を発起人なりと誤認した株式引受人その他の利害関係人は不測の損害を被る虞があるので（むろん判旨一後段にも指摘するように、他に不法行為上の責任を追及する途がないわけではないが、これではその責任の成立要件や挙証責任、責任の態様等において、依然として不利を免れない）、学説上は、あるいは実質的な考慮を加味し（西本（辰）・株式会社発起人論一七四頁以下、田中（耕）・改版会社法概論三三〇頁）、あるいは禁反言法則の応用より（小町谷・法学二巻八号一一九頁、田中（誠）・全訂会社法提要一三九頁）、署名をなさない実質的または表見的発起人の責任を肯定すべしとの有力説も現われていた。一方では、その頃発表された商法改正要綱（法制審議会昭和六・七・二〇決定）第八三は、進んでこれを立法的に解決すべきものとし、擬似発起人の責任に関する規定の新設を提案していたのである。

本件判旨一は、かかる情勢のさなかに、大審院が依然として従来の解釈を固執する旨を明らかにしたものとして注目すべきである。もっともその後昭和一三年の商法改正に当たり、前記要綱に則って、現在の商法一九八条が設けられるに至ったので、現行法上は本件のごとき事案については、さしずめ右一九八条が問題になるわけであって、その者（被告）が単に法律上発起人でないというだけでは、その責任を免れないことになっている。

しかしこれがため発起人の意義を定める従来の判例が、その価値を失ったわけではない。すなわちまず第一に、現行の一九八条を適用するためにも、その者が発起人に非ざることを確定することが先決問題であるのみならず、商法が会社設立に関して定めた発起人の地位、職務権限、現物出資者たる資格、発起人の報酬や特別利益を受ける資格、その他発起人の権利義務について判断するためには、何が発起人であるかをまず決めておかなければならないからである。この意味でこの判例はまだ生きている。

判例のとる右のような見方を、一般に形式的見解であるという。それは英法上の発起人 promoter が実質的に設立行為に関与した者を指すのに対していわれるのである。しかしそれは署名という単なる形式上の筆記の動作に、発起人資格という重大な効果を結合したものと見てはならない。署名によって初めて定款は法律上作成されたことになるのであって、署名は定款の内容を自らの意思表示の内容として決定発表するための方式である。そして定款作成は一般に会社（社団法人）設立の意思表示と見るべきであるから、定款署名は法律上実質的には株式会社設立の意思表示をなすことにほかならない。つまり発起人は会社設立の意思表示をなす表意者その人なるがゆえに（かつ発起人以外にはさような意思表示をなす者はいないがゆえに）、特に発起人として会社設立に関して重要地位を与えられるのである。決して単なる署名の事実行為（筆記）がその地位を生ぜしめるのではない。これを形式的見解と名づけることは自由であるとしても、その中に含まれる右のごとき重要な実質的意味合いを看過してはならない（大森（洪）・会社法（新法学全集）二六一頁以下、拙著・会社法の大意三版六六頁）。

なお発起人は定款に署名するほか、株式の引受をなすことを要するか、また要するとして、それは発起人の単なる義務であるかあるいは発起人たる資格の発生もしくは存続の要件であるかが従前争われていたが、大審院は「株式会社ノ発起人タルニハ単ニ定款ニ署名捺印スルノミヲ以テ足レリトセス必スヤ株式ノ引受ヲ為スコトヲ要シ其ノ之ヲ為ササルニ於テハ未タ発起人タル資格ヲ有スルニ至ラサルモノト解スルヲ相当トス」（大審院昭和六年（オ）第二六〇〇号株式競売不足金請求及反訴事件、五民判昭和七・四・一九法律新聞三四〇五号一四頁）とした。しかし昭和一三年の改正法で商法一六九条が設けられた後は、一六七条の新設などと相俟って、この点新たに有力な解釈材料が加わっているので、右の判例は必ずしも今日に維持されるものとは考えられない。

二 判旨**二**は発起人の代理人による定款署名の方式に関するものであって、一般の原則に照らして（民法九九条、一〇〇条参照）異論の余地はない。定款作成は相手方なき意思表示と解すべきであるから、民法一〇〇条但書の適用もあり得ない。なお判例は、定款に発起人として予定された者の全員が署名を完了しないでも、そのうち法定数（七人）の者が署名した以上は、定款は有効であるとし（大審院大正五年（オ）第六二三号株式競売不足金請求ノ件、三民判大正五・一〇・七民録二二輯一八六二頁・抄録六八巻一五二〇七頁）、また残余の者も株式申込証作成の時までは（現行法上は定款認証の時までと解すべきか）、定款に署名して追加発起人として加わることができるとしている（大審院昭和一二年（オ）第二一一七号株式会社設立無効請求事件、二民判昭和一三・五・一七民集一七巻一一号九九六頁）。さらにY（被上告人）等は発起人たることを承諾し、株式の引受をなし、かつ定款に発起人として記載されたけれども、その署名の手続については、これを代行すべく委任状の交付を受けていたX（上告人）が、創立総会終了後（実際は一審判決後である。商法旧一三九条参照。現行法上同様の意味で、その時期が問題になるとすれば、本店所在地における設立登記後であるか否かである。商現五七条）これを完了した事案につき、「本件ニ於テハY等カ発起人タルニ付キ必要ナルヘキ行為竝ニ会社及ヒ第三者カY等ヲ発起人ト認ムヘキ事実ノ実質ハ悉ク創立総会前ニ具ハリ居リタルモノニシテ唯Xカ其ノ為ス可キ代行署名ヲ遅延シ居リタルカ為メ法定ノ形式ヲ備ヘサリシモノタルニ止マルモノト云フヘク此ノ如キ場合ニ於テハ縦令創立総会後ニ於テXカ右署名ヲ代行追完シタルトキト雖モ既ニ会社カ他ノ発起人ニ依リ有効ニ設立セラレタル以上右追完ヲ有効ト為シY等ヲ発起人ト認ム」（大審院昭和七年（オ）第二二八七号株金払込立替金請求事件、一民判昭和八・四・二四民集一二巻一一号一〇〇八頁）、というのがあるが、これは署名ということをあまりに形式視しているので賛成し難い（判旨に

賛、石井・判例民事法昭和八年度二七一頁、否、大森・株式会社法講座一巻一五五頁註三）。
（会社判例百選（新版）、有斐閣、昭和四十五年）

真実に合致しない振出日、振出地

大審院明治三七年四月七日第一民事部判決
明治三七年（オ）第一二九号約束手形金請求ノ件
民録一〇輯四四七頁

〈事実の概要〉

X振出の約手二通を、受取人AがYに裏書譲渡した。これらの手形は「形式上商法第五百二十五条〔手七五条に当たる〕ニ規定セル成立要件ヲ具備スルノミナラスXノ振出ニ係ルモノニシテ唯タ其日附ト振出地ノ記載カ真ノ事実ニ適セサルニ過キサルモノ」であった。YはXに対しその手形金請求の訴を起こし、一審二審ともXが敗訴した。二審敗訴の理由は「手形ノ裏書譲受人ハ其振出人ニ於テ実際ノ振出地ヲ記載シタルヤ否又実際ノ振出月日ヲ記載シタルヤ否ハ容易ニ之ヲ知得シ難キ地位ニアルノミナラス又之ヲ調査スルノ責任アルモノニアラス故ニ斯ル欠点ハ裏書譲受人カ其事実ヲ知了シテ譲受ケタル場合ノ外之ニ対抗シ得ヘカラス」というのであった。

本件はその上告審で、Xの上告理由の要旨は、振出地、振出の年月日の記載は約手の要素であるから、その記載が欠けていたり、不適法なるものであったりすれば、その手形は絶対に無効であり、振出人は何人に対しても手形上の責任を負わない。又原審は所持人の善意悪意を以てその権利有無の分界点としているけれども、その法律の根拠を示していない、というのである。

〈判　旨〉

上告棄却。

振出日附と振出地との記載が真の事実に適しないという事由の如きは、「以テ同手形ヲ当然無効ナラシムルモノト云フヘカラス何トナレハ若シ此場合ニ於テ同手形ヲ当然無効ナラシメ其無効ヲ善意ノ取得者ニ対抗シ得ルモノトセンカ重大ナル過失ナキ善意ノ取得者ニ不測ノ損害ヲ被ムラシムルハ勿論手形取引上各人ニ不安ノ念ヲ抱カシメ従テ其流通ヲ阻害シ因テ以テ手形ノ効果ヲ減却スルノミナラス振出人ノ不正行為ヲ奨励スルノ結果ヲ生シ其害少ナカラサルヘキヲ以テナリ商法第四百三十七条末項（現行法上該当条項なし、手六九条、小五〇条参照）及ヒ同法第四百四十一条（手一六条二項、小二一条に当たる）ハ則チ該法則ヲ適用シタルニ外ナラス而シテ右法条ニ依レハ偽造又は変造ニ係ル手形ト雖モ偽造者変造者及ヒ悪意又ハ重大ナル過失ニ因リ之ヲ取得シタル者ノ外ハ該手形ニ付手形上ノ権利ヲ取得保有スルコトヲ得ルモノナレハ偽造変造ニ係ルモノニアラスシテ単ニ振出ノ日附ト振出地ノ記載トカ真ノ事実ニ適セサルニ止マル本件約束手形ニ付重大ナル過失ナキ善意ノ取得者タル被上告人カ手形上ノ権利ヲ取得保有シ得ルハ亦弁ヲ俟タサル所」である。

〈解　説〉

一　手形（小切手）の記載要件たる「手形（小切手）ヲ振出ス日及地ノ表示」（手一条七号、七五条六号、小一条五号）というのは、真実の振出日、振出地を記載しなければならないものであるか否かについては、直接当事者間の関係と、第三者に対する関係とにつき、各別に判例が出ている。

先ず直接当事者間の関係では、大審院は嘗て、約手の振出地（当時振出地が記載要件になっていたのは、約手のみであって、為手、小切手では記載要件になっていなかった。商法旧四四五条、五二五条、五三〇条参照）につき、「手形ノ振出行為ニ全ク関係ナキ地ヲ以テ振出地ト為スヘキモノニ非ス」とした上で、当時商法には現行手形法七五条四項に当たる規定がなかったので、振出人の肩書地は記載されているが振出地として特別の記載を欠いた本件約手につき、原判決が「振出人ノ肩書地ノ振出行為タルコトヲ確定セスシテ直ニ其地ヲ以テ振出地ト判定シタルハ不法」であるとした（大審院明治三五年（オ）第三八四号約束手形金請求ノ件、同年一〇月一一日第一民事部判決、民録八輯九巻六七頁）。これによれば振出行為地と無関係の地を手形に振出地として記載しても、その手形は無効であると見ていたわけである。

二　ところが明治三七年に至って、大審院は聯合部判決を以てこれを改めた（大審院明治三七年（オ）第二二一号約束手形金請求ノ件、同年七月五日第一民事部判決、民録一〇輯一〇二二頁、抄録二一巻四三五四頁）。本件約手は振出地として上州佐波郡境町と記載されているが、実際には千葉県安房郡館山町で振り出されたものであったので、上告人（振出人）は本件手形は無効であると主張したのに対し、「凡ソ手形ハ要式的証券ナルカ故ニ約束手形ノ成立ニ付キテハ商法第五百二十五条ニ列記シタル事項ヲ手形ニ記載スルコトヲ要シ若シ此要件ノ一ヲ欠クトキハ手形トシテ其効力ヲ生スルコトナシト雖モ苟クモ右要件ヲ具備スルニ於テハ其記載事項カ必スシモ事実ト適合スルコトヲ必要トセサルナリ」、「而シテ此法理ハ手形ヲ授受シタル直接当事者間ニ於ケルト将又手形ヲ取得シタル者ノ善意又ハ悪意ナルトニヨリテ其適用ヲ異ニスヘキノ理由更ニ在ルコトナシ」、しかし「若シ其記載事項虚偽ニシテ真正ナル事実ヲ立証スルニ於テハ之カタメ実質上当事者ノ権利義務ニ影響ヲ及スヘキ場合ニ在リテハ手形上ノ請求ニ対スル実質上ノ抗弁トシテ或ハ振出人ヨリ広ク手形関係者ニ対シテ主張シ得ヘキモノアルヘク又ハ特ニ直接当事者ニ対シテノミ主張シ得ヘキモノアルヘシ然レトモ是レ全ク手形上ノ請求ニ対スル実質上ノ抗弁ニ属スルモノニシテ夫ノ手形カ法律ノ要求スル要件ヲ具備スルヤ否ヤトハ全ク別箇ノ問題ニ属スルモノナリ」とし、上告人の抗弁は本件手形が要件欠缺のため無効だというだけで、それが実質上当事者の権利義務に消長を及ぼすべきことを主張するものではないから論旨理由がないとして棄却した（同旨、大審院明治三八年（オ）第一二九号約束手形金請求ノ件、同年四月二二日第一民事部判決、民録一一輯五九八頁）。

次に約手振出日については、振出地に関する右の聯合部判決に一歩先だち、しかもこれとほぼ同主旨の判決が出ている（大審院明治三七年（ケ）第一号約束手形金請求ノ件、同年五月二四日第一民事部判決、民録一〇輯七一八頁）。これは約手の受取人から期限後裏書を受けた被裏書人が振出人に対してその支払を求めた事件で、本件約手には満期と同一日が振出日として記載されていたが、実際の振出日はそれ以前の日であったというので、上告人（振出人）は手形の無効を主張したが、大審院は、「之ヲ形式上ノ問題トシテ観察センカ手形ノ満期日ト同一ノ年月日ハ固ヨリ振出日附タルヲ得ヘキヲ以テ其記載アル以上ハ振出日附ノ要件ハ具備スルモノニシテ其日附カ事実ニ適合セサルカ如キハ手形ノ形式ニ何等ノ瑕疵ヲ生スルモノニアラス之ヲ実質上ノ問題トシテ観察センカ若振出人タル上告人カ実際振出ノ当時破産者又ハ無能力者タルカ如キ事実ノ存スル場合ニ於テハ手形ノ実質上ニ瑕疵ヲ来スヘキモ上告人ハ斯ノ如キ実質上ノ瑕疵アルコトヲ主張スルモノニ非スシテ単ニ本件手形ハ実際振出ノ年月日ヲ記載セス其以後ノ年月日ヲ振出日附トシテ記載シタルモノナレハ無効ナリト主張スルニ止マルヲ以テ此主張事実ハ手形ノ実質ニハ何等ノ影響ヲ及ホスモノニアラス」として上告を斥けている。

三　かくて直接当事者間又はこれと同視すべき者に対する関係での判例の態度が定まったのであるが、然らば第三者に対する関係ではどうなるかについて、初めてその見解を明らかにしたのが、冒頭に掲げた判決である。この判決は前記**二**に掲げた何れの判決よりも早く出ているので、大審院としては先ず第三者に対する関係の方から、振出日、振出地に関する不実の記載の効果について、見解を固めていったわけである。この判決は約手の振出日、振出地ともに不実の記載ある場合を扱ったものであるが、なお振出地のみ不実の場合につき同じころ同主旨の判決がある（大審院明治三七年（オ）第二七九号約束手形金請求ノ件、同年六月一四日第一民事部判決、民録一〇輯九三七頁）。それは本件約手の真正の振出地は東京市であるのに、手形上は（神奈川県三浦郡）豊島村と記載されていたとしても、善意の被裏書人に対して振出人はそのことを理由に手形債務を免れ得ないという主旨のものである。

旧法上は日附の記載が裏書についても要件となっていたので（商法旧四五七条一項）、裏書日附についても判例は同じ意見であった（例えば大審院昭和二年（オ）第九五七号約束手形金請求事件、同三年二月六日第一民事部判決、民集七巻二号四五頁は、Aが大正一三年八月一四日附で振り出した約手の受取人Bが、同年一〇月八日附でYに、Yは同月九日附でAに、Aは同日附でCに、Cは同年一一月七日附でXに、それぞれ裏書譲渡した。そのXがYに溯求した事件であるが、AからCに至るまでの振出、裏書は、何れもその日附の前年（大正一二年）一〇月中になされたものであるというYの抗弁に対し、「実際ノ手形ノ振出又ハ裏書ノ年月日ト其ノ手形ニ記載シタル振出又ハ裏書ノ年月日トカ相一致セサル場合ト雖手形ハ一ニ其ノ記載ニ依リテ要件ノ有無ヲ判定スヘキモノナルヲ以テ手形ニ記載シタル年月日ハ手形行為ノ要件トシテ記載ノ効力ヲ有スヘキモノトス」として、Yの主張を斥けている）が、現行法上は裏書の方式に日附の記載を必要としないから（手一三条、小一六条）、この点の判例は意義を失っている。

四　以上のような判例の見解は、現在学説上も大体承認されていると見られるが（但しGrünhut, Hdb. I. S. 402 ff., Lehrb. S. 86 は不実の振出日、振出地を記載した手形は、悪意の手形取得者については、無効であるとしている）、しかし何故に振出日、振出地の記載が真実に合致することを要しないかについては、或いは手形の形式的効力の故にとか（青木・手形法論一二三頁）、或いは手形外観解釈の原則の故にとか（石井・商法Ⅱ四〇五頁）、言われているが、むしろその記載は手形上の意思表示の一部であるからという説明が有力である（Michaelis, WR. §4. Anm. 39 a., Quassowski-Albrecht, WG. Art. 1. Anm. 35. Art. 75. Anm. 8, Sch G. Art. 1. Anm. 23. 鈴木・手形法小切手法一一八頁）。この説によれば、その記載は振出人の意欲の内容（手形証券又は手形上の権利義務を其日に其地で発生成立せしめることを振出人が意欲する旨）を記載したものであって、単なる事実を事実として記載したものではないから、それが実際の事実と合致するか否か、又事実と記載内容との不一致について相手方又は第三者の善意悪意などは、本来問題にならないことになる（これに反し振出日、振出地に関する振出人の意思と表示との不一致は問題となりうるが、手形行為につき表示主義を徹底せしめる立場（通説）からは、これも振出の効力を妨げないことになる）。無論ある効果が何時何処で生ぜしめられるかということと、かかる効果を生ぜしむべき行為が何時何処でなされたかということとは別問題であるから、行為の日又は地そのものが問題となる関係（例えば振出の能力、権限、準拠法等の判定）については、手形の文言に拘らず、実際の振出の日、地を基にして判断されなければならない（且つ手形文言が本来事実を記載したものではないとすれば、その記載は事実に関する一応の推定力もないことになろう。反対、鈴木・前掲一九一頁）。又実際の事実如何に拘らず、手形記載の振出日、振出地に一定の手形上の効果を附著せしめる場合が幾つかあるけれども（例えば日附後定期払手形の満期の決定、一覧払一覧後定期払手形及び小切手の呈示期間（手三四条、二三条、小二九条）、支払地及び振出人住所地の記載なき約手の支払地、振出人住所地（手七六条三項）、支払地及び支払人肩書地の記載なき小切手の支払地（小二四条三項）等）、これらの効果は意思表示の内容（振出人の意欲）に基づく効果ではなくて、手形文言に附した法定的附随効果と見るべきである。振出人は或いはこれらの効果発生を期待して（例えば小切手を先日附又は後日附で振り出すことにより、実質上その法定の呈示期間を任意に伸長又は短縮しうる（小二九条四項））、振出日や振出地を自由に選択記載することができるとしても、かかる意欲がその効果発生の原因となるわけではないから、これを以て意思表示の内容に基づく効果と見ることはできない。その他振出日や振出地について意思表示として手形上の権利義務の態様に実質的影響を与えうる点は余りなさそうである。してみると振出日、振出地の記載が意思表示であるということは、ただそれが真実に合致しなくてもいいということの説明に役立つのみであって、それ以外に大して実益があるようには見えない。かえって法律の規定を虚心に見れば、法律は事実を事実として記載せしめることを予定していると見た方が自然であって、その点でその他の手形要件（但し署名を除く）がみな意思表示の内容であるのと異なっているが、これを特に手形要件に加えた主旨は（手形小切手以外の証券類についてもこれを記載要件に加えたものが多いが（例えば商五七〇条二項四号、五七一条二項四号、五九九条七号、六四九条二項九号、七六九条一〇号等）その主旨は同一である）、手形に厳正な証券としての体裁を整えしめる（同時に手形関係者に対し、それが良い加減な書面ではないという警告を与える）ために過ぎない。それならば事実としての記載が必要であり（この点から事実についての一応の推定材料にはなる）、しかもその記載がありさえすれば手形の方式は具わるので、それが実際の事実に合致しないでも、手形たる効力を妨げず、ただその不真実なることに因り実質上手形上の権利義務に影響を与える限りにおいて、抗弁事由たりうるという判例の見方も受け容れられるであろう（Jacobi, W- u. Sch R. S. 353 f., Staub-Stranz, WG. Art. 1. Anm. 52)。

〈参考文献〉

岡野「手形ノ外観的解釈ノ原則ヲ論シテ大審院ノ判例ニ及フ」法協二二巻一号三一頁以下。

（手形小切手判例百選（新版・増補）、有斐閣、昭和五十一年）

法の解釋と運用

――新憲法施行一周年によせて――

ポツダム宣言の受諾に伴ひ、我國は之を無條件誠實に履行しなければならない立場に置かれた。殊にこの宣言の指摘する通り、日本國國民の自由に表明せる意思に從ひ、平和的傾向を有し且責任ある政府が樹立せられなければならないし、又日本國政府は日本國民の間に於ける民主主義的傾向の復活强化に對する一切の障礙を除去して、言論・宗教及び思想の自由、並に基本的人權の尊重を確立しなければならないことになつた。そこで之がために爲すべきことは澤山あつたけれども、先づ從來の帝國憲法を改正しなければならないかどうかと云ふことも、最も重大な問題の一つとして取上げられた。然し色々曲折の末、結局それは改正しなければならないと云ふので、新しい日本國憲法が出來て、先日その施行一周年を迎へたことは周知の通りであるが、然しその當時、即ち終戰直後の昭和二十年秋頃の論調では、我國憲法學者主流の考へ方では、改正の必要なしと云ふ意見が支配的であつたことを想起しなければならない。

憲法學者がなぜ改正の必要なしと云ふ意見を持つたかと云へば、それは帝國憲法（明治憲法）は極めて融通性のある憲法であつて、それがたまたま戰爭中は軍閥や官僚の我田引水的な解釋運用によつて、歪められて來てゐたが、本來左樣な內容を持つたものではない。その運用如何によつては最も進步的な民主主義を實現することも可能であつて、ポツダム宣言の履行につき帝國憲法は何等の障礙とはならない。從つて憲法を改正する必要はない、と云ふのである。

私は今ここに専門違ひの憲法論議をしようと云ふのではない。たゞ憲法改正に當つて學者が表明した法律解釋の態度又は立場について疑問を懷くのである。帝國憲法はその制定の當時に於ては、或る一定の内容を持つてゐた。然し戰爭中は戰爭目的を達成するに都合のよい樣に之を解釋して來た。今日に於ては最早その解釋では通用出來なくなつたから、又再び解釋を變へて、今度はポツダム宣言の趣旨に添ふ樣に之を解釋して行かう、と云ふが如く、一般に法の解釋なるものが、その時々の情勢に從つて、變はつて來ると云ふこと、或はその樣に解釋を變へて行かなければならないと云ふこと、左樣なことが承認され得るであらうか。

人は「解釋の無限性」と云ふことを謂ふ。それは、法の内容は法規制定の當時のまゝに固定してしまふものではなくして、生きた社會の實情に應じつゝ――社會の實態の發展進化と併行して――法の内容も之に順應して變つて行く。その生きて流動する法の現在の内容を捕へることが法解釋の任務であつて、從つて此のためには法規の文言等に何時までも拘泥してゐてはならない。法律の條文の文句は過去の所產であり、死物である。然しその包藏する「法」そのものは社會と共に成長する現在の生き物である、と云ふのである。

何故に斯樣な議論が行はれるかと云ふと、それは以前には法の解釋について必ずしも之と同樣には考へられてゐなかつたのであつて、所謂「概念法學」と云はれる解釋方法が一般的であつたのである。概念法學の解釋方法に從へば、立法者が法を制定するには、成文法として法規（條文）の形で、卽ち文字文章を使つて、之を國民に提示する。立法者は之が法であると云つて法令を公布する。故に國民を羈束するものは、その與へられた法令の文字文章そのものに盛られた意味内容であつて、條文に盛られてゐない事柄などは國民に法として與へられてゐない。從つて法を解釋する際にも、專ら法令の條文を材料として、その意味内容を把握すべきである。立法者が法律を作る際には、勿論充分研究檢討を加へた上で、その規定を綴つてゐるから、立法者の企圖したところは、大體正確に條文に表現されてゐるであらうが、それでも何かの加減で完全には立法者の意の在る所を盡してゐないこと、或は立法者の考へた以上のことを表現してゐることもあるかも知れない。然し國民としては立法者が何を考へてゐたかと云ふ様なことに神經を使ふ必要はないのであつて、立法者が之が法だと云つて提示した法令の條規を守つてゐればよいのである。若し法令の文章が間違つてゐたり、或は不完全であつたりしたならば、立法者自ら之を改正すべきであつて、それを爲さずして、國民は立法者の意のある所を體して行動せよと云ふ様なことを立法者として言へた筋合ひではない。たとえ立法者の企圖した所が完全に條文に表現されてゐないでも、立法者の企圖とは無關係に、法の內容は法規（條文）そのものの內容に外ならないとするのである。丁度弓を以て矢を射る際に、射手は的《まと》をねらつて矢を放つてゐるのであるが、果して的に當るか否かは放たれた矢それ自身に與へられた運動方向によつて定まるのであつて、矢の運動方向は射手が弦を放すまでは射手の自由に決定變更することの出來るものであるが、一旦矢が弦を放れてしまへば、最早射手の意向には無關係に矢はその與へられた方向に進んで行く。法律は此の放たれた矢である。法律がまだ立法機關の審議にかゝつてゐる間は立法者の意思に從つて自由にその內容を定め又は變更することが出來る。然し一旦立法機關の手を離れて、法律として成立してしまへば、その內容は立法者の意思を離れて客觀的に確定するのである。斯様な立場からして概念法學者は法の客觀的意味を精密に把握することを法解釋學の任務と考へ、法律の條文規定の一言一句を精細に分析綜合し、その結果極めて大規模にして而も精緻な法律大系を樹立したのである。

然し乍ら斯様な方法によつて出來上つた法律理論は極めて融通性に乏しい固定的のものとなるのは自然の勢である。所がその法律の規定對象たる我々の日常の社會生活關係は千變萬化、日夜流動して止まないものであるから、之を右のような頑な規則で縛ることは、やゝもすれば所謂杓子定規となり、實際に迂遠であるばかりでなく、時には返つて障礙となる様なことすらある。此の場合でも概念法學者は「惡法も亦法なり」として濟ましてゐたのである。

斯くて概念法學の下に於ては理論は益々煩瑣精密を加へて行くに拘らず、他面に於ては實際の社會とは益々不調和な點を加へて行つたのであるが、此の點に厭足らずして反動として現はれたのが所謂「自由法學」若くは「社會法學」などと云はれる流派である。それは十九世紀の末頃から今世紀の初めにかけて——我國では大正時代の初め頃から——漸次勢力を得て、今日我國に於ては之が學界の定説であると云つてもよいであらう。前述の法解釋の無限性と云ふことは實に此の立場の學者の主張する所であつて、帝國憲法改正不必要論も此の立場に立つ限り別段異とするに當らないのである。法の條文は死物である。法を生かすものは法の解釋である。その時々の社會の實狀に應じて、既存の法規を生かして活用しなければならない。法規は固定してゐる。然しその法規によつて立法者が設定した「法」そのものは社會の情況に應じて流動する。法の解釋は法規そのものの説明を目的とするのではなくして、その法規によつて設定された「法」そのものの內容を、而もその流動する現實の姿に於て把握することを任務とする。之が自由法學の立場である。

尤も同じ自由法論者の中にも色々程度の差はあつて、その極端なものは自然法的な理想法の存在を認め、而も之のみが眞の法であるとし、立法者に法を創設したり變更したりする權限を認めない。立法者は單にその時々に於ける法は如何なるものであるかと云ふことを、自己の意見として法令を以て發表するだけのものである。從つて裁判官が裁判を爲すに當つても法令の規定を參考資料として重視するのは差支へないが、それ以上のものではない。何が法であるかと云ふことは裁判官が總ての資料に基いて自由に判斷すべきものである。裁判官は法そのものには拘束されるけれども、單なる立法者の意見たる法規には拘束されない、と云ふのである。然し斯樣な見解によれば、法令の制定改廢と云ふことは實質的には何の意味も持たないことになり、殊に新憲法第十一條の、國會は國の唯一の立法機關であると云ふ規定をも無意味ならしめる。

そこで今日では一般に學者は、立法者がその欲する所に從つて新なる法を設定し、又は既存の法を改廢し得る權限は有つてゐるものとし、唯斯樣にして作られた法は、その後立法者の豫測しなかつた樣な事情の變更があつたならば、最早それは當然效力を失つたものと見るべく、裁判官は既存の法規に拘束されず各事案につき具體的に妥當なる裁判を爲すべきである、と云ふ風に解してゐる。卽ち形式的な法規はそのまゝであつても、その法規によつて創られた實質的の法そのものは、その後の社會事情の變遷によつて自然に變つて來るのであると見るのである。之が今日我國の學者の大體平均的な見地ではないかと思はれる。

然し若し此の立場に立つとすれば、立法者によつて或る法律が制定された場合に、之によつて如何なる「法」が設定されたかと云ふことを先づ確定しなければならない筈である。然らざればそれが現時の社會事情に適合するか否かと云ふことを知るに由がないからである。然らばその最初作られた法は如何なる內容のものであつたかと云ふことは、如何にして之を知り得るか。之を究めることが總ての出發點であると云はなければならない。然るに自由法論者は此の點については全く無關心であるものの如く、殆ど之に論及してゐない。そして自身では暗默の內に依然として古い槪念法學的解釋方法を以て法律を解釋してゐる。而もその際に嘗ての槪念法學者の爲した如き綿密精緻な綜合分析又は比較研究を爲すことなく、單純に法規を通讀した程度の表面的素人解釋を下して、之を基としてその法規が社會の實情に適合するとかせぬとかの判斷を極めて輕々しく下してゐることが少くない。最初の法規解釋が槪念法學的――而も粗雜な――立場に立つて爲される限り、その結果が社會の實情と乖離することは免れ難いところである。此の場合何故に法と社會との乖離を生じたかの原因を究明することをしないで、たゞその結果の不都合な部分だけを取つて之を訂正して行かうと云ふのである。卽ち立法者が最初作つた法は如何なる內容のものであるかと云ふことに關する限り、自由法論者は槪念法學を一步も出るものではない。立法者の作つた法規が社會の實情に照して適當であるかどうか、社會の實情にそはざる惡法であるかどうか、と云ふ樣な判斷は極めて重大な事柄であるから、左樣な判斷を下すまでには、少くとも嘗ての槪念法學者の行つたと同程度の槪念分析が要求されるのであつて、斯る學問的努力を省略して輕々しく結論を與へるべきものではない。自由法論者が自ら槪念法學の根柢の上に立つてゐることを悟らずして、槪念法學を攻擊し、槪念法學的硏究を回避、輕侮してゐるのは、所謂「天に唾する」ものであると言はざるを得ない。

又自由法論者は、法規はその制定當時に於ては社會的妥當なることを無條件に承認せんとするのであるが、然し立法者と雖も全能の神ではないから、その立法に當り如何に愼重に調査し研究した所で、完全無缺の法規を作り出すことは不可能である。即ち法規は多かれ少なかれ何等かの不備缺陥を最初から持つてゐるのが通例と云つてもよいのであつて、社會事情の變遷がなくとも不適當な規定と云ふものは相當存在するのである。唯と斯様な規定の不備缺陥は立法經過中には氣が付かれず——或は一部の者は氣が付いてゐても何等かの政策的意圖の下に——そのまゝ制定されてしまふが、實際に施行して見て初めて立法者又は國民はその不備缺陥を發見するのである。斯様な不備缺陥は法律制定後に社會の事情が變つたために生じたものではなくて、最初からあつたものである。自由法論者が斯る缺陥は之を不問に付して置いて、社會事情が變つたために生じた不備缺陥だけを是正しようと云ふのは片手落ちと云はざるを得ない。何故に社會事情が變らなければ缺陥を是正出來ないのであらうか。

立法者は法律制定の權限あると共に、既存の法律を改正又は廢止する權限を持つ。國會が國の唯一の立法機關であるとすれば（憲四一條）、國の法律は國會によつてのみ作られ、國會によつてのみ改正又は廢止され得る。たとえ改正した方が良いと云ふことが判つてゐても、國會が之を改正しない限りは、勝手に改める譯には行かない。前述の如く立法者は必ずしも完全無缺な法律を作るとは限らない如く、又既に社會の實情にそはなくなつた法律を改正せずに居るかも知れない。然し改正せずにゐると云ふことは矢張り消極的には立法權を行使してゐるからであつて、從來通りの法律を維持せんとしてゐるに外ならない。斯様に立法者（國會）が法律は改正しないと言つてゐるのに、何故に法律は變つてしまふのであらうか。自由法論者は此の點に於て國會が國の唯一の立法機關たることを否認するのであるか。殊に立法者が法規の内に明かに永世不變の法を制定すると云ふ意味を述べてゐる場合にも、その内容は時世と共に變つて來てしまふのであらうか。舊帝國憲法が永遠に遵守せらるべき不磨の大典として制定せられ、又新日本國憲法が、日本國民に保障する基本的人權は現在及び將來の國民に對し侵すことのできない永久の權利として信託されたものであるとしてゐても（憲九七條）、それは何等の保障にはならないのであらうか。

たとえ法令の規定に斯樣な文句が載つてゐないでも、改正するまではそのまゝで置くと云ふのは立法者としては當然の話であつて、それが何時の間にか知らぬ中に變へられてしまふと云ふことは承認し難いことである。勿論立法者は始めから、社會の事情が變つたら當然失效すると云ふ主旨の法律を作つて置くことは可能であらう。然し此の場合それに代るべき規定の內容を立法者自ら定めないで、それを社會の實情に基く需要に任せると云ふことは、立法者としては極めて無責任怠慢な話であつて、恐らくは斯樣な法律を作つたとすれば嚴密には憲法違反となるのではなからうか。たとえそれが憲法違反とならないとしても、その不當なることは明かであつて、從つて今日ある總ての法律が――特に永久不變なる旨の規定を置いた場合にもなほ――斯樣な主旨で制定されたのであると見ることは許されない。

更に自由法論者は法の內容は社會の實情に應じて變遷すると云ふけれども、その社會の實情なるものは、必ずしも全國一齊に同じ水準で變遷するものではない。北部と南部とでも違ふであらうし、山地と平地と海邊とでも違ふであらうし、商業社會と農業社會、老年者と青年者とでも違ふであらう。その他凡ゆる階層に千差萬別であるのだから、一定の法規が或る階層には時世後れとなつてゐても、他の階層には極めて適切なものであり、或は返つて行きすぎであると云ふ樣なことが常に起つて來るものと見なければならない。此の場合に法が社會の實情に從つて變ると云ふのは、全國の平均水準と云ふ樣なものを見て一齊に變ると見るのであるか、或は各階層毎に區々まちまちに變ると見るのであるか、何れにしても、自由法論者としてはその變更の時點とその範圍とを明確にすることが最大の任務である。然るに從來の議論を見ると、たゞ此の點は時世に合致しなくなつたから、解釋を變へる、と云ふだけで、その變へなければならなくなつた時點及び範圍を明かにした例がない。法律が變つて居れば、新舊法の適用について必ず經過措置が必要なのであるが、その點をどう解してゐるのであらうか。

凡そ法律生活の安定と云ふことは法存在の重要なる目標でなければならない。之がため法が常に何程かの保守的性格を持つことは免れ難い所である。固より法が時勢後れになることは望ましいことでないから、その都度改正されて行かなければならないが、之がためには正規の改正手續を踏むべきであり、且つ改正されるまでは少くとも安定を保つてゐなければならない。それを隨時隨處に社會の步調と法の內容とを同調せしめようと云ふのは、法の此の重要なる屬性を否認せんとするものである。斯くて我々の法律關係は今日あつて明日あることを知らざる不安定の狀態に置かれてしまふのである。今日權利ありとされたものが、明日にはその權利を否定され、今日は放任されて居つた行爲が明日には處罰されると云ふ危險があつたのでは、今日既に法の保障がないと同一である。

法の內容が社會の進展と併行して變つて來ると云ふことは、それだけを切離して抽象的に考へれば、一面大變工合の良いことに見えるかも知れない。然し之を現實の歷史的事實に徵して見るときは、極めて重大な意義を含んでゐることを看過してはならない。彼の戰時中軍閥や官僚の欺瞞や恐喝によつて、我々の法律生活の現實の姿が如何にみじめに歪められて居たかを想起しなければならない。卽ち法の解釋運用がその時々の社會の狀勢に順應して行はれなければならないと云ふことは、結局に於て、その時々の權勢に追從して、彼等の思ひのまゝに法律が蹂躙され得る、と云ふことと同一なのである。例へば國家總動員法の如き包括的な空白委任立法が憲法違反であるか否かはその當時も問題となつた所であるが、その判斷は、その當時斯る方法をとらなければならないような社會狀態に在つたか否かによるのではなくして、社會狀態が如何に在らうとも、憲法が改正されない限りは同じ事柄は常に同じく憲法違反となり又はならないのであつて、同一事項が明治時代に行はれれば憲法違反であるけれども昭和時代に行はれれば憲法違反にならない、と言ふ樣な見解は許すべからざるものである。若し斯樣な見解が許され得るものとするならば、我々は現在の新憲法の下に於ても亦、今後時世の變化と共に再び昨日の悲劇を繰り返へす危險に今もつて曝らされてゐるものと言はなければならないのである。その時々の緊迫した社會狀勢なるものは多くは軍閥とか財閥・官僚とか云つた非憲法的・非法律的な一部勢力の利己的な又は獨善的な意欲によつて釀し出されるものであることを、よく認識しなければならない。そして憲法や法律は實に斯る私曲から國民全體を護るために存在するのであつて、斷じて斯る私曲を合法化せしむるために存するものであつてはならぬ。今日に於ても或は勞働攻勢と言ひ、或は資本攻勢と云ふ、その何れの狀勢に現在あるにしても、憲法や法律は常に一定の內容を以て國民に臨んでゐるのであつて、勞働攻勢の時期には此方に都合よく、資本攻勢の時期にはあちらに都合よく、と云ふ樣に憲法や法律の內容がぐらぐらしてゐると解するが如きは絕對に許されないのである。

勿論國會に於て急進勢力が支配的である時に出來る法令は急進的な內容を持つものが多いであらう。反對に保守的勢力が支配的である時に出來る法律は保守的な內容を持つものが多いであらう。然し旣に出來た法律の內容はその通りそのまゝに理解すべきであつて、急進的內容を有する法律は、改正されない限り、保守黨支配の時期に於ても矢張り急進的內容を維持してゐるのである。若し保守勢力が之を不都合だと見るならば、自らの力を以て改正の法律を作るであらうし、又作るべきである。そのためにこそ國會があるのであつて、國會を差し置いて、裁判所や行政官廳が、或は學者乃至一般國民が、時の政權に阿諛して法の解釋運用を曲げるような必要は一つもないのである。之を恰も左樣しなければならない樣に思ふのは封建的奴隷根性以外の何ものでもない。

近代國家の法治國體制は主權者の厭制に對する永い間の人民の反撥鬪爭の結果から得た所の貴重なる寶物である。その折角の寶物を、自由法學と言ふ樣な、一部權力者に都合のよい欺瞞的な學說によつて、再び實質的に抛棄してしまふ樣なことは嚴重に警戒しなければならないのである。法律は如何にも不完全ではあらう。然し法律が不完全なりと稱して官憲が勝手に之を蹂躙するが如きは更に一層不都合であつて、絕對に許してはならない。現行の法制が適當であるか否かは立法機關たる國會がきめる。民主的な國民の代表者が民主的に之をきめるのである。國會が之を改正するまでは法律はたとえ不適當な部分があつたとしても、それはそのまゝ行はれなければならぬ。此の意味に於ては

「悪法も亦法なり」としなければならないのである。

自由法學に對する難點は之のみに止まらない。嘗て明治時代の立法委員は法律案の起草に當つては、一言一句をゆるがせにせず、極めて愼重に研究を積んだものである。然るに自由法學が流行するにつれて、立案當局者は極めて杜撰な法案を起草して恥としないようになつた。どうせ一生懸命文章を練つても、實際運用の衝に在る者は立法者の苦心などはちつとも汲んでくれない。お座なりに目を通したゞけで、自分勝手ないい加減な解釋を下してしまふ。それ位なら初めからいい加減な條文にして置いた方が返つて後で自分等に都合のよい解釋も出やすくなるのである。戰時中に出た夥多の統制法令の晦澁難解、複雑怪奇なること目を覆はしめるものがある。而も立法者は國民の權利義務を明確化しようとはしないで、返つて各種の調停法などを濫發して、有耶無耶の内に國民を沈默せしめてしまふ様なことをやつて來たのである。

出來る法律がそうならば、之を受取る側の解釋も亦良い加減なものである。碌々研究もしないで、良い加減な所で安易に理解し、その場その場で支離滅裂な解釋をしてゐる。精緻な概念分析などは薬にしたくも見られない様になつた。そしてそれが「法の流動性」であるとか、「解釋の無限性」であるとか言つて、返つて得意氣にごまかしてゐたのである。

之が自由法學の實狀である。何でも「自由」と名が附きさへすれば、時代の尖端でも行く様に無批判的に思ひ込まれがちであるが、それ程馬鹿らしく又危険なことはないのである。見方によつては自由法學的な考へ方が、かの獨裁政治を可能ならしめ又は少くとも之を助長した張本人であるとも言へるのである。自由法學は軍閥や官僚が國民を欺くための毒ガスであつたのである。今日の機會に此の毒ガスを取り上げて置かないことには、國民は將來又何時その攻撃を受けないとも限らないのである。

以上私は色々と自由法學の弱點或は缺陥を述べ立てて來た。然しそれだからと言つて私は概念法學が正しいと言つてゐるのでは決してない。自由法論者が指摘する通り概念法學には重大な缺陷がある。然し私はそれと同時に自由法學にも亦之に劣らぬ弱點があると言ふことを説いて來たのである。何れも重大な弱點があると云ふことに於ては同罪であつて、此の點から言へば概念法學と自由法學と何れが勝れてゐるとも言ひ得ないのである。

然し乍ら玆に指摘された弱點・缺陷と云ふのは何れも概念法學乃至自由法學そのものに內在する學問的・方法論的誤謬ではなくして、單に之を實生活上に應用した場合の結果の不都合と云ふことである。然し實際上應用の結果がうまく行くか行かないかは本來學問そのものにとつては致命的な問題ではない。學問そのものとしては眞理の探究それ自體が目的であつて、之に依つて得た眞理が實生活に有用であるか否かはその眞理そのものの持つて生れた性格から來ることである。正しく把握されてこそ眞理が眞理たり得るのであつて、初めから何等かの目的のために都合が良いように捏《でつ》ち上げられた理論の如きは眞理たる資格はない。學問上得られた眞理が實生活に有害であり又は好都合でないからとて、學問の力によつて眞理そのものを變へてかゝることが出來るものと考へたり、若くは初めから好都合な結論が出て來るような風に學問の方法を歪めて見たりすることは、學問の否定以外の何ものでもない。故に概念法學と自由法學と何れが學問的に正しいか、若くはその何れもが學問的に間違つてゐるのではないか、どうかと言ふことを判斷する基準は、何れが結果に於て實生活に役立ち又は好都合であるかと云ふことに在るのではなくして、實に何れが眞理の探究に役立ち得るか、換言すれば何れが法の眞の姿、眞の內容を捕へ得るかと言ふ點になければならない。正しい學問的方法によつて捕へ得た眞の姿の法が、實生活に役に立つても立たなくても、本來それが在るまゝの法であつて見れば、法律學としてはそれをそのまゝ「法」として認めるより外にはないのである。寧ろ法律學が法をその眞の在るがまゝの姿に於て把握し得るからこそ、その法の社會的妥當性に照しての批判も可能となり、將來その法律を如何に改正して行くべきかと云ふ立法政策の據り所ともなり得るのである。だから法律を實際に役に立つようにとの意圖の下に解釋すると云ふことは、返つて一面に於ては法律及び法律學を役に立たなくすることになるとも言ひ得るのである。

同様のことは正にその反對の意圖の下に法律解釋を行はんとするときにも起り得る。卽ち法律は本來我々の生活には役に立たないものであると云ふ豫斷を懷いて——或は法律は我々の正常なる生活關係に障礙を與へるものであるとの前提の下に——之を解釋すると云ふことも亦、同様に許されない所である。法律學も學問である以上は飽くまで冷靜に白紙の態度を以てその素材の體系的把握を目指すべきであつて、結論に對して或る豫斷を懷いて望むと云ふことは學問研究に最も戒心すべき邪道であると云はなければならない。

然し乍ら玆に注意すべきことは、法はその理念としては社會生活の規範であつて、社會秩序の維持發展に寄與するものであると云ふことである。故に抽象的に法一般として考へるときには、それが社會秩序を破壞したり又は社會生活に障礙となると云ふ様なことは、それ自體が矛盾であつて、觀念上左様なことは在り得ない。然し現實に存在する個々の實定法を採つて見るときは、成文法にせよ不文法にせよ、それは不完全な人間能力の限界內の所産であつて、從つて完全無缺な理想法を具現することは不可能である。必ずその成立の時處に從つて、歷史的・社會的、更に成文法の場合にはその立案に當つた人々の個人的制約をも免れ得ないのである。だから特定の社會に於ける時期の法秩序なるものは、完全圓滿なる理想的正義の具現ではなくして、あちこち缺點だらけの實定法によつて曲りなりにも維持されてゐる、一種の方便的秩序に外ならない。我々は法以上に圓滿にして且つ强力な社會秩序維持の方式を發見し得ない限り、不完全なりとは云へ、なほ當面の方便としては實定法の秩序を承認して之を維持せざるを得ないのである。法律の完全性（無缺陷性）は間々從來の學者、殊に概念法學者によつて主張されて來たが、それは現實を無視した空想論でしかあり得ない。

だがそれにしても、現實の實定法規はその制定當時の時處に照して見るときは、大體に於て合目的性を具へてゐると云ふことは、今までに歷史上現はれた多くの立法例について一様に言はれ得ることである。殊にそれが成文法である場合には立法者は必ず何等かの目的を有つて、それを制定してゐるのであつて、從つてその目的を達するためには大體合目的的であると言つて差支へない。それが必ずしも全面的に完全に合目的的でなく、一部は不完全であることはやむを得ないにしても、その不完全な箇所があると云ふのは、立法者の立場や力量に限界があることから來るのであつて、始めから意識して不完全な法律を制定してゐることは稀である。それ故に今玆に問題とされる特定の法律を解釋する場合に、その結果が事毎にその時の一般國民の法感情又は正義感に背反したり、不必要に煩雜迂遠なことを命じたりするような風に解釋されると云ふことは、特別の事情のない限り奇異なことである。故に若し解釋の結果が斯様な結論しかもたらし得ないとするならば、それはその法律自體が間違つた「惡法」であると決めてしまふ前に、一應はその解釋自體に方法的な誤がないか否かを反省して見る必要があるのである。

概念法學は正にそれである。概念法學的な解釋は不必要に煩雜迂遠な事柄を命じたり、國民の正義感と著しく背反したりする様な結果となることが間々ある。斯様な結果を來すことが非常に多いと云ふことは、概念法學的な解釋方法が間違つてゐるのではないかと云ふことを反省せしむるに充分な機會を與へてゐるものと云はなければならない。

自由法論者は概念法學の結果の不當を指摘した。然しそれが概念法學の方法的誤謬に由來するものであることには想到しなかつた。寧ろその誤れる方法をそのまゝ踏襲しつゝ、結果の不當なる箇所を個別的に取上げて、それを强引に自己流に訂正しようとしたのである。それが學問の破壞以外の何ものでも在り得ないことは、前に指摘した通りである。我々は自由法論者の指摘にヒントを得て、概念法學の方法上の誤に疑を懷くに至つたのである。そして此の點を解明することによつて、我々は失はれた法律學の學問性を取戻さなければならないと信ずるのである。

概念法學者は法律を以て弦を離れた矢に譬へた。此の譬へがそもそも曲者である。學問の領域に於ては譬へ話は餘程用心する必要があつて、兎もすればその譬へ話に釣り込まれて、問題の正體を見誤る危險がある。

一體法律殊に成文法が出來上つて來る經過を考へて見るに、それは立法者が所定の手續を經て、之を制定してゐるのであつて、その法律を制定すると云ふことは、立法の權限ある者が、その法律の內容を以て「法」と爲すと云ふことを宣言することである。立法者が一定の文字文章を綴つて法律の條文を作り、その文字文章に盛られた意味內容を、そのまゝ法と爲さんとの意思を以て、その法律が制定されるのである。その結果、立法者が作らんと欲した所に從つて、その欲した通りの法規が作られるのである。

此の關係は恰も民法上に於て法律行爲が當事者の意思表示に基いて、その意思表示の內容通りの效果が與へられるのと彷彿してゐる。

所で、一般私法上の原則として今日承認されてゐる所に從へば、法律行爲乃至意思表示を解釋するには、その文言のみに捕はれずに、表意者の眞意を探究してその內容を確定しなければならないのである。此の意思表示解釋の原則は嘗て佛民法（一一五六條）や獨舊商法（二七八條）等には明文を以て規定を設けてゐたけれども、その後の新しい立法に於ては此の點特に規定を設けてゐない。それは此の原則を承認しないが爲めではなくして、當然の事柄であるから特別な規定を設けるまでもない、としたからに外ならない。

なぜそれが當然の事柄であると言ひ得るか。それは此の原則が、ほかの場合には通用しないで、民法上法律行爲の解釋についてのみ特別に設けられた原則だと云ふのではなくして、凡そ世間一般に何事でも、他人からものを言はれたり、又は他人の書いた物がある場合に、それが何を意味するかを理解するには、その現に用ひられた言葉や文字のみでなく、その當時の內外一切の事情を考慮に入れて解釋してゐるのであつて、我々は日常、常に不知不識の間に之を實行してゐるのである。それは意思表示とかその他法律事實として問題となる現象に限られたことではない。日常の會話や文通は、その用語文章のみを取つて見れば、極めて簡單であり、而も不完全且つ誤謬に滿ちてゐる。それにも拘らず、我々は左樣な用語文章を以て、大體に於て大した不自由や行き違ひもなく、日常の用を便じてゐるのは、我々が左樣な不完全な用語文章そのものに拘泥しないで、諸般の事情を綜合して、相手方の眞意を先づ誤りなく理解し得るからに外ならない。そして此の一般に慣用されてゐる解釋方法こそが、民法上法律行爲又は意思表示の解釋の原則として説かれてゐる所に外ならない。一般に、發表された意見のある場合に、その解釋方法として通用し且つその通り實行されてゐる所であるが故に、民法上の意思表示の解釋にも同樣の方法を用ふべし、と言ふのである。斯樣な一般に通用し且つ實行されてゐる方法によつて解釋してこそ初めて我々の社會生活の秩序が維持され得るのであつて、若し總ての場合に、發表された用語又は文章以外のことは一切考慮に入れないで生活關係を規律しようとすれば、想はざる大混亂を惹起するに至るであらう。故に裁判官は法律行爲その他を解釋するには、勝手な自己流の方法で解釋することは許されないのであつて、一般通用の方法で解釋せよ、と云ふのが、先程の法律行爲解釋の原則なのである。

然らば卽ち此の解釋上の原則は、私法上の法律行爲や意思表示のみに特有のものではなくて、その他廣い範圍に通用する原則であると云はなければならない。それは例へば詩歌や樂曲の解釋にさへもあてはまるであらう。殊に況や訴の提起や訴訟上の和解乃至は判決その他の裁判等、訴訟法上の行爲の解釋にも妥當するし、官公吏の選任、官廳の營業許可、又は選擧の投票と云ふ樣な公法上の行爲についても同樣の解釋方法が採られなければならない。地方自治法に從つて制定される條例、規則の解釋も亦、民法に基いて締結される私法上の契約と異つた解釋方法を採らねばならぬ理由はない。とすれば、憲法の規定に從つて制定される法律や政令の解釋、更には日本國民の總意に基いて定められた憲法の解釋すらもが、之と異つて良い筈はない。之等は何れも我々人間の意欲の表示、思想の發表である點は日常の會話文通と本質的に異るものではない。

されば卽ち法の解釋に當つては、單に法規の文言のみに捉はれることなく、立法者の眞意を探究して、立法者がその法律によつて何を規定せんとしたか、どう云ふことを腦裡に畫いて、之に對して如何なる法律效果を生ぜしめんとしたかと云ふことを闡明して、法の眞の內容を判斷しなければならないのである。それが法解釋學の任務であり目標である。そのためには法規の文字文章を取り上げて、その前後の關係やその他比較・綜合・分析などをすることは固より重要なことであるけれども、それだけでは充分ではないのである。立法當時の社會狀勢とか立法機關に於ける勢力均衡の關係とか立案當局者の素養や立場その他一切の事情を考慮に入れなければならない。之等一切の社會的又は歷史的制約の下に立法者が法律を作つたのだと云ふことを度外視しては法の眞の意味は理解出來ない。そのことは我々が日常のありふれた會話や手紙の內容を判斷する際にも、意識的若くは無意識的に實行してゐる所なのであつて、況や法の內容を把握せんとするに當つては、一層愼重に諸般の事情を研究調査する必要があるのである。

尙ほ此の機會に、誤解のない樣に一言注意して置きたいことがある。それは、法律行爲は當事者の眞意を探究して之を解釋すべしと云ふことは、契約其の他意思表示の文言を無視して、表意者の眞意のみによつて法律行爲の內容が決定され、文言と眞意とが相違するときは、文言は全く無價值なものとして顧慮されないと云ふのではない事である。卽ち解釋の對象となるものは矢張法律行爲又は意思表示そのものなのであつて、當事者の眞意そのものではない。問題は飽くまで當事者によつて表示された意思、卽ち所謂表示上の意思の內容如何と云ふことである。當事者によつて如何なる意思が表示されたかが問題なのである。當事者が考へることは考へてゐたが、內心に留保して表示しなかつた——明示的にも默示的にも——意思の如きまでが法律行爲の內容を決定するものではない。之と同じことが法の解釋についても言はれ得るのである。立法者は何を法として制定したかと云ふことが法の解釋の問題なのであつて、解釋の對象は飽くまでも所與の法令そのものなのである。たゞその場合にその法令の用語文章そのものに拘泥したのでは法の眞の內容は把握することが出來ない。丁度それは契約書の文言の字句末節に拘泥してゐては契約の眞の內容が理解され得ないと云ふのと同樣である。此の點を誤解せぬ樣に注意して置きたい。

或は謂ふであらう。立法者の意思云々と言ふけれども、それは專制君主の獨裁的立法について言ふならば兎も角、今日の民主主義的國家の實狀に於ては、その立法者の何人たるかを確定することは困難である。卽ち法律案が國會に上程されるまでには、先づ學者・實務家或は言論報導機關等によつて或る種の立法の必要が說かれ、或は一般國民からの請願・建議又は單なる輿論として立法の要求が起り、之に應じて政府部內又は國會內に何人かの起草委員が選任せられ、之が更に多數の補助者を使つて法案を起草する。その上尙ほ政府側では之を法制局乃至法務廳又は內閣々議にかけて討議した上で始めて國會に上程される。そして國會に於ては兩院それぞれの議を經て可決一致した時に法律が初めて出來上る。此の場合、所謂立法者と云ふのは之等立案に干與した一切の人々を含めて謂ふのであるか、或はそこに一定の限界があるのであるか。或は最少限度に於て立法機關としての國會のみが立法者であるとして見ても、法案採決に當つては可否兩意見があるであらうし、假に贊成者側の議員のみについて見ても、必ずしも總ての議員が細かい條文の解釋の末に至るまで同一意見であつたとは言ひ得ない。斯樣に種々雜多の意見が交錯する間に成立した法律を取り上げて、それを立法者の意思を探究して解釋せよと言はれても、その立法者の統一的なる意思を求めることは不可能であると。然し乍ら此の非難は全く當つてゐない。立法者の意思と言つても、それは具體的な一個人の意思或はその單なる集合や最大公約數的意見を指すのではなくして、立法機關を通じて表明する所の統一的なる國家意思そのものを指すのである。左樣な統一的なる國家意思と云ふものが現實に存在し得るか否かは又一個の問題であらうが、少くとも現在の實狀に於てはその存在を前提とするのでなければ、我々の一切の國家生活も、國際社會の成立も根柢から否認せざるを得ないであらう。我々は個々の法律を解釋するに當つて、此の國家意思を問題とするのである。

私法上の問題を取つて見ても、法律行爲は當事者の眞意を探究して解釋されなければならないと云ふとき、その當事者がたつた一人しか居ない場合、例へば遺言の樣な單獨行爲の場合には別に問題はない。然し之が契約となれば既に最少限度二人の當事者がゐる。一方の當事者が數人居る多數當事者の關係、或は數名の間の組合契約とか社團法人の設立行爲等になれば數人乃至數十人が干與する。株主總會や社債權者集會或は勞働組合などの決議となれば數百人・數千人が干與して成立するものも稀ではない。之等の場合にもそれが法律行爲である以上――或は法律行爲でなくても――單にその文面のみに捉はれずに、當事者の眞意を探究してその解釋をしなければならないと云ふ原則はそのまゝ適用されるのであつて、此の場合について私法學者の間に、それは不可能であると云ふ樣な議論は遂に未だ嘗て之を聞いたことがない。同樣のことが立法者の意思について何故に云ひ得ないのであらうか。事柄の困難さは固より存在する。然し困難なことと不可能なこととは同視してはならない。法律の正しい解釋は斯樣な意味合ひからして極めて困難な仕事であるに相違ない。法律學が概念法學者の考へた時代に比較して、問題にならぬ程緻密な調査と精深な考案とを要求される所のむづかしい學問であることは認めなければならないが、不可能なことに對して無駄骨折をしてゐるものではないのである。

玆で更に重要なことは、右の如き方法によつて得られた解釋の結果と云ふものは、性質上確定不變のものであると云ふことである。勿論研究の進むにつれて、以前行はれた解釋の誤が發見せられ、訂正されると云ふことは豫想せねばならないが、それは以前の解釋が研究の不充分不完全のため誤つてゐたからであつて、始めから完全な學問的研究を施してゐたならば、始めから正しい解釋に到達して居るべき筈のものである。法律が改正されない限り、法律の內容も亦變更なきものであつて、從つて同一の法律を解釋した結果は、解釋を爲す時期が異つても同一に歸著しなければならない。

然るに自由法學的な考へ方によれば、法律はそれを解釋する當時の社會の實狀に照して、之に最も適合する樣に解釋すべし、と云ふのであるから、解釋の對象となる法律は同一のものであつても、之を解釋する時期が相違すれば、當然異つた結果を生ずると云ふことになる。自由法論者は法を「生き物」と見た。玆に再び譬へ話の魔術に引かかつたのである。法は社會のために存し、日常の生きた社會生活を具體的に規律して行く力を持つてゐなければならない。然しそれだからとて、現實の社會秩序そのものがそつくりそのまゝ法となつてゐる譯ではない。社會秩序に基く要請があつただけでは、まだ直ちにそれが法とはなり得ない。

立法者は立法當時に於ても、その時の社會情勢を無定見無批判的に受け入れて、そのまゝ法律を作つてゐるものではない。之に對する立法者の理想もあれば立場もある。即ち立法者としては左様な社會の實狀を或る場合には放任的若くは默認的に受容することもあるけれども、又或る場合には左様な實狀を助成的に、又他の場合には鎭壓的に、自己の理想とする方向に導かんとして立法を爲してゐるのである。社會的需要がそのまゝ法となつたのではなくして、斯る社會的需要を立法者が認識し、評價し、且つ自己の意欲を加へて、正規の立法手段を經て初めて法として成立し、法の內容も確定するのである。だから法を解釋するについては、如何なる社會情勢となつてゐるかと云ふことではなく、その社會情勢に對して立法者が如何に對應せんとしたかと云ふことが重要なのである。從つて茲で問題となる社會情勢と云ふのも、立法當時の社會情勢以外には在り得ない。法律制定後に起つた社會情勢の變化は――立法者が特に豫想してゐた場合は別として――法律制定に當つて立法者が之を考慮に入れる譯はないから、その立法者の作つた法律の內容に影響を與へた譯はない。それは將來の別の立法の契機とはなるけれども、現に新なる立法がなされない限り、單に立法の可能性又は蓋然性――場合によつては或る程度の必然性――があると云ふに止まり、まだそれに對する立法者の態度も決つてゐないのであつて、それをそのまま法であると認めるに由がない。況やそれが過去に制定された法令の解釋の割り込んで行くと云ふ様な餘地は全くないのである。

例へば民法上無過失の損害賠償責任を認められるか否かと云ふ點について考へる場合には、その結論は、民法はその制定以來終始一貫之を認めないと云ふことになるか、又は終始一貫之を認めてゐると云ふことになるか、或は又民法制定當時は之を認めてゐなかつたが、その後の新しい立法――例へば昭和十四年の鑛業法中改正法律――によつて全部又は一部之を認める様になつたと云ふことになるか、の何れかであるべきである。之に反し、民法制定當時はまだ之を認めてゐなかつたが、その後の社會情勢の變化、殊に近代的な大工鑛業の發達により、鑛害その他煤煙・音響・震動・有毒物質・放射線等に因る被害の増大は、終にその被害者を救濟するために、加害者に無過失の損害賠償を爲さしめる必要を生ぜしめた。故に現在に於ては解釋の力によつて之を是認せねばならない、と云ふが如きは立法論と解釋論との區別を辨へざる妄説であると云はなければならないのである。自由法説は正に此の誤りを冒すものである。卽ち自由法論者が概念法學の舊殼を打破して、法令の字句文言から法律學を解放した功績は決して忘れることは出來ないが、概念法學の結果の是正と云ふことのみに心を奪はれて、一方に於ては旣述の如くなほ古い概念法學の殘滓をそれ自らの内に包藏してゐると共に、他方に於ては法律學の科學的純粹性を蹂躪すると云ふ由々しい無軌道振りを敢えて冒すと云ふ二重の誤に陷つてゐるのである。

法の內容は過去の、卽ちその法律制定當時の事情に從つて確定してゐると云ふことについては、尙ほ一言を費す必要がある。それは法律と云ふものは本來その立法者に於て、將來生ずべき社會事象を眼中に泛べつゝ、之に對應する法的規制を爲すものであるから、立法當時に於て豫測し得る限り將來のことまで見通して法律が制定されてゐると云ふことである。だから法律の內容は立法當時の事情によつて歷史的な制約を免れ得ないとは言ふものの、その後社會事情が少しでも變れば、最早すぐに役に立たなくなる樣なものではない。立法者が立法當時豫想したであらう程度に社會情勢が變化しても、その法律はそのまゝ維持されなければならないことは言ふまでもない。のみならず多少立法者の豫想したところと喰ひ違ひが出て來たとしても、少しばかりの喰ひ違ひは、そのこと自體旣に立法者は常に豫想してゐるのであつて、從つて依然從來の法律をそのまゝ無理押しして差支へないのである。法が保守的性格を持つと言ふのは斯樣な點からも言ひ得るのである。そしてその喰ひ違ひがいよいよ甚だしくなつて、之以上無理押ししない方がよいとなれば、その時に立法者は自らその法律を改正するであらう。此の場合喰ひ違ひが喰ひ違ひであることを明確にし、無理押しが可能適當であるか否かを判斷する材料根據を提供するのも、法律解釋の役目の一つであり、之によつて立法者は法律改正についての目安を立て得るのである。その喰ひ違ひを糊塗して辻褄を合はせるのが解釋の役目なるが如くに誤解してはならない。

尤も立法者は或る場合には法の內容を將來の社會事情の變遷に自働的に順應せしむることがある。その最も典型的なものは所謂一般條項とか概括規定とか或は空白規定などと呼ばれてゐるものであるが、法令の規定の中に公の秩序、善良の風俗とか、信義誠實とか、相當の期間とか、重大な事由とか言つた文言を用ひてゐる場合がそれである。例へば民法五四一條に依れば、債務不履行に因る契約解除の前提要件として、債權者は債務者に對して相當の期間を定めて其履行を催告しなければならない。此の場合何が相當の期間であるかと云ふことは、立法者に於て豫め畫一的に三日とか一週間とか或は一ケ月とか云ふ風に指定しないで、その都度全般的事情を斟酌して定めるように豫定してゐるのである。從つて當事者間の利害關係やその他個人的事情が殆ど同一であつても、社會の一般情勢が變つて來れば、茲に所謂相當の期間も亦それにつれて伸縮するのであつて、そのことは始めから立法者が豫定してゐるのである。自由法論者は斯る場合を例に引いて、恰も法の內容が社會と共に進化する實證としてゐるけれども、それは大きな誤りである。此の場合に於ても相當の期間と云ふ觀念そのものは立法當事既に確定してゐるのであつて、民法五四一條の規定する意味はちつとも變つてゐるものではない。

然しこのことは必ずしも所謂一般條項についてのみ特有の現象であると云ふのではなくて、程度の差はあれ、總ての規定について存在することである。法規はもともと抽象的な規範であるから、之を個々の事象に適用して具體化する場合には必ず右と同樣のことが行はれるのである。卽ち例へば民法二一條に「各人ノ生活ノ本據ヲ以テ其住所トス」とあるが、何が生活の本據であるか、如何なる事實、如何なる關係があればそれを生活の本據と認め得るかと云ふことは、矢張その都度その當時の一般社會事情に照して判斷せらるべきであつて、從つて時期により又場所により相違があることは始めから立法者の豫期する所なのである。それは生活の本據と云ふことそれ自體の概念が浮動してゐるのではなくして、一定不動の抽象的概念に妥當すべき具體的事象が色々在り得ると云ふに過ぎない。丁度それは同じ民法二一條に所謂「各人ノ」云々と云ふその各人の中には老若男女色々在り得ると云ふのと何等違ひはないのである。之をしも法の進化と言ひ、解釋の無限性と言はんとするならば、その主張は全く無內容に歸するであらう。法が社會の進化に伴ひ之に順應して內容が變遷し、主權者の一方的固執によつては、到底その大勢を阻止し得ないものであることは、歷史の永い眼で見れば勿論之を承認せざるを得ない。中世時代の法律と現代の法律とでは內容に於て顯著な差異のあることは改めて說くまでもない。

時代の大きな流れは、主權者の抵抗を排除して進むであらう。然し乍ら此の中世紀的法律制度から現代的法律制度への變遷は決して自働的に圓滑に行はれたものではなくして、人類社會の激しい闘爭の結果、幾多の流血の犧牲の末にかち得られた所の貴重な成果であることは、フランス革命等の事例を擧げるまでもなく疑を容れない所である。何故に斯る摩擦や犧牲が必要なのであらうか。それは、法律は改正されなければ變らない、改正されて始めて改められるものであるからなのである。決して改正の必要が生じたと云ふだけで自働的に改まるものではないのである。

以上、法の解釋と云ふことについて述べて來たが、之に關連して法の適用又は運用と云ふ言葉が、而も屢々極めて不用意に使用されてゐると思はれるので、此の點についても此の機會に一言して置く必要がある。

法の解釋は前述の通り法の內容を明確にすることであり、此の解釋によつて明かにされた法と云ふのは、その一般的形式としては一つの抽象的な規範であつて、卽ち或る何等かの前提要件を豫定し、その要件を充す事實が具體的に生起したならば、之に對して何等か一定の法律効果を賦與すると云ふ形を取つてゐる。そこで此の法規の豫定する前提要件を充す事實が具體的に生起すれば、その豫定する効果が具體的に賦與されるのである。卽ち論理的な三段論法の形に於て、法規を大前提とし、實際の事實を小前提として、結論が導き出される。此の三段論法に於ける推理の作用、換言すれば、抽象的規範の具體化の作用が卽ち法の適用なのである。斯樣な作用があることは抽象的規範の必然的要素であつて、此の作用を否定すれば、抽象的規範そのものが生命を失つてしまふ。故に法が存在する限り、それが具體的事實に適用されることは當然のことであつて、法の適用は事實の發生と共に自働的に行はれる。法を適用するために一々裁判所その他の國家機關の活動を必要とするものではない。我々は裁判所の判決を待つまでもなく、法律の規定に從つて權利を有し義務を負ふのである。例へば借金は約束通り返濟しなければならないと云ふ法規があるとすれば、現實に甲が乙から一定の金額を一定の期限を定め、一定率の利息を附し、一定の場所で返還する約束で借入れたとすれば、甲は當然前記の規定の適用を受けて、約定の期日に約定の元利金を約定の場所で支拂ふべき債務を負擔するし、乙はその支拂を受けるべき債權を有すると云ふことになるのであつて、そのことについては裁判所の判斷を待つまでもないのである。たゞ甲が右の債務を任意に履行しない場合には、乙の訴により裁判所は甲に支拂を命ずるし、更に執行吏は乙の委任により此の判決に基いて强制的に金錢を甲から取立てることになるであらう。此の場合通俗には裁判所が法律を適用して右の判決を下したと云ふ風に言はれてゐるけれども、實は精確に言ふならば、裁判所は法律が適用されてゐるものと判斷して右の判決を下したことになるのである。裁判所としては、法律を適用したり適用しなかつたりの自由が與へられてゐる譯ではない。裁判所が事實認定の結果、法律の豫定する前提要件に合致する事實ありと認めれば、その規定は適用されてゐるものと判斷して、その法律效果を是認しなければならない。前提要件に合致する事實なしと認めれば、その規定する法律效果を否認しなければならない。此の裁判所の判斷は全く機械的に爲さるべきものであつて、裁判所は之を自己の意見によつて改變する餘地は與へられてゐないのである。

斯樣に法が自働的に適用されて、之について裁判所その他の機關の特別の行爲を必要としないとすれば、裁判所が無用の長物化する樣に考へられるかも知れない。然し法が自働的に適用されると云ふのは純理論的・觀念的に謂つてゐるのであつて、それを具體的な個々の事件に當つて見ると、果して或る法規の豫定する前提要件を充足してゐるか否か、從つてその法規がその事實に適用されるものであるか否か、判斷のつき難い場合も少くない。殊に事實の有無が明確でない樣な場合には、先づ如何なる事實が存在するかと云ふことを調査して認定することが裁判所の重要なる任務である。事件について當事者の利害が對立してゐる結果、事實についての爭、從つて法の適用についての意見の衝突を來すことが少くない。或は眞相は當事者に於て內心承認してゐながら、ズルけてゐることもあるであらう。此の場合に當事者同志の間では最早爭を解決する見込がつかないから、何等からの公の權威を以て、事實の存否及び內容、從つて法の適用の有無に關する判斷を下し、爭を止めしむる必要がある。同樣のことは法の解釋について爭のある場合にも言はれ得る。法の內容は必ずしも常に一見明瞭なものではなく、前述の如く極めて嚴密・愼重な研究の結果初めて窮極的に正しい意味が判明するものであるから、その最終的解釋に到達するまでは、學說の爭は避くべからざる所である。況や學者に非ざる一般國民が法の內容に關して判然たる意見を有せず又は誤つた意見を持つと云ふことは已むを得ないことであつて、當事者間にそのための爭が起ることも屢々ある。法が自働的に適用されるとしてもなほ裁判所が必要なのは之がためである。

而も裁判所が事實を認定したり、法を解釋したりする方法は、裁判所の自由に任されてゐるのではない。裁判所が事實を認定するには一定の準則、殊に證據法則に從つて、爭ある事實の眞相を客觀的に把握すべきものであつて、事案に對する裁判官の主觀的な好惡の情などによつて、事實を歪めて認定することは許されない。同樣に法の解釋を爲すに當つても、立法者の與へた內容を正しい法律解釋學の命ずる所に從ひ素直にそつくり受け容れて解釋せねばならないのであつて、裁判官の主觀的な立場や感情によつて法を曲げて解釋することなどは許されない。

斯樣に見て來ると、裁判所は法規を大前提とし、事實を小前提として結論を導き出して裁判を爲すと云ふ、謂はゞ一種の自働機械にすぎないことになる、と云ふことは自由法論者等が一樣に非難する所である。然し裁判所が何故に斯樣な自働機械であつてはならないであらうか。それは裁判官にとつては或は憂鬱な、味氣ないことであるかも知れない。然し一般國民にとつては、それあるが故に正に人權の保障が與へられるのである。我々は裁判所が解釋に名を借りて、勝手に法規を改變蹂躪するのを默從してゐなければならないことは少しもないのである。裁判の具體的妥當性を獲得するためには、既存の法規が或る場合には裁判所にとつて桎梏となることはあるであらう。然し裁判所を此の桎梏から解放することによつて結果するであらう所の、抽象的にも具體的にも妥當ならざる裁判が氾濫するであらう危險の方が、より以上國民にとつては警戒を要する所である。我々は裁判官をして自己の能力を過信せしめてはならない。我々は現今の裁判官の總員について、理想的な「大岡裁き」のみを期待することは殘念乍ら出來ないのである。勿論現任の裁判官の内には極めて有能な人々が居るには違ひない。然し我々は裁判官の内に一人でも國民の信頼を裏切るような裁判をする人があり得る限りは、裁判所を法律の枠で拘束して置くことは是非必要なことなのである。

とは云ふものの、現今の法律は裁判所その他法律執行の任に當る國家機關に、極めて廣い自由採量の餘地を與へてゐる。それは法律が豫め社會情勢の變化や個々の事案の特異性等を豫想して、而も國の執行機關の良心と能力とを信頼して、その時々の事情に從ひ、臨機應變の處置を任せてゐるからである。此の法律の許容した自由採量の範圍内に於ては、裁判所もその他の執行機關も行動の自由が許されてゐるのであつて、良心に從ひ自己の全能力を擧げて具體的に妥當なる方策を發見、遂行すべきものである。斯樣に自由採量の餘地を大きく與へられてゐるために、現今の裁判所は相當程度の社會事情の變化にも拘らず、殆ど大多數の場合に於て法律の範圍内に於て具體的に妥當なる裁判を爲すことが出來る筈である。

然し與へられた自由採量の範圍は無制限ではない。與へられた枠を超えてまでも、立法者は裁判官に信頼を與へてはゐないのである。斯樣な法律の枠があるために、具體的に妥當な裁判を爲し得ないと云ふ樣な場合が多少はあつたとしても、裁判所としては勝手にその枠を破ることは許されない。裁判官が若し斯樣な法律の枠が最早社會の實情に適合しないと確信するならば、自ら國民の一員として、正當の手順を踐んで法律改正への努力を爲すべきである。此の際その法律に從つて具體的には不妥當なる裁判を爲すと云ふことは、返つて立法者をして法律改正に著想せしむる上に有力な契機となるのである。この手順を踐まないで、裁判所が具體的妥當性のみに心を奪はれて――又は具體的妥當性の美名に隱れて——法律を蹂躙することは許されない。國民は個々の事件の具體的妥當と云ふことよりは、裁判官や官廳をして國民の與へた信任の限界を守らしめると云ふ一般的法秩序の維持の方が更に一層重大であることを銘記しなければならない。

新憲法も施行一周年を迎へて、その間の經驗により、早くも相當の不備缺陥のあることが判明したことは、數日前の或る新聞紙の報ずる所である。それが單に解釋の不完全や運用の不熟練等に原因するものであるならば、須らく學者・實務家の奮發努力に俟つべし。それが憲法それ自體に内在する、持つて生れた不備缺陥であるならば、須らく憲法改正の手續を取るべし。その原因を究明し、正しい對策を立てることこそ目下の急務である。之を、例によつて、良い加減な「解釋の無限性」とか「運用の妙味」とか云ふことで糊塗することは、憲法の否定であり、民主々義の破壞である。

〔附記〕　本稿は筆者が去る昭和二十三年五月九日大阪商工會議所に於て行はれた本通信教育部開校記念の學術講演會の席で行つた講演の草稿に多少加筆したものである。

（慶應義塾大學通信教育教材　法學部・選擇科目　津田　峯村・時事解説・第三分册、慶應通信教育圖書株式會社、昭和二十三年）

法は何処に?
――伊東乾君の法学「方法論の方法」を聴く――

民事法学合同研究会報告
昭和四六年一二月四日
於慶應義塾大学第三会議室

去る七月三日の民事法学合同研究会で、伊東乾君の法学「方法論の方法」と題する御報告がありましたが、生憎私は体の調子が悪くて、其の御報告を直接伺うことが出来ませんで、大変残念でしたが、其の録音を採って頂きましたので、夫れを後で拝聴致しました。夫れに依りますと、昨年五月私が矢張此の民事法学合同研究会の席で皆様に概略御話致しましたし、且つ私の「会社法以前」と云うノート代りの書物にも夫れを若干整理して載せて置きましたので〔編注:「我国私法学に於ける目的論的解釈への疑問」を指す。『神戸寅次郎　民法講義』に再録。本書凡例及び巻末業績一覧参照〕、多分聴くか読むかして頂いたであろう、其のことに対する伊東君からの大層懇切な御批判があったのであります。夫れに依って私は色々数多くのことを教えて頂き誠に有難く存じますと共に、依然として私の腑に落ちない点も、其の中には間々含まれて居りますので、夫等の点を伊東君の御話の順序を追って、一通り弁明なり反論なり乃至は重ねての質問なりを、逐次申述べたいと存じます。

1　現代法学に就いて

先ず最初に伊東君は私の先般の話を要約されまして、次の様に言われます。即ち「一方に於ては所謂現代法学が法律の外の要求を法の中に持込むことを、学者の恣意 Willkür であるとして非難すると同時に、他方に於ては法の目的を法律の中に求めて、そして利益状態 Interessenlage の厳密な分析に基いて解釈を立てるべきである。そして法律の外の要求を法の中に持込んではならないと云う訳は、若し其の様にすると、立法論と解釈論とが紛交〔混淆?〕して了うからである。又法の目的を法律の中に求めた上で、Interessenlage の分析を行えと云うのは、其の様にすることに依って初めて法律の一義的な解釈が達成出来て、法解釈が学問たり得るからである」と、其の様に私の話を要約されるのであります。

尤も此の点は、前回私の申上げました話の本筋からは少々的が外れて居りまして、其の Interessenlage 分析の点は兎も角、解釈の一義性とか、法解釈学の学問性とか云うことは、法律解釈を完了した結果を見れば、其の様に成って居る、或は其の様に在りたいとは思いますが、一義的に成るか否かは研究の結果を見て決まることでありまして、法解釈学が初めから法律の一義性を前提として、其処から出発しなければならないものではありません。又法解釈学に学問、科学たる性質、資格ありや否やも、抑も科学とは何ぞやと云う其の概念の決め方 Begriffsbestimmung 如何で決まることであって、学問なるものの或る特定の定義を持って来て、此の定義に依れば、法解釈学は学問ではないと言われても、私は少しも痛痒を感じません。我々は法の内容を明確にしようと努力しますが、法律学を学問たらしめようと努力するものではありません。私の前回の話が此の点に触れたか否か確かな記憶には在りませんが、仮に触れたとしても、夫れは謂わば傍論 obiter dicta でありまして、私の話の重点は、寧ろ我々慶應義塾の大先輩たる神戸寅次郎先生の遺された業績を検討して、其の神戸学説から今日我々の学び取るべきものは何か、特に法律の主観的解釈説、即ち立法者意思説に対し、日本の学者はもっと真剣な関心を向けるべきではないか、此の点に就いて独乙利益法学から学ぶべきものが在るのではないか、と云う提案を極く控え目に申し述べた積りでありますが、此の点に就いては、何れ誰かから近い内に御意見を承る機会が在る様に、伊東君も言って下さいましたので、是非夫れを御聞かせ願いたいと、期待して居ります。然し今回は此の様な形で私の偶々触れたかも知れない点に就いて、伊東君の御批判がありましたので、取敢えず其の点に就いて御答え申し上げたいと存じます。

A　法源論

(1)　解釈論と立法論との混淆

先ず伊東君は「仮令津田が現代法学に向って其の様な批判を投げ掛けた所で、現代法学の側には夫れに対する反論が一応は用意されてある筈である。而も其の現代法学の言い分なるものは、可成り多くの人間が同調する所の、夫れ成りの一つの考え方である」とされまして、そして伊東君御自身も此の反論を「一応の合理性を以て通用する理屈である」と認めて居られます。

然し果して一応の合理性と言える程のものを現代法学は持ち合わせて居るでありましょうか、先ず其処から始めなければなりません。伊東君の御話から、其の現代法学側の言い分なるものを伺いますと、「先ず第一に、解釈論と立法論とを混淆してはならないと言うけれども、解釈と立法とは本来其の質を同じうするものであって、現代法学では其の間に本質的差異を認めない。夫れは何故かと言えば、法は動く社会を妥当に規律するものである以上は、若し其の法自体が社会と共に動くものでないならば、法に妥当な実生活の規律を期待することが出来ない。だからこそ人は成文法以外に、慣習法とか判例法とかも、法源として認めるのであって、而も成文法欠缺の場合だけ之を認めるのではなく、成文法を改廃する不文法なるものをも承認する。然し慣習法が成文法を改廃し得るとするならば、其のことは同時に、改廃される迄の成文法も時々刻々慣習の力で変化して居ることを意味するものでなければならない。左もなければ慣習法は或日突然に出現すると云うことになって了うからである。だから立法に依る法の改廃と云うのは、幾つか在る法改廃手段の一つであって、或る法を飛躍的に改廃するには立法手段に依るけれども、漸進的な改廃は解釈に俟たなければならない。だから立法と解釈とは程度の違いが在るだけで、質は同じである」斯う云うことであろうと思います。

(2) 法源論と解釈論の区別

然し私から見れば、之は誠に杜撰な見当違いなのでありまして、夫れは成文法だけが何か解釈以前に固有の存在を有って居て、慣習法などは解釈を離れては夫れ自体の存在を有たず、解釈の中にのみ存在するとでも考えるのでありましょうか、兎に角成文法と慣習法又は判例法とは、其の実定法としての性格や効力に何か本質的差異が在る様に考えるものとしか思われません。私は成文法も慣習法や判例法其他の不文法も、何れも実定法たる資格に於ては同じであって、唯、其の法源としての姿や其の成立要件が違うだけであり、其他の点で法たる性質や効力に上下が在るとは思いません。現行の実定法体系の中には法源として確認される成文法あり慣習法あり判例法あり、之等一切の法源の中に「法」(現行の抽象法)なる現象が在るので、当該各法源の中に、現に与えられる法が如何なる規範的意味内容を有って居るか、が法解釈、特に狭義の法解釈の問題であります。之に反して何処に如何なる姿で法が現存するか、即ち法の在り方と言いますか、法存在の形態、態様を論ずるのは法解釈論ではなく、法源論の役目であると理解致します。無論法解釈学は広く各法源に就いて其処に在る法の解釈を綜合的網羅的に取扱うのでありますから、先ず其の対象たる法を内含する法源其のものを的確に捕捉しなければ法解釈の施し様が無いのです。ですから法源論と法解釈論とは別物だと言いましても、此の両者が全く無関係な現象を取扱う別系統の学問の問題ではありません。我々の研究活動の中味を分析して見れば、其の中には此の両方の分野に属する作業が結合されて入って居る訳ですが、唯、強いて分けて考えれば、先ず法の存否を問題とし、凡ゆる形態で現存する法を網羅的に把握する。夫れが法源論の仕事です。そして其の捉えられた種々の形態の法の内容を綜合的、体系的に明かにする。夫れが解釈論の仕事です。此の両者の観察対象には、謂わば法の形式の面と、其の内容の面との違いがあります。尤も現実の研究活動の中では、之等は実際上合体して同時に取上げられ、一々何れが先、何れが後と云う順序を付けて、段階的に別々に研究される訳ではありません。夫れ所か、存否も判らずに内容だけを判断したり、内容も判らずに存否だけを判断したりすることは、不可能な場合が多いのでありますが、唯、仮に之を強いて分けて考えるとすれば、法源論だけでは法の内容は未だ判らない、解釈論だけでは法の存否が未だ確認されて居ないと云うことになります。

(3) 成文法の改廃

そして其の法源論に就いて見ますと、成文法にしても慣習法にしても、之を単なる社会的現象として事実を認識することが問題ではなく、夫々其の成立に必要な法的条件がありまして、其の成立要件を完全に具備するとき、初めて其の当該成文法なり慣習法なりが法的に存在すると認められますし、又夫等の成文法や慣習法が後になって改廃された、即ち廃止、変更又は補充があったと法的に認められる為には、矢張其の改廃に必要な条件が充たされて居なければならないのであります。其の各種の法改廃事由の内、最も一般的なものは、新法の施行でありまして、新法に依り旧法が明示的に、又は黙示的に改廃されます。其の外にも特殊な法改廃事由は考えられましょう。例えば所謂限時法（時限法）などの場合には、其の法律自体の中に定める改廃時期の到来と云う様に、法の特殊な改廃事由は色々考えられましょうけれども、兎に角特定の成文法規なり慣習法規なりに就いて、斯様な何等かの改廃事由が現に生じたときに、当該成文又は不文の法規が其の限度で改廃されたと認め得るのであります。個々の法規に就いて其の制定、改廃事由のデータを具体的に明かにするのも、法源論の役目であります。斯様なデータを個々の法規に付き個別具体的に把握することは、必ずしも常に単純且つ容易なこととは限りませんが、然し夫れは学問上常に可能なことであり、且つ必要なことであります。

(4)　法内容の変化

ですから成文法は一旦成立すれば其のまま何時迄も其の内容が変らないと云うのは、固より其の成文法が改廃されない限り其の内容は変らない、と云う意味でありまして、法源として其の存在形式に変形を受けずに其のまま存続する限り、と云う前提で言うことであります。法源論で法の存在の仕方が不変であると確認される限り、解釈論の範囲内で法の内容が変化することはない。法の内容が変化するのは専ら法の存在の仕方に変動があるからである。夫れは法源論の範囲内の現象であって、一般的には新法の制定に依り旧法が直接間接の影響を受けるからである、と云うことであります。而も此のことは何も成文法だけに特有の現象ではないのでありまして、不文法の場合でも少しも変りはありません。一般の形としては前法が後法の施行に依り改廃されるのでありまして、其の後法は必ずしも前法と同じ種類の法源に属するとは限りません。前法は慣習法で、後法は成文法である場合もあれば、前法は成文法で、後法は判例法であることもあります。

(5)　慣習法の成文法改廃力

ですから伊東君の指摘される現代法学の言い分の様に、前法は成文法で、後法は慣習法である場合に、其の成文法が慣習法に依り改廃され得ると云う点は、無論承認しなければなりませんが、然し現に斯様な改廃が在ったと認め得る為には、其の後法たる慣習法が其の成立要件を既に具備して居ることが、先ず以て確定されなければなりません。

慣習法が未だ其の成立要件を具備しないのに、其の以前から現行の成文法の内容が、後に成立することあるべき慣習法、即ち未完成、未施行の、謂わば未必的な慣習法に依り、予め影響を受ける等と云うことは在り得ない筈であります。仮令其の以前に当該慣習法の土台と成るべき慣習が、事実上徐々に形成されつつあったとしても、夫れが未だ慣習法として法たる要件を具備しない限り、其の慣習は未だ法ではなくて、所謂「事実たる慣習」に過ぎませんから、成文法を改廃する力もありません。事実たる慣習の成立は法の改廃事由とは認められません。此のことを前提として民法第九二条が設けられて居るのでありまして、事実たる慣習は一定の条件の下に、法律行為の内容を補充する効果があるに過ぎないのであります。

そして慣習法が成立するや否や、其の慣習法に抵触する内容を有つ成文法は、其の瞬間に突然当該慣習法に依り其の限度で改廃されます。廃止変更又は補充されます。無論其の慣習法自体が其後次々に成立する新たな慣習法に依り、其の内容を少しづつ変化して行く様なことも考えられるでありましょう。其の結果全体の経過を大局的に眺めれば、漸進的な改廃が在ったと言って略々差支えないこともありましょうが、然し其の場合でも精細に観察すれば、其の都度細かな段階を以て、突然の不連続的変化が幾つか重なって居て、複数の改廃が其の都度行われるのでありまして、決してなだらかな曲線を描いた連続的変化が一個だけ在るのではありません。或は又遡及効の有る慣習法が成立することも、観念上在り得ないことではありますまいから、其の様な慣習法が成立しさえすれば、当該慣習法成立の時より遡って既存の成文法の内容が変更されることも在りましょうが、其の場合でも其の遡及効其のものは矢張り当該慣習法の内容の一部でありまして、当該慣習法の成立を俟って初めて発生することに変りありません。だから其の様な場合でも、慣習法成立前から、予め事実たる慣習の力で徐々に成文法に変更を加えることにはなりません。ですから伊東君の言われる様に、若しも現代法学が、事実たる慣習の力で成文法が徐々に変更される等と言うのだとすれば、夫れは全く誤った見解でありまして、慣習法と事実たる慣習との本質的差異を弁えないもの、且つ民法第九二条の規定に正面から抵触する考えであると言わなければなりません。今迄無かった慣習法が新たに成立する以上、或日突然に成立する以外に、成立の仕様はありません。従って之に依り従前の成文法が変化するとすれば、或日突然に変化する以外に、変化の仕様はありません。論者の見解は、恐らく慣習の社会的生成過程と云う社会的事実の認識と、慣習法成立と云う法的現象、一種の法効果発生を認定する法的判断とを混同した為に招いた誤解であろうと推測致します。

(6) 判例法

此の点は判例法に就いても同様であります。或る判例法が現に成立したと認められる限り、其の判例法成立前とは異った内容の法が、当該判例法の内容に応じて出来上って参ります。従前の法は其の限りで廃止変更又は補充されます。然し当該判例法が成立する以前の、其の土台と成るべき個々の裁判其のものは、夫々当該具体的事件に関する具体的権利義務（主観法、具体法）に就いての既判力の淵源ではありますが、法律学の直接の研究対象たる、抽象的法規範（客観法、抽象法）の法源ではありません。判例に現われる具体法の研究は、法社会学上大いに興味がありますが、夫れは法律（客観法）の規範的意味内容把握とは別問題であります。個々の裁判又は其の集積は其のままでは法（客観法、判例法）たる効力を有ちませんから、従前の成文法の内容を変更する力もありません。だから夫れが従前の成文法の内容を徐々に変更しつつある等と云うこともない筈であります。判例法の成立が認められて初めて、従前の法が其の限度で、且つ其のとき突然に改廃されるのでありまして、其の意味で或日突然に変るのです。又時には遡及効を以て変ることもあり得ると云う訳です。

(7) 成文法存否の確認

尤も慣習法なり判例法なりの成立、施行の日時地域を確定することは、成文法の成立、其の施行の日時や区域を確認する程には簡単でない場合が多いでありましょう。其の認定の材料や認定の基準等に於て、学者の意見が別れることもありましょう。然し其の点は実は成文法に就いても、程度の差はあれ同様でありまして、或る特定の法律が果して法律として有効に制定されたか、何時何処に施行されたかは、必ずしも常に一見明瞭とは言えません。昔のことを言えば其の様な実例は幾らでも出て来ますが、夫れ程古いことを持ち出す迄もなく、現在我々の目の前に在る法律でも、例えば彼の借地法、借家法が制定されたのは大正一〇年でありましたが、其の当初は当時の所謂五大都市及び東京大阪両市に隣接する若干の特定町村だけに先ず以て施行され、其後施行地区を指定する勅令が何回か出まして、其の都度其の施行地区が追加され、最後に昭和一六年初めて全国に施行される様に成ったのですから、或る特定地区、例えば各人の生れ故郷の地とか、何処か出先の地とかに、借地法借家法並びに夫等の改正法律が一体何年何月何日に施行されたかは、矢張一々調べて見なければ判らないのでありまして、殊に其の間に行政区画の変更、例えば町村合併に因る市の新設又は市の区域拡張があったりして、其の調査は場所に依り必ずしも夫れ程簡単ではない筈でありまず。然し夫れでも調べさえすれば、何時何処に借地法借家法並びに夫れ等の改正法律が施行されたかを確認することが出来ます。又例えば先般「大学の運営に関する臨時措置法」其他時々何かの法律案が国会で強行採決されたと言われますが、夫れでも法律として有効に制定されたと言い得るか否かは、憲法や国会法との関係で、全く疑問が無いとは言えないであろうと思います。だから成文法であっても、果して有効に制定されたか否か、何年何月何日に何処に施行されたか、即ち法源としての存否が一見明瞭とは限らないのであります。然し夫れでも其の施行の時期及び区域は個々の法律の個々の規定に付き、之を確定し得べく、法律学は之を確定する任務があります。其の調査が面倒困難であるからと言って、其の確認の作業を怠り、例えば「借地法借家法は、其の制定後略々二〇年程の間に段々と其の施行区域を広げ、遂に全国に施行される様に成った。夫れは地方の都市化に並行する措置であった」等と云う大雑把な社会的説明で、法律学の任務を果したと思って居てはならないのであります。

(8)　不文法存否の確認

慣習法や判例法は、其の成立又は消滅の日時場所が一層漠然として居るものが多い。然し如何に漠然として居ても、我々の学問としては、其の漠然たる中に存否の決め手を発見して、其の成立や消滅の時期場所を確認する任務が有る筈です。其の様な学問的任務を学者が自覚せずに、何時の頃か又何処の地域からかは知らないが、自然に段々と慣習法が出来て広がって来るとか、之に因って成文法の内容が何時何処からとは無しに段々と変って来る等と云う謂わば原始的な非科学的な良い加減な認識や説明で満足して了って、夫れ以上の詮索を停止すること等は許されないと思います。伊東君の示されました現代法学側からの反論なるものは、要するに此の程度の大雑把な言い分に過ぎないのでありまして、私としては其の点自分に我慢が成らないのであります。

(9)　現代法学の欠陥

だから此の際現代法学の諸君に対して、私から緊急に御願い致したいことは、若し現代法学が飽く迄も、成文法は正規の改正の手続を経ないでも、社会と共に時々刻々其の内容を変化しつつある、と主張されようと為さるなら、其の実例を具体的に幾つか挙げて頂きたいのであります。民法でも刑法でも或は何法でも結構です。どの法律の第何条の規定が、何時何処でどの様な内容からどの様な内容に変化して居ると言われるのか、尚お、出来れば其の時々刻々の変動の具体的状況、其の日時場所、並びに其の様な変化を認定する材料、根拠は何か、夫れを現実に存在する具体的な実例で、幾つか示して頂きたいのです。若し現代法学の諸君が主張して居られる通り、「法は時々刻々、社会と共に変化する」とすれば、其の様な実例は随所に転がって居なければならない筈と思われますので、其の中から成る可く紛れの無い、代表的な例を、正確なデータを添えて、幾つか御示し下さるのに、夫れ程苦労は在るまいと思われます。万一夫れに苦労する様であれば、其の点だけでも現代法学の主張はイカサマであるか、少なくとも誇大であると言われても止むを得ないでありましょう。

所が誠に心外なことと言うより、寧ろ私は些か呆れたと言う方が良いかと思いますが、従来一般に挙げられる実例なるものを拝見しますと、其の何れもが皆揃いも揃って御粗末な的外ればかりでありまして、的確なデータを具えた適例と言えるものは、一つも挙げられて居りません。少なくとも私の目に触れ、耳に聴く限りでは、其の様に言って差支えないと思います。即ち偶々其の例として挙げられるものを拝見致しますと、同一法規の内容が、其の施行区域内の全部に一様の意味を持たないで、施行区域内の或る地域と他の或る地域との間で、例えば東京と大阪とで、別個の意味になると云う例は、一つも挙げられて居りません。挙げられた例は総て時間の前後で同一法規の内容に変化があると称するもののみでありますが、之すら其の一部は、旧法が新法に依り直接間接の影響を受けて、法内容に変化を生じた場合、即ち新法に依る旧法の廃止変更又は補充が在った場合、換言すれば正規の改正手続がある場合に外ならないのでありますし、残りの例は法の内容が変ったのではなく、其の法規の適用される生活関係の規模や形が変っただけであるのに、之を法の内容が変ったと誤解して居るに過ぎない場合なのであります。例えば公序良俗、相当の期間、正当なる事由、止むを得ざる事由などと云う所謂白地規定の適用される個々の具体例が、貨幣価値の変動や、生活形態の変化などに因り、色々な金額や期間に、昔と今とでは数字の上に著しい開きが生じて居る。夫れを法の内容の変化であると誤解して居るが如き之であります。例えば民法第五四一条で契約解除の為に行う履行の催告には相当の期間を定めることになって居ますが、其の期間が相当であるか否かは、各具体的場合の具体的な総ての事情を綜合して判断すべきことは、明治の時代から今日に至る迄何等変って居ないので、だからこそ金一万円を支払えと云う催告の期間は、昔なら恐らく一月以上必要と認むべき場合が多かったでしょうが、今日では恐らく三日もあれば充分と認められる場合が多いでしょう。或は現に巴里に在る或る特定の美術品を東京で引渡せと云う催告ならば、其の期間は昔なら恐らく三月又は夫れ以上必要であったでしょうが、今日では恐らく一週間で充分と認められる場合もありましょう。之は民法第五四一条の規範的意味内容が変らないからこそ、具体的数字に差異を生ずるのであって、之を法内容の変化と誤解してはなりません。尚お、以上の外に従来の通説の誤りが証明されて、新学説が通説の座を奪った場合等も挙げられますが、其の場合新説は決して「従前は旧説の解釈が正しかったが、今之を改めて新説の解釈の通り法内容を変更する」と主張するものではなく、「旧説は元々初めから誤りである。法内容は初めから新説主張通りの内容であった」と言うので、其の主張が通ったのですから、今迄は正しい法内容が実現されなかったのを、今や之を実現し得たと云うに過ぎません。法社会学的な法的事実探究 Rechtstatsachenforschung の立場で観察すれば、法の取扱が現実に変ったと見るのでしょうが、法律学の立場では違法状態が無くなっただけで、法其のものは変って居りません。何れにしても厳密な意味で「法の改正が無いのに、法の内容が変った」と云う実例に今迄一度も御目に掛ったことが無い、と言って良いと思います。

然し今からでも遅くはありませんから、若し諸君の手で其の正確なデータを持った実例を示して頂けますならば、夫れは学問上貴重な研究材料と云うべきでありまして、其の折には私は改めて法の内容変化の法的原因は何か、新法が旧法を改廃するとか、其他既に知られた法改廃事由の外に、今迄知られて居ない新たな法の改廃事由として加えるものが在るか否かを、再検討しなければならないであろうと思います。然しそうは言っても、其の実例が与えられないでは究明の手掛りもありませんし、又実例の有無に拘らず其の様なことを概念的に先走って考える必要も無いでしょうから、私としては今の所其の実例待ちでありまして、的確な実例を御示し下さる迄は、どうも残念ながら此の点現代法学の主張は全部間違いであると考えなければならないと申上げる訳です。ですから是非其の代表的な実例を示して頂きたい。そして夫れに正確なデータを添えて頂けましたなら尚更有難いことであります。

⑽　社会学的観察の不周到

無論大きな歴史の流れと云う様な大局的、巨視的な macro の観点から見れば、時代と共に実定法の内容は変化します。然し果してどの法律のどの部分が何時何処でどの様な内容からどの様な内容に変化したかと云う微視的な micro の観察は、別途に各法規に付き個別に究明しなければならないことでありまして、法律学は正に此の微視的観察の上に構成されなければならないと思います。左もなければ我々の日常生活に於ける各個の権利義務の具体的把握は不可能であるからであります。例えば明治大正以来永く続く借地関係に就いて、現在尚お紛争の起ることは決して珍しくありませんが、其の関係を法律的に正しく判断するには、単に其の事件の社会的背景、例えば一般的な土地利用の形態、土地所有権や借地権の需給の緊張度、其他社会的諸条件の変動の情況を、如何に綿密に把握しても、夫れだけでは権利義務判断の手掛りを摑むことは不可能でありまして、何は兎もあれ其の土地の所在地に借地法が何年何月何日に施行されたかを先ず以て確認することが先決であります。之に依り初めて当該紛争事件に於ける借地権の存否態様、特に其の存続期間、其の他権利義務の内容の具体的判断の基準となる主要の実定法上の根拠が獲得されます。少なくとも法律家であるならば、其所を出発点として紛争解決に当らなければなりません。其の様に或る法規の施行の時期場所などを確定する必要は、必ずしも借地法の様な成文法に就いてのみ在るのではなく、成文不文を問わず、凡ゆる法規を通じて一様に其の必要がある筈であります。だから法律問題解決の為、直接必要な手掛りは、決して社会的背景、社会的事実の認識ではなく、適用法規の法源としての存否を先ず正確に把握するのでなければ、法律的な判断は何も出来ないのであります。不文法の場合でも、何時とは知らず、何処とも知らず、誰も気付かぬ内に自然に徐々に法が出現したり、変更消滅したりする等と言って居たのでは、法学的観察としては無意味に近く、少くとも実務上全く使いものにならない、と云うことを銘記すべきであろうと思います。

B　解釈論

(1)　狭義の法律解釈

以上は総て法源論の範囲で確定さるべき問題でありまして、法解釈固有properの領域には入りません。法解釈は之から先の仕事でありまして、前回の私の話も専ら此の法解釈、特に法律解釈に関してのことでありました。詰まり特定の時、特定の地乃至特定の社会に、法源として存在することの確認された成文不文の実定法規に就いて、先ず第一に其の法規範としての意味内容を其の在るがままそっくり正確に理解し再現する作業であります。与えられた総ての法源に含まれる法、換言すれば特定の時、特定の地乃至特定の社会に於ける現行の成文不文の法規に付き、其の法規範としての意味内容を、各部分部分毎に、而も全体を綜合した関連の中で、明かにするのが法解釈学の第一に為すべき基本的作業であり、固有の意味に於ける法解釈又は狭義に於ける法解釈と謂われる仕事であります。そして我国では従前から所謂成文法主義を採り、就中憲法上の法律、即ちGesetzを以て法制度の根幹を定めますから、法解釈も自然に此の法律の解釈に力点を集中することに成りまして、法律学は此の法律の定める法Gesetzesrecht, gesetztes Rechtの把握、解明を其の主要な任務とすることになります。法律の解釈はどの様に遂行したら宜しいか、夫れが法律学、法律解釈学の方法論でありまして、私は従来の概念法学の方法は固より、法律文言の客観的意味究明を前提として其の土台の上に構築される自由法説や社会学的目的論的現代法学の方法では、其の目的を達成することは困難であると考えます。少なく共、立法者の意思如何を究明することから解釈作業を始めなければならないし、其の立法者の意思を解明するには、立法当時立法者の置かれた政治的、社会的、経済的、国際的其他各般の情況を勘案して、立法者は何の為に当該法律規定を設けたのか、如何なる生活状況、利益紛争の状況を把えて、夫れをどの様に規制しようと欲したかを明かにすべきであります。其のことを前回御話したのですが、此の狭義の法律解釈の中には法創造的作業は全く含まれず、単に立法者が当該法律規定を以て設定した法規範の内容をSollen又はGebotとして其のまま受取り再現する純粋に価値認識的、及び価値説明的、価値叙述的作業であります。固より此の限りでは解釈者は法の創造を一切致しませんから、解釈と立法とは本質的に別異の事柄です。而も此の狭義の解釈は、法解釈学の基本的中心的作業でありまして、総ては之を基礎とし出発点として、爾後の法科学作業が展開されます。

(2) 広義の法解釈

然し此の狭義の解釈に依り各部分の規範内容が明かに成った実定法なるものは、成文法不文法全部併せても、決して完全無欠な、隙間も矛盾も無い lückenlos, widerspruchslos なものではなく、現に其の制定当初から随所に隙間や矛盾を含んで居りますし、其の上時が経つと共に、社会生活の実態の変遷に伴って、其の隙間が広がったり、或は前には無かった隙間が新たに現れたりします。尤も其の反面では従来在った隙間が段々狭まったり、実質的に消えて無くなることもありましょう。時には立法者自ら法律の実質的な内容上の不備欠陥や法文表現の形式上の不備欠陥に気付きながら、敢えて其のまま制定された法律規定すら稀ではありません。夫れは如何に綿密、周到に法律文面を綴って見ても、遠い将来のこと迄見通して、起り得べき千差万別の生活関係を悉く取上げて、之を適正に規制し得る様な法規を予め完成して置くことの不可能性を立法者自ら心得て居るからでありまして、法律は唯、将来起り得べき重要な生活関係だけを典型的に取上げて規制するに過ぎません。立法者の予想しなかった生活関係、予想はしたが敢えて規制しなかった生活関係が沢山あります。時には立法者が法律文面の不周到性、不特定性を知って、其の厳密な補足又は特定を明示的又は黙示的に、学説判例に委ねる場合も、可成り度々あります。法、特に成文法規は、所詮不完全な人間努力の一産物に過ぎませんから、其の何処かに不備欠陥のあるのは止むを得ない所でありまして、嘗て考えられた様な法の無欠陥性、完結性 Lückenlosigkeit, Geschlossenheit は学者の幻想に過ぎない筈であります。

尤も現代法学では、之等各種の法の欠缺を全部又は一部認める人、認めない人、又其の認否の仕方にも色々ある様ですが、之を認める立場の人々であっても、其の多くは法規制定後に後から生じて来る謂わば後発的欠缺のみを問題とし、制定当初から在る先発的、原始的欠缺を見逃し勝ちであります。然し実は其の当初から在る原始的欠缺の方が問題として一層重要でありまして、此の方の処理を決めずに、爾後に発生する後発的欠缺のみを取上げましても、問題は片付きません。寧ろ現代法学は制定当初の法規は当分の間、完全無欠であると考える所に、古い概念法学の誤謬を引継いで居ることになると思います。

何処に如何なる隙間や矛盾が、最初から在り又は後に現れたかを確認するのも、法解釈学の重要な任務、狭義の解釈に依り確認される実定法の直接規制する領域の限界を画定する仕事でありまして、之に依り実定法が直接包覆する部分と、実定法の規制が直接には包覆しない部分との境界線が明確にされますが、問題は夫れだけに終らず、斯様に確認された実定法の境界外、即ち実定法の隙間や矛盾、所謂法の欠缺領域に現実に生起する個々の生活関係を、法律的に、特に裁判上どう処理したら宜しいかと云う問題、実定法欠缺の場を裁判上如何にして埋めるかを究明するのも、矢張り法解釈学の避けて通ることの許されない大切な仕事とされまして、之も「広い意味での法解釈」の中に含めて考えます。夫れは一つには今日の裁判制度、特に民事裁判の制度が、「裁判所は実定法に規定無きの故を以て裁判を拒否することを許されない」旨の建前を取ります為に、斯様な生活関係に就いても、裁判所は正規の手続で求められれば、之に対し法的判断を下さざるを得ない訳ですから、法律学の側でも、裁判官を正しい裁判に導く為に、其の様な裁判をする際の裁断基準となる規範を予め研究の上、之を裁判官に提案する任務を負うのであります。考え様に依っては此の仕事の方が、狭義の解釈の仕事よりも一層遣り甲斐のある重要なことと見ることも出来ましょうが、果して何方に学問の重点を置くべきかは、今此処では直接問題ではありません。

(3) 条　理

兎に角此の実定法欠缺の場と云うのは、我国では一般に条理の支配する領域とされまして、其の条理が個々具体的なcaseに如何なる形で具現するか、条理に基く裁判で裁判官は何か或る具体的権利義務（具体法）を宣告しなければなりませんが、裁判官が其の具体法を獲得する基準となる直接の規範は何か、どうすれば其の規範を獲得し得るかが法解釈学上、今言いました広義の法解釈学上の重要問題でありまして、法の類推とか反対解釈とかが論ぜられる主要な領域であります。無論、類推や反対解釈は狭義の法解釈の範囲内でも問題になりますが、夫れを支配する原則は一様であると見られますから、其の主要領域である広義の法解釈の所で纏めて研究されるのが一般の遣り方であろうと思います。そして此の領域でも、私の考えでは、当該事件に於ける具体的利益状況と、立法者が法律の中で捉えた典型的利益状況との比較衡量が決定的役割を演ずべきものと考えます。例えば類推の可否は、従来の学説では、一般に法律上の構成要件と、当該事件の具体的な構成事実とを比較して、其の両者に概念上の共通性又は類似性があるか否かで、類推が可能か否かを決定すべきものと説かれて居ますが、私の考えでは、其の様な概念上の共通性乃至類似性などは問題ではなく、専ら其の利益状況の比較で類推の可否を判断すべきものと思います。何れにせよ此処迄来れば法解釈学は実定法の中には存在しない法的規範を創造して呈示することになりますから、法解釈学も立法者同様法規範を創造すると言って差支えありませんが、夫れでも尚お法解釈学的な法創造は、立法とは区別しなければなりません。此の作業は解釈者が、与えられた実定法の外部に、勝手に自分で新たな「実定法」を制定するものではありません。当該具体的事件に付き、条理を働かせれば、如何なる具体的な裁断基準が獲得されるか、判決規範、即ち具体的権利義務を引出す直接の基準如何の問題でありますから、普遍的抽象的な法規範ではなく、当該事件にのみ妥当する具体的な裁断規範であります。文面上は仮令一般的抽象的な表現で述べられて居ても、其の部分は一個の単なる学説上の主張乃至判決理由の一部に過ぎず、夫れに対し一般国民や他の裁判官に対する一般的拘束力を有たせる意味も意思も含みません。だから、夫れ自体に法源性はありません。無論、場合に依っては斯様な学説判例に基いて新たな立法が為されたり、判例法や慣習法が形成されたりすることは在り得ますが、其の際には夫れは実定法の一部に組込まれ、法源其のものとして狭義の法解釈の対象となり、又其の限度で法の欠缺も解消し、従って最早条理の介入する余地もありません。法社会学其他の一部の学者は法律学の研究対象として、抽象法、抽象的法規範を軽視して、具体法、具体的法規範のみを問題とする傾向もある様ですが、私は此の立場を取りません。又条理其のものが法源か否かも問題ですが、私は之を法源とは考えません。条理自体は法源不在の箇所で随時普遍的に働く謂わば公理の様なもので、特定の規範内容を有つものではないからであります。然し夫れも実定法であると云う主張があるとすれば、夫れは「実定法」と云う名称で何を言い表わすかと云う用語の争に過ぎないでありましょう。

此の実定法不在の場での条理具体化の把え方如何、或は広義の法解釈の方法如何も、法解釈学として是非解決しなければならない重要課題の一つですが、私の前回の話も、之に対する伊東君の先般の御話も、直接此の問題には触れて居りませんので、時間の関係上此の問題の討議は何れ又の機会に譲りまして、結局現代法学は之等様々な問題の性質上の差異を無視して、全部一と摑みに大雑把な観察に依って解決出来るものと思って居るから、立法と解釈とは同性質であるなどと云う飛んでもない錯誤に気付かずに居るのではないかと思われます。

C 所謂「解釈の多義性」

(1) 現代法学の主張

次に私の意見に対する現代法学側の第二の反論として、伊東君が挙げられますことは、解釈の多義性に就いてでありまして「若し解釈の一義性と云うことが、法は改廃される迄何年でも何十年でも同一の意味を有つべきだと云う意味だとするならば、夫れは決して在り得べきことではない。若し人が、全く同一の法文が、法律の法文でありさえすれば、日本でも独乙でも、同じ意味しか有たないと云う風に考えるなら、夫れは妄想であって、法は社会を規律するものであるから、異なる社会に於ける法は、法文が同一でも、異なる意味を有つことがある筈である。夫れと同じ様に、何年でも何十年でも、社会其のものが全く同一で変らない場合に限って、同一の法文は何年も何十年も、同一の意味を有ち続けることが出来る筈である。だから論者の所謂一義性と云うものは、解釈の決して期待し得る所ではない」。斯様に現代法学の立場からは、私に向って答えるであろう、と言われます。

⑵ 解釈の地域差と多義性

然し之も大変な思慮不足に因る見当違いとしか私には考えられません。「日本でも独乙でも」と言われますと、国が違い言葉も違いますから、日独双方に同じ法文、同じ言葉で書かれた法規が、現行実定法として妥当 gelten すると云うことは、夫れ自体一寸現実味に乏しく、実感が湧き悪いのですが、或は国際私法上の準拠法、又は国際条約に基く統一法などを念頭に置けば、夫れに近い実例が考えられるかも知れません。然し此処ではもう少し私にも解り易くして頂いて、仮に之を日本国内での別異の地域での同一法規の意味のことに引き直して考えれば、例えば「浪速の葦は伊勢の浜荻」と謂われます様に、地方地方で、或は時代時代で、夫々単語の意味や発想形式など違った点が在りますから、同じ文句、同じ文章だからと言って、日本国中何処へ行っても、又遠い過去から現代に至る迄、夫れが常に同じ意味に通用する等とは無論言えないでありましょう。然しだからと言って例えば民法とか刑法とか民事訴訟法とか云う特定の成文法典の或る特定の文句や文章が、東京と大阪とで違った意味になることがあると主張されるのでありましょうか。本当に其の様なことがあるのでしたら、其の実例を具体的に示して頂きたいのであります。其の実例を一つも示し得ないのでしたら、現代法学は嘘を吐いて居ることになります。

⑶ 法概念の相対性

尤も色々な法令の中に同じ言葉、同じ文句が彼方此方に使われて居りまして、而も夫等は常に必ずしも同じ意味で使われるとは限らない、と言うのであれば、夫れは其の通りです。例えば人と云う言葉、物と云う言葉、占有と云う言葉、之等は民法にも刑法にも使われて居りますが、然し民法に於けると刑法に於けるとでは、同一語が必ずしも正確に同一概念を表わすとは限らない。又有価証券と云う言葉も、商法に於けると証券取引法に於けると、更に刑法や民事訴訟法に於けるとでは、夫々別異の意味を有つものと理解しなければならないでありましょう。更に此のことは民法と刑法との間の様に、別個の法典中の共通の用語に就いてだけ言えることではありませんで、同一法典中の同一用語ですら、別個の規定の中では、若くは同一規定の中に繰返し出て来る場合ですら、別個の意味を有つことも在り得るのでありまして、例えば持分と云う言葉は、共有の持分でも会社社員の持分でも、夫々二た通りの意味で用いられて居ることは、現在では殆ど争のない所でありますし、又同じ代理人と云う言葉でも、普通の代理人の外に、法人の理事に就いて用いられる場合、占有に就いて用いられる場合、株式の名義書換代理人などと云う場合、夫々其の場特有の意味に解釈しなければならないでありましょう。斯様な用語の意味の不統一に就いては、既にMüller-Erzbach が「概念の相対性」Relativität der Begriffe と名付けて、夙に之を指摘して居ることでありまして、今日では殆ど完全に学問上の術語として定着し、市民権を獲た思想であると言って良いでありましょう。

然し此のことと、今伊東君の指摘される現代法学が「日本でも独乙でも」と言って居ることとは全く似て非なるものでありまして、此方は同じ言葉が法令中彼方此方に用いられて居ても、夫等は必ずしも同じ意味で用いられるとは限らないと云うのではなく、或る特定の法令の或る特定の規定の中に用いられた或る特定の文句が、其のまま地方地方で、即ち日本と独乙では別個の意味を有つと言うのです。民法なら民法のどれか或る規定を持ち出して、其の第何条かの規定が、日本ではAの意味に解釈されるが、独乙ではBの意味に解釈されなければならない、或は長崎では甲の意味に解釈し、仙台では乙の意味に解釈しなければならないと云う様に、各地方地方の用語例に従って、不統一な解釈をしなければ、正しい解釈とは言えないと主張する、と言われるのです。本当に現代法学は其の様な馬鹿気たことを本気で考えて居るのでありましょうか。

⑷　時間差と多義性

其の上更に此のことを其のまま時間の隔りの際の語義の変遷に移し替えて、「夫れと同様に」法律は改正されないでも、時が経ち社会が変れば、或は用語法が変っただけでも、夫れに連れて自動的に法の内容も変る、と言うのだそうですが、其の様な安易な推論が果して成り立つのでありましょうか。例えば用語法が変っただけでもと言えば、戦前の法令は総て片仮名文語体で、而も旧仮名遣い、濁点も句読点もありませんが、今日の法令は総て平仮名口語体、而も当用漢字で新仮名遣いに成って居ります。之に因って戦前からの法律、民法でも刑法でも民事訴訟法でも、其の内容がどの様に変化したのでありましょうか。戦前の表記法のままでは、現在の当用漢字や新仮名遣いの頭では読めない箇所が沢山出て来ますが、其の様な規定は全部無効に成ったと言えるのでしょうか。夫れとも斯様な変化は用語法の変化とは言わないと主張されるのでしょうか。一体用語法が変っただけでもと云うのは、どう云うことを指すのでしょうか。其他社会が変れば、と言われるとき、社会のどの点が何時何処でどの様に変れば、法のどの点が何時何処でどの様に変るのでしょうか。其の正確な因果の結び付きを必然ならしめる法的要件を明かにせずに、唯何となく「社会の何処かに変化があった、法の何処かも変った」と云う二つの現象を事実として漠然と観察しただけで、安易に無責任に法的因果の関係を断定するものとしか見えませんが、如何なものでしょうか。更に又、我々の経験した身近な現象として、例えば新憲法の制定に始まり、法律制度の急激な変革があり、夫等の法律に先導されて、社会変革が促進されたことは、顕著な歴史的事実と言えましょう。此の場合には法の変化が先行して、社会変革が之に追随するのですから、其の間に因果関係が在るとすれば、夫れは論者の主張とは反対に、法の変化が原因で、社会の変化は其の結果であるとしなければ、理屈が合いません。現代法学は之をどう見るのでしょうか。論者の主張は、法律事実と法効果との規範的因果関係を云うのではなく、社会現象的な事実の自然的因果関係又は大摑みな統計的判断としては、或る程度の蓋然性は在るものと認めても良いかも知れませんが、然し法律学は其の様な悠長な結果論的辻褄合せを論ずる学問ではありません。我々が法律の保護を背景に、日常生活の各種の行動を安定的に展開して行くことの出来る為には、其の個々の行動の瞬間瞬間に於ける今日唯今の法の内容を具体的に的確に把握出来なければなりません。万一其の法の内容を誤って把握したなら、其の結果の法的不利益は、其のまま我身に降り懸って参ります。其の様な切実な規範的判断を提供するのが法律学の重要任務でなければなりません。現代法学、特に法社会学的傾向の諸君は、社会的な大量的な事実の認識のみに目を奪われて、法的規範的判断と云う法科学の目標を見失って居るのではないでしょうか。尚お、現代法学は法律の内容が時々刻々社会と共に変化すると主張しますが、夫れなら裁判所は事件裁断の際、其の適用法規が時々刻々変化する中で、事件裁断の為め基準となる法規の内容を、どの様にして確認すれば宜しいのでしょうか。裁判所には適用法規の存否内容を職権で調査する義務が有ると思われますが、此の調査の為め現代法学は裁判所に対し耐え難い過重の負担を課することに成る恐れは無いでしょうか。

結び

以上申上げました様な次第で、伊東君は現代法学の側にも一応の合理性ある反論が用意されて在ると仰せられますけれども、其の反論なるものを伺って見ますと、法律学的には全然採るに足らない幼稚な議論のみの様であります。私は現代法学に向って、其の様な幼稚な良い加減なことを何時迄も良い気で言って居ないで、もっと厳密な、科学的説得力を持った論拠を提唱される様御願い致します。待望の新理論が早期に現れることを只管ら念願し、期待致します。

2　伊東理論に就いて

然し流石に伊東君は第三者の立場で、多分公平に見て下さったのでありましょう。私の考えにしても、現代法学の考えにしても、何れも一理あることであって、而も互に相手から加えられる総ての非難、論難も、其の致命傷にならないとされ、夫れならば、一体どうしたら良いのかと自問された上、結局の所最後の判定は、恐らくは双方の方法論から導き出される結論が実際上どちらが better であるかを比較して、其の優劣を決める外無さ相に見えるけれども、然し現実には其の better or worse の判断が客観的合理的に行われる保証は無いから、動もすれば自分の好ましいと思う結論を先に決めて置いてから、夫れに都合の良い理論を後から考えると云った恣意的な手法で自分勝手に優劣を決め勝ちであるため、問題解決所か、益々紛糾して了う、と言われます。

A　法学「方法論の方法」

此処で愈々伊東君の「方法論の方法」の本題に入りますが、伊東君は先ず「各方法論の拠って立つ条件を問う」と言われます。「斯う云うことから決めて掛らないと、問題解決に近付けないであろう。然しそうは言っても其の条件を確定することが抑々可能か否か」は、伊東君御自身も未だ確言出来ないとされながら、「仮に可能とすれば、夫れには幾つかの前提が在りそうである」と言われまして、其の前提と伊東君が思って居られる二三の事柄を挙げて居られます。

(1)　方法論決定の諸前提

a　何が法であるか　其の第一の事柄は「法解釈方法論なるものが、実は既定の法を共通の対象として、其の解釈の仕方を争うものでは決してなく、夫れは寧ろ何が法であるかを争って居るものである。何が法であるか、夫れが問題の核心である」と言われます。

然し此の点に就いての私の考えは、先程も申上げた通り、何が法であるかと云うのは、法の存否の問題、即ち法源論の一部でありまして、解釈論の問題ではないと思います。法源論を既に通過した後の、現に存在することの確認された実定法に就いて、其の規範的意味内容を明かにする作業が狭義の法解釈でありまして、夫れにはどうすれば宜しいか、其のことを私は今法解釈方法論として取上げるのであります。何が法であるか、法源確認の方法、法の存否確認の方法如何とは別問題であります。尤も現代法学の立場では、死んだ法文の活字の羅列を利用して、各人が臨機応変に目的論的法内容と称するものを適当に創作して、其の法文の中へ詰込むことのみが、解釈の名の下に行われます。法源論も解釈論も無い。此の両者の間の見境を付けられない。そして自分では見境を付けられないものだから、其の差別を弁えて行われる他人の仕事の狙いが何処に在るか理解出来ない。而も自分で理解出来ないことは即ち間違ったことだと思って居る。恰も自分の近視眼を棚に挙げて、外界の事物の位置形状を判然と clear に sharp に見定め様とする努力など、元々無駄な間違ったことだ、と言って居る様なものであります。

b　法文語義の内外　其の様な前提で見て居られるから、自然と伊東君の次の様な説明が出て来るのでありましょう。即ち「津田は法文の字句に非常に近い所で法なるものを考えて居るけれども、現代法学は法文の字句から大変懸け離れた所で法なるものを把えて居る。だから法の内とか外とか言っても、同じことが何方にも成り得るので、御互に其の対象を取換えて、共通の対象に就いて各自の方法を適用して見れば、津田が考えても現代法学が考えても、結局結論は同じに成って了うのではなかろうか」と云う御意見であります。

然し法の内とか外とか云うことは、恐らく私が「法の中の目的」、Ihering の der Zweck im Recht に就いて前回申し上げたことを指して居られるものと思われますが、若しも仰せの様に、私が法なるものを法文の狭い範囲で考え、而も其の中に法の目的を求めよと言うとすれば、法文の範囲を広げて法なるものを考えれば、法の目的は其の広い法文の中の一部、其の中心部分の中で之を求めざるを得なくなりまして、法文の広い範囲の外で之を求めることなど到底考えられません。反対に現代法学が法なるものを元々法文の広い範囲で考え、而も法の目的や内容を其の広い法文の範囲の更に外部から持込もうとするなら、其の法文の範囲を私の夫れに接近させて狭くしたのでは、法の目的や内容は其の法文の外部の一層遠退いた所から法文の中に持込むことになって、法文の中で之を求めることは出来なくなるのではないでしょうか。だから伊東君の言われます様に、御互に其の対象を相手方の夫れに近付けたのでは、却って内外の差が益々大きくなって、同じ結論には到底到達しないのではありますまいか。

又対象を取換えろと言われましても、私の方ではそう簡単に取換える訳には参りません。抑々法の内容たるべき立法者の意思を遮断して、血の通わない死んだ法文の文字文章の客観的国語の意味など、夫れをどう広げても、どう狭めても、夫れ自体規範的価値と無縁の現象ですから、凡そ法規範の表現形式とも成り得ないのでありまして、仮に其の様な国語的意味を確認し得たとしても、立法者の意思の裏付けの無い限り、夫れが法規範として拘束力を有つことは在り得ないからであります。反対に現代法学の立場でも、恐らく同じ様な拒否反応的な答が返って来るのではないでしょうか。法解釈に付き法の中の目的、立法当時の立法者の意思など云う枠を嵌められては、法文の範囲を何の様に広く又は狭く設定しても、現在の生活を妥当に規律する法規範を自由に其の中へ詰込むことはできない、と云う様な答が返って来るであろうと私は推測致します。だから共通の対象を宛てがえば、何方の方法を用いても、同じ結論に成るであろうと言われましても、抑々其の共通の対象なるものを発見し難いのでありまして、両者を足して二で割ると云った性質の問題ではなさそうであります。

c　字句からの距離　　伊東君は「津田は法文の字句に非常に近い所で法を考え、現代法学は字句から大変遠く離れた所で法を考える」と言われますが、私は自分では其の点寧ろ反対ではないかと思います。現代法学は大変法文の字句に拘泥します。文字文章の客観的意味を常に問題としまして、其の中心的意味に依るべしとか、其の可能的意味であれば其の中の何れの意味でも差支えなく、唯、夫れを外れる意味であってはならないとか、或は其の様な意味の限界其のものが固定的では在り得ない、時と場所に依り可変的な枠であるとか言って、争って居ります。之に対し私は法文の文字文章の客観的国語の意味などは、一応の参考として、法律解釈の最も手近な、初手の手掛りとは致しますが、夫れが解釈の限界である等とは、無論夢にも思って居りません。解釈に其の様な枠は嵌められて居ない。其の法律の公布制定に依り、立法者が特定内容の法規を定立すると言って居るのであるから、其の立法者が定立したいと欲する其の法規範の内容、立法者の真意其のもの、立法者の内心意思の内容其のものを問題としなければならないと思って居ります。現代法学は法文の字句に囚われて居ります。私は法文の字句から解放されて居ると私自身自覚して申し上げて居る積りで居ります。ですから伊東君が若し方法論自体を比較して、津田の方法では法文の字句の近くで法なるものを考え、現代法学の方法では字句から遠くの方で法なるものを考えることになる、と云う批判を為さるのでしたら、私は夫れには到底承服出来ません。但し方法論の比較ではなく、津田なり現代法学なりが各自の方法に従って解釈を実行した結果、偶々或る法規の解釈結果が、法文の字句の客観的国語の意味に近いか遠いかは、私の立場では、原理的に何方でも差支えないのでありまして、どの様な結果が出ようと、又其のことを批判されようと、夫れを方法論の上で気にすることはありません。偶々夫れが法文の字句に近いとすれば、夫れは私の所為ではなくて、寧ろ立法者の手柄であると言うべきであります。我国の立法者が論者の予想する以上に法文の字句の選択や組立に慎重であって、其の客観的意味に於ても立法者の意思を可成り正確に法文の字句に表現して居て、其の意思を表現するに不適当な字句を用いた箇所が案外少ないことに外ならない、と云うことになるからであります。夫れは大変結構なことであります。之に反して現代法学の解釈結果が、伊東君の言われる様に、法文の字句から遠いとすれば、夫れは誰が考えても誠に合点の行かない由々しい事態でありまして、法文の客観的意味に依ると言いながら、実際には夫れを離れた解釈を行なって居る。正に看板に偽りありと言うべきです。一体法文の客観的意味が解釈の枠として、具体的に各個の法規の解釈結果にどの様な形で現われるのでありましょうか。夫れを明かにして頂きたいと存じます。

d　其他の前提　続いて第二第三の前提として伊東君の挙げられます点は、「選択と云うものが夫れ自体一つの実践である」こと、及び「形而上学を離れて法学の方法は決定出来ない」ことであります。之等の二点は何れも結果的には伊東君の言われる通りだと私も思います。然し之等二点を方法論の拠って立つ条件として、意識的に設定する必要は無いのでありまして、誰でも方法論の選択に迫るときには、必然的に、好むと好まざるとに拘らず、其の様にならざるを得ない、夫れ以外には方法論の決定は在り得ないと言えましょう。其他色々神経質に詮索すれば、注文を付けたい所ですが、時間の関係で先を急ぎます。

(2)　法把握の為の仮説

其処で伊東君は「之等の前提の下に方法論の選択に迫るとすれば、次には愈々法たるべきものの様々な要素factorsを、次々に出来る所から確定して行くことになるけれども、夫れから先は当座各人が各人の仮説を突き付け合って行くより外には恐らくあるまい。其の中から何かが次第に確定して行くであろう」と言われます。私も其の「仮説を突き付け合う」と云う所から後の部分は、残念ながら、現状では「其の通り」と申上げるより外ないのですが、唯、初めの方の「法たるべきもの」と云う表現に多少引掛ります。前にも述べました通り、此処にも立法論と解釈論との混同を感ぜしめるものが在るからであります。「法たるべきもの」と言いますと、実定法ではなくて、或る種の実現可能な理想法、lex lata ではなく、lex ferenda のことの様に感ぜられるからであります。法解釈学は飽く迄lex lata の内容解明を其の終局目標とする学問であって、lex ferenda の把握を終局目標とするものではありません。

無論 lex lata 研究の途上 lex ferenda を想定して其の背景の上に実定法を重ねて見ると云う観察も、時には有益かも知れませんが、夫れは法律学、法解釈学の終局目標ではなく、其の道程の一部に過ぎません。尤も「法たるべきもの」と云う其の言葉を余り窮屈に考えないで、法解釈の究極の姿、其の完成像と云う様な意味に取れば、伊東君の言われる通りだと思います。何れにしても何と取組むかを明確にしないでは、厳密正確な法解釈は不可能であるし、況んや解釈の目標も定めずに、其の方法を選択しろと言われましても、手の打ち様も無いでありましょう。

所で伊東君の提示された伊東君御自身の仮説と云うのは次の五つであります。

a　第一の仮説　先ず第一に「法は法文を超えたものである」と云う仮説であります。「学者に与えられるものは、法文であって、法ではない。法は成文法の場合であっても、決して所与のもの Gegebenes ではなく既定でも自明でもない。寧ろ法は学者が探索しなければならない何ものかである、と云う意味で法は法文を超えたものである」と言われます。

確かに「法」と「法文」と云う二つの言葉は、之を漫然と無差別に混用するよりは、明確に区別して使い分ける方が良いことは、誰にも異論はあるまいと思われますし、現に大多数の人は之を使い分けて居ると思います。どの様に使い分けるかも、恐らく大筋では一致して居るに違いありません。然し或る程度問詰めて行きますと、必ずしも完全な合致には到達して居ない様であります。現に伊東君の「法は法文を超えたもの」と云う御発言に接しますと、私の考えと多少違うなと云う感じを受けます。私は法と法文とは同一事象（成文法）の別側面（内容面と形式面）を表す際の差別用語と考えますので、此の両者を直接比較することは不可能又は無意味と思います。伊東君はどの様な意味合いで「超えた」と言われるのでありましょうか。内容物と其の容器とを比較して、内容が容器を超えた、と言われましても私には何のことか理解できません。

又、学者には法自体は与えられない、と言われますが、一体与えられて居ないのに、学者は何処をどう探索したら、夫れを手に入れることが出来ると言われるのでしょうか。或は其の手に入れたと思って居る其の何かが、之こそ正に法である、と云うことを、どの様にして科学的に証明出来るのでありましょうか。寧ろ与えられて居るからこそ、探せば発見出来るのではないでしょうか。又伊東君は成文法に就いて学者に与えられるのは法文だけだと言われますが、不文法の場合には何が学者に与えられるのでしょうか。不文法の場合には学者には何も与えられないで、学者は所与以外の何かを探索して、不文法を獲得する、或は獲得し得るものなのでしょうか。私の流儀で申上げれば、法解釈の目的は、実定法の規範的意味内容を明かにすることでありまして、夫れを決して法文の文字文章の国語としての客観的意味を詮索することではありません。法文は成文法の謂わば外形であって、法は其の中味、実定法の内容であります。学者には其の中味が外形と共に与えられて居る筈であります。寧ろ法解釈の点だけに絞って言えば、法解釈を行う学者に与えられるのは、成文法不文法を問わず、常に其の中味であって外形ではない。法自体であって法文ではない、と言った方が正しいと思います。伊東君は其の肝要な中味を見失って、又は故意に無視して、何か本来の中味とは関係の無い別なものを探し出して、何処をどう探索するのかは存じませんが、夫れを其の本来の中味を追放して抜殻に成った法文の文字文章の中へ、詰め込もうとして居られる。そして何でも其の法文の文字文章の客観的国語的意味の中に手際良く収まる様なものを詰め込みさえすれば、夫れが本来の中味であったものと一致しようがしまいが其の様なことは問題でなく、学者が新に詰め込んだ夫れが法に成る、夫れこそが法其のものに成る、と考えて居られる。此の辺に私の理解を超えた不可思議な何かが在る様であります。

b　第二の仮説　次に「法は絶えず変化する」と云う仮説。此の点は前にも触れましたから、再び繰返す必要も無かろうかと思います。私は法の変化すること自体を否定致しませんが、法律学としては、変化すると云う事実其のものよりは、如何なる場合に法は変化するか、法が変化するには変化するだけの原因事由が在ってのことでありまして、其の原因事由を法律学的に究明して、法変化と云う一種の「法的効果」の発生原因たる「法律要件」Tatbestandとして、其の概念を構成して之を把握することが不可欠の作業であります。此の作業を忘れて、誰も気付かぬ内に、何処で何時と云うことなしに、自然に法が変化する等と云う原始的な、非科学的な認識は、法変化の法学的把握とは言い得ない、法学的には無価値なものと言わなければなりません。単に法変化の現象を社会的事実として認識するだけでは、法学的把握には成りません。法律学の立場で法の変化を生ぜしめる規範的原因要件は何か、どう云うことを確認すれば法変化の有無内容を個々具体的に認定し得るか。法変化のSollenを生む原因たる法律要件は何かの問に答えなければなりません。ですから私なら、伊東君の「法は絶えず変化する」と云う仮説の代りに、差当り「法を変化させるものは、法の力であって、夫れ以外には無い」と云う仮説を置きたい所です。法の変化の裏には必ず法の力が在る。此の私の仮説が法変化の凡ゆる場合を把えて、余す所なく成立つか否か、夫れを諸君に是非検討して頂きたいと思います。

c　第三の仮説　「正義は力に優先し、秩序は正義の為にのみ存し、個人は全体に先立つ」と云う仮説。之は伊東君御自身の政治的選択であると言われますから、法律学的討議の対象には成らないでしょうが、然し其の様なsloganを学問の場に安易に持出すことには私は些か抵抗を感じます。各自勝手なsloganを持出して、夫れに立籠って了っては、自由な学問的研究や討議は出来なくなり、真理への道は閉されて了うでありましょう。固より正義と云い秩序と云い、何れも可成り具体的な形で、実定法上定められてありますから、其の範囲で実定法の力で正義が貫かれ、秩序が保たるべきでありまして、其の実定法を無視して、各自の政治的判断に委ねらるべき問題ではないと思われます。又個人と全体との関係に就いても、実定法は可成り綿密に其の調整を計って居りまして、之を一概に「個人は全体に先立つ」と云う公式で一刀両断するのは危険であります。各人の政治的選択如何に拘らず、実定法の在る所では、其の実定法に従うべきで、之に盾突く主義主張や実践行動は違法であるとせざるを得ないでありましょう。之が法律学の立場であると思います。

d　立法者意思の排除　更に伊東君は此の政治的選択に関連して、「斯う云う選択から、例えば法の目的は決して立法者の意思ではない。法は立法者の手から離れて、其の客観的な国語の意味と、其の時々の社会の中で対応するものである、と云う結論が出て来る。法は国民の中に国民の為に、一人一人の幸福の為に在るべきものであって、其他の目的、従って法自体の目的の為に在るものではない」と言われますが、此の点は私には可成り唐突強引な独断論の様に感ぜられます。何故立法者の意思を排除しなければならないのか、又其の代りに国語の客観的意味が乗込んで来るのか、そして夫れが国民一人一人の幸福に寄与するのか、斯う云った肝心の論理的筋道が全く推理出来ません。専ら私の不明の致す所かも知れませんが、夫れでも次の様な私の一連の疑問に御答え頂けましたなら、或は幾らか御論旨の脈絡もはっきりして、夫れに就いて御返事も出来るかと、幾分の期待は持って居ります。

其の疑問の第一は、御話の中に「立法者の意思」と言われる場合と、「立法者の手を離れる」と言われる場合、此の二箇所に「立法者」と云う言葉が出て来ますが、其の夫々の立法者とは具体的に何を指すのでしょうか。其の両者は同一のものでしょうか。第二に「其の立法者の手から離れる」とは一体如何なる時点、或は如何なる事態を指すのでしょうか。第三に其の手から離れる直前迄の状態では、法文は如何なる意味を有つのでありましょうか。内容空疎な文字型図形の羅列に過ぎないのでありましょうか。或は立法者の手を離れる迄は、立法者の意思を帯有して居るのに、其の手を離れるや否や、其の立法者の意思が脱落するのでしょうか。第四に、其の何れに致しましても、立法者の手を離れるや否や、其の意思は消えて無くなるのだとしますと、立法に関与する人々は、何を苦しんで立法作業を進めて居るのでしょうか、又進めたら良いのでしょうか。彼等は折角苦心の作業が全部徒労に終ることを予想し、覚悟して居なければならないのでしょうか。三権分立、特に立法権と司法権との関係はどの様になるのでしょうか。第五に立法者の手から離れると、法文の客観的国語の意味の中から法の意味が確定される其の時期は何時でしょうか。立法者の手を離れた其の瞬間か、学者或は裁判官が或る特定の国語的意味を当該法規の内容として選択した時か、其の意見発表或は判決言渡の時か、判決確定の時か、其の外未だ色々な時を想像することが出来ますが、伊東君御自身はどの瞬間を見て居られるのでしょうか。法律施行の時と其の内容確定の時との間に時間的間隔が在るとすれば、其の間の法律とは一体何なのでしょうか。第六に、立法者の意思を排除して専ら客観的国語の意味を其の時々の社会の中に対応して考えるのは、伊東君御自身の政治的選択から来ることであると言われますが、解釈者が何か政治的選択をしないと、法律は無内容のまま止まるのでしょうか。何を選択するかで法の内容はどうにでも成るのでしょうか。第七に、其の結果法の内容は解釈者毎に千差万別の形に成らざるを得ないと思われますが、法の統一、法的安定性などは一場の夢に過ぎないのでありましょうか。第八に、其の様な国語の客観的意味に則って、其の中から法の内容を決めさえすれば、夫れが伊東君の望まれる政治理想の実現乃至は国民一人一人の幸福に役立つと言われる様に受取れますが、夫れは何故でしょうか。第九に、法が立法者の意思に従い又は法自体の目的の為に在ったのでは、国民の幸福が奪われ又は無視されると言われる様に聞えますが、夫れは何故でしょうか。疑問は未だ次から次へ切りがありませんが、以上申上げた諸点に就いてだけでも、伊東君御自身の御考えを具体的に御示し下されば幸です。

e　法文の客観的意味　　又伊東君は此処から少し後の箇所で「法は社会的需要や立法者の意思を知る人にとっても知らない人にとっても、同じ姿を有つものと考えなければならない」とも言われますが、法文の客観的意味に則りさえすれば、法は万人に同じ姿に成ると言われるのでしょうか。私にはどうも此の点は反対の結果に成りそうな気がしてなりません。言葉の客観的意味は、夫れ自体極めて多義的、曖昧であり、時間的にも空間的にも流動して居ります。同時代同一地域内ですら、社会階層、社会集団の差などに依り、夫々其の言語に特有の用法がありまして、客観的意味の限界が不確定であることは、殆ど論議の余地の無い所であり、先程の「浪速の葦」の喩えにも象徴されます様に、寧ろ其の不確定性は万人周知の健全な常識の中に定着している一般的認識であると言って良いでありましょう。今更其の様な念を押すのも蛇足の感があります。現代法学の中での学説の争も、解釈の多義性を主張するなら尚更ですが、可成りの部分が此の客観的意味を巡っての用語の争に陥って居ると思われますのに、どうして夫れが万人共通の姿たり得るのでしょうか。其の上更に、其の客観的意味の中から、最も一般的な普通の平凡な意味であるとか、最も使用頻度の高い慣用の意味であるとか、或は成るべく万人共通の最大公約数的な無難な意味を取ると云うなら未だしも、そうではなくて、客観的意味の限界を無制限に広く設定して、極めて稀有な、例外的特殊用法や、言葉として無理な意味、陥り勝ちな誤用的意味、比喩的又は牽強附会の意味乃至は反語的意味、揶揄的からかいの意味までも含めた、其他有りと凡ゆる可能な限りの意味に weight の差も付けずに、夫等を全部同列、同順位に並べて、其の中から学者が自由に「法秩序全体と最も良く調和する意味」を一つだけ選び出す、と云う様なことを言われますと、一般国民は何が何やらさっぱり見当も付けられない。学者先生の魔術的な見事な御手並を、唯、飽気に取られて拝見するより外ないでありましょう。此の様な言葉の操作をすれば、恐らく誰にでも其の気の向くままに、どの様な結論でも捏ち上げることが出来まして、同一法文から尤もらしい正反対の結論を引出すことも決して困難ではないでありましょう。現に夫れが現代法学、特に自由法説の長所であるとすら主張する者も在るに至っては、一般国民の信頼に価する法の姿など雲散霧消して、法とは何やら訳の解らない空怖ろしいものと云うだけが国民の前に在る法の姿に成って了いそうです。立法当時其の背景に在った利益状況を探究して立法者の歴史的主観的意思を明かにし、之を法の内容とすることの方が、一般国民にとってどれ程身近な日常性を持つか、而も万人共通の安定的法内容を獲得し得て、夫れが国民の法への信頼となり安心となって、国民生活の福祉に役立ち、法的安定性の保持にも寄与することに成るのではないでしょうか。

f　文書解釈の日常形式　現に我々の日常生活に実際に利用される実務的な公私の文書は、法令を初め一切の公文書も私文書も、総て其の作成者の心中の気持、即ち其の知識、感情、意欲などを、特定の他人乃至一般公衆に伝達する為の用具として作成され、当該特定人乃至一般公衆も其の様なものとして之を受取って読むのでありまして、従って其の文書を其の本来の用途の為に受取り、之を読む者は、其の文書作成者が其の文書に託した、其の文書を以て伝達しようと欲した其の作成者の心中の気持を理解したときに、初めて其の文書の「意味が通じた」と云う心境に達するのでありまして、之で其の文書本来の使命を果したことになり、「解釈」が出来たことになります。其の際其の文書に記載された文字文章の客観的国語の意味などは二の次でありまして、表現が下手でも、語句や文字に誤謬があっても、其の様なことはどうでも良いのです。大切なことは其の文書に託した其の作成者の意図は何か、伝達したい気持の内容は何かであります。之に反して文字文章の客観的国語の意味は完全に明確で、非の打ち所も無い一義的な表現を与えられて居たとしても、其の作成者の主観的意図が何かを理解出来ない限り、之を「不可解」な文書として取扱わざるを得ない筈であります。国語の例文としてならば完全無欠の模範的記述であったとしても、其の本来の用途に向っては解釈不能な、役に立たない文書と云う外ありません。又其の作成者が其の文書に託した主観的意図を充分理解し得るだけの状況が揃って居るのに、之を故らに無視して、文字文章の字句末節を捕えて其の客観的国語の意味などを振回して、目的歪曲を計るのは、正に「三百代言的」解釈でありまして、「誤った解釈」の教科書的標本と看做されます。夫れなのに一般国民に最も影響甚大な成文法の解釈の場合に限って、どうして此の当然の理が通用しないで、法規範設定に向っての立法者の主観的意図を法律解釈から追放しなければならないのでありましょうか。

g　其他の仮説　夫れから第四の仮説。「一個の法には一個の解釈が対応する」と云う仮説。法が一義的に解釈されると云うのは、法の内容は解釈に依り特定され、其の法が改廃されずに存続する限り、其の内容は変らない、と云う意味でなら、其の通りです。法の内容は立法者の意図に沿って特定されれば良いので、夫れが法文の国語的意味に合致するか否かは問題でありません。我々は法律上の法の規範的意味内容を問うのであって、法文の国語的意味を問うのではありませんから、其の国語的意味が如何に変遷しても、法の内容に影響を与えることはないのであります。又第五の仮説。立法と解釈との峻別と云うこと。之も同感です。然し伊東君は此処でも政治的選択だと言われますが、私は政治的選択など容れる余地の無いことだと思います。現代法学は立法と解釈との本質的差異を認めないことは伊東君の指摘された通りかも知れませんが、其の差異を認めるか否かは、解釈者の政治的選択に任されることではなく、純粋に法的事象の科学的把握の問題であり、何れが妥当であるかの当否の問題ではなく、何れが正しいかの正否の問題であると思います。

B　法の客観的論理構造

伊東君は大略以上の諸点を述べられた後で、恐らく伊東君御自身の法律解釈方法論の一端ではないかと思われる御意見を述べて居られます。「此の成文法の表現する法其のものは、之を拵え出し生み出した社会的需要からも、之を作った立法者の意思からも、切離された独立のものである。即ち法は社会的需要が立法者の意思を知る人にとっても知らない人にとっても、同じ姿を有つものと考えなければならない。そして個々の一つ一つの法規は全体の法秩序の中に立つものであるから、当該成文法の法文の国語的意味の中で、最も法秩序全体と良く調和する意味を、当該成文法の意味であると確定するのである」と言われまして、夫れを伊東君御自身の言葉で「当該法乃至法制度の客観的論理構造」と呼んで居られます。そして「其の様な論理構造は合理的であるが故に法の内容を成して居る筈である」と説明されます。

(1)　客観的法解釈

此の伊東君の御考えは、法文の国語的意味の中から法内容を発見すると云う点で、所謂「法律の客観的解釈説」に属する立場の一つでありまして、基本的には我国現代法学の立場にも通ずるものであります。伊東君は我国現代法学の方法論に必ずしも全面的には賛成して居られないことは予々承って居りますが、少くとも此の客観説、即ち法律の文言の客観的な国語的意味を解釈の限界、「解釈の枠」とする点では共通の立場に居られると思います。然し此の立場こそは私が前々から指摘して居ります様に、独乙利益法学殊に Heck が之を論難して止まない所でありまして、逐一其の客観説の誤りを指摘し、其の論拠を反駁して居りますから、其の Heck 等の主張する一つ一つの客観説排撃理由に就いて、客観説の側では之にどう答えるのか、其の客観説側の防禦乃至反撃手段を具体的に是非御聞かせ願いたいと思います。尤も此の点は私と伊東君乃至我国現代法学との間の根本的な方法論上の対立点らしいので、充分念入りに討議を重ねたい所ではありますが、今日は時間もありませんし、予定の範囲外でもありますので、又別の機会に御意見を伺わせて頂きたいと存じます。唯、伊東君の言われました只今の点に就いて、甚だ納得の行かない箇所が御座居ますので、一応夫れを指摘して、御批判を仰ぎたいと存じます。

(2)　社会的需要と法

若しも仰せの様に「社会的需要や立法者の意思を知る人にとっても知らない人にとっても、法は同じ姿を有つものと考えなければならないから、法其のものは社会的需要や立法者の意思から切離された独立のものである」と云う理屈が通るものなら、夫れと全く同じ筆法で「伊東君の所謂法の客観的論理構造を知る人にとっても知らない人にとっても、法は同じ姿を有つものと考えなければならないから、法其のものは法の客観的論理構造から切離された独立のものである」と云う理屈も亦同じ正しさを以て通用しなければならない筈だと思います。どうして此の様なことに成るのかと言いますと、抑々伊東君の言われることに論理的な無理があるからであります。と言いますのは、今言われました文章の前半「社会的需要や立法者の意思を知る人にとっても知らない人にとっても、法は同じ姿を有つ」と云う部分は、何も夫れが社会的需要や立法者の意思だから、其のことに限って其の様に言えるのではなく、凡そ如何なる事柄でありましても、其のことに就いての各人の知不知に拘らず、法の姿は各人に一様であります。ですから今の文章の冒頭にどんな言葉を置いても、此の文章の此の部分は間違ったことを言って居りません。例えば其所に「法其のもの」と云う言葉を入れましても、此の部分は正しいことを述べて居ります。「法其のものを知る人にとっても知らない人にとっても、法は同じ姿を有つ」と言えましょう。然し此の文章を伊東君の文章の後半部分に接続いたしますと、忽ち変な無意味な文章になって了います。即ち「……同じ姿を有つものと考えなければならないから、法其のものは法其のものから切離された独立のものである」となりまして、意味を成しません。詰まり文章の前半では各人の知識の内容を指して居るのに、後半では知識の対象たる外界の現象其のものを持って来る所に、詭弁の仕掛があるのです。社会的需要や立法者の意思を知る人にとっても知らない人にとっても、法は同じ姿を有つけれども、其の社会的需要や立法者の意思自体が法其のものと関係が在るか否かは、別途之を吟味しなければ判明致しません。夫れと同様に伊東君の言われる法の客観的論理構造が個々の法規範と関係があるか否かは、別途吟味されなければなりません。

(3)　客観的論理構造と法

所が伊東君は片手落ちにも、社会的需要や立法者の意思が法と関係が在るか否かの論証を一つも為さらずに、初めから関係無いとして切捨て御免であります。そして客観的論理構造に就いてのみ法との関係を一応は述べて居られます。然し夫れも甚だ簡単でありまして、「個々の法規は全体の法秩序の中に立つ」からであると云うに止まります。之だけ伺ったのでは、其の法秩序なるものの正体が判明致しませんので、御論旨全体の正否の判断の致し様もありませんが、若し其の法秩序と云うのは、社会的に保たれて居る事実上の或る法的状態の意味であるとすれば、夫れは法規の規制する対象であって、個々の法規が其の中に立つことはありませんし、又法律学が其の研究領域のために構成する抽象的概念的な法秩序、即ち法体系のことであるとすれば、其の様な法秩序は個々の法規が或程度集積したときに夫れを科学的に体系付けるため、後から学問上構成されるものと見なければならないでありましょう。新たな法規が後から現れれば、夫れが既成の法秩序の中に収まれば良し、万一収まらない様な新たな型の法規であったなら、夫れを収容する為には、新たな法秩序が概念構成されなければならないのであって、初めから新たに出来る個々の法規が既成の法秩序の中に立つと決めて掛ることは間違いであると言わなければならないでしょう。詰まり全体の法秩序は個々の法規に調和する様に、学者が工夫して段々其の構成を変えて行かなければならないのであって、反対に学者が頭の中で構成した既成の法秩序に調和する様に、新たな法規を無理に其の中へ押込めることは許されないことではないでしょうか。何となれば立法者は既成の法秩序に拘束されることなく、新たな需要に基き新たな法規を自由に創設し得るからであります。個々の法規の内容が全体の法秩序と良く調和すると云うのも、全体の法秩序が個々の法規を受入れる様に改造されるからであって、個々の法規乃至法制度の側に既成の法秩序に拘束される性質が在るのではない、法秩序の側の受入態勢が其の様に出来て居るからであると見なければなりません。夫れを逆にして、既成の法秩序に合せて、個々の法規の内容を限定するのは学者の恣意であり思い上りである様な気が致します。

(4)　客観的論理構造と国語的意味

又伊東君は、成文法規の国語的意味の内から全体の法秩序と最も良く調和する意味を選んで、之を当該成文法規の内容と確定するので、此のことを法の客観的論理構造と名付けられるのですが、法の内容を其の法規の国語的意味の中からのみ選ばなければならないとすれば、其の国語的意味が如何に柔軟性に富んで居たとしても、其の限界は依然限界として作用するでありましょうから――万一夫れが実質的に何等限界として作用しないなら、其の様な限界を置くこと自体無用であって、場合に依っては却って有害でありましょうから、伊東君は夫れを実質的限界として有意義に作用するものと考えて居られるのだと存じますが――夫れなら法の論理構造も其の限界内の論理構造、従って実質的には論理的に不徹底なもの、何程かの非論理性を予定した論理構造でなければならないことになります。或は国語的意味との間に論理的矛盾は無いと云うだけの形式論理的合理性、其の法内容の実質的な社会的合理性は全く考慮されないか、或は可成り不自然な局部的考慮しか為し得ない合理性と云うことになりましょう。

(5) 客観的論理構造と合理性

所が伊東君は、客観的論理構造が合理的であると云うのは、単に国語的意味に於て論理的矛盾が無いと云う意味での形式論理的合理性其他「法技術的な合理性を指すのではなく、形而上的根拠に調和し、又場合に依っては或種の政治的な選択にも適合すると云うことを含めての合理性」であると説明されます。然し其の様なことになりますと、「論理構造」の「論理」と云う言葉から甚しく逸脱する意味になりまして、其の名称と内容とが対応しないのみならず、先程伊東君があれ程断固排除されました社会的需要や立法者の意思との係わりが、形而上学や政治的選択の衣を着て、再び潜入して来る危険があり、折角の断固排除も有名無実な空念仏となる外ないでありましょう。其の形而上学や政治的選択に何か相当きつい歯止めを工夫しない限り、嘗ての自由法説の冒した諸の弊害を再来させる危険がありまして、私には必ずしも賛成出来ない御意見である様な気が致します。形而上的又は政治的合理性を看板に学者の恣意が大幅に正面から大手を振って介入しても、之を原理的に排除出来なくなる恐れがあります。

(6) 客観的論理構造の合理性の基礎条件

伊東君は更に進んで、此の様にして確定された法の客観的論理構造の合理性を支える基礎条件に論及されまして、「此の客観的論理構造は合理的なるが故に、法の内容を成して居る筈であるから、法は夫々の合理性の基礎条件の在る所にだけ作用するものであり、夫れ以外に作用することがない。どんなに社会的需要が其の成文法の適用を求めて居ても、若し其の成文法の客観的論理構造の合理性を支える基礎条件が整って居なければ、其の case に当該成文法を適用してはならない。逆に当該成文法を最初に生み出した社会的需要の方が社会の変化に因って消えて無くなっても、生み出された成文法の客観的論理構造の合理性を支える基礎条件さえ存続する限り、立法を俟たないでは当該成文法を改変することは出来ない」とされまして、「其の基礎条件が具わる場合であるか否かと云う観点が、津田の所謂 Interessenlage の分析に当るのではないか」と言われます。

然し其の合理性の基礎条件なるものが何処から如何なる方法で割出されるか、御話の中では触れられて居りませんので、はっきりしたことは申上げられませんが、どうも伊東君の言われる基礎条件と、私の考えます Interessen-lage とは何処か本質的に別個の事柄である様な気が致します。私は法解釈の為、特に狭義の法解釈の為にも、単に其の法規の文言のみならず、凡ゆる種類の立法資料 Gesetzesmaterialien 例えば其の法律案審議に関する国会議事録、各種委員会議事録、法案準備の為の各種調査資料などを初め、立法当時の内外の学者専門家或は実務家の論説、新聞雑誌の記事、其の当時の国語の用例など、一切の資料を判断材料として、其の立法者、立法に関与した人達の内心的動機に迄立入って、其の人達が如何なる目的で、如何なる生活状況、如何なる利益状況、利益紛争を念頭に把え、之をどの様に規制しようと欲して当該法文の形を仕上げたのかを、出来るだけ厳密に追跡しようと云う訳ですが、伊東君は恐らく此の様な立法の動機と言いますか、立法者の主観的事情迄も解釈資料として利用することには断固反対なさることと思います。立法者の主観的意図などを意識的に極力排除して、法の客観的論理構造を突き止め、其の合理性を支える基礎条件を論理的抽象的に究明して、当該法規の妥当性 Geltung の限界を画定され様と為さるものと思われます。此の基礎条件の把握が津田の言ぅ Interessenlage の分析に当ると言われますのは、一体どう云うことでありましょうか。私には全然縁も由りも無い別世界のことの様に感ぜられます。

(7)　既判力の限界と合理性の基礎条件

伊東君は此の点に付き判決の既判力を例に挙げて説明されますが、其の当否に付き私には判断能力がありませんので、暫く御猶予願いまして、唯、最後に一つだけ之に関連した質問を御許し願いたいと存じます。夫れは商法の規定で、会社に関する或る種の訴の原告勝訴判決に付、其の既判力が第三者にも及ぶ場合を幾つか規定して居りますが、一般に此の種の法則、既判力の範囲を拡張する法則の客観的論理構造、並びに其の論理構造の合理性を支える基礎条件を、どの様に理解したら宜しいでしょうか。そして例えば所謂狭義の新株発行の無効の訴に就いては、商法に其の原告勝訴判決の既判力を拡張する規定が、直接明文で規定してありますが（商法第二八〇条の一六、第一〇九条第一項）、其他の新株発行、即ち特殊な新株発行や新株発行を伴わない資本増加などに就いては、其の効力を争う訴の原告勝訴判決の既判力の範囲に関し格別の明文規定を設けてありません。法律の規定の文言が此の様になって居りますと、後に挙げた訴の原告勝訴判決の既判力は拡張されないと見るのか、或は既判力拡張の論理構造の合理性を支える基礎条件が揃って居りさえすれば、直接明文規定が無くても既判力は拡張されると見なければならないのでしょうか。一般には之は類推の可否の問題と見られましょうが、一般論として抑々類推の行われる前提条件は何か、何が類推の可否を決める決め手になるのか、之を御伺い致します。私の秘かに推測致します所では、恐らく伊東君はInteressen-lageが同じでも、論理構造の合理性を支える基礎条件が充たされない限り、類推は許されないが、反対にInteressen-lageが別異でも、其の合理性を支える基礎条件さえ充されれば、類推されなければならない、と言われる様に、私には聞えて参りますが、果して此の理解で宜しいのでしょうか。夫れ共基礎条件の存否と類推の可否との間には、何の係わりも無いと言われるのでしょうか。類推は本来主として広義の法解釈の範囲内の問題であって、本日は之に本格的に論及する余裕はありませんでしたが、何れは何とか解決しなければならない問題でありますので、最後に質問だけさせて頂きます。

以上時間の関係で、殊に後半の部分では、可成り先を急ぎましたが、兎に角一通り伊東君の御話の順序を追って、私なりに相当無遠慮に、言いたい様に言わせて頂きました。定めし其の中には伊東君の御話を私が誤解して居たり、要点を聞き逃して居たり、或は私の思慮不足の点、説明不足の点、礼を失した点など、多分に御聞き苦しい部分もあったことと思いますが、夫等の点は此の際幾重にも御詫びして御勘弁願うことに致しまして、私が前後二回に亙って申上げたことの中に、現代法学乃至伊東理論に就いて、彼れ此れ批判攻撃或は質問など、雑然と申し述べましたので、之等の諸点に就いて伊東君初め此の席に居られる多数の諸君から、何か具体的な御意見を御聞かせ願えましたなら、誠に幸であります。

では之で一応終らせて頂きます。予定時間を遥かに over したにも拘らず、最後迄御清聴有難う御座居ました。

*　*　*

片隅に誌す

伊東　乾

もう随分と古いことになるが、①津田先生の或るお話を機縁として、②私が愚にもつかない議論を展開したところ、③津田先生がこれを正面から受けとめて、詳しく御高評を賜ったことがある。それは、後輩の愚論に対する御所論としては、余りにも真摯なものであったから、当時、私はこの上もなく感激したし、今もって忘れようもない感銘を残している。

①は昭和四五年五月一六日、②は翌四六年七月三日、③は同年一二月四日、いずれも、民事法学合同研究会といって、本塾法律学科専任者を主たる参加者とするが、政治学科、他大学の研究者、大学院学生数名も参加して、その面前での口頭研究報告の形式で行なわれたものであった。その①が、「慶應義塾の大先輩たる神戸寅次郎先生の遺された業績を検討して、其の神戸学説から今日我々の学び取るべきものは何か、特に法律の主観的解釈説、即ち立法者意思説に対し、日本の学者はもっと真剣な関心を向けるべきではないか、此の点に就いて独乙利益法学から学ぶべきものが在るのではないか、と云う」津田先生の御「提案」であったこと、また、その②が私（伊東）の「方法論の方法」と題する報告であったことは、③の津田先生の本資料御掲載のお話の原稿中から知られる。不用意にも私は②の報告原稿をなくしてしまったから、③と併せて②を載せることはできないが、この②の私の報告に対して津田先生から御高評を賜ったのが右の③の記録である。

幸いにして、先生は、御高評中に私の論旨を要約して下さっているので、②がどんなものであったかの大凡の見当は、③だけでもつけることができる。のみならず、②は、津田先生の御高評に接して建て直し中であり、十五年経つのに建て直しはまだ完成していないのが実状だから、たとえ原稿が現存していたとしても、私には②を載せたいという希望はない。津田先生が③のなかで「伊東君は我国現代法学の方法論に必ずしも全面的には賛成して居られないことは予々承って居りますが」と言って下さっているのが私にとっては充分で、なお且つ利益法学にも疑問をもつ場合はその人の方法論はどういうものにならざるをえないか、というのが、②における私の関心であった。だから、①と②とは、はじめから嚙み合ってはいないのである。

それにも拘わらず津田先生が②を取り上げて真向からこれを御高評下さったのは、利益法学を避けて通ろうとすることの、無謀と無理と不条理とを御指摘下さったに帰する。悉くが重要な問題点で、何人も必ず通らなければならない関門であると同時に、津田法学を裏から明らかにするものとして、貴重な資料をなすのである。

折角の御行論が随所で御遠慮に蔽われているのは、私への思いやりで、洵に申訳のない思いがするが、それでも妥協は許しておられず、必要な限度では舌鋒も鋭く辛辣だから、論点は明確に浮かび上がっているということができる。

このほど「ヘック利益法学」と題して津田先生の永い間の御苦心の飜訳が一本にまとめられ、法学研究会叢書の一冊として上梓せられたのを機会に、法学研究編集委員会が、右③の津田先生のお話の原稿をも、ここに、こうして、記録しておこうと企画されたのは、まことに適切な決定で、誰もが通らなければならない方法論上の関門を忘れられないように遺すことになるとともに、津田学説を裏面から理解するための絶好の資料を提供することになるであろう。

その印刷にあたって、それが形式上②を前提としているという所から、津田先生は、御みずから、私に対し、掲載の許諾をお求め下さった。洵に恐縮にたえないところで、私ごとき者のおこがましい発言が、津田学説の理解をすこしでも助ける端緒になりえたのだとすれば、私にとってこの上の幸せはない。

学問というものは、それこそ息永く継承されなければならないものであろう。津田先生が文中に期待を表明しておられる利益法学それ自体の批判も、差し当っては②に対しておこされた数々の御質問も、私よりも後《あと》の世代の誰人《たれびと》かによって、いつの日にか、必ず、試みられ答えられるものと、私は信じる。

（昭和六〇年五月）

（法學研究第五十八巻第十一號、昭和六十年）

津田利治先生 略歴

明治三十七年 三 月二十四日 東京都に出生（京橋区南伝馬町三―十六）
大正 五 年 四 月 慶應義塾普通部入學
大正 九 年 四 月 慶應義塾大學豫科入學
大正 十二 年 四 月 慶應義塾大學本科法學部法律學科入學
大正 十五 年 五 月 慶應義塾大學本科法學部法律學科卒業
同 七 月 慶應義塾大學法學部助手
同 十二月 高等試驗司法科試驗合格
昭和 二 年 四 月 兼慶應義塾商工学校教員（民法担当）
同 辯護士登録（東京辯護士會）
昭和 三 年 四 月 慶應義塾大學豫科及び高等部教員（法學通論）
昭和 三 年 四 月 慶應義塾大學本科講師（私法演習）
昭和 七 年 四 月 慶應義塾海外留学生として欧米留學
昭和 九 年 三 月 帰國
同 五 月 慶應義塾大學法學部助教授
昭和 十一 年 九 月 慶應義塾大學法學部教授
昭和二十三年 六 月 日本私法學會創立委員

昭和二十六年十一月　改正会社法の研究により慶應義塾賞受賞
昭和二十九年　八　月　法制審議會商法部會委員
昭和三十五年十一月　慶應義塾評議員（昭和四十一年十月まで）
昭和三十六年　十　月　日本私法學會理事
昭和四十六年　三　月　慶應義塾大學法學部を停年により退職
慶應義塾大學名誉教授
平成　十一　年　二　月二十五日　逝　去

津田利治先生　主要著作目録

一　著　書

會社法（上）昭和十五年度　金文堂書店　昭和十五年五月
會社法（上）昭和十六年度　金文堂書店　昭和十六年四月
商法總論　附　手形法　金文堂書店　昭和十七年十一月
手形法（總論）（上）　金文堂書店　昭和十八年三月
商法（三）（會社法　その一）（慶應義塾大學通信教育教材）　慶應通信　昭和二十四年九月
商法（四）（會社法　その二）（慶應義塾大學通信教育教材）　慶應通信　昭和二十四年十一月
商法（五）（會社法　その三・完）（慶應義塾大學通信教育教材）　慶應通信　昭和二十五年二月
改正會社法の疑義と解明（日本私法學會　私法別册）　有斐閣　昭和二十六年十月
會社法（一）（慶應義塾大學通信教育教材）　慶應通信　昭和二十八年六月
會社法の大意（上）（初版）　慶應通信　昭和三十三年六月
〔＊大濱信泉氏による書評（綜合法学第一巻第七號）がある〕
教材　會社法の大意（上）（慶應義塾大学通信教育教材　會社法（一））　慶應通信　昭和三十三年十一月
教材　會社法の大意（下）（慶應義塾大学通信教育教材　會社法（二・完））　慶應通信　昭和三十三年十一月

會社法の大意（下）（初版）　慶應通信　昭和三十四年四月

會社法の大意（上）（再版）　慶應通信　昭和三十四年六月

會社法の大意（下）（再版）　慶應通信　昭和三十五年五月

會社法の大意（上）（下）（第三版）　慶應通信　昭和三十六年九月

西ドイツ株式法草案および理由書〔一九六〇年〕（慶應義塾大學商法研究會訳）（慶應義塾大學法學研究會叢書13）　慶應通信　昭和四十一年五月

西獨株式法（慶應義塾大學商法研究會訳）（慶應義塾大學法學研究會叢書22）　慶應通信　昭和四十四年三月

會社法以前　私家版　昭和四十五年五月

ヘック利益法學（訳）（慶應義塾大學法學研究會叢書43）　慶應通信　昭和六十年三月

神戸寅次郎　民法講義（内池慶四郎名誉教授と共編著）（慶應義塾大學法學研究會叢書60）　慶應義塾大學出版會　平成八年二月

横槍　民法總論（法人ノ部）（慶應義塾大學法學研究會叢書66）　慶應義塾大學出版會　平成八年六月

二　論文、判例評釋

有限會社について　慶應義塾大學講座　經濟學　附録（特別講座）　昭和十三年十一月

新商法點描——商法より企業法へ——　財政經濟時報　第二十七卷　第三號　昭和十五年三月

新商法點描　二、準商人の正體　財政經濟時報　第二十七卷　第四號　昭和十五年四月

新商法點描——第五百二十三條の波紋——　財政經濟時報　第二十七卷　第五號　昭和十五年五月

有限會社について　現代の經濟　第四卷　第九號　昭和十五年九月

一人會社について（一）　法學研究　第二十卷　第三號　昭和二十二年十二月

獨法講義　慶應義塾大學通信講座　法學部・選擇科目　外國法・第一分冊　昭和二十三年一月

獨法講義	慶應義塾大學通信教育教材　法學部・選擇科目　外國法・第二分册	昭和二十三年十月
法の解釋と運用——新憲法施行一周年によせて——	慶應義塾大學通信教育教材　法學部・選擇科目　津田・峯村・時事解説・第三分册	昭和二十三年十一月
一人會社について（二）	法學研究　第二十二巻　第一號	昭和二十四年一月
改正株式會社法總評	法學研究　第二十四巻　第四號	昭和二十六年四月
改正株式會社法の解釋上の諸問題	法學研究　第二十四巻　第六號	昭和二十六年六月
改正株式會社法の難點	企業經濟研究　第三號	昭和二十六年七月
新株引受權の正體	私法　第五號	昭和二十六年十月
取締役會の權限を繞る二三の問題	法學研究　第二十六巻　第三號	昭和二十八年三月
會社の設立無效	田中耕太郎編『株式會社法講座　第一巻』	昭和　三十　年十二月
資本と株式との復縁	財政經濟弘報　第六百一號	昭和三十一年一月
株式會社法における概念の貧困	東京株式懇話會　會報　第五十四號	昭和三十一年二月
商事判例評釋（監修）	財政經濟弘報　第六百二十號～第千七十七號	昭和三十二年三月～昭和三十九年十二月
業務の決定と業務の實行——取締役會の權限と關連して——	大阪株式事務懇談會　記録　第百六號	昭和三十二年十月
會社の政治献金判決について	法曹界　第八十三號	昭和三十八年七月
真実に合致しない振出日、振出地	手形小切手判例百選	昭和三十八年十二月
発起人の意義	會社判例百選	昭和三十九年四月
真実に合致しない振出日、振出地	手形小切手判例百選（新版）	昭和四十四年六月
我国私法学に於ける所謂目的論的解釈への疑問	私家版『會社法以前』（『神戸寅次郎　民法講義』に収録）	昭和四十五年五月
発起人の意義	會社判例百選（新版）	昭和四十五年十一月

真実に合致しない振出日、振出地　　手形小切手判例百選（新版・増補）　昭和五十一年五月
フィリップ・ヘック著『法獲得の問題』（訳）　法學研究五十一巻十二號（『ヘック利益法學』に収録）　昭和五十三年十二月
フィリップ・ヘック著『概念形成と利益法学（一）』（訳）　法學研究五十四巻一號（『ヘック利益法學』に収録）　昭和五十六年一月
フィリップ・ヘック著『概念形成と利益法学（二）』（訳）　法學研究五十四巻二號（『ヘック利益法學』に収録）　昭和五十六年二月
フィリップ・ヘック著『概念形成と利益法学（三）』（訳）　法學研究五十四巻四號（『ヘック利益法學』に収録）　昭和五十六年四月
フィリップ・ヘック著『概念形成と利益法学（四・完）』（訳）　法學研究五十四巻五號（『ヘック利益法學』に収録）　昭和五十六年五月
法は何処に？――伊東乾君の法學「方法論の方法」を聴く――　法學研究　第五十八巻　第十一號　昭和　六十　年十一月
神戸寅次郎先生講述　債権総論講義（内池慶四郎名誉教授と共同執筆）　近代日本研究　第七巻（『神戸寅次郎　民法講義』に収録）　平成　三　年　三　月
神戸寅次郎先生講述　債権各論講義（内池慶四郎名誉教授と共同執筆）　近代日本研究　第八巻（『神戸寅次郎　民法講義』に収録）　平成　四　年　三　月
神戸寅次郎先生講述　民法総論講義（一）（内池慶四郎名誉教授と共同執筆）　法學研究　第六十五巻　第四號（『神戸寅次郎　民法講義』に収録）　平成　四　年　四　月
神戸寅次郎先生講述　民法総論講義（二）（内池慶四郎名誉教授と共同執筆）　法學研究　第六十五巻　第五號（『神戸寅次郎　民法講義』に収録）　平成　四　年　五　月
津田利治先生「横槍民法総論」質問録――私の研究ノートⅠ（内池慶四郎名誉教授と共同執筆）　法學研究　第六十六巻十二號　平成　五　年十二月

津田利治先生「會社法以前」質問録——私の研究ノートⅡ「會社法以前」より「横槍民法総論」まで（内池慶四郎名誉教授と共同執筆）
ゲルハルト・リュケ教授退官記念論文集『民事手続法の改革』 平成 七 年 六 月

三 研究會・座談會記事、随筆

見解の相違 小池隆一氏の新著「日本民法總論」に就て 三田新聞 第二百六十六號、第二百六十七號 昭和六年五月、六月
ニューヨークの法律扶助協會に就て 三田新聞 第三百十七號 昭和 九 年 五 月
ニューヨークの法律扶助協會に就て 法學會誌 第九號 昭和 九 年 六 月
法學會維新史 法學會誌 第二十二號 昭和 十五 年十二月
株式會社法の改正について 三色旗 第三十號 昭和二十五年 九 月
卒業論文と總合面接試問 三色旗 第五十號 昭和二十七年 五 月
株式払込金領収書をめぐる法律問題（大濱信泉、大橋光雄、鈴木竹雄、阿部康二、吉田昂の諸氏との座談會） 法律時報 第二十六巻 第六號 昭和二十九年 六 月
商法再改正法の諸問題（一）（二）（三・完）（小鍛治芳二、玉利信吾、大橋光雄、三戸岡道夫、松村秀雄、堀重男、佐藤正義、安達十郎の諸氏との座談會） 経済法律時報 第三巻 第四號、第五號、第四巻 第一號 昭和三十年九月、十二月、昭和三十一年四月
記名株券に関する除権判決（高鳥正夫、米津昭子、清水新、松岡和生、桝井富士弥の諸氏との座談會） 財政經濟弘報 第六百三號 昭和三十一年十一月

検定試験受験者のために　税経セミナー八號　昭和三十二年 六 月

神戸博士のこと　三色旗 第百二十四號　昭和三十三年 七 月

「商法中緊急改正の要望」について（一）（二）（高鳥正夫、米津昭子、阪埜光男、清水新、松岡和生、玉利信吾、室橋収、牧博造、松本巌、尾関太郎、小山田正春の諸氏との座談會）

東京株式懇話會 會報 第八十三號、第八十六號　昭和三十三年七月、十一月

新株発行をめぐる諸問題（一）（二）（米津昭子、阪埜光男、大賀祥充、清水新、松岡和生、広瀬正次、三戸岡道夫、玉利信吾、角田武郎、小山田正春、斎藤矯一の諸氏との座談會）

東京株式懇話會 會報 第九十五號、第九十六號　昭和三十四年八月、九月

判例共同研究（慶應義塾大学　商法研究会）（倉澤康一郎、松岡和生、米津昭子、阪埜光男、高鳥正夫、大賀祥充の諸氏との研究會記録）

綜合法學 第三十號　昭和三十六年 一 月

当面の商法改正問題①②完（田中誠二、鮫島真男、駒田保太郎、三戸岡道夫の諸氏との座談會）

財政經濟弘報 第千七十九號、第千八十號　昭和 四十 年 一 月

三田法曹會の五十年（宮崎澄夫、渡辺八左衛門、斉藤寿郎、河村貢、藤堂裕、松岡浩、吉田欣子、関谷巖、大塚冨佐子、三上雅通、平岩正史、中尾淳子、栗林美保、島田真琴の諸氏との座談會）

三田法曹会創立五十年記念『三田法曹會の五十年』　昭和五十七年十一月

四　聞き書き

商法の研究に津田君独逸へ　三田新聞 第二百七十四號　昭和 六 年十二月

対談　津田利治先生　神戸寅次郎先生の思い出断片（聞き手　関谷巖）

対談 津田利治先生 法律鑑定部、並びに獨逸留学――思い出の断片（聞き手 平良木登規男、関谷巖）
てみす（三田法曹會會報）第二號 平成五年五月
対談 津田利治先生 関東大震災体験談（聞き手 関谷巖）
てみす（三田法曹會會報）第三號 平成六年五月
てみす（三田法曹會會報）第四號 平成七年五月
つむじまがりの一世紀――義父 津田利治から聞いたこと（津田祥子著）
私家版 平成十一年一月

跋

学問的価値の高い研究成果であつてそれが公表せられないために世に知られず、そのためにこれが学問的に利用せられずして、そのまま忘れられるものは少なくないであろう。又たとえ公表せられたものであつても、口頭で発表せられたために広く伝わらない場合があり、印刷公表せられた場合にも、新聞あるいは学術誌等に断続して載せられた場合は、後日それ等をまとめて通読することに不便がある。これ等の諸点を考えるならば、学術的研究の成果は、これを一本にまとめて出版することが、それを周知せしめる点からも又これを利用せしめる点からも最善の方法であることは明かである。この度法学研究会において法学部専任者の研究でかつて機関誌「法学研究」および「教養論叢」その他に発表せられたもの、又は未発表の研究成果で、学問的価値の高いもの、または、既刊のもので学問的価値が高く今日入手困難のものなどを法学研究会叢書あるいは同別冊として逐次刊行することにした。これによつて、われわれの研究が世に知られ、多少でも学問の発達に寄与することができるならば、本叢書刊行の目的は達せられるわけである。

昭和三十四年六月三十日

慶應義塾大学法学研究会

会社法以前

慶應義塾大学法学研究会叢書　72

平成 15 年 3 月 20 日　発行　　　　定価（本体 8200 円＋税）

編　者　©　慶應義塾大学商法研究会
代表者　加　藤　　修

東京都港区三田 2 丁目 15－45
発行者　慶應義塾大学法学研究会

印刷者　株式会社　精　興　社

東京都港区三田 2 丁目 19－30
発行所　慶應義塾大学出版会株式会社

落丁・乱丁本はお取替いたします。

ISBN4-7664-0889-6

慶應義塾大学法学研究会叢書

18　未完の革命
—工業化とマルクス主義の動態
A・B・ウラム／奈良和重訳　1500円

20　出訴期限規則略史
内池慶四郎　2000円

21　神戸寅次郎著作集（上・下）
慶應義塾大学法学研究会編　上2000円・下2500円

23　外交史論集
英　修道　3500円

26　近代日本政治史の展開
中村菊男　1500円

27　The Basic Structure of Australian Air Law
栗林忠男　3000円

34　下級審商事判例評釈
（昭和30年〜39年）
慶應義塾大学商法研究会編　3000円

38　強制執行法関係論文集
ゲルハルト・リュケ／石川　明訳　2400円

42　下級審商事判例評釈
（昭和45年〜49年）
慶應義塾大学商法研究会編　8300円

45　下級審商事判例評釈
（昭和40年〜44年）
慶應義塾大学商法研究会編　5800円

46　憲法と民事手続法
シュワープ，ゴットヴァルト，フォルコンマー，アレンス／石川，出口訳　4500円

47　大都市圏の拡大と地域変動
—神奈川県横須賀市の事例
十時嚴周編　8600円

48　十九世紀米国における電気事業規制の展開
藤原淳一郎　4500円

49　仮の権利保護をめぐる諸問題
—労働仮処分・出版差止仮処分を中心にして
石川　明　3300円

50　明治初期刑事法の基礎的研究
霞　信彦　7000円

51　政治権力研究の理論的課題
霜野寿亮　6200円

53　ソヴィエト政治の歴史と構造
《中澤精次郎論文集》
慶應義塾大学法学研究会編　7400円

54　民事訴訟法における既判力の研究
坂原正夫　8000円

56　21世紀における法の課題と法学の使命
《法学部法律学科開設100年記念》
国際シンポジウム委員会編　5500円

57　イデオロギー批判のプロフィール
—批判的合理主義からポストモダニズムまで
奈良和重　8600円

58　下級審商事判例評釈
（昭和50年〜54年）
慶應義塾大学商法研究会編　8400円

59　下級審商事判例評釈
（昭和55年〜59年）
慶應義塾大学商法研究会編　8000円

60　神戸寅次郎　民法講義
津田利治，内池慶四郎編　6600円

61　国家と権力の経済理論
田中　宏　2700円

62　アメリカ合衆国大統領選挙の研究
太田俊太郎　6300円

63　法律学における体系思考と体系概念
—価値判断法学とトピク法学の懸け橋
C-W・カナリス／木村弘之亮代表訳　4000円

64　内部者取引の研究
並木和夫　3600円

65　The Methodological Foundations of the Study of Politics
根岸　毅　3000円

66　横槍　民法總論（法人ノ部）
津田利治　2500円

67　帝大新人会研究
中村勝範編　7100円

68　下級審商事判例評釈
（昭和60年〜63年）
慶應義塾大学商法研究会編　6500円

69　ハイテク犯罪と刑事手続
安冨　潔　4000円

70　ジンバブウェの政治力学
井上一明　5400円

…本体定価表示。税は別途加算。欠番は品切れ。

慶應義塾大学出版会
〒108-8346　東京都港区三田2-19-30
TEL 03-3451-3584／FAX 03-3451-3122
郵便振替口座　00190-8-155497